DSCG

ÉPREUVE

2

Finance

2e édition

Manuel, Applications & Corrigés

Sous la direction de
Pierre Gensse

Ezzeddine Abaoub
Sami Ben Larbi
Patrice Gensse
Éric Molay
Gérard Zolezzi

Groupe Revue Fiduciaire
Nathan

Édition : Catherine Maugé

Conception intérieure : Anne-Danielle Naname

Conception couverture : Killiwatch

Fabrication : Maria Pauliat

Mise en pages : JOUVE

ISBN 978-2-09-162062-6

TABLE DES MATIÈRES

Partie 4 : Diagnostic financier

Partie 5 : Évaluation des entreprises

PROGRAMME : UE 2 • FINANCE

Programme du diplôme supérieur de comptabilité et de gestion
Décret n° 2006-1706 du 22 décembre 2006. *JO* du 29 décembre 2006 complété par l'arrêté du 8 mars 2010, *BO* du 18 mars 2010.
Niveau L : 150 heures - 12 ECTS

Thèmes	Sens et portée de l'étude	Notions et contenus
1. La valeur (20 heures)		
1.1 La valeur et le temps	La notion de valeur est centrale en finance et sera présentée sous les angles financier et mathématique afin de mettre en évidence ses liens avec le temps.	Actualisation en temps discret et en temps continu Évaluation d'une obligation : valeur coupon attaché et valeur au pied du coupon Sensibilité et duration d'une obligation Évaluation d'une action : modèles à perpétuité, modèles à plusieurs périodes Liens entre la valeur actuelle nette des investissements et la valeur des actions
1.2 La valeur et le risque	Les modèles proposés par la théorie financière fournissent des outils pour quantifier le prix du risque.	Le modèle d'équilibre des actifs financiers (MEDAF) : fondements, possibilités d'utilisation pratique, limites Les modèles à plusieurs facteurs : modèle d'évaluation par l'arbitrage (MEA), modèle de Fama French La mesure des primes de risque : l'approche historique
1.3 La valeur et l'information	Les marchés financiers sont a priori organisés en vue d'assurer aux investisseurs une information financière de qualité et une allocation efficiente des ressources.	Cours boursiers Les différentes formes d'efficience Les anomalies traitées par la finance comportementale et les bulles spéculatives Importance de l'hypothèse d'efficience pour la gestion financière
1.4 La valeur et les options	Les options constituent à la fois un outil de couverture des risques et un outil d'analyse de la situation des apporteurs de capitaux.	Option : caractéristiques de l'instrument Déterminants de la valeur d'une option Évaluation binomiale Modèle de Black et Scholes
2. Diagnostic financier approfondi (20 heures)		
2.1 Analyse financière des comptes consolidés	Dès lors qu'une société exerce un contrôle ou une influence notable sur une autre, l'étude de ses seuls comptes individuels ne permet plus de porter un jugement sur sa santé financière. L'étude des comptes consolidés est alors nécessaire, ce qui implique d'en connaître les incidences en matière de diagnostic financier.	Démarche du diagnostic et impacts des comptes consolidés Analyse de l'activité Analyse de la structure financière Analyse de la rentabilité : rentabilité économique et rentabilité des capitaux propres Analyse par les flux de trésorerie
2.2 Les outils modernes du diagnostic	Face aux limites des approches purement comptables du diagnostic financier, de nouvelles approches ont été développées.	Analyse de la création de valeur Analyse de la structure financière à l'aide des options réelles Notation

●●●

3. Évaluation de l'entreprise (20 heures)		
3.1 Évaluation par les flux	Différentes approches existent pour évaluer une entreprise. Selon le contexte de l'opération et les caractéristiques de l'entreprise, certaines méthodes seront à privilégier. Il faut donc être en mesure de déterminer la ou les méthodes adéquates, les mettre en œuvre et pouvoir expliquer les différences de valorisation auxquelles elles aboutissent.	Approches par les flux : revenant aux apporteurs de capitaux, revenant aux actionnaires Les modèles d'actualisation des dividendes
3.2 Évaluation par approche comparative		Le choix des inducteurs La constitution d'échantillons d'entreprises comparables Les effets des paramètres sous-jacents sur les conditions d'évaluation
3.3 Évaluation à travers des approches patrimoniales et mixtes		Actif net réévalué Détermination et justification d'une différence de valeur (*goodwill*, *badwill*)
4. Investissement et financement (30 heures)		
4.1 Les projets d'investissement	Pour assurer sa pérennité, l'entreprise doit investir. La sélection des projets à réaliser est une étape cruciale dans la vie des entreprises, qui doit tenir compte de nombreux facteurs.	Les critères de sélection des projets d'investissement (prise en compte des : projets mutuellement exclusifs, des projets liés) Approche par les options réelles
4.2 Modalités de financement	En fonction de son contexte et de sa taille, l'entreprise met en œuvre une politique financière afin de financer le plus judicieusement possible les emplois de sa politique économique.	Les quasi-fonds propres Les financements obligataires (simples et particuliers) Les titres de créance négociables L'introduction en bourse Le capital-risque
4.3 Le choix d'une structure de financement	L'arbitrage entre capitaux propres et dettes résulte d'un certain nombre de facteurs qu'il convient de connaître afin d'optimiser la structure financière de l'entreprise.	Théories explicatives du choix de financement
5. La trésorerie (20 heures)	La dimension internationale des entreprises tant dans leur structure (multinationale) que dans leurs activités (import-export) les expose à des risques supplémentaires. Plusieurs techniques permettent de diminuer leur exposition globale au risque en optimisant l'organisation de leur trésorerie. Le risque résiduel ne pouvant être supprimé, il peut être couvert sur les marchés organisés ou de gré à gré.	Gestion des flux de trésorerie au sein d'un groupe (y compris les aspects spécifiques à un groupe international) Couverture des risques de change et de taux : contrats standardisés sur les marchés organisés, contrats de gré à gré

6. Ingénierie financière (30 heures)		
6.1 La politique de dividende	La politique de dividende consiste, pour une entreprise, à déterminer le niveau et la forme de la rémunération qu'elle entend verser à ses actionnaires.	Le processus et les effets informationnels du paiement du dividende La dimension fiscale
6.2 La gestion de la valeur de l'action	La recherche de sources de création de valeur ou l'élimination de sources de destruction de valeur pour les actionnaires peuvent conduire les entreprises à restructurer profondément leurs actifs et passifs.	Les rachats d'action : les mécanismes, les effets attendus, la mesure des politiques suivies Les opérations affectant le nombre d'actions Les opérations de restructuration (apport partiel d'actif, scission-dissolution, scission partielle avec échange d'actions) L'introduction de filiales en bourse
6.3 Les fusions et acquisitions		Recherche de synergies et autres facteurs Le recours aux holdings Les opérations à effet de levier Les offres publiques
6.4 Les opérations sur les dettes et sur les créances		Le désendettement (*defeasance*) et la titrisation : objectifs et modalités
6.5 Les opérations de désinvestissement et de liquidation dans un contexte de défaillance		Effets attendus sur la valeur et logique des cessions Processus de redressement Processus de liquidation
6.6 Éthique et gouvernement d'entreprise		Prise en compte de l'éthique dans le management financier de l'entreprise Politique de rémunération des dirigeants

Indications complémentaires

2.1 Les éléments fondamentaux du diagnostic financier ont été abordés dans le programme du DCG. Au niveau du DSCG, il s'agit d'une part, de compléter l'approche par des méthodes d'analyse complémentaires et d'autre part, d'élargir le champ du diagnostic aux groupes. Pour l'analyse de l'activité, on s'intéressera en particulier à la formation du résultat et à l'information sectorielle.

Au-delà des calculs, le candidat devra être en mesure de construire l'analyse et d'en extraire des commentaires. Par ailleurs, il n'est pas demandé de maîtriser dans le détail les règles de consolidation mais leurs principes fondamentaux et leurs incidences en termes d'analyse.

4.1 Les éléments fondamentaux de la politique d'investissement ont été abordés dans le programme du DCG. Au niveau du DSCG, il s'agit d'une part, d'approfondir la démarche par une approche complémentaire et d'étudier le cas de projets multiples.

L'étude des projets d'investissement prendra en compte : le rationnement du capital, l'inflation et le risque de change.

4.2 Les modalités de financement étudiées en DCG sont complétées par d'autres formes de financement qui font, en particulier, appel au marché financier.

4.3 Dans cette étude on intégrera l'impact des coûts de défaillance, des coûts d'accès au capital et des coûts d'agence.

6.2 Les opérations affectant le nombre d'actions visent : la division des titres, la distribution d'actions gratuites, le versement de dividendes en actions.

PARTIE

1

PRINCIPES DE FINANCE

CHAPITRE

1

Risque et marchés financiers

Ce chapitre propose une présentation de la relation fondamentale qui lie la valeur d'un actif, ou la rentabilité qu'il est susceptible d'engendrer pour son détenteur, et le risque qui découle de l'incertitude qui pèse sur les valeurs futures de l'actif. Cette présentation s'effectue en s'appuyant sur les modèles de valorisation adoptés sur les marchés financiers. Après avoir précisé les notions d'information puis de risque, la relation essentielle entre rentabilité et risque, étudiée dans la théorie de portefeuille, est exposée. Diverses modélisations empiriques ou théoriques sont envisagées pour formaliser cette relation. La théorie de l'efficience des marchés financiers qui sous-tend l'essentiel de ces modèles est présentée.

I La valeur et l'information

La valeur d'un actif coté sur un marché financier est liée aux informations dont disposent les acteurs sur le marché : investisseurs, analystes et intermédiaires financiers, etc. La prise en compte de ces informations permet d'apprécier les perspectives de rentabilité future de tout actif coté. La rapidité et la qualité de cette prise en compte ont fait l'objet de nombreuses études qui tendent à valider les hypothèses de « marche au hasard » des cours des actifs et d'efficience des marchés financiers. Toutefois, la finance comportementale, en s'intéressant au comportement des acteurs, apporte un nouveau regard sur les liens entre valeur et information sur les marchés financiers.

A. L'hypothèse de marche au hasard

Une hypothèse implicite à la théorie de l'efficience des marchés financiers consiste à considérer que les cours des actifs financiers (titres, indices, contrats, etc.) évoluent de manière imprévisible sur les marchés financiers. Cette variation des cours qualifiée de « marche au hasard » revient à considérer que les modifications successives des cours des actifs sont indépendantes et qu'il n'est pas possible d'identifier un quelconque schéma d'évolution des cours des actifs cotés. Cela se traduit par une impossibilité de prévoir la variation des cours des actifs. Cette non-prévisibilité des cours constitue l'un des socles de la théorie des marchés efficients.

B. L'hypothèse d'efficience des marchés financiers

Dans une économie de marché, les marchés financiers sont supposés orienter à moindre coût les ressources financières disponibles vers les emplois les plus productifs. Parallèlement, l'hypothèse d'une prise en compte efficace de l'information par les marchés financiers a été avancée. Cette intégration efficace de l'information a été qualifiée « d'efficience informationnelle » et a conduit à retenir l'hypothèse d'efficience des marchés financiers dans de nombreux modèles théoriques.

1. Le cours, reflet de l'information disponible sur le titre

Cette hypothèse s'intéresse à la capacité des acteurs sur les marchés financiers, et par conséquent aux marchés dans leur ensemble, à intégrer toutes les informations pertinentes concernant les actifs cotés. Elle suppose une prise en compte quasi immédiate de l'information et prolonge l'hypothèse d'une évolution aléatoire, d'une marche au hasard, du cours des actifs. Toute l'information disponible sur un titre et son environnement est reflétée très rapidement dans le cours. Ainsi, l'ajustement du cours d'un actif à une information est quasi immédiat. Les phénomènes de surréaction ou de sous-réaction à l'information sont censés être transitoires et rapidement éliminés. Le cours d'un titre devient alors une estimation efficace de la valeur fondamentale du titre qui résulte de la prise en compte des informations disponibles.

Figure 1.1 – L'ajustement du cours suite à une information favorable

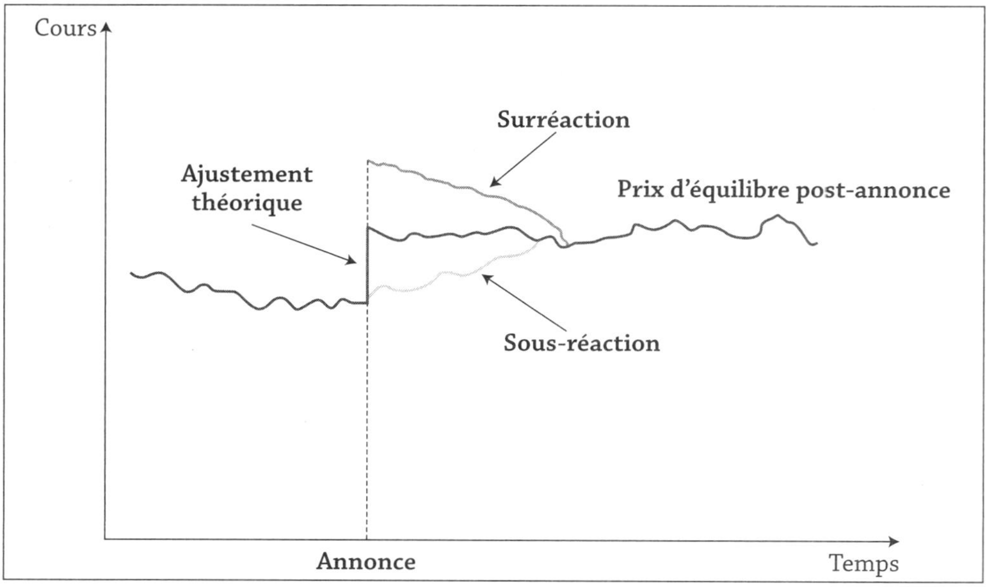

L'hypothèse d'efficience des marchés suppose que :

– les acteurs (investisseurs, analystes, dirigeants, etc.) réagissent rationnellement et n'adoptent pas de comportements mimétiques ou moutonniers ou de sur ou sous-réaction ;
– les coûts de transaction sur les marchés financiers sont suffisamment faibles pour ne pas constituer un frein à l'ajustement des cours lors de la divulgation d'informations ;
– les marchés financiers sont liquides pour permettre un ajustement rapide des cours (un marché est qualifié de liquide lorsqu'il est possible d'acheter ou de vendre rapidement un actif financier sans que cela affecte fondamentalement son cours).

2. Les trois niveaux d'efficience

En fonction du niveau d'information considéré, l'intégration de cette information revêt trois formes :

– une forme faible d'efficience lorsque l'historique des cours, les cours passés, a intégré l'ensemble des informations disponibles dans le passé ;
– une forme semi-forte, ou semi-faible, d'efficience lorsque l'on élargit la notion d'information à l'ensemble de l'information disponible publiquement, notamment les données comptables et les annonces d'opérations financières concernant les distributions de dividendes, les augmentations de capital, etc. ;
– une forme d'efficience forte lorsque l'on considère toute l'information existante sur l'entreprise, son secteur économique, etc., qu'elle soit publique ou privée.

Si tous les événements passés ou anticipés sont intégrés dans les cours et leur évolution, il devient impossible de prévoir les variations futures des cours qui ne peuvent résulter que d'événements imprévisibles. Les investisseurs achètent et vendent les titres en fonction de leurs anticipations personnelles. Ces anticipations rapprochent les cours des titres de leur valeur fondamentale définie par leurs caractéristiques et leurs risques économique et financier.

3. Les implications de l'efficience des marchés financiers

a. L'absence d'opportunité d'arbitrage

La première implication de l'hypothèse des marchés efficients est l'impossibilité d'obtenir une rentabilité supérieure à celle résultant de la détention d'un actif non risqué sans supporter un risque. Ceci implique que les opérations d'arbitrage censées permettre l'obtention d'une rentabilité sans prise de risque ne sont pas possibles. Cette hypothèse d'absence d'opportunité d'arbitrage est à la source de nombreux modèles théoriques qui concernent la structure financière du capital, la politique de distribution des dividendes, la valorisation des options financières, etc.

b. La remise en cause des analyses graphiques

L'hypothèse d'efficience faible suppose qu'il n'est pas possible de prévoir l'évolution des cours futurs à partir des cours passés. Ceci remet en cause les analyses techniques ou graphiques (chartistes) qui tentent d'anticiper l'évolution future des cours des actifs à l'aide d'analyses statistiques ou graphiques des évolutions passées des cours.

c. La mise en évidence de la relation entre la rentabilité et le risque

La prise en compte de toute l'information disponible par le marché autorise les investisseurs à faire confiance à ce dernier pour évaluer correctement la valeur d'un titre. Les acteurs (analystes et investisseurs) ne sont pas victimes d'illusions financières et les tentatives de manipulation de l'information comptable sont censées être détectées par ces derniers. L'intégration de l'information disponible dans les cours aide à distinguer les informations pertinentes qui ont une influence sur les cours.

Il devient impossible de dégager une rentabilité durablement supérieure à celle du marché financier pris dans son ensemble sans accepter une prise de risque supérieure à celle qui est associée à tout investissement sur celui-ci. La rentabilité que les investisseurs sont en droit d'attendre pour un titre est la contrepartie du risque qu'ils acceptent d'assumer. Cette valorisation des titres fondée sur le couple rentabilité-risque permet une diversification optimale des risques.

d. Le cours : estimation de la valeur

Pour les entreprises cotées, l'efficience informationnelle conduit à une juste valorisation des titres qui facilite le placement des émissions nouvelles de titres : les investisseurs peuvent faire confiance aux valorisations proposées qui prennent en compte toutes les informations disponibles.

De plus, tant les investisseurs que les dirigeants doivent apprendre à déchiffrer les données de marché. Si les marchés financiers intègrent toutes les informations économiques au niveau d'un pays, d'un secteur ou d'une entreprise, les variations des cours renseignent sur les anticipations des acteurs économiques. Par ailleurs, les dirigeants sont à l'écoute des marchés pour apprécier l'interprétation qui est faite de leurs décisions.

Bien que validée empiriquement par de nombreuses études scientifiques sur des périodes et des marchés divers, cette hypothèse d'efficience des marchés financiers est régulièrement remise en cause depuis quelques années.

4. L'efficience des marchés financiers remise en cause

Les principales remises en cause de l'efficience des marchés se sont exprimées, dans un premier temps, par l'observation d'anomalies par rapport aux enseignements de la théorie de l'efficience. Puis, la prise en compte de la psychologie et de la sociologie des acteurs sur les marchés a vu naître un nouveau courant de recherche, la finance comportementale, qui bouscule les fondements de l'efficience.

a. La mise en évidence d'anomalies

Certaines remises en cause de l'efficience, qualifiées d'anomalies, ont été observées empiriquement. Ces anomalies permettraient à certains acteurs d'en tirer systématiquement profit en réalisant des rentabilités supérieures à celles attendues compte tenu du niveau de risque. Ceci est en contradiction avec l'hypothèse d'efficience pour laquelle les opportunités de gains disparaissent dès qu'elles sont identifiées.

Ces anomalies concernent, d'une part, l'observation d'une certaine saisonnalité dans les rentabilités et, d'autre part, des rentabilités qui semblent liées à certaines grandeurs comptables et financières telles que la taille mesurée par la capitalisation boursière ou le ratio cours sur bénéfices (PER ou *Price Earning Ratio*).

Concernant la saisonnalité des rentabilités, l'une des anomalies les plus connues met en évidence une rentabilité des titres supérieure au cours des premiers jours du mois de janvier (« effet janvier »). Cette surrentabilité est généralement expliquée par des considérations fiscales, liées à la constatation de moins-values en décembre, ou comportementales, la fin de l'année conduisant à liquider les positions les moins rentables pour réinvestir en début d'année (début d'un nouveau cycle d'investissement). De même, une sous-rentabilité le lundi (« effet lundi »), peut être due à des processus de divulgation d'informations asymétriques, les bonnes informations étant divulguées tout au long de la semaine et les mauvaises plutôt en fin de semaine. Une autre explication tiendrait aux investisseurs particuliers qui réorganiseraient leur portefeuille pendant le week-end.

D'autres anomalies de rentabilité reposent sur des grandeurs comptables ou financières. Ainsi, les entreprises de petite taille apparaissent plus rentables que les entreprises plus importantes (« effet taille »). Ce supplément de rentabilité peut compenser des risques qui ne sont pas pris en compte par les acteurs sur le marché : risque de défaut ou sensibilité aux retournements économiques en raison de la plus faible taille. Parallèlement, les titres des entreprises qui présentent un PER faible sont plus rentables (« effet PER »). Ceci peut résulter d'une mauvaise appréciation des bénéfices futurs : les entreprises dont le PER est plus faible présentent des perspectives de bénéfices mal valorisées par le marché. Si des explications liées à la microstructure des marchés financiers sont généralement avancées, la finance comportementale propose une nouvelle voie d'interprétation de ces phénomènes.

b. La finance comportementale

La finance comportementale remet en cause les hypothèses d'efficience des marchés financiers, de rationalité des investisseurs et de maximisation de l'espérance d'utilité propre à la théorie financière classique. Pour les tenants de ce nouveau courant, les anomalies en contradiction avec l'hypothèse d'efficience reposent sur des facteurs psychologiques et sociologiques qui affectent la prise de décision des différents acteurs. Ces anomalies résultent de traitements imparfaits de l'information s'appuyant sur des représentations erronées ou simplificatrices de la réalité, de perceptions imparfaites du risque, de l'interférence des émotions ou d'interactions sociales (mimétisme). Ce dernier phénomène est notamment à la source des bulles spéculatives. Ces bulles correspondent à des hausses très excessives des prix des actifs financiers, incohérentes avec la logique de valorisation de ces actifs. Elles se traduisent par un processus autoréférentiel de formation des prix des actifs. Ce processus conduit les investisseurs à croire que le prix élevé d'un actif est justifié par son potentiel d'augmentation future.

II La valeur et le risque

La valeur d'un titre financier correspond à la valeur actuelle des flux qu'il est susceptible de dégager dans le futur. Le calcul de cette valeur actuelle suppose la connaissance des flux futurs de trésorerie à actualiser et du taux d'actualisation de ces flux. La rentabilité, mesure de la différence entre les valeurs future et actuelle d'un actif, est donc étroitement liée à ce taux d'actualisation.

A. La rentabilité et le risque d'un titre financier

Dans ce paragraphe, nous allons successivement rappeler les notions de base pour apprécier la relation qui existe entre la rentabilité et le risque d'un titre financier.

1. La rentabilité d'un titre financier

La rentabilité est, tout d'abord, envisagée en la distinguant du rendement. Puis, les notions de rentabilité nominale et de rentabilité réelle sont présentées. Les différences de calcul d'une rentabilité moyenne arithmétique ou géométrique sont expliquées.

a. La rentabilité et le rendement

La rentabilité d'un titre financier est une mesure relative de la richesse créée pour le détenteur du titre. Cette richesse résulte d'une plus-value en capital et de l'encaissement d'un revenu qui dépend de la catégorie du titre : dividende pour une action, coupon d'intérêt pour une obligation, etc. On distingue le rendement qui mesure l'enrichissement relatif à l'encaissement du revenu et la rentabilité qui est la somme du rendement et des plus ou moins-values en capital.

Le taux de rendement, rd_T, d'un titre sur la période T est calculé par : $rd_T = \dfrac{F_T}{P_t}$

Le taux de rentabilité, R_T, d'un titre sur la période T correspond à :

$$R_T = \frac{F_T + P_{t+1} - P_t}{P_t} = rd_T + \frac{P_{t+1} - P_t}{P_t}$$

Avec :
- P_t : prix en début de période T ;
- P_{t+1} : prix en fin de période T ;
- F_T : flux de revenus encaissés (dividendes, coupons, etc.) pendant la période T ;
- rd_T : taux de rendement sur la période T ;
- R_T : taux de rentabilité sur la période T.

EXEMPLE

Le cours de l'action Canal+ était de 7,46 € au 31 décembre 2006 et de 8,24 € au 31 décembre 2007. Un dividende de 0,24 € a été versé en avril 2007.

Le rendement en dividende pour un actionnaire qui aurait acheté le titre le 31 décembre 2006 est :

$$rd_{2007} = \frac{0{,}24}{7{,}46} = 3{,}22\ \%.$$

La plus-value en capital (PV) pour l'année 2007 est :

$$PV_{2007} = \frac{8{,}24 - 7{,}46}{7{,}46} = 10{,}46\ \%.$$

La rentabilité en 2007 pour l'actionnaire est :

$R_{2007} = 3{,}22\ \% + 10{,}46\ \% = 13{,}68\ \%.$

b. La rentabilité nominale et la rentabilité réelle

La rentabilité nominale calculée précédemment intègre l'inflation. Pour obtenir la rentabilité réelle, il est nécessaire de corriger la rentabilité nominale en isolant la composante liée à l'inflation. Le taux de rentabilité réel, Rr_T, correspond au coefficient de rentabilité nominal, $1+R_T$, divisé par le coefficient d'inflation, $1 + I_T$:

$$Rr_T = \frac{1+R_T}{1+I_T} - 1$$

Avec :
- Rr_T : taux de rentabilité réelle sur la période T ;
- I_T : taux d'inflation sur la période T ;
- R_T : taux de rentabilité nominale sur la période T.

EXEMPLE

Au cours de l'année 2007, le taux d'inflation moyen a été de 1,5 %. La rentabilité réelle pour l'actionnaire de Canal+ a donc été de :

$$Rr_{2007} = \frac{1,1368}{1,015} - 1 = 12\ \%.$$

c. La rentabilité arithmétique et la rentabilité géométrique

Lorsque l'on calcule la rentabilité moyenne d'un actif sur plusieurs périodes, il convient de calculer la rentabilité géométrique et non la rentabilité arithmétique. Cette moyenne géométrique tient, en effet, compte du capital sur lequel portent les rentabilités successives. La rentabilité arithmétique moyenne sur plusieurs périodes est calculée par :

$$R_a = \frac{1}{T}\sum_{t=1}^{T} R_t$$

La rentabilité géométrique moyenne sur plusieurs périodes se calcule par :

$$R_g = \frac{1}{T}\left[\prod_{t=1}^{T}(1+R_t)\right]^{\frac{1}{T}} - 1$$

Avec :
- R_t : rentabilité en t ;
- R_a : rentabilité moyenne arithmétique ;
- R_g : rentabilité moyenne géométrique ;
- T : nombre de sous-périodes.

EXEMPLE

Un titre A présente les cours respectifs suivants 10 €, 15 € et 10 € en t_0, t_1 et t_2. On constate que le titre A n'a dégagé aucune rentabilité sur la période totale $T = [t_0 ; t_2]$:

$$R_T = \frac{10-10}{10} = 0\ \%.$$

Si on calcule la rentabilité moyenne sur l'ensemble de la période à partir de la rentabilité de chaque deux sous-périodes $T_1 = [t_0 ; t_1]$ et $T_2 = [t_1 ; t_2]$:

$$R_{T_1} = \frac{15-10}{10} = 50\ \% \qquad R_{T_2} = \frac{10-15}{15} = -33,33\ \%.$$

Le calcul de la rentabilité arithmétique moyenne conduit à :

$$R_a = \frac{0{,}50 - 0{,}3333}{2} = 8{,}33\,\%.$$

Le calcul de la rentabilité géométrique moyenne permet de retrouver la rentabilité effective sur l'ensemble de la période T :

$$R_g = \left[(1+0{,}50)(1-0{,}3333)\right]^{\frac{1}{2}} - 1 = 0\,\%.$$

La rentabilité arithmétique est généralement supérieure à la rentabilité géométrique sauf si les rentabilités périodiques sont identiques. Plus les fluctuations des cours des titres sont élevées, plus l'écart entre rentabilités arithmétique et géométrique est important.

2. Le risque d'un titre financier

L'appréciation de la rentabilité d'un placement dans un actif financier sur lequel pèse une incertitude en termes de rentabilités futures nécessite de prendre en compte la variation potentielle de ces rentabilités. L'ampleur de cette variation, le risque de l'investissement, est généralement mesurée par la variance (σ_R^2) ou l'écart type (σ_R) des rentabilités :

$$\sigma_R^2 = \frac{1}{T}\sum_{t=1}^{T}\left(R_t - \bar{R}\right)^2 \quad \text{et} \quad \sigma_R = \sqrt{\sigma_r^2}$$

Avec :

– R_t = rentabilité en t ;

– $\bar{R}$ = rentabilité moyenne ;

– T : nombre de sous-périodes.

En supposant que la distribution des rentabilités des titres suive une loi normale, il est possible de synthétiser celle-ci par ses deux premiers moments :

– l'espérance de rentabilité, E(R) ;

– la variance (σ^2) ou l'écart type (σ) des rentabilités.

La connaissance de l'espérance de rentabilité E(R) et de l'écart type σ_R permet de calculer la probabilité que la rentabilité se situe dans un intervalle donné.

EXEMPLE

La rentabilité de l'action N est supposée suivre une loi normale de moyenne E(R) = 0,07 et d'écart type $\sigma_R = 0{,}04$.

Quelle est la probabilité que la rentabilité de N soit négative ?

Pour répondre à cette question, il est possible d'utiliser les propriétés de la loi normale et de calculer la probabilité que la variable centrée réduite X soit négative. Pour cela, il est nécessaire de centrer et réduire R_N pour en obtenir la variable X. Puis la probabilité que X soit négative est lue sur une table de la loi normale :

$$P(R_N < 0) = P\left(X < \frac{0 - 0{,}07}{0{,}04}\right) = P(X < -1{,}75) = 4{,}01\,\%$$

Dans cet exemple, il existe une probabilité de 4 % que la rentabilité de l'action N soit négative et donc près de 96 chances sur 100 qu'elle soit positive ou nulle.

La distribution de probabilité des rentabilités du titre N

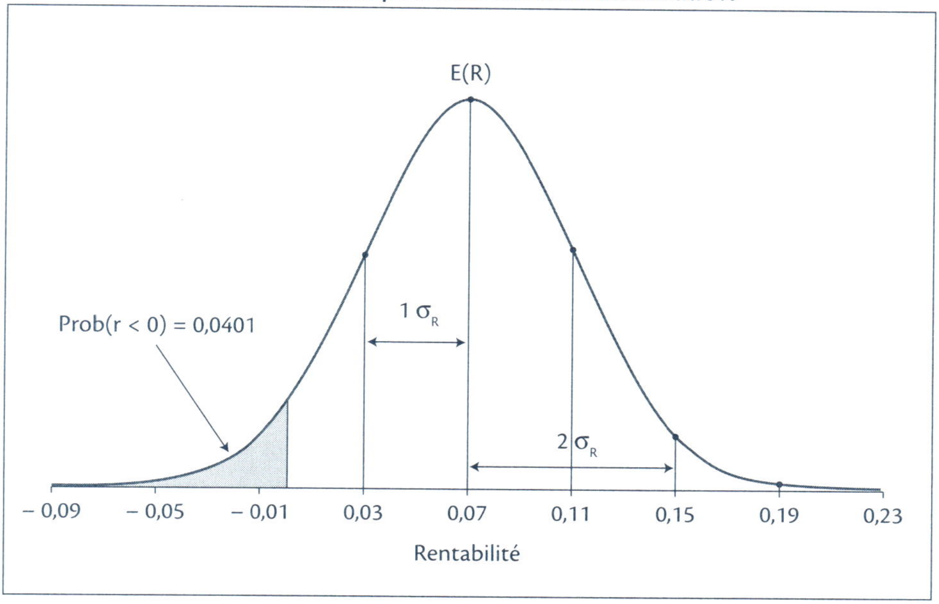

Toutefois, les études ont montré que les rentabilités des titres ne sont pas normalement distribuées, ce qui n'autorise pas l'utilisation des estimations classiques relevant de la loi normale. Par ailleurs, l'absence de stabilité des distributions dans le temps ne permet pas de prévoir les distributions de rentabilité futures par l'observation des distributions passées.

B. La rentabilité et le risque d'un portefeuille de titres

L'agrégation de plusieurs titres dans un portefeuille oblige à prendre en compte leur poids respectif dans la constitution du portefeuille pour en apprécier la rentabilité et le risque. Ce dernier est de plus affecté par la corrélation susceptible d'exister entre la rentabilité des différents titres.

1. La rentabilité d'un portefeuille de titres

La rentabilité R_P d'un portefeuille P composé de N titres correspond à la moyenne des rentabilités des titres, R_i, pondérées par leur poids respectif, X_i, dans le portefeuille :

$$R_P = \sum_{i=1}^{N} X_i R_i$$

EXEMPLE

Le portefeuille p est constitué de trois titres A, B et C selon la répartition suivante :

Titres (i)	Poids de i (X_i)	Rentabilité de i (R_i)
A	0,25	0,15
B	0,35	0,30
C	0,40	– 0,10

La rentabilité du portefeuille p est :
$R_p = 0{,}25(0{,}15) + 0{,}35(0{,}30) + 0{,}40(-0{,}10) = 10{,}25\,\%$.

2. Le risque d'un portefeuille de titres

Comme pour une action, le risque d'un portefeuille est mesuré par la variance ou l'écart type de ses rentabilités. Or, on observe une certaine corrélation entre les variations des cours des actifs cotés sur les marchés financiers. Ces derniers sont généralement sensibles aux mêmes évolutions macroéconomiques. Ce phénomène oblige à corriger l'estimation de la variance des rentabilités des titres lors de l'estimation de la variance des rentabilités d'un portefeuille :

$$\sigma_P^2 = \sum_{i=1}^{N}\sum_{j=1}^{N} X_i^2 X_j^2 \sigma_{ij}^2 = \sum_{i=1}^{N}\sum_{j=1}^{N} X_i^2 X_j^2 \rho_{ij}^2 \sigma_i^2 \sigma_j^2$$

Avec :
- σ_i : écart type des rentabilités du titre i ;
- σ_j : écart type des rentabilités du titre j ;
- X_i : proportion du portefeuille investie dans le titre i ;
- X_j : proportion du portefeuille investie dans le titre j ;
- N : nombre de titres ;
- σ_{ij} : covariance entre les rentabilités des titres i et j : $\sigma_{ij} = \frac{1}{T}\sum_{t=1}^{T}\left(R_{it} - \overline{R_i}\right)\left(R_{jt} - \overline{R_j}\right)$;
- ρ_{ij} : coefficient de corrélation entre les rentabilités des titres i et j : $\rho_{ij} = \frac{\sigma_{ij}}{\sigma_i \sigma_j}$.

EXEMPLE

Les écarts types des rentabilités des titres du portefeuille P précédent sont 0,20 pour A, 0,25 pour B et 0,15 pour C. Les corrélations des rentabilités entre les titres sont $\rho_{AB} = 0{,}60$, $\rho_{AC} = 0{,}05$ et $\rho_{BC} = 0{,}10$.

On déduit des informations précédentes, la covariance σ_{ij} des titres deux à deux :

$\sigma_{AB} = \rho_{AB} \times \sigma_A \times \sigma_B = 0{,}0300$

$\sigma_{AC} = \rho_{AC} \times \sigma_A \times \sigma_C = 0{,}0015$

$\sigma_{BC} = \rho_{BC} \times \sigma_B \times \sigma_C = 0{,}0038$

Les rentabilités des titres, vraisemblablement corrélées entre elles, nécessitent de corriger cette corrélation dans le calcul de la variance des rentabilités du portefeuille :

$$\sigma_P^2 = x_A^2\sigma_A^2 + x_B^2\sigma_B^2 + x_C^2\sigma_C^2 + 2x_Ax_B\sigma_{AB} + 2x_Ax_C\sigma_{AC} + 2x_Bx_C\sigma_{BC}$$

$$= 0{,}25^2 \times (0{,}20)^2 + 0{,}35^2 \times (0{,}25)^2 + 0{,}40^2 \times (0{,}15)^2 + 2 \times 0{,}25 \times 0{,}30 \times 0{,}0300$$

$$+ 2 \times (0{,}25 \times 0{,}40 \times 0{,}0015) + 2 \times (0{,}35 \times 0{,}40 \times 0{,}0038)$$

$$\sigma_P^2 = 0{,}020\,356 \quad \text{et} \quad \sigma_P = \sqrt{0{,}020\,356} = 0{,}1427$$

III La théorie du portefeuille

La théorie du portefeuille propose une formalisation de la relation entre la rentabilité et le risque. Ce risque est lié à l'incertitude qui pèse sur la rentabilité future d'un titre.

A. La relation entre la rentabilité et le risque

La rentabilité incertaine liée à la détention d'un titre apparaît comme une compensation pour le risque accepté par l'investisseur. En fonction des caractéristiques des titres détenus dans un portefeuille, il est possible de réduire le risque total du portefeuille par une diversification des risques individuels.

1. La diversification des risques

La diversification consiste à investir dans plusieurs titres afin de réduire le risque de l'investissement. Une diversification peut être qualifiée de diversification efficace de manière absolue si la réduction du risque est maximale ou de diversification relative si l'on considère un niveau de rentabilité attendue. Pour réussir cette diversification, des questions se posent tant au niveau des caractéristiques des titres que de leur nombre.

a. Les caractéristiques des titres

Le risque d'un portefeuille est lié à la corrélation qui existe entre la rentabilité des titres qui le composent.

EXEMPLE

Un portefeuille P est constitué de deux titres A et B dont les caractéristiques sont les suivantes :

Titres (i)	Rentabilité de i en t (R_i)	Écart type des rentabilités de i (σ_i)
A	0,18	0,30
B	0,07	0,20

La rentabilité du portefeuille P dépend des différentes combinaisons des poids respectifs des titres X_A et X_B dans le portefeuille :

Tableau 1.1 – **Les rentabilités des portefeuilles selon la proportion investie en A et B**

Portefeuilles P	Proportion investie en A X_A	Proportion investie en B X_B	Rentabilité du portefeuille $\Sigma X_i R_i$
P_1	1,00	0,00	0,18
P_2	0,80	0,20	0,16
P_3	0,60	0,40	0,14
P_4	0,40	0,60	0,11
P_5	0,20	0,80	0,09
P_6	0,00	1,00	0,07

L'écart type des rentabilités des portefeuilles présentés dans le tableau, donc leur risque, dépend du coefficient de corrélation ρ_{AB} entre les rentabilités des titres A et B $(-1 < \rho_{AB} < 1)$. Il est possible d'illustrer le rôle joué par la corrélation entre les rentabilités en calculant les écarts types des rentabilités de ces portefeuilles. Le tableau suivant synthétise les écarts types ainsi calculés pour les différents portefeuilles $P_1, \ldots, P_{6,}$ en fonction de trois niveaux de corrélation.

Tableau 1.2 – **L'écart-type des rentabilités des portefeuilles en fonction du coefficient de corrélation**

Portefeuille P	Coefficient de corrélation ρ_{AB}		
	– 0,5	**0**	**0,5**
P_1	0,30	0,30	0,30
P_2	0,22	0,24	0,26
P_3	0,16	0,20	0,23
P_4	0,12	0,17	0,21
P_5	0,14	0,17	0,20
P_6	0,20	0,20	0,20

Une relation positive apparaît entre la corrélation et le risque mesuré par l'écart type des rentabilités des portefeuilles : plus la corrélation baisse, plus le risque diminue. En effet, l'écart type du portefeuille P_2 baisse de 0,26 à 0,22 lorsque le coefficient de corrélation passe de + 0,5 à – 0,5. En représentant sur un même graphique, dans un espace rentabilité/risque, les données des six portefeuilles, on obtient différentes courbes qui dépendent du niveau de corrélation entre les rentabilités des titres A et B.

La situation la plus favorable correspond à une corrélation négative ($\rho = -0{,}50$). Dans ce cas, les risques respectifs de chaque titre tendent à se neutraliser ; pour un même niveau de rentabilité, le risque du portefeuille est minimisé. Par exemple, le portefeuille P_2 représenté sur le graphique associe une rentabilité de 16 % à un risque mesuré par l'écart type des rentabilités le plus faible de 22 %, par rapport aux deux autres situations représentées par les points C et D.

Parallèlement, pour un même niveau de risque, la rentabilité du portefeuille est maximisée. Pour un niveau de risque égal à 22 %, le portefeuille P_2 présente une rentabilité de 16 % qui est supérieure à celle obtenue avec une corrélation nulle (point E) ou positive (point F) entre les rentabilités des titres A et B.

La situation la moins favorable correspond à une corrélation positive entre les rentabilités des titres A et B ($\rho = 0{,}50$). Les risques respectifs de chaque titre tendent à s'ajouter au lieu de se compenser pour un même niveau de rentabilité : le risque du portefeuille n'est pas minimisé. De même pour un même niveau de risque, la rentabilité du portefeuille n'est pas optimale par rapport à une situation de corrélation négative ou nulle.

Figure 1.2 – **La relation entre la rentabilité R_p et le risque σ_p en fonction du coefficient de corrélation entre la rentabilité des titres A et B**

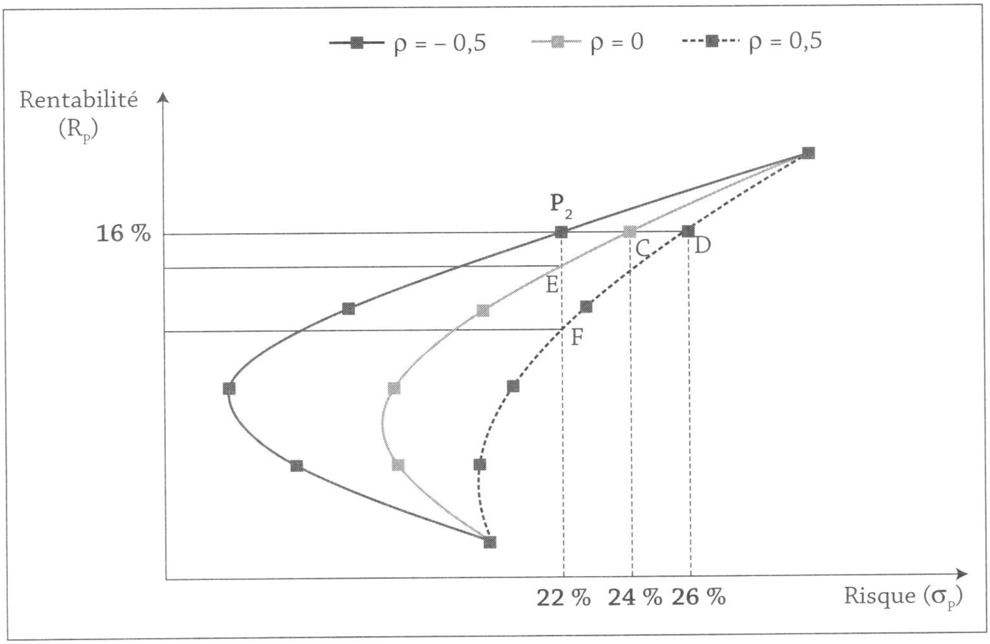

Dans la réalité, la corrélation entre les rentabilités des titres est rarement parfaitement positive. Des différences qui reposent sur des facteurs spécifiques (ancienneté, structure des coûts, taux de marge, ratio d'endettement, etc.) subsistent toujours entre des entreprises qui appartiennent à un même secteur économique sur une même zone géographique. Toutefois, la corrélation entre deux titres sera d'autant plus faible que les entreprises n'appartiendront pas au même secteur.

b. Le nombre de titres

La variance de la rentabilité d'un portefeuille dépend de la variance moyenne et de la covariance moyenne des rentabilités des N titres. Pour un portefeuille constitué dans des proportions égales de N titres, la variance est égale à :

$$\sigma_p^2 = \left(\frac{1}{N}\right)\overline{\sigma_i^2} + \left(\frac{N-1}{N}\right)\overline{\sigma_{ij}}$$

Quand le nombre de titres tend vers l'infini, la variance moyenne des titres tend vers zéro et la variance du portefeuille tend vers la covariance moyenne qui représente la limite de diversification. Cette limite est le niveau minimal de risque du portefeuille.

2. La notion de frontière efficiente

Lorsque les titres cotés sont nombreux, il est possible de constituer un nombre infini de portefeuilles. L'identification des portefeuilles les plus performants nécessite d'adopter un critère de sélection.

a. Les portefeuilles efficients

Ainsi, les portefeuilles qui, pour un même niveau de rentabilité, minimisent le risque seront préférés par les investisseurs. Inversement, les portefeuilles qui, pour un même niveau de risque, maximisent la rentabilité seront de même préférés. Ces portefeuilles optimaux en termes de rentabilité relative au risque sont qualifiés de portefeuilles efficients.

b. La frontière des portefeuilles efficients

L'ensemble de ces portefeuilles efficients constitue la frontière efficiente qui est supposée être commune à tous les investisseurs. Cette frontière peut être représentée dans un plan rentabilité espérée-risque (voir la figure 1.3).

Pour un même niveau de risque, les portefeuilles situés sur la demi-courbe OA proposent une rentabilité toujours supérieure à ceux situés dans l'espace AOB qui représente l'ensemble de tous les portefeuilles possibles. Pour chaque unité de risque, ces portefeuilles optimaux maximisent la rentabilité. Tout investisseur rationnel choisira donc une combinaison de titres, un portefeuille, sur cette demi-courbe OA, qualifiée de frontière efficiente, en fonction de ses préférences en matière de rentabilité et de risque. En présence de N titres, la résolution du calcul de la frontière efficiente nécessite l'estimation de $[N(N-1)]/2$ covariances. Si on considère un univers d'investissement composé de 1 000 titres, il est nécessaire d'estimer $(1\,000 \times 999)/2$ covariances, soit 499 500 covariances. Pour remédier à cette difficulté opérationnelle majeure, des modèles à indice ont été proposés par les chercheurs en théorie financière.

Figure 1.3 – La frontière des portefeuilles efficients

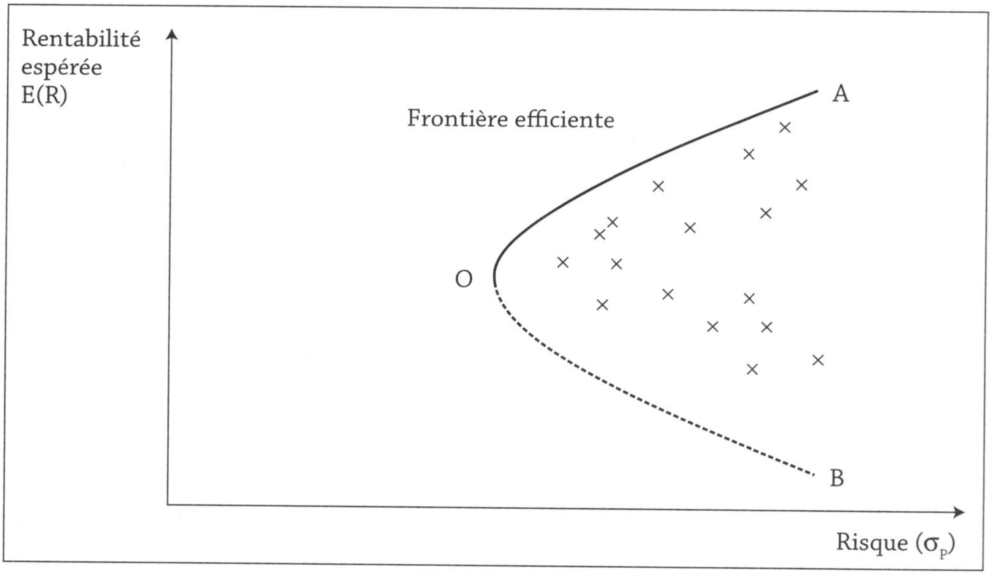

B. La modélisation de la relation entre la rentabilité et le risque

La relation entre la rentabilité et le risque peut être formalisée dans le cadre de modèles empiriques ou théoriques d'équilibre.

1. Le modèle de marché

Le modèle à indice le plus connu, le modèle de marché, est une formulation empirique qui décompose la rentabilité d'une action en deux parties :
– une part systématique due à l'influence du marché ;
– une part spécifique attribuable aux caractéristiques de l'action indépendamment des variations du marché.

Le qualificatif « systématique » indique que la rentabilité attendue et le risque encouru dépendent de la nature même d'un investissement sur un marché financier. Cette rentabilité et ce risque sont principalement liés aux conditions macroéconomiques qui affectent l'évolution des marchés financiers dans leur ensemble. L'intérêt principal de ce modèle est d'attribuer une part de la variation de la rentabilité d'un titre à la variation du marché commune à l'ensemble des titres. La rentabilité spécifique liée aux caractéristiques des actions est indépendante de celle du marché et donc indépendante de celle des autres actions cotées.

Le modèle de marché se traduit par la mise en évidence d'une relation linéaire entre la rentabilité d'une action et la rentabilité du marché :

$$R_{it} = \alpha_i + \beta_i R_{mt} + \varepsilon_{it}$$

Avec :
– R_{it} : rentabilité de i sur la période t ;
– α_i : constante de la régression ;
– β_i : pente de la droite de régression ;
– R_{mt} : rentabilité du marché sur la période t ;
– ε_{it} : erreur d'estimation pour i sur la période t.

a. Les coefficients du modèle de marché

Le coefficient bêta (β) indique la sensibilité moyenne de la rentabilité du titre à une variation de la rentabilité du marché. Il est égal à la covariance de la rentabilité de l'action par rapport à celle du marché divisée par la variance de la rentabilité du marché. Il s'agit d'une mesure de la rentabilité relative du titre par rapport au marché.

Le coefficient alpha (α), relativement instable dans le temps, représente la rentabilité du titre indépendante de celle du marché.

Le paramètre epsilon (ε) correspond à la composante spécifique de la rentabilité du titre et mesure les écarts par rapport à la tendance centrale représentée par la droite de régression.

Les coefficients α et β de la relation peuvent être estimés par régression linéaire par la méthode des moindres carrés ordinaires :

$$\alpha_i = \overline{R_i} - \beta_i \overline{R_m} \quad \text{et} \quad \beta_i = \frac{\sum_{t=1}^{T}\left(R_{it} - \overline{R_i}\right)\left(R_{mt} - \overline{R_m}\right)}{\sum_{t=1}^{T}\left(R_{mt} - \overline{R_m}\right)^2} = \frac{\sigma_{im}}{\sigma_m^2}$$

Le coefficient de détermination (R^2) permet d'apprécier la qualité de l'ajustement linéaire. Il indique la part de la variance de la rentabilité du titre qui est expliquée par la variance de la rentabilité de l'indice de marché. Plus le coefficient est proche de 1 (100 %), plus la rentabilité du titre dépend de celle du marché. Au contraire, un coefficient R^2 faible est le signe d'une faible significativité de la relation. Le coefficient R^2 peut se calculer en élevant au carré le coefficient de corrélation ρ :

$$R^2 = \rho^2 = \left(\frac{\sigma_{im}}{\sigma_i \sigma_m} \right)^2$$

La figure 1.4 montre la droite de régression linéaire représentative du modèle de marché pour le titre Total coté à la Bourse de Paris de 2005 à 2007. La rentabilité du marché correspond à celle de l'indice CAC 40 (les données sont des rentabilités mensuelles). Le coefficient β, égal à + 0,93, indique que sur la période étudiée :

- la rentabilité de l'action Total a varié positivement par rapport aux variations de l'indice CAC 40 ;
- lorsque l'indice enregistrait une variation à la hausse ou à la baisse de 1 %, la variation de la rentabilité du titre Total était en moyenne de 0,93 %.

Figure 1.4 – **La droite de régression linéaire du cours de l'action Total par rapport à l'indice CAC 40 sur des données mensuelles (2005-2007)**

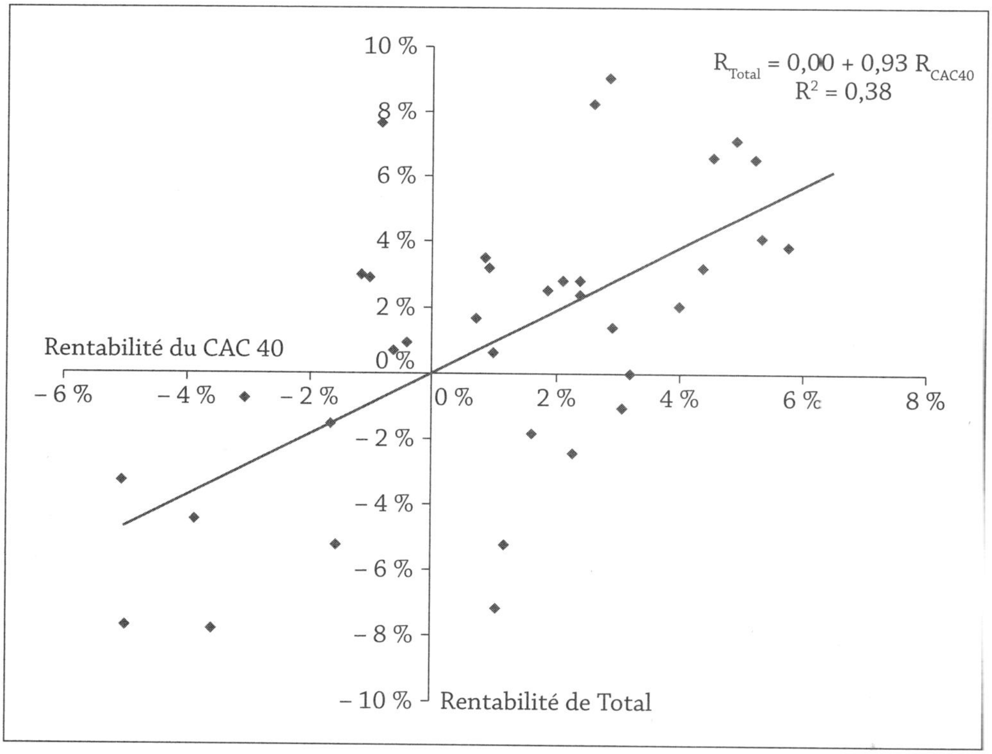

Toutefois, on note un coefficient de détermination relativement faible (38 %) qui indique que la variance de la rentabilité du titre Total est principalement expliquée par d'autres facteurs que le facteur de marché.

Parallèlement à la décomposition de la rentabilité, le modèle de marché permet une décomposition du risque total d'une action en deux composantes :

– le risque systématique égal au risque de marché pondéré par le coefficient bêta : $\beta_i^2\sigma_m^2$

– le risque spécifique qui correspond à l'écart type du paramètre résiduel epsilon : $\sigma_{\varepsilon i}^2$

Le risque total σ_i^2 est égal à la somme des risques systématique et spécifique :

$$\sigma_i^2 = \beta_i^2\sigma_m^2 + \sigma_{\varepsilon i}^2$$

Le risque systématique relatif, mesuré par le coefficient de détermination R^2, est lié à la valeur absolue de ce risque systématique σ_i^2 par la relation :

$$R^2 = \frac{\left(\beta_i^2\sigma_m^2\right)}{\sigma_i^2}$$

b. La rentabilité, le risque et le modèle de marché

Le modèle de marché suppose que les rentabilités des titres cotés sur un même marché sont liées entre elles par leur relation avec un facteur unique, la rentabilité de l'ensemble du marché. Cette formulation permet de réduire très significativement les calculs par rapport à l'approche fondée sur le calcul de la frontière efficiente. Si on considère un univers d'investissement composé de 1 000 titres, il sera suffisant d'estimer 1 000 variances des rentabilités des titres individuelles et 1 000 covariances au lieu des 499 500 covariances envisagées pour l'estimation de la frontière efficiente.

À partir du modèle de marché, les actions peuvent être classées en plusieurs catégories :

– les actions dont la rentabilité varie dans les mêmes proportions et dans le même sens que celle du marché ; ces actions présentent un coefficient bêta proche de 1 ($\beta \approx 1$) ;

– les actions dont les variations de rentabilité sont plus importantes que celles du marché ; ces actions ont un coefficient bêta supérieur à 1 ($\beta > 1$) ;

– les actions dont les variations de rentabilité sont moins importantes que celles du marché pour lesquelles le coefficient bêta est inférieur à 1 ($\beta < 1$).

EXEMPLE

Les coefficients bêta des titres A, B et C sont respectivement $\beta_A = 1{,}3$, $\beta_B = 1$ et $\beta_C = 0{,}8$. Sur l'année précédente, la rentabilité du marché, R_m, était en moyenne de 7 % et la variance moyenne de ses rentabilités, σ_m^2, de 10 %. Compte tenu du modèle de marché, les rentabilités et les risques systématiques respectifs des titres ont été les suivants sur la même période :

$R_A = \beta_A \times R_m = 1{,}3 \times 7\ \% = 9{,}1\ \%$;

$R_B = \beta_B \times R_m = 1 \times 7\ \% = 7\ \%$;

$R_C = \beta_C \times R_m = 0{,}8 \times 7\ \% = 5{,}6\ \%$;

$\sigma_A^2 = \beta_A \times \beta_A \times \sigma_m^2 = 1{,}3 \times 1{,}3 \times 10\ \% = 16{,}9\ \%$;

$\sigma_B^2 = \beta_B \times \beta_B \times \sigma_m^2 = 1 \times 1 \times 10\ \% = 10\ \%$;

$\sigma_C^2 = \beta_C \times \beta_C \times \sigma_m^2 = 0{,}8 \times 0{,}8 \times 10\ \% = 6{,}4\ \%$.

Dans le cas d'un portefeuille constitué de N titres, la rentabilité peut être décomposée en une composante systématique, $\beta_i R_{mt}$, attribuable au marché et une composante spécifique, $\alpha_i + \varepsilon_{it}$, propre à l'entreprise et indépendante des évolutions du marché.

Le risque d'un portefeuille dépend donc de trois facteurs :
- le risque de chaque action mesuré par la variance ou l'écart type des rentabilités ;
- la covariance entre les rentabilités des actions ;
- le nombre de titres composant le portefeuille.

Il est donc possible de réduire le risque spécifique d'un portefeuille en augmentant le nombre de titres qui le composent, pour autant que les covariances des rentabilités des titres soient faibles. Le risque du portefeuille tend alors vers la limite de diversification, c'est-à-dire le risque systématique non diversifiable (voir figure 1.5).

Toutefois, le modèle de marché présente certaines limites opérationnelles notamment liées à des difficultés d'estimation des paramètres ou à l'instabilité des coefficients dans le temps.

Figure 1.5 – **Le risque systématique et le risque spécifique**

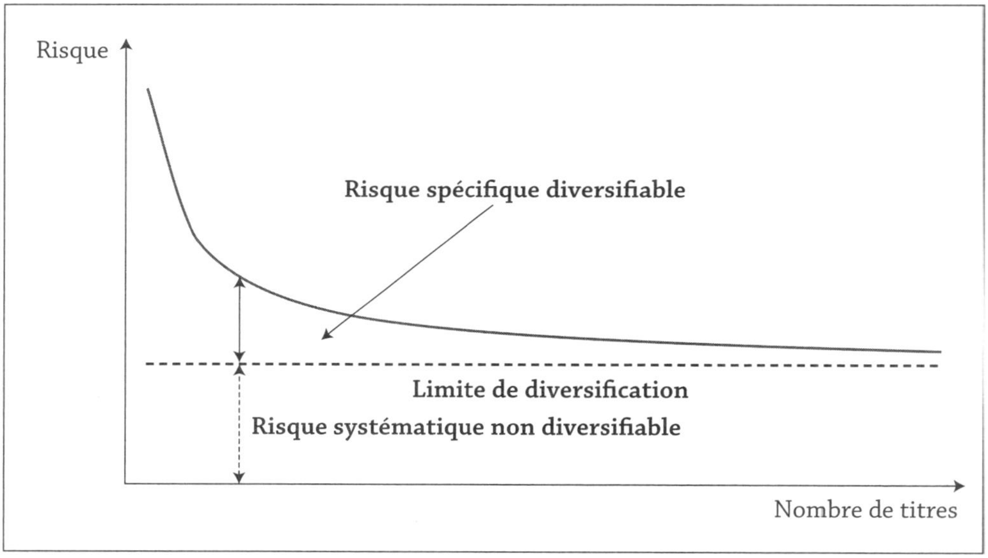

c. Intérêts et limites du modèle de marché

Le modèle de marché, en formalisant la relation entre le risque et la rentabilité, a considérablement réduit les calculs nécessaires pour une diversification optimale des risques d'un portefeuille. Il permet, d'une part, de distinguer le risque systématique relatif au marché et le risque spécifique d'un titre qui est diversifiable et, d'autre part, de connaître à tout moment le risque d'un portefeuille en référence à l'indice de marché qui représente une norme. Selon les prévisions faites quant à l'orientation future du marché, il est possible d'investir dans des titres qui présentent un coefficient bêta supérieur à l'unité en cas d'anticipation d'une hausse du marché. Au contraire, les titres avec un coefficient inférieur à l'unité seront privilégiés en cas d'anticipation d'une baisse du marché.

L'une des principales limites du modèle tient dans la tentative de synthétiser en un seul facteur la réalité complexe des marchés financiers. Le facteur de marché explique en moyenne 30 à 40 % de la rentabilité des titres. D'autres facteurs sont susceptibles d'expliquer la rentabilité des titres. Enfin, des problèmes fréquents rencontrés lors d'estimations statistiques et liés notamment à l'instabilité des coefficients apparaissent.

2. Le modèle d'équilibre des actifs financiers (MEDAF)

Le modèle d'équilibre des actifs financiers (MEDAF) ou *Capital Asset Pricing Model* (CAPM) propose de déterminer le prix des titres en équilibrant l'offre et la demande de ces titres. Il introduit, de plus, un actif non risqué pour lequel la rentabilité est connue avec certitude, tel qu'un placement monétaire à court terme ou un emprunt d'État à long terme. À la différence du modèle de marché, il s'agit d'un modèle théorique qui repose sur certaines hypothèses restrictives :

– les investisseurs ont les mêmes anticipations en termes de risque et de rentabilité ;
– les marchés financiers sont censés être parfaits : les actifs sont parfaitement divisibles, il n'existe pas de coûts de transaction, ni d'impôts et l'information est disponible immédiatement et sans coût ;
– il est possible de prêter et d'emprunter sans limite à un taux d'intérêt qualifié de taux d'intérêt sans risque.

a. La formulation du MEDAF

Puisque les investisseurs font les mêmes anticipations, cela implique qu'ils sont confrontés à la même frontière efficiente. La rentabilité espérée d'un portefeuille P constitué d'un portefeuille risqué A en proportion X et de l'actif sans risque R_F est donnée par l'équation suivante :

$$E(R_P) = XR_F + (1-X)E(R_A) = E(R_A) + X\left[R_F - E(R_A)\right]$$

Le risque du portefeuille P dépend du seul portefeuille risqué A : $\sigma_P = (1 - X)\,\sigma_A$. En remplaçant X dans la première équation, on obtient l'équation linéaire suivante qui représente toutes les combinaisons de la rentabilité espérée, $E(R_P)$, et du risque du portefeuille, σ_P :

$$E(R_P) = R_F + \frac{E(R_A) - R_F}{\sigma_A}\sigma_P$$

Avec :

– $E(R_P)$: rentabilité espérée du portefeuille P ;
– R_F : rentabilité de l'actif sans risque ;
– $E(R_A)$: rentabilité espérée du portefeuille risqué A ;
– σ_A : risque du portefeuille A, mesuré par l'écart type de ses rentabilités ;
– σ_P : risque du portefeuille P, mesuré par l'écart type de ses rentabilités.

b. Le MEDAF et la frontière efficiente

Les opportunités d'investissement représentées par l'équation précédente situées sur la droite R_FA (voir la figure 1.6) ne sont pas optimales. Il est possible de constituer des portefeuilles en combinant l'actif sans risque, R_F , et un portefeuille particulier, M. Les combinaisons de l'actif sans risque et du portefeuille tangentiel M, qui proposent une rémunération maximale pour chaque niveau de risque, seront préférées.

Dans ce contexte, la droite $R_F M$ représente la nouvelle frontière efficiente sur laquelle les investisseurs choisiront la composition de leur portefeuille en fonction de leur courbe d'indifférence, représentative de leur aversion au risque.

Figure 1.6 – Le MEDAF et la frontière efficiente

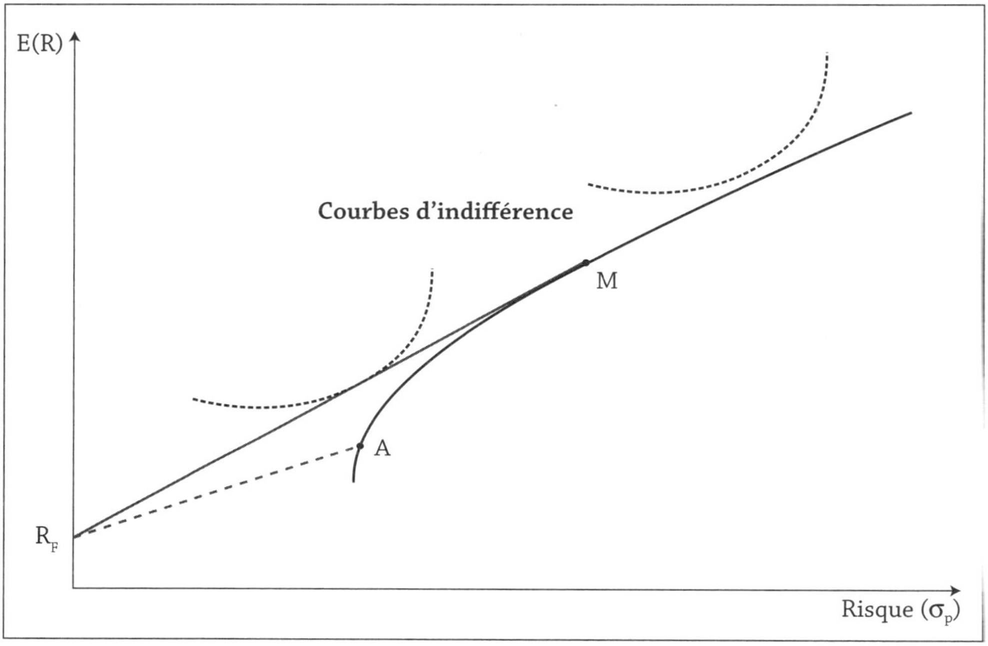

À l'équilibre du marché, le portefeuille risqué M qui contient tous les actifs risqués disponibles sur le marché est qualifié de « portefeuille de marché ». La relation du MEDAF devient :

$$E(R_P) = R_F + \frac{E(R_m) - R_F}{\sigma_m} \sigma_P$$

Chaque actif risqué *i* intervient dans la composition du portefeuille de marché en proportion de sa capitalisation boursière divisée par la capitalisation boursière de l'ensemble du marché.

c. Le prix du risque

À partir de la relation du MEDAF, il est possible de représenter le prix du risque pour l'ensemble du marché. La pente de la droite $R_F M$, appelée droite de marché ou « *Capital Market Line* » (CML), indique ce prix du risque du marché. Celui-ci correspond à l'accroissement de rentabilité requis par un investisseur pour accepter une unité de risque supplémentaire.

La rentabilité espérée d'un portefeuille efficient est égale au taux d'intérêt sans risque, R_F, augmenté d'une prime de risque composée de deux éléments :

– la prime de risque unitaire du marché qui correspond à la prime de marché $[E(R_m) - R_F]$ divisée par le risque du portefeuille de marché σ_m ;

– le risque supporté par le portefeuille considéré, σ_P.

Dans le cas d'un titre individuel, la rentabilité espérée est égale au taux sans risque, R_F, augmenté d'une prime de risque composée de deux éléments :

– la prime de marché $[E(R_m) - R_F]$ commune à tous les actifs ;
– le risque du titre *i* par rapport au risque du marché, mesuré par le coefficient bêta, β_i, qui peut être éliminé par diversification.

Figure 1.7 – **La droite de marché d'un titre individuel**

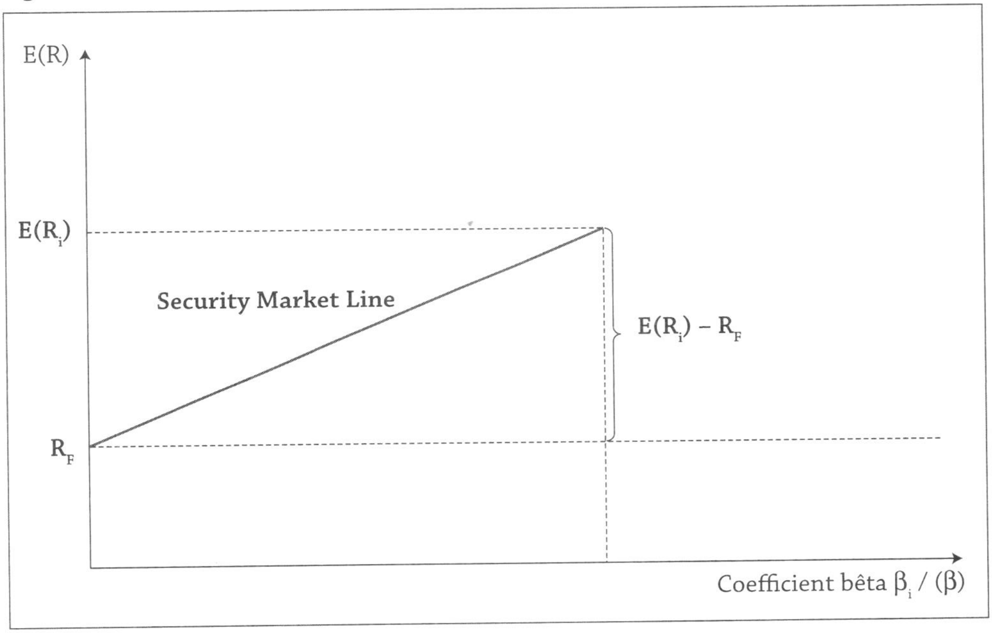

Cette relation, appelée droite de marché du titre ou « *Security Market Line* » (SML), détermine la rentabilité espérée du titre *i* à l'équilibre d'un marché efficient :

$$E(R_i) = R_F + \beta_i\left[E(R_m) - R_F\right]$$

d. L'utilisation du MEDAF

À la différence du modèle de marché qui analyse des données passées, le MEDAF permet d'estimer la rentabilité qu'un investisseur est en droit d'attendre en fonction du risque systématique accepté. Ce niveau de risque est traduit par une mesure unique, le coefficient bêta, qui lie la rentabilité d'un titre et celle du marché dans son ensemble. Le modèle est cohérent avec la théorie financière qui suppose que la valeur d'un actif est égale à la valeur actualisée de ses flux futurs et fournit une estimation du taux d'actualisation. En raisonnant sur une période, la valeur en début de période d'un titre, V_t, correspond au quotient de la valeur en fin de période, V_{t+1}, et du taux d'actualisation approprié égal au taux de rentabilité espéré, E(Ri) :

$$V_t = \frac{V_{t+1}}{1 + E(R)} = \frac{V_{t+1}}{1 + \left(R_F + \beta\left[E(R_m) - R_F\right]\right)}$$

EXEMPLE

La valeur en fin de période d'un titre est évaluée à 80 €. Le coefficient bêta du titre est égal à 0,75. La rentabilité anticipée du marché est estimée à 5 % sur la période et un placement monétaire, équivalent au taux sans risque sur la période, rapporte 2,8 %.

La rentabilité espérée du titre E(R) est donnée par la relation du MEDAF :

$E(R) = R_F + \beta_i[E(R_m) - R_F) = 0{,}028 + 0{,}75\ (0{,}05 - 0{,}028) = 0{,}0445 = 4{,}45\ \%$.

La valeur en début de période du titre est égale à la valeur du titre en fin de période actualisée au taux de rentabilité espérée :

$$V_t = \frac{V_{t+1}}{1+E(R)} = \frac{80}{1+0{,}0445} = 76{,}59\,€$$

Cette approche est particulièrement utile pour estimer le coût des capitaux propres dans le cadre de l'évaluation d'une entreprise ou d'un projet d'investissement. Par ailleurs, le MEDAF permet de comparer la rentabilité des titres avec leur risque mesuré par le bêta.

e. Les limites du MEDAF

Malgré l'intérêt du MEDAF, plusieurs difficultés apparaissent lors de son utilisation. La première tient à la tentative de synthétiser une réalité complexe, le comportement des acteurs sur les marchés financiers, par un modèle simple ne mettant en jeu qu'un facteur de risque, le coefficient bêta. L'importance des opérations sur les marchés à terme ou les marchés d'options est susceptible de modifier la linéarité et la simplicité de la relation entre la rentabilité espérée et le risque supporté. Le MEDAF ne dit pas explicitement comment évaluer la rentabilité espérée du marché, $E(R_m)$. Il est tentant d'utiliser un indice d'actions cotées comme substitut au marché alors qu'une mesure plus complète intégrant les différentes classes d'actifs financiers (actions, obligations, options, contrats à terme, etc.) ou non financiers (immobilier, objets d'art, capital humain, etc.) serait préférable. D'autres questions portent sur la distribution de probabilités ou l'espérance de rentabilité retenues. De même, l'estimation du coefficient bêta nécessite de choisir un indice représentatif du marché et une fréquence d'estimation qui peut être journalière, hebdomadaire, mensuelle ou annuelle.

3. Des modélisations alternatives

Pour tenter de remédier aux imperfections du MEDAF, plusieurs modélisations alternatives de la relation rentabilité/risque ont été proposées. Parmi celles-ci, deux modèles retiennent plus particulièrement l'intérêt des praticiens : le modèle d'évaluation par arbitrage ou MEA (*Arbitrage Pricing Theory* ou APT) et le modèle à trois facteurs.

a. Le modèle d'évaluation par arbitrage (*Arbitrage Pricing Theory* ou APT)

Le modèle d'évaluation par arbitrage tente d'expliquer la structure des rentabilités des actifs risqués de manière plus générale que le MEDAF. Il repose sur l'hypothèse que le cours des titres est influencé linéairement par un nombre limité de facteurs communs à l'ensemble de ces titres :

$$R_{it} = \alpha_i + \beta_{1i}F_1 + \beta_{2i}F_2 + \ldots + \beta_{ki}F_k + \varepsilon_{it}$$

Avec :
- R_i : rentabilité du titre i ;
- α_i : rentabilité du titre i lorsque les facteurs sont nuls ;
- F_k : valeur du k^e facteur qui affecte la rentabilité du titre i ;
- β_{ki} : sensibilité de la rentabilité du titre *i* au facteur *k ;*
- ε_i : erreur aléatoire.

La difficulté majeure dans l'utilisation du MEA réside dans la détermination de la nature et du nombre de facteurs. Initialement, le MEA proposait de s'appuyer sur des facteurs statistiques issus d'une analyse factorielle ou d'une analyse en composantes principales. Ces méthodes d'analyse de données permettent de représenter synthétiquement l'évolution de variables, ici les cours des titres, par un nombre réduit de facteurs ou composantes. Ces facteurs posent le problème de leur interprétation en termes économiques. Des facteurs macroéconomiques ont aussi été proposés tels que la variation du PIB, l'évolution du taux d'inflation ou des variables liées aux taux d'intérêt (prime de risque de défaut ou pente de la courbe des taux). Enfin ont aussi été envisagées des caractéristiques des entreprises liées à des grandeurs comptables fondamentales telles que la taille, le taux d'endettement, etc. ou à des attributs de marché tels que la volatilité des rentabilités, le volume des transactions, la liquidité, etc.

En définitive, le MEA apparaît plus riche que le MEDAF et donc plus à même de décrire précisément la structure des rentabilités des titres financiers. Les études empiriques ont toutefois montré qu'il existe généralement un facteur prépondérant qui est très corrélé avec la prime de marché $[E(R_m) - R_F]$. Le MEDAF qui ne s'appuie que sur ce seul facteur apparaît comme un cas particulier du MEA. L'utilisation du MEA est identique à celle du MEDAF pour évaluer la rentabilité espérée ou la valeur d'un titre, d'un portefeuille de titres ou d'un projet d'investissement.

b. Le « modèle à trois facteurs »

Le modèle à trois facteurs, qui représente une formulation empirique réduite du modèle d'évaluation par arbitrage, s'appuie sur la prime de marché et deux primes liées aux caractéristiques des titres :

$$R_i = R_F + \beta_i\left(R_m - R_F\right) + s_i SMB + h_i HML$$

Avec :
- R_i : rentabilité du titre i ;
- R_m : rentabilité du marché ;
- R_F : rentabilité de l'actif sans risque ;
- SMB : prime de rentabilité liée à la taille de l'entreprise ;
- HML : prime de rentabilité liée au ratio valeur comptable sur valeur de marché de l'entreprise ;
- β_i, s_i et h_i : sensibilité de la rentabilité du titre *i* aux différents facteurs de rentabilité.

Ce modèle associe la prime de risque de marché $[E(R_m) - R_F]$ à deux primes de risque. La première prime de risque, SMB, correspond à la différence de rentabilité entre les petites et les grandes entreprises. Cette prime est censée correspondre à une prime de risque due à la vulnérabilité financière ; les entreprises de taille plus modeste sont présumées être moins diversifiées dans leurs activités, plus sensibles aux conditions de crédit et moins liquides. La deuxième prime, HML, correspond à la différence de rentabilité entre les entreprises qui présentent des ratios valeur comptable sur valeur de marché de l'entreprise alternativement élevés ou faibles. Cette prime est supposée représenter le risque lié à la faiblesse des opportunités de croissance.

Ce modèle à trois facteurs est particulièrement utilisé dans l'analyse de performance des fonds de placement ; il se situe entre le MEDAF, qui peut apparaître trop simplificateur, et le MEA assez difficile à mettre en œuvre dans la pratique en raison du nombre de facteurs à retenir et de leur interprétation.

4. Les estimations à la Bourse de Paris

Le tableau suivant présente les estimations par les moindres carrés ordinaires des paramètres du modèle de marché pour les titres du CAC 40 de 2005 à 2007. On constate de fortes disparités entre les titres sur la période avec des coefficients α proches de zéro et des coefficients β entre 0,27 (Carrefour) et 2,58 (Vallourec). De même, les coefficients de détermination, R^2, s'échelonnent de 2 % (Carrefour) à 58 % (Alcatel-Lucent ou Dexia).

Tableau 1.3 – **Les estimations des paramètres α, β et R^2 pour les entreprises du CAC 40 sur données mensuelles (2005-2007)**

Entreprises	α	β	R^2	Entreprises	α	β	R^2
Accor	0,01	0,99	0,29	Lagardère	– 0,01	0,94	0,34
Air France - KLM	0,00	1,58	0,36	L'Oréal	0,01	0,77	0,24
Air Liquide	0,01	0,56	0,18	LVMH	0,00	1,02	0,48
Alcatel Lucent	– 0,05	2,33	0,58	Michelin	0,00	1,39	0,34
Alstom	0,04	1,65	0,24	Pernod-Ricard	0,01	0,52	0,12
Arcelor Mittal	0,02	1,24	0,14	Peugeot	– 0,01	1,35	0,35
Axa	0,00	1,20	0,44	PPR	0,00	0,93	0,30
BNP	0,00	1,18	0,55	Renault	0,00	1,65	0,46
Bouygues	0,01	0,88	0,18	Saint-Gobain	0,00	1,16	0,42
Cap Gemini	0,00	1,46	0,34	Sanofi-Aventis	0,00	0,53	0,08
Carrefour	0,01	0,27	0,02	Schneider	0,00	1,26	0,41
Crédit Agricole	– 0,01	1,39	0,52	Société Générale	– 0,01	1,46	0,49
Danone	0,01	0,79	0,28	STMicro	– 0,03	1,73	0,51
Dexia	– 0,01	1,35	0,58	Suez	0,01	0,96	0,34
EADS	– 0,01	1,46	0,32	Total	0,00	0,93	0,38
EDF	0,03	1,48	0,30	Unibail	0,00	0,83	0,10
Essilor	0,01	0,29	0,07	Vallourec	0,04	2,58	0,38
France Télécom	– 0,01	0,64	0,10	Veolia	0,01	0,93	0,26
GDF	0,01	0,82	0,21	Vinci	0,01	0,89	0,20
Lafarge	0,01	1,08	0,30	Vivendi	0,00	0,70	0,24

SYNTHÈSE

Ce premier chapitre présente les fondements de la valorisation des actifs sur les marchés financiers. Par extension, cette valorisation peut être adaptée à toutes les questions d'évaluation, de financement ou d'investissement.

La valeur et l'information

La valeur d'un titre, théoriquement égale à la valeur actualisée des flux qu'il est susceptible d'engendrer, dépend des informations dont disposent les acteurs sur les marchés financiers. L'hypothèse d'efficience des marchés financiers suppose que ces informations sont reflétées quasi instantanément dans les cours et entraîne une impossibilité de tirer profit d'une information. Cette absence d'opportunité d'arbitrage est à la source de nombreux modèles financiers tels que le MEDAF. L'obtention d'une rentabilité supérieure à celle d'un actif non risqué ne peut donc se réaliser sans supporter un risque ; ceci met en évidence la relation essentielle entre la rentabilité et le risque.

La valeur et le risque

La rentabilité que l'on est en droit d'attendre de la détention d'un actif est fonction de son risque. Pour un titre individuel, ce dernier peut être mesuré par une statistique de dispersion telle que la variance des rentabilités. Lorsqu'il s'agit d'un portefeuille, la variance des rentabilités des titres doit être corrigée de la covariance des rentabilités. Une sélection efficace permet de construire des portefeuilles optimaux qui maximisent la rentabilité en fonction du risque accepté. L'ensemble de ces portefeuilles constitue la frontière efficiente qui est commune à tous les investisseurs.

Les modèles d'évaluation

Pour valoriser formellement un titre, plusieurs modèles empiriques ou théoriques sont envisageables. Dans tous les cas, la rentabilité d'un titre semble étroitement liée à la rentabilité du marché financier dans son ensemble. Le modèle de marché permet de décomposer le risque en une composante spécifique qui peut être éliminée par diversification et une composante systématique non diversifiable, le risque de marché. La contrepartie de ce risque de marché non diversifiable représente la prime de rentabilité du marché. Le modèle d'équilibre des actifs financiers (MEDAF) formalise la relation entre la rentabilité espérée et le risque. En répartissant leurs investissements entre un actif non risqué et un portefeuille représentatif de l'ensemble du marché, les investisseurs sont susceptibles de maximiser l'espérance de rentabilité compte tenu du risque encouru. Le modèle d'évaluation par arbitrage ou le modèle à trois facteurs enrichissent la relation du MEDAF en intégrant d'autres facteurs susceptibles d'expliquer la rentabilité. Ces différents modèles fournissent une estimation du taux d'actualisation à utiliser, le taux de rentabilité attendue, pour valoriser tout titre ou investissement.

APPLICATION 1 Vrai ou faux

1. L'hypothèse de marche au hasard des cours des titres financiers permet de prédire leur évolution.

2. L'hypothèse d'efficience des marchés financiers implique qu'il n'est pas possible de réaliser une opération d'arbitrage.

3. La forme faible de l'hypothèse d'efficience des marchés financiers s'appuie sur l'ensemble des informations disponibles sur les marchés.

4. La distribution des rentabilités des titres suit généralement une loi normale.

5. La rentabilité d'un portefeuille de titres repose sur la corrélation des rentabilités des titres qui composent le portefeuille.

6. Un portefeuille est efficient s'il maximise la rentabilité compte tenu de son risque.

7. D'après le modèle de marché, la mesure du risque diversifiable est $\beta_i^2 \sigma_m^2$.

8. Dans le MEDAF, la frontière efficiente est représentée par une courbe.

9. La relation du MEDAF fournit une estimation du taux de rentabilité espérée d'un titre.

10. La valeur d'un titre est égale à la valeur de ses flux futurs actualisés au taux de rentabilité espérée.

CORRIGÉ 1

1. FAUX. Les cours évoluent de manière aléatoire, donc imprévisible.

2. VRAI. En effet, l'hypothèse d'efficience des marchés financiers suppose que toute information est interprétée quasi instantanément par les acteurs sur les marchés. Les possibilités d'arbitrage sont théoriquement impossibles.

3. FAUX. La forme faible d'efficience repose sur les seules informations relatives au passé de l'entreprise.

4. FAUX. La distribution des rentabilités des titres sur les marchés financiers ne suit pas tout à fait une loi normale. La tendance moyenne et les probabilités extrêmes sont plus élevées. Il en résulte notamment une plus forte probabilité des krachs boursiers que ne le suppose une distribution normale.

5. FAUX. C'est le risque mesuré par la variance des rentabilités qui repose sur la corrélation des rentabilités des titres. La rentabilité ne dépend que de la rentabilité des titres et de leur poids respectif dans le portefeuille.

6. VRAI. Alternativement, un portefeuille est efficient s'il minimise le risque compte tenu de la rentabilité.

7. FAUX. Il s'agit du risque systématique non diversifiable, le risque spécifique étant mesuré par l'écart type des résidus statistiques de la régression linéaire.

8. FAUX. La frontière efficiente correspond à la droite de marché RFM qui relie la rentabilité de l'actif sans risque à celle du portefeuille de marché.

9. VRAI. Il s'agit, en effet, d'une estimation de la rentabilité que le détenteur du titre est en droit d'attendre.

10. VRAI. Théoriquement, la valeur de tout actif financier est égale à la valeur actuelle de ses flux actualisés au taux de rentabilité espérée qui peut être estimé par le MEDAF.

APPLICATION 2 La relation entre la rentabilité et le risque

Vous disposez des informations suivantes concernant un portefeuille P composé de trois titres A, B et C :

Action i	Proportion investie en i X_i	Rentabilité de i en t r_{it}	Écart type des rentabilités de i σ_i
A	0,20	0,15	0,30
B	0,30	0,10	0,20
C	0,50	0,05	0,10

Corrélations	
ρ_{AB}	0,50
ρ_{AC}	1,00
ρ_{BC}	– 0,50

1. Calculez la rentabilité du portefeuille P.

2. En tenant compte des corrélations entre les titres A, B et C, calculez la variance et l'écart type des rentabilités du portefeuille P.

3. Quel est l'impact sur le risque du portefeuille P de la corrélation :
- **entre les titres A et B ;**
- **entre les titres A et C ;**
- **entre les titres B et C.**

CORRIGÉ 2

1. Calcul de la rentabilité du portefeuille P

$$r_p = \sum_{i=1}^{n} X_i r_{it} = 0,2(0,15) + 0,3(0,10) + 0,5(0,05) = 0,085 = 8,5\ \%$$

2. Calcul de la variance et de l'écart type des rentabilités du portefeuille P

Covariances		
σ_{AB}	$\sigma_A \times \sigma_B \times \beta_{AB} =$	0,0300
σ_{AC}	$\sigma_A \times \sigma_C \times \beta_{AC} =$	0,0300
σ_{BC}	$\sigma_B \times \sigma_C \times \beta_{BC} =$	– 0,0100

$$\sigma_p^2 = 0,15^2(0,20)^2 + 0,10^2(0,30)^2 + 0,05^2(0,50)^2$$

$$+ 2(0,20)(0,30)(0,03) + 2(0,20)(0,50)(0,03) + 2(0,30)(0,50)(-0,01) = 0,0163$$

$$\sigma_p = \sqrt{\sigma_p^2} = \sqrt{0,0163} = 0,1277 = 12,77\ \%.$$

3. Impact sur le risque du portefeuille P de la corrélation entre les titres

La corrélation entre les titres A et B inférieure à 1 réduit le risque global du portefeuille. La corrélation entre les titres A et C égale à 1 n'a pas d'impact sur le risque global du portefeuille. La corrélation négative entre les titres B et C réduit le risque global du portefeuille plus fortement que la corrélation entre les titres A et B.

APPLICATION 3 Le modèle de marché

Vous disposez des données de rentabilités des actions Air France, LVMH et de l'indice SBF 250 (indice des 250 plus grandes capitalisations à la Bourse de Paris) pour décembre 2006 et toute l'année 2007.

Mois	Air France	LVMH	SBF 250
Décembre 2006	31,89	79,95	3932,47
Janvier 2007	34,52	80,90	4013,49
Février 2007	32,80	83,73	3898,98
Mars 2007	34,15	83,05	4039,68
Avril 2007	37,58	85,97	4220,39
Mai 2007	37,95	87,72	4347,02
Juin 2007	34,59	85,54	4287,47
Juillet 2007	33,29	82,76	4063,18
Août 2007	30,39	81,99	4005,54
Septembre 2007	25,77	84,07	4058,56
Octobre 2007	26,24	88,88	4124,19
Novembre 2007	24,58	82,94	3956,06
Décembre 2007	24,05	82,68	3955,28

1. Calculez pour chaque titre la rentabilité moyenne, la variance et l'écart type des rentabilités.

2. Estimez les paramètres du modèle de marché α et β pour chaque titre par régression par les moindres carrés ordinaires.

3. Que représentent ces paramètres ?

4. Quelle différence faites-vous entre le risque systématique et le risque spécifique ?

5. Décomposez le risque de chaque titre en risque systématique et risque spécifique.

6. En supposant une rentabilité moyenne du marché de 8 % pour l'année 2008 et un taux d'intérêt monétaire à un an de 3,5 %, quelle est l'espérance de rentabilité des titres Air France et LVMH pour 2008 ?

CORRIGÉ 3

1. Calcul pour chaque titre de la rentabilité moyenne, de la variance et de l'écart type des rentabilités

t	Air France		LVMH		SBF 250	
	Rentabilité R_t	$(R_t - \bar{R})^2$	Rentabilité R_t	$(R_t - \bar{R})^2$	Rentabilité R_t	$(R_t - \bar{R})^2$
Janv. 2007	8,25 %	1,06 %	1,19 %	0,01 %	2,06 %	0,04 %
Fév. 2007	− 4,98 %	0,09 %	3,50 %	0,10 %	− 2,85 %	0,09 %
Mars 2007	4,12 %	0,38 %	− 0,81 %	0,01 %	3,61 %	0,12 %
Avr. 2007	10,04 %	1,47 %	3,52 %	0,10 %	4,47 %	0,19 %
Mai 2007	0,98 %	0,09 %	2,04 %	0,03 %	3,00 %	0,08 %
Juin 2007	− 8,85 %	0,46 %	− 2,49 %	0,08 %	− 1,37 %	0,02 %
Juil. 2007	− 3,76 %	0,03 %	− 3,25 %	0,13 %	− 5,23 %	0,28 %
Août 2007	− 8,71 %	0,44 %	− 0,93 %	0,02 %	− 1,42 %	0,02 %
Sept. 2007	− 15,20 %	1,73 %	2,54 %	0,05 %	1,32 %	0,02 %
Oct. 2007	1,82 %	0,15 %	5,72 %	0,29 %	1,62 %	0,02 %
Nov. 2007	− 6,33 %	0,18 %	− 6,68 %	0,49 %	− 4,08 %	0,17 %
Déc. 2007	− 2,16 %	0,00 %	− 0,31 %	0,00 %	− 0,02 %	0,00 %
$\sum_i i$	**− 24,78 %**	**6,08 %**	**4,02 %**	**1,31 %**	**1,11 %**	**1,07 %**
$\bar{R}_i = \Sigma_i / T$	**− 2,06 %**	**0,51 %**	**0,34 %**	**0,11 %**	**0,09 %**	**0,09 %**

	Air-France	LVMH	SBF 250
Rentabilité moyenne : $\bar{R}_i = \Sigma_i / T$	− 2,06 %	0,34 %	0,09 %
Variance : σ_i^2	0,51 %	0,11 %	0,09 %
Écart type : $\sigma_i = \sqrt{\sigma_i^2}$	7,12 %	3,30 %	2,98 %

2. Paramètres du modèle de marché α et β pour chaque titre par régression par la méthode des moindres carrés ordinaires

t	Air France		LVMH		SBF 250
	$(R_{it} - \bar{R}_i)$	$(R_{it} - \bar{R}_i)(R_{mt} - \bar{R}_m)$	$(R_{it} - \bar{R}_i)$	$(R_{it} - \bar{R}_i)(R_{mt} - \bar{R}_m)$	$(R_{mt} - \bar{R}_m)$
Janv. 2007	10,31 %	0,20 %	0,85 %	0,02 %	0,04 %
Fév. 2007	− 2,92 %	0,09 %	3,16 %	− 0,09 %	0,09 %
Mars 2007	6,18 %	0,22 %	− 1,15 %	− 0,04 %	0,12 %
Avr. 2007	12,11 %	0,53 %	3,18 %	0,14 %	0,19 %
Mai 2007	3,05 %	0,09 %	1,70 %	0,05 %	0,08 %
Juin 2007	− 6,79 %	0,10 %	− 2,82 %	0,04 %	0,02 %
Juil. 2007	− 1,69 %	0,09 %	− 3,59 %	0,19 %	0,28 %
Août 2007	− 6,65 %	0,10 %	− 1,27 %	0,02 %	0,02 %
Sept. 2007	− 13,14 %	− 0,16 %	2,20 %	0,03 %	0,02 %
Oct. 2007	3,89 %	0,06 %	5,39 %	0,08 %	0,02 %

●●●

Nov. 2007	– 4,26 %	0,18 %	– 7,02 %	0,29 %	0,17 %
Déc. 2007	– 0,09 %	0,00 %	– 0,65 %	0,00 %	0,00 %
σ_{im}		**1,49 %**		**0,73 %**	**1,07 %**

Paramètres du modèle de marché

	Air France	LVMH
$\beta_i = \sigma_{im}/\sigma^2_m$	1,49 / 1,07 = **1,40**	β = 0,73 / 1,07 = **0,68**
$\alpha_i = \overline{R_i} - \beta_i \overline{R_m}$	– 0,0206 – 1,40(0,0009) = – **0,02**	– 0,0034 – 0,68(0,0009) = **0,00**

La régression linéaire de la rentabilité des titres Air France et LVMH (par rapport à l'indice SBF 250)

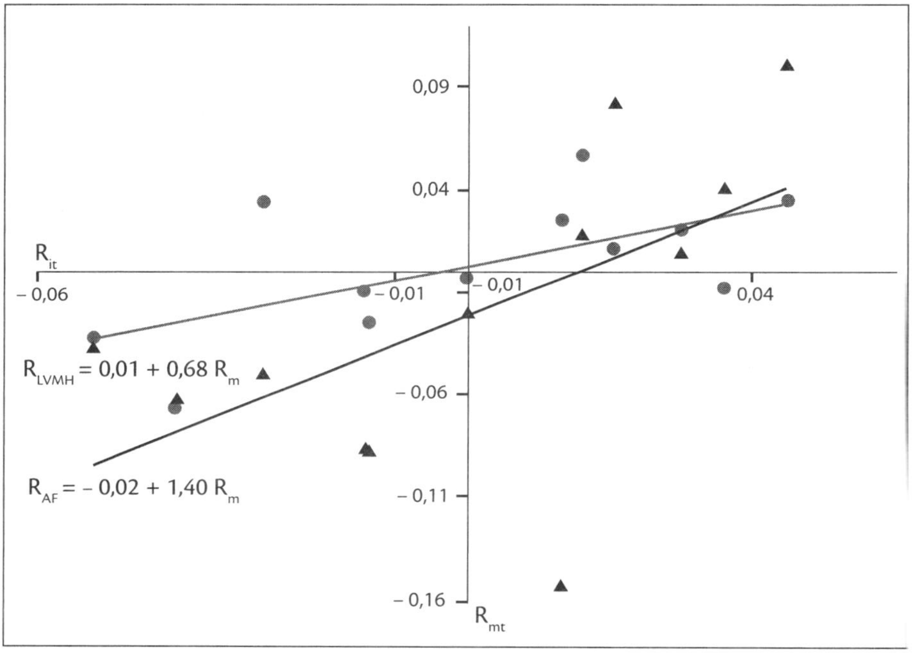

3. Interprétation des paramètres

Le coefficient bêta mesure la sensibilité de la rentabilité d'un titre par rapport à la rentabilité du marché financier, mesurée par un indice, ici le SBF 250. Un coefficient bêta supérieur à 1 signale un titre dont les variations de rentabilité sont plus fortes que celle du marché, ce qui est le cas du titre Air France avec un coefficient bêta égal à 1,40. Un coefficient bêta inférieur à 1 indique que les variations de cours du titre sont plus faibles que celle du marché comme c'est le cas pour le titre LVMH qui présente un bêta de 0,68. Le coefficient alpha mesure la rentabilité obtenue en l'absence de variation de l'indice. Ces paramètres correspondent à l'ordonnée à l'origine, α, et à la pente, β, d'une droite de régression de la rentabilité du titre par rapport à la rentabilité d'un indice représentatif du marché.

4. Différences entre le risque systématique et le risque spécifique

Le risque total d'un titre financier peut se décomposer en un risque systématique et un risque spécifique. Le risque spécifique dépend des caractéristiques de l'entreprise :

secteur industriel, taille, ancienneté, profitabilité, structure financière, structure des coûts, etc. Ce risque peut être éliminé par diversification en investissant dans plusieurs titres présentant des corrélations faibles de leur rentabilité. Le risque systématique est inhérent à tout investissement sur un marché financier ; l'incertitude qui pèse sur les grandeurs macroéconomiques futures génère une prise de risque qui ne peut être réduite ou éliminée que par une opération de couverture.

5. Décomposition du risque de chaque titre en un risque systématique et un risque spécifique

Le risque systématique est égal au produit du coefficient bêta élevé au carré par la variance de la rentabilité du marché soit :

– pour Air France : $(1{,}40)^2 \times 0{,}09\ \% = 0{,}17\ \%$;

– pour LVMH : $(0{,}68)^2 \times 0{,}09\ \% = 0{,}04\ \%$.

Par différence avec la variance totale de rentabilité du titre, on estime le risque spécifique, soit :

– pour Air France : 0,51 % – 0,17 % = 0,34 % ;

– pour LVMH : 0,11 % – 0,04 % = 0,07 %.

6. Espérance de rentabilité des titres Air France et LVMH pour 2008

À partir de la relation du MEDAF, la rentabilité espérée des titres serait :

– pour Air France : $E\left(R_{\text{Air France}}\right) = 0{,}035 + 1{,}40\left(0{,}08 - 0{,}035\right) = 0{,}098$ soit 9,80 % ;

– pour LVMH : $E\left(R_{\text{LVMH}}\right) = 0{,}035 + 0{,}68\left(0{,}08 - 0{,}035\right) = 0{,}0656$ soit 6,56 %.

CHAPITRE

2

L'évaluation des instruments financiers

Ce chapitre présente les fondements de l'évaluation des principaux instruments financiers. Après avoir rappelé les principes de l'actualisation, l'évaluation des obligations puis celle des options sont successivement envisagées. Les difficultés de l'évaluation résident principalement dans l'incertitude qui pèse sur les flux futurs et sur le taux d'actualisation, et dans le caractère conditionnel de ces instruments (l'exercice d'une option est conditionné par la valeur de l'actif sous-jacent).

I Un principe d'évaluation fondé sur l'actualisation

La valorisation des instruments financiers s'appuie sur la relation présentée dans le chapitre précédent : elle correspond à la valeur actuelle des flux futurs susceptibles d'être engendrés par l'instrument. Les principales règles de capitalisation et d'actualisation sont rappelées ci-dessous.

A. Les intérêts simples

Les intérêts simples sont utilisés pour les placements et investissements inférieurs à une année. On s'en sert pour valoriser les instruments financiers de court terme : bons du Trésor, titres de créances négociables, etc. Ces intérêts sont généralement postcomptés mais peuvent être précomptés ou escomptés.

1. Les intérêts simples postcomptés

Le montant des intérêts postcomptés portant sur un capital initial C_0, au taux i, est calculé et réglé à l'échéance de l'opération financière t, exprimée en fraction d'année : $I = C_0 \times i \times t$.

Les intérêts postcomptés acquis sur un capital de 100 € placé pendant 3 mois au taux annuel de 5 % sont :
$I = 100 \times 0{,}05 \times 3/12 = 1{,}25$ €.

Le montant du capital et des intérêts acquis C_t à l'échéance t exprimé en fraction d'année, sur un capital initial C_0, au taux i est : $C_t = C_0(1 + i \times t)$

Le capital C_t et les intérêts postcomptés acquis sur un capital de 100 € placé pendant 2 mois au taux annuel de 6 % sont :
$C_t = 100(1 + 0{,}06 \times 2/12) = 101$ €.

2. Les intérêts simples précomptés ou escomptés

Les intérêts précomptés portant sur un capital initial C_0, au taux i, sont calculés et déduits du capital au début de la période de l'opération financière t, exprimée en fraction d'année : $I = C_0 \times i \times t$

Les intérêts précomptés déduits d'un capital de 100 € placé pendant 3 mois au taux annuel de 5 % sont :
$I = 100 \times 0{,}05 \times 3/12 = 1{,}25$ €.

Les intérêts portent sur un capital plus faible en raison de la déduction des intérêts. Ce calcul, réalisé à l'aide de la formule suivante, a pour effet de modifier le taux effectif de l'opération :

$$i = \frac{I}{(C_0 - I)} \times \frac{1}{t}$$

EXEMPLE

Les intérêts précomptés au taux annuel de 5 % sur un capital de 100 € placé pendant 3 mois conduisent à un taux effectif de :

$$i = \frac{1{,}25}{(100 - 1{,}25)} \times \frac{12}{3} = 5{,}06\ \%.$$

B. Les intérêts composés

Les intérêts composés caractérisent généralement les placements et investissements d'une durée supérieure à une année. La composition des intérêts sur une base annuelle conduit à la double notion de capitalisation et d'actualisation essentielle pour évaluer des instruments financiers à long terme : obligation, action, etc.

1. Valeur acquise et valeur actuelle d'un capital

La valeur acquise par un capital C_0 après n périodes est calculée par capitalisation du capital au taux i sur la durée concernée : $C_n = C_0(1 + i)^n$

La valeur acquise par un capital de 100 € placé pendant 4 ans au taux de 6,50 % est :
$C_4 = 100(1{,}065)^4 = 128{,}65$ €.

La valeur actuelle d'un capital C_n disponible dans n périodes est calculée par actualisation du capital au taux i sur la durée concernée : $C_0 = C_n(1+i)^{-n}$

La valeur actuelle d'un capital de 100 € disponible dans 4 ans au taux de 6,50 % est :
$C_0 = 100(1{,}065)^{-4} = 77{,}73$ €.

2. Valeur acquise et valeur actuelle d'une suite de versements périodiques

a. La valeur acquise

La valeur acquise par une suite de n versements périodiques « a » immédiatement après le n-ième versement est calculée par capitalisation des versements au taux i sur la durée concernée :

$$V_n = a\frac{(1+i)^n - 1}{i}$$

EXEMPLE

On place chaque fin d'année pendant 5 ans une somme de 100 € au taux de 4,5 %. Quelle est la valeur acquise immédiatement après le cinquième versement ?

$$V_5 = 100\frac{(1{,}045)^5 - 1}{0{,}045} = 547{,}07 \text{ €}.$$

Dans le cas où on évalue la somme des annuités une période après le dernier versement, il faut capitaliser la valeur acquise des versements sur la dernière période.

EXEMPLE

On reprend ici les données de l'exemple précédent. On souhaite connaître la valeur acquise des cinq versements à la fin de la sixième période (une période après le dernier versement).

$$V_6 = \left[100\frac{(1{,}045)^5 - 1}{0{,}045}\right]1{,}045 = 571{,}69 \text{ €}.$$

b. La valeur actuelle

La valeur actuelle d'une suite de n versements périodiques une période avant le premier versement est calculée par actualisation des versements au taux i sur la durée concernée :

$$V_0 = a\frac{1-(1+n)^{-n}}{i}$$

EXEMPLE

Quelle est la valeur actuelle au taux de 5 % d'une somme de trois annuités de 100 € versées en fin d'année ?

$$V_0 = 100\frac{1-(1{,}05)^{-3}}{0{,}05} = 272{,}32 \text{ €}.$$

Dans le cas où on évalue la somme des annuités immédiatement avant le premier versement, il faut capitaliser la valeur actuelle des versements sur une période.

Dans le cas précédent, la valeur actuelle immédiatement avant le premier versement est :

$$V_1 = \left[100\frac{1-(1{,}05)^{-3}}{0{,}05}\right]1{,}05 = 285{,}94\ €.$$

3. L'équivalence de capitaux

Deux ou plusieurs capitaux sont équivalents si, évalués au même taux à la même date, ils ont la même valeur.

EXEMPLE

Une entreprise doit verser dans 2 ans un capital de 10 000 €. Elle souhaite remplacer ce versement unique par trois versements annuels égaux, le premier dans 1 an. Le taux d'intérêt est de 10 %. Il doit y avoir équivalence, au taux de 10 %, entre le capital de 10 000 € et les trois annuités a.

$$10\,000(1{,}10)^{-2} = a\frac{1-(1{,}10)^{-3}}{0{,}10} \Rightarrow a = 10\,000(1{,}10)^{-2}\frac{0{,}10}{1-(1{,}10)^{-3}} = 3\,323{,}26\ €.$$

C. Équivalence et proportionnalité de taux

Deux taux sont proportionnels quand leur rapport est égal au rapport des durées auxquelles ils s'appliquent. Ainsi, un taux mensuel proportionnel à un taux annuel s'obtient en divisant ce dernier par 12. De même, le taux semestriel proportionnel correspond à la moitié d'un taux annuel ou au double d'un taux trimestriel.

Un taux annuel de 12 % est proportionnel à :
- un taux mensuel de : 0,12/12 = 1 % ;
- un taux trimestriel de : 0,12/4 = 3 % ;
- un taux semestriel de : 0,12/2 = 6 %.

Deux taux sont équivalents quand, appliqués au même capital et pendant la même durée, ils donnent des valeurs acquises ou actuelles égales. Pour calculer un taux équivalent, t_p, à partir d'un taux annuel t_a, on applique la formule suivante dans laquelle p est le nombre de périodes annuelles : $t_p = (1+t_a)^{1/p} - 1$

EXEMPLE

Un taux annuel de 12 % (n = 1) est équivalent à :
- un taux mensuel (p = 12) de : $1{,}12^{1/12} - 1 = 0{,}95$ % ;
- un taux trimestriel de : $1{,}12^{1/4} - 1 = 2{,}87$ % ;
- un taux semestriel de : $1{,}12^{1/2} - 1 = 5{,}83$ % ;
- un taux biannuel de : $1{,}12^{1/0{,}5} - 1 = 25{,}44$ %.

II L'évaluation des obligations

Les obligations sont des titres de créance qui matérialisent la dette d'un emprunteur vis-à-vis des créanciers détenteurs de ces obligations. Ces titres de créance sont librement négociables et peuvent être cotés en Bourse. Les obligations rapportent un intérêt fixe, variable ou révisable, versé sous forme d'un coupon annuellement en Europe continentale ou semestriellement dans les pays anglo-saxons. Le remboursement des obligations est généralement prévu à la fin de la durée de vie de l'obligation (remboursement *in fine*) ou plus rarement par séries tirées au sort annuellement.

A. Les caractéristiques des obligations

Les principales caractéristiques des obligations portent sur la qualité de l'émetteur, leur valeur nominale, les prix et primes d'émission et de remboursement, la durée de vie et la maturité de l'emprunt et sur le taux d'intérêt nominal et le taux d'intérêt actuariel de ce dernier.

1. L'émetteur

Les obligations sont le plus souvent émises par des émetteurs publics (État, collectivités territoriales) ou des sociétés privées (société anonyme, société en commandite par action). La plupart des émissions obligataires en France relèvent de l'État pour financer les déficits publics.

2. La valeur nominale

Le nominal, valeur nominale ou valeur faciale, correspond au capital théorique emprunté par l'émetteur obligataire. Chaque obligation d'une même émission obligataire présente le même nominal. C'est sur cette valeur nominale que sont calculés les intérêts périodiques, appelés coupons, versés aux créanciers obligataires.

EXEMPLE

Le 1er juillet N, la société Bond émet des obligations remboursables *in fine* dans 5 ans de nominal 500 € avec un taux nominal de 6 %. Les obligataires qui souscrivent à cette émission et conservent les titres pendant toute leur durée de vie recevront pour chaque obligation détenue un coupon annuel de 30 € (500 € × 6 %). À la fin de la cinquième année, ils encaisseront le cinquième et dernier coupon de 30 € et le remboursement du capital initialement prêté, 500 €.

3. Le prix et la prime d'émission

Le prix d'émission d'une obligation est le prix auquel l'obligation est offerte aux obligataires lors de son émission. Lorsque le prix d'émission est égal à la valeur nominale, l'obligation est dite émise au pair. Si le prix d'émission est inférieur à la valeur nominale, le prix d'émission est en dessous du pair. La prime d'émission correspond à la différence entre le prix d'émission et la valeur nominale.

EXEMPLE

Les obligations Bond sont émises alors que les taux d'intérêt obligataires sur le marché le 1er juillet N ont augmenté. L'émetteur décide d'abaisser le prix d'émission à 495 €. La prime d'émission de 5 € (500 – 495) est censée attirer les investisseurs en rendant compatible cette émission obligataire avec les conditions du marché au jour de l'émission. Comme précédemment, le calcul des coupons annuels et du capital remboursés *in fine* reste fondé sur la valeur nominale de 500 €.

Cette possibilité laissée d'émettre à un prix différent du nominal permet à l'émetteur de rendre plus attractives les obligations et d'ajuster l'émission aux conditions du marché à la date de cette dernière.

4. Le prix et la prime de remboursement

Une obligation peut être remboursée :
– au pair, c'est-à-dire pour un prix égal à la valeur nominale ;
– au-dessus du pair et donc au-dessus de cette valeur nominale.

La différence entre la valeur nominale et le prix de remboursement correspond à la prime de remboursement.

EXEMPLE

La société Bond décide de rembourser les obligations au prix de remboursement de 503 €. La prime de remboursement de 3 € (503 – 500) améliore la rentabilité qu'obtiendront les obligataires. Par rapport à une émission et un remboursement au pair, les obligataires recevront, hors actualisation, 8 € de plus, représentés par les primes d'émission (5 €) et de remboursement (3 €).

5. La durée de vie et la maturité de l'emprunt

La durée de vie d'un emprunt est la durée qui s'étend de la date à partir de laquelle les intérêts commencent à courir, appelée date de jouissance, et la date du dernier remboursement. Cette durée de vie est généralement comprise entre 5 et 10 ans pour les entreprises et peut être beaucoup plus longue pour les obligations émises par l'État.

À une date donnée, la maturité est le temps qui reste à courir jusqu'au dernier remboursement. À la date d'émission, la durée de vie et la maturité sont identiques.

À la date d'émission, le 1er juillet N, la durée de vie et la maturité des obligations Bond sont égales à 5 ans. Au 1er juillet N + 2, la durée de vie est toujours de 5 ans alors que la maturité est de 3 ans.

6. Le taux d'intérêt nominal et le taux d'intérêt actuariel

Le taux d'intérêt nominal, taux de coupon ou taux facial, est le taux d'intérêt théorique fixé contractuellement à l'émission de l'emprunt. Ce taux nominal peut être fixe, le coupon versé sera identique pendant toute la durée de vie obligataire. Il peut être variable en référence à un taux sur le marché obligataire ou le marché financier. Il peut être indexé sur une variable telle que le taux d'inflation. Dans ces deux derniers cas, les coupons sont recalculés périodiquement en fonction du taux ou de l'indice de référence.

Le taux actuariel brut est le taux qui assure l'équivalence entre la valeur de l'obligation le jour de l'émission et la valeur actualisée des sommes versées par l'émetteur au cours de la vie de l'obligation. Le calcul est identique à celui du taux de rentabilité interne (TRI).

EXEMPLE

Le taux actuariel brut t_a des obligations Bond, de nominal 500 € émises au prix de 495 € et remboursables *in fine* dans 5 ans au prix de 503 € avec un taux nominal de 6 %, est tel que :

$$495 = 30\frac{1-(1+t_a)^{-5}}{t_a} + 503(1+t_a)^{-5}$$

soit $t_a = 6{,}345\ \%$.

L'émission au-dessous du pair et le remboursement au-dessus du pair sont des facteurs de majoration du taux actuariel par rapport au taux nominal de 6 %.

B. La cotation des obligations

Les obligations sont cotées en pourcentage de leur valeur nominale et au pied du coupon, c'est-à-dire sans prise en compte des intérêts courus depuis le paiement du dernier coupon. La valeur totale d'une obligation (le prix à payer pour l'acquérir) à une date donnée est égale à la somme du cours coté et du coupon couru. Le coupon couru est la fraction du coupon correspondant à la durée écoulée depuis le paiement du dernier coupon d'intérêts. Un investisseur qui achète puis revend une obligation entre le versement de deux coupons annuels ne perçoit pas d'intérêt de la part de l'émetteur. La rémunération pour avoir détenu un titre obligataire pendant une fraction d'année correspond au coupon couru. Cette fraction inclut le délai s'écoulant entre la date de négociation et la date de règlement-livraison, soit trois jours ouvrés.

EXEMPLE

Au 15 décembre N + 1, l'obligation Bond cote 106,80 €. Un investisseur souhaite acheter 10 obligations. Le délai de règlement-livraison est de 3 jours ouvrés.

1. Quel est le cours de l'obligation ?

Le cours de l'obligation est calculé en multipliant le nominal par le cours exprimé en pourcentage :

$$C = 500\left(\frac{106{,}80}{100}\right) = 534\text{ €}.$$

2. Quelle est la valeur du coupon couru ?

Pour calculer la valeur du coupon couru, il est nécessaire de calculer le nombre de jours écoulés entre le paiement du dernier coupon, le 1er juillet N + 1, et la date de négociation, le 15 décembre N + 1 :

31 + 31 + 30 + 31 + 30 + 15 = 168 jours calendaires

Nombre de jours à retenir : 168 jours calendaires + 3 jours de délai de règlement-livraison, soit 171 jours.

coupon couru en pourcentage du nominal :

$$\text{coupon couru} = \frac{0{,}06 \times 171}{365} = 0{,}0281 \text{ soit } 2{,}81\,\%.$$

coupon couru en valeur :

$$\text{coupon couru} = \frac{500 \times 0{,}06 \times 171}{365} = 14{,}05\text{ €}.$$

Le coupon couru correspond à la part des intérêts dus au vendeur de l'obligation pour la durée de prêt entre le 1er juillet N + 1, date du versement du dernier coupon, et le 19 décembre N + 1, date de la cession effective. L'acquéreur de l'obligation, s'il la conserve jusqu'au 1er juillet N + 2, date de versement du coupon suivant, recevra 30 € de coupon. Par différence avec le coupon couru payé le 15 décembre N + 1 (14,05 €), il reçoit les intérêts correspondant à la durée effective de son prêt, de la date de règlement, le 19 décembre N + 1, à la date de tombée du coupon, le 1er juillet N + 2 (365 – 171 = 194 jours) soit 30 € – 14,05 € = 15,95 €.

3. Quel est le prix à payer pour chaque obligation ?

Le prix à payer pour acquérir une obligation est :

$$P = 500\left(\frac{106{,}80}{100}\right) + \frac{500 \times 0{,}06 \times 171}{365} = 534 + 14{,}05 = 548{,}05\text{ €}.$$

C. La relation entre les taux d'intérêt et le cours des obligations

Le cours des obligations dépend de la variation des taux d'intérêt sur le marché obligataire :

- les obligations à taux variable voient leur taux de coupon varier en fonction de l'évolution du taux de référence ;
- le cours des obligations à taux fixe s'ajuste en fonction de la variation des taux des obligations qui présentent une maturité et des risques similaires.

1. L'évaluation des obligations à taux fixe

En raison de la concurrence entre les obligations anciennes et les nouvelles émissions, le taux de rendement actuariel des obligations émises précédemment et le taux de rendement actuariel des émissions nouvelles tendent à s'aligner.

EXEMPLE

Un investisseur a souscrit à l'émission obligataire de la société Bond, le 1er avril N, dont le taux de rendement actuariel à l'émission est de 6,345 %. Un an après l'émission, les taux d'intérêt ont monté, le taux actuariel d'obligations similaires est de 6,70 %. Pour pouvoir négocier les obligations acquises un an plus tôt, il sera nécessaire d'ajuster le taux actuariel au taux du marché (6,70 %).

À partir de la relation fondamentale d'évaluation, le cours théorique des obligations à taux fixe sur le marché secondaire est égal à la valeur actualisée des flux futurs F de l'obligation au taux du marché i_m :

$$C = \sum_{n=1}^{N} F_n (1 + i_m)^{-n}$$

EXEMPLE

À partir des caractéristiques des obligations émises par la société Bond, on se place le 1er juillet N + 2. Selon que le taux d'intérêt sur le marché est de 5 % ou de 7 % à cette date, le calcul de la valeur actuelle des flux futurs (coupons en N + 3, N + 4 et N + 5 et prix de remboursement en N + 5) conduit aux cours théoriques suivants :

Taux sur le marché	Valeur actuelle des flux	Cours théorique
5 %	$30\dfrac{1-(1{,}05)^{-3}}{0{,}05} + 503(1{,}05)^{-3}$	516,21 €
7 %	$30\dfrac{1-(1{,}07)^{-3}}{0{,}07} + 503(1{,}07)^{-3}$	489,33 €

Dans une approche simplifiée, chaque flux futur, coupon et remboursement du capital, est actualisé au même taux ; ceci suppose que les taux d'intérêt sur le marché sont identiques, quelle que soit l'échéance. Dans la réalité, il convient d'actualiser chaque flux périodique avec le taux d'intérêt correspondant. La principale difficulté dans l'évaluation des obligations concerne l'incertitude sur l'évolution future des taux d'intérêt.

2. Une relation négative entre les taux d'intérêt et le cours des obligations à taux fixe

Le cours des obligations à taux fixe est une fonction décroissante du taux du marché :
- lorsque le taux d'intérêt du marché augmente, le cours des obligations sur le marché secondaire diminue ;
- lorsque le taux d'intérêt du marché diminue, le cours des obligations sur le marché secondaire augmente.

Pour une variation donnée du taux d'intérêt sur le marché, on distingue différents effets sur le cours :
- un effet maturité : plus la maturité est élevée, plus la variation du cours est importante ;
- un effet coupon : plus le coupon versé est faible, plus la variation du cours est forte ;
- un effet asymétrie : la variation du cours est plus faible à la baisse qu'à la hausse.

Figure 2.1 – **Relation cours théorique en %/taux sur le marché pour une obligation à 5 % émise et remboursée au pair de maturité 20 ans**

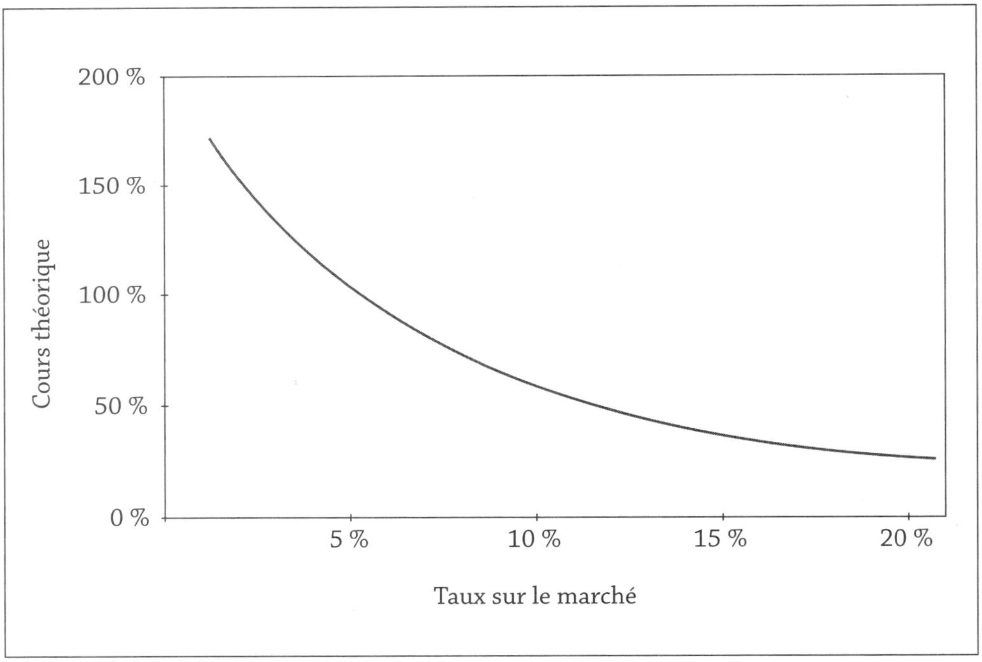

3. Une mesure du risque : la sensibilité

Pour apprécier l'impact d'une variation des taux d'intérêt sur le cours des obligations, il est possible de calculer un indicateur de variation relative du cours : la sensibilité. Elle correspond au taux de variation du cours de l'obligation pour une variation d'un point de base (0,01 %) du taux d'intérêt du marché.

EXEMPLE

À l'émission, le cours théorique des obligations Bond serait :
– pour un taux sur le marché de 6 % :

$$C_{6\ \%} = 30\frac{1-(1{,}06)^{-5}}{0{,}06} + 503(1{,}06)^{-5} = 502{,}24\ €.$$

– pour un taux de 6,01 % :

$$C_{6{,}01\ \%} = 30\frac{1-(1{,}0601)^{-5}}{0{,}0601} + 503(1{,}0601)^{-5} = 502{,}03\ €.$$

La sensibilité est égale à :

$$S = \frac{\dfrac{502{,}03-502{,}24}{502{,}24}}{0{,}0601-0{,}0600} = -4{,}18$$

Lorsque le taux du marché augmente de 1 point de base, de 6 % à 6,01 %, le cours de l'obligation baisse de 0,0418 %, soit 4,18 fois la variation du taux (4,18 × 0,01 %).

La sensibilité permet d'apprécier le risque de taux d'un placement obligataire et de sélectionner des titres. Plus la sensibilité est élevée, plus l'obligation est sensible à une variation des taux d'intérêt. En conséquence, lorsqu'il anticipe une hausse des taux d'intérêt – qui entraînerait une baisse de la valeur cotée de l'obligation – un investisseur obligataire choisira des obligations peu sensibles. Au contraire, en cas d'anticipation d'une baisse des taux, il investira dans des obligations de sensibilité élevée afin de dégager une plus forte plus-value en capital.

EXEMPLE

Un investisseur détient deux catégories d'obligations à taux fixe en portefeuille :
– des obligations à 5,75 % pour un nominal de 500 €, une maturité de 3 ans et une sensibilité de 2,69 ;
– des obligations à 5,75 % pour un nominal de 500 €, une maturité de 7 ans et une sensibilité de 5,63.

L'anticipation d'une hausse de 50 points de base des taux fait craindre une baisse du cours unitaire des obligations de :
– (2,69 × 0,50 %) × 500 € = 6,73 € pour les obligations les moins sensibles ;
– (5,63 × 0,50 %) × 500 € = 14,08 € pour les obligations les plus sensibles.

En raison de la relation inverse entre la variation des taux d'intérêt et celle des cours, la sensibilité est toujours négative. Sur les marchés, elle est indiquée en valeur absolue. La sensibilité dépend :
– du taux d'intérêt : plus le taux d'intérêt est faible, plus la sensibilité est grande ;
– de la duration qui mesure la durée de vie moyenne des obligations non encore remboursées.

4. La duration

La duration indique la durée nécessaire, exprimée en nombre d'années, pour que, en cas de variation instantanée du taux d'intérêt sur le marché, le taux de rendement actuariel prévu au moment de l'achat du titre soit maintenu. Elle indique le temps nécessaire pour neutraliser les effets d'une variation de taux sur la valeur de l'obligation et le réinvestissement des flux. La duration correspond à la moyenne arithmétique des échéances pondérées par la valeur actuelle de l'annuité correspondante :

$$D = \frac{\sum_{n=1}^{N} nF_n (1+i)^{-n}}{\sum_{n=1}^{N} F_n (1+i)^{-n}}$$

EXEMPLE

Combien de temps un investisseur doit-il conserver les obligations Bond pour que le taux de rendement actuariel soit effectivement égal au taux facial de 6 %, quelle que soit l'évolution des taux d'intérêt ?

Pour répondre à cette question, il faut calculer la duration :

Année	Flux	$F_n(1+i)^{-n}$	$nF_n(1+i)^{-n}$
1	30,00	28,30	28,30
2	30,00	26,70	53,40
3	30,00	25,19	75,57
4	30,00	23,76	95,05
5	533,00	398,29	1 991,44
	Σ	502,24	2 243,76

$$D = \frac{2\,243{,}76}{502{,}24} = 4{,}47$$

Au bout de 4,47 ans (4 ans et près de 6 mois) de détention, la rentabilité de l'investissement obligataire sera de 6 %.

Le calcul suppose que les flux soient réinvestis au nouveau taux du marché et que les variations soient faibles. Il repose sur plusieurs hypothèses :

– la structure par terme des taux d'intérêt est plate, ce qui veut dire que les taux d'intérêt de chacune des échéances sont identiques et égaux ;
– cette structure par terme subit une seule modification ;
– la variation des taux d'intérêt est très faible.

L. Fisher (1966) a mis en évidence une relation entre la sensibilité et la duration :

$$S = \frac{-D}{1+t}$$

EXEMPLE

À partir des résultats précédents, il est possible d'estimer la sensibilité :

$$S = \frac{-D}{1+i_m} = \frac{-4{,}47}{1{,}06} = -4{,}22$$

L'écart avec le calcul direct de la sensibilité (– 4,18) calculée précédemment résulte principalement de la convexité de la relation réelle entre les taux d'intérêt et le cours théorique d'une obligation.

5. La convexité

La relation entre la valeur d'une obligation et le taux de rentabilité actuariel (lié au taux d'intérêt) n'est pas une relation linéaire mais une courbe convexe. La convexité mesure la différence entre la relation linéaire et la relation effective qui existe entre les deux variables. Les variations du prix de l'actif se font plus lentement à la baisse, lorsque les taux augmentent, et plus fortement à la hausse, lorsque les taux diminuent. La convexité est un élément caractéristique d'une obligation très utile pour comparer des titres de même sensibilité et de même duration.

D. La notation des obligations

La notation représente une opinion indépendante sur la solvabilité de l'émetteur et donc sa capacité à faire face à ses obligations financières en termes de paiements des intérêts et de remboursement du capital. Trois agences de notation se partagent l'essentiel du marché de la notation obligataire : Standard and Poor's (S&P), Moody's et Fitch Ratings. La notation peut porter sur une dette à court terme, à long terme ou sur l'émetteur. Les notes, données sous forme d'un code de lettres, s'échelonnent de « AAA » ou « Aaa » à « D » : « AAA » pour une émission ou un émetteur présentant un risque pratiquement nul de défaut tel que les emprunts d'État, « BBB » ou « Baa » pour des titres de qualité moyenne, « D » dans le cas d'un défaut de paiement (voir le chapitre 9 pour plus de détails).

Tableau 2.1 – **Typologie des notes à long terme**

	AGENCES			OPINIONS
	S & P	Moody's	Fitch	
Catégorie investissement	AAA	Aaa	AAA	Qualité de crédit extrêmement élevée ; créances dont la sécurité est exceptionnelle. Le risque est quasi nul, la qualité de la signature est la meilleure possible.
	AA	Aa	AA	L'émetteur noté reste fiable. Qualité de crédit très élevée.
	A	A	A	Forte capacité au paiement des intérêts et du capital, mais le risque peut être présent dans certaines circonstances économiques.
	BBB	Baa	BBB	La solvabilité est jugée moyenne.
Catégorie spéculative	BB	Ba	BB	À partir de cette note, spéculatif : développement d'un risque de crédit possible, en particulier comme résultat de changements économiques dans le temps. Le risque de non-remboursement est plus important sur le long terme.
	B	B	B	La probabilité de remboursement est incertaine, le risque est assez fort.
	CCC	Caa	CCC CC	On présume un risque très important de non-remboursement sur le long terme.
	CC C	Ca	C	L'émetteur est très proche de la faillite, l'emprunt est très spéculatif.
	D	C	DDD DD D	Faillite de l'emprunteur : les titres sont extrêmement spéculatifs et leur valeur ne peut excéder leur valeur de récupération dans le cas de liquidation ou de restructuration.
	+ ou –	1,2 ou 3	+ ou –	Les notes peuvent être modifiées par l'adjonction du signe + ou – ou d'un chiffre (1, 2 ou 3) afin de préciser leur position relative dans l'échelle de notes.

AMF, Rapport 2007 sur les agences de notation, p. 61.

La notation est notamment utilisée par les investisseurs, les émetteurs et les banques d'investissement. Elle facilite le placement des emprunts obligataires sur les marchés financiers. La notation offre une opinion indépendante sur le risque d'insolvabilité (risque de défaut ou risque de signature). Elle permet de comparer les émetteurs et les dettes sur un plan international. L'actualisation périodique des informations par les agences de notation contribue à réduire l'incertitude qui pèse sur un émetteur ou une dette. La notation permet une réduction des coûts de financement et une plus grande liquidité en élargissant le nombre d'investisseurs potentiel.

Toutefois, elle ne constitue ni une recommandation d'achat ou de vente de titres, ni une opinion sur la qualité de la gestion d'une entité, ni un audit des comptes.

Figure 2.2 – **Taux de défaillance historique cumulé en fonction de la notation Moody's sur la période 1985-2006**

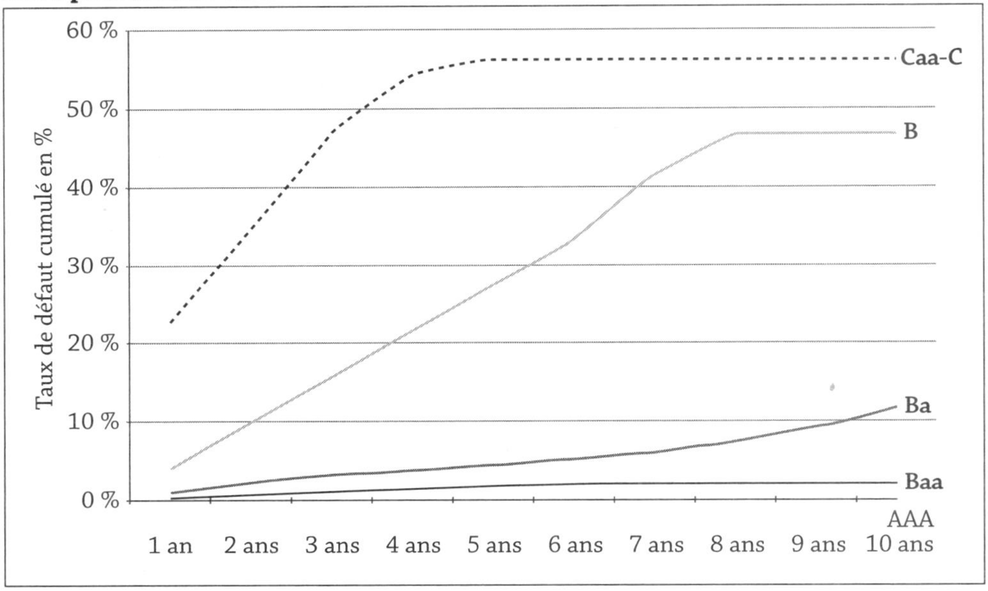

AMF, Rapport 2007 sur les agences de notation, p. 23.

E. Les principales catégories d'obligations

À côté de la principale catégorie d'obligations, les obligations à taux fixe, de nombreuses autres existent.

1. Les obligations à taux variable

Les obligations à taux variable ont été créées pour réduire ou éliminer le risque de taux inhérent aux obligations à taux fixe. Alors que le cours des obligations à taux fixe s'ajuste en fonction de l'évolution des taux, les obligations à taux variable font varier le taux d'intérêt. Le taux peut être calculé en début de période de coupon, taux flottant ou taux révisable, ou au moment du paiement du coupon, taux référencé ou taux variable. Ce taux variable est fonction d'un taux de référence qui peut être :

– un taux d'intérêt à long terme :
  - LIBOR : *London InterBank Offered Rate*,

  - TMO : taux moyen de rendement des emprunts obligataires à taux fixe sur le marché primaire,
  - TME : taux de rendement des emprunts d'État à long terme sur le marché secondaire ;

– un taux d'intérêt à court terme :
  - T4M : taux moyen mensuel du marché monétaire,
  - TAM : taux annuel monétaire.

La valorisation d'une obligation à taux variable reste complexe en raison de l'incertitude qui pèse sur la valeur des flux à actualiser. Elle pose la question de la prévision des taux futurs avec lesquels les coupons sont calculés et de la prise en compte dans le taux d'actualisation de l'incertitude liée à cette évolution future des taux.

2. Les obligations indexées

Les obligations indexées reposent sur l'indexation du prix de remboursement et des coupons sur la valeur d'un indice ou d'un actif. La plus grande partie des obligations sont actuellement indexées sur l'indice des prix à la consommation. Dans ce cas, le prix de remboursement et le coupon sont indexés à la date de leur paiement.

EXEMPLE

Une obligation à 5 ans au taux de 4 % de nominal 500 € émise le 1er janvier N est indexée sur l'indice des prix. En supposant un taux d'inflation constant pendant 5 ans de 2,5 % par an :
– le coefficient d'indexation au 1er janvier N + 5 est de : $(1 + 0{,}025)^5 = 1{,}1314$;
– le dernier coupon est égal à : 4 % × 500 € × 1,1314 = 22,63 € ;
– le prix de remboursement est : 565 ,70 € (500 € × 1,1314).

3. Les obligations à coupon zéro

Les obligations à coupon zéro sont des obligations à taux fixe dont le taux de coupon est nul. Elles sont émises sous cette forme ou résultent d'un démembrement d'une obligation couponnée en deux certificats : un certificat de coupon et un certificat de principal. La rémunération du prêteur obligataire résulte de la différence entre le prix d'émission, ou le prix d'achat, et le prix de remboursement, ou le prix de revente de l'obligation. Les intérêts sont capitalisés sur toute la période et versés en totalité à l'échéance de l'emprunt.

Les obligations à coupon zéro présentent une duration égale à leur durée de vie et donc une sensibilité plus élevée que les obligations couponnées.

EXEMPLE

Une obligation à coupon zéro de nominal 100 € est émise le 15 mars au cours de 86,38 € et remboursable au pair dans 3 ans. Quel est le taux actuariel de cette obligation ?

Le taux actuariel est donné par la résolution de l'équation suivante :

$$86{,}38 = 100\left(1 + t_a\right)^{-3} \Rightarrow t_a = 5{,}00\ \%.$$

4. Les obligations convertibles

Une obligation convertible est une obligation dont le remboursement peut être effectué sous forme d'actions de la société émettrice. Cette conversion potentielle dépend notamment du nombre d'actions auquel chaque obligation donne droit, à savoir de la parité de conversion. Ce droit de conversion exerçable à partir d'une date ou pendant une période déterminée suite à l'émission de l'obligation peut être assimilé à un bon de souscription d'actions.

Le principal avantage pour l'émetteur réside dans la réduction du coût de l'emprunt obligataire par rapport à une émission classique. Les intérêts payés par l'émetteur plus faibles sont compensés pour le souscripteur par la possibilité de convertir les obligations en actions. L'évaluation d'une obligation convertible s'appuie sur une double valorisation :

– de l'obligation hors droit de conversion comme une obligation classique à taux fixe ;
– du droit de conversion qui s'apparente à une option d'achat.

La valeur d'une obligation convertible dépend du cours de l'action sous-jacente. Lorsque ce dernier est inférieur à la valeur de remboursement obligataire, l'obligation convertible s'apparente à une obligation classique qui sera remboursée en numéraire, le droit de conversion ayant une valeur nulle. Dans le cas contraire, l'évolution du cours de l'obligation convertible se rapproche de celle de l'action sous-jacente.

Ces instruments, très utilisés dans les montages d'ingénierie financière, seront détaillés au chapitre 12.

5. Les obligations assimilables du Trésor (OAT)

Les obligations assimilables du Trésor (OAT) sont des emprunts émis par l'État français. Elles bénéficient de la meilleure signature (note AAA accordée par les agences de notation). On distingue trois grandes catégories d'OAT : les OAT à taux fixe, les OAT indexées sur l'inflation et les OAT de capitalisation.

Les OAT à taux fixe, de nominal 1 €, émises pour des durées pouvant aller jusqu'à 50 ans, sont remboursables *in fine* au pair.

Les OAT indexées sont des obligations à taux fixe protégées contre l'inflation par indexation du principal.

Les OAT de capitalisation sont des obligations à coupon zéro qui sont créées à partir des OAT nominales à taux fixe en séparant le coupon du principal (« certificat de principal »).

III L'évaluation des actions

Alors que l'évaluation des obligations pose la question de l'anticipation des taux d'intérêt, l'évaluation des actions fait face à une double difficulté : l'estimation des flux futurs dégagés par l'entreprise et la détermination d'un taux d'actualisation de ces flux. L'évaluation des actions est développée dans le chapitre 10.

IV L'évaluation des options

Les options sont des actifs dérivés dont la valeur dépend de la valeur de l'actif sous-jacent sur lequel elles portent. Outre des difficultés concernant l'évaluation de l'actif sous-jacent, la valorisation de l'aspect conditionnel des options s'appuie sur une formalisation de l'évolution dans le temps de la valeur de cet actif sous-jacent.

A. Présentation

Une option confère à son détenteur, le droit, mais pas l'obligation, d'acheter ou de vendre un actif sous-jacent, ou actif support, à un cours fixé à l'avance. L'achat ou la vente peut être réalisé(e) pendant une période de temps limitée (l'option est alors qualifiée d'option américaine) ou à la fin d'une période (pour une option dite européenne).

L'acheteur d'une option d'achat (*call*) exercera son droit d'achat si le prix fixé par le contrat, le prix d'exercice, est inférieur au prix de l'actif sous-jacent. De même, l'acheteur d'une option de vente (*put*) exercera son droit de vendre l'actif si le cours de celui-ci est inférieur au prix d'exercice. En contrepartie de ce droit d'achat ou de vente, l'acquéreur doit verser une somme, qui correspond au prix de l'option, appelée la prime (*premium*).

EXEMPLE

Un investisseur achète une option d'achat européenne qui porte sur 10 actions ABC, le prix d'exercice étant fixé à 45 € par action. Pour cela, il paye une prime de 3 € par action. À l'échéance, l'action ABC cote 52 €. L'investisseur a intérêt à acquérir les 10 actions ABC au prix de 45 € pour les revendre sur le marché au prix de 52 €. Le bénéfice de l'opération sera de $52 - 45 - 3 = 4$ € par action, soit 40 € au total.

Un investisseur achète une option de vente européenne qui porte sur 10 actions ABC, le prix d'exercice étant fixé à 45 € par action. Pour cela, il paye une prime de 2 € par action. À l'échéance, l'action ABC cote 40 €. L'investisseur a intérêt à céder les 10 actions ABC au prix de 45 € pour les racheter sur le marché au prix de 40 €. Le bénéfice de l'opération sera de $45 - 40 - 2 = 3$ € par action, soit 30 € au total.

Si l'acheteur d'une option a le droit mais non l'obligation d'acheter ou de vendre l'actif sous-jacent, le vendeur d'une option est tributaire de la décision de l'acheteur : il a l'obligation d'acheter ou de vendre l'actif sous-jacent si l'acheteur exerce l'option.

B. Les principaux actifs sous-jacents

Les actifs sous-jacents les plus fréquemment utilisés sont les actions, les matières premières, les indices boursiers, les taux d'intérêt et les taux de change. De nouveaux supports apparaissent comme le contrat énergétique, l'indice climatique, etc.

1. Les options sur matières

Les options sur matières peuvent porter sur des quantités réelles qui doivent être effectivement livrées à une date future ou sur des contrats à terme sur des matières. Les matières les plus fréquemment retenues sont des matières agricoles (coton, sucre, cacao, café, blé, maïs, colza, etc.), des métaux et produits précieux (or, argent, diamant, etc.) et des matières énergétiques (pétrole, gaz, charbon, etc.).

2. Les options sur actions

Les options sur actions sont présentes sur la plupart des marchés financiers développés. Pour les actions françaises, ces options portent sur les valeurs les plus importantes en termes de capitalisation boursière (cours coté × nombre d'actions existantes) et de volume d'activité. Elles sont négociées sur un compartiment spécifique de Nyse-Euronext, le Liffe. L'exercice des options sur actions donne lieu à la livraison physique des actions.

3. Les options sur indices boursiers

L'actif sous-jacent d'une option sur indice boursier est représenté par un indice tel que le CAC 40. Le sous-jacent d'une option sur indice est donc fictif. Le marché organisé tel que le Liffe attribue une valeur monétaire à l'indice pour qu'il puisse être utilisé comme sous-jacent. En cas d'exercice, l'actif sous-jacent n'est pas livré, la différence entre la valeur de l'indice sous-jacent et le prix d'exercice de l'option est versée au bénéficiaire. Les indices sous-jacents peuvent être des indices géographiques (CAC 40, Dow Jones Eurostoxx, etc.) ou des indices sectoriels.

4. Les options sur taux d'intérêt

Les principaux contrats à terme de taux d'intérêt sont les actifs sous-jacents des options sur taux d'intérêt. Ces options permettent d'acheter ou de vendre les contrats à terme supports en fonction des anticipations concernant les variations des taux d'intérêt à court ou long terme.

5. Les options de change

Les options de change reposent sur des taux de change entre les devises : euro contre dollar US, dollar US contre livre sterling, etc. Elles permettent d'échanger des capitaux libellés en devises pour un taux de change fixé initialement. Ces contrats d'options s'échangent sur des marchés organisés tels que le Liffe, ou plus souvent de gré à gré, sans passer par un marché.

6. Les options exotiques

À partir des années 1990, de nouveaux types d'options, qualifiées d'options exotiques ou d'options de seconde génération, se sont développés. Ces options ne respectent pas toutes les caractéristiques des options classiques notamment en termes de période d'exercice ou de fixation du prix d'exercice. Elles apportent généralement plus de flexibilité et permettent de répondre à des besoins spécifiques des investisseurs, notamment institutionnels (banques, institutions financières, sociétés d'assurance). Ces options peuvent porter sur divers supports (action, obligation, taux d'intérêt, devise, contrat à terme, option, etc.), voire combiner plusieurs actifs.

C. Les stratégies de base

Tous les contrats d'option reposent sur le paiement d'une prime par l'acheteur et son encaissement par le vendeur. La prime correspond à la valeur de l'option et est versée définitivement par l'acheteur qui a le choix entre plusieurs décisions :
- exercer l'option et acheter ou vendre le sous-jacent si les conditions sont favorables ;
- revendre l'option ;
- abandonner l'option et ne pas exercer.

1. L'achat et la vente de l'option d'achat (*call*)

Les représentations graphiques précédentes mettent en évidence la symétrie entre les résultats obtenus par l'acheteur et le vendeur d'une option d'achat. Le résultat pour le vendeur de l'option dépend de la décision de l'acheteur qui exercera l'option lorsque cela sera à son bénéfice.

EXEMPLE

L'action ABC cote 100 € et l'option d'achat (*call*), pour un prix d'exercice égal au cours coté (100 €), vaut 5,35 €.

1. Quelle est l'anticipation de l'acheteur du *call* ?

L'acheteur du *call* anticipe une hausse du cours de l'action ABC.

2. Quel est son seuil de rentabilité ?

Le seuil de rentabilité se situe à 105,35 €.

3. Quelle est l'anticipation du vendeur du *call* ?

Le vendeur du *call* anticipe une baisse (ou une absence de hausse) du cours de l'action ABC.

4. Quel est son seuil de rentabilité ?

Le seuil de rentabilité se situe à 105,35 €.

5. Si l'action ABC cote 110 €, quel est le résultat pour l'acheteur et pour le vendeur du *call* ?

L'acheteur de l'option peut revendre 110 € une action acquise au prix d'exercice de 100 € plus le coût de la prime, soit un gain de : 110 – 100 – 5,35 = 4,65 €. Si le vendeur de l'option est obligé d'acheter les titres ABC sur le marché à 110 €, il constatera une perte équivalente : 100 + 5,35 – 110 = 4,65 € par titre.

Si le cours de l'action ABC dépasse 100 €, l'acheteur a intérêt à exercer le *call* pour acheter un titre au prix d'exercice égal à 100 € pour le revendre sur le marché à un cours supérieur. Entre 100 € et 105,35 €, l'acheteur réduit le coût d'achat de l'option correspondant à la prime sans dégager de gain. Au-delà de 105,35 €, il dégage un bénéfice égal à la différence entre le cours coté de l'action ABC et le seuil de rentabilité de 105,35 € (prix d'exercice + prime).

L'achat et la vente d'un *call*

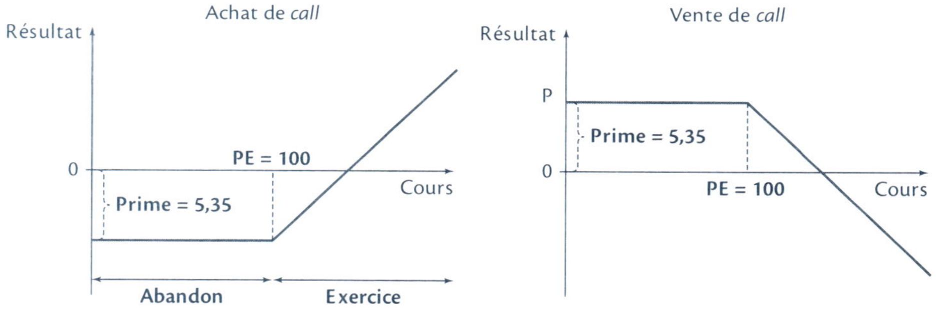

2. L'achat et la vente de l'option de vente (*put*)

Dans le cas d'une option de vente, ***put***, les résultats entre l'acheteur et le vendeur sont, là aussi, symétriques. L'acheteur exercera son option de vente si le cours de l'action ABC est inférieur au prix d'exercice.

EXEMPLE

L'action ABC cote 100 € et l'option de vente (*put*), pour un prix d'exercice égal au cours coté (100 €), vaut 4,86 €.

1. Quelle est l'anticipation de l'acheteur du *put* ?

L'acheteur du *put* anticipe une baisse du cours de l'action ABC.

2. Quel est son seuil de rentabilité ?

Le seuil de rentabilité se situe à 95,14 €.

3. Quelle est l'anticipation du vendeur du *put* ?

Le vendeur du *put* anticipe une hausse (ou une absence de baisse) du cours de l'action ABC.

4. Quel est son seuil de rentabilité ?

Le seuil de rentabilité se situe à 95,14 €.

5. Si l'action ABC cote 85 €, quel est le résultat pour l'acheteur et pour le vendeur du *put* ?

L'acheteur de l'option de vente peut revendre 100 € une action acquise 85 € sur le marché, soit un gain en tenant compte du coût de la prime de : 100 – 85 – 4,86 = 10,14 €. Si le vendeur de l'option revend les titres ABC sur le marché à 85 €, il constatera une perte équivalente : 85 + 4,86 – 100 = 10,14 € par titre.

L'achat et la vente d'un *put*

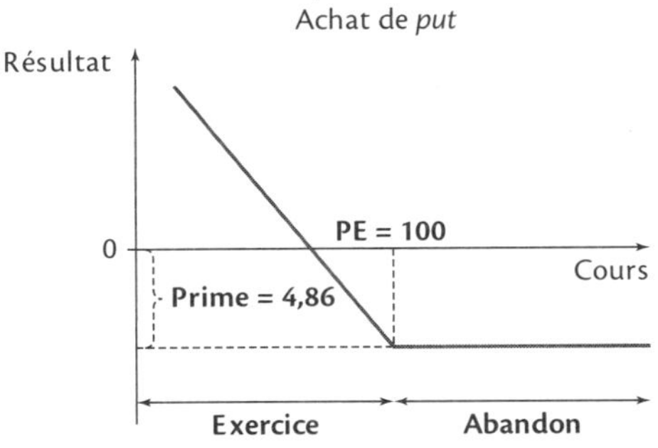

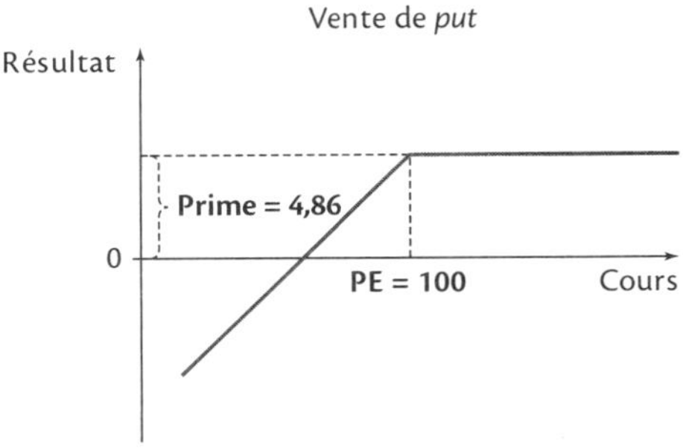

D. L'évaluation des options

Une option est un actif dérivé et conditionnel dont la valeur dépend notamment de la valeur de l'actif support et de son évolution. La valeur d'une option dépend, en particulier, de la différence entre le prix d'exercice et le cours du sous-jacent : la valeur intrinsèque. La probabilité *a priori* d'exercer l'option, à son terme pour une option européenne, ou pendant sa durée de vie pour une option américaine, représente la valeur spéculative. Cette dernière composante repose sur des modèles de valorisation en temps discret, le modèle binomial, ou en temps continu, le modèle stochastique.

1. La valeur intrinsèque et la valeur spéculative

La prime représentative du prix d'une option varie en fonction de divers paramètres et notamment de la variation de la valeur de l'actif sous-jacent. Cette prime se décompose en deux éléments : la valeur intrinsèque et la valeur spéculative ou valeur temps.

a. La valeur intrinsèque

La valeur intrinsèque d'une option correspond au gain que réaliserait son détenteur en cas d'exercice immédiat de l'option. Cette valeur est positive si cet exercice engendre effectivement un gain ; elle est nulle si l'exercice ne dégage aucun bénéfice.

EXEMPLE

L'action ABC cote 95 €. Trois prix d'exercice sont proposés pour des options d'achat et de vente sur ce titre : 90 €, 95 € et 100 €. Quelle est la valeur intrinsèque, VI, des *calls* et *puts* suivant ces trois prix d'exercice ?

Pour répondre à cette question, il est possible de synthétiser les résultats de l'exercice des options :

PE	Résultat de l'exercice du *Call*	Résultat de l'exercice du *Put*
90	95 – 90 = 5	90 – 95 = – 5
95	95 – 95 = 0	95 – 95 = 0
100	95 – 100 = – 5	100 – 95 = 5

Le résultat positif, PE = 90 pour les *calls* et PE = 100 pour les *puts*, indique qu'un détenteur de ces options les exercerait pour dégager un profit ; la valeur intrinsèque est positive et correspond aux différences :
– cours – PE pour les *calls* : 95 – 90 = 5 ;
– PE – cours pour les *puts* : 100 – 95 = 5.

Dans les autres cas, l'exercice des options ne conduisant à aucun gain, celles-ci ne seront pas exercées et la valeur intrinsèque est nulle.

En généralisant l'exemple précédent, la valeur intrinsèque correspond à la différence entre le prix d'exercice et le cours coté sans pouvoir être négative, soit :
– pour un *call* : max (0, S – PE) ;
– pour un *put* : max (0, PE – S).

La valeur intrinsèque, composante de la prime qui est la valeur totale de l'option, dépend de la différence entre le cours de l'actif et le prix d'exercice. Si l'investisseur n'a aucune influence sur le cours de l'actif, le prix d'exercice est fixé par les parties à l'initiation du contrat. Toutes choses égales par ailleurs, la fixation du prix d'exercice joue directement sur la valeur de l'option. En fonction de sa fixation relative par rapport au cours, l'option est dite dans les cours (ou dans la monnaie), à parité (ou au pair) ou en dehors des cours (ou en dehors de la monnaie) :

Prix d'exercice	*Call*	*Put*
PE < cours coté	dans les cours	en dehors des cours
PE = cours coté	à parité	à parité
PE > cours coté	en dehors des cours	dans les cours

b. La valeur spéculative

La valeur spéculative représente principalement l'aspect conditionnel d'une option, son exercice potentiel. Elle exprime la possibilité de voir le cours du sous-jacent monter, dans le cas d'un *call*, ou baisser, pour un *put*. La valeur spéculative de l'option dépend de plusieurs éléments :
– le cours de l'actif sous-jacent ;
– la volatilité du cours du sous-jacent ;
– le temps restant jusqu'à l'échéance ;
– le taux d'intérêt sans risque.

Le sens de l'influence de ces différents facteurs varie selon que l'on considère un *call* ou un *put*.

La variation du cours du sous-jacent affecte évidement de manière différente les options d'achat et de vente. Pour un *call*, une hausse du cours rend plus probable l'exercice de l'option. C'est l'inverse pour un *put*.

Une forte volatilité, ou son augmentation durant la vie de l'option, augmente la probabilité d'atteindre un cours qui rendra exerçable l'option. Il en est de même pour la maturité de l'option : plus l'échéance est éloignée, plus la probabilité d'exercice augmente.

Le taux d'intérêt sans risque joue moins fortement. Dans le cas du *call*, le prix d'exercice qui ne sera déboursé qu'au moment de l'exercice peut être théoriquement placé au taux sans risque ; une augmentation de ce dernier entraîne une hausse de la valeur du *call* en raison du gain sur le placement. Pour un *put*, c'est l'inverse : le prix d'exercice qui sera encaissé lors de l'exercice de l'option est théoriquement emprunté. Une hausse du taux d'intérêt entraîne une baisse de la valeur de l'option de vente en raison du coût de l'emprunt

Les relations entre la valeur des options et ces différents facteurs sont résumées dans le tableau suivant :

Facteurs	*Call*	*Put*
Hausse du cours du sous-jacent	+	–
Baisse du cours du sous-jacent	–	+
Hausse de la volatilité	+	+
Maturité	+	+
Taux d'intérêt sans risque	+	–

Les figures suivantes représentent la décomposition de la valeur d'un *call*, ou d'un *put*, en valeur intrinsèque et valeur spéculative. La valeur intrinsèque, nulle pour une option en dehors des cours, correspond à la valeur minimale de l'option. La valeur intrinsèque et la valeur spéculative, et donc la valeur totale, sont d'autant plus élevées que l'option est dans la monnaie.

Figure 2.3 – La valeur d'un *call*

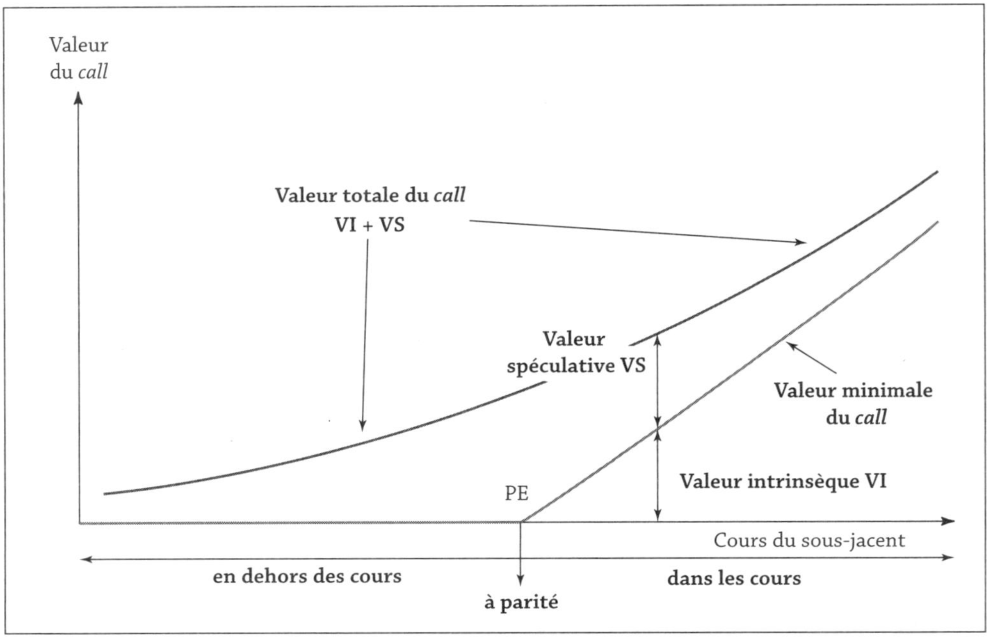

Figure 2.4 – **La valeur d'un *put***

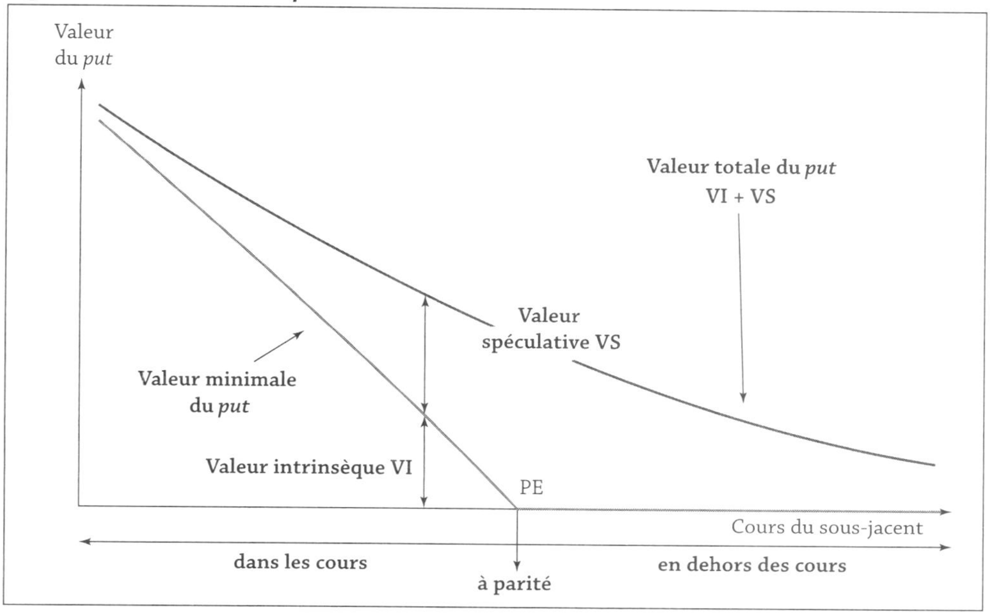

2. Le modèle binomial

La principale difficulté de valorisation d'une option réside dans l'estimation de la valeur spéculative. Une première approche s'appuie sur un processus binomial d'évolution du cours de l'actif sous-jacent. Cette approche nécessite trois hypothèses :

– le cours du sous-jacent, S, est engendré par un processus binomial (en temps discret) avec une probabilité p que le cours monte après une période et une probabilité (1 – p) qu'il baisse ;
– le coefficient d'augmentation du cours, u, est tel que $u > r > 1$, où $r = (1 + R_F)$;
– le coefficient de baisse du cours, d, est tel que $d < r$ et $0 < d < 1$.

Sur une période, le modèle binomial se présente ainsi :

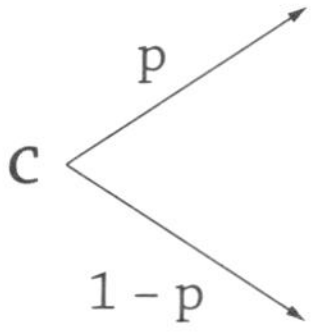

$$C_u = \max(0, uS - PE)$$

$$C_d = \max(0, dS - PE)$$

La valeur C du *call* correspond à l'espérance mathématique des flux de fin de période :

$$C = pC_u + (1 - p)C_d$$

Les paramètres u, d et p sont estimés à partir de la volatilité du cours de l'actif sous-jacent, σ, de la durée entre deux changements de cours exprimée en fraction d'année, δt, et du taux sans risque, R_F :

– le coefficient d'augmentation du cours, $u = e^{\sigma\sqrt{\delta t}}$
– le coefficient de baisse du cours, $d = e^{-\sigma\sqrt{\delta t}}$
– la probabilité p de hausse du cours du sous-jacent, $p = \dfrac{e^{R_F \delta t} - d}{u - d}$

EXEMPLE

L'action Bin cote 50 €, l'écart type de ses rentabilités est de 20 % et le taux sans risque sur le marché de 4 %. La valeur d'un *call* d'échéance un mois avec un prix d'exercice à parité s en considérant une seule variation, à la hausse ou à la baisse, du cours de l'action dans le mois est :

– le coefficient d'augmentation du cours, $u = e^{0,20\sqrt{0,0833/1}} = 1,0594$

– le coefficient de baisse du cours, $d = e^{-0,20\sqrt{0,0833/1}} = 0,9439$

– la probabilité p de hausse du cours du sous-jacent, $p = \dfrac{e^{0,04(0,0833/1)} - 0,9439}{1,0594 - 0,9439} = 0,5146$

– la valeur du *call* correspond à l'espérance mathématique :

$$C = 0,5146\left[\left(1,0594 \times 50\right) - 50\right] + \left(1 - 0,5146\right)0 = 1,5284\,€.$$

Lorsqu'on considère un horizon multipériode, les valeurs possibles du *call* sont représentées par un arbre binomial. La valeur du *call* est obtenue par itération en calculant rétroactivement pour chaque nœud de chaque sous-période l'espérance mathématique.

EXEMPLE

Quelle serait la valeur du *call* à parité sur l'action Bin à 3 mois en considérant une variation du cours de l'action par mois ?

– le coefficient d'augmentation du cours, $u = e^{0,20\sqrt{0,25/3}} = 1,0594$

– le coefficient de baisse du cours, $d = e^{-0,20\sqrt{0,25/3}} = 0,9439$

– la probabilité p de hausse du cours du sous-jacent, $p = \dfrac{e^{0,04(0,25/3)} - 0,9439}{1,0594 - 0,9439} = 0,5146$

– la valeur du *call*, en gras, correspond pour chaque nœud périodique à l'espérance mathématique des flux de la période, la valeur initiale du *call* (2,41 €) correspond à l'espérance mathématique du premier nœud binomial.

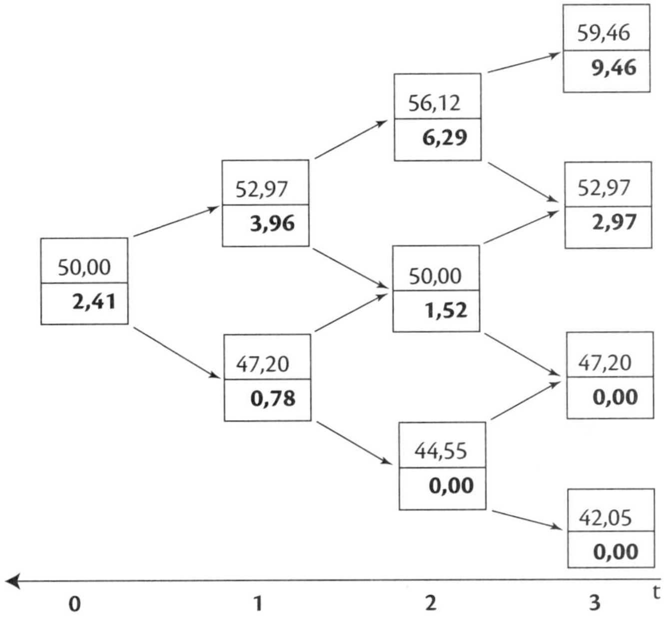

3. Le modèle de Black et Scholes

Le modèle de Black et Scholes, aussi dénommé modèle stochastique, s'appuie sur une variation du cours de l'actif sous-jacent continue et non périodique comme dans le modèle binomial. Le modèle de base propose une évaluation d'un *call* européen portant sur une action en l'absence de distribution de dividendes :

$$C = S \times N(d_1) - PE\left(e^{-R_F \times t}\right) \times N(d_2)$$

$$\text{où } d_1 = \frac{\ln\left(\frac{S}{PE}\right) + \left(R_F + \frac{\sigma^2}{2}\right)t}{\sqrt{\sigma^2 t}} \text{ et } d_2 = d_1 - \sqrt{\sigma^2 t}$$

Avec :
- S : cours de l'action sous-jacente ;
- C : valeur du *call* ;
- PE : prix d'exercice ;
- R_F : taux d'intérêt sans risque annuel en temps discret ;
- σ : volatilité de l'action mesurée par l'écart-type de ses rentabilités ;
- T : temps jusqu'à l'échéance de l'option exprimé en fraction d'année ;
- N(.) = fonction de densité de la loi normale de la valeur (.).

EXEMPLE

À partir des paramètres de l'exemple précédent concernant l'action Bin, quelle est la valeur d'un *call* de parité à 1 mois et à 3 mois.

***Call* à 1 mois :**

$$d_1 = \frac{\ln\left(\frac{50}{50}\right) + \left(0{,}04 + \frac{0{,}20^2}{2}\right)\left(\frac{1}{12}\right)}{\sqrt{0{,}20^2 \times \left(\frac{1}{12}\right)}} = 0{,}09 \quad d_2 = 0{,}09 - \sqrt{0{,}20^2 \times \left(\frac{1}{12}\right)} = 0{,}03$$

N(0,09) = 0,5359 N(0,03) = 0,5120

$$C = 50(0{,}5359) - 50\,(e^{-0{,}04 \times 1/12})0{,}5120 = 1{,}28\ €.$$

***Call* à 3 mois :**

$$d_1 = \frac{\ln\left(\frac{50}{50}\right) + \left(0{,}04 + \frac{0{,}20^2}{2}\right)\left(\frac{3}{12}\right)}{\sqrt{0{,}20^2 \times \left(\frac{3}{12}\right)}} = 0{,}15 \quad d_2 = 0{,}15 - \sqrt{0{,}20^2 \times \left(\frac{3}{12}\right)} = 0{,}05$$

N(0,15) = 0,5596 N(0,05) = 0,5199

$$C = 50(0{,}5596) - 50\,(e^{-0{,}04 \times 3/12})0{,}5199 = 2{,}24\ €.$$

4. La relation de parité entre un *call* et un *put*

La relation de parité entre la valeur d'un *call* et d'un *put* européens repose sur l'hypothèse d'efficience des marchés financiers qui suppose l'absence d'opportunité d'arbitrage.

On constitue deux portefeuilles P_1 et P_2 composés comme suit :

– P_1 : 1 *call* sur l'action A + montant de liquidités $PE\left(e^{-R_F \times t}\right)$ où $PE\left(e^{-R_F \times t}\right)$ est la valeur actuelle au taux sans risque du prix d'exercice du *call*, PE, payable à l'échéance t ;

– P_2 : 1 *put* sur l'action A, avec un prix d'exercice PE, + 1 action A qui vaut S.

Quelle est la valeur de ces portefeuilles à l'échéance t ?

– $V_t(P_1) = \max(0, S_t - PE) + PE = \max(S_t, PE)$

– $V_t(P_2) = \max(0, PE - S_t) + S_t = \max(S_t, PE)$

En l'absence d'opportunité d'arbitrage, si les deux portefeuilles ont la même valeur à l'échéance t, ils doivent avoir la même valeur à la date de constitution :

$$C + PE\left(e^{-R_F \times t}\right) = P + S$$

Cette relation appelée relation de parité *call-put* permet en connaissant la valeur d'un *call* européen C de déterminer la valeur d'un *put* européen P de même prix d'exercice PE et de même échéance t :

$$P = C + PE\left(e^{-R_F \times t}\right) - S$$

EXEMPLE

À partir des données de l'exemple précédent, quelle est la valeur de l'option de vente P à 1 mois et à 3 mois ?

***Put* à 1 mois :**

$P = 1{,}28 + 50e^{-0{,}04 \times 1/12} - 50 = 1{,}11$ €.

***Put* à 3 mois :**

$P = 2{,}24 + 50e^{-0{,}04 \times 3/12} - 50 = 1{,}74$ €.

5. Les paramètres de gestion d'un portefeuille d'options

Les gérants de portefeuilles disposent d'un certain nombre d'indicateurs de sensibilité pour les aider à évaluer l'incidence des variations des différents paramètres de valorisation des options et à réviser la composition de leur position en fonction de leurs objectifs de gestion.

Le delta, δ, mesure la variation de la valeur de l'option pour une variation de 1 € du cours du sous-jacent. Il correspond à la dérivée première de la valeur de l'option par rapport au cours de l'action soit, dans le modèle stochastique, à :

– $N(d_1)$ pour un *call* ;

– $N(d_1) - 1$ pour un *put*.

Le delta évolue également en fonction des fluctuations du cours.

Le gamma, γ, mesure les variations du delta en fonction des variations du cours du sous-jacent. Il correspond à la dérivée première de la valeur du delta par rapport à celle de l'action.

Le thêta, θ, est utilisé pour évaluer l'incidence de l'écoulement du temps sur la valeur de l'option. Il correspond à la dérivée première du prix de l'option par rapport au temps. Le thêta a un signe négatif car la valeur du prix de l'option décroît avec le temps.

Le rhô, ρ, mesure la sensibilité du prix de l'option à la variation du taux sans risque. Cette sensibilité faible est souvent ignorée.

Le véga, ν, rend compte de la relation entre le cours de l'option et la volatilité de l'actif sous-jacent. Il correspond à la dérivée première du prix de l'option par rapport à la volatilité du sous-jacent.

SYNTHÈSE

L'évaluation des instruments financiers repose sur une relation fondamentale qui suppose que la valeur d'un actif financier corresponde à la valeur actualisée de ses flux futurs. Cette relation s'appuie sur les concepts de capitalisation et d'actualisation de capitaux.

L'évaluation des obligations

Les obligations sont des titres de créances à long terme négociables, émis par des émetteurs publics (État, collectivités territoriales) ou des sociétés privées. La valeur d'une obligation est la somme des valeurs actuelles des coupons attendus et du capital remboursé, généralement *in fine*. En l'absence de risque de défaut, la séquence des flux futurs est connue dès l'émission de l'obligation et tout au long de sa vie. La principale incertitude réside dans l'évolution des taux d'intérêt sur les marchés financiers qui joue négativement sur la valeur des obligations : une hausse des taux entraîne une baisse des cours des obligations et inversement une baisse des taux conduit à une hausse des cours obligataires.

Un indicateur permet d'apprécier l'impact de cette variation des taux sur la valeur des obligations : la sensibilité qui peut être calculée directement ou à partir de la duration. Celle-ci permet de connaître la durée de détention nécessaire pour neutraliser les effets d'une variation des taux d'intérêt sur la rémunération attendue mesurée par le taux actuariel.

Le risque de défaut est estimé par la notation des émissions et des émetteurs obligataires. Cette notation donne une opinion indépendante sur la solvabilité de l'émetteur et donc sur la qualité de l'émission obligataire.

L'évaluation des actions

Les flux futurs de bénéfices ou de dividendes dégagés par une entreprise sont difficilement prévisibles. De même, le taux d'actualisation à retenir pour actualiser ces flux résulte le plus souvent de modélisations telles que celles présentées dans le chapitre 1. Cette double difficulté conduit à réserver une partie de l'ouvrage à l'évaluation des actions (voir Chapitre 10).

L'évaluation des options

Les options sont des actifs dérivés conditionnels. Elles permettent d'acheter ou de vendre des actifs (indice boursier, action, quantité de matière, taux d'intérêt, etc.) pendant une période ou à l'échéance d'une période. En qualité d'actifs dérivés, les options portent sur un actif sous-jacent dont les variations de cours affectent la valeur. En tant qu'actifs conditionnels, leur valeur dépend de leur probabilité d'exercice à terme et donc de la possibilité d'acheter ou de vendre l'actif sous-jacent. La valeur d'une option correspond à la prime versée par l'acquéreur et reçue par le vendeur de l'option. Cette valeur se décompose en valeur intrinsèque et valeur spéculative. La valeur intrinsèque découle de la différence entre le cours de l'actif et le prix d'achat ou de vente, le prix d'exercice, fixé à l'initiation du contrat optionnel. La valeur spéculative représente le caractère conditionnel du contrat qui permet à l'acheteur d'exercer ou non l'option en fonction des conditions du marché. Cette possibilité laissée à l'acheteur d'une option nécessite de modéliser le processus d'évolution des cours de l'actif sous-jacent. En retenant alternativement un processus d'évolution du cours de l'actif sous-jacent en temps discret ou en temps continu, des modèles théoriques permettent de valoriser les options.

APPLICATION 1 Vrai ou faux

1. Les obligations sont des titres de créances à long terme émis par des sociétés privées cotées sur les marchés financiers.

2. Le cours théorique d'une obligation correspond à la valeur actuelle des intérêts.

3. La sensibilité d'une obligation à taux fixe mesure l'impact d'une variation des taux d'intérêt sur le cours de l'obligation. Elle peut être positive, négative ou nulle.

4. La duration indique le temps nécessaire pour neutraliser les effets d'une variation de taux sur la valeur de l'obligation et le réinvestissement des flux.

5. La notation fournit une opinion sur les performances économiques et financières d'un émetteur obligataire.

6. Le vendeur d'une option d'achat peut décider de ne pas exercer son droit et abandonner l'option.

7. L'acheteur d'une option de vente anticipe une baisse du cours de l'actif sous-jacent.

8. Lorsque le prix d'exercice est supérieur au cours coté de l'actif sous-jacent, l'option d'achat est dite dans les cours.

9. La relation de parité entre un *call* et un *put* résulte d'une opportunité d'arbitrage.

10. La sensibilité d'une option à la variation des cours du sous-jacent est mesurée par le delta, δ.

CORRIGÉ 1

1. FAUX. Les obligations sont des titres de créances à long terme émis par des sociétés privées cotées ou non sur les marchés financiers et des émetteurs publics (État, collectivités territoriales).

2. FAUX. Le cours théorique d'une obligation correspond à la valeur actuelle de l'ensemble des flux d'intérêts et de capital.

3. FAUX. Si la sensibilité d'une obligation à taux fixe mesure l'impact d'une variation des taux d'intérêt sur le cours de l'obligation, elle est toujours négative en raison de la relation inverse entre la variation des taux d'intérêt et le cours théorique.

4. VRAI. La duration indique le temps nécessaire pour neutraliser les effets d'une variation de taux sur la valeur de l'obligation et le réinvestissement des flux.

5. FAUX. La notation ne s'intéresse qu'à la solvabilité de l'émetteur ou de l'émission obligataires.

6. FAUX. Seul l'acheteur d'une option détient un tel droit, le vendeur d'une option d'achat est tributaire de la décision de l'acheteur.

7. VRAI. L'acheteur d'une option de vente anticipe une baisse du cours de l'actif sous-jacent qui lui permettra de réaliser une plus-value en achetant au prix du marché un actif qu'il pourra revendre à un prix supérieur correspondant au prix d'exercice.

8. FAUX. Lorsque le prix d'exercice est supérieur au cours coté de l'actif sous-jacent, l'option d'achat est dite en dehors des cours. L'acheteur n'a aucun intérêt à l'exercice immédiat de l'option qui l'obligerait à acheter un actif à un prix – le prix d'exercice – supérieur au prix du marché.

9. FAUX. La relation de parité entre un *call* et un *put* résulte de l'impossibilité de réaliser une opération d'arbitrage.

10. VRAI. La sensibilité d'une option à la variation des cours du sous-jacent est mesurée par le delta, δ, qui correspond à N(d1) pour un *call* et N(d1) – 1 pour un *put*.

APPLICATION 2 Calculs obligataires

Vous disposez des informations suivantes concernant une émission obligataire :

– émission d'un emprunt de 50 millions d'euros représenté par 500 000 obligations de 100 € de nominal ;
– prix d'émission : 99,70 % ;
– prix de remboursement : 100,20 % ;
– date de jouissance et de règlement : 1er avril de chaque année ;
– intérêt annuel : 6 % du nominal, soit 6 € par obligation, payable le 1er avril de chaque année ;
– remboursement *in fine* le 1er avril N + 3 ;
– taux de rendement actuariel brut : 6,18 % ;
– notation de l'émission obligataire par Standard & Poor's : AAA.

1. Vérifiez la valeur du taux de rendement actuariel brut.

2. Justifiez l'écart entre le taux de rendement actuariel brut et le taux nominal.

3. Définissez les notions de sensibilité et de duration d'une obligation. Quel est l'intérêt de ces deux notions ?

4. Calculez la sensibilité réelle de l'emprunt à la date d'émission en supposant que le taux d'intérêt du marché passe de 6 à 7 %. Interprétez les résultats obtenus.

5. Calculez la duration de l'emprunt à la date d'émission en supposant que le taux d'intérêt du marché est de 6 %. Interprétez les résultats obtenus.

6. Calculez la sensibilité à partir de la duration. Pourquoi existe-t-il une différence avec le calcul de la sensibilité à la question 4 ?

7. Expliquez la notion de notation de l'émission obligataire. Que représente la notation Standard & Poor's « AAA » ?

CORRIGÉ 2

1. Valeur du taux de rendement actuariel brut

Pour vérifier la valeur du taux actuariel, il est possible de résoudre l'équation suivante :

$$99{,}70 = 6\frac{1-(1+t_a)^{-3}}{t_a} + 100{,}20(1+t_a)^{-3}$$

soit $t_a = 6{,}18\ \%$.
ou de remplacer t_a par 6,18 % pour vérifier le prix de l'obligation à l'émission :

$$99{,}70 = 6\frac{1-(1{,}0618)^{-3}}{0{,}0618} + 100{,}20(1{,}0618)^{-3}$$

2. Justification de l'écart entre le taux de rendement actuariel brut et le taux nominal

Cette différence s'explique par un prix d'émission (99,70 %) inférieur à la parité et un prix de remboursement (100,20 %) supérieur à la parité.

3. Définitions des notions de sensibilité et de duration d'une obligation et intérêt de ces deux notions

La sensibilité de l'obligation est le taux de variation du cours de l'obligation pour une variation d'un point du taux d'intérêt du marché. La sensibilité dépend de la duration et du taux d'intérêt : plus le taux d'intérêt est faible, plus la sensibilité est grande

La duration est la moyenne arithmétique pondérée des dates d'échéance des diverses annuités. Elle indique le nombre d'années nécessaires pour que, en cas de variation instantanée du taux d'intérêt sur le marché, on retrouve le taux de rendement actuariel prévu au moment de l'achat du titre. La duration désigne le temps nécessaire pour neutraliser les effets contraires qu'une variation de taux a sur la valeur de l'obligation et le réinvestissement des flux.

Ces deux notions sont essentielles pour les investisseurs obligataires car elles permettent d'apprécier le risque de taux lié à la détention d'obligations à taux fixe.

4. Calcul de la sensibilité réelle de l'emprunt à la date d'émission en supposant que le taux d'intérêt du marché passe de 6 à 7 % et interprétation des résultats obtenus

Pour un taux de 6 %, le cours théorique de l'obligation est :

$$6\frac{1-(1{,}06)^{-3}}{0{,}06} + 100{,}20(1{,}06)^{-3} = 100{,}17$$

Pour un taux de 7 %, le cours théorique de l'obligation est :

$$6\frac{1-(1{,}07)^{-3}}{0{,}07} + 100{,}20(1{,}07)^{-3} = 97{,}54$$

La sensibilité est donc égale à :

$$S = \frac{100{,}17 - 97{,}54}{100{,}17} = -0{,}0263\text{, soit } -2{,}63\ \%.$$

Lorsque le taux d'intérêt sur le marché augmente de 100 points de base, le cours de l'obligation baisse de 2,63 %.

5. Calcul de la duration de l'emprunt à la date d'émission en supposant que le taux d'intérêt du marché est de 6 % et interprétation des résultats obtenus

À partir de la formule de la duration, on obtient :

$$D = \frac{\sum_{n=1}^{3} nF_n(1{,}06)^{-n}}{\sum_{n=1}^{3} F_n(1{,}06)^{-n}} = \frac{283{,}84}{100{,}17} = 2{,}83$$

Année	Flux	$F_n(1,06)^{-n}$	$nF_n(1,06)^{-n}$
1	6	5,66	5,66
2	6	5,34	10,68
3	106,20	89,17	267,50
		100,17	283,84

Pour neutraliser les effets contraires d'une faible variation des taux d'intérêt sur la valeur de l'obligation et du réinvestissement de ses flux, il est nécessaire de conserver celle-ci 2,83 ans, soit près de 2 ans et 10 mois.

6. Calcul de la sensibilité à partir de la duration

L'approximation de la sensibilité par la duration conduit à une valeur de :

$$S = \frac{-D}{1+t} = \frac{-2,83}{1,06} = -2,67$$

La différence avec la sensibilité de – 2,63 % trouvée à la question 4 s'explique par la convexité de la relation réelle entre le cours théorique et le taux d'intérêt. Le calcul par la duration est une approximation de cette relation.

7. Explication de la notion de notation de l'émission obligataire

La notation représente une opinion indépendante sur la capacité et la volonté d'une entité à faire face à ses obligations financières (capital et intérêts) à l'échéance. Elle peut être attribuée à une entité (notation de l'émetteur) ou à un titre (notation de la dette). Les obligations cotées AAA sont les mieux cotées. La probabilité de non-paiement des intérêts et/ou du capital est très faible.

APPLICATION 3 La valorisation stochastique d'un *call*

Une option d'achat porte sur une action dont le cours est 100 €. Le taux d'intérêt sans risque est de 5 %. La volatilité, mesurée par la variance des rentabilités de l'action, est de 10 %. L'échéance de l'option est dans six mois.

1. Utilisez le modèle stochastique pour calculer la valeur du *call* pour deux prix d'exercice : 90 € et 110 €.

2. Décomposez la valeur du *call* en valeur intrinsèque et valeur spéculative.

3. Commentez l'ensemble des résultats.

CORRIGÉ 3

1. Utilisation du modèle stochastique pour calculer la valeur du *call* pour deux prix d'exercice : 90 € et 110 €

PE = 90 €

$$d_1 = \frac{\text{Ln}\left(\frac{100}{90}\right) + \left(0,05 + \frac{0,10}{2}\right)0,5}{\sqrt{0,10 \times 0,5}} = 0,69 \qquad d_2 = 0,53 - \sqrt{0,10 \times 0,5} = 0,47$$

N(0,69) = 0,7549 N(0,47) = 0,6808

$$C = 100\ (0,7549) - 90\ e^{-0,05 \times 0,5}\ (0,6808) = 15,73$$

PE = 110 €

$$d_1 = \frac{\text{Ln}\left(\frac{100}{110}\right) + \left(0{,}05 + \frac{0{,}10}{2}\right)0{,}5}{\sqrt{0{,}10 \times 0{,}5}} = -0{,}20 \quad d_2 = 0{,}012 - \sqrt{0{,}10 \times 0{,}5} = -0{,}42$$

$N(-0{,}20) = 0{,}4207$ $\qquad$ $N(-0{,}42) = 0{,}3372$

$$C = 100\,(0{,}4207) - 110\, e^{-0{,}05 \times 0{,}5}\,(0{,}3372) = 5{,}89$$

2. Décomposition de la valeur du *call* en valeur intrinsèque et valeur spéculative

PE = 90 €

Valeur intrinsèque = max(0 ; S – PE) = max(0 ; 100 – 90) = 10

Valeur spéculative = C – VI = 15,73 – 10 = 5,73

PE = 110 €

Valeur intrinsèque = max(0 ; S – PE) = max(0 ; 100 – 110) = 0

Valeur spéculative = C – VI = 5,89 – 0 = 5,89

3. Commentaires

La fixation du prix d'exercice joue fortement sur la valeur du *call* par l'intermédiaire de la valeur intrinsèque. Le *call* dans les cours, dont le prix d'exercice de 90 € est inférieur au cours coté, présente une valeur totale supérieure. Son exercice immédiat générerait un gain de 100 – 90 = 10 € par action. Les valeurs spéculatives sont, par contre, très proches, quel que soit le prix d'exercice.

APPLICATION 4 La valorisation binomiale d'un *call* et d'un *put*

Une option d'achat porte sur une action dont le cours est 100 €. Le taux d'intérêt sans risque est de 5 %. Le prix d'exercice est de 100 €. L'échéance de l'option est dans deux mois. On suppose que le cours varie une fois par mois.

1. Utilisez le modèle binomial pour calculer la valeur du *call* pour deux niveaux de volatilité mesurés par l'écart type des rentabilités : 10 % et 20 %. Commentez.

2. À partir des résultats précédents et de la relation de parité entre un *call* et un *put*, calculez la valeur du *put* correspondant pour les deux échéances.

3. Commentez l'ensemble des résultats.

CORRIGÉ 4

1. Utilisation du modèle binomial pour calculer la valeur du *call* pour deux niveaux de volatilité mesurés par l'écart type (10 et 20 %)

σ = 10 %

– calcul du coefficient d'augmentation du cours, $u = e^{0{,}10\sqrt{0{,}1667/2}} = 1{,}0293$

– calcul du coefficient de baisse du cours, $d = e^{-0{,}10\sqrt{0{,}1667/2}} = 0{,}9715$

– calcul de la probabilité risque-neutre p de hausse du cours du sous-jacent,

$$p = \frac{e^{0{,}05(0{,}1667/2)} - 0{,}9715}{1{,}0293 - 0{,}9715} = 0{,}5653$$

– calcul de la valeur du *call* par itération à l'aide de l'arbre binomial, C = 1,88 € :

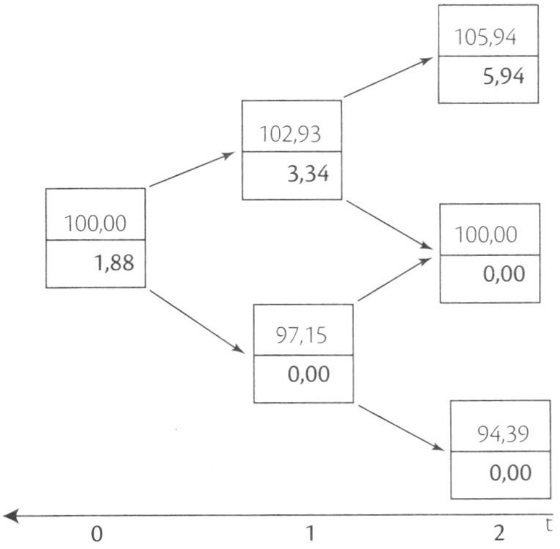

σ = 20 %

– calcul du coefficient d'augmentation du cours, $u = e^{0,20\sqrt{0,1667/2}} = 1,0594$

– calcul du coefficient de baisse du cours, $d = e^{-0,20\sqrt{0,1667/2}} = 0,9439$

– calcul de la probabilité risque-neutre p de hausse du cours du sous-jacent,

$$p = \frac{e^{0,05(0,1667/2)} - 0,9439}{1,0594 - 0,9439} = 0,5219$$

– calcul de la valeur du *call* par itération à l'aide de l'arbre binomial, C = 3,30 € :

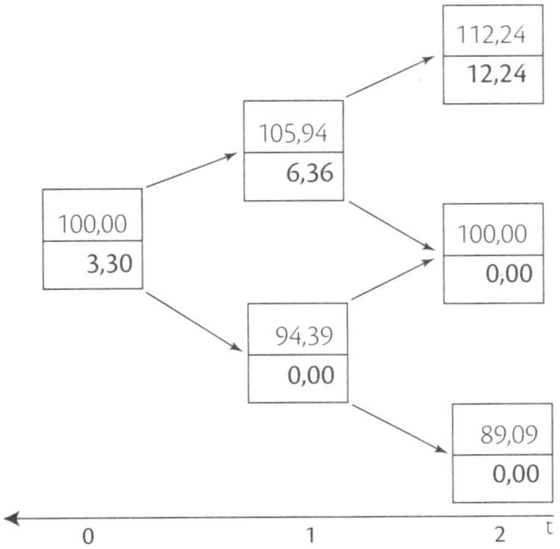

2. Calcul, à partir des résultats précédents et de la relation de parité entre un *call* et un *put*, de la valeur du *put* correspondant pour les deux échéances

σ = 10 % : $P = 1,88 + 100e^{-0,05 \times 2/12} - 100 = 1,05$ €.

σ = 20 % : $P = 3,30 + 100e^{-0,05 \times 2/12} - 100 = 2,47$ €.

3. Commentaires

On constate le rôle de la volatilité sur la valorisation des options d'achat ou de vente. Dans les deux cas, l'augmentation de la volatilité entraîne une hausse de la valeur de l'option. Les options étant à parité, la valeur intrinsèque est nulle, seule la valeur spéculative est affectée par la variation de la volatilité des cours du sous-jacent. Pour l'évaluation des *puts*, il est possible de construire un arbre binomial pour calculer directement leur valeur avec les mêmes paramètres u, d et p.

$\sigma = 10\ \%$

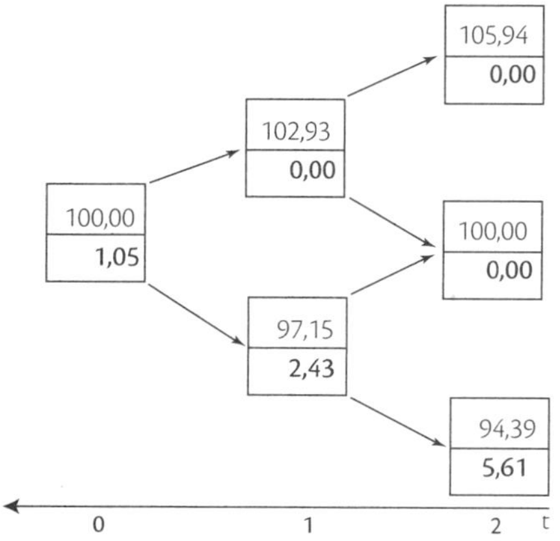

$\sigma = 20\ \%$

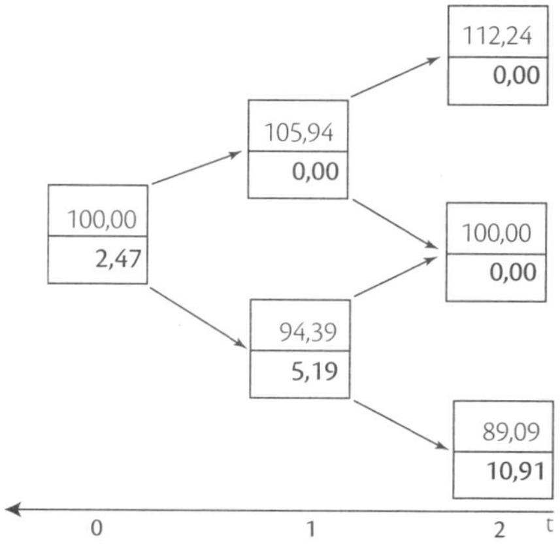

APPLICATION 5 L'évaluation d'une obligation convertible en action

La société OC lance un emprunt obligataire convertible d'une durée de 5 ans au taux nominal de 4 %. Le prix d'émission est de 100 € remboursable au pair, *in fine*. Chaque obligation convertible peut être convertie en une action OC à la fin de la troisième année.

L'action OC cote 80 € et sa volatilité, mesurée par l'écart type des rentabilités, est de 25 %. Le taux de rentabilité de l'actif sans risque est de 3 %. Le taux des emprunts obligataires classiques pour la même notation est de 5,5 % le jour de l'émission. La société ne verse pas de dividendes.

1. Quelle est la valeur théorique de l'obligation OC à la date d'émission ?

2. Un an plus tard, le cours de l'action OC est de 105 €, sa volatilité de 15 % et le taux d'intérêt sans risque et le taux obligataire sont inchangés. Calculez la valeur théorique de l'obligation convertible.

CORRIGÉ 5

1. Valeur théorique de l'obligation OC à la date d'émission

Pour valoriser la valeur de l'obligation convertible, il faut calculer :

– la valeur nue de l'obligation à l'émission ;

– la valeur de l'option d'achat implicite.

Valeur nue de l'obligation à l'émission : la valeur nue à l'émission est calculée en actualisant les flux de l'obligation au taux de l'emprunt obligataire classique (5,5 %).

$$V_0 = \sum_{n=1}^{5} \frac{4}{(1{,}055)^n} + \frac{100}{(1{,}055)^5} = 93{,}59 \text{ €}.$$

Valeur de l'option d'achat : le nombre de variations du cours de l'action sous-jacente étant infini sur une période de trois ans, la valeur de l'option d'achat est calculée à partir du modèle stochastique. Le prix d'exercice est la valeur de l'obligation à la date de la conversion, fin N + 3, puisque l'exercice du droit de conversion suppose l'échange de l'obligation contre une action à cette date :

$$V_3 = \sum_{n=1}^{2} \frac{4}{(1{,}055)^n} + \frac{100}{(1{,}055)^2} = 97{,}23 \text{ €}.$$

À partir du modèle stochastique, il est possible d'évaluer la valeur théorique de l'option d'achat :

$$C = S \times N(d_1) - PE(e^{-RFx\,t}) \times N(d_2)$$

$$\text{où } d_1 = \frac{\text{Ln}\left(\frac{80}{97{,}23}\right) + \left(0{,}03 + \frac{0{,}25^2}{2}\right)3}{0{,}25\sqrt{3}} = 0{,}31 \Rightarrow N(-0{,}03) = 0{,}4880$$

$$\text{et } d_2 = 0{,}03 - 0{,}25\sqrt{3} = -0{,}46 \Rightarrow N(-0{,}46) = 0{,}3228$$

$$C = (80 \times 0{,}4880) - (97{,}23 \times e^{-(0{,}03 \times 3)} \times 0{,}3228) = 10{,}36 \text{ €}.$$

La valeur de l'obligation convertible à l'émission est : 93,59 + 10,36 = 103,95 €.

2. Valeur théorique de l'obligation convertible

Comme pour la question précédente, la valeur de l'obligation correspond à la somme de la valeur nue et de l'option d'achat.

Valeur nue de l'obligation fin N + 1 :

$$V_0 = \sum_{n=1}^{4} \frac{4}{(1{,}055)^n} + \frac{100}{(1{,}055)^4} = 94{,}74 \text{ €}.$$

Valeur de l'option d'achat : les paramètres obligataires n'ont pas changé. Le prix d'exercice est toujours égal à la valeur nue de l'obligation fin N + 3, soit 97,23 €.

$$\text{où } d_1 = \frac{\text{Ln}\left(\frac{105}{97{,}23}\right) + \left(0{,}03 + \frac{0{,}15^2}{2}\right)2}{0{,}25\sqrt{2}} = 0{,}75 \Rightarrow N(0{,}75) = 0{,}7734$$

$$\text{et } d_2 = 0{,}75 - 0{,}15\sqrt{2} = -0{,}54 \Rightarrow N(-0{,}54) = 0{,}7054$$

$$C = (105 \times 0{,}7734) - (97{,}23 \times e^{-(0{,}03 \times 2)} \times 0{,}7054) = 16{,}80 \text{ €}.$$

La valeur de l'obligation convertible fin N + 1 est : 94,74 + 16,80 = 111,54 €.

L'appréciation de l'obligation convertible est liée à la hausse du cours de l'action qui est passé de 80 € à 105 € en un an alors que le *call* implicite présentait une valeur intrinsèque nulle à l'émission, le prix d'exercice étant supérieur au cours de l'action. Un an plus tard, la valeur intrinsèque est positive (105 – 97,23 = 7,77). C'est cette valeur intrinsèque qui explique l'essentiel de la hausse de la valeur de l'option et de l'obligation convertible.

PARTIE

2

POLITIQUE FINANCIÈRE

CHAPITRE

3

La politique d'investissement

L'accent est mis, dans ce chapitre, sur les techniques d'évaluation des opportunités d'investissement aussi bien dans un univers certain que dans un univers incertain. Il s'agit de mesurer, en fait, s'il y a création de valeur pour les actionnaires.

Les options réelles (c'est-à-dire les options sur des actifs physiques) sont mises en exergue car elles servent au choix d'investissement dans un environnement incertain ; l'évaluation du risque doit, en effet, être intégrée dans l'élaboration du budget d'investissement.

I Les choix d'investissement

Le processus de choix des projets d'investissement inclut la recherche d'opportunités d'investissements, la collecte des données comptables et financières et l'établissement des prévisions, l'analyse économique et la prise de décisions. La démarche diffère selon que l'on se place dans un univers certain ou risqué.

A. La sélection des projets dans un environnement certain

On parle d'environnement certain lorsque les calculs sont effectués sans prendre en compte l'incertitude qui pèse sur les éléments prévisionnels. Il s'agit d'un cas peu fréquent.

1. L'analyse empirique des propositions d'investissement

Deux critères de sélection des investissements à caractère comptable sont utilisés de façon empirique.

a. Le critère du délai de récupération (*pay back*)

L'approche permet de répondre à la question : combien de temps faut-il pour récupérer le montant de l'investissement initial ?

EXEMPLE

Soit un investissement de 1 000 €, engendrant des *cash-flows* espérés après impôt de 500 €, 400 € et 300 € sur une période de 3 ans.

***Cash-flows* nets d'un projet d'investissement (en euros)**

	Année 0	Année 1	Année 2	Année 3
Décaissement	1 000	0	0	0
Encaissement	0	500	400	300
Cash-flow net	– 1 000	– 500	– 100	200

Le tableau précédent montre qu'il manque 100 € à la fin de la deuxième année pour que l'investissement soit remboursé en totalité. Puisque la troisième année, un encaissement de 300 € est réalisé, les 100 € restants seront remboursés après l'écoulement du tiers de la troisième année. Dans ce cadre, il faut faire appel à l'interpolation linéaire. Ainsi, le délai de récupération de l'investissement est de 2,33 années.

Le délai de récupération présente certaines limites :
- il ignore la valeur temporelle de l'argent (actualisation des flux) ;
- il ne prend pas en compte les *cash-flows* au-delà du délai de récupération, c'est-à-dire que la période séparant ce dernier de la fin de la durée de vie du projet n'est pas prise en compte dans son évaluation.

EXEMPLE

L'exemple suivant illustre les deux limites du délai de récupération.

Soit deux investissements A et B :

***Cash-flows* des projets A et B (en euros)**

Investissement	Décaissement	Encaissement		
		Année 1	Année 2	Année 3
A	1 000	600	400	800
B	1 000	400	600	100

Les deux projets d'investissement possèdent le même délai de récupération, à savoir 2 ans. Mais la plupart des investisseurs préfèreront l'investissement A, qui permet une plus grande liquidité la première année (600 contre 400). Bien que les deux investissements engendrent le même *cash-flow*, pendant les deux premières années, le *cash-flow* espéré de la troisième année du projet A (800 €) est, de plus, supérieur à celui du projet B (100 €).

Malgré ces inconvénients, cette approche reste largement utilisée en raison de sa simplicité.

b. Le critère du taux de rendement comptable sur l'investissement (TRCI)

Appelé aussi rendement sur investissement (ROI), ce taux est calculé en rapportant le profit comptable à l'investissement. Il existe plusieurs méthodes de mesure du revenu (numérateur de la formule) : profit comptable, *cash-flow* avant impôts, après impôts, etc. De même, plusieurs méthodes peuvent être utilisées pour mesurer l'investissement : mise de fonds initiale (I_0), variation des immobilisations sur deux exercices, etc.

EXEMPLE

Un projet nécessite un investissement au début de l'année N de 320 k€ et prend fin au cours de l'année N + 2 (l'IS est de 33 1/3 %).

Calcul du TRCI

Résultat (en milliers d'euros)			**Investissement (en milliers d'euros)**				**Taux de rendement (en %)**	
Année (1)	Bénéfice avant impôts (2)	Bénéfice après impôts (3)	Valeur comptable initiale (4)	Investissement (5)	Amortissement (6)	Valeur comptable nette (7) = (4) + (5) – (6)	TRCI avant. impôts (8) = (2) / (7)	TRCI après impôts (9) = (3) / (7)
N	– 50	– 33,5	0	320	100	220	– 23	– 15
N + 1	100	67	220	0	100	120	83	56
N + 2	100	67	120	0	100	20	500	335

Pour pouvoir se prononcer sur l'intérêt de cet investissement, il convient de raisonner sur un bénéfice et un investissement moyens (colonnes 3 et 7) :

$$\text{TRCI moyen} = \frac{\text{Bénéfice moyen après impôts}}{\text{Valeur comptable nette moyenne}}$$

$$= \frac{(-33\,500 + 67\,000 + 67\,000)/3}{(220\,000 + 120\,000 + 20\,000)/3} = \frac{33\,500}{120\,000} = 28\ \%.$$

Ainsi calculé, le taux de rendement comptable moyen serait de 28 %.

La faiblesse de cette approche est qu'elle ne prend pas en compte la valeur temporelle de l'argent.

2. Les *cash-flows* actualisés et les décisions d'investissement

La valeur (V) d'un projet d'investissement peut être déterminée en utilisant la méthode des *cash-flows* actualisés :

$$V = \sum_{t=1}^{n} \frac{C_t}{(1+k)^t}$$

Avec :
- C_t : les *cash-flows* nets espérés par le projet au temps t ou CFNt ;
- k : le taux de rendement exigé du projet.

a. La valeur actuelle nette (VAN)

La VAN est la valeur d'un projet d'investissement, telle que représentée dans la formule ci-dessus et diminuée de la mise de fonds initiale I_0. Elle est donc égale à la valeur actuelle des encaissements des *cash-flows*, moins l'investissement initial.

Présentation

La formule de la VAN est la suivante :

$$\text{VAN} = \sum_{t=0}^{n} \frac{C_t}{(1+k)^t} \quad \text{ou} \quad \text{VAN} = \sum_{t=1}^{n} \frac{C_t}{(1+k)^t} - I_0$$

Avec :

I_0 : l'investissement initial.

Les encaissements et les décaissements correspondent respectivement à des valeurs positives et négatives de C_t ; l'investissement initial I_0 possède un signe négatif en tant que mise de fonds.

Si la VAN est positive, le projet est créateur de valeur et devrait être accepté et adopté par la firme.

EXEMPLE

Considérons un investissement de 100 k€, réalisant les *cash-flows* espérés suivants : 30 k€, 50 k€ et 40 k€ sur les trois prochaines années. Supposons que le taux de rendement exigé (k) soit de 15 %. La firme doit-elle entreprendre le projet ?

Calcul de la VAN

Période	*Cash-flows* (en k€)	Facteur d'actualisation (en %)	Valeur actuelle (en k€)
0	– 100	1,000	– 100,00
1	30	0,870	26,10
2	50	0,756	37,80
3	40	0,658	26,32
			VAN = – 9,78 (1)

(1) $VAN = \sum_{t=1}^{n} \frac{C_t}{(1+k)^t} - I_0$

$$VAN = (30\,000 \times 0,870 + 50\,000 \times 0,756 + 40\,000 \times 0,658) - 100\,000$$

La valeur actuelle nette est négative : le projet doit être rejeté. En d'autres termes, le placement immédiat d'une somme de 90,22 k€ aujourd'hui sur un compte courant bancaire à un taux d'intérêt de 15 % permet d'effectuer des retraits bancaires de 30 k€, 50 k€ et 40 k€ au cours des trois prochaines années. Or, pour obtenir le même résultat, le projet étudié exige une mise de fonds de 100 k€. Il détruit donc de la valeur (pour un taux de 15 %).

Application de la VAN lorsque les durées de vie des projets sont différentes : le problème de la duration

Il est fréquent qu'une entreprise se trouve confrontée à une comparaison de deux ou plusieurs projets d'investissement qui présentent entre eux des disparités d'échelle (les montants à investir peuvent être très différents) et /ou de durées de vie.

EXEMPLE

Considérons les *cash-flows* nets espérés (CFN) de deux projets A et B, ci-dessous :

Projets avec des durées de vie différentes

Années	CFN (A)	CFN (B)
0	– 6	– 6
1	3,5	2,5
2	4	3
3	–	2,5

Pour k = 10 % :

$$VAN_A = \left(\frac{3,5}{1,1} + \frac{4}{1,1^2}\right) - 6 = 0,488$$

$$VAN_B = \left(\frac{2,5}{1,1} + \frac{3}{1,1^2} + \frac{2,5}{1,1^3}\right) - 6 = 0,630$$

Pour un coût de capital de 10 %, on vérifiera que les valeurs actuelles nettes des deux projets A et B sont respectivement de l'ordre de 0,488 € et 0,630 €. Sur cette base, le projet B est préférable au projet A.

Si toutefois le problème qui se pose est celui de la couverture d'un besoin de financement permanent, il s'agit de savoir si la meilleure solution n'est pas le renouvellement à l'identique d'une série infinie de projets A et B. Pour calculer la VAN (B) d'une série à horizon infini renouvelable à l'identique, il suffit de déterminer la VAN d'une annuité égale à la VAN du projet VAN (N), payée au début de la première période, et ensuite répliquée à la fin de chaque n-ième période.

Posons VAN (N, ∞), la VAN répliquée à l'infini d'un projet de durée de vie égale à N années et dont la valeur actuelle nette simple est VAN (N).

La VAN de cette annuité est égale à :

$$VAN(N,\infty) = VAN(N) + \frac{VAN(N)}{(1+k)^N} + \frac{VAN(N)}{(1+k)^{2N}} + \ldots$$

soit :

$$VAN(N,\infty) = VAN(N)\left[\frac{(1+K)^N}{(1+k)^N - 1}\right]$$

EXEMPLE

En appliquant la relation ci-dessus aux données de l'exemple précédent :

Projet A :

$$VAN(2,\infty) = VAN(2)\left[\frac{(1+0,1)^2}{(1+0,1)^2 - 1}\right] = 2,81 € .$$

Projet B :

$$VAN(3,\infty) = VAN(3)\left[\frac{(1+0,1)^3}{(1+0,1)^3 - 1}\right] = 2,53 € .$$

Notons que lorsque les horizons des deux projets deviennent infinis, le choix du projet peut être modifié puisque les VAN respectives des projets répliquées à l'infini peuvent changer par rapport aux VAN calculées pour des horizons finis et différents.

Application de la VAN en situation de rationnement du capital

Dans certains cas, la firme est confrontée à un choix entre des projets d'investissement parce que les fonds disponibles sont limités, en d'autres termes le capital est rationné. Le dirigeant doit donc choisir un ensemble de projets, dont la combinaison donne la valeur actuelle nette la plus élevée. Ainsi, la VAN possède l'avantage d'être un critère général de maximisation de la valeur.

Dans le cas d'un rationnement du capital, il ne suffit plus de prendre la décision d'accepter ou de rejeter chaque projet individuellement. La firme doit procéder au classement des opportunités d'investissement disponibles afin de sélectionner les projets les plus attractifs sous la contrainte budgétaire prédéterminée. Elle doit donc choisir la combinaison de projets dont la valeur actuelle nette est la plus élevée.

EXEMPLE

Le tableau ci-dessous illustre une situation de rationnement de capital : l'entreprise décide de dépenser seulement 250 000 € dans les projets d'investissement de l'année courante. Les quatre projets présentés possèdent une valeur actuelle nette positive ; le problème réside dans le fait que l'adoption des quatre projets coûterait 500 000 € (200 000 + 125 000 + 125 000 + 50 000) alors que les fonds disponibles sont de 250 000 €.

L'application de la règle de choix est visible dans le tableau. Il convient de sélectionner les projets B et C. La combinaison de ces deux projets d'investissement donne une valeur actuelle nette de 70 000 € (35 000 + 35 000), qui représente la valeur actuelle nette la plus élevée compte tenu du budget et des projets disponibles. Il est à noter que le projet A n'est pas choisi bien que sa valeur actuelle nette (60 000 €) soit la plus élevée comparée à tous les autres projets. En effet, le coût du projet A s'élève à 200 000 € sur les 250 000 € disponibles. Ainsi, le projet D peut être financé par les 50 000 € restants. Or, la valeur actuelle nette de la combinaison de A et D n'est que de 65 000 € (60 000 + 5 000), ce qui est inférieur à la valeur actuelle nette de la combinaison des projets B et C.

Projets d'investissement en situation de rationnement du capital (en k€)

Projets	Investissement requis pour l'année courante	VAN
A	200	60
B	125	35
C	125	35
D	50	5
Les dépenses en capital sont rationnées à 250 000 € pour l'année courante.		

b. Le taux de rendement interne (TRI)

Le TRI est le taux d'actualisation R pour lequel la VAN est égale à zéro. Il s'agit du taux pour lequel la valeur actualisée des *cash-flows* égalise l'investissement initial, c'est-à-dire que le projet ne crée pas de valeur mais également qu'il n'en détruit pas.

Il peut être calculé en résolvant l'équation suivante :

$$\sum_{t=0}^{n} \frac{C_t}{(1+R)^t} = 0 \text{ ou } \sum_{t=1}^{n} \frac{C_t}{(1+R)^t} - I_0 = 0$$

Comment utiliser le TRI pour évaluer les opportunités d'investissement ? Il suffit de comparer le TRI au taux de rendement exigé. On accepte le projet d'investissement qui possède un taux de rendement interne supérieur au taux de rendement exigé, c'est-à-dire que les revenus éventuellement réalisés par le projet excèderaient les coûts exigés par les bailleurs de fonds.

EXEMPLE

Soit un projet qui nécessite une mise de fonds initiale de 100 k€ et dont les *cash-flows* espérés au cours des trois prochaines années sont respectivement de 40 k€, 50 k€ et 30 k€. Doit-on entreprendre le projet sachant que le taux de rendement exigé est de 15 % ?

À partir de la formule du TRI, il est possible d'écrire, en posant $(1+R)^0 = 1$:

$$0 = -100 + \frac{40}{1+R} + \frac{50}{(1+R)^2} + \frac{30}{(1+R)^3}$$

$$100 = \frac{40}{1+R} + \frac{50}{(1+R)^2} + \frac{30}{(1+R)^3}$$

La résolution mathématique de cette équation donne un TRI R égal à 10,12 %.

Ce résultat peut être obtenu par tâtonnement en recherchant, tour à tour, un taux pour lequel la VAN est négative, puis un taux induisant une VAN positive afin de recourir à une interpolation linéaire. Un premier essai avec un taux d'intérêt de 12 %, donne une valeur actuelle de 96,930 k€, inférieure à l'investissement de 100 k€. Un deuxième essai avec 8 % conduit à une valeur actuelle de 103,710 k€.

Calcul du taux de rendement interne (TRI) d'un projet d'investissement

Années	*Cash-flows* (en k€)	Premier essai		Second essai	
		Facteur d'actualisation au taux de 12 % (en %)	Valeur actuelle (en k€)	Facteur d'actualisation au taux de 8 % (en %)	Valeur actuelle (en k€)
1	40	0,893	35,71	0,926	37,04
2	50	0,797	39,86	0,857	42,86
3	30	0,712	21,35	0,794	23,81

Les écarts par rapport à 100 k€ étant importants (96,92 k€ et 103,71 k€), deux autres simulations avec 10 % et 11 % donnent respectivement 100,19 k€ et 98,57 k€. Par conséquent, le TRI est compris entre 10 et 11 % et l'interpolation linéaire indique qu'il est égal à 10,12 %. Pour ce taux, la valeur actuelle nette du projet est égale à zéro.

Dans le cas où les *cash-flows* annuels sont égaux, il est possible de calculer le TRI à partir des tables de la valeur actuelle. En effet, dans le cas où les *cash-flows* sont constants, le TRI vérifie l'équation suivante :

$$C\sum_{t=1}^{n}\frac{1}{(1+R)^{t}} = I_0$$

Ceci revient à l'équation suivante :

$$C\left[\frac{1-(1+R)^{-n}}{R}\right] = I_0$$

Pour déterminer R, il suffit de calculer la valeur du facteur d'actualisation $\frac{1-(1+R)^{-n}}{R}$, qui est égale à I_0/C, et de consulter les tables de la valeur actuelle. En effet, il faut chercher la valeur relative au facteur d'actualisation calculé et lire le taux d'actualisation correspondant à la durée de vie du projet.

EXEMPLE

Quel est le TRI d'un investissement de 1 000 k€ qui engendre un flux annuel de 176,99 k€ pendant 10 ans ?

Le facteur d'actualisation pour des annuités constantes est égal à I_0/C = 1 000 / 176,99, soit 5,650. Afin de connaître le TRI, il suffit de chercher, dans une table financière, la colonne du taux de rendement correspondant au facteur 5,650 pour t =10, soit la colonne de 12 %.

c. L'indice de profitabilité (IP)

L'indice de profitabilité rapporte la somme des *cash-flows* actualisés à l'investissement initial :

$$IP = \frac{\text{VA des } \textit{cash-flows} \text{ futurs}}{\text{Investissement initial}} = \frac{\sum_{t=1}^{n} C_t(1+k)}{C_0}$$

EXEMPLE

L'indice de profitabilité (pour k = 15 %) du projet est présenté plus haut dans le tableau relatif au calcul de la VAN :

$$IP = \frac{90,22}{100} = 0,9022$$

Si IP est supérieur à 1, les gains actualisés du projet dépassent la dépense engagée et le projet doit par conséquent être accepté. Si IP est inférieur à 1, le projet doit être rejeté.

L'IP complète donc la VAN en précisant sa valeur relative.

d. Les choix d'investissement selon la nature des projets

Le choix des investissements réalisés et de leurs critères d'évaluation dépend de la nature des projets. Ces derniers sont classés en deux grandes catégories.

Les projets mutuellement exclusifs

Dans le cadre de projets mutuellement exclusifs, l'acceptation de l'un entraîne automatiquement le rejet de l'autre. Le critère de choix de ces projets est la VAN et/ou le TRI. Dans la plupart des cas, le projet présentant la VAN la plus élevée possède également le TRI le plus élevé. Néanmoins, un problème surgit lorsque des projets sont très différents du point de vue de leur taille ou de leur durée de vie (voir le paragraphe sur l'application de la VAN en fonction de la durée de vie des projets étudiée dans cette même partie) qui sont différentes. La VAN et le TRI aboutissent alors à des résultats différents.

EXEMPLE

Soit l'exemple de projets mutuellement exclusifs qui diffèrent en taille. Afin de simplifier le problème, nous prenons le cas de projets qui ont une durée de vie d'une seule période. Le projet X nécessite un investissement initial de 100 € et génère un *cash-flow* attendu de 120 € en une année. Le projet Y nécessite une mise de fonds initiale supérieure à celle de X, soit 200 €, et génère un *cash-flow* attendu de 236 € en une année. La firme estime que les projets ont le même degré de risque et le même rendement requis de 10 %. Nous pouvons calculer la valeur actuelle nette (pour k = 10 %) et le taux de rendement interne de chaque projet. Ils figurent dans le tableau ci-dessous.

Choix d'investissements basés sur la VAN et le TRI

Projets	Valeur actuelle nette à 10 % (en €)	Taux de rendement interne (en %)
X	9,09	20
Y	14,54	18

$$VAN_X = \frac{120}{1,1} - 100 = 9,09$$

$$VAN_Y = \frac{236}{1,1} - 200 = 14,54$$

$$\frac{120}{1+R} = 100 \Rightarrow TRI_X = 20\ \%$$

$$\frac{236}{1+R} = 200 \Rightarrow TRI_Y = 18\ \%$$

D'après le tableau précédent, le projet Y possède la VAN la plus élevée alors que le projet X a un TRI plus élevé que celui du projet Y. Quel projet d'investissement faut-il choisir ? La réponse est le projet Y. Étant donné que le projet Y possède une valeur actuelle nette supérieure à celle du projet X, il devrait contribuer plus à la création de valeur au sein de la firme et serait donc le meilleur choix pour atteindre l'objectif de maximisation de la valeur. Ainsi, la VAN constitue une bonne règle de décision pour choisir le projet Y.

Dans le cas où la VAN et le TRI aboutissent à des résultats différents, il faut choisir le projet qui possède la VAN la plus élevée.

Les projets liés

Dans le cas fréquent où les projets sont complémentaires, ils sont considérés comme un seul projet dont la mise de fonds initiale et les *cash-flows* sont respectivement égaux à la somme des investissements initiaux et à celle des *cash-flows* des projets complémentaires.

Dans certains cas, les projets liés peuvent ne pas être complémentaires. Il faut alors calculer la VAN globale.

EXEMPLE

La société XYZ envisage l'adoption de deux projets A et B. Ces projets ne sont pas totalement indépendants. En effet, l'adoption du projet A peut entraîner l'adoption de B mais ce dernier peut aussi être adopté seul. Le tableau ci-dessous illustre les alternatives d'investissement possibles.

Comparaison des projets liés

	0	1	2	3	4	VAN (K = 10 %)
Projet A	– 1 000	400	500	200	–	– 72,9
Projet B si A	– 2 000	500	800	1 000	1 000	549,97
Projet B sans A	– 2 000	500	800	1 200	600	427,03

Étudié séparément et d'après le critère de la VAN, le projet A n'est pas rentable contrairement au projet B qui crée de la valeur pour un montant de 427,03 €. Il faut donc rejeter le projet A et accepter le projet B.

Considérons les deux projets comme étant liés mais non complémentaires et calculons la VAN globale.

Dans ce cas, VAN (B) = 549,97

VAN (A + B) = VAN (A) + VAN (B) = – 72,9 + 549,97 = 477,07

On constate que la VAN globale est supérieure à la VAN de B.

Il est préférable de choisir simultanément les deux projets A et B puisque leur VAN globale est supérieure à la VAN du projet le plus rentable (projet B).

B. La sélection des projets dans un environnement incertain

Dans le cadre d'un environnement incertain, on étudie le facteur risque, c'est-à-dire la dimension plus ou moins aléatoire des flux de trésorerie prévisionnels. Ce dernier est introduit dans la sélection des projets d'investissement et ce, en étudiant les techniques d'évaluation ainsi que le traitement du risque.

1. Les techniques d'évaluation du risque

Le risque peut être soit analysé par simulation, soit intégré dans les calculs en ajustant le taux d'actualisation.

a. L'analyse de la sensibilité

Prévoir les *cash-flows* implique d'anticiper l'évolution de nombreux paramètres comme le niveau d'activité, les prix unitaires, les coûts, etc. L'analyse de sensibilité conduit à mesurer l'incidence de ces changements sur le TRI et/ou la VAN. Un scénario est élaboré sous la forme d'un *business plan,* qui retient une hypothèse moyenne ou attendue, après réflexion sur deux hypothèses, l'une optimiste et l'autre pessimiste.

EXEMPLE

Un nouveau produit de beauté, appelé le Produit JTI, est lancé par l'entreprise ABE. Les valeurs suivantes sont les estimations moyennes les plus vraisemblables de la période.

Estimation des *cash-flows* d'exploitation annuels (pour une production de 99 k€)

	N − 1	N	N + 1	N + 2	N + 3	N + 4	N + 5	N + 6	N + 7	N + 8	N + 9
Chiffre d'affaires	0	250	1 250	1 900	2 550	2 750	3 000	3 000	2 800	2 600	2 200
Coût des marchandises vendues	0	137	687	1 045	1 402	1 512	1 650	1 650	1 540	1 430	1 210
Frais de publicité	0	75	125	190	127	137	150	150	140	130	110
Charges de distribution	0	63	313	475	638	688	750	750	700	650	550
Amortissements	0	76	76	76	76	76	76	76	76	76	76
Bénéfice avant intérêts et impôts	0	− 101	49	114	307	337	374	374	344	314	254
Impôts (33 1/3 %)	0	− 33,33	16,33	38	102,32	112,32	124,65	124,65	114,66	104,66	84,66
Bénéfice après impôts	0	− 67,67	32,67	76	204,68	224,68	249,35	249,35	229,34	209,34	169,34
Amortissements	0	76	76	76	76	76	76	76	76	76	76
Cash- flows	0	8,33	108,67	134	280,68	300,68	325,35	325,35	305,34	285,34	245,34
Investissement	− 325	− 380,67	− 25								
Total *cash-flows*	− 325	− 372,34	83,67	134	280,68	300,68	325,35	325,35	305,34	285,34	245,34

Le TRI (R) est recherché par interpolation linéaire :

R = 15 %	R = 25 %	R = ?	R = 30 %
VAN = 317,11	VAN = 17,77	VAN = 0	VAN = − 120,28

On trouve R = 25,64 %.

Afin d'analyser le risque, l'analyse de sensibilité permet de chiffrer l'impact de la modification de l'un des paramètres de prévision des *cash-flows* sur le TRI.

EXEMPLE

Dans l'exemple précédent, quelle est la sensibilité du TIR du projet au niveau d'activité ?

Sensibilité du TRI aux ventes

Chiffre d'affaires (en % de la valeur la plus probable)	Taux de rendement interne (%)
110	23,4
105	22,4
100	21,3
95	20,3
90	19,2

b. Les taux actualisés ajustés au risque

L'incertitude entourant les *cash-flows* est ici introduite dans le taux d'actualisation qui est ajusté au risque.

L'ajustement au risque

EXEMPLE

Un scénario concernant deux projets A et B retient, pour les *cash-flows* prévisionnels, une valeur maximale, une valeur minimale et celle qui apparaît comme la plus probable.

Incertitude des *cash-flows* attendus pour deux projets

	Cash-flows (en €)				
	Période 0	**Période 1**	**Période 2**	**Période 3**	**Période 4**
Projet A					
Investissement initial	– 1 000				
Flux possibles :					
Valeur maximale		260	500	800	800
Valeur la plus probable		200	400	600	600
Valeur minimale		140	300	450	450
Projet B					
Investissement initial	– 1 000				
Flux possibles :					
Valeur maximale		550	750	1 050	1 050
Valeur la plus probable		200	400	600	600
Valeur minimale		– 250	50	200	200

On observe que la valeur la plus probable est identique pour les deux projets.

Les *cash-flows* les plus probables pour deux projets

	Cash-flows (en €)				
	Période 0	**Période 1**	**Période 2**	**Période 3**	**Période 4**
Projet A	– 1 000	200	400	600	600
Projet B	– 1 000	200	400	600	600

Cependant, le premier tableau présenté dans cet exemple a montré que la fourchette des revenus possibles est plus large pour B que pour A ; les flux du projet B sont nettement plus incertains (risqués) que ceux du projet A et doivent donc être actualisés à un taux plus élevé.

Application des taux d'actualisation ajustés au risque

Projet A : Risque faible Taux de rendement exigé k = 0,10	Projet B : Risque élevé Taux de rendement exigé k = 0,18
VAN = – 1 000 + 1 373 = 373 €	VAN = – 1 000 + 1 131 = 131 €

Le projet B a une valeur actuelle nette inférieure (131 €) à celle du projet A (373 €) bien qu'ils aient les mêmes *cash-flows* attendus.

Le regroupement des investissements par catégories de risque

En principe, les opportunités d'investissement d'une firme ne se situent pas au même niveau de risque, ce qui devrait conduire au calcul de taux requis spécifiques. Il est plus simple de regrouper les opportunités d'investissement par catégories de risque en distinguant, par exemple, selon un risque croissant, les projets de réduction de coûts, d'expansion ou de développement et les nouveaux produits.

Les projets de réduction des coûts pourraient inclure une variété d'opportunités d'investissement telle que la substitution d'un équipement au facteur travail, la substitution de nouvelles à d'anciennes machines ou le remplacement de procédés obsolètes par de nouveaux. Les *cash-flows* attribuables à de tels projets peuvent parfois être estimés avec une précision assez raisonnable au moins durant leurs premières années.

Une seconde catégorie de projets pourrait inclure les projets qui développeraient les lignes de produits existantes. De tels projets seraient susceptibles d'inclure le développement de facilités existantes ou l'addition de nouvelles facilités de production. Comme le développement des projets génère des revenus additionnels de vente, les *cash-flows* attribuables à de tels projets sont plus incertains et donc plus risqués que ceux à coûts réduits.

La troisième catégorie de projets, qui est la plus risquée, englobe l'introduction de nouveaux produits sur le marché. De tels projets pourraient nécessiter de nouvelles technologies de production, d'emballage ou de marketing. Les effets de l'inflation peuvent s'avérer très incertains dans ce cadre puisque ces technologies peuvent être acquises de la part de plusieurs pays dont l'évolution des prix ne peut pas être prévisible. La possibilité de changements dans les préférences des consommateurs, la réaction des concurrents et l'obsolescence technologique doivent être pris en considération. Pour ces raisons et pour bien d'autres, les ventes et les revenus associés aux nouveaux produits sont habituellement sujets à de plus grandes incertitudes que ceux associés au développement de produits existants.

Comme nous avons regroupé les projets en différentes catégories de risque, la figure 3.1 montre seulement un ajustement au risque. Tous les projets à coûts réduits seraient traités comme des projets de même risque et tous seraient évalués en utilisant un taux de rendement exigé de k_{cr}. Tous les nouveaux projets seraient évalués en utilisant un taux de rendement exigé de k_{np}. En pratique, nous savons que de nouveaux produits pourraient être plus risqués que d'autres mais l'ajustement au risque représenté sur la figure 3.1 ne ferait pas cette distinction. Cette figure représente une amélioration par rapport à l'utilisation d'un seul taux d'actualisation pour tous les projets même si elle ne constitue toutefois qu'une forme brute d'ajustement au risque.

Figure 3.1 – **Taux de rendement exigé par catégorie de risque**

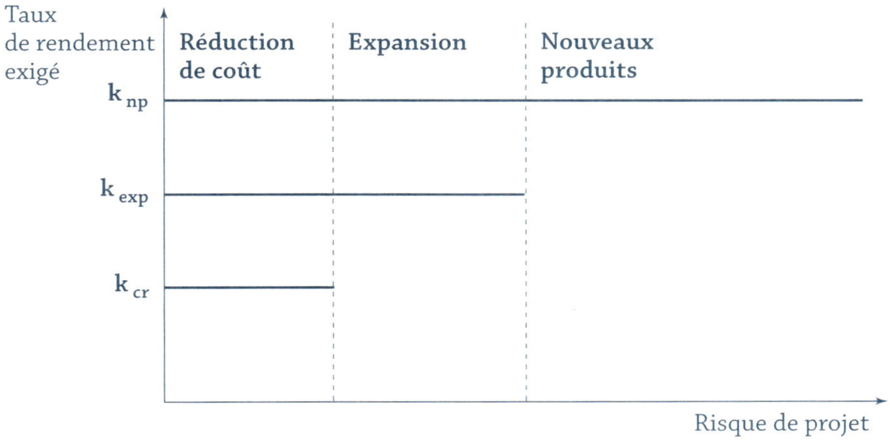

k_{exp} : le taux de rendement exigé des projets d'expansion ;
k_{np} : le taux de rendement exigé sur les nouveaux produits ;
k_{cr} : le taux de rendement exigé sur l'investissement de réduction des coûts.

Ceci constitue une amélioration par rapport à l'utilisation d'un seul taux d'actualisation pour tous les projets même s'il s'agit d'une forme approximative d'ajustement au risque.

EXEMPLE

La société XYZ a décidé de mettre en place un système afin de déterminer les taux de rendement cibles pour les projets d'investissement. En étudiant les données issues des projets d'investissement passés, il apparaît que la plupart des projets à coûts réduits sont à peu près de moitié moins risqués que les projets d'expansion. Les nouveaux produits sont, quant à eux, deux à trois fois plus risqués.

Établissez un système de taux de rendement cible pour la société XYZ en supposant que le taux des bons du Trésor ou taux de rendement certain est de 8 % et que le taux de rendement moyen pondéré exigé par la société XYZ est de 13 %.

Le système le plus simple pour une firme telle que la société XYZ est d'établir plusieurs catégories de risque pour les projets d'investissement. Dans ce cas, la mise en place de trois catégories, à coûts réduits, d'expansion et nouveaux projets, semble convenir à cette situation.

En considérant que les projets d'expansion sont à risque moyen, un taux de rendement de 13 % est retenu pour ces derniers. Un tel taux de rendement égalise le taux de rendement exigé moyen pondéré de la société. La prime de risque pour cette catégorie serait alors de 5 %, ce qui constitue le taux de rendement moyen pondéré exigé moins le taux des bons du Trésor. Les projets à coûts réduits auraient une prime de risque de $0,5 \times 5 = 2,5$ % dépassant le taux des bons du Trésor. Bien que les nouveaux produits varient quelque peu en risque (deux ou trois fois plus risqués que les projets d'expansion), il serait acceptable comme première approximation d'établir une catégorie pour ces derniers avec une prime de risque de $2,5 \times 5 = 12,5$ %. Le système complet est présenté dans le tableau suivant où la prime de risque est ajoutée aux 8 % du taux des bons du Trésor pour atteindre le taux de rendement cible.

Trois catégories de risque pour XYZ

Catégories	Prime de risque (%)	Taux de rendement cible (%)
Réduction des coûts (CR)	2,5	10,5
Expansion (EXP)	5,0	13,0
Nouveaux produits (NP)	12,5	20,5

2. Le traitement du risque

Parmi les méthodes proposées pour traiter le risque, les plus utilisées sont le critère de la valeur actuelle nette ajustée, l'approche espérance-variance et l'analyse pluri-périodique.

a. La valeur actuelle nette ajustée (VANA)

Il s'agit de pénaliser les *cash-flows* incertains par l'une des méthodes suivantes :
– en réduisant la durée de vie du projet ;
– en diminuant les *cash-flows* futurs ;
– en exigeant une prime de risque et donc en augmentant le taux d'actualisation.

La diminution de la durée de vie du projet

Cette méthode consiste à actualiser les *cash-flows* engendrés par le projet pour une période inférieure à sa durée de vie. Plus le projet est risqué, plus le nombre d'années négligées sera grand.

$$VAN_{(AR)} = \sum_{t=0}^{n-p} \frac{CF_t}{(1+k)^t}$$

Avec :
– $VAN_{(AR)}$: la valeur actuelle nette ajustée au risque ;
– N : la durée de vie du projet ;
– p : le nombre de périodes négligées pour tenir compte du risque avec $p < n$.

La diminution des encaissements (méthode de l'équivalent certain)

Cette méthode consiste à pénaliser les projets risqués en ajustant le numérateur de l'équation de la VAN, c'est-à-dire, les *cash-flows* nets CFN_t :

$$VAN_{(AR)} = \sum_{t=0}^{N} \frac{\alpha_t CFN_t}{(1+k)^t}$$

où α_t est le coefficient d'ajustement de la période t, tel que l'investisseur qui entreprend le projet est indifférent entre le montant du CFN_t risqué et un montant α_t CFN_t certain. Pour tous les investisseurs ayant une attitude d'aversion au risque, $0 \leqslant \alpha_t \leqslant 1$. La valeur que prendra α_t, pour un *cash-flow* donné, dépendra du risque et du degré d'aversion au risque de l'investisseur. En effet, les investisseurs les plus averses au risque préfèrent un α_t plus faible pour un investissement plus risqué.

L'augmentation du taux d'actualisation

La majoration du taux d'actualisation s'effectue par une prime de risque conformément au principe du MEDAF ; cela se traduit par une minoration des *cash-flows* des projets risqués :

$$VAN_{(AR)} = \sum_{t=0}^{N} \frac{CFN_t}{(1+r)^t}$$

$r = k +$ prime de risque.

b. L'approche espérance-variance

Selon la théorie du portefeuille, la prise de décision d'investissement en univers incertain fait appel aux notions d'espérance mathématique et de variance (Var ou σ^2) de la valeur actuelle nette, lorsqu'il s'agit d'un seul projet, et à la notion de covariance ou de coefficient de corrélation lorsqu'il s'agit d'une combinaison de projets (voir le chapitre 1).

$$E(VAN) = \sum_{t=1}^{N} P_i \; VAN_i$$

Avec :

- E(VAN) : l'espérance mathématique de la VAN ;
- P_i : la probabilité de réalisation de l'événement i ;
- VAN_i : la valeur actuelle nette si le i^e événement se réalise.

$$Var(VAN) = \sum_{t=1}^{N} P_i \left[VAN_i - E(VAN) \right]^2$$

Dans la pratique, le risque est souvent considéré comme étant la probabilité d'avoir une VAN négative. Il est alors possible de recourir à la loi normale pour déterminer le projet qui minimise la probabilité d'avoir une VAN négative.

EXEMPLE

Soit deux projets ABE et ACE, présentant le meilleur couple risque-rendement.

Espérance et écart type de la VAN

Entreprise	ABE	ACE
E (VAN)	4 000	5 200
σ (VAN)	2 500	3 400

Quelle est la probabilité, pour chacun des projets, d'avoir une VAN négative ?

Il faut standardiser les paramètres afin de pouvoir utiliser la loi normale et trouver les probabilités recherchées :

$$Z = \frac{VAN_m - E(VAN)}{\sigma(VAN)}$$

où VAN_m : VAN minimale acceptable (dans notre cas, 0).

Donc :

$$Z_A = \frac{0 - 4\,000}{2\,500} = 1{,}6$$

$$Z_B = \frac{0 - 5\,200}{3\,400} = 1{,}53$$

La lecture de la table de la loi normale donne une probabilité de 5,48 % pour le projet A et de 6,3 % pour le projet B. Le choix se porte donc sur le projet A qui minimise le risque d'avoir une VAN négative.

c. l'application de l'approche espérance-variance dans un contexte pluri-périodique

L'analyse monopériodique des projets d'investissement *via* le couple E (VAN) et Var (VAN) est assez simple. En revanche, cette tâche est laborieuse lorsque le projet s'étend sur plusieurs périodes. Il existe principalement deux techniques pour simplifier ce problème : l'approche des arbres de décision et la technique de simulation. Pour illustrer ces projets pluripériodiques, deux périodes seront envisagées sachant que la procédure est identique pour des projets à plus long terme.

Trois types de relations peuvent exister entre les encaissements actualisés d'une année à l'autre :

– les *cash-flows* sont totalement indépendants dans le temps ;

– les *cash-flows* sont totalement dépendants dans le temps ;

– les *cash-flows* sont partiellement dépendants dans le temps.

Pour distinguer le type de relation entre les *cash-flows* prévus pour différentes années, il suffit de calculer le coefficient de corrélation entre les *cash-flows*.

Soit la formule suivante relative au coefficient de corrélation, R, entre les *cash-flows* relatifs à la première année et ceux relatifs à la deuxième année :

$$R_{CFN_1,CFN_2} = \frac{Cov(CFN_1, CFN_2)}{\sigma_{VAN_1}\sigma_{VAN_2}}$$

– si $R_{CFN_1,CFN_2} = 0$, la corrélation est nulle et les *cash-flows* sont indépendants ;

– si $R_{CFN_1,CFN_2} = -1 \text{ ou } 1$, la corrélation est négative parfaite ou positive parfaite et les *cash-flows* sont, dans ce cas, totalement dépendants ;

– si $-1 < R_{CFN_1,CFN_2} < 1$, la corrélation positive ou négative est imparfaite et les *cash-flows* sont partiellement dépendants.

L'indépendance totale des cash-flows $\left(R_{CFN_1,CFN_2} = 0\right)$

La distribution est la même pour la deuxième année et les *cash-flows* sont indépendants de ceux de la première année.

EXEMPLE

Soit un projet d'investissement nécessitant 5 000 € et ayant une durée de vie de 2 ans. La distribution des *cash-flows* est la suivante pour la première année :

Distribution des *cash-flows* en situation d'indépendance totale pour la première année

CFN (en euros)	Probabilités
2 500	0,3
5 000	0,4
7 500	0,3

Sachant que le taux de rendement exigé par les actionnaires est de 10 %, nous allons calculer E (VAN) et Var (VAN).

L'utilisation d'un arbre de décision conduit aux résultats ci-après :

Arbre de décision en situation de *cash-flows* indépendants

P	CFN_0	P_1	CFN_1	P_2	CFN_2	VAN_i	$P_i = P_1P_2$	VAN_iP_i
	– 5000	0,3	2 500	0,3	2 500	– 661	0,09	– 59
					2 066			
				0,4	5 000	1 405	0,12	169
		0,4	– 2 273		4 132			
I				0,3	7 500	3 471	0,09	312
					6 198			
				0,3	2 500	1 611	0,12	193
					2 066			
			5 000	0,4	5 000	3 677	0,16	588
	– 5000	0,3	– 4 545		4 132			
				0,3	7 500	5 743	0,12	689
					6 198			
				0,3	2 500	3 884	0,09	350
					2 066			
			7 500	0,4	5 000	5 950	0,12	714
			– 6 818		4 132			
				0,3	7 500	8 016	0,09	721
					6 198			

$$E(VAN) = \sum_{i=1}^{9} P_i VAN_i = -59 + 169 + 312 + 193 + 588 + 689 + 350 + 714 + 712 = 3677$$

$$Var(VAN) = \sum_{t=1}^{9} P_i\left[(VAN_i - E(VAN)\right])^2 = (-661 - 3677)^2 \times (0{,}09) = 1\,693\,641{,}96$$

$+ (1\,405 - 3\,677)^2 \times (0{,}12) = 619\,438{,}08$

$+ (3\,471 - 3\,677)^2 \times (0{,}09) = 3\,819{,}24$

$+ (1\,611 - 3\,677)^2 \times (0{,}12) = 512\,202{,}72$

$+ (3\,677 - 3\,677)^2 \times (0{,}16) = 0$

$+ (5\,743 - 3\,677)^2 \times (0{,}12) = 512\,202{,}72$

$+ (3\,844 - 3\,677)^2 \times (0{,}09) = 3\,856{,}41$

$+ (5\,950 - 3\,677)^2 \times (0{,}09) = 619\,983{,}48$

$+ (8\,016 - 3\,677)^2 \times (0{,}09) = 1\,694\,422{,}89$

Var (VAN) = 5 659 567,53

σ (VAN) = 2 379

En réalité, les calculs de E(VAN) et de Var(VAN) deviendraient fastidieux si la durée de vie du projet était supérieure à deux ans. Aussi, dans un souci de simplification, il est possible d'utiliser les formules suivantes :

$$E(VAN) = \sum_{t=0}^{N} \frac{\overline{CFN_t}}{(1+k)^t}$$

$$\text{Var(VAN)} = \sum_{t=0}^{N} \frac{\sigma^2\left(\overline{CFN_t}\right)}{(1+k)^{2t}}$$

Avec :

– $\overline{CFN_t}$: le *cash flow* net espéré de la période t et $\overline{CFN_t} = \sum_{i=1}^{N} P_i CFN_{ti}$;

– $\sigma^2\left(\overline{CFN_t}\right)$: la variance des *cash-flows* nets de la période t et

$\sigma^2 CFN_t = \sum_{i=1}^{N} P_i \ (CFN_{ti} - \overline{CFN_t})^2$.

EXEMPLE

Détermination de $\overline{CFN_t}$ et $\sigma^2 \overline{CFN_t}$:

$\overline{CFN_1} = (2\,500 \times 0{,}3) + (5\,000 \times 0{,}4) + (7\,500 \times 0{,}3) = 5\,000$ €

$\sigma^2 (CFN_1) = (2\,500 - 5\,000)^2 \times 0{,}3 + (7\,500 - 5\,000)^2 \times 0{,}3 = 3\,750\,000$ €

Avec la même distribution de valeur pour l'année 2, la valeur de $\overline{CFN_2}$ est aussi de 5 000 € et celle de $\sigma^2\left(CFN_t\right)$ de 3 750 000 €.

Selon les formules simplificatrices du calcul de E (VAN) et Var (VAN) déterminées ci-dessus :

$$E(VAN) = 5\,000 + \frac{5\,000}{(1,1)^1} + \frac{5\,000}{(1,1)^2} = 3\,677 \text{ €}$$

$$Var(VAN) = \frac{3\,750\,000}{(1,1)^{1\times2}} + \frac{3\,750\,000}{(1,1)^{2\times2}} = 5\,660\,473{,}96 \text{ €}$$

$\sigma(VAN) = 2\,379$ €

L'application de ces formules s'avère plus efficace que l'élaboration d'un arbre de décision.

La dépendance totale des cash-flows *dans le temps* $\left(R_{CFN_1, CFN_2} = -1 \text{ ou } 1\right)$

Les *cash-flows* de la deuxième année sont parfaitement corrélés avec ceux de la première année.

EXEMPLE

On considère, à présent, que les *cash-flows* de la deuxième année sont dépendants de ceux réalisés durant la première année.

Arbre de décision en situation de *cash-flows* totalement dépendants

P	CFN_0	P_1	CFN_1	CFN_2	VAN_i	P_i	VAN_iP_i
		0,3	2 500	2 500	– 661	0,3	– 198
– 5 000			2 273	2 066			
– 5 000		0,4	5 000	5 000	3 677	0,4	1 470
			4 545	4 132			
		0,4	7 500	7 500	8 016	0,3	2 404
			6 818	6 198			

E (VAN) = 3 677 € et σ(VAN) = 3 361 €

$$\sigma(VAN) = \sum_{t=0}^{N} \frac{\sigma(CFN_t)}{(1+k)^t}$$

$$\sigma(CFN_t) = (\sigma^2 CFN_t)^{1/2}$$

$$\sigma(CFN_t) = (3\,750\,000)^{1/2} = 1936{,}49 \text{ €}$$

$$\sigma(VAN) = \frac{1936{,}49}{(1{,}1)} + \frac{1936{,}49}{(1{,}1)^2} = 3\,361 \text{ €}$$

La dépendance partielle des **cash-flows** *dans le temps* $\left(-1 < R_{CFN_1,CFN_2} < 1\right)$

Les *cash-flows* de la deuxième année sont imparfaitement corrélés avec ceux de la première année.

EXEMPLE

Calculons à présent l'espérance ainsi que la variance de la VAN pour des *cash-flows* partiellement indépendants.

Distribution des *cash-flows* dans une situation de dépendance partielle

Première année		Deuxième année					
		Si CFN_1 = 2 500		Si CFN_2 = 5 000		Si CFN_3 = 7 500	
P_i	CFN_1	P_i	CFN_1	P_i	CFN_2	P_i	CFN_3
0,3	2 500	0,6	2 500	0,2	2 500	0,4	2 500
0,4	5 000	0	5 000	0,6	5 000	0	5 000
0,3	7 500	0,4	7 500	0,2	7 500	0,6	7 500

Arbre de décision en situation de *cash-flows* partiellement dépendants

P	CFN_0	P_1	CFN_1	P_2	CFN_2	VAN_i	$P_i = P_1P_2$	VAN_iP_i
				0,6	2 500	– 661	0,18	– 119
		0,3	2 500		2 066			
			2 273	0,4	7 500	3 471	0,12	417
					6 198			
				0,2	2 500	1 611	0,08	129
					2 066			
	– 5 000	0,4	5 000	0,6	5 000	3 677	0,24	882
	– 5 000		4 545		4 132			
				0,2	7 500	5 743	0,08	459
					6 198			
		0,3	7 500	0,4	2 500	3 884	0,12	466
			6 818		2 066			
				0,6	7 500	8 016	0,18	1 443
					6 198			

E(VAN) = 3 677 €

σ(VAN) = 2 733 €

Nous pouvons conclure que la nature de la corrélation entre les *cash-flows* de la première année et ceux de la deuxième année n'a pas d'effet sur E(VAN) mais qu'elle a un impact significatif sur Var(VAN). En effet, le risque d'avoir une VAN négative, exprimé par Var(VAN), est plus élevé lorsque la dépendance des *cash-flows* est totale et il est moins élevé lorsque cette dépendance est partielle. En revanche, le risque est plus faible lorsque la corrélation entre les *cash-flows* est nulle.

3. Cas pratiques de traitement du risque

Ces cas sont fréquemment traités par les entreprises pour pouvoir maîtriser les prévisions des *cash-flows* futurs.

a. Les choix d'investissement en présence d'inflation

Il s'agit ici d'ajuster par le taux d'inflation soit les flux monétaires, soit le taux d'actualisation.

L'ajustement des cash-flows *par l'inflation*

Les *cash-flows* attendus d'un projet d'investissement sont influencés, de plusieurs manières, par l'inflation. Si les recettes encaissées augmentent suite aux ventes des produits de l'entreprise, ces flux de revenus sont affectés par les prix futurs et, par conséquent, par l'inflation. De même, les dépenses, composées du coût de la main-d'œuvre et de celui de la matière, sont affectées par l'inflation. En présence d'inflation, l'estimation des *cash-flows* futurs doit être ajustée par l'introduction d'un facteur d'inflation. Ainsi, la valeur actuelle nette d'un projet d'investissement en présence d'inflation peut être formulée comme suit :

$$VAN = \sum_{t=1}^{n} \frac{CFN_t}{(1+k)^t} - I_0$$

$$VAN = \sum_{t=1}^{n} \frac{\left[R_t(1+\alpha_p)^t - C_t(1+\beta_p)^t - dep_t\right](1-\tau_c) + dep_t}{(1+k)^t} - I_0$$

Avec :

- R_t : les recettes attendues de la période t en l'absence d'inflation ;
- α : la fraction de l'inflation applicable aux recettes ;
- p : le taux d'inflation anticipé, dénoté par le taux annuel attendu des fluctuations de l'indice des prix ;
- Ct : les dépenses attendues de la période t en l'absence d'inflation ;
- β : la fraction d'inflation applicable aux dépenses ;
- I_o : le coût du projet supposé connu avec certitude ;
- τ_c : le taux d'imposition sur les bénéfices ;
- dep_t : les amortissements ;
- k : le taux de rendement exigé.

Les coefficients α et β représentent respectivement la sensibilité des recettes et des dépenses à l'inflation et sont supposés constants. Par ailleurs, on peut apporter plus de détails au raisonnement précédent en décomposant les recettes et les dépenses. Enfin, on peut conclure que si la VAN d'un projet, calculée sur la base de l'équation précédente en présence d'inflation est positive, alors ce projet fournit un rendement ajusté à l'inflation supérieur à celui exigé par les investisseurs en absence d'inflation.

EXEMPLE

Considérons une entreprise qui désire acheter une nouvelle machine au coût de 220 000 €, dont la durée de vie est estimée à 5 ans. Les entrées de fonds additionnelles prévues sont de 310 000 € par année et les sorties de 238 000 € par année.

Des informations supplémentaires sont fournies ci-dessous :

- l'amortissement fiscal sera calculé sur une base linéaire de 5 ans ;
- le taux annuel d'inflation, prévu pour les cinq prochaines années, est de 7 % ;
- les entrées et les sorties de fonds seront affectées différemment par l'inflation : 5 % par année pour les entrées et 7 % pour les sorties ;
- le taux de rendement exigé pour ce type d'investissement est de 12 % (taux nominal).

On calcule les flux monétaires sans ajustement par l'inflation grâce au tableau ci-dessous :

Les flux monétaires sans ajustement par l'inflation

Années	1	2	3	4	5
Entrées (R)	310 000	310 000	310 000	310 000	310 000
Sorties (C)	238 000	238 000	238 000	238 000	238 000
Amortissements	44 000	44 000	44 000	44 000	44 000
Revenu net avant impôts	28 000	28 000	28 000	28 000	28 000
Impôts (33 1/3 %)	9 333	9 333	9 333	9 333	9 333
Revenu net après impôts	18 667	18 667	18 667	18 667	18 667
Amortissements	14 667	44 000	44 000	44 000	44 000
CFN	62 667	62 667	62 667	62 667	62 667

$$\text{VAN} = \sum_{t=1}^{5} \frac{62\,667}{(1+0,12)^t} - 220\,000 = 5914 \text{ €}$$

Le projet est donc acceptable. Cependant, dans cet exemple, les entrées et les sorties de fonds n'ont pas été ajustées par le taux d'inflation alors que le taux de rendement exigé inclut une estimation de l'inflation future. Modifions le tableau pour tenir compte de l'inflation au niveau des entrées et des sorties de fonds.

Les flux monétaires avec ajustement par l'inflation sont présentés dans le tableau ci-après :

Les flux monétaires avec ajustement par l'inflation

Années	1	2	3	4	5
Entrées (R)(1)	325 500	341 775	358 864	376807	395 647
Sorties (C)(2)	254 660	272 486	291 560	311 969	333 807
Amortissements	44 000	44 000	44 000	44 000	44 000
Revenu net avant impôts	26 840	25 289	23 304	20 837	17 840
Impôts (33 1/3 %)	8 947	8 430	7 768	6 946	5 947
Revenu net après impôts	17 893	16 859	15 536	13 891	11 893
Amortissements	44 000	44 000	44 000	44 000	44 000
CFN	61 893	60 859	59 536	57 891	55 893

(1) 325 500 = 310 000 (1 + p) = 310 000 (1,05)
$R_{t+1} = R_t \times (1 + p)$
341 775 = 325 500 (1,05)
358 864 = 341 775 (1,05)
(2) 254 660 = 238 000 (1+ p) = 238 000 (1,07)
$C_{t+1} = C_t \times (1 + p)$
272 486 = 254 660 (1,07)
291 560 = 272 486 (1,07)

Par conséquent, la VAN est donc :

$$VAN = \frac{61\,893}{(1,12)} + \frac{60\,859}{(1,12)^2} + \frac{59\,536}{(1,12)^3} + \frac{57\,891}{(1,12)^4} + \frac{55\,893}{(1,12)^5} - 220\,000 = -5\,325\text{ €}.$$

Le projet doit donc être rejeté puisque sa VAN est négative.

Ce qu'on doit principalement retenir du dernier exemple, c'est la nécessité d'être précis dans le traitement de l'effet de l'inflation. Les *cash-flows* et le taux d'actualisation doivent toujours être exprimés sur la même base avec ou sans inflation.

L'ajustement du taux d'actualisation par l'inflation

Au lieu d'ajuster tous les flux monétaires par l'inflation, on peut défalquer l'inflation du taux de rendement exigé et actualiser les flux monétaires avec le taux réel ainsi calculé. L'ajustement se fait comme suit :

$$\text{Taux d'actualisation réel} = \left(\frac{1 + \text{ Taux d'actualisation nominal}}{1 + \text{ Taux d'actualisation annuel}}\right) - 1$$

EXEMPLE

Les *cash-flows* d'un projet d'investissement pour les cinq prochaines années sont de 3 000 € par année. La mise de fonds initiale est de 7 500 €. Le taux de rendement nominal exigé sur ce type de projet d'investissement est de 13 %, l'inflation prévue est de 8 % par année.

On peut calculer la VAN de deux manières :

– en ajustant les flux monétaires :

$$VAN = 3\,000\left(\frac{(1{,}08)}{(1{,}13)} + \frac{(1{,}08)^2}{(1{,}13)^2} + \frac{(1{,}08)^3}{(1{,}13)^3} + \frac{(1{,}08)^4}{(1{,}13)^4} + \frac{(1{,}08)^5}{(1{,}13)^5}\right) - 7\,500 = 5\,622\text{ €};$$

– en ajustant le taux d'actualisation :

$$\text{taux réel} = \left(\frac{1 + 0{,}13}{1 + 0{,}08}\right) - 1 = 0{,}046$$

$$VAN = \frac{3\,000}{(1{,}046)} + \frac{3\,000}{(1{,}046)^2} + \frac{3\,000}{(1{,}046)^3} + \frac{3\,000}{(1{,}046)^4} + \frac{3\,000}{(1{,}046)^5} - 7\,500 = 5\,622\text{ €}.$$

Ainsi, si le taux d'inflation affecte d'une manière égale toutes les entrées et les sorties de fonds d'un projet, les deux méthodes, en tenant compte de l'inflation, sont équivalentes. Il faut simplement s'assurer que les flux monétaires et le taux de rendement exigé sont exprimés sur la même base.

b. Les choix d'investissement lorsque les *cash-flows* sont libellés en monnaies étrangères

Dans ce cas, il s'agit de calculer la VAN du projet et ce, selon deux méthodes.

La première méthode

Elle consiste à convertir tous les flux exprimés en devises étrangères. Pour ce faire, il faut procéder en trois étapes : tout d'abord estimer les flux de liquidités futurs générés en monnaies étrangères, puis convertir ces flux en utilisant un taux de change prévisionnel et, enfin, calculer la VAN en utilisant le coût du capital de la firme exprimé en monnaie domestique.

La deuxième méthode

Il s'agit ici de calculer la VAN pour chaque monnaie étrangère puis de la convertir en monnaie domestique. En effet, il faut d'abord estimer les flux de liquidités du projet libellés en monnaies étrangères et en monnaie locale et les classer par type de monnaie. Ensuite, il faudra les actualiser en utilisant les taux d'actualisation nominaux appropriés pour chaque devise. Ceux-ci sont calculés en tenant compte du taux d'inflation anticipé pour la monnaie et du risque du projet, selon la formule suivante :

$$\begin{pmatrix} 1 + \text{Taux} \\ \text{d'actualisation réel} \end{pmatrix} \times \begin{pmatrix} 1 + \text{Taux} \\ \text{d'inflation} \end{pmatrix} = \begin{pmatrix} 1 + \text{Taux} \\ \text{d'actualisation nominal} \end{pmatrix}$$

Il sera ensuite nécessaire de convertir les *cash-flows* en devises étrangères actualisées en monnaie domestique en employant les taux de change au comptant respectifs entre chaque devise étrangère et la monnaie domestique. Enfin, il faut faire la somme des différentes valeurs actualisées, converties en monnaie domestique pour obtenir la VAN en monnaie domestique du projet.

EXEMPLE

Soient les *cash-flows* libellés en une devise étrangère B, sujette au taux d'inflation de 50 %. Le taux d'actualisation réel approprié du projet est de 8 %. Nous supposons que les taux d'intérêt sans risque futurs espérés d'une période égalisent le taux d'inflation anticipé.

le taux d'actualisation nominal espéré R est calculé selon la formule précédente, à savoir :

$$\begin{pmatrix} 1+ \text{Taux} \\ \text{d'actualisation réel} \end{pmatrix} \times \begin{pmatrix} 1+ \text{Taux} \\ \text{d'inflation} \end{pmatrix} = \begin{pmatrix} 1+ \text{Taux} \\ \text{d'actualisation nominal} \end{pmatrix}$$

$$(1+0{,}08)(1+0{,}50) = (1+R) \iff R = 0{,}62$$

Évaluation des *cash-flows* des projets d'investissement internationaux
(Valeurs en milliers de la monnaie A)

	Fin d'année			
	0	**1**	**2**	**3**
Monnaie B étrangère (inflation 50 %)				
Cash-flows nets	– 300	300	450	675
VAN à 62 %	215,4194 (1)			
S_t (A/B) = Taux de change au comptant	× 2,00			
Monnaie A domestique VAN	430,8388 (2)			

(1) $\text{VAN (en monnaie B)} = -300\,000 + \frac{300\,000}{1{,}62} + \frac{450\,000}{1{,}62^2} + \frac{675\,000}{1{,}62^3} = 215\,419{,}4\,B$

(2) VAN (en monnaie A) = VAN (en monnaie B) × S_t = 215 419,4 (2) = 430 838,8 A

Les *cash-flows* actualisés à 62 % donnent une VAN de 215 419,4 B, libellée en monnaie B. Dans un but de comparaison, nous devons convertir la VAN, exprimée en devise étrangère en monnaie domestique A. Si le taux de change au comptant est de deux unités de A, pour chaque unité de B, la VAN des *cash-flows* en devises étrangères convertie en monnaie domestique A est égale à 430 838,8 A.

Nous avons converti les valeurs actualisées libellées en devise étrangère en monnaie domestique en employant le taux de change au comptant entre les devises. Si un projet génère des *cash-flows* libellés en plusieurs devises, nous pouvons convertir la VAN libellée en chaque devise en monnaie domestique.

II La théorie des options appliquée aux choix d'investissement

Une option réelle est un contrat qui confère à son détenteur le droit et non l'obligation soit d'entreprendre (option d'achat), soit d'abandonner ou de revendre (option de vente) un investissement à un coût fixé à l'avance et à, ou avant, une date prédéterminée.

Les choix d'investissement par la méthode des options réelles leur confèrent une certaine flexibilité. En effet, celle-ci aide les décideurs à créer plus de valeur lorsque les *cash-flows* d'un projet sont incertains.

Par analogie avec les options financières, les options réelles présentent certaines caractéristiques :
– l'actif sous-jacent est la valeur actuelle du projet ;
– le prix d'exercice est l'investissement exigé.

A. Les différences entre la VAN, l'arbre de décision et les options réelles

Ces trois critères de choix d'investissement sont assignés de certaines spécificités qui les rendent différents les uns des autres.

1. Les différences entre la VAN et les options réelles

La principale différence entre la méthode fondée sur la VAN et les options réelles est que la VAN actualise les *cash-flows* à un taux d'actualisation constant. La VAN suppose implicitement qu'il n'y aura pas de décisions futures. Les options réelles utilisent les arbres de décision et modélisent ainsi les actions optimales à prendre dans le futur. La valeur actuelle d'un projet dans le cas d'une option réelle sera égale à sa valeur actuelle traditionnelle, à laquelle on ajoute la valeur de cette option. Une autre différence aussi importante concerne la manière dont la VAN et les options réelles traitent les opportunités mutuellement exclusives.

2. Les différences entre l'arbre de décision et les options réelles

Les méthodes d'évaluation fondées sur l'arbre de décision et les options réelles sont similaires concernant l'utilisation de décisions selon la probabilité de réalisation. Une seule différence existe entre ces deux méthodes : elle concerne le taux d'actualisation. L'arbre de décision suppose un taux d'actualisation constant, que ce soit le taux sans risque ou le CMPC alors que les options réelles utilisent des portefeuilles répliqués et en conformité avec la loi du prix unique. Implicitement, ceci change le taux d'actualisation ajusté au risque à chaque nœud de l'arborescence.

EXEMPLE

Soit un chef d'entreprise qui peut décider aujourd'hui d'investir 6 400 € dans une machine ; le décaissement est effectué ce jour indépendamment de la probabilité de réalisation à la fin de l'année.

À la fin de l'année, la machine aurait produit un article P. Conformément à la figure de l'arbre de décision simple, la valeur espérée du produit P est de 1 200 € ou de 400 € ; chacune de ces valeurs est assortie d'une probabilité de 50 %. Une fois le prix connu, sa valeur sera inchangée. Selon des experts dans ce domaine d'activité, le coût moyen pondéré du capital (CMPC) d'un risque de ce type est de 10 %. Est-il rentable d'investir ?

En se fondant sur le critère de la VAN, dans un environnement incertain, nous obtenons :

$$VAN_1 = -6400 + \left[0,5(1\,200) + 0,5(400)\right] + \sum_{t=1}^{\infty} \frac{0,5(1\,200) + 0,5(400)}{(1+0,1)^t}$$

$$VAN_1 = -6400 + 800 + \frac{800}{0,1} = 2400\text{ €};$$

$$VAN_0 = \frac{2400}{1,1} = 2181,81\text{ €}.$$

D'après le critère de la VAN, la richesse des propriétaires augmenterait de 2 181,81 € si ce projet était retenu. Supposons à présent que nous disposions d'une option de report qui nous donne le droit de prendre la décision à la fin d'une année au lieu de s'engager aujourd'hui. Dans ce cas, on suppose que le coût de l'investissement augmentera et atteindra 7 200 €. La figure ci-dessous présente l'arbre de décision relatif à cette situation (nous maintenons un taux d'actualisation de 10 % jusqu'à avoir une meilleure estimation).

Si le prix de l'article P se révèle être égal à 1 200 €, la VAN de l'investissement dans ce cas est de 1 200 + 1 200 / 0,1 – 7 200 = 6 000 €. Si la valeur de cette VAN est actualisée au taux de 10 % et, par la suite, pondérée par sa probabilité de réalisation de 50 %, elle contribue à hauteur de 2 727,27 € à l'augmentation de la richesse du propriétaire (2 727,27 = [6 000 / (1,1)] × 50 %).

Dans le cas où le prix de l'article P est de 400 €, on choisit de ne pas investir dans cette machine. Par conséquent, la VAN du projet assortie du droit de report est de 2 727,27 €. Ainsi, on devrait reporter et la valeur du droit de report est de (2 727,27 – 2 181,81), c'est-à-dire égale à 545,46 €. C'est la différence entre la valeur du projet avec flexibilité (option de report) et sa valeur dans le cas où le choix d'investissement est décidé avant le démarrage du projet.

Arbre de décision simple (WACC = 10 %)

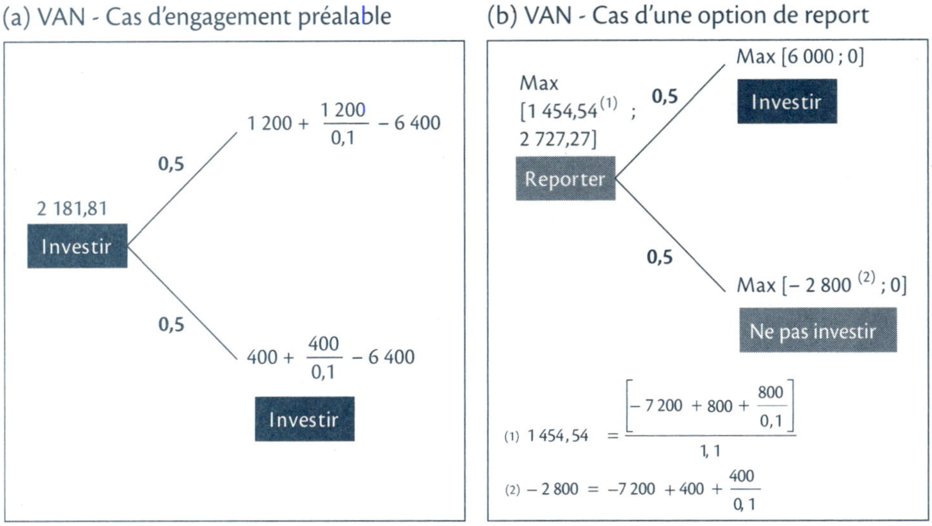

Dans le cas où le niveau d'incertitude augmente, la valeur de l'option de report évolue dans le même sens. Supposons que le prix de l'article P varie jusqu'à 1 400 € ou 200 €, au lieu de 1 200 € ou 400 €. Dans ce cas, le droit de reporter devient plus important. La valeur d'une option augmente avec le niveau du risque car elle donne le droit et non pas l'obligation d'investir. En effet, l'entreprise continuera d'investir quand le prix est élevé afin d'en tirer avantage. Toutefois, la décision de ne pas investir persistera tant que les prix sont plus faibles.

3. Les spécificités des options réelles

D'après ce qui précède, il apparaît que la VAN et l'arbre de décision sont devenus des instruments de décision relativement restrictifs, en raison des hypothèses rigides auxquelles ils obéissent. Certains dirigeants acceptent parfois des projets ayant des VAN négatives. Ils justifient leur décision par l'intuition qui leur indique que le projet possède une flexibilité future positive. Cette dimension est totalement absente des analyses fondées sur la VAN. En effet, alors qu'une entreprise est confrontée à une décision relative à un projet d'investissement, plusieurs options sont utilisables. Concrètement, il existe divers types d'options réelles selon la nature des projets telles que les options d'expansion, les options d'abandon, les options de report, les options de contraction, etc.

L'application de cette méthode à un cas concret permettra de mieux comprendre comment les options réelles agissent sur la valeur des projets d'investissement.

EXEMPLE

Soit une analyse de projet par la VAN sur la base des différentes éventualités suivantes :
- le coût initial du projet est de 500 € ;
- les *cash-flows* respectifs sont de 800 € ou 320 €, chaque éventualité est assortie d'une probabilité de 50 % à la fin de l'année ;
- le taux d'intérêt sans risque est de 5 %.

Le taux d'actualisation n'est pas indiqué.

Pour contourner cette difficulté, la plupart des analystes financiers, dans une telle situation, tentent d'estimer le coût moyen pondéré du capital, en cherchant le bêta d'une entreprise qui présente un risque systématique similaire et émettent des hypothèses concernant la prime de risque, le taux d'imposition, la structure de capital cible et le coût de la dette ajusté au risque. Toutefois, il existe une approche alternative qui consiste à trouver un actif financier ayant des rendements parfaitement corrélés avec le projet.

En supposant que cet actif financier « identique » au projet coûte 96 € et soit susceptible de procurer un *cash-flow* de 80 €, dans le cas d'une conjoncture favorable, et de 64 €, dans une conjoncture défavorable, ceci représente exactement le 1/5 des revenus du projet. Il faut construire un portefeuille de 5 unités de cet actif financier « identique » qui aura exactement le même revenu que le projet, en fonction des deux états de la nature. La valeur actuelle (VA) du portefeuille est égale à la valeur actuelle du projet. Ainsi :

$VA = 5S_0 = 5 \times 96 = 480$ €.

Par conséquent :

$VAN = V_0 - I = 480 - 500 = -20$ €

La décision sera de ne pas accepter le projet ; par ailleurs, le coût moyen pondéré du capital est calculé de la manière suivante :

$V_0 = 480 = [0,5 \times 800 + 0,5 \times 320]/(1 + CMPC)$;

$CMPC = 16,67$ %.

Si l'on dispose d'une option réelle permettant de reporter l'investissement jusqu'à la fin de l'année pour décider du paiement de $I_0 = 500$ €, dans une conjoncture favorable, le choix d'investir procurera un revenu de 300 € et, dans une conjoncture défavorable, la décision de ne pas investir engendrera un revenu de 0 €. Ces revenus ne sont pas parfaitement corrélés avec l'actif financier « identique » ou le projet lui-même mais il est possible d'utiliser la parité *put-call* (voir le chapitre 2) pour construire un portefeuille qui réplique le même rendement. Ce portefeuille est composé de *m* actions de l'actif financier fictif ou « identique » et de *B* obligations sans risque, chacune ayant une valeur de 1 €, soit 1 € × $(1 + r_f)$ à la fin de la période. Si *u* est le multiplicateur appliqué à la valeur de l'actif sous-jacent (V_0), dans le cas d'une conjoncture favorable et *d* le multiplicateur, en cas de conjoncture défavorable, les revenus de ce portefeuille seront alors :

$m(uV_0) + B(1 + r_f) = 300 \text{ €} = C_u$

$m(uV_0) + B(1 + r_f) = 0 \text{ €} = C_d$

La résolution du système donne la valeur de *m* :

$m = (C_u - C_d) / [(u - d)V0]$

$= (300 - 0)/[(1,67 - 0,67) \times 96] = 3,12$ €,

et de B, le nombre des obligations sans risque :

$3,12 \times (160,32) + B\,(1,05) = 300$ €,

$B = 201/1,05 = -191,43$ €.

La valeur du portefeuille répliqué aujourd'hui doit être égale à la valeur de l'option d'achat puisqu'ils ont des revenus identiques dans tous les états de la nature considérés. De ce fait, la valeur du projet assigné d'une option de report est :

$C_0 = mV_0 + B$

$C_0 = 3,125 \times 96 - 191,43 = 108,57$ €.

La valeur de l'option de report est la différence entre la valeur actuelle nette du projet en cas d'engagement préalable et sa valeur actuelle nette, en présence de flexibilité de report : $108,57 - (-20) = 128,57$ €.

B. Les différents types d'options réelles

Il existe différents types d'options réelles qui varient des plus élémentaires aux plus compliquées selon la nature du projet. Dans ce qui suit, nous présentons les options réelles les plus utilisées.

1. L'option d'expansion

Elle correspond à une options d'achat américaine dont l'actif sous-jacent suppose un engagement préalable d'effectuer une série d'investissements. Ces options sont parfois appelées « options de croissance ». Leur prix d'exercice est le coût d'investissement supplémentaire pour l'expansion et leurs valeurs sont des multiples de la valeur de l'actif risqué sous-jacent.

2. L'option de contraction

Ces options correspondent à des options de vente américaines qui donnent le droit de recevoir de la liquidité suite à l'arrêt de l'utilisation d'une partie d'un actif (exemple : une location). La valeur actuelle des flux monétaires reçus est le prix d'exercice de l'option et la proportion de la valeur des opérations d'exploitation cédées représente la valeur de l'actif sous-jacent.

3. L'option d'abandon

Elle correspond à une option américaine qui donne le droit au propriétaire d'un actif de le vendre à un prix donné plutôt que de continuer à le détenir. Un exemple d'application des options d'abandon concerne les programmes de recherche et développement. Dans le cas où les résultats des recherches sont non concluants, il sera opportun de les abandonner. Ces options s'appliquent aussi aux projets d'exploration minière et aux entreprises en difficultés financières.

4. L'option d'extension

Elle confère au dirigeant la possibilité d'étendre la durée de vie du projet, en contrepartie d'un coût à payer. Il s'agit d'une option d'achat européenne. Le prix d'exercice est le coût d'extension. Cette option est souvent utilisée dans la location de bâtiments administratifs.

5. L'option de report

Elle correspond au droit de reporter la date de démarrage d'un projet (exemple des contrats d'exploration minière sur des propriétés appartenant à l'État – pétrole, gaz, cuivre, etc. Une fois le droit d'exercer cette activité vendu par l'État à une entreprise, aucun autre investisseur ne pourra effectuer cette activité sur une certaine période de temps, généralement cinq années. Le coût de développement est le prix d'exercice de l'option de report. Il existe au moins deux sources d'incertitude qui correspondent à la valeur des minerais à extraire et à la quantité de ces derniers et il existe donc un arbitrage entre ces deux éléments. Plus la valeur des minerais est incertaine, plus la valeur de l'option est importante. Par contre, plus il y a d'incertitude sur la taille de la réserve de minerais, plus la valeur de report est faible. Par conséquent, il existe une décision optimale de report, qui est le résultat de l'arbitrage entre ces deux éléments.

6. Les options composées

Ce sont des options sur des options. Il existe un large éventail d'investissements qui correspondent à cette catégorie (exemples : les investissements par phase de déploiement, les programmes de recherche et de développement, les activités d'exploration et le développement de nouveaux produits). La plupart des plans de construction de grandes entreprises industrielles sont effectués par phase : design, engineering, préconstructions et exécution de la construction. À chacune de ces phases, il peut y avoir la possibilité de reporter ou d'abandonner le projet.

SYNTHÈSE

Les choix d'investissement

La décision d'investissement est centrale pour une entreprise, d'où l'importance des outils de gestion en la matière. L'adoption d'un critère de choix permettant la sélection de projets qui maximisent la richesse des actionnaires n'est pas toujours sans incidence sur la rentabilité d'une entreprise et sur le risque qu'elle supporte.

Différents critères de sélection existent, de type comptable et de type financier. Parmi eux, la VAN permet de mesurer la valeur créée par un projet. Elle est utilisée en liaison avec le taux de rendement interne et l'indice de profitabilité pour effectuer une évaluation des projets de différentes natures ainsi que dans les cas où le capital est rationné ou lorsque les projets ont des durées de vie inégales.

L'utilisation de la VAN comme critère de choix repose sur l'actualisation des flux de revenus futurs incertains au taux ajusté au risque. Ce taux est interprété comme étant le taux de rendement exigé qui doit refléter à la fois le facteur temps et l'ajustement au risque. Son utilisation soulève certains problèmes conceptuels. Certains ajustements du risque sont effectués avant d'utiliser la VAN comme critère de choix d'investissement en présence d'inflation et de flux monétaires libellés en monnaies étrangères.

Les choix d'investissement par les options réelles

Le recours aux options réelles pour l'analyse des projets d'investissement en univers incertain conduit à considérer l'investissement comme une option. L'analogie avec l'option financière et le choix du timing de l'investissement permettent de chercher une solution optimale d'investissement.

APPLICATION 1 Vrai ou faux

1. Les critères financiers de choix d'investissement, qui sont la valeur actuelle nette (VAN) et le taux de rendement interne (TRI), aboutissent à la même conclusion de sélection de projet.

2. On peut comparer deux projets d'investissement ayant des durées de vie différentes sur la base de leurs *cash-flows* respectifs.

3. La prise en compte du risque relatif aux *cash-flows* anticipés d'un projet d'investissement revient à majorer le taux d'actualisation de la VAN.

4. On peut utiliser l'approche moyenne-variance, développée en gestion de portefeuille, pour analyser le risque et le rendement associés aux projets d'investissement.

5. Le conflit entre les critères de la VAN et le TRI a trait au réinvestissement des *cash-flows* anticipés réalisés par le projet.

6. Le *cash-flow* nécessaire à l'étude du choix d'investissement est égal à la somme du bénéfice net de l'exercice, des amortissements et des provisions.

7. Le taux de rendement exigé des actionnaires dépend de trois catégories de risque ou de taux de rendement : le taux de rendement exigé de la réduction des coûts, le taux de rendement exigé sur les projets d'expansion et le taux de rendement exigé sur les nouveaux produits.

8. Les critères financiers de choix d'investissement, la VAN et le TRI, s'appliquent à l'acquisition d'immobilisations corporelles et financières.

9. Le modèle d'évaluation options (MEO) de F. Black et M. Scholes (1973) peut être appliqué à la valorisation aussi bien d'une option réelle (choix d'investissement) qu'à celle d'une option financière (actif financier).

10. L'actif support dans une option réelle ou financière est identique.

CORRIGÉ 1

1. FAUX. La VAN utilise le taux de rendement exigé des actionnaires comme taux d'actualisation alors que le critère du TRI utilise un taux différent.

2. FAUX. Il faut comparer deux projets ayant des durées de vie similaires, sinon il faut les répliquer à un horizon infini VAN (N ; ∞).

3. FAUX. Il faut tout simplement corriger le numérateur de la VAN, en prenant uniquement une proportion α_t du *cash-flow* net.

4. VRAI. Chaque projet risqué a une espérance, une variance et une covariance avec d'autres projets d'investissement.

5. VRAI. Dans la VAN, les *cash-flows* sont réinvestis au taux d'actualisation alors que, dans le TRI, ils le sont au taux obtenu par tâtonnement.

6. VRAI. C'est la définition même du *cash-flow* net.

7. VRAI. Le concept du taux de rendement exigé par les actionnaires est insuffisant pour apprécier les différents risques et leurs rémunérations.

8. FAUX. Concernant les immobilisations financières, il faut utiliser les outils de la gestion de portefeuille.

9. VRAI. Il s'agit, dans les deux cas, de déterminer la prime d'option pour couvrir les risques physique et financier.

10. FAUX. Le prix d'exercice d'une option réelle est le budget d'investissement et l'actif sous-jacent est la VAN du projet lui-même.

APPLICATION 2 Les critères de choix d'investissement

La firme Z considère trois projets d'investissement mutuellement exclusifs (voir le tableau ci-dessous).

1. Calculez le délai de récupération et le TRI pour chaque projet d'investissement.

2. Quel sera l'investissement à retenir en se basant sur le critère de la VAN si le taux de rendement requis est de 15 % ? Est-ce que la décision de la firme reste la même en se fondant sur le critère du TRI ?

Variation des *cash-flows* des projets d'investissement

	***Cash-flows* (€)**			
Investissement	**Période 0**	**Période 1**	**Période 2**	**Période 3**
A	**– 10 000**	**6 000**	**4 000**	**3 000**
B	**– 5 000**	**– 2 000**	**5 000**	**6 000**
C	**– 15 000**	**7 120**	**7 120**	**7 120**

CORRIGÉ 2

1. DR et TRI

Pour résoudre ce problème, vous devez calculer le délai de récupération (DR) et le taux de rendement interne (TRI) pour trois investissements mutuellement exclusifs.

Le délai de récupération correspond à la période pour laquelle les *cash-flows* futurs du projet couvrent exactement l'investissement initial. Pour le projet A, le délai de récupération correspond exactement à 2 ans (6 000 + 4 000). Pour le projet B à t = 2 on récupérerait 3 000 € = – 2 000 + 5 000. Il reste 2 000 € à récupérer, ce qui correspond à un délai de récupération de 2,33 ans. Par analogie, le délai de récupération du projet C est égal à 2,11 ans (voir les tableaux suivants).

Le TRI est le taux d'actualisation qui annule la VAN. Pour le déterminer pour chaque projet, il faut prendre des valeurs du taux d'actualisation et calculer les VAN correspondantes. Soit l'exemple suivant du calcul des VAN pour le projet A (voir les tableaux suivants).

$$VAN_A(k = 14\,\%) = \left(\frac{6\,000}{1{,}14} + \frac{4\,000}{1{,}14^2} + \frac{3\,000}{1{,}14^3}\right) - 10\,000 = 363$$

$$VAN_A(k = 15\,\%) = \left(\frac{6\,000}{1{,}15} + \frac{4\,000}{1{,}15^2} + \frac{3\,000}{1{,}15^3}\right) - 10\,000 = 218$$

$$VAN_A(k = 16\,\%) = \left(\frac{6\,000}{1{,}16} + \frac{4\,000}{1{,}16^2} + \frac{3\,000}{1{,}16^3}\right) - 10\,000 = 67$$

$$VAN_A(k = 17\,\%) = \left(\frac{6\,000}{1{,}17} + \frac{4\,000}{1{,}17^2} + \frac{3\,000}{1{,}17^3}\right) - 10\,000 = -74$$

La même démarche est adoptée pour le projet B (voir les tableaux suivants).

Le TRI_A est situé entre 16 et 17 %, puisqu'une VAN nulle est comprise entre les VAN relatives à ces taux, à savoir 67 et – 74. L'interpolation linéaire nous donne le résultat suivant :

– pour k = 16 % : VAN = 67

– pour k = ? : VAN = 0

– pour k = 17 % : VAN = – 74

$$\frac{k - 16\,\%}{17\,\% - 16\,\%} = \frac{0 - 67}{-74 - 67}$$

En résolvant cette équation, $k = TRI_A = 16{,}46\,\%$.

TRI_B, est situé entre 22 et 23 %. L'interpolation donne le résultat suivant :

– pour k = 22 % : VAN = 26

– pour k = ? : VAN = 0

– pour k = 23 % : VAN = – 99

$TRI_B = k = 22{,}2\,\%$

Pour le projet C, les *cash-flows* sont constants pendant trois ans. Le TRI peut être calculé sans passer par la VAN ; il faut appliquer la formule suivante :

$$C\left[\frac{1-(1+R)^{-n}}{R}\right] = I_0$$

15 000 = 7 120 × (facteur d'actualisation, R %, n = 3). En utilisant les tables de la valeur actuelle, nous obtenons un $TRI_C = 20\,\%$.

2. Investissement choisi

L'un des tableaux suivants présente le calcul de la VAN à 15 %, pour chaque projet d'investissement. Selon le critère de la VAN, c'est l'investissement C, qui devrait être choisi, étant donné qu'il génère la plus grande valeur actuelle nette au taux de rendement requis de la firme. Néanmoins, sur la base du critère TRI, c'est l'investissement B, qui devrait être choisi étant donné qu'il fournit le plus grand TRI.

Délai de récupération (DR)

Investissement	DR en années
A	2
B	2,33
C	2,11

VAN de A pour différents taux d'actualisation

Taux d'actualisation	VAN
14	363
15	218
16	67
17	– 77

VAN de B pour différents taux d'actualisation

Taux d'actualisation	VAN
15	988
20	278
22	24
23	– 97

VAN des trois projets

Investissement	VAN
A	218
B	988
C	1 255

APPLICATION 3 L'extension d'un projet d'investissement

La firme ABE estime que l'extension d'un projet va accroître ses ventes annuelles d'une valeur de 1 million d'euros. Dans ces conditions, le capital doit être augmenté afin de supporter le nouveau volume des ventes.

Bilan de l'entreprise ABE

Actifs (en % des ventes)		Passifs (en % des ventes)	
Actifs immobilisés	45	Capital social	20
		Résultats reportés	20
Actifs circulants		Passifs	
Stocks	22		
Clients et comptes rattachés	15	Emprunt obligataire	21
Disponibilités de liquidités	3		
Total des actifs circulants	**40**	Fournisseurs et comptes rattachés	12
		Autres passifs d'exploitation	2
		Total des passifs d'exploitation	**14**

Étant donné le bilan présenté ci-dessus, exprimé en pourcentage des ventes, et en supposant que ces proportions seront maintenues constantes pour le nouveau niveau des ventes, quelle serait la valeur du *cash-flow* nécessaire pour accroître le besoin en fonds de roulement (BFR) ? En quelle période cet investissement doit-il avoir lieu ?

CORRIGÉ 3

Dans le cadre d'un investissement d'extension, les ventes annuelles augmenteront de 1 000 000 €. Toutefois, il faudrait calculer l'accroissement en besoin en fonds de roulement généré par ce nouvel investissement. Le BFR est par définition égal aux actifs circulants diminués des passifs circulants. Ainsi, l'accroissement en BFR (ΔBFR) sera la différence entre l'accroissement des actifs circulants AC noté ΔAC et celui des passifs circulants PC noté ΔPC.

Calculons ΔAC et ΔPC, sachant que les proportions des rubriques du bilan en pourcentage des ventes sont maintenues constantes (AC en pourcentage des ventes = 40 % et PC en pourcentage des ventes = 14 %).

$\Delta AC = 40\ \% \times 1\ 000\ 000 = 400\ 000$ €

$\Delta PC = 14\ \% \times 1\ 000\ 000 = 140\ 000$ €

$\Delta BFR = \Delta AC - \Delta PC = 400\ 000$ € $- 140\ 000$ € $= 260\ 000$ €

Un décaissement de 260 000 € est nécessaire pour la réalisation de cette extension. Cet investissement est planifié au cours de la période 0 mais sera probablement réparti entre les périodes 0 et 1 puisqu'il s'agit d'une dépense courante.

APPLICATION 4 Investissement de remplacement

Une entreprise agroalimentaire a la possibilité de remplacer un équipement existant par une nouvelle machine plus performante. Le prix d'achat de la nouvelle machine s'élève à 16 500 €. Les charges de transport et d'installation sont, respectivement, de 900 € et 600 €. Par ailleurs, étant donné un taux d'obsolescence technologique élevé, la durée de vie de la machine est estimée à 3 ans et sa valeur résiduelle estimée est nulle. L'utilisation de la nouvelle machine permet de réaliser des économies de 9 600 €, pour la première année, et de 8 400 €, pour chacune des deux années suivantes. La valeur comptable nette de l'ancienne machine est de 2 100 € et son annuité d'amortissement est de 700 €. Sa durée de vie restante est de trois ans, sa valeur résiduelle est nulle. La machine peut être vendue maintenant pour un montant de 3 000 €. Le taux d'imposition applicable sur le revenu et sur les gains en capital (vente de l'équipement) est de 33,33 %.

Sachant que la firme utilise le mode d'amortissement linéaire simple et que les frais de transport et d'installation sont amortis sur la durée de vie de l'actif :

1. Calculez la valeur actuelle nette (VAN) de l'opportunité d'investissement pour un taux d'actualisation de 10 %. Calculez le taux de rendement interne (TRI) si le taux requis est de 10 %. Doit on remplacer l'ancienne machine ?

2. Supposons que la nouvelle machine possède une valeur résiduelle estimée de 3 000 € à la fin de la troisième année et que l'amortissement linéaire simple est calculé sur cette base. Sous les mêmes hypothèses qu'à la question 1, quels sont la VAN à 10 % et le TRI du projet de remplacement ?

3. Nous supposons que l'utilisation de la nouvelle machine nécessite un investissement additionnel en stock de 2 500 € qui serait liquidé à la fin de la troisième année. Sous les mêmes hypothèses qu'à la question 1, quel serait le taux de rendement interne ?

CORRIGÉ 4

1. VAN

Pour calculer la VAN, il faut déterminer les *cash-flows* totaux de l'investissement de remplacement. En effet, il s'agit d'abord de déterminer les *cash-flows* liés à la vente de l'ancienne machine et à l'achat de la nouvelle machine (voir les deux premiers tableaux). Ensuite, il faut faire la somme de ces *cash-flows* par année. Enfin, la VAN sera calculée sur 3 ans avec un taux d'actualisation de 10 % (voir le 3e tableau).

Le TRI est calculé comme suit :

– pour k = 22 % : VAN = 406,78

– pour k = ? : VAN = 0

– pour k = 25 % : VAN = – 279,62

TRI = 23,78 %

Dans ce cas, le TRI est supérieur au taux de rendement minimal exigé (10 %), on choisit donc de remplacer la machine.

Encaissements et décaissements dus à l'investissement

Vente de l'ancienne machine	
Prix de cession	3 000
Valeur comptable	2 100
Gain imposable	900
Impôt à 33,33%	300
Cash-flow : prix de cession	3 000
Impôts sur le gain de cession	– 300
***Cash-flow* net après impôts**	2 700
Mise de fonds pour la nouvelle machine	
Prix d'achat	16 500
Frais de transport	900
Installation	600
Total investissement initial	18 000
Amortissement	
Ancienne machine, 2 100 € / 3 ans	700
Nouvelle machine, 18 000 € / 3 ans	6 000
Différence d'amortissement	5 300

Gains attribués à la nouvelle machine

Gains	Année 1	Années 2 et 3
Gains directs	9 600	8 400
Accroissement de l'amortissement	5 300	5 300
Gains imposables	4 300	3 100
Impôt à 33,33 %	1 433	1 033
Cash-flow : gains directs	9 600	8 400
Moins impôts	1 433	1 033
Cash-flow net après impôts	8 167	7 367

Calcul de la VAN

Années	Vente de l'ancienne machine	Achat de la nouvelle machine	Gains réalisés	*Cash-flow* total	Facteur d'actualisation à 10 % (en %)	Valeur actuelle (VA)
0	2 700	– 18 000		15 300	1	– 15 300
1			8 167	8 167	0,909	7 424
2			7 367	7 367	0,826	6 085
3			7 367	7 367	0,751	5 533
VAN à 10 % = 3 742						

2. VAN et TRI

Le plan d'amortissement révisé ainsi que les économies engendrées par l'acquisition de la nouvelle machine sont présentées respectivement dans les deux tableaux suivants. Les détails du calcul de la VAN sont fournis dans le troisième tableau.

Plan d'amortissement révisé

Achat de la nouvelle machine	18 000
Valeur résiduelle estimée	3 000
Annuité d'amortissement	15 000
Annuité d'amortissement (/3)	5 000
Amortissement de l'ancienne machine	700
Accroissement de l'amortissement	4 300

Gains relatifs à l'acquisition de la nouvelle machine

Gains	Année 1	Années 2 et 3
Gains directs	9 600	8 400
Accroissement de l'amortissement	4 300	4 300
Gains imposables	5 300	4 100
Impôts à 33,33 %	1 766	1 366
Cash-flows : gains directs	9 600	8 400
Moins impôts	– 1 766	– 1 366
Cash-flows après impôts	7 834	7 034

Calcul de la VAN

Années	Vente de l'ancienne machine	Achat de la nouvelle machine	Valeur résiduelle	Gains	*Cash-flow* total	Facteur de VA à 10 %	Valeur actuelle
0	2 700	– 18 000			– 15 300	1	– 15 300
1				7 834	7 834	0,909	7 121
2				7 034	7 034	0,826	5 810
3			3 000	7 034	10 034	0,751	7 535
VAN à 10 % = 5 166							

Le TRI se calcule par interpolation linéaire :

– pour k = 27 % : VAN = 12 303

– pour k = ? : VAN = 0

– pour k = 30 % : VAN = – 546,05

TRI = 27,55 %

3. TRI

La sortie de *cash-flows* à t = 0 = 15 300 + 2 500 = 17 800 €. Les *cash-flows* de l'année 3 sont égaux à 7 367 + 2 500 = 9 867 €. Les *cash-flows* des années 1 et 2 restent respectivement au niveau de 8 167 € et 7 367 €.

– pour k = 18 % : VAN = 415,96

– pour k = ? : VAN = 0

– pour k = 20 % : VAN = – 171,2

TRI = 19,42 %

APPLICATION 5 L'analyse de sensibilité d'un investissement

Une entreprise envisage l'achat d'un tracteur dont le coût est de 50 000 € et les revenus annuels futurs de 16 000 € avant impôts. Le tracteur est amorti selon le mode linéaire simple et sa valeur résiduelle est nulle. Par ailleurs, un long débat a eu lieu entre les directeurs de la firme concernant la durée de vie de la machine. Sur ce point, l'opinion moyenne considère une durée de vie de 8 ans alors que d'autres responsables estiment la durée de vie du tracteur à 5 ou 10 ans. À ce propos, les directeurs vous demandent d'étudier l'importance de l'incertitude sur la durée de vie. Sachant que le taux d'imposition sur les revenus et les plus-values est de 33,33 %, que la valeur résiduelle est nulle et que le taux de rendement requis est de 14 % :

Discutez et évaluez les trois scénarios ci-après :

1. Calculez la VAN si la durée de vie du tracteur est de 8 ans.

2. Calculez la VAN si la durée de vie du tracteur est de 5 ans seulement et la valeur résiduelle est nulle.

3. Calculez la VAN si la durée de vie est de 10 ans et la valeur résiduelle est nulle.

4. Commentez la sensibilité de la décision d'achat par rapport à la durée de vie du tracteur.

CORRIGÉ 5

1. VAN avec une durée de vie du tracteur de 8 ans

En supposant que le tracteur a une durée de vie de 8 ans, les calculs suivants peuvent être effectués :

Dépréciation = 50 000 / 8 = 6 250 € par an

Profil additionnel (16 000 – 6 250)	= 9 750 €
Moins l'impôt à 33,33 % =	– 3 249,67
	= 6 500,33
+ la dépréciation	+ 6 250
Cash-flow additionnel	= 12 750,33 €

Dans ce cas, les *cash-flows* sont constants, donc :

$$\text{VAN} = C\left[\frac{1-(1+k)^{-n}}{k}\right] - I_0$$

$$\text{VAN} = 12\,750{,}335\left[\frac{1-(1{,}14)^{-8}}{0{,}14}\right] - 50\,000$$

$$\text{VAN} = 12\,750{,}335\,(4{,}639) - 50\,000 = 9\,148{,}80\text{ €}.$$

2. VAN avec une durée de vie du tracteur de 5 ans

Si le tracteur a une durée de vie de 5 ans seulement et a une valeur résiduelle nulle, il y a une perte en capital en valeur comptable, équivalente à 5 ans d'amortissement, soit : 50 000 – 5 (6 250) = 18 750 €.

L'économie d'impôts sur la perte est de : 18 750 (0,3333) = 6 249,37 €.

VAN = 12 750,33 (3,433) – 50 000 + 6 249,37 (0,519) = – 2 984,70 €.

3. VAN avec une durée de vie du tracteur de 10 ans

Si le tracteur a une durée de vie de 10 ans, il y aurait un gain de 2 ans de *cash-flows* supplémentaires, égaux à : 16 000 – 16 000 (0,3333) = 10 667,2 €.

VAN = 9 148,78 + 10 667,2 (0,308) + 10 667,2 (0,270) = 15 314, 42 €.

4. Commentaires

Le tracteur peut encore être acheté si sa durée de vie est estimée à 8 ans ou plus. Sous l'hypothèse de coûts plus élevés et de revenus plus élevés, présentée dans ce problème, la sensibilité de la VAN augmente.

APPLICATION 6 Le choix d'investissement et le rationnement du capital

On considère le cas de deux projets d'investissement mutuellement exclusifs. Le taux sans risque est de 8 % ; les *cash-flows* sont connus avec certitude et présentés dans le tableau suivant :

Les *cash-flows* des projets A et B

Années		1	2	3	4	5
Cash-flows des projets	A	5 000	5 000	5 000	5 000	5 000
	B	3 000	3 000	3 000	-	-

On suppose que les projets A et B exigent respectivement des investissements de 10 000 et de 500 €.

1. Quel est le projet qui a la VAN la plus élevée ?

2. Si la firme n'a pas de contraintes budgétaires, quel est le projet à choisir ?

3. Si le budget de la firme est limité à 15 000 €, quel est le projet à choisir ?

CORRIGÉ 6

1. VAN

$$VAN_A = \sum_{t=1}^{5} \frac{CFN_t}{(1{,}08)^t} - 10000 = 50000\left[\frac{1-(1{,}08)^{-5}}{0{,}08}\right] - 10000 = 9963{,}5 \text{ €}.$$

$$VAN_B = 3000\left[\frac{1-(1{,}08)^{-3}}{0{,}08}\right] - 500 = 3000(2{,}577) - 500 = 7231{,}3 \text{ €}.$$

Donc le projet A a une VAN plus élevée que le projet B.

2. Projet à choisir

En l'absence de contraintes budgétaires, la procédure appropriée est de supposer une réplication de la VAN à l'infini à échelle constante :

$$VAN(N,\infty) = VAN(N)\left[\frac{(1+k)^N}{(1+k)^N - 1}\right]$$

$$VAN(5,\infty) = 31\,192{,}79 \text{ €}.$$

$$VAN(3,\infty) = 35\ 074{,}83 \text{ €}.$$

Le projet B est préférable à A car $VAN_B(5, +\infty) > VAN_A(3, +\infty)$.

3. Projet à choisir si le budget est limité

La contrainte budgétaire de 15 000 € implique que toute somme non investie dans un projet doit être placée au taux sans risque qui procure une valeur actuelle nulle.

Si on compare les matrices de rentabilité des deux alternatives, on a :

$$\text{Projet A : } \frac{10\,000}{15\,000}\left(\frac{19963{,}5}{10\,000}\right) + \frac{5\,000}{15\,000} = 1{,}66$$

$$\text{Projet B : } \frac{500}{15\,000}\left(\frac{7\,731{,}3}{500}\right) + \frac{14\,500}{15\,000} = 1{,}49$$

L'indice de profitabilité est la technique appropriée d'évaluation. Le projet A est préférable à B.

APPLICATION 7 L'ajustement par la méthode de l'équivalent certain

La société BSM utilise la méthode de l'équivalent certain pour évaluer les investissements risqués. Actuellement, elle doit choisir entre deux projets A et B. Les espérances mathématiques des *cash-flows* nets sont les suivantes (en €) :

Les espérances mathématiques des *cash-flows* nets des projets A et B

Années	Projet A	Projet B
0	– 20 000	– 15 000
1	10 000	8 000
2	10 000	9 000
3	10 000	10 000

L'analyse du risque de chaque distribution de *cash-flows*, a fourni les coefficients d'équivalents certains suivants :

Les coefficients d'équivalents certains des projets A et B

Années	Projet A	Projet B
0	1	1
1	0,9	0,95
2	0,8	0,9
3	0,6	0,5

Quel projet l'entreprise doit-elle choisir ? On suppose un taux d'actualisation de 10 %.

CORRIGÉ 7

L'équivalent certain des *cash-flows* est donné par la relation ci-après :

$$C_t = \alpha_t E(CFN_t)$$

Avec :
- C_t : l'équivalent certain du *cash-flow* espéré ;
- α_t : le coefficient de certitude.

***Cash-flows* espérés des projets A et B**

Années	Projet A			Projet B		
	$E(CFN_t)$	α_t	C_t	$E(CFN_t)$	α_t	C_t
1	10 000	0,9	9 000	8 000	0,95	7 600
2	10 000	0,8	8 000	9 000	0,9	8 100
3	10 000	0,6	6 000	10 000	0,5	5 000

$$VAN = \sum_t C_t(1+k)^{-t} - I_0$$

$$VAN\ (A) = -698{,}72\ €$$

$$VAN\ (B) = 2\ 359{,}88\ €$$

$$VAN\ (B) > VAN\ (A)$$

Le projet B est préférable.

CHAPITRE

4

La politique de financement

Le financement des investissements et du besoin en fonds de roulement de l'entreprise s'effectue par fonds propres ou par endettement. La recherche de ressources nouvelles et l'estimation du coût de financement sont deux thèmes très discutés, en particulier en ce qui concerne leur incidence sur la politique financière de l'entreprise, au niveau du financement des opérations d'investissement et de la politique de dividendes.

L'objet de ce chapitre consiste donc à étudier les principaux aspects de la politique de financement des entreprises, à savoir les moyens de financement de l'investissement et leurs coûts, ainsi que la position de la théorie financière quant à la structure de financement et à son impact sur la valeur de l'entreprise.

I Les coûts de financement

Les deux formes de ressources utilisées par l'entreprise, les capitaux (ou fonds) propres et les dettes, ont un coût qu'il convient de déterminer. Le coût de financement global d'une entreprise (le coût moyen pondéré du capital) est la moyenne pondérée de ces deux coûts et correspond à la rémunération attendue par les actionnaires et les créanciers.

A. Le coût des fonds propres

Une partie des capitaux propres des entreprises provient des bénéfices mis en réserves afin de permettre l'autofinancement. Ces réserves n'ont pas de coût au sens comptable mais ont un coût d'opportunité : on peut utiliser les sommes qu'elles contiennent à d'autres fins que le simple réinvestissement dans l'entreprise.

Par ailleurs, le marché a un ensemble d'attentes vis-à-vis de l'ampleur et du degré de risque des *cash-flows* futurs de l'entreprise. Un taux de rendement sur les actions de la firme, noté K_{cp}, est exigé, en rapport avec le risque perçu. Plus ce dernier est important, plus élevé sera le taux de rendement exigé par les actionnaires.

Pour déterminer le coût des fonds propres, il est possible d'utiliser le modèle d'évaluation des actifs financiers (MEDAF), conformément à la relation suivante (voir le chapitre 1) :

$$k_{cp} = R_F + \left[E\left(R_m\right) - R_F\right]\beta_i$$

Avec :
- k_{cp} : coût des capitaux (fonds) propres ;
- R_F : le taux d'intérêt sans risque ;
- $E(R_m)$: le taux de rendement espéré du portefeuille du marché ;
- β_i : le bêta de l'action i, appelé encore volatilité de l'action, qui représente la sensibilité du taux de rendement de l'action au taux de rendement du portefeuille du marché.

EXEMPLE

Le bêta des actions de l'entreprise A est évalué à 0,9. Le taux de rendement espéré du marché est de 15 %. Les actifs sans risque sont rémunérés à 8 %. Sur la base de ces informations, le coût des fonds propres de cette entreprise s'élève à :

$k_{cp} = 0{,}08 + \left(0{,}15 - 0{,}08\right) \times 0{,}9 = 0{,}143$, soit 14,3 %.

B. Le coût des dettes

Le coût d'une dette est le taux actuariel pour lequel il y a équivalence entre le capital mis à la disposition de l'entreprise et les sommes décaissées (en tenant compte des économies d'impôts réalisées sur les charges d'intérêt, des frais de dossier, etc.). Il est toujours calculé après impôts. En d'autres termes, il s'agit de calculer le TRI relatif à l'emprunt contracté.

EXEMPLE

Pour augmenter sa capacité de production, la société ABE a besoin d'une machine fabriquée par GSI qui coûte 57 685 € et a une durée de vie de 5 ans. La société GSI propose un contrat de crédit-bail sur 5 ans : les redevances annuelles sont de 16 500 € (si l'on tient compte de l'économie d'impôt) payables à la fin de chaque année. À l'échéance, ABE aura l'option d'acheter cette machine à 2 000 €, option qu'elle compte exercer. Quel est le coût de ce crédit-bail ?

Ce coût est le taux d'actualisation qui permet d'égaliser les redevances de crédit-bail et la valeur de l'immobilisation. Cela revient à calculer un TRI. On trouve ici un taux de 14 % : $(16\,500\text{ €} \times 3{,}4331) + (2\,000\text{ €} \times 0{,}5194) = 57\,684{,}95\text{ €}$.

Afin d'éviter toute confusion, il faut préciser que le coût de la dette n'est pas :
- le coût de l'endettement contracté car il faut tenir compte de l'économie d'impôt ;
- le taux moyen d'endettement de l'entreprise ;
- le rapport entre les charges financières et la dette (ou le coût apparent).

Le coût de la dette est le taux auquel l'entreprise pourrait refinancer sa dette existante compte tenu de sa situation économique. C'est un coût d'opportunité et non un coût réel.

C. Le coût moyen pondéré du capital

Sur un marché de capitaux parfait, le coût moyen pondéré du capital (CMPC) traduit la rentabilité exigée par les investisseurs présents sur ce marché. Le coût des fonds propres, k_{cp}, représente le taux de rendement exigé par les actionnaires et le coût de la dette, k_d, désigne le taux de rendement exigé par les créanciers sur les dettes de l'entreprise.

Le coût moyen pondéré du capital est simplement la moyenne pondérée de k_{cp} et k_d. Puisque les intérêts sont déductibles des impôts, le coût moyen pondéré du capital après impôts est simplement la moyenne pondérée de k_{cp} et k_d, multipliée par le facteur $(1-\tau)$. Ce coût moyen pondéré du capital (CMPC) est désigné par les termes WACC (*Weighted Average Cost of Capital*) ou WARR (*Weighted Average Rate of Return*), c'est-à-dire comme le taux de rendement moyen pondéré (TRMP).

$$WACC = k_{cp}\frac{CP}{V} + k_d\frac{D}{V}$$

Avec :
- k_{cp} : le taux de rendement exigé par les actionnaires ;
- CP : les capitaux (fonds) propres ;
- V : la valeur globale de l'entreprise, telle que V = CP + D ;
- k_d : le taux de rendement exigé par les créanciers ;
- D : les dettes commerciales.

EXEMPLE

La firme MNM est financée par fonds propres et par dettes. Les actionnaires exigent un taux de rendement k_{cp} de 17 % tandis que les créanciers requièrent un taux de rendement, k_d, de 11 %. Le bilan de la société MNM qui figure ci-après, en valeurs de marché (en milliers d'euros), retrace la structure financière :

Bilan de la société MNM

Actifs		Passifs	
Actifs immobilisés Actifs circulants	3 000 2 000	Capitaux propres	3 500
		Dettes à long terme	1 500
Total Actifs	**5 000**	**Total Passifs**	**5 000**

1. La structure financière

La première étape de calcul du WACC consiste à déterminer la structure financière de l'entreprise ; c'est-à-dire les proportions de chaque source de financement exprimée à sa valeur de marché (et non à sa valeur comptable) par rapport au total capitaux (fonds) propres et dettes. Seules sont prises en compte les sources de financement qui nécessitent un taux de rendement explicite (exemple de taux de rendement implicite : le crédit fournisseur est considéré par les entreprises comme gratuit). Le bilan économique simplifié utilisé pour ce calcul ne comprend donc que les capitaux propres et les dettes aux passifs ainsi que les actifs immobilisés et le BFR pour ce qui concerne les actifs.

EXEMPLE

Dans notre exemple de la firme MNM, les pondérations relatives aux différentes sources de financement sont les suivantes :

Pondérations relatives aux différentes sources de financement

	Montant (en milliers d'euros)	Pondérations
Capitaux (fonds) propres	3 500	0,70
Dettes	1 500	0,30
Total	**5 000**	**1,00**

2. L'économie d'impôts sur le coût de la dette

L'économie d'impôts est une charge déductible des bénéfices égale au montant

$$\tau_c k_d D$$

Avec :

τ_c : taux de l'impôt sur les sociétés.

EXEMPLE

Pour un taux d'impôt sur les sociétés (IS) de 33 1/3 %, le coût après impôts de la dette est de $0{,}11 \times (1 - 0{,}3333) = 0{,}0733$.

Les actionnaires financent la firme MNM à concurrence de 70 % et exigent un taux de rendement de 17 % tandis que le reliquat, c'est-à-dire 30 %, est assuré par les créanciers qui exigent un taux de rendement de 11 %, soit 7,333 % après impôts.

3. Le calcul du WACC

Pour calculer le WACC, on utilise la formule précédente, à savoir :

$$\text{WACC} = k_{cp}\frac{CP}{V} + k_d\frac{D}{V}$$

EXEMPLE

On calcule le taux de rendement exigé moyen pondéré pour l'entreprise MNM :

	Taux de rendement exigé (1)	Pondérations (2)	Taux de rendement exigé pondéré, soit (3) = (1) × (2)
Dette, k_d	0,0733	0,30	0,022
Capitaux (fonds) propres, k_{cp}	0,17	0,70	0,12
CMPC ou WACC			0,142

Le coût moyen pondéré du capital (CMPC) est égal à 14,2 %.

On insistera, pour éviter une erreur fréquente, sur le fait que les pondérations utilisées pour la détermination du taux de rendement moyen exigé doivent être calculées à partir des valeurs de marché.

II Les moyens de financement

Les différents moyens de financement auxquels l'entreprise peut avoir recours peuvent être classés selon différents critères : leur origine, externe ou interne (autofinancement), leur caractère, direct (marchés financiers) ou indirect (intermédiation bancaire), etc. Ils peuvent aussi être présentés selon leur horizon, à long, moyen et court termes.

A. Les sources de financement à long terme

Elles recouvrent à la fois les emprunts bancaires et obligataires et les fonds propres (actions). Les titres hybrides (exemple : les actions convertibles en actions) relèvent de l'ingénierie financière et seront donc abordés au chapitre 12 du présent ouvrage.

1. L'emprunt bancaire

Un contrat d'endettement à long terme est un emprunt, d'une maturité de 8 à 10 ans ou plus, d'un montant principal spécifié, émis en échange d'une promesse ayant pour objet le remboursement du principal plus les intérêts selon un calendrier bien déterminé.

Le calendrier de remboursement est négociable ; le principal peut être payé en une seule fois ou avec des versements périodiques. L'accord entre le prêteur et l'emprunteur inclut généralement d'autres clauses *(covenants)* ; elles obligent l'emprunteur à maintenir certains standards financiers concernant la liquidité de l'entreprise et son fonds de roulement. Des restrictions peuvent aussi être imposées à propos des paiements de dividendes, des dépenses d'investissement, du rachat d'actions ordinaires, etc. De telles clauses sont exigées pour protéger la position des prêteurs en leur octroyant certains droits au cas où les clauses contractuelles seraient violées.

2. L'emprunt obligataire

Une obligation est un titre de créance négociable, représentatif d'une fraction d'un prêt à intérêt consenti à une société ou à une collectivité publique lors de l'émission d'un emprunt. Par l'intermédiaire d'un service de placement, l'émetteur lance un emprunt obligataire dans le but de collecter des fonds auprès du public : il s'agit d'un appel public à l'épargne (APE). Le public souscrit alors à l'emprunt obligataire lors de son émission. On parle de « souscripteurs ». Par la suite, pendant la vie de l'emprunt, on parle de « porteurs » de l'obligation ou obligataires.

Les emprunts obligataires peuvent être classés en deux catégories :

- les emprunts garantis par l'État : il s'agit des emprunts émis par l'État lui-même tels que les bons du Trésor et de ceux émis par le secteur public ou semi-public dont le remboursement et le paiement des intérêts sont garantis par l'État ;
- les emprunts non garantis par l'État : il s'agit des emprunts risqués. Ils peuvent être émis par les banques, par les institutions financières et par les entreprises privées ou publiques.

Au-delà du risque d'inflation commun à toutes les obligations et du risque spécifique sous forme de risque commercial ou de risque financier (qui dépend du secteur ou de l'entreprise qui procède à l'émission), il existe un autre type de risque, commun à tous les actifs à intérêt fixe : le risque de taux d'intérêt. Ce risque est la forme principale du risque de marché pour les obligations à coupons fixes. Plusieurs mesures de ce risque sont utilisées, à savoir la sensibilité, la duration et la convexité (voir le chapitre 2).

3. Les actions ordinaires

Ce sont des titres de propriété cessibles et négociables qui donnent à leur détenteur :

- des droits pécuniaires (droit préférentiel de souscription, droit d'attribution, boni de liquidation, dividendes) ;
- et non pécuniaires (droit d'information, droit de vote).

L'actionnaire est un créancier résiduel : ses titres ne donnent droit qu'au résidu, c'est-à-dire à ce qui reste de la richesse créée après la rémunération des créanciers (obligataires, les banquiers, etc.) et des actionnaires privilégiés (exemple : les porteurs d'actions à dividendes prioritaires ou ADP).

Le rendement des actionnaires ordinaires se calcule à partir du dividende et du gain (ou de la perte) en capital. Les dividendes sont déclarés par le conseil d'administration et ne sont pas contractuels ; les actionnaires ne peuvent pas entreprendre d'action légale pour contraindre l'entreprise à payer des dividendes. (L'aspect processus de ceux-ci est traité plus en détail dans le chapitre 5.)

À côté des actions ordinaires, l'ordonnance du 24 juin 2004 introduit les actions de préférence qui remplacent les actions à dividende prioritaire sans droit de vote, les actions de priorité, les certificats d'investissement ou autres certificats de droit de vote dont l'émission est interdite depuis l'entrée en vigueur de l'ordonnance. Compte tenu de leur rôle central dans les montages d'ingénierie financière, elles seront traitées dans le chapitre 12 du présent ouvrage.

B. Le financement à moyen terme

Les sources de financement à moyen terme, c'est-à-dire d'une maturité de 1 à 7 ans, sont généralement utilisées pour financer des actifs immobilisés ainsi que le fonds de roulement. Leur rémunération doit provenir des profits plutôt que de la liquidation des actifs comme dans le cas des crédits saisonniers à court terme. Pour cette raison, les prêteurs à moyen terme sont plus intéressés par la capacité bénéficiaire que ceux à court terme.

1. Les emprunts bancaires à terme

Les emprunts bancaires à terme sont des crédits octroyés par les banques aux entreprises pour financer leurs immobilisations, qu'elles soient incorporelles, corporelles ou financières.

Les banques préfèrent les emprunts à court terme (utilisés pour quelques mois pour financer les besoins saisonniers) aux emprunts à terme (pour lesquels elles exigent des garanties) : les nantissements les plus fréquents sont destinés à financer les équipements et les biens réels.

Comme le remboursement provient des profits d'exploitation, les emprunts à terme sont généralement amortis ou remboursés par des versements échelonnés.

Par ailleurs, les taux d'intérêt sur les emprunts à terme sont généralement plus élevés que ceux sur les emprunts à court terme de même taille et de même risque.

Enfin, les emprunts à terme incluent des clauses restrictives similaires à celles utilisées dans le cas de dettes à long terme (exemple : l'interdiction de distribuer des dividendes avant le remboursement de l'emprunt).

2. Les prêts contre équipement

Un équipement est souvent mis en nantissement en contrepartie d'un emprunt à terme octroyé par une banque ou une compagnie d'assurances. Une hypothèque sur un bien meuble donne au prêteur le droit de saisir et de vendre l'équipement en cas de défaut de la part de l'emprunteur. Deux types de contrats sont envisageables.

a. Les contrats de vente conditionnelle

Un contrat de vente conditionnelle est un contrat à terme pour lequel le droit de propriété de l'équipement demeure en possession du prêteur jusqu'à ce que tous les paiements soient effectués.

b. Le crédit-bail

Un contrat de crédit-bail est un contrat durant lequel le preneur a le droit d'utiliser l'équipement et assure en contrepartie des paiements périodiques au profit du propriétaire ou du bailleur. Celui-ci garde le titre de propriété de l'équipement. Cependant, le preneur a la possibilité d'acheter le bien en payant un certain prix déterminé au début du contrat.

C. Le financement à court terme

Les entreprises peuvent obtenir des fonds pour une courte période en recourant au crédit interentreprises, aux banques ou au marché monétaire.

1. Le crédit fournisseurs

Le crédit fournisseurs provient des activités normales de la firme à partir du décalage temporel entre la date de réception des biens et leur date de règlement. Toute augmentation des comptes fournisseurs représente une source de fonds pour la firme ; inversement, une baisse enregistrée dans ce compte est synonyme d'utilisation de fonds.

L'extension de l'utilisation du crédit fournisseurs comme une source de fonds varie largement selon les firmes. En général, les industries, les détaillants et les grossistes utilisent de façon intense ce financement.

2. Les emprunts à court terme sans garantie

Les crédits bancaires à court terme sans garantie prennent généralement la forme d'un découvert bancaire, d'un crédit bancaire renouvelable ou d'un crédit destiné à une seule et simple transaction (par exemple une lettre de crédit).

3. Les crédits à court terme avec garantie

Un crédit avec garantie est un crédit contre lequel des actifs spécifiques sont déposés comme sûreté réelle par les emprunteurs. Ce sont les actifs qui peuvent être vendus et qui sont, par conséquent, faciles à convertir en liquidité. Les stocks et les créances clients sont souvent utilisés dans ce cadre.

Les actifs non circulants tels que les équipements et les constructions sont parfois déposés en garantie contre des crédits à court terme. Toutefois, ils sont en général plutôt déposés contre l'obtention de fonds à long terme.

a. L'escompte des créances commerciales

Les banques et les compagnies financières commerciales accordent aux entreprises des emprunts contre des créances clients. Toutes les créances des firmes, ou une partie, peuvent être déposées en nantissement constituant ainsi un *pool* de sûretés réelles qui sera alimenté régulièrement par de nouvelles créances et sera diminué suite aux paiements effectués par les débiteurs. Avec cette technique de financement, la firme reste solidairement responsable du défaut de paiement de ses clients à l'échéance des effets de commerce ; si ces derniers ne paient pas la banque, la firme s'engage à rembourser elle-même.

Le montant fixé par l'emprunteur et le prêteur contre la vente des créances est exprimé en pourcentage, généralement entre 88 % et 91 % de la valeur des créances. Ce pourcentage dépend du niveau du risque des créances et des coûts administratifs de l'engagement. Généralement, les sociétés financières peuvent accorder des pourcentages plus élevés que ceux offerts par les banques.

EXEMPLE

Une société escompte auprès de sa banque une traite de 1 000 € pour 3 mois aux conditions suivantes :
- taux de base bancaire : 11 % ;
- majoration spécifique à l'entreprise : 0,5 % ;
- commission d'endossement : 0,5 % ;
- frais de manipulation à l'escompte : 6 € ;
- jours de valeur à l'escompte : 2 jours ;
- frais de manipulation à l'encaissement : 5 € ;
- jours de valeur à l'encaissement : 5 jours.

On calcule le coût effectif avant impôts de cet escompte.

Par rapport à l'encaissement (financement par découvert) qui est l'alternative dans ce cas, l'escompte fait gagner 3 jours de valeur mais coûte 1 € de plus pour les frais de manipulation (6 – 5 €).

Les agios seront donc les suivants.

Intérêts + commission d'endossement + majoration spécifique :

$$\frac{12\,\% \times 1\,000 \times (90-3)}{360} = 29$$

+ frais de manipulation : + 1 €.

Agios = 30 €.

L'entreprise reçoit : 1 000 – 30 = 970 €.

Elle rembourse 3 mois plus tard 1 000 €.

Coût effectif trimestriel = k_i^T

$$970\left(1+K_i^T\right) = 1000$$

$$k_i^T = 3{,}09\ \%.$$

Coût effectif annuel = k_i

$$k_i = \left(1+k_i^T\right)^4 - 1 = 12{,}94\ \%.$$

b. Le *factoring* ou l'affacturage

Le *factoring* peut être défini comme un contrat par lequel un établissement de crédit spécialisé, appelé *factor*, achète de manière ferme les créances détenues par un fournisseur, appelé vendeur, sur ses clients appelés acheteurs.

Quand une firme procède au *factoring* de ses créances, elle les vend à une autre partie, une société de *factoring*, pour obtenir des liquidités. Le risque de défaut de paiement est transféré à la société de *factoring* et les créances des clients sont remplacées par des liquidités dans le bilan de la firme. Au contraire, quand une firme obtient un emprunt en contrepartie de ses créances en tant que garantie additionnelle, elle maintient le risque de défaut de paiement ; les emprunts et les créances figurent ensemble dans le bilan comptable de l'entreprise.

Normalement, la vente des créances à un *factor* est un engagement ferme qui signifie que le *factor* supporte les pertes issues des clients douteux ou insolvables et ne peut pas s'adresser dans ce cas au vendeur des créances. Cependant, les créances sont souvent vendues sous une condition de retour sur l'engagement ; dans ce cas, les créances non encaissées sont retournées au vendeur qui supporte le risque de défaut de paiement.

c. Les emprunts contre des stocks

Les stocks sont souvent utilisés comme des biens affectés comme garanties pour obtenir des emprunts des banques et des sociétés financières. La nature du stock intervient de façon considérable en tant que condition d'octroi d'emprunt pour la banque. Plus le stock est stable, plus le rationnement de l'emprunt est faible. Par exemple, un grossiste ayant un stock stable aura un encours d'emprunt plus élevé qu'une autre firme spécialisée dans la fabrication de matériels électroniques.

4. Les billets de trésorerie

Le billet de trésorerie est un instrument financier émis par les entreprises pour se financer sur le marché monétaire. Du fait que le billet de trésorerie est sans garantie, il est généralement émis par de grandes firmes ayant des notations de crédit très élevées. Bien qu'il soit utilisé par une large variété de sociétés, il est caractéristique des grands emprunteurs que sont les sociétés financières, les banques commerciales et les grandes entreprises. Les vendeurs du billet de trésorerie sont généralement des institutions financières non bancaires telles que les compagnies d'assurances, les fonds de pension et les firmes ayant des excès de liquidité temporaires.

III Les théories du financement

F. Modigliani et M. Miller en 1958, ont étudié la nature de la relation entre structure financière et la valeur de la firme. D'autres théories, plus récentes, se sont fondées sur ces travaux pour examiner le pouvoir explicatif de la structure optimale du capital à l'égard du comportement actuel des firmes et des tendances sur le marché financier.

A. La théorie de la structure financière et de la valeur de la firme

1. L'apport de F. Modigliani et de M. Miller (1958)

a. Le raisonnement de base

En adoptant l'approche NOI (*Net Operating Income,* bénéfice brut avant paiement des intérêts et des impôts : BAII), qui stipule que la valeur de l'entreprise est obtenue en capitalisant le NOI par le coût moyen pondéré du capital et en raisonnant dans un univers sans impôts, F. Modigliani et M. Miller affirment que la valeur de marché d'une entreprise et le coût de son capital sont totalement indépendants de sa structure financière. Ils stipulent que la capitalisation du NOI est effectuée au coût du capital ou au taux de rendement d'une firme non endettée.

Le raisonnement de Modigliani et Miller, pour justifier leur thèse, repose sur les hypothèses suivantes :

- l'analyse s'applique au cas d'un marché de capitaux parfait, caractérisé par l'absence de coûts de transactions et où les investisseurs sont rationnels (ce qui sous-entend qu'ils peuvent jouer le rôle d'arbitre entre deux sociétés qui ont une capitalisation boursière différente, du fait de la différence de leurs endettements) ;
- dans leur raisonnement de base, Modigliani et Miller négligent la possibilité pour une société de déduire l'impôt afférent à l'emprunt du bénéfice imposable ;
- enfin, les actions de deux firmes appartenant à la même classe de risque de même taille ne peuvent, sur un marché financier concurrentiel à l'équilibre, s'échanger à des prix différents.

b. Le théorème de l'arbitrage de F. Modigliani – M. Miller (1958)

L'arbitrage est une opération simultanée d'achat et de vente d'un actif financier dans le but de réaliser un profit certain. Selon le théorème d'arbitrage de Modigliani et Miller, deux firmes identiques au point de vue de leurs actifs devraient être cotées au même prix, quel que soit leur mode de financement. En d'autres termes, dans un marché parfait, la valeur de l'entreprise endettée doit, à l'équilibre, être égale à la valeur de l'entreprise équivalente non endettée. Dans le cas contraire, il existerait des opportunités d'arbitrage.

Considérons, en effet par convention et pour la suite du chapitre, les deux entreprises U et L. La première, U, est libre de dettes, alors que L est endettée.

$$V_U = N\ S_U$$

Avec :
– V_U : la valeur de l'entreprise U ;
– N : le nombre d'actions de l'entreprise non endettée U ;
– S_U : la valeur marchande des actions de l'entreprise U.

Supposons que cette entreprise reconvertisse M actions en obligations de valeur S_L.

La valeur de l'entreprise L est alors de :

$$V_L = (N - M)S_L + MS_L$$

Avec :
– S_L : la valeur marchande des actions de l'entreprise L ;
– N : le nombre d'actions de l'entreprise non endettée U ;
– M : le nombre d'actions converties en obligations ;
– $D = MS_L$: la valeur des obligations émises.

Or, selon le théorème de Modigliani et Miller, $V_L = V_U$ et, par conséquent, en égalisant les deux formules précédentes, on obtient :

$$S_L = S_U$$

Cela signifie, qu'après endettement, la valeur de l'action reste inchangée. L'ajustement se fait au niveau du taux de rendement exigé par le marché. Celui-ci est supérieur au taux qu'auraient exigé les actionnaires si la firme n'avait pas été endettée. En fait, l'augmentation du taux de rendement exigé par les actionnaires devrait compenser l'augmentation du risque de l'entreprise, suite à l'endettement supplémentaire :

$$\tilde{r}_L = \tilde{r}_u + \left[\tilde{r}_u - R_F\right]\frac{D_L}{S_L}$$

Avec :
– r_L et r_u : les taux de rendement exigés respectivement par les actionnaires de la firme endettée et par ceux de l'entreprise libre de dettes ;
– R_F : le taux d'intérêt sans risque qui représente, dans un marché parfait, le coût de la dette ;
– D_L : la valeur marchande de la dette de L ;
– S_L : la valeur marchande des actions de L.

Cette dernière relation est directement obtenue à partir du MEDAF (modèle d'évaluation des actifs financiers) ; c'est aussi la proposition 2 de F. Modigliani et M. Miller, en l'absence de fiscalité.

Il est important de souligner l'étendue économico-financière du théorème de Modigliani et Miller. Imaginons que toutes les entreprises sur le marché offrent deux catégories de produits, à savoir des produits réels (pétrole et blé, par exemple) et des produits financiers (actions et obligations, par exemple). L'idée principale qui soustend le théorème de F. Modigliani et M. Miller est que les produits financiers servent plutôt de support d'allocation des produits réels et que, par conséquent, leurs prix sont déterminés par le secteur réel. En d'autres termes, la valeur d'une firme dépend de son activité dans le secteur réel à condition qu'elle ne se trouve pas en situation de monopole économique.

En revanche, la théorie traditionnelle suggère que dans un environnement où les produits financiers peuvent être échangés sans coûts supplémentaires contre des biens physiques, des biens identiques dans des emballages différents peuvent être vendus à des prix différents.

Or, F. Modigliani et M. Miller, en se référant à leurs hypothèses théoriques, avancent que deux actifs ayant les mêmes caractéristiques ne peuvent se négocier sur un marché concurrentiel à des prix différents : c'est la loi du prix unique.

c. Les propositions de F. Modigliani et M. Miller (1958)

Les propositions 1 et 2 de F. Modigliani et M. Miller (1958) supportent la thèse de neutralité de la structure financière selon laquelle le choix de l'entreprise pour une politique de financement (fonds propres et/ou dettes) n'a pas d'incidence sur sa valeur.

Proposition 1

La valeur de marché d'une entreprise est indépendante de sa structure financière. Elle est obtenue en capitalisant ses bénéfices espérés ($\tilde{X}$ ou NOI) à un taux k_{au} correspondant à sa classe de risque.

$$V = \frac{\tilde{X}}{\tilde{r}_u} \text{ où } r_u \approx k_{au}$$

Avec :

– $\tilde{X}$: le bénéfice brut avant paiement des intérêts et des impôts ;

– k_{au} : le coût de capital d'une firme non endettée ;

– r_u : le taux de rendementd'une firme non endettée.

Proposition 2

Le taux de rendement espéré des actionnaires d'une firme endettée est égal au taux de rendement k_{au} d'une entreprise équivalente non endettée et de même classe de risque, augmenté d'une prime de risque égale à la différence entre k_{au} et k_D, multipliée par le levier (D/CP ou D/S).

$$k_{SL} = k_{au} + \left(k_{au} - k_D\right)\frac{D}{S}$$

Les conséquences de la proposition 1 sur la valeur de la firme et le coût de son capital sont les suivantes :

La valeur de l'entreprise libre de dettes (V_U) est égale à la valeur de l'entreprise équivalente endettée (V_L).

$$V_L = V_u$$

Plus précisément, la valeur de l'entreprise libre de dettes est égale à la valeur de marché de ses actions S qui est égale à sa capitalisation boursière :

$$V_U = S_U \quad \text{et} \quad S_U = \text{cours} \times \text{nombre d'actions}$$

Le coût de capital (ou le taux de rendement) d'une entreprise libre de dettes (k_{au}) est égal au coût de capital (ou taux de rendement) d'une entreprise équivalente endettée (k_{al}).

$$k_{au} = k_{aL}$$

2. L'analyse du financement dans le cadre du MEDAF

En 1958 et 1963, F. Modigliani et M. Miller étudient la valeur de la firme en l'absence de fiscalité et en sa présence.

a. L'indépendance de la valeur de la firme par rapport à son financement en l'absence de fiscalité

Le taux de rendement espéré d'une firme libre de dettes $\tilde{r}_u$ s'écrit :

$$\tilde{r}_u = \frac{\tilde{X}}{V^u} \equiv \frac{\tilde{X}}{S^u}$$

Selon le MEDAF, l'espérance de rendement des actionnaires d'une firme libre de dettes est donnée par la formule suivante :

$$\tilde{r}_u = R_F + \lambda \operatorname{Cov}(\tilde{r}_u, \tilde{r}_m) = \frac{\tilde{X}}{S_u}$$

Avec : $\lambda = \dfrac{\tilde{r}_m - R_F}{\sigma_m^2}$

$$\tilde{r}_u = R_F + \lambda \operatorname{Cov}\left(\frac{\tilde{X}}{V_u}, \tilde{r}_m\right)$$

La rémunération des pourvoyeurs de fonds obligataires et actionnaires s'établit comme suit :

- revenu avant impôts des obligataires ou créanciers de l'entreprise : $R_F D_L$ = taux d'intérêt × dettes = charges financières ;
- revenu des actionnaires : $\tilde{X} - R_F D_L$, c'est-à-dire le bénéfice après déduction des charges financières ;
- taux de rendement des actionnaires de la firme endettée :

$$\tilde{r}_L = \frac{\tilde{X} - R_F D_L}{S_L}$$

Ou selon le MEDAF :

$$\tilde{r}_L = R_F + \lambda \operatorname{Cov}(\tilde{r}_L, \tilde{r}_m) = \frac{\tilde{X} - R_F D_L}{S_L}$$

$$\tilde{r}_L = R_F + \lambda \operatorname{Cov}\left(\frac{\tilde{X} - R_F D_L}{S_L}, \tilde{r}_m\right)$$

Il est possible de montrer la proposition 1 de F. Modigliani et M. Miller à partir du MEDAF à l'aide de formules mathématiques ; nous obtenons :

$$(\tilde{r}_u - R_F) V_u = (\tilde{r}_L - R_F) S_L$$

Cette relation exprime une situation d'équilibre entre les primes de risque de l'entreprise libre de dettes et celle qui est endettée. Ce résultat stipule que la valeur de l'entreprise est indépendante de sa structure financière. La relation entre le risque systématique de la firme endettée β_L et celui de l'entreprise libre de dettes β_U est donnée par l'expression suivante :

$$\beta_L = \frac{S_u}{S_L}\beta_u$$

Avec :
– β_L : le risque systématique de la firme endettée ;
– β_u : le risque systématique de la firme non endettée ;
– S_u : la valeur marchande des actions d'une firme non endettée ;
– S_L : la valeur marchande des actions d'une firme endettée.

S'appuyant sur le résultat de F. Modigliani et M. Miller (1958), R. Hamada a montré en 1969 que la valeur d'une entreprise non endettée est donnée par la relation suivante :

$$S_u = S_L + D_L$$

En se fondant sur le MEDAF :

$$\tilde{r}_{SL} = R_F + \left(\tilde{r}_m - R_F\right)\beta_u + \left(\tilde{r}_m - R_F\right)\beta_u \frac{D}{S}$$

Cette formule met en évidence :
– une prime de risque économique ou opérationnel notée $\left(\tilde{r}_m - R_F\right)\beta_u$;
– et une prime de risque financier notée $\left(\tilde{r}_m - R_F\right)\beta_u \frac{D}{S}$.

À partir de l'égalité des primes de risque de l'entreprise libre de dettes et de l'entreprise endettée équivalente obtenue sur le marché financier, à savoir :

$$\left(\tilde{r}_u - R_F\right)V_u = \left(\tilde{r}_L - R_F\right)S_L$$

on peut retrouver la proposition 1 de F. Modigliani et M. Miller (1958) . En effet,

$$\left(\tilde{r}_u - R_F\right)V_u = \left(\tilde{r}_L - R_F\right)S_L$$

$$\left(\frac{\tilde{X}}{V_u} - R_F\right)V_u = \left(\frac{\tilde{X} - R_F D_L}{S_L} - R_F\right)S_L$$

On en déduit :

$$\tilde{X} - R_F V_u = \tilde{X} - R_F D_L - R_F S_L$$

$$V_u = V_L$$

$$V_u = S_L + D_L = V_L$$

b. La relation du levier en l'absence d'impôt sur les bénéfices des sociétés

Cette relation traduit en fait la proposition 2 de F. Modigliani et M. Miller, à savoir que le rendement des actionnaires d'une firme endettée $\tilde{r}_L$ est égal au rendement d'une firme équivalente, libre de dettes $\tilde{r}_u$, auquel s'ajoute une prime de risque multipliée par le levier D_L/S_L.

Ce résultat peut être montré en partant de la relation d'équilibre des primes de risque :

$$\left(\tilde{r}_u - R_F\right)V_u = \left(\tilde{r}_L - R_F\right) S_L$$

Sachant que $V_U = V_L$, soit $V_U = S_L + D_L$:

$$(\tilde{r}_U - R_F)(S_L + D_L) = (\tilde{r}_L - R_F)\, S_L$$

Donc :

$$\frac{\tilde{r}_u S_L + \tilde{r}_u D_L - R_F S_L - R_F D_L}{S_L} = \tilde{r}_L - R_F$$

$$\tilde{r}_L = \tilde{r}_u + \left[\tilde{r}_u - R_F\right] \frac{D_L}{S_L}$$

L'équation précédente traduit la relation de levier, en l'absence de fiscalité, obtenue directement à partir des égalités des primes de risque des entreprises U et L.

C'est aussi la proposition 2 de F. Modigliani et M. Miller : le rendement des actions d'une firme endettée r_{SL}, est égal au rendement des actions d'une firme libre de dettes r_{SU} augmenté d'une prime de risque et multiplié par le levier D_L/S_L.

c. Endettement et fiscalité

Jusqu'ici, les revenus des entreprises et des personnes physiques ont été supposés exonérés d'impôts. Il s'agit maintenant d'envisager l'impact de la fiscalité sur la structure financière de l'entreprise.

Dans le contexte américain, les revenus des sociétés sont imposables à un taux marginal uniforme. En désignant par τ_c le taux d'imposition des sociétés,

$$S_L + D_L = V_L = V_u + \tau_c D$$

L'introduction de l'imposition des revenus des sociétés modifie l'analyse précédente et, en particulier, l'équation relative à l'égalité des valeurs des deux entreprises U et L. En effet, la dernière équation stipule que la valeur d'une entreprise endettée est égale à la valeur d'une entreprise équivalente libre de dettes V_u plus une économie d'impôts, égale au produit du taux d'imposition et du montant des dettes, soit $\tau_c D$. Une actualisation à l'infini nous fournit la valeur actuelle des économies d'impôts (VAEI) qui s'écrit comme suit :

$$\text{VAEI} = \frac{R_F\, \tau_c\, D}{R_F} = \tau_c D$$

L'introduction de l'impôt sur les bénéfices des sociétés (et en l'absence d'imposition personnelle) augmente donc la valeur de la firme endettée, à concurrence du produit du montant de l'endettement et du taux d'imposition.

d. La valeur de l'entreprise en présence de l'impôt sur les bénéfices des sociétés (IS) et de l'impôt sur les revenus des personnes physiques (IRPP)

L'imposition des revenus des personnes physiques est supposée uniforme mais les revenus des actions et des obligations sont cependant imposés à des taux différents.

À l'instar de M. Miller (1977), τ_{PS} et τ_{PB} désignent respectivement les taux d'imposition des revenus des actions et des obligations.

D'où on obtient :

$$S_L + D = V_L = V_u + \left[1 - \frac{(1-\tau_c)(1-\tau_{PS})}{(1-\tau_{PB})}\right] D$$

Soit $(\tilde{X} - rD)(1-\tau_c)(1-\tau_{PS})$, les revenus après impôts aussi bien sur les sociétés τ_c que sur les personnes physiques (τ_{PS}) allant aux actionnaires, et $rD(1-\tau_{PB})$, le revenu sur les obligations après impôts sur les personnes physiques (τ_{PB}) allant aux obligataires.

L'addition des deux quantités donne la rémunération totale (R) après impôts des bailleurs de fonds de l'entreprise :

$$R = \left[\tilde{X}(1-\tau_c)(1-\tau_{PS}) - rD(1-\tau_c)(1-\tau_{PS}) + rD(1-\tau_{PB})\right]$$

La valeur de la firme endettée s'écrit alors :

$$V_L = \frac{\tilde{X}(1-\tau_c)(1-\tau_{PS})}{\tilde{r}_u} + \frac{rD\left[(1-\tau_{PB}) - (1-\tau_c)(1-\tau_{PS})\right]}{k_D}$$

$$V_L = V_u + \left[1 - \frac{(1-\tau_c)(1-\tau_{PS})}{(1-\tau_{PB})}\right] B$$

avec :

$$D = \frac{rD(1-\tau_{PB})}{k_D} \cong B$$: la valeur de marché des dettes

Aussi, avec l'introduction de l'imposition personnelle, le gain de levier G_L est simplement le second terme de la dernière relation :

$$G_L = \left[1 - \frac{(1-\tau_c)(1-\tau_{PS})}{(1-\tau_{PB})}\right] B$$

Si les revenus des actions et des obligations étaient imposés au même taux ($\tau_{PS} = \tau_{PB}$), le gain du levier de la relation précédente serait égal à $\tau_c D$. Par ailleurs, si les revenus des obligations étaient imposés à un taux plus élevé que celui des actions ($\tau_{PS} < \tau_{PB}$), le gain du levier serait inférieur à $\tau_c D$ (l'économie d'impôt exprimée par la relation de F. Modigliani et M. Miller : $V_L = V_u + \tau_c D$). Il pourrait même se transformer en une pénalité comme indiqué dans l'exemple ci-dessous.

Le gain du levier est maximal dans le cas où le taux d'imposition des revenus des obligations est égal au taux d'imposition des revenus des actions ($\tau_{PS} = \tau_{PB}$).

Soient $\tau_c = 33\,1/3\,\%$, $\tau_{PB} = 35\ \%$, $\tau_{PS} = 15\ \%$, $r = 8\ \%$, $\tilde{X} = 50\,000$ € et $D = 100\,000$ €.

Supposons que le coût du capital de la firme non endettée est de 12 %.

Calculons la valeur de la firme.

Éléments	U	L
Bénéfice d'exploitation espéré	50 000	50 000
Intérêts (100 000 × 8 %)		8 000
Bénéfices après intérêts	50 000	42 000
Moins impôts $\tau_c = 33\ 1/3\ \%$	16 665	13 998,6
Bénéfice après intérêts et impôts (BAII)	33 335	28 001,4
Revenu des actionnaires : $(\tilde{X} - rD)\ (1-\tau_c)\ (1-\tau_{PS})$ Revenu des obligataires : $rD(1-\tau_{PB})$	28 334,75 -	23 801,19 5 200
Total	**28 334,75**	**29 001,19**
Économies d'impôts	0	– 666,44
Rémunération nette des pourvoyeurs de fonds	28 334,75	28 334,75

$V_L = V_U + VAEI$

$$V_L = \frac{\tilde{X}(1-\tau_c)\ (1-\tau_{PS})}{\tilde{r}_u} + \frac{rD\left[(1-\tau_{PB}) - (1-\tau_c)(1-\tau_{PS})\right]}{k_D}$$

Avec :

– r : taux d'intérêt sans risque ;

– k_D : coût de la dette après impôts ;

– $V_L = \dfrac{28\,334,75}{0,12} + \dfrac{666,44}{0,08\ (1-0,3333)} = 15\,689,23$ €.

3. L'analyse du financement par le modèle d'évaluation des options (MEO)

Pour analyser le financement des entreprises dans le cadre du modèle d'évaluation des options, connu sous l'acronyme MEO, il convient de considérer la valeur des fonds propres comme une option d'achat sur la valeur globale de la firme. Le modèle d'évaluation des fonds propres est donné par la relation suivante :

$$S = VN(d_1) - e^{-Tr_f} DN(d_2)$$

Avec :

$$d_1 = \frac{\ln\left(V/D\right) + r_f\ T}{\sigma\sqrt{T}} + \frac{1}{2}\sigma\sqrt{T}$$

et $d_2 = d_1 - \sigma\sqrt{T}$

– S : le prix de l'action assimilé à une option d'achat ;

– V : la valeur d'une firme endettée ;

– D : la valeur de marché de la dette ;

– T : la maturité ou échéance de la dette ;

– r_f : le taux d'intérêt sans risque ;
– N(.) : la fonction de répartition de la loi normale centrée réduite.

À partir du modèle d'évaluation des fonds propres, il est possible d'exprimer le bêta des fonds propres en fonction du bêta des actifs de la firme :

$$\beta_s = \frac{\partial S}{\partial V}\,\frac{V}{S}\,\beta_V = N(d_1)\frac{V}{S}\,\beta_V$$

Avec : $\frac{\partial S}{\partial V} = N(d_1)$

C'est la relation entre le risque systématique des actions de la firme (β_S) et le risque systématique de la firme dans son ensemble (β_V) :

$$\beta_s = \frac{VN(d_1)}{VN(d_1) - De^{-r_f\,T}\,N(d_2)}\,\beta_V$$

On peut simplifier cette relation en divisant par VN (d_1) :

$$\beta_s = \frac{1}{1 - e^{-r_f\,T}\left[\frac{DN(d_2)}{VN(d_1)}\right]}\beta_V$$

Nous savons par ailleurs que :

– $(D / V) \leqslant 1$;
– $e^{-r_f\,T} < 1$;
– $N(d_2) \leqslant N(d_1)$;
– $\beta_S \leqslant \beta_V > 0$;
– le risque systématique des actions de la firme endettée est supérieur au risque systématique de la firme non endettée ;
– le bêta de la firme endettée croît d'une façon monotone avec le levier ;
– le risque systématique des actifs de la firme β_V est supposé constant dans le temps.

La plupart de ces hypothèses ont une signification intuitive. Il est également possible d'utiliser la relation entre β_S et β_V pour exprimer le coût du capital des fonds propres dans le cadre du MEO et le comparer avec le résultat de Modigliani et Miller. En substituant le risque systématique des fonds propres β_S dans le MEDAF, on obtient l'expression k_S, du coût du capital des fonds propres :

$$k_s = R_F + N(d_1)\,(R_V - R_F)\frac{V}{S}$$

Cette dernière équation montre que le coût de capital des fonds propres est une fonction croissante du levier financier. Si l'on considère que les dettes sont risquées et que les coûts de faillite sont nuls, alors on peut montrer que le MEO, le MEDAF et les propositions de Modigliani et Miller sont cohérents.

Ce résultat a été mis en évidence par C. Hsia en 1981 :

– en premier lieu, le risque systématique des dettes risquées est noté β_B dans un monde sans taxes :

$$\beta_B = \frac{\partial B}{\partial V}\frac{V}{B}\beta_V$$

En l'absence de fiscalité, en effet, la valeur de la firme est indépendante de sa structure financière.

– en second lieu, la valeur de l'action d'une firme peut être perçue comme une option d'achat.

Par analogie avec les actions, ces deux hypothèses conduisent au résultat suivant concernant les obligations risquées :

$$\frac{\partial B}{\partial V} = N(-d_1) = 1 - N(d_1)$$

En d'autres termes, tout changement dans la valeur des actions est compensé par le changement d'un montant équivalent mais de sens contraire des dettes risquées. Dès lors, le taux de rendement requis des dettes risquées kb peut être exprimé à partir du MEDAF :

$$k_b = R_F + (R_m - R_F)\beta_b$$

Aussi, en remplaçant les deux dernières équations par leurs valeurs dans celle du coût de capital des dettes risquées (kb), nous obtenons :

$$k_b = R_F + (R_m - R_F)N(-d_1)\frac{V}{B}\beta_V$$

On sait que : $\beta_V = \dfrac{R_V - R_F}{R_m - R_F}$

Donc :

$$k_b = R_F + N(-d_1)(R_V - R_F)\frac{V}{B}$$

Avec :

$R_V \equiv \rho$

$$k_b = R_F + (\rho - R_F)N(-d_1)\frac{V}{B}$$

k_b est l'expression du coût en capital des dettes risquées dans le cadre du MEO. Le taux de rendement des dettes risquées est égal au taux sans risque (r_f) plus une prime de risque notée (θ) :

$$\theta = R_F + (\rho - R_F)N(-d_1)\frac{V}{B}$$

Aussi, pour obtenir le coût moyen pondéré du capital, il faut multiplier l'équation du coût du capital des dettes risquées par le ratio B/V, puis ajouter ce résultat à l'équation relative au coût du capital des fonds propres, multiplié par le ratio S/V.

Après simplifications, on obtient :

$$k_b \frac{B}{V} + k_s \frac{S}{V} = \rho$$

En fait, cette dernière équation est exactement la même que la proposition de F. Modigliani et M. Miller dans un monde sans taxes : « le coût du capital moyen pondéré n'est pas influencé par la structure financière de l'entreprise ». En effet, le coût moyen pondéré du capital ρ peut être interprété comme étant le taux de capitalisation d'une firme non endettée.

EXEMPLE

Considérons une firme dont la valeur nominale des dettes exigibles à une année s'élève à 100 000 €. Le risque systématique de la firme est $\beta_v = 1{,}8$, son risque total s'élève à $\sigma_v = 1{,}5$ et sa valeur de marché est égale à 220 000 €. Le taux d'intérêt sans risque est de 5 % et la rentabilité anticipée du marché et de 16 %.

Détermination de la valeur des fonds propres et des dettes sur le marché :

L'utilisation de la formule d'évaluation de Black et Scholes donne la valeur de marché des fonds propres :

$$S = VN(d_1) - e^{-R_F T} DN(d_2)$$

Avec :

$$d_1 = \frac{\ln\left(V/D\right) + R_F T}{\sigma\sqrt{T}} + \frac{1}{2}\sigma\sqrt{T}$$

et $d_2 = d_1 - \sigma\sqrt{T}$.

L'application numérique donne $d_1 = 1{,}329$ et $d_2 = -0{,}171$.

La table de la loi normale cumulée indique les valeurs suivantes : $N(d_1) = 0{,}9082$ et $N(d_2) = 0{,}4325$.

En injectant ces valeurs dans la formule de Black et Scholes, on obtient : S = 159 967,276 €.

Il est possible de déduire la valeur marchande des dettes : B = V – S = 60 032,782 €.

Détermination du coût des fonds propres et des dettes (on suppose un monde sans impôts) :

Il convient au préalable de déterminer les volatilités des fonds propres et des dettes :

$$\beta_s = \frac{\partial S}{\partial V} \frac{V}{S} \beta_V = N(d_1) \frac{V}{S} \beta_V$$

$$\text{Et } \beta_B = \left[1 - N(d_1)\right] \frac{V}{B} \beta_V$$

Par conséquent, $\beta_S = 2{,}248$ et $\beta_B = 0{,}606$

Il suffit maintenant d'appliquer la formule du MEDAF :

$$E(R_j) = R_F + \left[E(R_m) - R_F\right]\beta_j$$

Pour les fonds propres : $k_s = 0{,}08 + (0{,}16 - 0{,}08)\ 2{,}248 = 26\ \%$

Pour les dettes : $k_b = 0{,}08 + (0{,}16 - 0{,}08)\ 0{,}606 = 12{,}85\ \%$

B. Les autres théories sur la structure financière

Dans la pratique, le levier financier est d'une importance majeure. On assiste, selon les périodes, à une utilisation intense des dettes pour contrôler et restructurer les sociétés (voir le chapitre 14). La croissance du marché des obligations « pourries » (*junk bonds*) illustre ce recours à l'endettement.

Comment les théories expliquent-elles le comportement actuel des firmes ? Quatre théories sont ici sollicitées : la théorie de l'échange permanent, la théorie du financement hiérarchique, la théorie de l'agence et la théorie du signal.

1. La théorie de l'échange permanent (*Static Trade Off Theory*)

La figure 4.1 ci-dessous résume la théorie de l'échange permanent :

– la ligne horizontale exprime la pensée de Modigliani et Miller ;
– la firme emprunte pour bénéficier de l'économie d'impôts mais jusqu'à un certain seuil afin de ne pas nuire à sa sécurité financière.

M. Long et I. Malitz ont montré, en 1985, que les coûts de faillite sont plus élevés pour des firmes ayant des actifs incorporels de valeur importante que pour les firmes dont l'actif est constitué principalement de valeurs corporelles. Ces dernières devraient donc s'endetter davantage (toutes choses égales par ailleurs) que les autres. Il faut s'attendre, par exemple, à ce qu'une firme pharmaceutique emprunte moins qu'une firme de l'industrie chimique bien que leur risque systématique, mesuré par le bêta, soit le même.

La théorie de l'échange permanent analyse aussi la réaction des cours des actions lors de l'annonce de l'émission, du rachat ou de l'échange de titres.

Figure 4.1 – **Théorie de l'échange permanent**

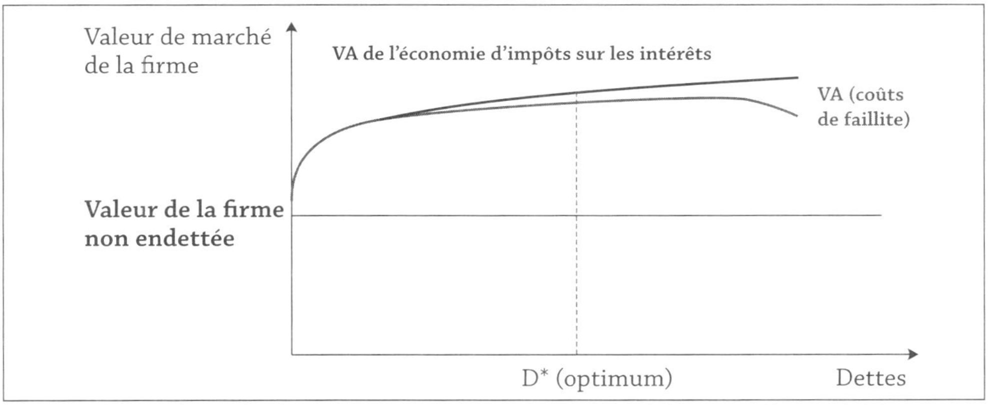

2. La théorie du financement hiérarchique (*Pecking Order Theory*)

Cette théorie stipule que :

– les firmes préfèrent le financement interne à l'endettement. Elles peuvent cependant y recourir pour financer des projets dont la VAN est positive ;
– si des fonds externes sont nécessaires, elles ont recours à la dette puis à l'augmentation de capital.

L'ordre de préférence des dirigeants est donc :

– 1. l'autofinancement ;

– 2. l'endettement peu risqué (sous forme d'obligations) ;

– 3. l'endettement risqué et les titres hybrides (voir le chapitre 12) ;

– 4. l'augmentation de capital.

Dans la théorie du financement hiérarchique, il n'y a pas de ratio cible d'endettement bien défini. L'économie d'impôts et les coûts de faillite sont par ailleurs des facteurs secondaires.

3. La théorie de l'agence (*Agency Theory*)

Les deux théories précédentes supposent que les dirigeants agissent dans l'intérêt des actionnaires.

La théorie de l'agence développée par M. Jensen et W. Meckling en 1976 analyse les conflits d'intérêts qui peuvent opposer les dirigeants aux actionnaires dans la mesure où leurs objectifs ne sont pas toujours convergents et où il existe une asymétrie d'information. Si les actionnaires (les mandants) ont pour objectif la maximisation de la valeur des actions, les dirigeants (les mandataires) peuvent chercher à maximiser leur propre fonction d'utilité, essayer notamment de bénéficier du maximum d'avantages non pécuniaires ou bien de s'octroyer des sursalaires. Dans ces deux cas, les décisions des dirigeants ont pour effet de pénaliser les actionnaires puisque cette appropriation de valeur est effectuée à leur détriment.

Certains dirigeants préfèrent aussi réinvestir les bénéfices à un taux de rendement inférieur au coût du capital ou même les gaspiller dans des projets organisationnels inefficients plutôt que de les distribuer aux actionnaires. Cependant, la concurrence sur le marché des produits a tendance à sanctionner ce genre de gaspillage dans les industries concurrentielles. Le marché du contrôle financier des sociétés et le marché de l'emploi des dirigeants permettent aussi une régulation. D'une façon générale, si les actionnaires souhaitent une gestion plus conforme à leurs intérêts, ils sont conduits à engager des coûts de mandat.

Jensen et Meckling montrent par ailleurs que le financement par endettement joue un rôle disciplinaire car le dirigeant est tenu à une gestion rigoureuse pour faire face au service de la dette. Toute utilisation discrétionnaire de la trésorerie est ainsi limitée. Le ratio d'endettement idéal est alors celui qui permet à la firme d'avoir des liquidités juste suffisantes pour financer les projets à VAN positive.

La relation d'agence concerne aussi les créanciers qui peuvent avoir intérêt à imposer des clauses dans les contrats (*debt covenants*) de façon à restreindre les décisions qui pourraient leur être défavorables (voir le chapitre 13). Ces clauses peuvent, par exemple, limiter le recours à de nouvelles dettes, à la distribution de dividendes, etc.

4. La théorie du signal

Elle est fondée sur l'idée d'asymétrie de l'information entre les dirigeants et le marché. Les dirigeants adressent des signaux au marché afin que l'entreprise soit bien valorisée. Ces signaux doivent avoir un coût afin d'éviter les messages trompeurs.

Le recours à la dette est interprété comme un signe que la direction de la firme attend de bonnes performances. C'est pourquoi une augmentation du levier financier est généralement considérée comme un bon signal et sa diminution comme une mauvaise nouvelle. Ainsi, l'annonce de l'émission de nouvelles actions fait baisser les cours et celle d'un rachat d'actions les fait monter.

Le signal concernant la dette est coûteux car une firme en difficulté ne peut pas l'imiter sans prendre le risque d'une défaillance. En effet, les entreprises connaissant des difficultés financières ne réalisent pas suffisamment de *cash-flows* pour faire face aux charges financières engendrées par l'endettement (principal + intérêts).

SYNTHÈSE

Les coûts de financement

Le problème du financement des entreprises a toujours suscité l'intérêt des analystes financiers. L'objectif est de déterminer le dosage approprié entre fonds propres et dettes, et de minimiser le coût du capital – le coût moyen pondéré des différentes sources de financement – et par voie de conséquence de maximiser la valeur de l'entreprise. Le coût des fonds propres désigne le taux de rendement requis par les actionnaires tandis que le coût de la dette fait référence au taux exigé par les créanciers.

Les moyens de financement

Les différents moyens de financement auxquels l'entreprise peut avoir recours peuvent être classés selon leur horizon à long, moyen et court termes. Les sources de financement à long terme recouvrent à la fois les emprunts bancaires et obligataires et les fonds propres (les actions).

Les financements à moyen terme, d'une maturité de 1 à 7 ans, sont généralement utilisés pour financer des actifs immobilisés ainsi que le fonds de roulement. Il s'agit des emprunts bancaires et des prêts contre équipement. À court terme, l'entreprise peut recourir au crédit fournisseurs, aux crédits à court terme avec ou sans garanties et aux billets de trésorerie.

D'autres modes de financement relèvent de l'ingénierie financière et seront abordés plus loin dans cet ouvrage.

Les théories du financement

Le débat théorique traitant de l'incidence du mode de financement (fonds propres/dettes) sur la valeur de l'entreprise est marqué par les contributions de Modigliani et Miller (1958 et 1963). Selon ces auteurs, deux entreprises appartenant à la même classe de risque devraient avoir la même valeur. Cependant, dans un monde soumis à la fiscalité, ils montrent qu'il est préférable de recourir à l'endettement pour bénéficier de la déductibilité des charges d'intérêts et de l'effet de levier financier. Dans ce cas, la valeur de l'entreprise endettée est égale à celle de l'entreprise qui est libre de dettes, augmentée de la valeur actualisée des économies d'impôt réalisées sur les intérêts.

Dans le cadre de la théorie des options appliquée à l'analyse du financement, les fonds propres sont considérés comme une option d'achat sur la valeur globale de l'entreprise.

Selon la théorie de l'échange permanent, l'entreprise doit emprunter jusqu'à un certain seuil afin de ne pas nuire à sa sécurité financière et d'éviter ainsi la défaillance.

La théorie du financement hiérarchique stipule, quant à elle, que les firmes préfèrent le financement interne à l'endettement.

La théorie de l'agence (Jensen et Meckling) montre que le financement par endettement joue un rôle disciplinaire car le dirigeant est tenu à une gestion rigoureuse pour faire face au service de la dette.

Enfin, pour la théorie du signal, une augmentation du levier financier est généralement considérée comme un bon signal par le marché.

APPLICATION 1 Vrai ou faux

1. Le coût de la dette est le taux moyen d'endettement de l'entreprise.

2. Un emprunt est assimilé à une dette.

3. La sensibilité d'une obligation exprime une variation du prix de l'obligation suite à une variation de 1 % du taux d'inflation.

4. Le coût des fonds propres est mesuré à partir du MEDAF.

5. La valeur d'une entreprise endettée est égale à la valeur d'une entreprise équivalente libre de dettes V_U à laquelle s'ajoute une économie d'impôts.

6. Sur le marché financier et à l'équilibre, la prime de risque d'une firme endettée est égale à celle d'une entreprise équivalente non endettée.

7. En l'absence de fiscalité sur le revenu des personnes physiques (actionnaires et créanciers), la valeur d'une entreprise endettée est égale à celle d'une entreprise équivalente non endettée.

8. Le raisonnement de base de Modigliani et Miller (1958) repose sur le *cash-flow* brut d'exploitation.

9. Le coût des fonds propres d'une firme endettée estimé à partir du MEDAF décrit le risque systématique des actions.

10. Selon la théorie du signal, une augmentation du levier financier est considérée comme un signe négatif.

CORRIGÉ 1

1. FAUX. Le coût de la dette est le taux auquel l'entreprise pourrait refinancer sa dette existante compte tenu de sa situation économique.

2. FAUX. Un emprunt est un flux financier autonome, souvent sans contrepartie physique, alors que la dette est une émanation d'une transaction d'exploitation ou d'investissement (crédit fournisseurs).

3. FAUX. La sensibilité exprime la variation du prix de l'obligation suite à une variation de 1 % du niveau du taux d'intérêt.

4. VRAI

5. VRAI

6. VRAI. Et ceci grâce à l'arbitrage réalisé par les investisseurs sur le marché qui vont vendre les titres surévalués et, avec le produit de la vente, acheter les titres sous-évalués jusqu'à l'égalisation des primes de risque.

7. FAUX. $V_L = V_U + \tau_c D$ (économie d'impôts sur la dette)

8. VRAI. En effet, il y a lieu de retenir ce solde avant intérêts et impôts pour éliminer les distorsions inhérentes à la structure financière des entreprises endettées et non endettées.

9. FAUX. Dans ce cadre d'analyse, il faut tenir compte de deux types de prime de risque : la prime de risque économique, notée $\left[(R_m) - R_F\right]\beta_U$ et la prime de risque financier, notée $\left[(R_m) - R_F\right]\beta_U \frac{D}{S}$.

Soit : $E(R_{SL}) = \left[E(R_m) - R_F\right]\beta_U + \left[E(R_m) - R_F\right]\beta_U \frac{D}{S}$.

10. FAUX. Le recours à la dette est perçu comme un signe que la direction de la firme attend de bonnes performances.

APPLICATION 2 Le bénéfice par action (BPA) et le choix du mode de financement

Supposons qu'une entreprise envisage d'augmenter ses actifs de 5 millions d'euros. Elle a la possibilité de financer cette expansion en émettant des obligations à un taux d'intérêt de 10 % ou à travers l'émission de nouvelles actions à un prix de 20 € l'unité. La structure de financement actuelle comprend 400 000 actions en circulation et 6 millions d'euros d'obligations émises à un taux de 8 %. Le taux d'imposition est de 33,33 %.

1. Calculez le bénéfice par action (BPA) relatif à chaque alternative et pour les niveaux de bénéfices avant intérêts et impôts (BAII) suivants : 1 million d'euros, 2 millions d'euros, 3 millions d'euros et 4 millions d'euros.

2. Quelle forme de financement peut-on choisir parmi les deux alternatives proposées à l'entreprise ?

CORRIGÉ 2

1. Bénéfice par action

Le tableau suivant présente le bénéfice par action en cas de financement par dettes. L'intérêt sur dettes est égal à 0,1 × 5 000 000 + 0,08 × 6 000 000 = 980 000 € et le nombre d'actions en circulation est de 400 000.

Le bénéfice par action en cas de financement par dettes

Bénéfice avant intérêts et impôts	1 000 000	2 000 000	3 000 000	4 000 000
– Intérêts	980 000	980 000	980 000	980 000
= Bénéfice avant impôts	20 000	1 020 000	2 020 000	3 020 000
– Impôts sur les sociétés 33 1/3 %	6 667	339 966	673 256	1 006 567
= Bénéfice après impôts	13 333	680 034	1 346 734	2 013 434
Bénéfice par action	0,03	1,70	3,37	5,03

Le tableau ci-dessous présente le bénéfice par action en cas de financement par fonds propres. Dans ce cas, l'intérêt est de 0,08 × 6 000 000 = 480 000 € et les actions en circulation sont de 5 000 000/20 + 400 000 = 650 000.

Le bénéfice par action en cas de financement par fonds propres

Bénéfice avant intérêts et impôts	1 000 000	2 000 000	3 000 000	4 000 000
– Intérêts	480 000	480 000	480 000	480 000
= Bénéfice avant impôts	520 000	1 520 000	2 520 000	3 520 000
– Impôts sur les sociétés 33 1/3 %	173 316	506 616	839 916	1 173 216
= Bénéfice après impôts	346 684	1013 384	1 680 084	2 346 784
Bénéfice par action	0,53	1,56	2,58	3,61

2. Forme de financement à choisir

La réponse dépend du niveau anticipé du bénéfice avant impôts et intérêts (BAII) et de sa variance. Pour un bénéfice avant impôts et intérêts supérieur à 1,7 million, la dette produit un BPA plus élevé. Pour un bénéfice avant impôts et intérêts inférieur à 1,7 million, les fonds propres produisent un BPA plus élevé. L'analyse BAII/BPA rend explicite le compromis risque/rendement mais ne permet pas d'identifier le meilleur plan.

APPLICATION 3 BAII/BPA et choix de structure de capital

En utilisant les données de l'application 2, tracez un graphique BAII/BPA. Quelle alternative de financement peut-on choisir ? Pourquoi ?

CORRIGÉ 3

Alternative de financement à choisir

Pour le financement par dette, les calculs de BAII/BPA sont les suivants :
- intérêts sur dettes = 0,10 × 5 000 000 + 0,08 × 6 000 000 = 980 000 € ;
- nombre d'actions en circulation : 400 000 ;
- pour un BPA = 0, on a : (BAII) = 980 000 € ;
- lorsque le bénéfice avant intérêts et impôts = 2 000 000 €, le BPA vaut : [(1 – 33 1/3 %) × (2 000 000 – 980 000)]/4 00 000 = 1,70 €.

Pour le financement par capitaux propres, les calculs de BAII/ BPA sont les suivants :
- intérêts sur dettes = 0,08 × 6 000 000 = 480 000 € ;
- nombre d'actions en circulation : (5 000 000/20) + 400 000 = 650 000 ;
- pour un BPA = 0, on a : (BAII) = 480 000 € ;
- lorsque le bénéfice avant intérêts et impôts (BAII) = 2 000 000 €, le BPA vaut [(1 – 0,33 1/3 %) × (2 000 000 – 480 000)]/650 000 = 1,56 €.

L'alternative de financement recommandée dépend du niveau anticipé du BAII et de sa variance. La figure ci-dessous montre, en termes de BPA anticipé, que le financement par dettes est meilleur au-dessus du point d'intersection tandis que le financement par capitaux propres est préférable au-dessous de ce point qui est déterminé algébriquement par l'équation suivante :

$$\frac{(\text{BAII} - 98\,000)(1 - 33\,1/3\,\%)}{400\,000} = \frac{(\text{BAII} - 480\,000)(1 - 33\,1/3\,\%)}{650\,000}$$

La résolution de cette équation donne un BAII égal à 1 780 000 €.

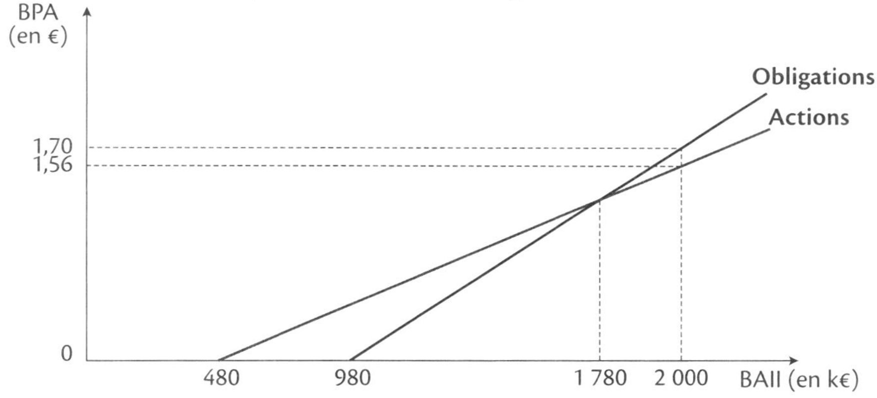

APPLICATION 4 BAII, BPA, bénéfice restant dû par action (BRDPA) et seuil de rentabilité

L'entreprise HBI cherche à évaluer des plans de financement alternatifs de son programme de développement. Le bilan et le compte de résultat de cette entreprise sont présentés ainsi :

Bilan de l'entreprise HBI (chiffres exprimés en k€)

Actifs	Montant	Passifs	Montant
Actifs immobilisés	**5 320**	**Capitaux propres**	
Autres actifs non immobilisés	480	Capital social (200 000 actions d'une valeur nominale de 1 €)	200
Actifs circulants	**3 200**	Primes d'émission	2 800
		Réserves	1 150
		Dettes	
		Dettes à long terme*	2 000
		Dettes d'exploitation	2 850
		Total dettes	**4 850**
Total actifs	**9 000**	**Total passifs**	**9 000**

* Émission d'obligations sur 20 ans à un taux d'intérêt de 8 % avec un remboursement annuel de fonds de 125 000 €.

Compte de résultat de l'entreprise HBI

Ventes	2030
Coûts des marchandises vendues	1624
Marge brute	**406**
Intérêts*	165
Bénéfices avant impôts	**241**
Impôts (33,33 %)	80,32
Bénéfices après impôts	**160,68**

* La valeur des dettes à long terme était égale à 2 125 000 € au début de l'année N. Un remboursement de fonds de 125 000 € est exigé au 30 juin N. Par conséquent, les intérêts de cette année sont égaux à : $[(2\ 125\ 000 + 2\ 000\ 000)/2] \times 0{,}08 = 165\ 000$ €.

Cette entreprise peut financer son programme de développement soit par capitaux propres d'une valeur totale de 4 millions d'euros en émettant de nouvelles actions ordinaires à un prix d'émission de 25 € l'action, soit par l'émission d'obligations d'une durée de 20 ans, d'une valeur de 4 millions d'euros à un taux d'intérêt de 9 %. Le financement par dettes donne lieu à des remboursements annuels de 200 000 € à partir de la première année.

1. Cette entreprise a fixé un dividende annuel de 0,50 € dans le passé et souhaite garder la même politique indépendamment du plan de financement choisi. Quel serait le niveau de BAII (bénéfice avant impôts et intérêts) permettant de couvrir les intérêts, les remboursements de fonds et les versements de dividendes ?

2. Calculez le seuil de rentabilité en termes de BPA.

3. Supposons que le niveau anticipé du BAII de la première année soit égal à 1 033 000 € avec une probabilité de réalisation égale à 2/3. La valeur anticipée de BAII varie entre 833 000 € et 1 233 000 €. Quelle alternative de financement peut-on choisir ?

4. Calculez le seuil de rentabilité en termes de bénéfice restant dû par action (BRDPA). Le résultat obtenu peut-il changer le choix considéré à la question 3 ?

CORRIGÉ 4

1. Niveau de BAII

En convertissant tous les paiements avant déduction des impôts, le bénéfice avant intérêts et impôts (BAII) requis pour couvrir les paiements des intérêts, des remboursements de fonds et des dividendes est le suivant :

Calcul du BAII

Plan de financement par dettes	
Intérêts sur la dette existante Intérêts sur la nouvelle dette	155 000 [(a)] 351 000 [(b)]
Remboursement de la dette	
Ancienne, sans effet fiscal Nouvelle, sans effet fiscal	187 491 [(c)] 299 985 [(d)]
Dividendes d'actions ordinaires (sans effet fiscal) BAII exigé	149 857 1 143 468
Plan de financement par actions	
Intérêt sur la dette existante Remboursement de la dette, sans effet fiscal	155 000 187 491
Dividendes sur actions ordinaires, sans effet fiscal BAII exigé	269 986 612 477

(a) [(2 000 000 – 125 000)/2] × 0,08 = 155 000 €
(b) [(4 000 000 – 200 000)/2] × 0,09 = 351 000 €
(c) (125 000/0,6667) = 187 491 €
(d) 200 000/0,6667 = 299 985 €

2. Seuil de rentabilité

Le seuil de rentabilité en termes de BPA est calculé comme suit :

BPA (actions ordinaires) = BPA (dettes)

$[(\text{BAII} - 155)(0{,}6667)/360] = [(\text{BAII} - 506)(0{,}6667)/200]$

BAII = 944, 764 k€

3. Alternative de financement

Les bénéfices prévus avant intérêts et impôts (BAII) ne sont pas très élevés par rapport au seuil de rentabilité en termes de BPA, ce qui suggère que le plan de financement par actions peut être préféré.

4. Seuil de rentabilité et BRDPA

Le seuil de rentabilité en termes de bénéfice restant dû par action (BRDPA) est calculé ainsi :

BRDPA (actions ordinaires) = BRDPA (dettes)

$[(\text{BAII} - 155)(0{,}6667) - 125]/360 = [(\text{BAII} - 506)(0{,}6667) - 325]/200$

BAII = 1 807 k€

Le seuil de rentabilité en termes de bénéfice restant dû par action (BRDPA) renforce la réponse fournie à la question 3. Il est pratiquement certain que le BAII sera au-dessous du seuil de rentabilité en termes de bénéfice restant dû par action (BRDPA) qui est de 1 807 000 €.

Étant donné les politiques de l'entreprise concernant les dividendes, le plan de financement par actions est préféré. Considérons que les BAII sont distribués selon une loi normale avec une moyenne de 1 033 000 € et un écart type de 200 000 € relatifs aux remboursements annuels. On peut calculer la probabilité Z :

$$Z = \frac{945 - 1033}{200} = -0,44$$

La lecture de la table de la loi normale donne une probabilité égale à 33 % bien que le BAII actuel soit inférieur à 945 000 €. Ce qui confirme que le financement par fonds propres est préférable au financement par dettes.

APPLICATION 5 Endettement et valeur de la firme

Soit une entreprise non endettée ayant une valeur de 1 000 €. Supposons qu'elle puisse s'endetter pour un montant de 300 € à un taux d'intérêt de 10 % et que la dette soit perpétuelle (les paiements des intérêts s'effectuent sur une période de durée indéterminée). Les intérêts sont déductibles et le taux d'imposition est de 33 1/3 %.

1. Quelle serait la valeur de l'entreprise (dettes et capitaux propres) après endettement si les impôts personnels et les coûts de faillite sont ignorés ? Justifiez votre réponse.

2. Quelle serait la valeur des capitaux propres après endettement ?

3. Supposons que le coefficient bêta des actions de l'entreprise non endettée soit égal à 1. Quelle serait la valeur du bêta après endettement ? Justifiez votre réponse.

CORRIGÉ 5

1. Valeur de l'entreprise

La valeur de la firme après l'émission des dettes (V_L) est égale à la valeur d'une entreprise non endettée majorée de l'économie d'impôt. Elle est calculée comme suit :

$V_L = V_U + \tau_c\ D = 1\,000 + 0{,}3333\ (300) = 1100$ €

2. Valeur des capitaux propres après endettement

La valeur des fonds propres vaut actuellement 800. En effet :

V_L = Fonds propres + Dettes

1100 = Fonds propres + 300

Fonds propres = 1100 – 300 = 800 €

Notons que la situation des actionnaires peut être meilleure si l'augmentation de 300 €, *via* la dette, peut leur être octroyée (par exemple à travers un rachat de fonds propres). Ils auraient 800 € sous forme de fonds propres et 300 € sous forme de liquidités, ou encore une valeur totale de 1 100 €.

L'entreprise peut aussi incorporer les 300 € de liquidités sous forme de réserves. Dans ce cas :

$V_L = 1\,000 + 300 + T\tau_c D$

$= 1\,300 + 0{,}3333\ (300)$

$= 1\,400$ €

Fonds propres = V_L – Dettes = 1 400 – 300 = 1 100 €

3. Valeur du bêta après endettement

Le bêta de l'action va augmenter en raison du risque financier lié au recours à la dette. Le revenu des actionnaires devient plus risqué.

APPLICATION 6 Valeurs des fonds propres et des dettes dans le cadre du MEO

Considérons une firme dont la valeur nominale des dettes exigibles sur 5 ans s'élève à 400 000 €. Son risque systématique est $\beta_v = 1{,}7$, son risque total s'élève à $\sigma_v = 0{,}4$ et sa valeur de marché est égale à 1 000 000 €. Le taux d'intérêt sans risque est de 8 % et la rentabilité anticipée du marché est de 15 %.

Déterminez les valeurs de marché des fonds propres et des dettes de la firme.

CORRIGÉ 6

Détermination de la valeur des fonds propres et des dettes sur le marché

L'utilisation de la formule d'évaluation de Black et Scholes nous donne la valeur de marché des fonds propres :

$$S = VN(d_1) - e^{-Tr_f}DN(d_2)$$

Avec :

$$d_1 = \frac{\ln\left(V/D\right) + r_f T}{\sigma\sqrt{T}} + \frac{1}{2}\sigma\sqrt{T}$$

$$\text{et } d_2 = d_1 - \sigma\sqrt{T}.$$

L'application numérique donne :

$d_1 = 1{,}92$

$d_2 = -0{,}02$

La table de la loi normale cumulée indique les valeurs suivantes :

$N(d_1) = 0{,}9726$

$N(d_2) = 0{,}8461$

En injectant ces valeurs dans la formule de Black et Scholes, on obtient :

S = 745 736,880 €.

Il est possible de déduire la valeur marchande des dettes :

B = V – S = 216 195,19 €.

CHAPITRE

5

La politique des dividendes

Les décisions d'investissement (relatives à des emplois de fonds) et de financement (relatives à des origines de fonds) influencent la valeur de l'entreprise. Qu'en est-il de la politique des dividendes ?

L'objet de ce chapitre est de dresser un état des lieux des questions soulevées par la politique de distribution des dividendes. La différence de perception du profit par les économistes et les comptables sera tout d'abord évoquée. Puis, une revue détaillée de la littérature sur les explications de la politique de dividendes sera présentée. Enfin, la place de la politique de dividendes au sein de la politique financière sera analysée.

I Le processus de paiement des dividendes

Une fois les états financiers clôturés et certifiés et dans le cas où l'entreprise dégage un bénéfice distribuable, l'assemblée générale approuve le quota à distribuer aux associés ou aux actionnaires sous forme de dividendes. La partie du bénéfice qui n'est pas ainsi reversée est réinvestie dans l'entreprise et comptabilisée en réserve.

Le dividende est calculé à partir du bénéfice distribuable qui est par définition le bénéfice de l'exercice diminué des pertes antérieures, ainsi que des sommes à porter en réserve en application de la loi et des statuts, et augmenté du report bénéficiaire.

A. Les différents types de dividendes

Le dividende comporte deux composantes : le premier dividende, ou dividende statutaire, et le superdividende. En outre, dans le cas où les actions d'une entreprise comprennent des actions de préférence, l'assemblée générale peut distribuer des dividendes prioritaires.

1. Le premier dividende ou dividende statutaire

Ce dividende est appelé aussi intérêt statutaire. Il est calculé sur la base des actions libérées et non encore remboursées, sans tenir compte des réserves.

2. Le superdividende

Il s'agit d'un deuxième dividende distribué aux actionnaires en plus du dividende statutaire. Contrairement à ce dernier, le superdividende est versé à toutes les actions, libérées ou non, totalement ou partiellement remboursées.

EXEMPLE

La société anonyme ABE a un capital de 450 000 €, divisé en 45 000 actions d'une valeur nominale de 10 €. La moitié seulement du capital est libérée.

La société ABE a réalisé un bénéfice de 30 000 € pour l'année N et a consacré une dotation d'une réserve statutaire d'un montant égal à 2 000 € et d'une réserve facultative de 1 000 €. Le taux d'intérêt statutaire est fixé à 6 %.

L'assemblée générale décide de distribuer un dividende par action de 5 %.

Il existe un report à nouveau antérieur de 7 500 €.

• Détermination du bénéfice distribuable :

Bénéfice à répartir	30 000
Réserves légales (5 % × 30 000)	(1 500)
Réserve statutaire	(2 000)
	= 26 500
Report à nouveau	7 500
Bénéfice distribuable	= 34 000

• Calcul des dividendes :

Premier dividende : les actions étant libérées de la moitié, l'intérêt est calculé sur une valeur de 0,50 :

(0,5 × 0,06) × 450 000 = 0,03 × 450 000	= (13 500)
Reste	= 20 500
Dotation à la réserve facultative	(1 000)
Bénéfice restant	= 19 500
Super dividende ((0,05 – 0,03) × 450 000)	(9 000)
Report à nouveau	= 10 500

3. Les dividendes prioritaires

Ce type de dividendes est distribué aux détenteurs d'actions de préférence. En effet, depuis l'ordonnance n° 2004-604 du 24 juin 2004 (articles III, IV et VI), les actions de préférence remplacent les actions à dividende prioritaire sans droit de vote, les actions de priorité, les certificats d'investissement ou autres certificats de droit de vote, dont l'émission est interdite. (Voir le chapitre 2.)

Le dividende sera versé aux détenteurs d'actions de préférence de manière prioritaire, avant n'importe quelle autre affectation. Cet avantage est parfois donné en échange de la suppression du droit de vote. Par ailleurs, dans le cas où le bénéfice distribuable d'un exercice est insuffisant, le dividende prioritaire décidé pour cet exercice ne sera pas totalement distribué. Le reliquat sera reporté sur l'exercice suivant et, le cas échéant, sur les deux exercices ultérieurs.

EXEMPLE

Soit la société anonyme ALPHA au capital de 450 000 €, divisé en 31 500 actions ordinaires de valeur nominale 10 € et 13 500 actions, de préférence sans droit de vote, de valeur nominale de 10 € également.

Le bénéfice à répartir pour l'année N est de 50 000 €. Le taux d'intérêt statutaire est de 5 %. Le taux du premier dividende prioritaire, versé aux propriétaires des actions de préférence, est de 6 %. Le report à nouveau déficitaire de l'exercice N – 1 est de 1 500 €.

En raison des pertes, le dividende prioritaire de l'exercice précédent n'a pu être servi. L'assemblée générale décide après le paiement du premier dividende de verser un superdividende de 0,2 € par action et d'affecter le reste en report à nouveau.

• Détermination du bénéfice distribuable :

Bénéfice de l'exercice	50 000
Report à nouveau déficitaire	(1 500)
	= 48 500
Réserves légales (5% × 48 500)	(2 425)
Bénéfice distribuable	= 46 075
• Calcul du premier dividende :	
Actions de préférence :	
– premier dividende de l'exercice précédent (13 500 × 10 × 0,06)	(8 100)
– premier dividende de l'exercice	(8 100)
Actions ordinaires :	
Premier dividende (31 500 × 10 × 0,05)	(15 750)
• Calcul du superdividende de 0,2 € par action :	
Actions de préférence (0,2 × 13 500)	(2 700)
Actions ordinaires (0,2 × 31 500)	(6 300)
Report à nouveau	= 5 125

Affectation du résultat

	Affectations	Origines	Dividendes aux actions	
			de préférence	ordinaires
Origines				
Report à nouveau déficitaire		(1 500)		
Résultat de l'exercice		50 000		
Affectations				
Réserves légales	2 425			
Dividendes statutaires				
Actions de préférence :				
Dividende de l'année N – 1	8 100		8 100	
Dividende de l'année N	8 100		8 100	
Actions ordinaires	15 750			15 750
Superdividende :				
Actions de préférence	2 700		2 700	
Actions ordinaires	6 300			6 300
Report à nouveau	5 125			
Total	**48 500**	**48 500**	**18 900**	**22 050**
Nombre d'actions			13 500	31 500
Dividende unitaire			1,4	0,7

4. Les dividendes fictifs

Tout dividende distribué sans l'approbation des comptes par l'assemblée générale ou lorsque les états financiers sont frauduleux ou sans qu'il n'existe de sommes distribuables (bénéfices fictifs) est un « dividende fictif ».

Ce dividende est interdit par la loi. Les actionnaires et les associés doivent le reverser à la société.

B. Les modalités de paiement des dividendes

Les modalités de paiement des dividendes sont proposées par le conseil d'administration ou le directoire, dans le cadre prévu par la législation en vigueur.

1. La mise en œuvre du paiement des dividendes

Le paiement des dividendes doit s'effectuer dans un délai maximal de 9 mois après la clôture de l'exercice. Le montant et les modalités de ce paiement sont proposés par le conseil d'administration et approuvés par l'assemblée générale.

Généralement les dividendes sont payés en numéraire. Dans certains cas, les dividendes peuvent prendre la forme d'actions.

2. Les acomptes sur dividendes

Il s'agit d'un versement par anticipation d'une part du dividende à venir. Cette décision est prise par le conseil d'administration ou le directoire dès lors que ce versement intervient avant l'approbation des comptes par l'assemblée générale et la fixation du dividende définitif. L'acompte sur dividende est fréquent dans le cas de dividende important. Il peut être en numéraire ou en actions. Cet acompte n'est pas restituable dans le cas où la situation de l'entreprise se détériore.

Selon le quatrième alinéa de l'article L. 232-19 du Code de commerce : « Lorsque le montant des dividendes ou des acomptes sur dividende auquel il a droit ne correspond pas à un nombre entier d'actions, l'actionnaire peut recevoir le nombre d'actions immédiatement inférieur complété d'une soulte en espèces ou, si l'assemblée générale l'a demandé, le nombre d'actions immédiatement supérieur, en versant la différence en numéraire. »

Tableau 5.1 – **Quelques entreprises françaises qui ont décidé de verser des acomptes sur dividendes en 2008**

Nom de l'entreprise	Valeur de l'acompte en € / action	Date de versement en 2008
France Télécom	0,6	11 septembre
GDF et Suez	0,8	Après le 31 août
Kaufman and Broad	0,94	29 août
Union Financière de France (UFF)	1	6 novembre
Unibail - Rodamco	1,75	15 octobre

EXEMPLE

Selon le communiqué de presse paru le 24 juin 2008 sur www.actusnews.com : L'assemblée générale mixte des actionnaires d'Assya Capital (ex-CFD) réunie le 17 juin 2008, a approuvé, les comptes de l'exercice clos le 31 décembre 2007 et a décidé, au titre de l'exercice 2007, le paiement d'un dividende de 1 € net par action. Compte tenu du versement d'un acompte sur dividende de 0,50 € net par action le 24 juillet 2007, le solde du dividende à distribuer s'établit à 0,50 € net par action. La mise en paiement, intégralement en numéraire, interviendra le 30 juillet 2008.

II La mesure de la richesse des actionnaires

La richesse des actionnaires est appréhendée par divers indicateurs.

A. Le profit au sens économique (Div_t)

Pour l'économiste, le profit désigne le *cash-flow* alors que, pour le gestionnaire, il correspond à ce que perçoit un actionnaire : les dividendes. Un modèle simple peut montrer cette différence.

Considérons une entreprise financée par des fonds propres en l'absence de taxes. Notons les sources de revenus Rt et les emplois de fonds suivants, à l'instant t :
– TS_t : les traitements et salaires ;
– I_t : les investissements ;
– Div_t : les dividendes.

Aussi, pour chaque période, on peut dire que :

$$R_t = Div_t + (TS)_t + I_t$$

soit :

$$Div_t = R_t - (TS)_t - I_t$$

Le revenu de l'entreprise R_t, est affecté aux dividendes (Div_t), aux traitements et salaires (TS_t), aux investissements (I_t), etc. Aussi, à partir de cette égalité ressources-emplois, on peut donner l'expression de la valeur actuelle au taux k_s, de l'entreprise ou de ses actions, notée S_0, comme suit (voir le paragraphe II B. du présent chapitre) :

$$S_0 = \sum_{t=1}^{\infty} \frac{Div_t}{(1+k_s)^t}$$

Notons que le taux de rendement des actions k_S est égal au rapport $\frac{Div_t}{S_0}$.

Dans une optique économique, la formule de la valeur actuelle (VA) de l'entreprise est la valeur des dividendes ($Div_t = R_t - (TS)_t - I_t$) actualisée au taux de rendement des actions k_s, et s'écrit comme suit :

$$S_0 = \sum_{t=1}^{\infty} \frac{R_t - (TS)_t - I_t}{(1+k_S)^t}$$

Avec :
– S_0 : la valeur actuelle des actions ;
– R_t : le revenu de l'entreprise de l'année t ;
– TS_t : le traitement des salaires de l'année t ;
– I_t : l'investissement de l'année t ;
– k_s : le taux de rendement des actions.

B. Le profit au sens comptable (A_t)

Le bénéfice distribuable n'est pas le bénéfice comptable. Il est constitué par le bénéfice de l'exercice diminué des pertes antérieures, des sommes portées en réserves légales et statutaires et augmenté du report bénéficiaire.

EXEMPLE

Le bilan avant répartition de la société ABE se présente ainsi au 31/12/N, en € (les valeurs sont nettes des amortissements et des provisions) :

Bilan de l'entreprise ABE au 31/12/N

Actifs		Passifs	
Investissements	27 000	Capital souscrit, appelé et versé	337 500
Logiciels	7 500	Capital souscrit, appelé non versé	112 500
Fonds commercial	37 500	Réserves légales	45 000
Terrains	75 000	Résultat reporté	7 500
Constructions	90 750	Résultat bénéficiaire	29 250
Ins. tech., matériel et outils industriels	105 000	Subvention d'investissement	60 000
Matériels de transport	60 750	Provisions pour risques et charges	33 150
Équipements de bureau	55 500	Emprunts obligataires	109 500
Imm. à statut juridique particulier	60 000	Emprunts et dettes assortis de conditions particulières	60 000
Titres de participation	120 000	Fournisseurs et comptes rattachés	129 375
Charges à répartir sur plusieurs exercices	22 500	Effets à payer	64 500
Frais d'émission et prime de remboursement des emprunts	10 500	Créditeurs divers	62 475
Stocks de marchandises	135 000	Produits constatés d'avance	6 750
Clients	96 750	Concours bancaires courants	67 500
Clients douteux	43 875		
Effets à recevoir	40 500		
Charges constatées d'avance	3 000		
Associés opérations sur le capital	112500		
Banque	15 750		
Caisse	5 625		
Total	**1 125 000**	**Total**	**1 125 000**

L'assemblé générale décide de distribuer un dividende maximal de 1,20 € par action, des tantièmes (le tantième est une rémunération qui est calculé par un pourcentage par rapport au chiffre d'affaires ou au profit réalisé, et est payé aux membres du comité de direction d'une société anonyme à côté d'une rémunération ferme) qui représentent 12 % des dividendes et de reporter à nouveau l'excédent non distribué. La valeur nominale d'une action est de 20 €.

La répartition du résultat est la suivante :

Résultat bénéficiaire	29 250
+ Résultat reporté	7 500
= Bénéfice à distribuer	36 750
– Dividendes	(27 000) (1)
– Tantième : 12 % x 27 000	(3 240)
= Résultat reporté	6 510

(1) 27 000 = 1,20 × 22 500 actions avec 22 500 actions = (337 500 + 112500) / 20

Alors que l'approche économique du profit considère la différence entre les revenus et les dépenses, y compris l'investissement, d'un point de vue comptable, c'est l'amortissement uniquement qui est pris en considération. C'est donc une approche flux par opposition à l'approche économique flux-stock. Formellement, le profit comptable est donné par la relation ci-après :

$$A_t = R_t - (TS)_t - Z_t$$

Avec :
- A_t : le profit comptable ;
- Z_t : les dotations aux amortissements.

Moyennant un ajustement simple, il est possible de rapprocher les deux définitions du profit au sens économique en retranchant et en ajoutant simultanément Zt, l'amortissement, objet de la divergence entre les deux méthodes, il vient :

$$S_0 = \sum_{t=0}^{\infty} \frac{R_t - (TS)_t - Z_t - (I_t - Z_t)}{(1 + k_S)^t}$$

$$S_0 = \sum_{t=0}^{\infty} \frac{A_t - N_t}{(1 + k_S)^t}$$

Avec :
- N_t : l'investissement net d'amortissement ($Nt = I_t - Z_t$).

La valeur actuelle de la richesse des actionnaires serait donc égale à la différence actualisée, au taux de rendement k_s, entre le profit au sens comptable (A_t) et l'investissement net (N_t). Donc, le profit économique considère l'investissement brut alors que le profit au sens comptable considère l'investissement net d'amortissements.

C. Le bénéfice par action (BPA)

En réalité, le bénéfice comptable est une mesure erronée de la richesse des actionnaires car il ne prend pas en considération le nombre d'actions. Plus précisément, le bénéfice comptable d'une année peut augmenter sans que le BPA ne change.

1. Les flux monétaires par action

Nous allons montrer dans l'exemple qui suit que le critère du *cash-flow* par action (CFPA) est insuffisant pour exprimer la richesse des actionnaires. C'est pourquoi il faut tenir compte du taux de rendement exigé des actionnaires k_s.

EXEMPLE

Prenons l'exemple de deux entreprises, ABE et ACE, qui ont les caractéristiques ci-après.

Cash-flow	ABE	ACE
Cash-flow par action (CFPA)	7 €	4 €
Cours sur *cash-flow* par action (S_0/CFPA) (en nombre de fois)	15	30

L'hypothèse sous-jacente dans l'exemple considère d'abord que le *cash-flow* par action est entièrement distribué sous forme de dividendes. C'est la thèse formulée par F. Modigliani et M. Miller (1961) qui sera étudiée avec plus de détails dans ce qui suit.

Le ratio S_0/CF mesure le prix d'une action par rapport à son flux monétaire, c'est-à-dire le *cash-flow* par action. Ce ratio, principalement fonction du risque de l'entreprise (risque de ne pas réaliser un certain niveau de chiffre d'affaires) et du taux de croissance anticipé des bénéfices, s'apparente au PER, c'est-à-dire au ratio cours/bénéfice par action (BPA).

Quel serait le choix d'un investisseur si on lui proposait 100 actions d'une de ces deux entreprises ?

– valeur du placement dans l'entreprise ABE : $7 \times 15 \times 100 = 10\,500$ € ;

– valeur du placement dans l'entreprise ACE : $4 \times 30 \times 100 = 12\,000$ €.

Pour montrer la faiblesse de cette évaluation, supposons que l'entreprise ABE ait réalisé l'année précédente un CFPA de 1,5 € avec une perspective à l'infini. Étant donnée la classe du risque actuelle de ABE, ses actionnaires réclament un taux de rendement, $k_s = 12$ %, payé sous forme de dividendes sur un horizon également infini. La valeur actuelle de l'action S_0 est de :

$$S_0 = \frac{1{,}5}{0{,}12} = 12{,}5 \text{ €}$$

Durant l'année courante, l'entreprise ABE entreprend des projets qui vont engendrer un CFPA de 1,75 € et une augmentation du risque de l'entreprise. Dans ces conditions, le taux de rendement exigé par les actionnaires, k_s passe de 12 à 18 % et la valeur actuelle de l'action S_0 s'établit à :

$$S_0 = \frac{1{,}75}{0{,}18} = 9{,}72 \text{ €}$$

La richesse des actionnaires diminue donc. Aussi, l'investisseur qui détenait 100 actions de ABE au début de l'année d'une valeur de $12{,}5 \times 100 = 1\,250$ € voit sa richesse diminuer pour passer à $9{,}72 \times 100 = 972$ €.

Cet exemple simple montre la faiblesse des critères du CFPA et par suite du bénéfice total pour mesurer la richesse des actionnaires.

2. Le profit économique

Les limites du bénéfice comptable en tant que critère de mesure de la richesse des actionnaires viennent d'être évoquées. Le CFPA présente aussi l'inconvénient de ne pas tenir compte du risque occasionné par les nouveaux projets d'investissement de l'entreprise. De ce point de vue, le profit économique permet une meilleure évaluation des performances de l'entreprise.

EXEMPLE

L'entreprise ABE, libre de dettes, possède des actifs d'une valeur marchande de 50 000 €. Son chiffre d'affaires annuel s'élève à 49 500 € et ses coûts de production à 12 000 €. Pour conserver aux actifs existants leur capacité de production initiale, l'entreprise doit débourser 15 000 €. Elle pratique un amortissement linéaire sur 5 ans. Quels sont les calculs effectués par le comptable et l'économiste pour obtenir le résultat de cette opération, à savoir le bénéfice ?

$$\text{Annuité d'amortissement comptable} = \frac{50\,000}{5} = 10\,000 \text{ €}$$

Le bénéfice est déterminé de la manière suivante :

Détermination du bénéfice de l'entreprise ABE

	Comptable	Économiste
Revenu	49 500	49 500
Coûts variables : – de production	12 000	12 000
Coûts fixes : – amortissements – dividendes	10 000 0	15 000 22 500
Bénéfice	**27 500**	**0**

En principe, dans une économie de concurrence pure et parfaite, il ne devrait pas y avoir de profit économique. Comme dans notre exemple, un profit économique nul signifie que les actifs d'ABE ont été rationnellement utilisés et que les actionnaires ont reçu une rémunération en rapport avec le risque encouru.

Dès lors, l'objectif poursuivi par le manager de l'entreprise est la maximisation du profit comptable et, par voie de conséquence, celle de la richesse des actionnaires. En effet, le profit comptable sous-estime l'amortissement et ne considère pas explicitement les dividendes.

3. La valeur marchande des actions

Il existe une méthode plus simple pour le dirigeant pour s'assurer que ses décisions sont conformes aux attentes des actionnaires.

EXEMPLE

Supposons, pour poursuivre l'exemple précédent, que la valeur marchande unitaire des 10 000 actions en circulation soit de 12,5 € en début de période. Selon l'approche comptable et en ajustant l'amortissement, on obtient le bénéfice par action suivant.

Le bénéfice par action de l'entreprise ABE

Profit comptable	27 500
moins ajustement de l'amortissement	5 000
Profit ajusté	22 500
Bénéfice par action ajusté	2,25

Le taux de rendement exigé par les actionnaires, eu égard à la classe de risque de ABE, est de 18 %. En supposant que ce BPA ajusté est totalement versé et sera le même à l'infini, la valeur de l'action en fin de période sera de : 2,25 / 0,18 = 12,5 €. Dans ces conditions, à l'équilibre du marché des titres, le taux de rendement espéré est égal au taux de rendement exigé par les actionnaires.

L'existence des marchés financiers permet aux investisseurs d'ajuster leur comportement par référence à une fonction d'utilité traduisant leur degré d'aversion au risque. Dans ce cadre d'analyse, le manager prendra ses décisions en cohérence avec l'objectif de maximisation de la valeur marchande des actions. Aussi, grâce aux marchés financiers, les investisseurs pourront opérer la combinaison d'actifs de leur choix pour constituer un portefeuille permettant la maximisation de leur utilité.

D. Le flux de trésorerie disponible revenant à l'actionnaire (*free cash-flow to equity*)

Au cours de chaque période, l'entreprise dégage un flux de trésorerie disponible pour l'actionnaire, c'est-à-dire susceptible de lui être attribué. L'actualisation de ce *free cash-flow to equity* permet d'estimer la valeur des capitaux propres. Ce flux de trésorerie disponible revenant aux actionnaires est obtenu en retranchant du flux qui revient à l'ensemble des pourvoyeurs de fonds (le *free cash-flow to the firm*) la partie qui est affectée aux créanciers (voir le chapitre 10 consacré à l'évaluation de l'entreprise). Les dirigeants disposent là d'une mesure du dividende potentiel qu'il serait envisageable de distribuer aux actionnaires.

III Les explications de la politique de dividendes

Plusieurs théories tentent d'expliquer l'incidence de la politique de dividendes sur la valeur de la firme. F. Modigliani et M. Miller, sous certaines hypothèses restrictives, aboutissent à la conclusion que la politique de dividendes n'a aucun impact sur la valeur de la firme. En abandonnant les hypothèses d'un marché parfait, d'autres travaux s'éloignent de cette conclusion.

A. La thèse de la neutralité

F. Modigliani et M. Miller ont développé en 1961 leur modèle de la neutralité de la politique de dividendes dans un contexte de marché de capitaux parfaits.

1. Les hypothèses retenues

Les hypothèses formulées par F. Modigliani et M. Miller sont celles inhérentes à un marché pur et parfait :

- *les marchés de capitaux sont parfaits* : aucun acheteur ou vendeur ne peut faire varier le prix du marché lors de ses transactions. Les divers investisseurs ont librement et gratuitement accès à l'information relative au processus de formation des cours et aux caractéristiques intrinsèques des actifs financiers. Les coûts de transactions et les frais d'émissions sont nuls. Le différentiel d'imposition entre les dividendes et les plus-values est nul ;
- *le comportement des investisseurs est rationnel* : les investisseurs sont indifférents entre un gain en capital et un gain sous forme de dividendes ;
- *l'avenir est certain* : les programmes d'investissements et les bénéfices futurs de toutes les firmes sont connus. Il n'y a pas de risque opérationnel ou financier et pas de distinction entre action et obligation.

Modigliani et Miller simplifient l'analyse de la politique de dividendes en supposant que le programme d'investissement et la politique d'endettement constituent des données et qu'ils ne sont donc pas affectés par une modification de cette dernière. Dans le cadre de ces hypothèses, les fonds nécessaires à une augmentation du dividende peuvent provenir de la vente de nouvelles actions, de l'endettement ou d'autres sources de financement.

2. Le modèle de Modigliani et Miller

Dans le cadre de la proposition de Modigliani et Miller (1961), le taux de rendement (r_t) d'une action s'écrit comme suit (voir le chapitre 1) :

$$r_t = \frac{div_t + (P_{t+1} - P_t)}{P_t}$$

Avec :
- r_t : le taux de capitalisation du marché à la période t ;
- div_t : le dividende par action versé à la fin de la période t ;
- P_{t+1} : le prix de l'action à la période t+1 ;
- P_t : le prix de l'action à la période t.

Cette analyse des composantes de rendement d'une action permet à Modigliani et à Miller d'exprimer le prix de marché d'une action en début de période (P_t) en fonction de la valeur actuelle du dividende payé en fin de période t (div_t) et du prix de l'action en début de période t+1 (P_{t+1}) de la manière suivante :

$$P_t = \frac{1}{1 + r_t}(div_t + P_{t+1})$$

En fait, cette dernière équation définit le prix de toutes les actions existantes sur le marché.

S'il n'en était pas ainsi, le processus d'arbitrage permettrait aux investisseurs détenant des actions à faible rendement d'augmenter leur richesse en les vendant pour investir dans des titres à plus fort rendement. Ce processus a pour conséquence la diminution des prix des actions à faible rendement et l'augmentation du prix de celles qui ont un fort rendement jusqu'au moment où l'égalité des taux de rendement est atteinte. Ce processus d'arbitrage constitue un des apports fondamentaux de la théorie de la neutralité défendue par Modigliani et Miller (1961).

Pour analyser l'incidence de la politique de dividendes sur la valeur de l'entreprise, Modigliani et Miller (1961) déterminent la valeur boursière de la firme au début de la période t. Si l'on désigne par n_t le nombre d'actions de la firme à la période t, la valeur de marché V_t de l'entreprise est égale à $V_t = n_t \times V_t$.

L'équation du prix de l'action P_t, multiplié par le nombre de titres n_t, peut s'écrire ainsi :

$$V_t = n_t \times P_t = \frac{1}{1 + r}(Div_t + n_t \times P_{t+1})$$

Avec :
- Div_t : les dividendes versés à la fin de la période t ($Div_t = n_t \times div_t$).

Si l'on considère que m est le nombre d'actions émises en fin de période t au prix P_{t+1}, le nombre d'actions à la fin de la période est égal à : $n_{t+1} = n_t + m$.

L'équation précédente peut alors s'écrire :

$$V_t = \frac{1}{1 + r_t}\left(Div_t + V_{t+1} - mP_{t+1}\right)$$

Avec :
- $V_{t+1} = (n_t + m)P_{t+1}$

Ainsi, pour Modigliani et Miller (1961), la valeur totale de l'entreprise est égale à la valeur actuelle des dividendes versés en fin de période (Div_t), augmentée de la valeur actuelle de l'entreprise au début de la période t+1 (V_{t+1}) et diminuée de la valeur actuelle des actions nouvellement émises en fin de période t (mP_{t+1}).

En fait, la différence ($V_{t+1} - mP_{t+1}$) représente la partie de la capitalisation boursière au début de la période t+1 qui revient aux actionnaires de la période t. L'émission des actions nouvelles entraîne une certaine dilution des droits des anciens actionnaires.

Pour cerner le lien de cause à effet entre la politique de dividendes et la valeur de l'entreprise, Modigliani et Miller (1961) expriment la valeur de l'augmentation du capital (mP_{t+1}) en fonction des dividendes versés au cours de la période précédente (Div_t). Plus ces derniers sont élevés et plus grande est l'augmentation de capital nécessaire au financement des investissements.

Au sein de l'entreprise, il doit, par ailleurs, y avoir à chaque instant une égalité entre les ressources et les emplois. Ainsi, le dividende distribué en fin de période t vérifie nécessairement l'égalité suivante :

$$X_t + mP_{t+1} = I_t + Div_t$$

Avec :
- X_t : l'excédent brut d'exploitation (EBE) ;
- mP_{t+1} : le produit de l'émission de nouvelles actions ;
- I_t : l'investissement.

Le montant net versé aux actionnaires ($Div_t - mP_{t+1}$) a pour origine l'excédent brut d'exploitation moins les investissements nets ($X_t - I_t$). De même, l'investissement net non autofinancé ($I_t - X_t$) est couvert par l'apport net de fonds propres ($mP_{t+1} - Div_t$).

En remplaçant mP_{t+1} par sa valeur, on obtient la valeur actuelle de l'entreprise V_t :

$$V_t = \frac{1}{1+r_t}(X_t - I_t + V_{t+1})$$

Cette relation fait le lien entre la valeur boursière de la firme à la période t, la valeur boursière à la période t+1, le bénéfice, les investissements nets en fin de période t et le taux d'actualisation. Ainsi, le montant du dividende distribué n'apparaît pas dans cette formule d'évaluation de la valeur de la firme.

Ces constatations conduisent Modigliani et Miller (1961) à conclure que la valeur de la firme (V_t) est indépendante du montant des dividendes versés. Ils démontrent que, dans le cadre des hypothèses formulées, une augmentation des dividendes au cours de la période est exactement compensée par la valeur du capital détenu par les actionnaires actuels. Donc, pour une politique d'investissement donnée, la politique de dividendes choisie par l'entreprise n'a aucun effet ni sur le prix des actions ni sur la rentabilité des actionnaires. Cette argumentation de Modigliani et Miller revient implicitement à considérer que les actionnaires sont indifférents entre recevoir leur rémunération sous forme de dividendes ou sous forme de plus-value.

B. La thèse de la non-neutralité

En dehors du cadre restreint d'un marché parfait, plusieurs auteurs défendent la thèse de la non-neutralité de la politique de dividendes selon laquelle le dividende n'est pas neutre et a un réel impact sur la valeur de la firme.

1. Le modèle de M. Gordon et E. Shapiro (1956)

Pour M. Gordon, la valeur d'un actif financier est égale à la somme des revenus actualisés que procure cet actif à son détenteur pendant sa durée de vie. Ainsi, la valeur d'une action s'apprécie en fonction des dividendes futurs qui seront versés par l'entreprise. Dans ce cadre d'analyse, le prix d'une action à la date t_0, soit P_0, serait égal à la somme actualisée des dividendes futurs anticipés :

$$P_0 = \sum_{t=1}^{n} \frac{Div_t}{(1+k)^t}$$

En temps continu, la relation ci-dessus devient égale à :

$$P_0 = \int_0^{\infty} Div_t e^{-kt} dt$$

Cette formule, développée par M. Gordon et E. Shapiro, suppose implicitement que les actionnaires ne sont pas indifférents entre un gain en capital et le versement de dividendes. Les dividendes sont toujours préférés par les actionnaires dans la mesure où ils contribuent à dissiper l'incertitude qui augmente en fonction de l'éloignement dans le temps du paiement de ces dividendes. Par conséquent, lorsque les investisseurs ont une aversion à l'égard du risque, les dividendes futurs sont plus risqués que les dividendes actuels.

Cependant, puisque les dividendes futurs sont difficiles à prévoir, Gordon et Shapiro (1956) expriment, par une formule très simple, le rendement attendu d'un investissement en action. Ils font l'hypothèse que les dividendes augmentent à un taux constant g qui doit être inférieur au taux d'actualisation k_e, exigé par l'actionnaire). En effet, le taux k_s traduit les exigences des actionnaires en matière de rentabilité des actions. Cependant, g, le taux de croissance, est un supplément de gain. Si g est supérieur à k_s, le prix de l'action devient négatif. Ainsi, il est possible d'écrire :

$$Div_t = Div_1 (1+g)^t$$

En temps continu, cela donne :

$$Div_t = Div_1 e^{gt}$$

La prise en compte de cette hypothèse de croissance des dividendes permet d'aboutir à la formule finale suivante :

$$P_0 = \frac{Div_1}{k-g}$$

Cette formule est utilisable lorsque la croissance des dividendes est régulière sur un horizon infini.

2. Le modèle de J. Walter (1956)

Selon J. Walter, il est possible de définir la politique de dividendes en faisant référence au taux de rétention des bénéfices. En effet, les résultats mis en réserves déterminent essentiellement le montant du financement interne de l'entreprise. Dans ce cas, la politique de dividendes constitue une décision strictement financière dans la mesure où elle affecte le financement global de l'entreprise.

Sous cet angle, le dividende peut être considéré comme le paiement d'un solde résiduel uniquement déterminé par les opportunités d'investissement qui s'offrent à l'entreprise. C'est ainsi qu'en cas d'existence de projets d'investissements rentables, l'entreprise choisira de réinvestir la totalité de ses bénéfices. Mais l'absence d'opportunités d'investissement la conduira à verser la totalité de ses bénéfices aux actionnaires sous forme de dividendes. Entre ces deux positions extrêmes, le taux de distribution varie entre 0 et 100 %.

Selon Walter, pour décider de distribuer ou non des dividendes, il suffit de comparer la rentabilité attendue des projets d'investissement avec le coût de capital de la firme : tant que la rentabilité des investissements est supérieure au coût de capital, il convient d'utiliser en priorité les bénéfices de l'entreprise pour le financement de ses projets. Après le financement de tous les projets d'investissement rentables, le surplus peut être distribué aux actionnaires sous la forme de dividendes.

Formellement, le modèle de J. Walter, sous certaines hypothèses, se présente comme suit :

$$P = \frac{\text{div} + \frac{r}{k}(b - \text{div})}{k}$$

Avec :

- P : le prix de l'action ;
- div : le dividende par action ;
- div* : le dividende souhaitable par action ;
- r : le taux de rentabilité des investissements ;
- k : le taux de rentabilité exigé par le marché ;
- b : le bénéfice par action.

Il est possible, à partir de cette relation, de proposer une politique de dividendes optimale permettant de maximiser la valeur de l'action et la richesse des actionnaires. Trois éventualités sont possibles :

- lorsque les opportunités d'investissement qui se présentent aux dirigeants laissent espérer un rendement supérieur au taux de rentabilité exigé par les actionnaires ($r > k$), l'entreprise ne devrait pas verser de dividendes ($div^* = 0$) ;
- si $r < k$, la formule recommandée est une distribution maximale ($div^* = BPA$) ;
- lorsque $r = k$, la valeur de l'action est indépendante de la politique adoptée par la firme en matière de distribution de dividendes : le prix de l'action ne dépend que de la capitalisation des bénéfices P = BPA/k.

Selon le modèle de Walter, le montant distribué sous forme de dividendes dépend donc des opportunités d'investissement offertes à l'entreprise.

Cette approche qui fait de l'investissement un élément déterminant de la richesse des actionnaires a été très souvent critiquée. Il est rare, en effet, que les firmes adoptent une politique consistant soit à ne rien distribuer (0 %), soit à distribuer la totalité du bénéfice (100 %). Par ailleurs, les firmes n'hésitent pas à distribuer des dividendes tout en procédant simultanément à des augmentations de capital par émission d'actions nouvelles. Le dividende par action peut alors dépasser le bénéfice par action.

C. Les autres explications de la politique de dividendes

1. L'impact de la fiscalité

Les investisseurs paient l'impôt sur les dividendes et sur les plus-values. Si ces deux catégories de revenus avaient le même taux d'imposition, toutes choses étant égales par ailleurs, les actionnaires recommanderaient aux dirigeants de ne réinvestir le bénéfice que dans des projets rentables (VAN > 0) et de distribuer le *free cash-flow* sous forme de dividendes.

En réalité, le traitement fiscal des plus-values en capital est généralement plus favorable que celui des dividendes. Ce différentiel de taux favorise la politique de rétention au détriment de la politique de distribution. De plus, le paiement de l'impôt sur les dividendes a lieu dès leur perception alors que les plus-values ne seront taxables qu'après la vente de l'action.

La fiscalité a été toujours appréhendée au niveau théorique et empirique comme étant un facteur d'imperfection pouvant modifier les résultats économiques et financiers de l'entreprise. C'est ainsi que le débat sur le financement et la politique de dividendes des entreprises s'est opéré en l'absence de fiscalité et en présence de certaines imperfections fiscales comme la différence d'imposition entre les dividendes et les plus-values.

La loi de finances 2008, adoptée le 18 décembre 2007, a apporté des modifications quant à l'imposition des dividendes et des plus-values.

a. L'imposition des dividendes d'actions

Les contribuables peuvent utiliser l'une des options suivantes.

Déclarer les dividendes au niveau du revenu global

La déclaration au titre de l'impôt sur les revenus des personnes physiques (IRPP), avec prise en compte des dividendes, s'effectue selon les dispositions de la loi de finances 2008.

Un abattement annuel de 40 % s'effectue sur le montant des revenus distribués, ainsi qu'une déduction des droits de garde. Par ailleurs, un abattement annuel de 1 525 euros est appliqué aux célibataires, veufs ou divorcés et aux personnes mariées soumises à une imposition séparée ; il est de 3 050 euros pour les couples mariés ou liés par un pacs, soumis à imposition commune.

L'imposition au taux progressif de l'impôt sur le revenu (en tenant compte de l'abattement de 20 % applicable notamment aux traitements et salaires, désormais intégré au barème de l'impôt sur le revenu) auquel s'ajoutent les contributions sociales, calculées sur le montant des dividendes encaissés, après déduction des droits de garde mais avant les deux abattements annuels.

Le crédit d'impôt venant en déduction de cette imposition, à savoir 50 % du dividende versé, plafonné à 115 euros pour les célibataires, veufs ou divorcés, et à 230 euros pour les couples mariés ou liés par un pacs et soumis à imposition commune, est imputé sur le montant de l'impôt à payer au titre de l'année de perception des dividendes.

Recourir à un prélèvement forfaitaire libératoire (PFL) au taux de 18 %

Cela représente une imposition totale à 29 %, en incluant les prélèvements fiscaux (la contribution sociale généralisée ou CSG de 8,2 %, la contribution au remboursement de la dette sociale ou CRDS de 0,5 %, et le prélèvement social de 2,3 %, soit au total 11 %).

Remarque : les dividendes perçus par des associés personnes morales sont à intégrer aux bénéfices imposables, taxés à 33,33 %, ou à 15 %, si la société bénéficie du taux réduit.

EXEMPLE

Un investisseur, célibataire, reçoit 10 100 € sous forme de dividendes. Les prélèvements sociaux se font au taux de 11 %, soit 1 111 €.

• Cas de l'intégration des dividendes dans la déclaration des revenus

Le montant imposable des revenus distribués, soumis au barème progressif de l'impôt sur le revenu, est de : 10 100 (1 – 0,4) = 6 060 €.

Abattement général (1 525 €) – CSG (5,8 % × 10 100) (585,80 €).

Revenu imposable = 3 949,2 €.

Un crédit d'impôts de 115 € est imputable sur le montant total de son imposition.

• Cas du prélèvement forfaitaire libératoire (PFL)

La base de calcul est le montant brut des dividendes, sans application d'aucun abattement, ni crédit d'impôts. Le prélèvement total est constitué du PFL au taux de 18 % et des prélèvements sociaux, dont aucune part n'est déductible, au taux de 11 %. Le montant total des prélèvements s'élève à :

10 100 (18 % + 11 %) = 2 929 €.

b. L'imposition des plus-values sur les valeurs mobilières

Selon la loi de finances 2008, le taux d'imposition des plus-values de cession des valeurs mobilières réalisées par des personnes physiques à compter du 1er janvier 2008 est porté de 16 à 18 %, soit 29 % au total, en ajoutant les 11 % de prélèvements sociaux actuels. En outre, le seuil d'exonération des plus-values de cession de valeurs mobilières réalisées par les particuliers passe de 20 000 € à 25 000 €.

L'instruction fiscale du 22 janvier 2007 précise le dispositif général de l'abattement pour durée de détention applicable aux cessions de titres de sociétés européennes.

Le taux de l'abattement pour chaque durée de détention est égal à :

– 1/3 du montant du gain net lorsque les titres ou droits cédés ont été détenus plus de 6 ans révolus et moins de 7 ans ;
– 2/3 du montant du gain net lorsque les titres ou droits cédés ont été détenus depuis plus de 7 ans révolus et moins de 8 ans ;
– 100 % du montant du gain net lorsque les titres ou droits cédés ont été détenus depuis plus de 8 ans révolus.

Aucun abattement n'est applicable en cas de cession des titres avant la fin de la sixième année de détention.

EXEMPLE

Le 16 mai 2008, un investisseur réalise une plus-value de 60 000 € sur une cession de titres acquis le 2 février 2001. La valeur de l'abattement est de 60 000 × 2/3 = 40 000 € et la plus-value nette de 20 000 €. Les prélèvements sociaux sont calculés par rapport à la plus-value avant application de l'abattement.

Si l'investisseur réalise une moins-value de cession de 60 000 €, la moins-value nette, après abattement, imputable sur les autres gains nets ou reportables sur les 10 années suivantes est de 60 000 – 40 000 = 20 000 €.

2. L'impact des coûts de transaction

Un autre facteur représentatif de l'imperfection du marché peut intervenir, les frais de transaction, parmi lesquels on distingue notamment les commissions payées aux courtiers à la suite de l'opération d'achat ou de vente des actions.

Ces commissions peuvent inciter certains actionnaires à privilégier la politique de distribution car, s'ils ont des besoins de liquidité, elles constituent un frein à la cession d'une fraction de leur portefeuille.

3. La théorie du signal

La théorie du signal, fruit de la théorie de l'information, est utilisée pour expliquer des phénomènes que d'autres théories ne s'avèrent pas capables d'étudier de façon satisfaisante, en particulier la structure financière de l'entreprise et sa politique de dividendes.

Les tenants de la théorie des signaux, notamment S. Bhattacharya (1979), K. John et J. Williams (1985) ainsi que M. Miller et K. Rock (1985) estiment que la distribution des dividendes permet aux dirigeants de signaler au marché les caractéristiques de leur entreprise. Il existe, en effet, une asymétrie informationnelle entre les *outsiders* (les non-initiés) et les *insiders* (les initiés) beaucoup mieux informés sur le potentiel futur de la firme en raison de leur connaissance de ses plans et de ses projets. Il en résulte que les investisseurs perçoivent la distribution de dividendes comme un signal positif, celui que les dirigeants envisagent un avenir favorable pour l'entreprise. Ce signal est d'autant plus crédible qu'il peut difficilement être imité par des entreprises en difficulté.

Par ailleurs, le rachat des actions représente une proportion très significative des distributions des bénéfices effectuées par les firmes. Certaines études montrent qu'il peut être considéré comme un substitut à la distribution de dividendes (E. Fama et K. French en 2001).

4. Les coûts d'agence et l'hypothèse de *free cash-flow*

Les conflits d'intérêts entre les actionnaires et les dirigeants, évoqués à propos de la politique de financement (voir Chapitre 4), ont aussi une influence sur la politique de dividendes de l'entreprise. En effet, les dirigeants peuvent avoir intérêt à réduire la distribution des dividendes puisque la rétention des bénéfices est de nature à élargir leurs possibilités de prélèvements sur leur propre entreprise. Ainsi, le versement de dividendes permet d'aligner les intérêts des *insiders* et des *outsiders* et de réduire les coûts d'agence entre les actionnaires et les dirigeants.

Dans cet esprit, M. Jensen montre, en 1986, que, pour éviter que la trésorerie excédentaire ou *free cash-flow* ne soit utilisée au financement d'investissements non rentables, il convient de favoriser le versement de dividendes au profit des actionnaires. Comme l'endettement, la politique de dividendes joue donc un rôle disciplinaire.

IV Politique de dividendes et politique financière

A. L'interdépendance des décisions

L'examen des théories l'a bien montré : il existe au sein de l'entreprise une interdépendance entre les décisions financières de l'entreprise, à savoir l'investissement, le financement et la distribution de dividendes.

EXEMPLE

L'entreprise Mielina envisage de nouveaux projets d'investissement ayant une VAN > 0 et qui exigent des fonds pour un montant de 100 millions d'euros. Elle connaissait, les années antérieures, un *gearing* ou levier financier (dettes/capitaux propres) égal à 0,30 : cela implique que 23 % du financement était assuré par des dettes et 77 % par les capitaux propres (23 / 77 = 0,30). La fraction de dividende historiquement distribuée était fixée à 60 % et les bénéfices du dernier exercice s'élevaient à 120 millions d'euros.

L'entreprise doit prendre trois décisions à propos du montant des nouveaux investissements, du levier financier et du taux de distribution des dividendes (voir le tableau ci-dessous). Quatre situations sont simulées.

Dans la colonne (1), l'entreprise traite ces trois décisions de façon à ce que chacune respecte le niveau désiré du ratio d'endettement (L= D/S) :

- le montant des nouveaux investissements est de 100 millions d'euros ;
- l'entreprise décide de distribuer le même montant qu'auparavant, soit 60 % des bénéfices : 0,6 × 120 = 72 millions d'euros ;
- l'autofinancement se trouve alors fixé à 120 − 72 = 48 millions d'euros ;
- le taux d'endettement est également conservé ; en conséquence 23 % des nouveaux financements sont assurés par l'endettement : 23 % × 100 = 23 millions d'euros ;
- le reste, 100 − 23 = 77 millions d'euros est financé par les fonds propres ;
- le montant des émissions nouvelles est donc égal à 77 millions moins l'autofinancement (48 millions) = 29 millions d'euros.

Ainsi, avec 52 millions d'euros de fonds externes (23 millions d'euros d'endettement + 29 millions d'euros provenant de l'émission de nouvelles actions), l'entreprise réussit à distribuer 60 % des bénéfices sous forme de dividendes, sans amputer le programme d'investissement ni augmenter le taux d'endettement.

Si la firme considère la politique d'émission de nouvelles actions comme un choix irrationnel, trois solutions sont envisageables :

- elle peut renoncer à des projets d'investissement rentables tout en maintenant la même fraction des bénéfices à distribuer et le même taux d'endettement (colonne 2) ;
- alternativement, elle peut porter son taux d'endettement à 0,34 et maintenir le même taux de dividendes sans amputer le programme d'investissement (colonne 3) ;
- finalement, elle peut diminuer le montant de dividendes de 72 millions d'euros à 43 millions d'euros (colonne 4).

Quelle est la solution la plus appropriée ? Les théories qui viennent d'être examinées considèrent la décision de désinvestissement (colonne 2) comme une dégradation de la capacité bénéficiaire de l'entreprise. En effet, la réalisation des investissements à VAN > 0 assure à l'entreprise une croissance régulière de sa valeur, ce qui est favorable à sa pérennité.

Les trois décisions à propos du montant des nouveaux investissements, du levier financier et du taux de distribution des dividendes de l'entreprise Mielina

	Politique 1 : pas de résidu	Politique 2 : l'investissement est le résidu	Politique 3 : le ratio dette/capitaux est le résidu	Politique 4 : le dividende est le résidu
Avant le nouveau financement externe				
Dettes	300	300	300	300
Capitaux	1 000	1 000	1 000	1 000
Dettes/capitaux	0,30	0,30	0,30	0,30
Les opportunités d'investissement	100	62	100	100
Bénéfices	120	120	120	120
Taux de distribution	0,60	0,60	0,60	0,36
Dividendes	72	72	72	43
Bénéfices retenus	48	48	48	77
Financements externes				
Dettes	23	14	52	23
Capitaux	29	0	0	0
Après le financement externe				
Dettes	323	314	352	323
Capitaux	1 077	1 048	1 048	1 077
Dettes/capitaux	0,30	0,30	0,34	0,30

Selon la deuxième solution (colonne 3), les politiques de dividendes et d'investissement sont considérées comme fondamentales ; le ratio dettes/capitaux propres est alors le résidu. En théorie, un taux d'endettement optimal existe mais, en pratique, il est difficile de le déterminer. Cependant, si le taux optimal est égal à 0,30, toute modification de ce dernier débouche sur des solutions moins favorables.

Si les décisions d'investissement et d'endettement sont considérées comme essentielles et sont donc prises initialement de façon exogène, le dividende constitue le résidu (colonne 4). Il en résulte que toute augmentation des dividendes – pour passer du montant distribué (48 millions d'euros) au niveau désiré (75 millions d'euros) – doit être compensée par l'émission de nouvelles actions d'un montant total égal à celui de la distribution additionnelle. L'un des inconvénients de ce processus, réside dans le fait qu'il engendre le paiement de frais importants de la part de la société.

B. Les déterminants de la politique de dividendes

Un certain nombre de facteurs spécifiques entrent en jeu lors de l'élaboration de la politique de dividendes.

1. Les opportunités d'investissement

Les opportunités d'investissement jouent un rôle prépondérant lors de la fixation de la politique de dividendes. En effet, lorsque l'entreprise dispose d'opportunités d'investissement à une rentabilité supérieure à celle requise par le marché, les décisions de rétention et de réinvestissement sont privilégiées.

2. Les bénéfices, les *cash-flows* et les liquidités

La capacité de l'entreprise à réaliser des bénéfices et à dégager des *cash-flows* est également un facteur déterminant de la politique de dividendes. Toutes choses égales par ailleurs, plus le niveau du bénéfice réalisé par l'entreprise est élevé, plus le montant à distribuer est important si le niveau des liquidités le permet.

3. Le besoin de financement externe

L'entreprise doit prévoir son programme de financement externe. Le ratio dettes/capitaux propres dépend de la nature de son activité et du niveau du risque encouru. On a pu voir son interdépendance avec la décision de distribution. En conséquence, toute modification de la politique de dividendes aura une incidence sur la structure financière de l'entreprise.

4. L'effet de clientèle

Les choix effectués par l'entreprise entre distribution et rétention attirent des groupes particuliers d'investisseurs. Ainsi, les actions à dividendes importants concernent les investisseurs faiblement imposés. Les actions à dividendes limités et à plus-values élevées intéressent, quant à elles, ceux qui veulent profiter de l'avantage fiscal accordé aux plus-values au détriment des dividendes.

EXEMPLE

Ci-dessous figurent des exemples de dividendes annoncés par des entreprises relatifs aux résultats de 2007.

Le résultat net et le dividende par action des entreprises Accor, Sanofi-Aventis et BNP Paribas

Groupes	Résultat net (en M€)	Div/action (en €)
Accor	883	1,65
Sanofi-Aventis	6 961	2,07
BNP Paribas	7 822	3,35

Source : www.amf-france.org.

C. Le dividende, un résidu ?

Les décisions d'investissement, de financement et de distribution de dividendes sont interdépendantes. L'entreprise ne peut cependant pas traiter les trois simultanément. L'une d'elles doit forcément être le résidu des deux autres.

Si considérer le dividende comme un résidu est, à court terme, difficilement acceptable, l'entreprise a la possibilité d'assurer une certaine stabilité au versement des dividendes qui seront alors considérés comme un résidu de long terme. Une telle approche nécessite une planification financière à long terme (probablement sur 5 ans) permettant à la direction d'estimer le montant total exigé par les nouveaux investissements, la fraction des bénéfices à conserver pour l'autofinancement ainsi que le ratio cible dettes/capitaux propres. Étant données ces trois variables, l'entreprise peut déterminer le montant des fonds résiduels qui seront disponibles pour le versement des dividendes tout au long de la période de planification.

Le taux moyen de distribution à long terme, appelé taux de distribution cible, serait alors égal à :

Bénéfice résiduel (conservé pour la distribution de dividendes) / Bénéfice total après impôts.

EXEMPLE

La société ABC prévoit, sur un horizon de planification de 5 ans, des opportunités d'investissement dont le coût s'élève à 4 millions d'euros par an, soit 20 millions d'euros au cours des 5 ans. Au cours de cette période, le bénéfice prévisionnel global après impôts est égal à 25 millions d'euros. L'entreprise décide de conserver son ratio cible dettes/capitaux propres qui est égal à 0,30. Les montants de ses capitaux propres et de ses dettes sont respectivement de 60 et 200 millions d'euros.

Le financement du nouvel investissement (20 millions d'euros) devrait être assuré par la rétention d'une partie des bénéfices (RE) ou par l'autofinancement et l'émission des nouvelles dettes, de façon à ce que :

– 20 millions d'euros = nouvelles dettes + RE.

Compte tenu du levier envisagé, les nouvelles dettes seront égales à 30 % des bénéfices retenus (RE). En d'autres termes :

– nouvelles dettes = (0,30) × RE.

La substitution de la deuxième équation dans la première, donne :

– 1,03 RE = 20 millions d'euros ;

– RE = 20 millions d'euros / 1,3 = 15,4 millions d'euros.

Durant les 5 ans, la somme des bénéfices retenus serait ainsi égale à 15,4 millions d'euros, somme qui doit être défalquée du bénéfice espéré total (25 millions d'euros) pour déterminer le montant à distribuer au cours de cette même période, soit 9,6 millions d'euros. Ce dernier représente 38 % du bénéfice global. Le dividende annuel serait alors égal à 9,6 millions / 5 = 1,92 million d'euros. Les nouvelles dettes résultantes seraient égales à 0,30 × 15,4 = 4,6 millions d'euros. On suppose que cette dette sera émise lors de la troisième année et que les bénéfices des cinq prochaines années seront respectivement de 7, 5, 3, 6,5 et 3,5 millions d'euros.

Quel est le plan prévisionnel de l'entreprise ?

Le tableau ci-dessous fait état du traitement des dividendes sur un horizon à long terme :

Le traitement des dividendes sur un horizon à long terme de l'entreprise ABC

Année	0	1	2	3	4	5	Total
Bénéfices	-	7,00	5,00	3,00	6,50	3,50	25,00
Dividendes	-	1,92	1,92	1,92	1,92	1,92	9,60
Bénéfices retenus	-	5,08	3,08	1,08	4,58	1,58	15,40
Total des capitaux	200,00	205,08	208,16	209,24	213,82	215,4	-
Nouvelles dettes	-	-	-	4,60	-	-	4,60
Total des dettes	60,00	60,00	60,00	64,60	64,60	64,60	-
Ratio Dettes/Capitaux propres (CP)	0,3	0,29	0,29	0,31	0,30	0,30	-
Taux de distribution	-	0,27	0,38	0,64	0,30	0,55	0,38
Fonds disponibles pour l'investissement	-	5,08	3,08	1,08	4,58	1,58	15,40
Bénéfices retenus	-	-	-	4,60	-	-	4,60
Nouvelles dettes	-	5,08	8,16	13,84	18,42	20,00	20,00
Total investissements réalisés		4,00	8,00	12,00	16,00	20,00	20,00

Par exemple, la deuxième année, la société prévoit la réalisation d'un bénéfice de 5 millions d'euros. Après le versement du dividende cible à long terme, égal à 1,92 million d'euros, l'entreprise dispose d'un montant de 3,08 millions d'euros pour financer les nouveaux projets. Le total des fonds réservés au financement des nouvelles opportunités devient alors égal à 208,16 millions d'euros (somme des fonds retenus à la fin de la première année (205,08 + 3,08). La somme des dettes est toujours égale à 60 millions d'euros (la nouvelle dette ne sera négociée qu'au cours de la troisième année), le ratio dettes/capitaux propres est alors égal à 60 millions d'euros / 208,16 millions d'euros = 0,29, légèrement au-dessous de la proportion cible. Le montant total conservé des bénéfices de la première et de la deuxième année (5,08 + 3,08 = 8,16 millions d'euros) est suffisant pour couvrir les besoins cumulatifs d'investissement.

D. La distribution de dividendes et le rachat d'actions

Depuis les années 1990, le rachat d'actions, véritable moyen de distribution de fonds aux actionnaires, concurrence la classique distribution de dividendes. Cette technique qui permet aux sociétés cotées de racheter leurs propres actions entraîne, en effet, un transfert de fonds de l'entreprise vers l'actionnaire. La distribution est cependant inégalitaire car seuls bénéficient de l'opération les actionnaires qui cèdent leurs titres sur le marché par rapport à ceux qui les conservent.

Cette pratique représente une proportion très significative des distributions de bénéfices et le nombre de firmes qui l'adoptent est en constante évolution. En 2007, les plus grandes opérations de rachat d'actions effectuées par des entreprises du CAC 40 ont atteint un total de 15,8 milliards d'euros.

Tableau 5.2 – **Les principaux rachats d'actions effectués par des entreprises du CAC 40, en 2007**

Société	Rachat net d'actions (en M€)	Rachat net d'actions (en pourcentage du capital)
Mittal-Arcelor	2 604	4,4 %
BNP Paribas	2 139	2,8 %
Axa	2 126	3,3 %
Sanofi-Aventis	1 787	2,0 %
Total	1 526	1,2 %
Société Générale	1 288	2,2 %
Accor	1 240	8,5 %
Suez	1 150	2,2 %
L'Oréal	1 002	1,9 %
Vinci	937	3,6 %

Lettre Vernimmen, n° 63, www.vernimmenn.net.

Le tableau suivant permet une comparaison entre la distribution des dividendes et le rachat d'actions.

Tableau 5.3 – **Dividende/rachat : étude comparative**

Dividendes	Rachat d'actions
- Moyen de distribution égalitaire et permanent - Distribution non ciblée - Engagement plus important de la part de la firme - Pratique reconnue par la plupart des législations	- Moyen de distribution inégalitaire et occasionnel - Distribution ciblée - Permet de renforcer le contrôle des *insiders* - Permet de soutenir le cours - Dans certaines législations, entraîne un avantage fiscal

EXEMPLE

Considérons une firme entièrement financée par fonds propres dont la liquidité en excès est égale à 300 000 €. Elle ne distribue pas de dividendes et son bénéfice annuel net est égal à 49 000 €.

Le bilan de fin d'année (avant distribution des liquidités excédentaires), exprimé en valeurs de marché, se présente comme suit :

Bilan de l'entreprise de fin d'année

Actifs		Passifs	
Actifs	700 000	Capitaux propres	1 000 000
Liquidités excédentaires	300 000	Dettes	0
Total	**1 000 000**	**Total**	**1 000 000**

La valeur marchande des fonds propres atteint 1 million d'euros et comme le nombre d'actions en circulation est de 100 000, la valeur de l'action est égale à 10 €. Les bénéfices par actions (BPA) sont égaux à 49 000 / 100 000, soit 0,49 € et le PER à 10 / 0,49, soit 20,4 €.

La firme peut distribuer la somme de 300 000 € sous forme de dividendes supplémentaires (soit 300 000 / 100 000 = 3 € de dividende liquide supplémentaire par action) ou bien racheter 300 000 / 10 = 30 000 actions.

En cas d'absence de commissions, de taxes et d'autres imperfections, les actionnaires de la firme devraient être indifférents à l'une ou l'autre option. Dans les deux cas, la firme verse 300 000 € en espèces et le nouveau bilan après distribution des liquidités excédentaires se présente ainsi.

Bilan de l'entreprise après distribution des liquidités excédentaires

Actifs		Passifs	
Actifs	700 000	Capitaux propres	700 000
Liquidités excédentaires	0	Dettes	0
Total	**700 000**	**Total**	**700 000**

1. Le cas de la distribution de dividendes

Selon l'hypothèse de neutralité de la politique de dividende, la distribution de dividendes n'a aucun effet sur la valeur de la firme, dans le cadre d'un marché financier parfait.

EXEMPLE

Lorsque la firme verse les 300 000 € sous forme de dividendes, les 100 000 actions valent 7 € chacune. La diminution de la valeur de l'action n'affecte pas la richesse de l'actionnaire.

La valeur totale de la part, avant distribution des dividendes, d'un actionnaire qui détient 100 actions est égale à $100 \times 10 = 1\,000$ €. En recevant un dividende supplémentaire par action de 3 €, il détient 100 actions valant 7 € l'une, soit 700 €, plus $100 \times 3 = 300$ € de dividendes liquides, c'est-à-dire 1 000 € au total. Cela illustre le fait, qu'en l'absence d'imperfections du marché, la distribution d'un dividende liquide n'affecte pas la richesse des actionnaires. Le BPA reste égal à 0,49 € mais le PER diminue pour atteindre $7 / 0,49 \simeq 14,3$.

2. Le cas du rachat d'actions

Dans le cadre d'un marché financier parfait, le rachat d'actions n'a aucun effet sur la valeur de la firme.

EXEMPLE

Puisque la firme rachète 30 000 actions, 70 000 actions demeurent en circulation. La valeur de la firme est égale à 700 000 € et celle de l'action à 10 € (700 000 / 70 000).

La richesse de l'actionnaire détenant 100 actions n'a pas changé. Par exemple, il peut vendre 30 actions et recevoir 300 € sous forme de liquidités et posséder encore 700 € sous forme de capitaux propres. Sa richesse est la même que dans le cas précédent.

Le BPA augmente parce que le total des bénéfices reste constant alors que le nombre d'actions diminue. Le BPA atteint 49 000 / 70 000 = 0,70 €. Cependant, le PER, égal à 10 / 0,7 = 14,3, est identique à celui du cas de distribution de dividendes liquides.

Ce résultat est une autre illustration de la neutralité de la politique de dividendes en l'absence d'impôts et d'autres imperfections.

L'exemple montre que le rachat d'actions et le paiement de dividendes liquides sont similaires dans un monde sans taxes et sans coûts de transactions.

Dans un monde moins abstrait, quelques écarts de traitement comptable existent. Mais la différence principale concerne le traitement fiscal : dans la plupart des réglementations, le rachat d'actions présente un avantage fiscal significatif par rapport à un dividende liquide.

SYNTHÈSE

Le processus de paiement de dividendes

La distribution de dividendes suit un processus fixé par le conseil d'administration ou le directoire et approuvé par l'assemblée générale de l'entreprise, dans le cadre de la législation en vigueur.

La mesure de la richesse des actionnaires

Une distinction s'impose entre les approches économique et comptable du calcul des revenus. Deux autres indicateurs présentent un intérêt : le BPA et le flux de trésorerie disponible revenant aux actionnaires (*free cash-flow to equity*).

Les explications de la politique de dividendes

L'éventuel impact que pourrait avoir la politique de dividendes sur la valeur de la firme est étudié à partir de la thèse de la neutralité de Modigliani et Miller et de celles de la non-neutralité de Gordon et Shapiro et de Walter.

Dans le cadre de la thèse de la neutralité, Modigliani et Miller montrent en 1961 que la valeur de l'entreprise est indépendante de sa politique de dividendes. En effet, pour ces auteurs, la valeur de l'entreprise dépend des *cash-flows*, lesquels sont engendrés par l'activité réelle, indépendamment de la façon dont ils sont partagés entre les pourvoyeurs de fonds.

Les partisans de la thèse de non-neutralité fondent leur raisonnement sur l'évaluation des actions à travers l'actualisation des dividendes futurs.

D'autres éclairages de la politique de dividendes sont fournis par les théories du signal et de l'agence.

Politique de dividendes et politique financière

L'interdépendance entre les décisions d'investissement, de financement et de distribution de dividendes caractérise la politique financière. Elle conduit à s'interroger sur le caractère résiduel du dividende. Un certain nombre de déterminants doivent être pris en compte lors de l'élaboration de la politique de dividendes (opportunités d'investissement, financements, bénéfices, *cash-flows*, etc.). Les pratiques actuelles en matière de transferts de fonds de l'entreprise vers les actionnaires invitent à comparer le rachat d'actions et le versement de dividendes.

APPLICATION 1 Vrai ou faux

1. Pour le gestionnaire, le profit désigne le *cash-flow*.

2. Le bénéfice comptable constitue une mesure adéquate de la richesse des actionnaires.

3. Le flux de trésorerie disponible revenant à l'actionnaire constitue une mesure du dividende potentiel.

4. Modigliani et Miller ont démontré en 1961 que la politique de dividendes affecte la valeur de l'entreprise.

5. Le traitement fiscal des plus-values en capital est généralement plus défavorable que celui des dividendes.

6. La thèse de neutralité de Modigliani et Miller reste valable en l'absence d'un marché parfait.

7. La distribution des dividendes permet aux dirigeants de signaler au marché les caractéristiques de leur entreprise.

8. La théorie de l'agence permet d'analyser les conflits d'intérêts qui peuvent opposer les dirigeants aux actionnaires.

9. Les décisions d'investissement, de financement et de distribution de dividendes sont interdépendantes.

10. La technique du rachat d'actions permet le transfert de richesse des actionnaires vers l'entreprise

CORRIGÉ 1

1. FAUX. Le gestionnaire perçoit le profit comme étant le revenu des actionnaires, à savoir les dividendes.

2. FAUX. Le bénéfice comptable est une mesure erronée de la richesse des actionnaires car il ne prend pas en considération le nombre d'actions. Il est donc plus commode de se référer au bénéfice par action.

3. VRAI. Le flux de trésorerie disponible revenant à l'actionnaire est obtenu en retranchant du flux qui revient à l'ensemble des apporteurs de fonds (le *free cash-flow to the firm*) la partie qui est affectée aux créanciers.

4. FAUX. Modigliani et Miller ont démontré que dans un marché parfait la politique de dividendes n'a aucune incidence sur la valeur de l'entreprise. En effet, selon ces auteurs, une augmentation des dividendes au cours d'une période donnée sera compensée exactement par une variation de la valeur du capital détenu par les actionnaires.

5. FAUX. Ce différentiel de taux favorise la politique de rétention au détriment de la politique de distribution. De plus, le paiement de l'impôt sur les dividendes a lieu dès leur perception alors que les plus-values ne seront taxables qu'après la vente de l'action.

6. FAUX. En l'absence d'un marché parfait, Walter et Gordon et Shapiro ont démontré en 1956 qu'il existe une relation étroite entre la politique de dividendes et la valeur de la firme.

7. VRAI. L'existence d'une asymétrie informationnelle entre les *insiders* (les initiés) et les *outsiders* (les non-initiés) fait que les premiers sont beaucoup mieux informés que les seconds quant au potentiel futur de la firme.

8. VRAI. En effet, si les actionnaires (les mandants) ont pour objectif la maximisation de la valeur des actions, les dirigeants (les mandataires) peuvent chercher à maximiser leur propre fonction d'utilité et non celle des actionnaires de l'entreprise.

9. VRAI. Cependant, l'entreprise ne peut pas traiter les trois simultanément : l'une d'elles doit forcément être le résidu des deux autres.

10. FAUX. Le rachat permet le transfert de richesse de l'entreprise vers l'actionnaire. Il s'agit d'un véritable moyen de distribution de fonds aux actionnaires.

APPLICATION 2 La valeur de l'action et le taux de rendement effectif

Une société a payé un dividende par action de 1 € et s'attend à connaître un taux de croissance perpétuel de 8 % par an.

Une étude réalisée par un expert a révélé que le taux de croissance de 8 % ne peut continuer que pendant 4 ans, après quoi ce taux se stabilisera autour de 5 %. De même, à la fin de la quatrième année, le taux de distribution passera de 40 %, actuellement, à 60 %.

1. Si le taux de rendement exigé par les actionnaires est de 12 %, quelle est la valeur de l'action de cette société ?

2. Quelle est alors la nouvelle valeur de l'action ?

3. Si on suppose que le prix sur le marché est de 25 €, quel est le taux de rendement effectif exigé par les actionnaires ?

CORRIGÉ 2

1. Valeur de l'action avec un taux de rendement de 12 %

En cas de croissance perpétuelle des dividendes, il est possible d'utiliser la formule de Gordon pour évaluer l'action :

$$P = \frac{D}{k-g} = \frac{1 \times (1+0{,}08)}{0{,}12-0{,}08} = 27 \text{ €.}$$

2. Nouvelle valeur de l'action

Le prix de cette action devient égal à :

$$P = \frac{1(1{,}08)}{1{,}12} + \frac{1(1{,}08)^2}{(1{,}12)^2} + \frac{1(1{,}08)^3}{(1{,}12)^3} + \frac{1(1{,}08)^4}{(1{,}12)^4} + \frac{1(1{,}08)^4(0{,}6/0{,}4)}{(1{,}12)^4}\sum_{t=1}^{\infty}\frac{(1{,}05)^t}{(1{,}12)^t}$$

Le dernier terme de cette relation nécessite quelques explications. Le dividende de la cinquième année est égal à celui de la quatrième année multiplié par le rapport (0,6 / 0,4) indiquant que le taux de distribution passera de 40 à 60 %. Le taux de croissance perpétuelle sera de 5 % à partir de la cinquième année. Donc, ce terme deviendra égal à :

$$\frac{1(1{,}08)^4(0{,}6/0{,}4)}{(1{,}12)^4} \times \frac{1{,}05}{0{,}12-0{,}05} = 19{,}45 \text{ €.}$$

Par conséquent, P = 0,96 + 0,93 + 0,90 + 0,86 + 19,45 = 23,10 €.

3. Taux de rendement effectif

Si P = 25 €, D = 1,08 € et g = 8 %, alors :

$$k = \frac{D}{p} + g = \frac{1,08}{25} + 0,08 = 12,32\ \%$$

APPLICATION 3 Interdépendance dividende, financement et investissement

La société XYZ a établi un planning financier sur un horizon de 5 ans. Le bénéfice après impôts est censé évoluer à un rythme de 5 % l'an durant les cinq prochaines années. Le bénéfice après impôts de la société XYZ de l'année antérieure était de 10 M€. La valeur des nouveaux investissements au cours des cinq prochaines années est estimée à 45 M€.

Le PDG de la société XYZ estime que le ratio dettes/fonds propres de l'année en cours est de l'ordre de 0,4, niveau qu'il juge trop élevé et préfère réduire à 0,35 pour les cinq prochaines années. Aucune émission d'actions nouvelles n'est prévue au cours de cette période. Le bilan de la société XYZ se présente comme suit.

Bilan de la société XYZ (en M€)

Actifs		Passifs	
Actifs	108	Actions (5 000 000 au prix de 1 €/action)	5
Actifs circulants	56	Réserves	25
		Résultat reporté	56
Autres actifs circulants	5	Dettes à MLT	34
		Dettes à CT	49
Total	**169**	**Total**	**169**

1. Le PDG de la société XYZ cherche à établir un plan prévisionnel permettant à la firme d'atteindre les objectifs visés en termes de taux de distribution de dividendes et de ratio dettes/fonds propres. Esquissez ce plan.

2. Quel est le niveau minimal du bénéfice exigé au cours des cinq prochaines années qui permette d'atteindre les objectifs financiers déjà fixés ?

CORRIGÉ 3

1. Plan prévisionnel

La société XYZ aura besoin de 45 M€ de fonds au cours des cinq prochaines années sous la forme d'investissements additionnels nets. Étant donné qu'aucune émission d'actions n'est prévue, les 45 M€ seront composés d'une nouvelle dette et des bénéfices retenus :

– ND : nouvelles dettes ;

– AD : anciennes dettes ;

– BR : bénéfices retenus ;

– NBR : nouveau bénéfice retenu ;

– CE : capital existant ;

– ND + BR = 45 M€ ;
– dettes/capitaux = 0,35 ;
– ND + AD = 0,35 (NBR + CE) ;
– ND + 34 M€ = 0,35 (NBR + 86 M€) ;
– ND + 34 M€ = 0,35 NBR + 30,1 M€ ;
– NBR = 36,22.

Le tableau ci-après indique le bénéfice anticipé sur les cinq prochaines années : 58,03 M€, dont 36,22 M€ serviront pour le nouvel investissement, et 21,81 M€ pour les dividendes.

Bénéfice de l'entreprise XYZ pendant 5 ans

Années	1	2	3	4	5	Total
Bénéfices en M€	10,50	11,03	11,58	12,16	12,76	58,03

Si les dépenses d'investissement sont réparties à part égales sur les cinq prochaines années, la société XYZ sera capable de payer :
– soit un dividende constant de 4,36 M€ par an (0,87 par action),
– soit un dividende progressif qui augmente annuellement de 3,5 M€ (0,7 par action).

2. Niveau minimal de bénéfice

Le niveau minimal de bénéfice total après impôts sur les cinq années à venir est de 53,72 M€. Il comprend le bénéfice retenu exigé par l'investissement (36,22 M€) et le dividende constant (17,50 M€).

APPLICATION 4 La distribution de dividendes en tant que résidu

La firme ABC poursuit une politique de dividendes résiduels stricte et garde une structure de capital composée de 60 % de dettes et de 40 % de capitaux propres. Ses bénéfices annuels s'élèvent à 5 000 €.

1. Calculez le financement total possible pendant l'année sans émettre de nouvelles actions.

2. Supposons que les dépenses d'investissement prévues pour l'année prochaine soient égales à 12 000 €. Est-ce que la firme ABC paiera des dividendes ? Si oui, combien ?

CORRIGÉ 4

1. Financement total possible pendant l'année sans émission de nouvelles actions

Le levier financier de la firme ABC est égal à 0,6 / 0,4 = 1,5.

Si le montant total des bénéfices a été réinvesti, alors, pour maintenir son levier financier constant, la firme doit emprunter 5 000 × 1,5 = 7 500 €.

Le nouveau financement total possible sans recourir à des fonds propres externes est donc égal à : 5 000 + 7 500 = 12 500 €.

2. Paiement des dividendes

Si les dépenses anticipées sont de 12 000 €, alors ce montant sera financé par 40 % de capitaux propres. Les capitaux propres nécessaires s'élèvent à 12 000 × 0,40 = 4 800 €.

Ce montant est inférieur à 5 000 €. Par conséquent, la firme peut verser un dividende égal à : 5 000 – 4 800 = 200 €.

APPLICATION 5 Le rachat d'actions, la distribution de dividendes et le prix de l'action

L'entreprise SHS décide soit de distribuer ses disponibilités en excès de 500 €, sous forme de dividendes supplémentaires, soit de racheter un pourcentage de ses propres actions. Le bénéfice par action est égal à 2,5 € et l'action est négociée à 25 €. Le bilan en valeur de marché, avant la distribution des 500 €, se présente comme suit.

Bilan de la société SHS

Actifs		Passifs	
Actifs immobilisés	2500	Capitaux propres	2500
Liquidités excédentaires	500	Dettes	500
Total	**3000**	**Total**	**3000**

Évaluez les deux solutions en recherchant quel est l'effet sur le prix de l'action, le BPA et le PER.

CORRIGÉ 5

Évaluation des deux solutions

Puisque la valeur de marché des capitaux propres est égale à 2 500 € et que le prix de l'action est de 25 €, le nombre d'actions en circulation est égal à 100.

Si la firme distribue un dividende liquide (500 / 100 = 5 € par action), le prix de l'action diminue de 5. En effet, le total des actifs baisse de 500 € et le total des capitaux propres diminue du même montant pour atteindre la valeur de 2 000 €. Le nouveau prix de l'action est égal à 2 000 / 100 = 20 €. Après paiement des dividendes, le BPA reste constant (BPA = 2,50 €) alors que le PER atteint 20 / 2,50 = 8 fois.

Si la firme opte pour un rachat d'actions, le nombre d'actions racheté est égal à 500 / 25 = 20. Il reste 80 actions en circulation. Les capitaux propres diminuent de 500 €. Le prix de l'action est donc égal à 2 000 / 80 = 25 € et ne change pas. Le total des bénéfices de la firme est de 2,50 × 100 = 250 €. Après le rachat de 20 actions, le BPA devient 250 / 80 = 3,125 €. Cependant, le PER reste constant : 25 / 3,125 = 8 fois.

L'entreprise SHS est indifférente vis-à-vis de ces deux moyens de distributions en espèces (dividendes et rachat d'actions). En effet, dans le cadre d'un marché financier parfait, le rachat d'actions et le paiement de dividendes sont équivalents du point de vue richesse des actionnaires.

PARTIE

3

GESTION DE TRÉSORERIE

CHAPITRE

6

La gestion de trésorerie internationale

Dans un marché de plus en plus concurrentiel, la rentabilité et le développement de toute entreprise passe désormais par une plus grande maîtrise de ses flux de trésorerie. Qu'il s'agisse d'une PME ou d'une firme multinationale, il importe aujourd'hui pour les trésoriers d'entreprise d'opter pour un mode d'organisation adéquat et de disposer d'outils d'analyse appropriés, en vue d'assurer le meilleur suivi des flux de trésorerie prévisionnels et des risques financiers qui découlent des activités courantes de l'entreprise.

La gestion de trésorerie internationale a pour principale mission d'assurer la liquidité financière d'une société (ou d'un groupe de sociétés) en tentant d'optimiser ses flux et ses encours (ensemble d'actifs détenus à un moment donné). Elle apporte ainsi une réelle valeur ajoutée en agissant sur les choix des moyens de paiement, des modes de financement ou de placement, la négociation des conditions bancaires ainsi que sur une meilleure organisation ou connaissance des prévisions.

Le développement fulgurant des marchés financiers et la mondialisation de l'économie ont entraîné un accroissement des risques financiers dont les conséquences n'ont pas tardé à se faire ressentir sur la profitabilité, la rentabilité et la valeur des entreprises. Parallèlement, le processus d'innovation financière, amorcé depuis les années 1980, a favorisé l'émergence de produits dérivés relativement complexes mais offrant une certaine souplesse dans la gestion des risques. C'est ainsi que les « trésoriers groupe » se sont vu confier de nouvelles attributions visant à optimiser les coûts de leurs financements et les produits de leurs placements, grâce à la mise en œuvre de stratégies financières sophistiquées, privilégiant le recours aux marchés dérivés.

Ce chapitre traite de la gestion de trésorerie internationale et s'articule autour de trois thèmes : les missions traditionnelles du trésorier groupe, ses nouvelles attributions, et l'organisation de la gestion de trésorerie au sein des groupes de sociétés.

I Les missions traditionnelles du trésorier groupe

La gestion centralisée des opérations de trésorerie constitue un axe privilégié pour le trésorier groupe. En favorisant la mobilité des capitaux intragroupe et en assurant une meilleure visibilité des opérations financières, le trésorier cherche à optimiser la gestion des flux de liquidités de toutes les sociétés du même groupe.

Afin d'atteindre un tel objectif, il doit remplir quatre missions principales : l'assistance et le conseil adressés aux trésoriers des filiales, la négociation bancaire, l'équilibrage des comptes intragroupes, et le contrôle et la prévention des risques.

A. L'assistance et le conseil adressés aux trésoriers des filiales

Le trésorier groupe doit équilibrer la trésorerie, réduire les frais bancaires et maximiser les produits financiers du groupe. Afin de remplir efficacement cette fonction, il lui faut assister et conseiller les trésoriers des filiales dans :

- l'élaboration des prévisions de trésorerie ;
- la mise en place d'un système d'information et d'un mode de *reporting* efficace facilitant le suivi de la situation de la trésorerie des filiales et du groupe ;
- le choix des modes de paiement internationaux (billet à ordre, crédit documentaire, lettre de crédit, virement bancaire, etc.) dans le but de réduire le risque de non-recouvrement.

B. La négociation bancaire

Le trésorier doit faire bénéficier toutes les filiales du groupe de conditions bancaires plus favorables que celles applicables aux filiales prises isolément. Par exemple, la négociation en France de dates de valeur identiques pour l'ensemble des filiales d'un groupe peut entraîner une baisse substantielle des charges financières et ce d'autant plus que le groupe dispose d'un pouvoir de négociation important.

De même, certains groupes peuvent obtenir de leurs principales banques une fusion des échelles d'intérêts des filiales du même groupe (échelle d'intérêts unique correspondant aux opérations de plusieurs comptes ouverts au sein d'une même banque). Cette opération permet au trésorier groupe de travailler sur la base d'un solde global agrégeant l'ensemble des soldes individuels des filiales.

Les agios débiteurs ou créditeurs sont alors calculés en s'appuyant sur le solde net global des différents comptes bancaires faisant partie de la fusion. La banque fournit une échelle d'intérêts et un montant unique d'agios ainsi que les échelles d'intérêts fictives des différents comptes bancaires participant à la fusion. La centrale de trésorerie du groupe refacture ensuite à chaque filiale les agios en fonction des soldes quotidiens réels et d'un taux d'intérêt choisi comme référence.

EXEMPLE

Alors que le solde net global du groupe V est de – 100 M€, les soldes individuels de l'organe central (soit la maison mère, par exemple) et des filiales A et B du groupe s'élèvent respectivement à 50 M€, – 300 M€ et 150 M€.

Compte tenu de la fusion des échelles d'intérêts, le besoin de financement de 100 M€ sera facturé 11 111 € par la banque à la centrale de trésorerie. En revanche, cette dernière devra faire payer à A 33 333 € pour son solde débiteur et rémunérer B à hauteur de 16 665 € pour son solde créditeur.

Le tableau suivant présente la fusion des échelles d'intérêts au sein du groupe V.

	Centrale de trésorerie	Filiale A	Filiale B
Soldes individuels (en M€)	50	– 300	150
Solde consolidé (en M€)	– 100		
Taux de référence : 4 %			
Intérêts individuels (en €)	5 555 (1)	– 33 333	16 665
Intérêts consolidés (en €)	– 11 111		

(1) 5 555 = 50 M€ × 4 % × 1 / 360

C. L'équilibrage des comptes intragroupes

Un système de *reporting* adéquat doit permettre au trésorier groupe de recenser avec une fréquence journalière les recettes et les dépenses ainsi que les soldes bancaires de ses différentes filiales.

Il doit alors opérer quotidiennement un équilibrage entre les comptes en s'assurant qu'il n'y a pas de soldes en contre-phase (solde positif dans une banque et solde négatif dans une autre).

Contrairement à la fusion, les transferts sont réellement effectués soit par le trésorier, soit par la banque, de manière automatique (lorsque le nombre de comptes bancaires et de filiales est important).

Après avoir équilibré ses comptes, le trésorier groupe travaille sur une position nette globale afin de décider s'il doit placer des excédents ou couvrir des besoins de financement. En dernier lieu, il lui restera à effectuer un suivi de sa gestion (encours, endettement, chiffre d'affaires par banque, etc.).

D. Le contrôle et la prévention des risques

Le trésorier groupe doit enfin être en mesure de détecter tout dérapage éventuel pouvant affecter la trésorerie.

Sa fonction de contrôle porte essentiellement sur les conditions bancaires qui sont nombreuses et complexes. En mettant en place des procédures de contrôle permanent dans chacune de ses filiales, il va veiller au respect des conditions bancaires négociées en amont pour réclamer, le cas échéant, des remboursements auprès des banques. Son contrôle va s'opérer précisément sur :

- le contrôle des opérations (date de valeur, exonération des commissions de mouvement) ;
- le contrôle des frais financiers ;
- le contrôle de la qualité de la gestion de trésorerie des filiales.

II Les nouvelles attributions du trésorier groupe

Les trésoriers groupe évoluent aujourd'hui dans un contexte nouveau qui leur permet de maîtriser, dans le cadre d'une gestion centralisée, les coûts de leurs financements et d'optimiser les produits financiers de leurs placements. Cela est rendu possible par le développement des marchés dérivés qui offrent une souplesse relative en matière de gestion des risques financiers.

On appelle risques financiers l'ensemble des risques dus aux variations de cours sur le marché financier et sur le marché des changes. Si l'on se réfère à l'acception la plus communément admise, les risques financiers recouvrent le risque de prix-action, le risque de taux d'intérêt et le risque de change.

Ces risques qui affectent aussi bien la profitabilité des sociétés d'un même groupe que la valeur réelle de leurs patrimoines incitent, plus que jamais, les trésoriers à mettre en place des stratégies financières appropriées visant à tirer le meilleur parti des opportunités et menaces que leur impose un environnement économique et financier international de plus en plus instable.

Outre la gestion des flux de liquidités, il appartient désormais aux trésoriers groupes d'identifier la nature des risques financiers auxquels ils sont soumis, d'apprécier leurs impacts sur les positions exposées (valeur réelle d'un patrimoine, prêts, emprunts, créances et dettes commerciales libellées en monnaie étrangère, etc.) et de favoriser la mise en œuvre des techniques de gestion les plus appropriées en vue de se prémunir contre les aléas de la vie économique et financière.

A. La gestion du risque de prix-action

Une société qui possède une trésorerie excédentaire peut être amenée à placer ses liquidités à court terme afin de profiter d'un mouvement favorable des cours sur les marchés. Elle pourra ainsi acquérir des valeurs mobilières de placement (actions, obligations, parts de sociétés d'investissement à capital variable ou de fonds communs de placement, parts de fonds indiciels cotés plus connues sous le nom de *trackers*, etc.) ou des titres de créances négociables (bons du Trésor, billets de trésorerie, certificats de dépôt, etc.) dans le but de réaliser des produits financiers susceptibles d'améliorer la rentabilité de son portefeuille d'activités. Seul sera étudié ici le risque de perte de capital induit par la détention d'actions, l'étude des produits obligataires étant différée au point B de cette même partie.

1. Les manifestations du risque de prix-action

D'une manière générale, on peut définir le risque de prix-action comme le risque de perte en capital enregistrée par un portefeuille d'actions à la suite d'une évolution défavorable des cours sur le marché.

L'exposition au risque de prix dépend de plusieurs facteurs :

– la conjoncture économique générale : une conjoncture économique défavorable affecte l'ensemble des secteurs d'activités. Il est clair cependant que les activités cycliques (les secteurs des loisirs, de l'hôtellerie, l'industrie automobile, l'industrie du luxe, etc.) sont les plus touchées ;
– les caractéristiques des titres détenus : le risque est plus grand pour les valeurs de croissance (qui se caractérisent par un taux de distribution des bénéfices très fai-

ble, des perspectives de plus-values très attrayantes et dont les cours sont fortement volatils) ou pour les titres non cotés qu'il peut être difficile de vendre en cas d'évolution défavorable de leur valeur ;
- le degré de diversification du portefeuille : la diversification du portefeuille permet d'éliminer les risques spécifiques de chaque action mais elle n'évite pas le risque moyen du marché (ou risque systématique) ;
- l'horizon de détention des titres : le risque est plus important à court terme qu'à long terme où les périodes de baisse des cours seront compensées par des périodes de hausse des cours.

Tableau 6.1 – **Exposition au risque de prix-action**

Évolution possible du portefeuille de marché (CAC 40)	Situations exposées	Risques encourus
Hausse	– Placement différé en actions – Vente avec service à règlement différé	– Baisse de la rentabilité du placement – Moins-values en capital
Baisse	Détention d'un portefeuille d'actions	Moins-values en capital

2. Les outils de mesure du risque de prix-action

Acheter une action consiste à échanger une somme certaine et immédiate contre une promesse de revenus. Si l'on se place dans cette perspective, on peut définir la rentabilité attendue sur une action comme le rapport entre les flux de revenus espérés que confère la détention du titre sur un horizon d'investissement donné, et le prix d'achat de l'action.

Dès lors, le risque pour l'investisseur dépendra essentiellement de l'aléa pouvant affecter la réalisation de ses revenus futurs. Le titre sera réputé d'autant plus risqué que l'écart entre les prévisions et les réalisations sera prononcé.

Comme cela a été vu dans le chapitre 1, la volatilité d'une action (mesurée par l'écart type de sa rentabilité passée) permet de se forger une opinion sur le degré de risque global encouru par l'investisseur.

En analysant sur une longue période l'évolution des cours d'une action et d'un indice boursier (le CAC 40, par exemple), il est également possible d'apprécier la sensibilité de la rentabilité d'un titre aux fluctuations du marché. L'indicateur « bêta » permet ainsi au trésorier d'entreprise de mieux adapter le profil d'un portefeuille d'actions aux opportunités et menaces induites par l'environnement économique et financier en le rendant plus offensif, défensif ou neutre.

Enfin, le coefficient de détermination (carré du coefficient de corrélation obtenu par une régression linéaire simple entre les rentabilités de l'action étudiée et l'indice boursier choisi comme référence) permet d'apprécier la qualité de l'ajustement et de mieux départager la part de la volatilité du titre expliquée par des événements qui affectent le marché boursier dans sa globalité (crise économique, chômage, inflation, etc.) de celle qui est engendrée par des événements spécifiques à l'entreprise émettrice du titre (crise sociale dans l'entreprise, changement de dirigeants, échec d'une campagne publicitaire, etc.).

EXEMPLE

L'étude des rentabilités passées de l'action Air Liquide et de l'indice CAC 40 a conduit à l'estimation suivante :

$R_{AL} = 0{,}8\ R_{CAC40} + 0{,}0052$

$R^2 = 0{,}63$

Avec :

– R_{AL} : la rentabilité de l'action Air Liquide ;

– $R_{CAC\ 40}$: la rentabilité de l'indice CAC 40 ;

– R^2 : le coefficient de détermination.

Ces résultats signifient que l'action Air Liquide est un titre défensif qui atténue les fluctuations du marché aussi bien à la hausse qu'à la baisse. En effet, toute augmentation de la rentabilité du marché de 1 % conduit à un accroissement de la rentabilité de l'action Air Liquide de 0,8 % (et inversement).

Le coefficient de détermination R^2 nous indique que 63 % des fluctuations enregistrées par le titre Air Liquide seraient imputables à des événements qui affectent le marché boursier dans sa globalité. R^2 permet également d'apprécier la qualité de l'ajustement linéaire réalisé. S'il est proche de 0, il n' y a pas de corrélation entre l'évolution du cours de l'action et la valeur de l'indice. La qualité de l'ajustement est donc soumise à caution et le bêta qui en résulte est biaisé et n'a que peu de signification sur le plan économique.

3. Les techniques de gestion du risque de prix-action

Elles concernent le choix de la structure du portefeuille géré, la sélection des valeurs et le suivi de la performance.

a. Le choix de la structure du portefeuille géré

Dans un souci de dilution des risques, il convient pour le trésorier groupe de répartir de façon équilibrée ses liquidités sur un nombre de titres différents. Plus ce nombre est faible, plus l'impact de la baisse ou de la hausse d'un des titres affectera ou stimulera la performance globale du portefeuille.

Mais si, en théorie, la diversification d'un portefeuille semble une notion évidente *(on ne place pas tous ses œufs dans le même panier)*, en pratique, mettre en place une diversification efficiente est beaucoup plus complexe. En effet, les gestionnaires et trésoriers de groupes industriels ou d'institutions financières peuvent opter pour différentes catégories de diversification sélective. On en retiendra trois en particulier.

La diversification par classes d'actifs

Elle consiste à répartir la richesse de l'entreprise sur trois classes d'actifs (les actions, les obligations et les produits monétaires).

Chacune d'elles permet de poursuivre des objectifs différents. Aux actions revient le soin d'engendrer de la performance avec un niveau de risque élevé, aux obligations celui d'assurer un minimum de rendement pour un degré de risque contrôlé, les produits monétaires constituant le socle du portefeuille dans la mesure où ils sont assortis d'un rendement très faible et d'un niveau de risque quasi nul.

La diversification géographique

Globalement, on peut retenir sept grandes zones : le marché domestique (France), la zone euro (marchés des pays ayant opté pour la monnaie unique), l'Europe (zone euro plus marchés britannique et suisse), l'Amérique du Nord, le Japon, l'Asie et les pays émergents.

Euronext Paris représente un peu plus de 3 % de la capitalisation boursière mondiale. Par conséquent, tout épargnant qui ne détiendrait que des fonds investis sur le marché français se priverait de 97 % des actifs négociés sur les marchés financiers mondiaux.

Toute la difficulté associée à ce mode de diversification réside dans la détermination de la part du portefeuille investie dans chaque zone géographique.

La diversification sectorielle

Les critères d'appréciation retenus dans cette optique sont orientés sur les perspectives de développement des entreprises au sein du secteur où elles exercent.

b. La sélection des valeurs

Le choix des valeurs dépend du mode de gestion privilégié : gestion active ou gestion passive ?

La gestion active est une méthode de sélection des actifs financiers fondée sur l'analyse fondamentale. Elle doit permettre aux gestionnaires de penser que telle ou telle entreprise est sur ou sous-évaluée et, par conséquent, qu'il peut vendre ou acheter les actions de ces entreprises.

La gestion passive (ou indicielle) consiste à sélectionner les titres financiers en reflétant le plus fidèlement possible la composition d'un indice boursier. Ce mode de gestion (autrefois accessible par l'intermédiaire des OPCVM) a été considérablement simplifié par l'apparition des *trackers*, appelés aussi *ETF* (*exchange traded funds* ou fonds indiciels cotés), sur les marchés. Cette valeur mobilière de placement permet aujourd'hui de dupliquer les performances d'un indice boursier (*Dow Jones*, CAC 40, SBF 120, etc.) en toute simplicité (la valeur d'un *tracker* correspondant à un centième de la valeur de l'indice choisi comme référence).

c. Le suivi de la performance

La gestion d'un portefeuille nécessite une veille permanente et des ajustements consécutifs fréquents afin d'adapter le profil du portefeuille aux opportunités et aux menaces de l'environnement économique et financier.

En période haussière, le gestionnaire doit opérer des arbitrages de portefeuille et augmenter le bêta de son portefeuille de titres en vue de profiter de la conjoncture boursière favorable. Il lui suffit, en effet, de diminuer la part investie dans les valeurs les moins sensibles (en vendant une partie des titres concernés) et de placer le produit de sa vente dans des valeurs plus sensibles de telle sorte que le bêta global du portefeuille soit révisé à la hausse et atteigne le niveau de risque souhaité.

Dans le cas d'une conjoncture baissière défavorable, le gestionnaire doit au contraire réduire la sensibilité globale de son portefeuille afin d'atténuer les risques de moins-values.

B. La gestion du risque de taux d'intérêt

Le risque de taux d'intérêt peut se définir comme l'éventualité d'une évolution défavorable des taux d'intérêt. Toute entreprise est soumise au risque de taux dès lors qu'elle recourt à des créanciers pour lever des fonds ou qu'elle entreprend d'investir des liquidités sur une courte ou sur une longue durée. Que ces opérations soient existantes ou attendues, assorties d'une rémunération fixe ou variable, les sociétés d'un même groupe détenant une position de taux sont soumises à un risque susceptible d'affecter leurs marges et donc leur compétitivité ou encore la valeur réelle de leur patrimoine. Bien que les établissements de crédit et les institutions financières spécialisées soient davantage exposés au risque de fluctuation des taux, les entreprises industrielles et commerciales ne peuvent se livrer à leurs activités courantes en faisant l'impasse sur une réflexion de fond quant aux opportunités et aux menaces induites par l'évolution des taux d'intérêt.

1. Les manifestations du risque de taux

Le risque de taux d'intérêt peut revêtir deux formes :

- le risque de taux à court terme : il affecte les opérations de prêts et d'emprunts de courte durée qui entrent directement dans le cadre de la gestion de la trésorerie ;
- le risque de taux à moyen et long termes induit par les opérations de haut de bilan. Il s'agit essentiellement du risque de taux lié aux politiques d'endettement actuelles ou à venir des entreprises ou encore aux investissements financiers comportant une composante importante d'actifs contingents à l'évolution des taux d'intérêt (portefeuilles de prêts, portefeuilles obligataires, etc.).

Plusieurs situations sont recensées dans le tableau 6.2. Pour chacune d'entre elles, le risque encouru en fonction de différentes hypothèses d'évolution des taux est précisé.

Tableau 6.2 – **Exposition au risque de taux d'intérêt**

Évolution possible des taux	Situations exposées	Risques encourus
Hausse	– Endettement actuel à taux variable – Endettement futur – Placement actuel à taux fixe	– Augmentation des charges financières – Augmentation du coût de l'emprunt – Manque à gagner
Baisse	– Endettement actuel à taux fixe – Placement actuel à taux variable – Placement futur	– Coût d'opportunité – Baisse des produits financiers – Baisse de la rentabilité du placement

2. Les outils de mesure du risque de taux

La duration et la sensibilité, exposées dans le chapitre 2, constituent des outils d'analyse particulièrement adaptés pour apprécier le degré d'exposition d'un prêt ou d'un emprunt aux fluctuations des taux d'intérêt.

Ces indicateurs occupent une place privilégiée dans les montages financiers conduisant à la mise en place de stratégies de protection contre le risque de taux d'intérêt.

La duration apparaît ainsi comme la période de détention optimale pendant laquelle un investisseur pourrait se garantir le taux de rendement actuariel promis d'une obligation au moment de son acquisition.

La sensibilité, quant à elle, permet d'apprécier l'effet théorique d'une variation des taux d'intérêt sur la valeur de marché d'un prêt ou d'un emprunt. Elle permet ainsi de neutraliser l'impact du risque de taux dans le cadre de stratégies de couverture (*hedging*).

En adossant, dans un bilan, des placements et des emprunts à revenu fixe de mêmes sensibilités, le trésorier neutralise l'effet d'une variation des taux sur le bilan d'une entreprise et protége la valeur de son patrimoine.

3. Les techniques de gestion du risque de taux

Les stratégies de protection contre le risque de taux d'intérêt cherchent le plus souvent à garantir un taux de rendement (ou un coût de financement) cible au terme d'un horizon d'investissement donné, quelle que soit l'évolution des taux d'intérêt sur le marché. Ces stratégies peuvent être classées en trois catégories : les stratégies d'immunisation et les stratégies de micro et de macro-couverture. Bien que ces stratégies visent à protéger les investisseurs contre toute évolution défavorable des taux d'intérêt sur le marché, elles reposent sur des fondements méthodologiques différents.

Les stratégies d'immunisation

Un placement obligataire est dit immunisé contre le risque de taux dès lors que sa duration coïncide avec l'horizon d'investissement souhaité.

EXEMPLE

Considérons le cas d'un investisseur qui souhaite acquérir l'OAT 4,50 % sept 2018. Il s'agit d'une obligation assimilable du Trésor de maturité 10 ans, offrant un taux nominal de 4,50 % et remboursable *in fine* au pair en septembre 2018. Son taux de rendement actuariel et sa duration sont estimés respectivement à 4 % et à 3 ans et demi.

Afin d'immuniser son placement obligataire contre toute variation des taux d'intérêt, il suffit à notre investisseur de conserver cette obligation sur un horizon d'investissement égal à sa duration, soit 3 ans et demi.

La duration désigne bel et bien la période de détention optimale pour laquelle le risque de prix compense exactement le risque de réinvestissement. Le risque de taux d'intérêt étant annulé, l'investisseur pourra se garantir au terme des 3 ans et demi le taux de rendement actuariel promis à la date de l'acquisition de son titre.

Les stratégies de macro-couverture

Elles ont connu un succès fulgurant en gestion bancaire dans le cadre des techniques de gestion actif-passif (*assets-liabilities management*). Ce mode de gestion, dit ALM, vise à apprécier l'exposition globale des institutions financières au risque de taux d'intérêt et à assurer une protection efficace contre les fluctuations non anticipées des taux grâce à des techniques de macro-couverture. Il s'agit là d'une approche globale des risques visant à couvrir un ensemble de positions, en adossant les emplois et les ressources de même duration dans le but d'atténuer les conséquences d'une évolution des taux sur la valeur patrimoniale de l'entreprise. Il suffit ensuite de couvrir la position nette exposée (créance nette ou endettement net) en ayant recours à des produits dérivés.

L'application 3 propose une illustration des modalités de calcul de l'exposition nette d'une entreprise au risque de taux d'intérêt.

Les stratégies de micro-couverture

Ces couvertures d'opérations isolées ou ponctuelles cherchent, quant à elles, à protéger une opération de prêt ou d'emprunt prise séparément. Elles fondent leurs principes sur l'utilisation des produits dérivés et visent particulièrement à minimiser la dispersion de la valeur d'une position de taux.

C. La gestion du risque de change

On appelle risque de change l'éventualité d'une évolution défavorable du cours des devises affectant les créances et les dettes libellées en monnaies étrangères.

1. Les manifestations du risque de change

Les opérations d'une entreprise avec l'étranger entraînent un risque de change qui a une double nature : commerciale et financière.

En effet, toute société qui conclut des contrats libellés en monnaies étrangères est soumise à un risque de change de nature commerciale.

Tableau 6.3 – **Exposition au risque de change commercial**

	Situation exposée	Conséquence	Risque encouru
Exportateur	Créance commerciale libellée en monnaie étrangère	Recevra ultérieurement cette monnaie en paiement	Baisse du cours de la devise dans laquelle est libellée sa créance
Importateur	Dette commerciale libellée en monnaie étrangère	Réglera ultérieurement en monnaie étrangère	Hausse du cours de la devise dans laquelle est libellée sa dette

De même, toute société qui emprunte ou prête dans une monnaie étrangère court un risque de change de nature financière.

Tableau 6.4 – **Exposition au risque de change financier**

	Situation exposée	Conséquence	Risque encouru
Emprunteur	Dette financière libellée en monnaie étrangère	Réglera ultérieurement capital et intérêts en monnaie étrangère	Hausse du cours de la devise dans laquelle est libellée sa dette
Prêteur	Créance financière libellée en monnaie étrangère	Encaissera ultérieurement capital et intérêts en monnaie étrangère	Baisse du cours de la devise dans laquelle est libellée sa créance

2. Les outils de mesure du risque de change

Les opérations financières effectuées entre un prêteur (ou emprunteur) français et un emprunteur (ou prêteur) étranger, tout comme les transactions commerciales mettant en relation un exportateur (ou importateur) français et un acheteur (ou vendeur) étranger, mettent automatiquement chaque partie prenante en position de change.

La position de change est la différence positive ou négative entre les avoirs libellés en devises étrangères et les dettes libellées en devises étrangères.

Une entreprise détenant des créances ou des dettes libellées en monnaie étrangère est réputée détenir une :

- position courte de change lorsque le montant des devises à livrer (dettes) est supérieur au montant des devises à recevoir (créances) ;
- position longue de change lorsque le montant des devises à recevoir (créances) est supérieur au montant des devises à livrer (dettes) ;
- position fermée de change lorsque le montant des devises à recevoir (créances) est égal au montant des devises à livrer (dettes).

EXEMPLE

La société Import/Export réalise l'essentiel de son activité avec l'étranger. Elle souhaite déterminer sa position de change sur le dollar américain (USD) au 3 mars. Un extrait du bilan nous a permis de réunir les éléments d'information suivants en USD (le cours du jour du dollar est de 0,7060 €) :

– compte clients : 3 000 000 ;
– compte fournisseurs : 1 800 000 ;
– emprunt en USD : 4 000 000 ;
– prêts en USD : 2 500 000.

Étant donné que le montant des devises à livrer (dettes de 5 800 000) est supérieur au montant des devises à recevoir (créances de 5 500 000), la société Import/Export est réputée détenir une position courte sur l'USD. En conséquence, toute augmentation du cours du dollar lui serait préjudiciable et entraînerait une perte de change latente.

Avec un cours de l'USD = 0,7060 €, la position nette d'euros à payer serait de 211 800 €.

Toute augmentation de 1 % de l'USD entraînerait une perte latente de 2118 €.

3. Les techniques de gestion du risque de change

Les techniques de gestion du risque de change peuvent être regroupées en deux catégories : les techniques internes et externes.

a. Les techniques internes de gestion du risque de change

Les techniques internes visent le plus souvent à modifier la position de change d'une entreprise et recouvrent des méthodes très diverses allant du choix de la devise au termaillage.

Le choix de la devise

Il consiste à libeller les créances ou les dettes d'une entreprise en monnaie nationale afin d'éviter toute exposition au risque de change. Cette technique simple dans son principe est difficile à mettre en œuvre dans les pays à monnaie faible où le choix de la devise dépend davantage des usages commerciaux que de la volonté des parties contractantes. Cependant, si la facturation en monnaie nationale permet au trésorier de se prémunir contre le risque de change, elle l'empêche en revanche de profiter d'un mouvement favorable des cours des devises sur le marché des changes.

Le termaillage

Il constitue une technique visant à accélérer ou à retarder les encaissements ou décaissements en devises étrangères selon les anticipations sur l'évolution.

Cette technique de gestion du risque de change n'est pas toujours sans conséquence sur la trésorerie d'une entreprise et nécessite la plus grande vigilance du trésorier qui devra arbitrer entre le coût d'un accroissement du BFR et le gain de change résultant d'une renégociation des délais de règlement clients et fournisseurs.

Tableau 6.5 – **Le termaillage**

Position de change de l'entreprise	Anticipation haussière de la devise	Anticipation baissière de la devise
Longue (entreprise exportatrice)	Accepter un paiement plus tardif des créances	Accélérer le paiement des créances (en concédant un escompte, par exemple)
Courte (entreprise importatrice)	Accélérer le paiement des dettes	Retarder le paiement des dettes

b. Les techniques externes de gestion du risque de change

Les techniques externes recouvrent aussi bien les avances en devises, le recours à des compagnies d'assurance, telles que la Compagnie française d'assurance du commerce extérieur (COFACE), que la recherche d'une protection sur les marchés dérivés, qu'ils soient de gré à gré ou organisés :

– les avances en devises consistent à demander à une banque une avance de trésorerie en devises immédiatement convertie en monnaie nationale, puis à restituer à l'échéance le montant de la créance ou de la dette en devises à la banque ;
– les assurances COFACE proposent des contrats qui permettent d'indemniser les entreprises qui réalisent des pertes de change. En cas d'évolution favorable des taux de change, c'est l'entreprise qui doit reverser la totalité des gains de change à la COFACE ;
– la recherche d'une protection sur les marchés dérivés vise particulièrement à maîtriser l'impact du risque de change sur la valeur patrimoniale d'une entreprise ainsi que sur sa profitabilité.

Étant donné que l'essentiel de la gestion du risque de change s'effectue sur les marchés de gré à gré, les techniques de couverture privilégiant les produits dérivés OTC (*over the counter*) disponibles sur ces mêmes marchés, à savoir les *swaps* de devises, le change à terme classique et les options sur devises, feront l'objet du prochain chapitre.

III L'organisation de la gestion de trésorerie dans les groupes

A. Les enjeux et les perspectives de la centralisation de la trésorerie groupe

Afin d'assurer un meilleur contrôle des flux de liquidités, les firmes multinationales ont cherché à mettre en place de nouveaux modes d'organisation visant à centraliser la trésorerie au sein des groupes.

EXEMPLE

Lorsque *Ford Credit*, qui s'occupe du financement pour les concessionnaires et les acheteurs d'automobiles Ford, a décidé de mettre ses ressources de gestion de trésorerie en commun avec *Ford Motor*, la société mère, ce ne fut pas chose facile.

La société mère comptait plus de 300 entités juridiques avec chacune ses propres besoins de gestion de trésorerie, et des relations étaient établies avec plus de 60 banques en Europe et en Amérique du Nord seulement. Plus de 5 000 opérations par mois en 25 devises différentes devaient être traitées par le truchement de quelque 700 comptes bancaires.

Ford a fait l'acquisition d'une solution de gestion de trésorerie offerte par *Wall Street Systems* et conçue pour fonctionner sur un gros ordinateur central ayant la capacité de traitement requise pour la gestion de trésorerie internationale de la société. Deux banques ont été choisies pour jouer le rôle de pivot et aiguiller toutes les opérations ainsi que tous les relevés à produire : la *Comerica Bank* (pour l'Amérique du Nord) et la *Bank of America* (pour l'Europe).

Trois objectifs principaux sont poursuivis lors de la centralisation de la trésorerie groupe : l'optimisation de la structure de gestion, l'optimisation financière et la redéfinition de la fonction trésorerie des filiales.

1. L'optimisation de la structure de gestion

La gestion centralisée de la trésorerie groupe entraîne des changements structurels dont les conséquences sur les performances individuelles et organisationnelles de chaque entité du groupe peuvent être importantes aussi bien pour la société mère que pour ses filiales.

Du fait de l'informatisation et de la télétransmission, l'organisation d'une gestion centralisée implique une réaffectation des tâches ainsi que de nouveaux modes de coordination entre la maison mère et ses filiales.

En raison du traitement régulier d'opérations plus ou moins complexes, le personnel de la structure centrale accède nécessairement à une plus grande technicité et développe des compétences plus pointues pouvant conduire à de meilleures performances et à des niveaux de rendement accrus.

2. L'optimisation financière

La centralisation de la trésorerie induit un effet de taille favorable à l'harmonisation des conditions et des relations bancaires à l'intérieur du groupe. Le trésorier groupe pourra ainsi mieux négocier les conditions bancaires sur les mouvements, les financements, les placements, les instruments de couverture et en faire profiter toutes les sociétés du groupe.

Par ailleurs, l'obtention d'une taille critique facilite la mise en place de programmes d'émission de billets de trésorerie en vue de financer les besoins du groupe à des conditions plus attractives que celles qui auraient pu être obtenues si chaque entité du groupe avait négocié séparément.

De même, le placement des excédents pourra s'opérer à des taux de rémunération plus avantageux et l'accès aux produits dérivés en vue de la couverture des risques financiers en sera largement facilité.

Enfin, la mise en place d'une trésorerie de groupe permet une compensation totale ou partielle des positions de taux d'intérêt et de change, ce qui réduit l'exposition du groupe aux risques de taux et de change et diminue les coûts bancaires.

3. La redéfinition de la fonction trésorerie des filiales

Une gestion de trésorerie centralisée implique des changements sur le plan organisationnel, qui nécessitent une redéfinition de la fonction trésorerie des filiales.

Une fois l'organisation mise en place et acceptée par tous, la circulation de l'information et la communication entre tous les participants à la gestion de trésorerie du groupe conditionnent l'efficacité d'un tel choix d'organisation.

Compte tenu de la pluralité et de la diversité des interlocuteurs, le trésorier groupe doit définir des procédures claires facilitant la collecte de toutes les informations nécessaires à une gestion prévisionnelle efficace.

Le trésorier de la filiale doit respecter les règles et prérogatives fixées par le groupe, notamment en ce qui concerne la surveillance des risques et le *reporting* à lui adresser.

Ce mode d'organisation implique donc un recentrage de la fonction trésorerie des filiales autour des activités suivantes :
- l'émission des titres de règlement ;
- la gestion des encaissements et des décaissements ;
- la gestion administrative des supports de paiement ;
- la tenue sur logiciel de la position journalière de la trésorerie ;
- l'élaboration des prévisions de trésorerie (budget annuel et prévisions mensuelles à horizon 3 mois) ;
- la décision d'équilibrage des comptes bancaires, de financements et de placements en compte courant auprès de la centrale de trésorerie ;
- le suivi des relations bancaires et le contrôle des conditions bancaires négociées en amont.

B. Les techniques de centralisation de la trésorerie

Les techniques de centralisation de la trésorerie utilisées par les groupes de sociétés sont nombreuses. On peut toutefois les regrouper au prix d'un effort de synthèse en deux catégories : le *netting* et le *cash pooling*.

1. Le *netting*

En compensant les dettes et créances intragroupes, cette technique réduit le nombre des flux à l'intérieur du groupe et permet donc de réaliser des économies de gestion et de frais bancaires liés aux transferts. Toutefois, le *netting* est de moins en moins utilisé au profit du *cash pooling* et ce, en raison des contraintes juridiques et fiscales différenciées pesant sur les sociétés d'un même groupe et qui tendent à réduire l'efficacité de cette technique de compensation. Par exemple, la compensation multilatérale des créances et des dettes entre les sociétés d'un même groupe est interdite en France.

2. Les techniques de *cash pooling*

Méthode plus récente et de plus en plus utilisée par les grands groupes, le *cash pooling* repose sur la compensation des soldes débiteurs et créditeurs de l'ensemble des comptes bancaires d'un groupe. Il apparaît donc intéressant de présenter cette méthode de centralisation qui repose sur deux techniques : le *Zero Balancing Account* (ZBA) et le *Notional Pooling*.

C. Le *cash pooling*

Face aux besoins croissants exprimés par les groupes de sociétés de disposer d'un outil de gestion intégré et automatisé permettant la gestion optimale des flux de trésorerie, les banques se devaient tout naturellement de répondre efficacement aux attentes d'une clientèle professionnelle internationale de plus en plus exigeante en diversifiant leur offre de produits en matière de *cash management*.

Ces produits, développés par le secteur bancaire, ont contribué à l'émergence et à la promotion d'une gestion de trésorerie centralisée et automatisée : le *cash pooling*.

La centralisation automatique de la trésorerie est le système permettant d'effectuer la remontée des soldes ou des écritures de plusieurs comptes dits secondaires, appartenant aux sociétés d'un groupe, sur un compte centralisateur unique.

KBC Banque propose un vaste éventail de services de *cash pooling* nationaux et transfrontaliers. Elle a été l'une des premières banques européennes à introduire la centralisation multibancaire transfrontalière des soldes disponibles en fin de journée, sans aucune perte de valeur, indépendamment de l'endroit où le compte central est tenu.

Le *cash pooling* apparaît ainsi comme une technique qui permet d'optimiser la gestion des liquidités des différents comptes d'un groupe de sociétés soit en transférant des fonds vers des comptes qui présentent un solde négatif afin d'éviter des intérêts débiteurs élevés, soit en transférant des fonds en provenance de comptes excédentaires vers un compte centralisateur unique.

Afin de simplifier l'exposé, nous nous limiterons aux techniques de *cash pooling* les plus répandues : la centralisation automatique de la trésorerie par remontée effective des capitaux (ou *Zero Balancing Account*) et la centralisation automatique de la trésorerie par remontée virtuelle des capitaux (ou *Notional Pooling*).

L'une des conditions *sine qua none* à l'utilisation de ces techniques de centralisation est l'acceptation par le groupe de sociétés de commercer avec un seul réseau de banques. La multibancarité entraîne de fait des conditions différentes selon les banques et, par conséquent, une gestion beaucoup plus complexe.

1. La centralisation automatique de la trésorerie par remontée effective des capitaux (*Zero Balancing Account*)

Le *Zero Balancing Account* (ou mise à zéro systématique des soldes de comptes filiales) est une technique utilisée pour centraliser la trésorerie d'un groupe sur un compte principal unique. Les soldes créditeurs et débiteurs simultanés sur différents comptes peuvent engendrer inutilement des intérêts débiteurs. C'est pourquoi beaucoup d'entreprises font appel au ZBA afin de limiter les frais et de rendre leur gestion de trésorerie plus performante.

La centralisation est réalisée par la banque (ou son réseau) qui se charge de remonter automatiquement et à échéance fixe (journalière, hebdomadaire ou mensuelle) les soldes créditeurs des filiales du groupe vers un compte pivot, puis du compte pivot vers les comptes débiteurs de façon à (théoriquement) ramener à zéro tous les comptes autres que le pivot. Les fonds transférés vers le compte pivot peuvent ensuite être basculés sur un compte rémunéré ou encore être placés sur le marché à des conditions intéressantes grâce au volume réuni.

EXEMPLE

TFB (*Transactions for Foreign Banks*) – *Worldpay* est une prestation de services, en tant que banque pivot, qui fournit un accès électronique aux comptes tenus auprès d'une succursale étrangère de la KBC Banque assujetties à une convention contractuelle entre les banques concernées). Cela permet le pilotage central à distance de paiements locaux et internationaux, y compris le rapatriement de fonds dans tous les pays concernés.

2. La centralisation automatique de la trésorerie par remontée virtuelle des capitaux (*Notional Pooling*)

Le *Notional Pooling* offre les mêmes avantages que le ZBA à la différence près qu'il n'y a pas de transferts de fonds d'un compte vers un autre. Il s'agit là d'une compensation virtuelle opérée par une société pivot (généralement un réseau bancaire) des soldes des différents comptes bancaires et ce, afin d'éviter de supporter les frais associés aux transferts de fonds.

Même s'il n'y a pas de transferts de fonds, la société pivot continue de rémunérer les filiales excédentaires et de recevoir des intérêts des filiales déficitaires en trésorerie grâce à des technologies bancaires permettant d'assurer un traitement de l'information et un *reporting* en temps réel et parfaitement sécurisé.

EXEMPLE

Euro Navigator de ING est un « système notionnel » transfrontalier qui permet d'éviter des intérêts débiteurs élevés sans avoir à supporter les frais associés aux ordres de paiement. Cette technique de *cash pooling* est particulièrement adaptée aux entreprises détenant une multiplicité de comptes dans toute l'Europe et qui souhaitent ainsi éviter les transferts de paiements générateurs de frais.

SYNTHÈSE

Les missions traditionnelles du trésorier groupe

Afin d'optimiser la gestion des flux de trésorerie d'un groupe de sociétés, le trésorier groupe doit :

– remplir une mission d'assistance et de conseils auprès des trésoriers des filiales ;
– faire bénéficier toutes les sociétés du groupe de conditions bancaires plus favorables que celles applicables aux filiales prises isolément ;
– mettre en place en collaboration avec un réseau bancaire un système de *reporting* adéquat afin de procéder au recensement des soldes bancaires des différentes filiales et procéder à l'équilibrage des comptes intragroupes ;
– remplir une mission de prévention et de contrôle des risques.

Les nouvelles attributions du trésorier groupe

Outre la gestion des flux de trésorerie, il appartient au trésorier groupe :

– d'identifier la nature des risques financiers (risque de prix-action, risque de taux d'intérêt et risque de change) auxquels sont soumises les filiales du groupe ;
– d'apprécier le degré d'exposition du groupe aux aléas de la vie économique et financière en s'appuyant sur des outils d'analyse adaptés ;
– d'opter pour des modes d'organisation adéquats et des stratégies financières appropriées susceptibles de réduire l'exposition du groupe et de ses filiales aux risques induits par l'environnement économique et financier international.

L'organisation de la gestion de trésorerie dans les groupes

La centralisation de la trésorerie groupe poursuit deux objectifs principaux : l'optimisation de la structure de gestion et l'optimisation financière qui nécessitent une redéfinition de la fonction trésorerie des filiales.

Une gestion centralisée concourt à l'amélioration des performances individuelles et organisationnelles au sein de la structure centrale et du groupe pris dans son ensemble. Elle cherche à réduire le niveau global des crédits de trésorerie et favorise une standardisation et une amélioration des conditions bancaires supportées par les filiales. Enfin, elle permet une couverture des risques plus efficace et moins coûteuse.

Les techniques de centralisation de la trésorerie utilisées par les groupes multinationaux peuvent être classées en deux catégories : le *netting* et le *cash pooling*.

Le *netting* consiste à compenser les dettes et les créances d'un groupe de sociétés, en réduisant ainsi le nombre de flux intragroupes et les frais bancaires qui leur sont associés.

Le *cash pooling* est une technique plus récente qui vise à centraliser l'ensemble des comptes bancaires des sociétés d'un groupe. Son but est d'optimiser les besoins et les excédents de trésorerie. Le *cash pooling* peut être domestique ou international, notionnel ou s'effectuer par transfert de fonds.

APPLICATION 1 Vrai ou faux

1. Le trésorier d'une firme multinationale a pour mission d'optimiser la gestion des flux de trésorerie de la société mère.

2. Il appartient aux trésoriers des filiales de négocier les conditions bancaires applicables aux opérations de prêts et d'emprunts.

3. Le trésorier d'un groupe international ne peut pas faire bénéficier toutes les filiales du groupe de conditions bancaires privilégiées.

4. La fusion des échelles d'intérêts des sociétés d'un même groupe présente un intérêt pratique très limité.

5. La centralisation de la trésorerie d'un groupe peut conduire à une amélioration des performances individuelles et organisationnelles.

6. La centralisation de la trésorerie permet d'accéder à des conditions de placement et de financement plus attractives.

7. La mise en place d'une trésorerie de groupe réduit l'exposition du groupe aux risques de taux d'intérêt et de change et diminue les coûts bancaires.

8. Le *netting* et le *cash pooling* sont des techniques de centralisation de la trésorerie identiques.

9. Le *cash pooling* est une technique qui n'est applicable qu'aux groupes multinationaux.

10. C'est au trésorier groupe qu'incombe l'identification des risques financiers auxquels sont soumises les filiales du groupe.

11. Les risques financiers affectent la profitabilité et la compétitivité des entreprises.

12. Le placement des excédents de trésorerie en valeurs mobilières de placement permet d'augmenter les produits financiers d'une entreprise.

13. En s'endettant ou en plaçant ses excédents de liquidités à taux fixe, un trésorier groupe se met à l'abri du risque de taux d'intérêt.

14. Un trésorier détenant une position nette longue s'expose à un risque de change.

15. Le termaillage est une technique de gestion du risque de change qui peut s'avérer coûteuse.

16. Les techniques internes et externes de gestion du risque de change poursuivent un même objectif.

17. Le recours aux marchés dérivés permet de couvrir les risques financiers.

18. L'essentiel de la gestion du risque de change s'effectue sur les marchés de gré à gré.

19. La technique de l'immunisation permet de se prémunir contre le risque de taux d'intérêt.

20. Lorsque des positions de taux ou de change ne sont pas couvertes, elles sont réputées spéculatives.

CORRIGÉ 1

1. FAUX. Le trésorier d'une firme multinationale doit être en mesure d'optimiser la gestion des flux de liquidités pour toutes les sociétés du groupe.

2. FAUX. Il appartient au trésorier groupe de négocier les conditions bancaires applicables aux opérations de prêts et d'emprunts des différentes entités placées sous sa responsabilité. En effet, l'obtention d'une taille critique permet le placement des excédents et le financement des besoins du groupe à des conditions plus attractives que celles qui auraient pu être obtenues si chaque entité du groupe devait négocier séparément.

3. FAUX. Le trésorier d'une firme multinationale doit faire bénéficier toutes les filiales du groupe de conditions bancaires plus favorables que celles applicables aux filiales prises isolément. L'harmonisation des conditions bancaires pour l'ensemble des filiales d'un groupe permet en effet d'optimiser les charges et les produits financiers et ce, d'autant plus que le groupe dispose d'un pouvoir de négociation important.

4. FAUX. La fusion des échelles d'intérêts permet au trésorier groupe de travailler sur la base d'un solde global agrégeant l'ensemble des soldes individuels des filiales. Cette technique conduit à une réduction des commissions bancaires et à une optimisation des charges et produits financiers enregistrés par le groupe pris dans sa globalité.

5. VRAI. La centralisation de la trésorerie d'un groupe peut conduire à une amélioration des performances individuelles et organisationnelles. En effet, l'organisation d'une gestion centralisée implique une réaffectation des tâches ainsi que de nouveaux modes de coordination entre la maison mère et ses filiales.

6. VRAI. La centralisation de la trésorerie induit un effet de taille favorable à l'harmonisation des conditions et des relations bancaires à l'intérieur du groupe. Le trésorier groupe pourra ainsi mieux négocier les conditions bancaires sur les mouvements, les financements, les placements et les instruments de couverture et en faire profiter toutes les sociétés du groupe.

7. VRAI. La mise en place d'une trésorerie de groupe permet une compensation totale ou partielle des positions de taux d'intérêt et de change, ce qui réduit l'exposition du groupe aux risques de taux et de change et diminue les coûts bancaires.

8. FAUX. Le *netting* cherche à compenser les dettes et les créances d'un groupe de sociétés en vue de réduire le nombre de flux intragroupes et les frais bancaires qui leur sont associés.

Le *cash pooling* est une technique plus récente qui vise à centraliser l'ensemble des comptes bancaires des sociétés d'un groupe. Son but est d'optimiser les besoins et les excédents de trésorerie.

9. FAUX. Le *cash pooling* peut être domestique ou international.

10. VRAI. Le trésorier groupe doit identifier la nature des risques financiers auxquels sont soumises les filiales du groupe en vue d'apprécier le degré d'exposition de ce dernier aux aléas de la vie économique et financière.

11. VRAI. Les risques financiers peuvent avoir des conséquences non négligeables sur les charges et les produits financiers d'une entreprise, affectant ainsi sa profitabilité et sa compétitivité.

12. FAUX. Le placement des excédents de trésorerie en valeurs mobilières de placement peut conduire à des pertes en capital lorsque la conjoncture boursière est défavorable.

13. FAUX. Un endettement (un placement) à taux fixe expose une entreprise au risque de baisse (de hausse) des taux d'intérêt.

14. VRAI. Un trésorier détenant une position nette longue s'expose à un risque de change lorsque le cours de la devise dans laquelle est libellée sa créance s'oriente à la baisse.

15. VRAI. Le termaillage est une technique de gestion du risque de change qui n'est pas toujours sans conséquence sur la trésorerie d'une entreprise dans la mesure où le trésorier doit arbitrer entre le coût d'un accroissement du BFR et le gain de change résultant d'une renégociation des délais de règlement des clients et des fournisseurs.

16. FAUX. Les techniques internes de gestion du risque de change visent le plus souvent à modifier la position de change d'une entreprise alors que les techniques externes cherchent à se prémunir contre une évolution défavorable du cours d'une devise sur le marché.

17. VRAI. Le recours aux marchés dérivés offre aux trésoriers d'entreprise la possibilité de se couvrir contre le risque de change.

18. VRAI. L'essentiel de la gestion du risque de change s'effectue sur les marchés de gré à gré dans la mesure où les contrats à terme boursiers (négociés sur les marchés organisés) souffrent d'un manque de liquidité.

19. VRAI. Comme son nom l'indique, cette technique cherche à immuniser un portefeuille d'actifs ou de passifs contre toute fluctuation des taux d'intérêt.

20. VRAI. Toute position de taux ou de change non couverte est réputée spéculative.

APPLICATION 2 La centralisation de la trésorerie au sein d'un groupe de sociétés

Le trésorier du groupe D vient de négocier avec sa banque principale les modalités de mise en œuvre d'un *cash pooling* afin de centraliser la trésorerie des différentes entités placées sous sa responsabilité.

Tous les jours, les soldes en valeur sont déterminés et la banque principale effectue automatiquement les virements d'équilibrage afin de laisser les différents comptes bancaires à zéro ou légèrement négatifs.

Les soldes individuels au 3 février du compte centralisateur et des comptes secondaires de chaque filiale du groupe ont été reportés dans le tableau suivant :

	Compte centralisateur (CC)	Comptes secondaires des filiales		
		Filiale A	Filiale B	Filiale C
Soldes individuels avant transferts	1 000	– 1 200	– 1 800	1 500

Explicitez dans un tableau les transferts effectués entre le compte centralisateur et les comptes secondaires de chaque filiale du groupe.

CORRIGÉ 2

Les soldes excédentaires sont transférés sur le compte de la centrale de trésorerie du groupe. Inversement, les soldes déficitaires sont comblés par un transfert en provenance du compte centralisateur. Le compte centralisateur devient alors le reflet du solde net consolidé réel du groupe.

Le tableau suivant donne les soldes individuels après transferts.

	Compte centralisateur (CC)	Comptes secondaires des filiales		
		Filiale A	Filiale B	Filiale C
Soldes individuels avant transferts	1 000	– 1 200	– 1 800	1 500
Transferts – de C vers CC – de CC vers A – de CC vers B	 1 500 – 1 200 – 1 800	 1 200 	 1 800	 – 1 500
Soldes individuels après transferts	– 500	0	0	0

APPLICATION 3 La mesure de l'exposition au risque de taux

Le trésorier de la société N souhaite mesurer l'exposition au risque de taux d'intérêt à court et à long termes des postes du bilan de cette dernière les plus sensibles aux variations des taux sur le marché. Une analyse approfondie l'a amené à retenir les postes suivants :

– un prêt remboursable *in fine*, consenti à une filiale au taux fixe de 5 % et de maturité 8 ans. La valeur de marché du prêt est de 1 M€ alors que sa duration et sa sensibilité s'élèvent respectivement à 6 et à 5,5 ;

– des valeurs mobilières de placement composées de SICAV monétaires d'une valeur de marché de 0,2 M€ offrant une rémunération moyenne de 3,5 %, une duration de 0,25 et une sensibilité de 0,22 ;

– un emprunt obligataire, remboursable *in fine* au pair, d'une maturité de 10 ans, offrant un taux nominal de 6 %, une duration de 8 ans, une sensibilité de 7,6 et une valeur de marché de 5 M€ ;

– un crédit spot de maturité 3 mois, d'une valeur de marché de 2 M€, indexé sur l'euribor 3 mois (l'*Euro Interbank Offered Rate*, l'un des principaux taux de référence du marché monétaire de la zone euro) et présentant une duration de 0,25 et une sensibilité de 0,23.

1. Appréciez l'exposition de chaque poste du bilan au risque de variation des taux d'intérêt à court et à long termes.

2. Déduisez-en l'exposition nette des postes du bilan au risque de taux à court, moyen et long termes. Commentez les résultats obtenus.

CORRIGÉ 3

1. Exposition des postes du bilan au risque de variation des taux d'intérêt.

Postes de l'actif

Une augmentation (diminution) de 1 % des taux à moyen/long termes devrait conduire à une diminution (augmentation) de 5,5 % de la valeur de marché du prêt consenti à la filiale, soit à une variation de 55 000 € tant à la hausse qu'à la baisse.

Une augmentation (diminution) de 1 % des taux à court terme devrait conduire à une diminution (augmentation) de 0,22 % de la valeur de marché des valeurs mobilières de placement, soit à une variation de 440 € tant à la hausse qu'à la baisse.

Postes du passif

Une augmentation (diminution) de 1 % des taux à moyen/long termes devrait conduire à une diminution (augmentation) de 7,6 % de la valeur de marché de l'emprunt obligataire contracté, soit à une variation de 380 000 € tant à la hausse qu'à la baisse.

Une augmentation (diminution) de 1 % des taux à court terme devrait conduire à une diminution (augmentation) de 0,23 % de la valeur de marché du crédit spot, soit à une variation de 4 600 € tant à la hausse qu'à la baisse.

2. Exposition nette des postes du bilan et commentaires

Le tableau ci-dessous permet d'apprécier l'exposition nette des postes du bilan au risque de taux à court et moyen/long termes.

Sources de risque	Postes de l'actif			Postes du passif			Exposition nette (1) + (2)
	Valeur de marché	Sensibilité	Points (1)	Valeur de marché	Sensibilité	Points (2)	
Taux MLT	1	– 5,5	– 5,5	– 5	– 7,6	38	32,5
Taux CT	0,2	– 0,22	– 0,044	– 2	– 0,23	0,46	0,416
Total points			– 5,544			38,46	32,916

Si les taux à moyen/long termes s'apprécient de 1 %, la société N est dans une position nette favorable puisqu'elle est globalement endettée. Le gain de valeur qu'elle réaliserait serait de : + 32,5 M€ × 1 % = 325 000 €.

De même, si les taux à court terme venaient à augmenter de 1 %, il en résulterait un gain de valeur de : + 0,416 M€ × 1 % = 4 160 €.

Il s'ensuit un gain de valeur global de : 32,916 M€ × 1 % = 329 160 € pour toute augmentation de 1 % des taux d'intérêt (et inversement).

Il devient dès lors aisé d'anticiper les conséquences d'une fluctuation des taux sur la valeur bilancielle d'une entreprise et ce, en fonction des hypothèses de taux que l'on pourrait moduler à souhait.

Par exemple, une baisse des taux à long terme de 1 % conjuguée à une hausse des taux courts de 0,5 % entraînerait à la fois une perte de valeur de 32,5 M€ × 1 % et un gain de valeur de 0,416 M€ × 0,5 %, soit au total une perte globale de 322 920 €.

APPLICATION 4 La mesure de l'exposition au risque de change

Le groupe O possède deux filiales réalisant l'essentiel de leurs activités à l'international. Les monnaies de facturation utilisées par les filiales du groupe sont respectivement le dollar américain (USD) et le franc suisse (CHF).

Afin d'optimiser la gestion des flux de liquidités du groupe, la direction générale avait fait le pari d'une gestion de trésorerie centralisée. Outre le fait que ce mode d'organisation a accru le pouvoir de négociation du groupe dans ses relations bancaires, la mise en place d'une trésorerie de groupe a permis une compensation totale ou partielle des positions de taux d'intérêt et de change, ce qui réduit l'exposition du groupe aux risques de taux et de change et diminue ainsi les coûts bancaires.

Chaque devise étant susceptible de variations par rapport à la monnaie de référence (€), le trésorier doit connaître devise par devise le montant de son exposition au risque de change qui résulte à la fois des transactions commerciales et financières. Grâce à un *reporting* régulier, le trésorier groupe a relevé les éléments concourant à la position nette de change pour chaque devise et par tranche de maturité. Les postes exposés au risque de change par devise et par tranche de maturité sont les suivants.

Éléments	Milliers d'USD			Milliers de CHF		
	1 jour à 1 mois	1 mois à 3 mois	3 mois à 6 mois	1 jour à 1 mois	1 mois à 3 mois	3 mois à 6 mois
Commandes reçues à l'export		1 000		800		
Commandes passées à l'import		400		1 000		
Clients facturés (export)	2 500			450		
Fournisseurs à payer (import)	1 200			65		
Commandes export prévisionnelles			1 200		150	
Commandes import prévisionnelles			500		750	
Solde net compte courant en devises	– 4 000			2 500		
Créances en devises			6 000			8 000
Emprunts en devises			3 000			4 500
Intérêts sur créances en devises			200			135
Intérêts sur emprunts en devises			75			65

1. Présentez dans un tableau la position de change commerciale et financière pour chaque devise et tranche de maturité considérées. Déduisez-en la position de change globale.

2. Analysez les conséquences d'une fluctuation du cours des devises sur la profitabilité du groupe O sachant que 1 USD = 0,6893 € et que 1 CHF = 0,6250 €.

CORRIGÉ 4

1. Position commerciale et financière par devise et tranche de maturité et position de change globale

Position nette de change par devise et par tranche de maturité

Éléments	Milliers d'USD			Milliers de CHF		
	1 jour à 1 mois	1 mois à 3 mois	3 mois à 6 mois	1 jour à 1 mois	1 mois à 3 mois	3 mois à 6 mois
+ Commandes reçues à l'export		1 000		800		
– Commandes passées à l'import		400		1 000		
+ Clients facturés (export)	2 500			450		
– Fournisseurs à payer (import)	1 200			650		
+ Commandes export prévisionnelles			1 200		150	
– Commandes import prévisionnelles			500		750	
Position nette de change commerciale	**2 300 longue**	**600 longue**	**700 longue**	**– 400 courte**	**– 600 courte**	**0**
± Solde net compte courant en devises	– 4 000			2 500		

+ Créances en devises			6 000			8 000
– Emprunts en devises			3 000			4 500
+ Intérêts sur créances en devises			200			135
– Intérêts sur emprunts en devises			75			65
Position nette de change financière	**– 4 000 courte**	**0**	**3 125 longue**	**2 500 longue**	**0**	**3 570 longue**
Position nette de change globale	**– 1 700 courte**	**600 longue**	**3 825 longue**	**2 100 longue**	**– 600 courte**	**3 570 longue**

2. Conséquences d'une fluctuation du cours des devises

Lorsque la position nette de change est longue (devises à recevoir > devises à livrer), toute variation à la baisse du cours de la devise entraîne systématiquement une moins-value latente, et inversement.

Lorsque la position nette de change est courte (devises à recevoir < devises à livrer), toute appréciation du cours de la devise entraîne systématiquement une moins-value latente, et inversement.

Position nette de change et risques encourus

Éléments	**Milliers d'USD**			**Milliers de CHF**		
	1 jour à 1 mois	1 mois à 3 mois	3 mois à 6 mois	1 jour à 1 mois	1 mois à 3 mois	3 mois à 6 mois
Position nette de change globale	– 1 700 courte	600 longue	3 825 longue	2 100 longue	– 600 courte	3 570 longue
Craintes du trésorier (hausse ou baisse de la devise)	↑	↓	↓	↓	↑	↓
Position nette de change globale (en milliers d'€)	– 1 172	414	2 637	1 313	– 375	2 231
Moins-value latente dans l'hypothèse d'une évolution défavorable du cours de la devise (± 1 %)	11,72	4,14	26,37	13,13	3,75	22,31

La première ligne du tableau fournit pour chaque devise et tranche de maturité considérée la position de change à couvrir.

La dernière ligne du tableau donne une estimation de la moins-value latente que pourrait supporter le groupe O dans l'hypothèse d'une évolution défavorable du cours des devises de ± 1 %.

APPLICATION 5 L'immunisation d'un portefeuille d'actifs et de passifs

Le trésorier de la société C souhaite immuniser la valeur de son entreprise contre toute variation des taux d'intérêt susceptible d'affecter les postes de son bilan.

Une analyse approfondie du bilan de la société l'a conduit à penser que seuls les postes dont la valeur de marché est contingente aux fluctuations des taux doivent faire l'objet d'une protection contre le risque de taux. Il s'agit principalement des suivants.

À l'actif :

– des placements obligataires, remboursables *in fine* d'une maturité de 5 ans offrant une valeur de marché de 10 M€ et une sensibilité de 3,5 aux fluctuations des taux ;

– des bons du Trésor de maturité 3 mois, d'une valeur de marché de 3 M€ et de sensibilité 0,23.

Au passif :

- un emprunt obligataire remboursable *in fine*, de maturité 4 ans, d'une valeur de marché de 10,2 M€ et de sensibilité 3,1 ;
- des crédits de trésorerie d'une valeur de marché de 4 M€, de maturité 4 mois et de sensibilité 0,30.

1. Déterminez l'exposition nette de la société C aux fluctuations de taux.

2. Quelle stratégie financière conviendrait-il de mettre en œuvre en vue d'immuniser la valeur de l'entreprise contre toute fluctuation de taux ?

CORRIGÉ 5

1. Exposition nette de la société C aux fluctuations de taux

Le tableau suivant permet d'apprécier l'exposition nette de la société C aux fluctuations des taux :

Sources de risques	Postes de l'actif			Postes du passif			Exposition nette (1) + (2)
	Valeur de marché	Sensibilité	Points (1)	Valeur de marché	Sensibilité	Points (2)	
Taux moyen/long termes	10	– 3,5	– 35	– 10,2	– 3,1	31,62	– 3,38
Taux court terme	3	– 0,23	– 0,69	– 4	– 0,3	1,20	0,51
Total points			**– 35,69**			**32,82**	**– 2,87**

L'exposition nette de la société C aux fluctuations de taux s'obtient par la différence entre la sensibilité des passifs et des actifs à une variation de 1 % des taux d'intérêt, soit :

10,2 M€ × 3,1 + 4 M€ × 0,30 – 10 M€ × 3,5 – 3 M€ × 0,23 = – 2,87

La société C étant globalement prêteuse, toute baisse des taux d'intérêt (à court ou à moyen/long termes) de 1 % entraînerait un gain de valeur global de 28 700 € (et inversement).

2. Stratégie financière à mettre en œuvre pour immuniser la valeur de l'entreprise

Afin d'immuniser les postes du bilan contre le risque de taux d'intérêt, il suffit d'annuler l'exposition globale de la société C aux fluctuations de taux. Sur un plan pratique, on pourra, par exemple, vendre des obligations détenues en portefeuille et placer la valeur liquidative en bons du Trésor de manière à réduire la sensibilité de l'actif jusqu'à l'obtention d'une parfaite concordance avec celle du passif.

Si l'on désigne par Y la valeur des obligations vendues (ou des bons du Trésor achetés), il faudra chercher x tel que :

$(10 - Y) \times 3{,}5 + (3 + Y) \times 0{,}23 = 32{,}82$

$35{,}69 - 3{,}27\,Y = 32{,}82$

$Y = 0{,}877675$

La structure de l'actif correspondant à une sensibilité de 32,82 comporte désormais :

- des placements obligataires d'une valeur de marché de 9,122 325 M€, remboursables *in fine*, de maturité de 5 ans et de sensibilité 3,5 ;
- des bons du Trésor de maturité 3 mois, d'une valeur de marché de 3,877 675 M€ et de sensibilité 0,23.

Le tableau ci-dessous permet d'apprécier la nouvelle exposition nette du bilan de la société C à l'issue de la stratégie d'immunisation décrite précédemment.

Sources de risque	Postes de l'actif			Postes du passif			Exposition nette (1) + (2)
	Valeur de marché	Sensibilité	Points (1)	Valeur de marché	Sensibilité	Points (2)	
Taux moyen/long termes	9,122 325	– 3,5	– 31,928 137	– 10,2	– 3,1	31,62	– 0,308 137
Taux court terme	3,877 675	– 0,23	– 0,891 865	– 4	– 0,30	1,20	+ 0,308 137
Total points			**– 32,82**			**32,82**	**0**

Lorsque les taux d'intérêt (à court et à moyen/long termes) s'apprécient de 1 %, la perte de valeur enregistrée par les postes de l'actif (placements obligataires et bons du Trésor) est exactement compensée par le gain de valeur obtenu sur les postes du passif (emprunt obligataire et crédits de trésorerie) qui voient leurs valeurs de marché diminuer.

Dans le cas d'une baisse des taux de 1 %, le phénomène inverse se produit avec une perte de valeur enregistrée par les postes du passif complètement éradiquée par un gain de valeur obtenu sur ceux de l'actif.

On dit alors que le bilan est totalement immunisé contre toute variation des taux d'intérêt.

De même, si les taux à moyen/long termes s'apprécient de 1 %, la société C est dans une position nette défavorable puisqu'elle est globalement prêteuse. La perte de valeur qui en résulte est de : 0,308 137 M€ × 1 % = 3 081 €.

En revanche, si les taux à court terme venaient à augmenter de 1 %, la société C serait dans une position nette favorable puisqu'elle est globalement emprunteuse. Il en résulterait un gain de valeur de : 0,308 137 M€ × 1 % = 3 081 €.

Il s'ensuit un gain de valeur global nul pour toute augmentation de 1 % des taux d'intérêt. On peut montrer de la même manière que le résultat est identique dans le cas d'une baisse des taux de 1 %.

CHAPITRE

7

Les marchés dérivés et la couverture des risques financiers

La mondialisation de l'économie, conjuguée aux processus de déréglementation et d'innovation financière observés à partir des années 1980, a conduit à une prolifération des risques financiers à travers le monde.

En réponse à l'accroissement de la volatilité des actifs financiers négociés sur les plus grandes places financières internationales, les marchés dérivés (marchés dans lesquels s'échangent des produits dérivés découlant d'actifs physiques ou financiers) ont connu un développement fulgurant conduisant à l'émergence de produits dérivés de plus en plus sophistiqués dont l'objectif est avant tout d'offrir des moyens adaptés pour gérer les risques induits par l'environnement économique et financier international.

En dépit de leur apparente complexité et de leur caractère spéculatif, les produits dérivés offrent aujourd'hui, sans conteste, une solution originale et adaptée en vue de se prémunir contre les risques financiers. Ils constituent, en effet, des instruments de couverture incontournables permettant aux gérants de portefeuilles, directeurs financiers et trésoriers d'entreprises de mieux maîtriser les conséquences des risques financiers sur la profitabilité, la rentabilité et la compétitivité à long terme des entreprises.

Ce chapitre traite des marchés dérivés et de la couverture des risques financiers. Il présente les marchés dérivés et les principes des opérations à terme ainsi que la couverture des risques financiers sur les marchés organisés, puis sur ceux de gré à gré.

I Les marchés dérivés et les principes des opérations à terme

En matière d'échange de titres financiers, les agents économiques peuvent se livrer à deux catégories d'opérations : les opérations au comptant pour lesquelles le règlement et la livraison sont immédiats et les opérations à terme pour lesquelles il est prévu un différé de règlement et de livraison.

Comme leur nom l'indique, les opérations qui relèvent de la première catégorie s'effectuent sur des marchés au comptant (ou spot) et concernent essentiellement des actifs physiques et financiers. Chaque transaction porte sur un transfert de propriété (livraison) et un règlement simultanés et théoriquement immédiats mais réalisés, en fait, dans les trois jours.

Les opérations à terme constituent, quant à elles, des engagements fermes ou conditionnels portant soit directement sur des actifs échangés sur le marché du spot, soit sur des contrats financiers qui leur sont étroitement liés. Ces opérations à règlement et à livraison différés s'effectuent exclusivement sur des marchés à terme (ou marchés dérivés) et permettent aux agents économiques de fixer à l'avance les conditions dans lesquelles une transaction future serait susceptible de se dérouler.

A. Les marchés de gré à gré et les marchés organisés

Les marchés à terme peuvent être regroupés en deux catégories : les marchés de gré à gré (ou marchés *forward*) et les marchés organisés (ou marchés *futures*).

1. Les marchés *forward*

Ce sont des marchés de gré à gré non localisés (c'est-à-dire non dotés de places boursières physiques) et les règles qui les régissent relèvent des usages et des relations de confiance. Ces marchés traditionnels sont réputés peu liquides car les contrats qui y sont négociés sont difficilement transférables. Ils offrent à leurs participants la possibilité de négocier des contrats sur mesure mais les empêchent en revanche de réagir efficacement à des variations rapides de prix entre la date de la conclusion du contrat et sa date d'échéance.

2. Les marchés *futures*

Ce sont des marchés organisés. Les contrats sont négociés sur des Bourses contrôlées par des autorités gouvernementales.

La chambre de compensation, organisme indépendant, s'interpose entre les acheteurs et les vendeurs et se porte garante du bon déroulement de toute transaction. Elle fonde sa garantie sur ses ressources propres mais surtout sur un système de sécurité à trois étages reposant sur la limitation des fluctuations de prix journalières, le dépôt de garantie (ou *deposit*) et le mécanisme de la compensation quotidienne (*marking to market*).

a. Des limites sur les fluctuations de prix journalières

La fluctuation de prix journalière ne peut excéder une certaine valeur fixée par la Bourse. Si la fluctuation des prix au cours d'une séance de cotation venait à franchir la limite maximale journalière autorisée par cette dernière, la cotation serait momentanément suspendue en vue de reconsidérer les dépôts de garantie.

b. Le dépôt de garantie (ou *deposit*)

La négociation d'un contrat *futures* nécessite une mise de fonds très faible par rapport au montant engagé par le contrat (généralement deux fois la fluctuation maximale journalière autorisée). Ce dépôt est entièrement remboursé lors du dénouement de la position à terme et sert à couvrir un appel de marge non honoré de la part de l'un des deux contractants (perte potentielle calculée quotidiennement par la chambre de compensation en fin de séance). Afin d'éviter de supporter un coût d'opportunité (ou manque à gagner), certains opérateurs préfèrent déposer en garantie des bons du Trésor négociables productifs d'intérêts ou tout autre titre agréé par les autorités du marché.

c. Le mécanisme de la compensation quotidienne (ou *marking to market*)

La chambre de compensation calcule quotidiennement les gains et les pertes potentiels associés aux positions à terme détenues sur le marché.

La position de chaque acheteur et de chaque vendeur est ensuite liquidée sur la base d'un cours de compensation publié à l'issue de chaque séance de cotation.

Chaque variation de prix quotidienne donne alors lieu à un appel ou à un versement de marge. Alors que le gain net (ou la perte) associé(e) à un contrat *forward* est toujours encaissé (ou décaissée) à l'échéance, les pertes et profits induits par un contrat *futures* s'accumulent progressivement et s'échelonnent, du fait de la compensation quotidienne, sur toute la durée de vie du contrat.

En cas de baisse des cours, ce sont les acheteurs qui paient en espèces les marges et les vendeurs qui les perçoivent et inversement s'il s'agit d'une hausse.

En cas de non-paiement de l'appel de marge, la somme due est prélevée sur le dépôt de garantie et l'opérateur voit sa position à terme dénouée automatiquement par une opération à terme de sens inverse.

Contrairement aux marchés *forward* sur lesquels les autorités ont laissé le libre choix aux participants de négocier des contrats à terme sur mesure, l'activité des marchés *futures* s'est concentrée sur quelques contrats standardisés ayant des tailles et des échéances fixées par le marché.

Cette mesure revêt l'avantage d'accroître la liquidité des contrats *futures*. Le marché étant très liquide, tout participant pourra réagir efficacement contre une variation non anticipée des cours en prenant une position à terme de sens inverse.

Le tableau 7.1 synthétise les principales divergences institutionnelles qui caractérisent les marchés dérivés.

Tableau 7.1 – **Les marchés de gré à gré et les marchés organisés**

Marchés organisés	Marchés de gré à gré
Marché localisé	Marché non localisé
Contrats standardisés	Contrats sur mesure
Marché secondaire très liquide	Contrats difficilement transférables
Prix fixés et diffusés électroniquement	Prix négociés par accord et non diffusés
Accumulation progressive des gains (ou des pertes)	Report à l'échéance des gains (ou des pertes)
Règles de sécurité fixées par les autorités boursières	Risque de crédit évalué individuellement

Alors que les marchés *forward* et *futures* se sont développés pour servir un objectif économique commun, à savoir la couverture des risques imposés par l'activité économique et financière, ils diffèrent sur deux points essentiels : la sécurité et la liquidité.

Ces deux caractéristiques sont très importantes car elles constituent les conditions *sine qua non* du bon fonctionnement d'un marché.

B. Les principes des opérations à terme

Les opérations à terme portent sur des produits dérivés que l'on peut classer en deux catégories : les contrats à terme fermes et les contrats à terme conditionnels.

1. Les contrats à terme fermes

a. Leurs caractéristiques générales

Un contrat à terme ferme constitue un engagement à acheter ou à vendre un actif support (qui peut être une marchandise, une obligation, une action, un indice boursier ou une devise, etc.) à une date ultérieure fixée au moment de la conclusion du contrat (appelée date d'échéance) et à un prix spécifié d'avance (appelé prix à terme).

La négociation d'un contrat ne nécessite *a priori* aucune mobilisation de fonds. En effet, les opérateurs ne font que prendre l'engagement d'acheter ou de vendre une quantité donnée d'un actif support dont le prix est arrêté au moment de la conclusion du contrat. Son règlement et sa livraison sont, quant à eux, différés à la date d'échéance.

Dans cette perspective, le prix à terme peut s'analyser comme le prix qu'un opérateur rationnel serait prêt à payer pour une livraison différée.

Sur les marchés à terme, seuls les prix à terme font l'objet d'une cotation. Les quantités de titres à livrer et les échéances sont fixées par les autorités du marché sur les marchés organisés et par les contractants sur les marchés de gré à gré.

b. Le profil de revenus d'un contrat à terme ferme à l'échéance

Les marchés à terme constituent des jeux à somme nulle : ce qui est gagné par les acheteurs est perdu par les vendeurs, et inversement.

Alors que les détenteurs d'une position longue sur le marché (acheteurs à terme) spéculent sur l'augmentation des prix, les intervenants en position courte (vendeurs à terme) spéculent sur la baisse des prix.

La figure 7.1 reproduit le profil de revenus d'un contrat à terme ferme à l'échéance.

Figure 7.1 – Profil de revenus d'un contrat à terme ferme à l'échéance

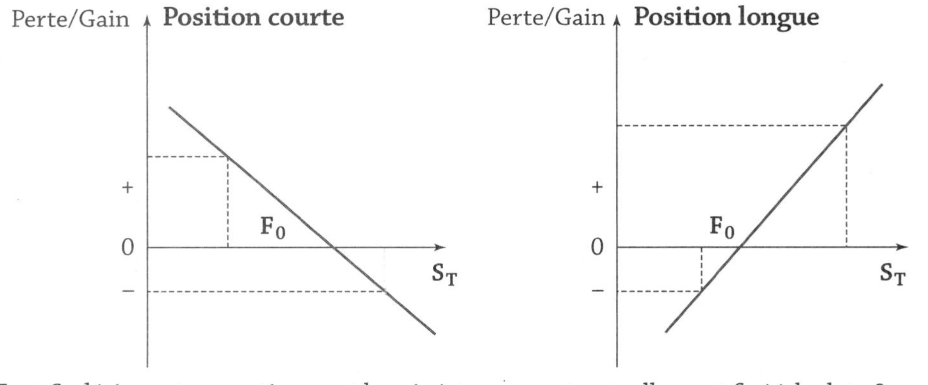

F_0 et S_T désignent respectivement le prix à terme contractuellement fixé à la date 0 et le prix au comptant (ou prix spot) de l'actif support au contrat à l'échéance T.

c. Le dénouement des positions

Les opérations à terme ferme peuvent se dénouer de deux façons différentes :

- par livraison des titres et règlement à la date d'échéance (dénouement rare représentant 1 à 5 % des transactions sur le marché) ;
- par une opération à terme de sens inverse portant sur le même nombre de contrats et la même échéance (dénouement le plus fréquent).

2. Les contrats à terme conditionnels

Contrairement aux contrats à terme ferme, les contrats à terme conditionnels (ou les options) offrent à leurs utilisateurs, moyennant le paiement d'une prime, une souplesse relative.

Ils permettent aux *hedgers* (opérateurs en couverture d'actifs) de figer à l'avance les conditions dans lesquelles se déroulerait une transaction future tout en leur réservant la possibilité de profiter d'un mouvement favorable du marché.

Même si aujourd'hui tout le monde s'accorde pour dire que les options constituent des instruments de couverture sophistiqués et efficaces pour gérer les risques induits par l'environnement économique et financier, elles constituent aussi des produits spéculatifs à fort effet de levier.

a. Les spécificités d'un contrat d'option

Une option confère à son acheteur (et à lui seul), moyennant le paiement d'une prime, le droit (mais non l'obligation) d'acheter ou de vendre une quantité déterminée d'un actif support, à un prix spécifié d'avance (appelé prix d'exercice) et pendant une période déterminée et délimitée par une date d'échéance.

Il existe deux grandes catégories d'options :

- les options d'achat (ou *calls*) ;
- les options de vente (ou *puts*).

L'acheteur d'un *call* a le droit (mais non l'obligation) d'acheter l'actif support au prix d'exercice.

L'acheteur d'un *put* a le droit (mais non l'obligation) de vendre l'actif support au prix d'exercice.

Sur le marché des options, c'est la prime qui fait l'objet d'une cotation. Les quantités à livrer, les prix d'exercice et les échéances sont fixés par les autorités du marché sur les marchés organisés et par les contractants sur les marchés de gré à gré.

Deux familles d'options sont négociées sur les marchés à terme conditionnels :

- les options de type européen : l'acheteur ne peut exercer son droit qu'à l'échéance du contrat ;
- les options de type américain : l'acheteur peut exercer son droit à n'importe quelle date précédant l'échéance.

b. Les droits et les engagements des contractants

Comparée à la situation du vendeur, la situation de l'acheteur est relativement confortable.

En s'acquittant du montant de la prime, l'acheteur acquiert le droit (mais non l'obligation) de prendre une décision qui oblige le vendeur. Inversement, en encaissant la prime, le vendeur prend un engagement ferme qui l'oblige vis-à-vis de l'acheteur.

Tableau 7.2 – **Les droits et les engagements des contractants**

	Call	*Put*
Acheteur	– A le droit et non l'obligation d'acheter au prix d'exercice. – Paie la prime.	– A le droit et non l'obligation de vendre au prix d'exercice. – Paie la prime.
Vendeur	– S'engage à vendre au prix d'exercice. – Encaisse la prime.	– S'engage à acheter au prix d'exercice. – Encaisse la prime.

La prime d'une option peut alors s'interpréter comme le prix maximal qu'un acheteur rationnel serait prêt à payer en échange de l'avantage dissymétrique que lui concède le vendeur de l'option. En versant la prime, l'acheteur acquiert une certaine flexibilité dans son action.

c. La clôture d'une position en option

Les opérations à terme conditionnelles peuvent se dénouer de trois façons différentes :

– par une opération à terme de sens inverse portant sur le même nombre de contrats et la même échéance. Cette solution, facile et peu onéreuse sur les marchés organisés, est difficilement réalisable sur les marchés de gré à gré (sauf accord de la contrepartie) en raison du manque de liquidité qui caractérise les contrats qui y sont négociés ;

– par l'exercice prématuré ou à terme de l'option : cette possibilité est réservée à l'acheteur et s'impose à tout vendeur qui n'a pas dénoué sa position préalablement à la date d'exercice par une opération à terme de sens inverse ;

– par l'abandon de l'option à l'échéance : cette solution réservée à l'acheteur ne s'impose que lorsque les conditions du marché ne lui sont pas favorables, auquel cas, l'acheteur limite sa perte au montant de la prime.

II La couverture des risques financiers sur les marchés organisés

La plupart des places financières internationales offrent à leurs participants (groupes de sociétés, établissements bancaires et institutions financières) une large gamme de contrats à terme fermes et conditionnels. Ces contrats boursiers s'avèrent particulièrement adaptés aux grandes entités dont les encours et le degré d'exposition aux risques financiers justifient une intervention directe sur les marchés financiers, minimisant ainsi les coûts d'intermédiation.

L'étude qui suit sera limitée aux contrats à terme financiers les plus liquides proposés par Euronext-Liffe et Eurex, à savoir les contrats *futures* indiciels, les options sur actions et sur indices, les contrats *futures* de taux (à court et à long termes) ainsi que les options sur contrats *futures* obligataires et de taux. Les contrats à terme sur devises ne seront pas présentés en raison de leur manque de liquidité.

Euronext-Liffe et Eurex
Euronext-Liffe fait aujourd'hui partie de la plus importante plate-forme boursière mondiale NYSE-Euronext, créée le 1er juin 2006 à la suite d'une fusion réunissant Euronext N.V. et NYSE Group, Inc. Euronext-Liffe regroupe l'activité « dérivés » d'Amsterdam, de Bruxelles, de Lisbonne, de Paris et du Liffe (*London International Financial Futures & options Exchanges*). Tous ensemble, ils offrent aux investisseurs une gamme complète d'instruments financiers (plus de 730 millions de contrats à terme et d'options y ont été traités en 2006). Eurex est un marché qui a résulté du rapprochement de la Deutsche Börse AG et du SWX Swiss Exchange. Son contrat phare est le contrat *futures* obligataire Euro Bund.

A. Les principes de couverture sur les marchés à terme fermes et conditionnels

D'une manière générale, toute opération de couverture vise à protéger une position existante (ou attendue) sur le marché au comptant contre une variation non anticipée des cours.

L'idée intuitive qui sous-tend une opération de couverture est que la position à terme produise un gain lorsque la position détenue sur le marché au comptant enregistre une perte, et inversement.

Ainsi, le recours aux marchés dérivés permet aux opérateurs en couverture d'actifs (ou *hedgers*), intervenant pour le compte d'entreprises industrielles, d'établissements de crédit ou d'institutions financières, de trouver une compensation naturelle aux pertes éventuelles enregistrées par les positions détenues sur les marchés au comptant.

Afin de se prémunir contre toute variation non anticipée des taux d'intérêt ou des cours des actifs financiers ou des devises, les *hedgers* peuvent procéder en quatre étapes essentielles.

1. L'identification de la nature du risque à couvrir

Il s'agit d'identifier, dans un premier temps, la nature du risque qui affecte les positions exposées (risque de taux à court terme ou risque de taux à long terme, risque de prix-action ou risque de change déjà développés dans le chapitre 6). Cette première étape permet de choisir l'instrument de couverture le plus adapté en vue d'assurer une couverture efficace, à savoir, un contrat de taux court, un contrat à terme obligataire ou un contrat à terme indiciel ou autre, etc.

2. L'identification du scénario défavorable

Le *hedger* doit être en mesure d'identifier, dans une seconde étape, ses craintes (hausse des taux d'intérêt, hausse des cours des obligations, des devises, etc.) et de prendre une position à terme qui serait gagnante dans cette éventualité. L'idée intuitive qui sous-tend cette deuxième étape est que la position à terme enregistre une plus-value lorsque la position au comptant subit une perte, et inversement. Par exemple, si le *hedger* craint une baisse des cours, il devra vendre des contrats à terme ferme (ou acheter des *puts*) dans l'espoir de les racheter moins cher (ou de les revendre plus cher) et de dégager ainsi une plus-value qui viendrait compenser la perte enregistrée sur le marché du spot. En revanche, lorsque le *hedger* craint une hausse des cours, il convient d'acheter des contrats à terme ferme (ou d'acheter des *calls*) en vue de les revendre plus cher, et de réaliser ainsi une plus-value pouvant compenser la perte enregistrée sur le marché au comptant.

3. Le choix du mode de couverture

Il s'agit ensuite de choisir le mode de couverture qui convient le mieux aux attentes du *hedger*, à savoir, une stratégie de couverture à terme ferme ou conditionnelle.

Dans le premier cas, le *hedger* va chercher à figer à l'avance la valeur de sa position couverte, et ce, quelle que soit l'évolution des cours sur le marché. Ce mode de couverture qui ne nécessite aucune mobilisation de fonds permet à l'opérateur en couverture d'actifs de constituer un portefeuille sans risque le mettant à l'abri contre toute évolution défavorable des cours. En revanche, le *hedger* ne pourra en aucun cas profiter d'un mouvement favorable des cours si ses craintes s'avèrent injustifiées.

Dans le cas d'une couverture à terme conditionnelle, le *hedger* va chercher à se prémunir contre une évolution défavorable des cours, en fixant une valeur plancher (ou plafond) à sa position couverte, tout en se réservant la possibilité de profiter d'un mouvement favorable des prix sur le marché. Cette flexibilité supplémentaire que lui confère la couverture à terme conditionnelle possède un coût, à savoir la prime de l'option.

4. La détermination du nombre optimal de contrats à négocier

Il convient enfin de déterminer le nombre de contrats à négocier en vue d'assurer une couverture optimale.

Le nombre optimal de contrats à négocier est celui qui minimise la dispersion de la valeur de la position couverte. Ce nombre obéit à des règles de calcul très strictes découlant de la résolution de programmes d'optimisation.

Le tableau 7.3 présente une synthèse du processus décisionnel d'un opérateur en couverture d'actifs.

Tableau 7.3 – **Le processus décisionnel d'un opérateur en couverture d'actifs**

Craintes de l'opérateur	Hausse des taux d'intérêt/baisse des cours (actions, obligations, devises, etc.)		Baisse des taux d'intérêt/hausse des cours (actions, obligations, devises, etc.)	
Décision	Couverture à terme ferme	Couverture à terme conditionnelle	Couverture à terme ferme	Couverture à terme conditionnelle
	Vente de *futures* dans l'espoir de les racheter moins cher	Achat de *puts* dans l'espoir de les revendre plus cher	Achat de *futures* dans l'espoir de les revendre plus cher	Achat de *calls* dans l'espoir de les revendre plus cher
Objectif	Fixer à l'avance la valeur de sa position couverte	– Garantir une valeur plancher à sa position couverte – Se réserver la possibilité de profiter d'un mouvement baissier des taux (haussier des cours)	Fixer à l'avance la valeur de sa position couverte	– Garantir une valeur plafond à sa position couverte – Se réserver la possibilité de profiter d'un mouvement haussier des taux (baissier des cours)
Coût	Aucune mobilisation de fonds	Prime correspondant au prix du *put*	Aucune mobilisation de fonds	Prime correspondant au prix du *call*

B. La couverture du risque de prix–action

1. Les instruments de couverture

a. Les contrats *futures* sur indices boursiers (*futures* indiciels)

Le tableau 7.4 résume les caractéristiques du contrat *futures* indiciel le plus actif proposé par Euronext-Liffe (place de Paris).

Tableau 7.4 – **Les caractéristiques du contrat *futures* sur l'indice CAC 40**

Indice support	Indice CAC 40
Base de l'indice	1 000 au 31/12/1987
Taille du contrat	Valeur de l'indice × 10 €
Mode de cotation	Indice avec une décimale
Échelon minimum de cotation (*tick*)	0,5 point d'indice, soit 5 €
Échéances	Trois échéances mensuelles, trois échéances trimestrielles du cycle mars, juin, septembre et décembre et deux échéances semestrielles (mars et septembre)
Clôture d'une échéance	Troisième vendredi du mois d'échéance à 16 h 00
Ouverture d'une échéance	Le premier jour de Bourse suivant la clôture d'une échéance
Liquidation	Règlement en espèces de l'ultime appel de marge sur la base de l'indice de liquidation (moyenne arithmétique, arrondie à une décimale, des valeurs de l'indice CAC 40 diffusées entre 15 h 40 et 16 h le jour de l'échéance plus la première valeur suivante)
Dépôt de garantie	350 points, soit 3 500 €
Horaires	Sessions : 8 h 00 – 18 h 15 et 18 h 15 – 20 h 00

EXEMPLE

Anticipant une hausse du CAC 40 d'ici le mois de juin de l'année N, un intervenant achète, au 18 mars, dix contrats à échéance juin N à 4600 points.

Au 18 mars, un dépôt de garantie de 350 points par contrat (soit 3 500 €) est exigé.

Le 21 juin N, dernier jour de bourse du mois d'échéance, le dépôt de garantie est restitué. Le cours de liquidation étant de 4 750 points, il en résulte un gain de :

10 × (4 750 – 4 600) × 10 € = 15 000 €, soit la différence entre le cours de liquidation et le cours d'achat.

Du fait de la compensation quotidienne, ce résultat s'accumule progressivement dans le compte de marges quotidiennes.

b. Les options sur actions

Tableau 7.5 – **Les caractéristiques des options sur actions négociées sur Euronext-Liffe (place de Paris)**

Actif support	Les actions de l'Eurolist et les valeurs étrangères les plus importantes composant l'indice FTSEurofirst 80 en termes de volume d'activité et de capitalisation boursière
Type de l'option	Américaine, pouvant être exercée à tout moment
Unité de négociation	100 titres

Échéances	Trois échéances mensuelles, trois échéances trimestrielles du cycle mars, juin, septembre et décembre et deux échéances semestrielles (juin et décembre)
Clôture d'une échéance	Le troisième vendredi du mois d'échéance à 17 h 30
Ouverture d'une échéance	Le premier jour de Bourse suivant la clôture d'une échéance
Prix d'exercice	Valeurs fixées par intervalles de 50 points d'indice pour les échéances mensuelles, 100 points pour les trimestrielles et 200 points pour les semestrielles
Exercice	Exercice automatique des options gagnantes (dites en dedans ou *in the money*) le jour de l'échéance : règlement en espèces de la différence entre le prix d'exercice et l'indice de liquidation multipliée par 10
Horaires	Session : 9 h 00 – 17 h 30

EXEMPLE

Anticipant une hausse du cours de l'action Gaz de France d'ici fin décembre N, un opérateur achète, au 2 novembre N, dix *calls* à échéance de décembre et au prix d'exercice de 37 à 0,7 €. Au 2 novembre N, l'opérateur paie 0,7 € × 10 × 100 = 700 € pour obtenir la possibilité d'acheter 1000 actions Gaz de France à 37 €.

Dès lors, notre opérateur pourra soit dénouer sa position avant l'échéance, soit attendre le jour de l'échéance.

Quelques jours plus tard, le cours de l'action Gaz de France passe à 37,32 € et le *call* septembre N 37 se négocie à 1 €. Le dénouement de la position initiale par la vente du *call* lui procure un gain de (1 – 0,7) € × 1000, soit 300 €.

Le jour de l'échéance, le cours de liquidation est de 39 € et l'opérateur n'a pas dénoué sa position. L'option étant en dedans, l'exercice automatique conduit au résultat suivant : [(39 – 37) € × 10 × 100] – 700 €, soit un gain de 1 300 €. Si le cours de liquidation s'était avéré inférieur à 37 €, notre opérateur aurait perdu la totalité de la prime, soit 700 €.

c. Les options sur indices boursiers

Le tableau 7.6 récapitule les caractéristiques de l'option sur indice la plus liquide négociée sur la place de Paris.

Tableau 7.6 – **Les caractéristiques de l'option sur l'indice CAC 40 (PXL)**

Indice support	Indice CAC 40
Type de l'option	Européenne, pouvant être exercée uniquement à l'échéance
Taille de l'option	Valeur de l'indice × 1 €
Échéances	Trois échéances mensuelles, trois échéances trimestrielles du cycle (mars, juin, septembre et décembre) et deux échéances semestrielles (mars et septembre)
Clôture d'une échéance	Le troisième vendredi du mois d'échéance à 16 h 00
Ouverture d'une échéance	Le premier jour de bourse suivant la clôture d'une échéance
Prix d'exercice	Valeurs fixées par intervalles de 50 points d'indice pour les échéances mensuelles, 100 points pour les trimestrielles et 200 points pour les semestrielles
Exercice	Exercice automatique des options en dedans le jour de l'échéance : règlement en espèces de la différence entre le prix d'exercice et l'indice de liquidation multipliée par 1 €
Horaires	Session : 9 h 00 – 17 h 30

EXEMPLE

Anticipant un mouvement haussier, un opérateur décide d'acheter cinq *calls* mai N 4 600 à 95 €. Au 18 avril N, l'acheteur paie 95 € × 5 = 475 € pour avoir la possibilité d'acheter cinq fois l'indice CAC 40 à 4 600 points à 1 € le point. L'indice CAC 40 n'étant pas livrable, deux cas peuvent se présenter :

- quelques jours plus tard, l'indice CAC 40 a progressé et les *calls* mai N 4 600 se négocient à 160 €. L'investisseur dénoue alors ses positions en revendant ses cinq *calls* et son gain est de : (160 € – 95 €) × 5 = 325 € ;
- le jour de l'échéance en clôture du marché, les cinq *calls* n'ont pas été vendus et l'indice de liquidation est de 4 750 points. Les cinq *calls* sont alors exercés automatiquement puisqu'ils sont en dedans (le cours de liquidation de 4 750 est supérieur au prix d'exercice de 4 600) et le résultat de l'acheteur est la différence entre ces deux cours moins le prix des options payé initialement, soit :

[(4 750 – 4 600) × 1 € × 5] – 475 € = 275 €.

En revanche, si le cours de liquidation du CAC 40 est inférieur à 4 600, l'investisseur a perdu le montant de la prime payée au 18 avril N, soit 475 €.

2. Les stratégies de protection contre le risque de prix-action

a. La couverture d'une position courte sur actions

Un opérateur souhaite spéculer sur le cours des actions de la société A. Au 15 septembre, le cours de l'action A est de 45 € sur l'Eurolist. Sur Euronext-liffe (place de Paris), le prix d'exercice de l'option d'achat de l'action A est 45 € et la prime pour l'échéance d'octobre est 4,30 €.

À ce jour, l'opérateur décide de vendre cent actions A sur l'Eurolist, avec service à règlement différé, dans l'espoir de les racheter moins cher.

Il s'agit là d'une stratégie spéculative qui vise à profiter d'un mouvement baissier des titres A.

Au 30 septembre, le titre A cote 51 € sur l'Eurolist et le *call* à échéance octobre s'échange à 6,35 €.

En raison de l'augmentation non anticipée du cours de l'action A, le résultat (hors commissions) associé à la position courte à la fin du mois de septembre est de – 6 × 100 = – 600 €.

L'opérateur aurait pu se couvrir contre ce retournement de tendance sur le marché des options négociables. Étant donné qu'il craint une hausse du cours de l'action A, il lui suffit pour se couvrir de prendre une position à terme conditionnelle qui serait gagnante dans cette éventualité, soit l'achat d'un *call* sur l'action A avec un prix d'exercice de 45 € et une prime de 4,30 €.

Déterminons la valeur de la position couverte à la fin du mois de septembre dans l'hypothèse où l'opérateur exerce ses options. Il est clair que l'exercice de l'option A ne s'avère justifié que si le cours de l'action passe au-dessus du prix d'exercice de 45 €.

Le tableau suivant fournit la valeur de la position couverte pour différentes hypothèses de cours.

Valeur de la position couverte en € au 30 septembre

Hypothèses	40	40,70	43	45	46	47	48
Vente à découvert	5	4,30	2	0	– 1	– 2	– 3
Achat de *call*	– 4,30	– 4,30	– 4,30	– 4,30	– 3,30	– 2,30	– 1,30
Position couverte	0,70	0	– 2,30	– 4,30	– 4,30	– 4,30	– 4,30

Ainsi, la stratégie décrite précédemment a permis à l'opérateur de reconstituer le profil de revenus d'un *put* de prix d'exercice 45 € et de prime 4,30 €.

Cette couverture à terme conditionnelle présente le mérite de protéger notre opérateur contre toute augmentation des cours non anticipée tout en lui réservant la possibilité de profiter d'un mouvement baissier du cours de l'action A sur le marché. Son gain est théoriquement illimité et sa perte est limitée au montant de la prime (soit 4 300 € pour cent actions).

N'aurait-il pas été préférable de revendre les options à la fin du mois de septembre ? Si, car en exerçant ses options, l'opérateur perd la valeur spéculative. En fait, il est facile de montrer que les valeurs intrinsèque et spéculative au 30 septembre s'élèvent respectivement à 6 et à 0,35 €.

En exerçant son option au 30 septembre, l'opérateur réalise un gain (hors commissions) de (51 € – 45 €) – 4,30 €, soit 1,70 € par action. En revendant son option sur le marché à la même date, il arrête son gain (hors commissions) à (6,35 € – 4,30 €), soit 2,05 € par action.

L'exercice prématuré d'une option à l'américaine n'est donc pas optimal dans la mesure où on perd la valeur temps.

b. La couverture d'un portefeuille diversifié

EXEMPLE

Un trésorier détient au 2 janvier N un portefeuille composé de 10 000 *trackers* Lyxor ETF CAC 40.

Le cours de ces *Exchange Traded Funds* (fonds indiciels cotés) étant égal à 1/100 de l'indice CAC 40, le trésorier a la garantie de dupliquer les performances de l'indice choisi comme référence. Il s'interroge cependant sur le risque encouru, sachant qu'il devra réaliser ce portefeuille à la fin du mois de mars.

Le 2 janvier, le cours du contrat à terme CAC 40, à échéance mars N, est de 4 823 et l'indice CAC 40 de 4 775. À cette même date, le *tracker* Lyxor ETF CAC 40 cote 47,75 alors que l'option de vente CAC 40 pour un prix d'exercice de 4 775 à échéance mars N, cote 5 €.

L'investisseur est exposé au risque de perte en capital pouvant affecter son portefeuille de valeurs mobilières. Afin de protéger son portefeuille de *trackers*, il pourra :

– soit mettre en place une couverture à terme ferme : il suffit pour cela de vendre des contrats sur indice dans l'espoir de les racheter moins cher et de réaliser ainsi une plus-value pouvant compenser la perte enregistrée sur le portefeuille d'actions,

N = 477 500 / 4 775 × 10 € = 10 contrats sur indice.

– soit mettre en place une couverture à terme conditionnelle : il lui suffit pour cela d'acheter des *puts* sur indice. Ce mode de couverture permettra à l'investisseur de se garantir une valeur plancher tout en lui réservant la possibilité de profiter d'un mouvement haussier sur le marché.

N = 477 500 / 4 775 × 1 € = 100 *puts*.

À l'échéance de mars, l'indice CAC 40 et le *tracker* (dont le cours est de 1/100 de l'indice) cotent respectivement 4 680 et 46,80. L'investisseur réalise son portefeuille. Le tableau ci-dessous reproduit la valeur du portefeuille couvert à l'échéance de mars dans l'hypothèse d'une couverture à terme ferme et conditionnelle.

Valeur du portefeuille couvert à la fin mars

	Valeur du portefeuille
En l'absence de couverture	468 000
En présence d'une couverture à terme ferme	468 000 + [10 × (4 823 – 4 680) × 10 €] = 482 300 €
En présence d'une couverture à terme conditionnelle	468 000 + [100 × (4 775 – 4 680 – 7) × 1 €] = 476 800 €

En l'absence de couverture, le trésorier enregistre une moins-value en raison du contexte baissier du marché. Sa rentabilité est négative et avoisine les – 8 %. Cette situation s'apparente à une stratégie spéculative qui a mal tourné.

En présence d'une couverture à terme ferme, la valeur du portefeuille couvert est de 481 200 €, garantissant ainsi un niveau de rentabilité de 4 % et ce, quel que soit le sens de l'évolution du CAC 40. On dit que le portefeuille est parfaitement couvert. Le risque ayant été annulé, la rentabilité obtenue sur le portefeuille couvert n'est autre que le taux de rendement offert par le marché pour un placement à 3 mois sur le marché monétaire.

En présence d'une couverture à terme conditionnelle, la valeur du portefeuille couvert n'est que de 476 800 €, soit cent fois le point mort du *put* (prix d'exercice du *put* diminué du montant de la prime). Il s'agit là de la valeur plancher du portefeuille que peut se garantir le trésorier dans le cas d'une évolution défavorable des cours et qu'il pourra amplifier dans le cas d'un mouvement haussier des cours. La rentabilité plancher est inférieure à celle offerte sur le marché monétaire étant donné que le *hedger* doit s'acquitter du montant de la prime au moment de la mise en place de la couverture. La prime peut s'analyser, dans ce contexte, comme le prix à payer par le trésorier en échange de la flexibilité managériale que lui confère une couverture à terme conditionnelle.

c. Le choix du prix d'exercice et la qualité de la couverture

EXEMPLE

Au 2 avril N, la cotation des options sur le CAC 40 se présentait comme suit.

Options par échéance et prix d'exercice	Dernier	+ Haut	+ Bas	Cours compensation	Volume
C avril N 4 800	55	60	50	55,12	40
C avril N 4 700	92	92	90	92,25	60
P mai N 4 500	60	70	58	60,34	123
P mai N 4 600	70	80	68	70,23	45

Anticipant une baisse de l'indice CAC 40 d'ici fin avril, un opérateur souhaite profiter pleinement de ce mouvement baissier. Il décide de vendre avec le service à règlement différé (SRD) 15 000 *trackers* Lyxor ETF CAC 40 à 46,50 € dans l'espoir de les racheter moins cher et de réaliser ainsi une plus-value.

Afin de se prémunir contre une augmentation non anticipée des cours, l'opérateur décide de couvrir sa position courte en intervenant sur le marché des options. Afin de se couvrir contre un retournement de tendance, il pourra acheter 150 options d'achat sur *trackers*.

Si le cours des *trackers* augmente, les *calls* prendront de la valeur offrant ainsi à l'opérateur une compensation par rapport à la perte enregistrée sur sa vente à découvert.

Si le cours des *trackers* baisse, l'opérateur pourra en profiter pleinement en abandonnant ses options.

Les tableaux suivants reproduisent la valeur du portefeuille couvert (base 100 *trackers*) pour différents scénarios d'évolution des cours à l'échéance :

Détermination de la valeur du portefeuille couvert par des *calls* avril N 4700

Hypothèses	4 400	4 500	4 558	4 650	4 700	4 792	4 800
Vente à découvert	250	150	92	0	– 50	– 142	– 150
Achat de *call*	– 92	– 92	– 92	– 92	– 92	0	+ 8
Position couverte	158	58	0	– 92	– 142	– 142	– 142

La valeur du portefeuille couvert par des *calls* avril N 4700 s'apparente à celle d'un *put* synthétique de prix d'exercice 4700 avec une prime de 142 €.

Détermination de la valeur du portefeuille couvert par des *calls* avril N 4800

Hypothèses	4 400	4 595	4 750	4 800	4 855	4 900	4 955
Vente à découvert	250	55	– 100	– 150	– 205	– 250	– 305
Achat de *call*	– 55	– 55	– 55	– 55	0	45	100
Position couverte	195	0	– 155	– 205	– 205	– 205	– 205

La valeur du portefeuille couvert par des *calls* avril N 4700 s'apparente à celle d'un *put* synthétique de prix d'exercice 4800 avec une prime de 205 €.

Il apparaît ainsi que l'option qui permet d'assurer la meilleure couverture est le *call* avril 4700 avec une prime de 92 €. Plus le prix d'exercice est faible, plus cher est le *call* et meilleure est la qualité de la couverture.

C. La couverture du risque de taux à long terme

1. Les instruments de couverture

a. Les contrats *futures* obligataires

Les contrats *futures* obligataires ont des dénominations qui diffèrent selon leur marché de cotation. Même si ces contrats peuvent présenter des différences mineures, ils partagent tous la caractéristique commune d'admettre comme actif support un emprunt d'État théorique.

Afin d'alléger la présentation, nous limiterons volontairement notre présentation à l'étude du contrat Euro Bund négocié sur le marché suisse allemand Eurex. Le choix du contrat Euro Bund se justifie par le volume de transactions élevé que présente ce contrat et qui fait de lui un contrat phare à l'échelle européenne.

Tableau 7.7 – **Les caractéristiques du contrat Euro Bund**

Type	Contrat de type *futures*
Actif support	Emprunt d'État allemand fictif offrant un taux nominal de 6 % et une maturité résiduelle comprise entre 8 ans et demi et 10 ans et demi
Valeur nominale	100 000 €
Mode de cotation	En pourcentage du pair et au pied du coupon avec deux décimales
Variation minimale du cours (*tick*)	1 point de base, soit 10 €
Cours de compensation	Moyenne pondérée en volume des prix des cinq dernières transactions survenues durant les quinze dernières minutes
Échéances négociées	Mars, juin, septembre et décembre
Jour de livraison	Dixième jour de Bourse du mois de livraison
Clôture d'une échéance	Deux jours de Bourse avant le jour de livraison
Gisement (ou emprunts synonymes pouvant faire l'objet d'une livraison)	Emprunts d'État allemands de maturité résiduelle comprise entre 8 ans et demi et 10 ans et demi et présentant un volume minimal d'émission de 2 Mds €
Horaires	De 8 h 00 à 19 h 00

Le contrat Euro Bund est un contrat à terme ferme ayant pour actif support un emprunt d'État allemand. Cet emprunt d'État appelé « Bund » présente les caractéristiques suivantes :

- il s'agit d'un emprunt théorique n'ayant pas véritablement d'existence physique ;
- sa valeur nominale est de 100 000 € ;
- son taux facial (ou taux de coupon) est de 6 % ;
- sa maturité est comprise entre 8 ans et demi et 10 ans et demi.

Le contrat Euro Bund possède plusieurs échéances trimestrielles (mars, juin, septembre et décembre). On peut ainsi observer à un même moment un prix à terme pour différentes échéances négociées.

Le prix à terme d'un contrat Euro Bund s'exprime en pourcentage du pair et au pied du coupon avec deux décimales (par exemple : 103,15 ou 98,55).

La variation minimale du prix à terme (appelée *tick*) représente 1 point de base, soit 0,01 % de la valeur nominale du contrat, correspondant à la somme de 10 €.

EXEMPLE

Un opérateur qui achète un contrat à 103,20 et qui dénoue sa position à 104,50 enregistre une plus-value de 130 points de base par contrat (ou encore 1,30 % de la valeur nominale du contrat), soit 1300 € par contrat négocié. Cette plus-value n'est pas perçue au moment du dénouement de la position. Elle s'accumule progressivement conformément au mécanisme de la compensation quotidienne.

Comme pour la plupart des marchés à terme, il est rare que les opérateurs souhaitent opérer une livraison physique. Mais si tel est le cas, le vendeur, et lui seul, devra choisir à l'échéance en vue d'une livraison immédiate un lot homogène d'emprunts synonymes parmi une liste d'emprunts d'État appelée « gisement ». Cette liste, publiée par les autorités boursières à l'ouverture de chaque échéance négociée, doit obligatoirement se composer d'emprunts d'État allemands offrant une maturité résiduelle comprise entre 8 ans et demi et 10 ans et demi et présentant un volume minimal d'émission de 2 milliards d'euros.

b. Les options sur contrat Euro Bund

Il s'agit d'une option américaine ayant pour actif support un contrat à terme ferme de type *futures*. Cette option confère à son acheteur, moyennant le paiement d'une prime, le droit et non l'obligation d'acheter ou de vendre un contrat Euro Bund à un prix spécifié d'avance (appelé prix d'exercice) et pendant une période déterminée délimitée par la date d'échéance.

Tableau 7.8 – **Les caractéristiques de l'option sur contrat Euro Bund négociée sur Eurex**

Type	Option américaine
Actif support	Contrat *futures* Euro Bund
Valeur nominale	100 000 €
Échéances négociées	Trois échéances mensuelles rapprochées et une échéance trimestrielle parmi les cycles mars, juin, septembre et décembre Lorsque l'échéance de l'option est trimestrielle, les mois d'échéance de l'option et du contrat *futures* sous-jacent sont identiques. Pour les autres échéances, le contrat d'option expire un mois avant le contrat *futures* sous-jacent.
Prix d'exercice	L'écart entre deux prix d'exercice est de 50 points de base.

●●●

Mode de cotation	Prime exprimée en pourcentage du pair avec deux décimales
Variation minimale du cours (*tick*)	1 point de base, soit 10 €
Exercice de l'option	Permet de détenir une position longue (dans le cas d'un *call*) ou courte (pour un *put*) sur l'actif support au prix d'exercice
Clôture d'une échéance	Six jours de Bourse avant le premier jour du mois d'échéance de l'option
Horaires	De 8 h 00 à 19 h 00

Le prix d'une option sur contrat Euro Bund, c'est-à-dire la prime, s'exprime en pourcentage du pair avec deux décimales.

La variation minimale du cours d'une option est de 1 point de base, soit une valeur de 10 €.

Comme tous les contrats à terme conditionnels, une option sur contrat Euro Bund peut être exercée ou échangée avant l'arrivée de son terme. À l'échéance, seules les options en dehors des cours sont abandonnées. La perte maximale enregistrée par l'acheteur d'une option est donc limitée au montant de la prime.

EXEMPLE

Un *call* juin, d'un prix d'exercice de 105 et assorti d'une prime de 0,25, signifie que tout acheteur potentiel devra s'acquitter de 25 points de base (soit 250 €) pour acquérir le droit d'acheter, d'ici fin juin, un contrat Euro Bund au prix de 105. S'agissant d'une option américaine, ce droit pourrait être exercé par l'acheteur à n'importe quelle date précédant l'arrivée du terme du contrat ou encore abandonné à sa date d'échéance.

Un *put* septembre, d'un prix d'exercice de 110 et assorti d'une prime de 0,5, confère à son acheteur, moyennant le paiement de 55 points de base (soit 550 €), le droit de vendre pendant une période déterminée un contrat Euro Bund au prix d'exercice de 110. En exerçant son *put* prématurément, l'acheteur devient détenteur d'une position courte sur le contrat Euro Bund au prix de 110. À l'échéance, l'acheteur peut abandonner son *put*, limitant ainsi sa perte au montant de la prime.

L'option sur contrat Euro Bund possède plusieurs échéances négociées : des échéances trimestrielles parmi mars, juin, septembre et décembre, et des échéances mensuelles rapprochées portant sur l'échéance du contrat à terme immédiatement ultérieure.

Pour chaque échéance négociée, les opérateurs ont le choix entre plusieurs prix d'exercice. Les prix d'exercice d'une option varient avec un pas de 50 points de base (par exemple : 105, 105,5, 106, etc.). La clôture d'une échéance intervient six jours de Bourse avant le premier jour du mois d'échéance de l'option.

2. Les stratégies de protection contre le risque de taux à long terme

a. La couverture d'un portefeuille obligataire diversifié

EXEMPLE

Au 15 septembre N, le trésorier d'une firme multinationale détient des obligations à taux fixe d'une valeur nominale de 10 M€. Il souhaite se couvrir contre une variation non anticipée des taux d'intérêt d'ici la fin du mois. Il décide d'intervenir sur le contrat Euro Bund à échéance de décembre N en vue de se garantir une protection maximale.

Au 15 septembre, la valeur boursière du portefeuille obligataire exprimée en pourcentage du nominal avoisinait les 108,90 et sa sensibilité était estimée à 3,20.

L'obligation la moins chère à livrer (soit l'emprunt du gisement le mieux corrélé avec l'emprunt d'État notionnel) s'échangeait à 105,85, son facteur de concordance s'établissait à 1,023 456 et sa sensibilité aux fluctuations de taux était estimée à 3,80.

Craignant une hausse des taux à long terme qui conduirait à une baisse de la valeur boursière de son portefeuille obligataire, le trésorier devra prendre une position à terme qui sera gagnante dans cette éventualité. Il décide donc de vendre des contrats Euro Bund à échéance de décembre N dans l'espoir de les racheter moins cher et de dégager ainsi une plus-value qui viendrait compenser la perte enregistrée sur son portefeuille obligataire.

Le nombre optimal de contrats à vendre (N) obéit à la relation suivante :

$N = M/K \times Se/S_{OMCL} \times SENSe \,/\, SENS_{OMCL} \times f_{OMCL}$

Avec :

- M et K : les valeurs nominales respectives du titre (ou du portefeuille) exposé et du contrat Euro Bund ;
- Se, S_{OMCL}, SENSe et $SENS_{OMCL}$: respectivement les prix spots (hors coupon couru) et les sensibilités de l'actif exposé et de l'obligation la moins chère à livrer (OMCL) ;
- f_{OMCL} : le facteur de concordance (ou la parité d'échange) de l'obligation la moins chère à livrer (la *cheapest*).

Soit, en arrondissant par défaut, 88 contrats Euro Bund.

En optant pour une couverture à terme ferme, le trésorier substitue ainsi à un rendement obligataire aléatoire un rendement certain proche de celui du monétaire (aux risques résiduels près) et ce, quel que soit le sens de l'évolution des taux sur le marché.

Les risques résiduels sont liés à la standardisation des contrats négociés sur les marchés organisés. Ils concernent les risques de base et de corrélation. Le risque de base résulte du fait que l'horizon de couverture (ici de 15 jours) est différent de la maturité du contrat servant d'instrument de couverture (soit 3 mois dans notre exemple). Le risque de corrélation provient du fait que les actifs à couvrir (ici les obligations à taux fixe) ne sont pas parfaitement corrélés avec l'emprunt notionnel servant de support au contra Euro Bund.

Le trésorier aurait pu accroître sa marge de manœuvre en optant pour une couverture à terme conditionnelle. Il aurait pu, en effet, moyennant le paiement d'une prime, se garantir un niveau de rendement plancher légèrement inférieur à celui du monétaire tout en se réservant la possibilité de profiter d'un mouvement favorable des taux sur le marché. Afin d'atteindre ce taux de rendement cible, il lui aurait suffi d'acheter 88 *puts* sur contrats Euro Bund (on suppose pour simplifier que la sensibilité du *put* aux fluctuations du prix de l'actif sous-jacent est proche de l'unité).

Si les taux augmentent comme prévu, la baisse de la valeur boursière du portefeuille obligataire sera compensée par la plus-value réalisée sur la vente des *puts*.

En revanche, si les taux à long terme viennent à baisser, le trésorier pourra abandonner ses *puts*, limitant ainsi sa perte au montant de la prime, tout en profitant pleinement de l'appréciation de son portefeuille obligataire sur le marché.

b. La couverture d'un placement futur

EXEMPLE

Un trésorier souhaite acquérir à compter du 30 mai une ligne d'obligations assimilables du Trésor offrant un taux facial (ou nominal) de (5 %) et de valeur nominale 5 000 000 €. Cette OAT correspond précisément à l'obligation la moins chère à livrer. Elle présente le mérite d'être très liquide et bien corrélée avec l'emprunt notionnel Euro Bund.

Craignant une baisse des taux d'intérêt d'ici fin juin, il décide d'intervenir sur Eurex pour se couvrir. Actuellement, les conditions du marché se résument ainsi :

- Cours de l'emprunt (5 %) : 117,70 ;
- Cours du contrat Euro Bund : 104,20 ;

– Facteur de concordance : 1,123 112 ;
– Sensibilité emprunt 5 % : 5,921 ;
– Prime du *call* 104 juin : 0,38 ;
– Prime du *put* 104 juin : 0,10.

Le trésorier a le choix entre deux modes de couverture :

– la couverture à terme ferme : elle ne nécessite aucune mobilisation de fonds et permet de figer à l'avance le coût d'acquisition des actifs (au risque de base près) et ce, quelle que soit l'évolution des taux d'intérêt. Si toutefois ses craintes s'avèrent non justifiées, le *hedger* pourrait exprimer des regrets ;
– la couverture à terme conditionnelle : elle permet de fixer un coût d'acquisition plafond tout en se réservant la possibilité de profiter d'un mouvement favorable des taux. Dans ce contexte, la prime payée par l'acheteur peut s'analyser comme le coût de la flexibilité que lui confère la couverture optionnelle.

S'il opte pour la couverture à terme ferme, le *hedger* devra acheter des contrats Euro Bund.

S'il opte pour une couverture à terme conditionnelle, il devra acheter des *calls* sur Euro Bund.

Le nombre de contrats *futures* (ou d'options) à négocier est :

N = (5 000 000/100 000) × (117,70/117,70) × (5,921/5,921) × 1,123 112 = 56,16, arrondis par défaut à 56

Au 30 mai, le contrat Euro Bund cote 103,10, l'emprunt d'État 5 % se négocie à 116,56 alors que le cours du *call* 104 juin avoisine les 0,15.

Détermination du coût d'acquisition des OAT au 30 mai

Stratégies	Coût d'acquisition des actifs au 30 mai (hors coupons courus)
En l'absence de couverture	116,56 % × 5 000 000 € Soit 5 828 000 €
En présence d'une couverture à terme ferme	5 828 000 € + perte (110 points de base × 10 × 56) Soit 5 889 600 €
En présence d'une couverture à terme conditionnelle	5 828 000 € + perte (23 points de base × 10 × 56) Soit 5 840 880 €

Contrairement aux craintes du *hedger*, les taux d'intérêt ont augmenté. Le prix des titres a donc enregistré une baisse sur le marché.

Tout *hedger* ayant opté pour une couverture à terme ferme pourra stabiliser le coût d'acquisition de ses actifs à 5 889 000 € et ce, quel que soit le sens de l'évolution des taux d'intérêt.

Dans l'hypothèse d'une couverture à terme conditionnelle, le *hedger* est à l'abri d'une baisse des taux et se fixe un coût d'acquisition maximal (et qui demeure certes supérieur en théorie au coût d'acquisition supporté dans l'hypothèse d'une couverture à terme ferme en raison du paiement de la prime). En revanche, il pourra sans difficulté profiter d'un mouvement de hausse des taux et acquérir, comme le montre le tableau précédent, ses titres à un coût proche du cours au comptant prévalant sur le marché au 30 mai.

D. La couverture du risque de taux à court terme

1. Les instruments de couverture

a. Les contrats *futures* de taux

Il s'agit des contrats de garantie de taux d'intérêt les plus répandus puisqu'ils sont offerts à la négociation par les principales places financières internationales.

Parmi eux, le contrat EURIBOR 3 mois a réussi à s'imposer comme contrat phare sur la plupart des places financières européennes (Euronext-Liffe, Eurex). C'est pourquoi nous avons choisi de lui accorder une attention particulière.

Le contrat EURIBOR 3 mois est un contrat à terme ferme qui permet de fixer à l'avance les conditions dans lesquelles se déroulerait une transaction future. Plus précisément, il s'agit d'un contrat de garantie de taux ayant pour actif support le taux interbancaire offert par les principales banques européennes pour des dépôts à 3 mois.

Tableau 7.9 – **Les caractéristiques du contrat EURIBOR 3 mois**

Type	Contrat *future*
Actif support	*Euro Interbank Offered Rate* (EURIBOR) pour des dépôts à terme à trois mois en €
Valeur nominale	1 000 000 €
Mode de cotation	100 – taux à terme implicite (exprimé en pourcentage avec trois décimales)
Variation minimale du cours (*tick*)	0,5 point de base, soit 12,5 €
Cours de compensation	Moyenne pondérée en volume des prix des cinq dernières transactions survenues durant les quinze dernières minutes
Échéances négociées	Six échéances mensuelles rapprochées et plusieurs échéances trimestrielles successives parmi mars, juin, septembre et décembre
Clôture d'une échéance	Deux jours de Bourse précédant le troisième mercredi du mois de livraison
Liquidation	Par règlement en espèces (*cash settlement*)
Horaires	De 7 h 00 à 18 h 00

La négociation d'un contrat EURIBOR 3 mois permet ainsi à un *hedger* de se garantir le taux d'un placement ou d'un emprunt futur présentant les caractéristiques suivantes :

– la valeur nominale du prêt ou de l'emprunt futur est de 1 000 000 € ;
– l'opération de prêt ou d'emprunt présente une maturité de 3 mois et admet comme point de départ l'une des quatre échéances trimestrielles du contrat à terme ferme, soit mars, juin, septembre ou décembre.

Alors que l'acheteur d'un contrat à terme souhaite se garantir le taux d'un placement futur dont les caractéristiques sont standardisées, le vendeur souhaite se garantir le taux d'un emprunt futur offrant les mêmes caractéristiques.

Compte tenu de la spécificité des contrats de taux, les autorités boursières ont choisi de coter un prix à terme permettant aux opérateurs de connaître à tout moment le taux à terme implicite qu'ils pourraient se garantir sur leurs opérations de prêts ou d'emprunts. En effet, le prix à terme d'un contrat EURIBOR 3 mois s'exprime comme suit :

Prix à terme = 100 – taux à terme implicite (en pourcentage avec trois décimales)

EXEMPLE

Un *hedger* qui achète (vend) à 95,95 un contrat EURIBOR 3 mois à l'échéance de juin souhaite se garantir à 4,05 % le taux d'un placement futur (d'un emprunt futur) devant prendre effet à l'échéance de juin et présentant les caractéristiques suivantes :

– valeur nominale de l'opération : 1 000 000 € ;
– maturité du placement : 3 mois.

Le contrat EURIBOR 3 mois possède deux échéances mensuelles rapprochées et plusieurs échéances trimestrielles successives parmi mars, juin, septembre et décembre. On peut ainsi observer à un même moment un prix à terme pour différentes échéances négociées.

La valeur d'un point de base se calcule au *prorata temporis*.

Elle correspond ici :

0,01 % × 1 000 000 € × 3 / 12, soit 25 €.

La variation minimale du prix à terme, appelée *tick*, est de un demi-point de base.

Ici, cela représente la somme de 12,5 €.

Ainsi, un vendeur à 95,10 qui dénoue sa position à terme à 94,98 enregistre une plus-value de 12 points de base, soit 300 € par contrat négocié.

La clôture d'une échéance intervient le deuxième jour de Bourse précédant le troisième mercredi du mois de livraison et la liquidation se solde par un ultime appel de marge donnant lieu à un règlement en espèces (*cash settlement*).

b. Les options sur contrat EURIBOR 3 mois

Il s'agit là aussi d'une option américaine ayant pour actif support un contrat de type *futures*, à savoir le contrat EURIBOR 3 mois exposé précédemment. L'exercice de l'option est possible à tout moment au cours de la durée de vie du contrat.

Ainsi, tout acheteur d'un *call* ou d'un *put* acquiert, moyennant le versement d'une prime, le droit et non l'obligation d'acheter ou de vendre un contrat EURIBOR 3 mois à prix spécifié d'avance (appelé prix d'exercice) et pendant une période déterminée et délimitée par une date d'échéance.

Tableau 7.10 – **Les caractéristiques de l'option sur contrat EURIBOR 3 mois négociée sur le Liffe**

Type	Option américaine
Actif support	Contrat *futures* EURIBOR 3 mois
Valeur nominale	1 000 000 €
Échéances négociées	Six échéances mensuelles rapprochées et plusieurs échéances trimestrielles successives parmi mars, juin, septembre et décembre Les mois d'échéance des options et des *futures* sous-jacents sont identiques
Prix d'exercice	L'écart entre deux prix d'exercice est de 10 points de base Chaque mois d'échéance est initialement assorti de 21 prix d'exercice
Mode de cotation	Prime exprimée en pourcentage du pair avec trois décimales
Variation minimale du cours (*tick*)	0,5 point de base, soit 12,5 €
Exercice de l'option	Permet de détenir une position longue (dans le cas d'un *call*) ou courte (pour un *put*) sur le sous-jacent au prix d'exercice
Clôture d'une échéance	Deux jours de Bourse précédant le troisième mercredi du mois d'échéance de l'option
Horaires	De 8 h 30 à 19 h 00

La prime d'un contrat EURIBOR 3 mois s'exprime en pourcentage du pair avec trois décimales. À tout moment, il est possible de négocier sur le marché deux échéances mensuelles rapprochées et plusieurs échéances trimestrielles successives parmi celles de mars, juin, septembre et décembre. Chaque mois d'échéance est initialement assorti de vingt et un prix d'exercice. L'écart entre deux prix d'exercice est de 10 points de base, soit 250 €.

EXEMPLE

Au 18 février N, le *call* à échéance de mars N et de prix d'exercice 96 s'échangeait à 45 points de base. En d'autres termes, tout acheteur devait s'acquitter ce jour-là de 1 125 € pour acquérir le droit d'acheter un contrat EURIBOR 3 mois au prix d'exercice de 96.

Pour un *put* à caractéristiques identiques échangé à 10 points de base, tout opérateur devait verser le même jour 250 € pour bénéficier du droit de vendre d'ici fin juin un contrat EURIBOR 3 mois au prix d'exercice de 96.

L'acheteur qui exerce son droit détient une position longue ou courte sur le contrat sous-jacent au prix d'exercice de l'option.

Les acheteurs et les vendeurs peuvent à tout moment dénouer leurs positions par une opération à terme de sens inverse. À l'échéance, les options en dehors sont abandonnées, limitant la perte au montant de la prime et les options en dedans donnent lieu à un ultime versement de marge au profit de l'acheteur.

2. Les stratégies de protection contre le risque de taux à court terme

a. La couverture d'un placement anticipé

EXEMPLE

Le trésorier d'un groupe industriel souhaite effectuer à compter du 15 juin (date correspondant à une échéance du Liffe) un placement futur de 1 000 000 € sur une période de 3 mois. Craignant une baisse des taux pouvant diminuer la rentabilité de son placement futur, le trésorier décide d'intervenir sur Euronext-Liffe en vue de se garantir une protection maximale. Au 15 mars, le prix à terme du contrat Euribor 3 mois, à échéance de juin, avoisine les 96 et le *call* sur contrat EURIBOR 3 mois à un prix d'exercice de 96,20 s'échange à 0,10 pour la même échéance.

Le trésorier a le choix entre deux modes de couverture. Craignant une baisse des taux (et donc une augmentation des cours du contrat EURIBOR), il devra prendre une position à terme qui serait gagnante dans cette éventualité, à savoir acheter des contrats EURIBOR 3 mois ou acheter des *calls*.

D'une manière générale, le nombre optimal (N) de contrats à terme fermes (ou conditionnels) à négocier obéit à la relation suivante :

$N = M/K \times d/90$

Avec :

- M et K : respectivement les valeurs nominales de la position à couvrir et du contrat EURIBOR 3 mois ;
- d : la durée (exprimée en jours) du placement ou de l'emprunt futur exposé au risque de taux d'intérêt.

Soit un contrat dans notre exemple.

Hypothèse 1 : stratégie de couverture à terme ferme

Le trésorier pourra acheter un contrat EURIBOR dans l'espoir de le revendre plus cher et ainsi de dégager une plus-value qui viendrait compenser la baisse de la rentabilité de son placement futur.

En optant pour une couverture à terme ferme, il pourrait aspirer à un niveau de rendement proche du taux à terme implicite observé sur le marché au moment de la mise en place de la couverture (soit 4 %). Étant donné que le placement futur est indexé sur l'EURIBOR 3 mois et que l'horizon de couverture coïncide avec la maturité du contrat, le trésorier est à l'abri des risques de base et de corrélation.

Si l'on désigne par :

TPE : le taux de placement effectif

TT : le taux à terme implicite observé sur le marché à terme

TC : le taux au comptant observé sur le marché monétaire

on peut montrer en effet que le taux de placement effectif au 15 mars s'écrit :

$TPE = TC_{15/06} + (F_{15/06} - F_{15/03})$

$TPE = TC_{15/06} + (100 - TT_{15/06} - 100 + TT_{15/03})$

$TPE = TT_{15/03} - (TT_{15/06} - TC_{15/06})$

$TPE = TT_{15/03}$

le taux à terme implicite convergeant vers le taux spot à l'échéance

Soit un TPE de 4 %.

Hypothèse 2 : stratégie de couverture à terme conditionnelle

Le trésorier pourra acheter un *call* sur contrat EURIBOR. Si les taux diminuent (les prix augmentent), le *call* s'apprécie pour compenser la baisse de rentabilité du placement. Si, en revanche, les taux s'apprécient, le trésorier pourra profiter de ce mouvement favorable en abandonnant son option. La couverture à terme conditionnelle confère ainsi au trésorier une flexibilité managériale. Elle permet de se garantir un niveau de rendement plancher légèrement inférieur au taux à terme implicite observé sur le marché au moment de la mise en place de la couverture (en raison du paiement de la prime), tout en lui réservant la possibilité de profiter d'un mouvement favorable des taux.

Si l'on désigne respectivement par PE et TE le prix d'exercice et le taux d'exercice (100 – PE) du *call* et par C la prime du *call*, on peut montrer que le taux de placement effectif au 15 mars s'écrit :

– dans le cas d'une baisse des taux :

$TPE = TC_{15/06} + (F_{15/06} - PE) - C$

$TPE = TC_{15/06} + (100 - TT_{15/06} - 100 + TE) - C$

$TPE = TE - C$

Soit un taux de rendement plancher de 3,80 %.

– dans le cas d'une hausse des taux :

$TPE = TC_{15/06} - C$

La présence de risques résiduels (dus à une durée de placement différente de 3 mois ou à indice de référence autre que l'EURIBOR 3 mois) introduit un aléa dans les expressions décrites précédemment.

b. La couverture d'un emprunt futur

EXEMPLE

On reprend l'énoncé du paragraphe précédent en supposant cette fois-ci que le trésorier du groupe industriel souhaite réaliser un placement futur et qu'au 15 mars, le marché offre à la négociation un *put* avec un prix d'exercice de 95,80 et une prime de 0,12.

En l'absence de risques de base et de corrélation, le coût effectif de l'emprunt diffère selon qu'il s'agisse d'une couverture à terme ferme ou conditionnelle.

Désignons par TEE le taux d'emprunt effectif et par P le prix du *put*.

Hypothèse 1 : stratégie de couverture à terme ferme

Craignant une hausse des taux (et donc une baisse des cours), le trésorier devra vendre un contrat EURIBOR 3 mois dans l'espoir de le racheter moins cher et de dégager ainsi une plus-value pouvant compenser le surcoût supporté au moment de la mise en place de l'emprunt.

$TEE = TC_{15/06} - (F_{15/03} - F_{15/06})$

$TEE = TC_{15/06} - (100 - TT_{15/03} - 100 + TT_{15/06})$

$TEE = TT_{15/03} - (TT_{15/06} - TC_{15/06})$

$TEE = TT_{15/03}$

le taux à terme implicite convergeant vers le taux spot à l'échéance

$TEE = TT_{15/03}$ (soit le taux à terme implicite de 4 % observé sur le marché au moment de la mise en place de la couverture)

Hypothèse 2 : stratégie de couverture à terme conditionnelle

Craignant une hausse des taux (et donc une baisse des cours), le trésorier devra acheter des *puts* sur contrats EURIBOR 3 mois dans l'espoir de les revendre plus cher et de dégager ainsi une plus-value pouvant compenser le surcoût supporté au moment de la mise en place de l'emprunt.

On peut montrer que le taux d'emprunt effectif au 15 mars s'écrit :

– dans le cas d'une baisse des taux :

$TEE = TC_{15/06} + P$

– dans le cas d'une hausse des taux :

$TEE = TC_{15/06} - (PE - F_{15/06} - P)$

$TEE = TC_{15/06} - (100 - TE - 100 + TT_{15/06} - P)$

$TEE = TE + P$

Soit un taux de rendement plancher de 4,32 %.

La présence de risques résiduels (dus à une durée de l'emprunt différente de 3 mois ou à un indice de référence autre que l'EURIBOR 3 mois) introduit un aléa dans les expressions décrites précédemment.

III La couverture des risques financiers sur les marchés de gré à gré

Les marchés de gré à gré proposent à leurs participants des contrats sur mesure qui s'avèrent particulièrement adaptés aux PME dont l'accès aux marchés organisés est relativement limité en raison de contraintes d'ordre organisationnel ou structurel qui rendent difficile une intervention directe sur les marchés financiers.

Dans ce qui suit, nous accorderons une attention particulière aux produits dérivés OTC (*over the counter*) ainsi qu'aux stratégies financières les plus usitées sur les marchés de gré à gré.

A. Les *swaps* comme outil de protection contre les risques de taux et de change

Le *swap* est un contrat par lequel deux parties conviennent, le plus souvent par l'intermédiaire d'une banque, de modifier leurs conditions d'accès aux marchés financiers. Chaque partie doit trouver un avantage à l'échange.

Il existe différentes catégories de *swaps* : les *swaps* de taux d'intérêt et les *swaps* de devises.

1. Les différentes catégories de *swaps*

a. Le *swap* de taux

C'est un contrat en vertu duquel deux parties, ayant conclu un prêt (ou un emprunt), s'engagent à échanger par l'intermédiaire d'une banque leurs produits (ou charges) financiers à des échéances régulières.

Un *swap* de taux se caractérise par :
- sa date de valeur : le 1er jour du mois ;
- sa date d'échéance : de quelques mois à 10 ans ;
- le montant du capital notionnel (ou théorique) qui sert de base au calcul des intérêts ;
- le taux variable de référence : T4M (taux moyen mensuel du marché monétaire), TAM (taux annuel monétaire), Euribor (*euro interbank offered rate*), etc. ;
- la valeur retenue du taux fixe ;
- la devise dans laquelle est signé le *swap*.

Le *swap* de taux constitue un instrument de couverture à terme ferme. Il permet de fixer à l'avance le coût d'un emprunt ou la rentabilité d'un placement et ainsi de se protéger contre toute évolution non anticipée des taux.

EXEMPLE

La société I a effectué, il y a deux ans, un emprunt à taux variable (TAM + 0,50 %) de 1 M€ sur une durée de 7 ans. Craignant une hausse des taux d'intérêt à long terme, son trésorier négocie avec sa banque un *swap* à taux fixe de 4,30 % de maturité 5 ans et portant sur un nominal de 1 M€. La société I s'engage donc à payer des intérêts sur la base d'un taux de 4,30 %. Elle reçoit en échange des intérêts calculés sur la base d'un taux variable référencé sur le TAM. Ainsi, chaque année, le trésorier devra :
- payer les intérêts au taux TAM + 0,50 % ;
- payer les intérêts au taux fixe de 4,30 % ;
- recevoir les intérêts au TAM.

Au terme de chaque période d'intérêts, le trésorier reçoit ou paie la différence d'intérêts entre le taux fixe et le taux variable, selon que cette différence est positive ou négative.

Détermination du différentiel d'intérêt pour diverses hypothèses de TAM

	Année 1	Année 2	Année 3
TAM	4,00 %	4,30 %	4,50 %
Évolution des taux	Favorable	Neutre	Défavorable
Différence d'intérêts	1 000 000 (4,00 % – 4,30 %) = – 3 000	1 000 000 (4,30 % – 4,30 %) = 0	1 000 000 (4,50 % – 4,30 %) = 2 000
Versement effectué par	La société à la banque	Aucun versement	La banque à la société

Le coût effectif de l'emprunt peut alors s'écrire :

Coût de l'emprunt en l'absence du *swap* – résultat du *swap*

Soit dans notre exemple : taux variable + marge – (taux variable – taux fixe)

Ou encore : taux fixe + marge

L'opération de *swap* permet ainsi de bloquer le coût de l'emprunt à 4,80 %, quelle que soit l'évolution des taux sur le marché.

b. Le *swap* de devises

Un *swap* de devises est un contrat entre deux parties qui décident d'échanger le service de deux dettes (principal et intérêts) libellées dans deux devises différentes.

Le *swap* de devises est surtout utilisé pour l'obtention de capitaux sur un marché financier à accès réglementé ou à ressources limitées. L'intérêt du *swap* de devises est de tirer profit des avantages comparatifs dont bénéficient les parties contractantes.

C'est ainsi qu'une entreprise française, qui éprouve des difficultés à lever des fonds sur un marché étranger mais qui bénéficie d'un accès privilégié sur le marché français, peut avoir un intérêt à réaliser un *swap* avec une entreprise étrangère bénéficiant de conditions préférentielles dans son pays d'origine mais ne pouvant accéder à des conditions de taux avantageuses en France.

D'un point de vue technique, le *swap* de devises se déroule en trois étapes :
– l'échange du principal ;
– l'échange des intérêts ;
– le remboursement du capital.

B. Les contrats de change à terme et de garantie de taux

1. Le change à terme

Le change à terme constitue un engagement ferme à acheter ou à vendre une devise à une date ultérieure fixée au moment de la conclusion du contrat et à un prix spécifié d'avance, appelé cours à terme.

En achetant (ou en vendant) à terme une devise, un opérateur peut fixer à l'avance les conditions dans lesquelles se déroulerait sa transaction future et se mettre à l'abri du risque de change.

Ainsi, l'achat à terme d'une devise permet de se prémunir contre une appréciation du cours de cette même devise, et inversement.

Le groupe D détient une position de change commerciale longue correspondant à une créance nette de 2 000 000 $. L'encaissement de cette somme doit s'effectuer dans trois mois.

Le groupe D encourt un risque de change commercial. En effet, si le cours du dollar se déprécie au moment de l'encaissement de sa créance, il va enregistrer une perte de change.

Actuellement, le cours à terme du dollar est de 0,67 € dans trois mois contre 0,72 € au comptant.

La différence entre le cours à terme et le cours spot du dollar peut donner lieu à la constatation d'un report ou d'un déport. On parle de report dès lors que le taux de change à terme est supérieur au taux spot (ce qui laisse présager une augmentation du cours spot du dollar). On parle de déport dans le cas contraire.

Ici, le dollar cote en déport puisque le taux à terme est inférieur au taux spot.

Le groupe D pourra se protéger contre une dépréciation du cours du dollar à la date de règlement de sa créance en vendant dès à présent sur le marché des changes à terme, à échéance dans trois mois, 2 M$ à un cours spécifié d'avance (soit le taux de change à terme de 0,67 $/€ observé aujourd'hui sur le marché).

Cette opération de change à terme lui permet de se garantir l'encaissement d'une somme de 1 340 000 € dans 3 mois et ce, quelle que soit l'évolution du cours du dollar.

2. Le contrat de garantie de taux (*Forward Rate Agreement*)

Le FRA est un contrat de garantie de taux conclu avec une banque qui permet aux entreprises de fixer à l'avance le taux d'un prêt ou d'un emprunt futur.

Comme tous les contrats à terme ferme, le FRA ne nécessite aucune mobilisation de fonds au moment de la signature du contrat.

Ce n'est qu'à la date de la mise en place de l'opération de prêt ou d'emprunt que le taux au comptant (TC) prévalant sur le marché (l'EURIBOR 3 mois par exemple) est comparé au taux garanti (TG) pour donner lieu au versement d'un différentiel d'intérêts au profit de l'une des deux parties contractantes.

Le tableau 7.11 indique le bénéficiaire de ce versement pour chaque hypothèse d'évolution des taux.

Tableau 7.11 – **Le versement du différentiel d'intérêts dans le cadre d'un FRA**

	TC < TG	TC > TG
Emprunt futur	Versement du différentiel d'intérêts par l'entreprise au profit de la banque	Versement du différentiel d'intérêts par la banque au profit de l'entreprise
Prêt futur	Versement du différentiel d'intérêts par la banque au profit de l'entreprise	Versement du différentiel d'intérêts par l'entreprise au profit de la banque

Bien que l'entreprise ne soit pas tenue de réaliser son prêt ou son emprunt futur auprès de la banque qui lui assure le taux garanti, la négociation d'un FRA nécessite de recueillir des informations précises sur les caractéristiques de l'opération (montant du prêt ou de l'emprunt, date de sa mise en place, durée et taux de référence de l'opération).

Sur un plan technique, le différentiel d'intérêts (DI) que doit payer la banque (ou l'entreprise) à la date de la mise en place de l'opération de prêt ou d'emprunt se détermine comme suit :

$$DI = (|TC - TG| \times VN \times j / 360) / (1 + TC \times j / 360)$$

Avec :
- $|TC - TG|$: la valeur absolue du différentiel d'intérêts constatée à la date n ;
- TC : le taux au comptant (ou spot) applicable à une opération de prêt ou d'emprunt prenant effet à la date n de maturité j ;
- TG : le taux garanti par le FRA ;
- VN : la valeur nominale de l'opération de prêt ou d'emprunt ;
- j : la maturité (exprimée en nombre de jours) du prêt ou de l'emprunt futur ;
- n : la date de la mise en place de l'opération de prêt ou d'emprunt.

EXEMPLE

Le 10 mars, le trésorier du groupe I prévoit un besoin de trésorerie de 10 M€ dans un mois pour une durée de 3 mois qu'il compte financer par un crédit spot EURIBOR 3 mois + 1 %. Craignant une hausse des taux d'intérêt à court terme pouvant renchérir le coût de son emprunt futur, le trésorier décide de négocier auprès de sa banque principale un FRA « 3 dans 1 » assorti d'un taux garanti de 4 %.

Le 10 avril, l'EURIBOR 3 mois est à 4,50 %. Le taux spot étant supérieur au taux garanti, la banque doit dédommager le groupe I en lui reversant le différentiel d'intérêts :

$DI = 10\ M€ \times [(4{,}50\ \% - 4\ \%) \times (90 / 360)/(1 + 4{,}50\ \% \times 90 / 360)] = 0{,}012\ 361\ M€$.

Le DI peut s'analyser comme une compensation au surcoût supporté par le groupe I au moment de l'émission de son emprunt au 10 avril.

Les flux associés à cette stratégie sont reproduits dans le tableau suivant.

Détermination des flux associés à un emprunt futur couvert par un FRA

	10 avril	10 juillet
Emprunt non couvert	+ 10 M€	– 10 M€ (1 + 5,50 % × 90 / 360) – 10,1375 M€
Résultat de la couverture	+ 0,012361 M€	0
Emprunt couvert	+ 10,012361 M€	– 10,1375 M€

Dès lors, il devient possible d'en déduire le taux effectif de l'emprunt (TEE) « 3 dans 1 » :

$10{,}012\ 361\ M€ \times (1 + TEE \times 90 / 360) = 10{,}1375\ M€$

Il en résulte un TEE égal à 5 %, soit le taux d'intérêt de 4 % garanti par le FRA augmenté de la marge de 1 %.

C. Les options de change et de taux

Les options négociées sur les marchés de gré à gré obéissent aux mêmes principes que ceux que nous avons présentés précédemment. Dans ce qui suit, nous limiterons notre étude aux options de change et de taux d'intérêt.

a. Les options de change

Une option de change (ou sur devise) confère à son acheteur, et à lui seul, moyennant le paiement d'une prime, le droit d'acheter (option d'achat) ou de vendre (option de vente) des devises pendant une période délimitée par une date d'échéance et à un prix spécifié d'avance (appelé prix d'exercice).

En France, il n'existe presque plus de contrats négociés sur un marché organisé. Les options de change les plus actives sont traitées essentiellement sur des marchés de gré à gré.

Les options de change constituent un instrument de couverture conditionnelle offrant une souplesse relative pour la gestion des positions de change.

Elles permettent aux trésoriers d'entreprises de se prémunir d'une évolution non anticipée des cours des devises tout en leur réservant la possibilité de profiter d'un mouvement favorable sur le marché.

La prime que doit payer le *hedger* au moment de la mise en place de la couverture s'analyse précisément comme le coût de la flexibilité managériale que confère la position à terme conditionnelle.

EXEMPLE

Un groupe français doit encaisser dans un mois 5 M$. Afin de se prémunir contre une baisse du cours du dollar à la date du règlement de la créance, le trésorier décide de mettre en place une couverture à terme conditionnelle en achetant des *puts* européens au prix d'exercice de 0,715 €/$ avec une prime de 0,018 €/$.

Si à l'échéance, le cours du dollar sur le marché du spot passe en dessous de 0,715, le trésorier pourra exercer son option et vendre ses dollars à un taux de change effectif de :

0,715 – 0,018, soit 0,697 €/$.

Si à l'échéance, le cours du dollar augmente et passe au-dessus de 0,715 €/$, le trésorier aura tout intérêt à abandonner son option, limitant ainsi sa perte au montant de la prime, tout en bénéficiant pleinement du mouvement haussier observé sur le marché.

Il pourra ainsi vendre ses dollars à un taux de change effectif de : taux spot – 0,018.

Quelle que soit l'évolution du cours du dollar à l'échéance, le trésorier pourra se garantir un taux de change effectif compris dans l'intervalle (0,697 ; taux spot – 0,018).

b. Les options de taux

Une option de taux confère à son acheteur, et à lui seul, moyennant le versement d'une prime, le droit de prêter ou d'emprunter une somme d'argent pendant une période déterminée et à un taux préalablement fixé appelé taux d'exercice (TE).

Sur les marchés de gré à gré, on distingue principalement les *caps*, les *floors* et les *collars*.

***Le cas du* cap**

Une opération de *cap* permet à tout emprunteur, moyennant le versement d'une prime, de se garantir un coût plafond (hors marge) égal à (TE + prime), tout en se réservant la possibilité de profiter d'un mouvement baissier des taux.

Sur un plan technique, l'entreprise doit s'acquitter à chaque début de période du montant de la prime.

À l'issue de chaque période annuelle, le taux de référence de l'emprunt (soit le TAM par exemple) est comparé au taux d'exercice (TE) du *cap* :

- si le TAM est supérieur au TE, l'entreprise reçoit de la banque la différence d'intérêt : (TAM – TE) × valeur nominale de l'emprunt. L'entreprise se garantit un coût d'emprunt maximal égal à : TAM + marge – (TAM – TE) + Prime = TE + Prime + marge ;
- si le TAM est inférieur ou égal au TE, aucun versement n'a lieu et l'entreprise peut profiter pleinement de la baisse des taux arrêtant ainsi le coût de son emprunt à : TAM + Prime + marge.

La société A a émis, il y a deux ans, un emprunt obligataire remboursable *in fine* au pair de 1 M€, d'une durée de vie de 7 ans, au taux variable TAM + 0,50 %.

Le trésorier craint une hausse des taux et souhaite tirer parti d'une baisse possible.

Il achète à sa banque un *cap* de 1 M€ pour une durée de 5 ans au taux plafond de 5 % au taux de référence TAM avec une prime de 1,4 %.

Au début de chaque période, la société A doit verser une prime de : 1 000 000 × 1,4 %, soit 14 000.

Au terme de chaque période annuelle, le taux de référence (TAM) est comparé au taux d'exercice :

- si le TAM est supérieur à 5 %, l'entreprise reçoit de la banque la différence d'intérêt et se garantit un coût d'emprunt maximal égal à : TAM + 0,50 % – (TAM – 5 %) + 1,40 % = 6,90 % ;

– si le TAM est inférieur ou égal à 5 %, aucun versement n'a lieu et la société A pourra profiter d'une évolution favorable des taux. Le coût de l'emprunt est alors de : TAM + 1,90 %.

Le cas du floor

Une opération de *floor* permet à tout prêteur, moyennant le versement d'une prime, de se garantir un taux de rentabilité plancher (hors marge) égal à (TE – prime) tout en se réservant la possibilité de profiter d'un mouvement haussier des taux.

Sur un plan technique, l'entreprise doit s'acquitter à chaque début de période du montant de la prime.

À l'issue de chaque période annuelle, le taux de référence de l'emprunt (soit le TAM par exemple) est comparé au taux d'exercice (TE) du *floor* :

– si le TAM est inférieur au TE, l'entreprise reçoit de la banque la différence d'intérêt : (TE – TAM) × valeur nominale de l'emprunt. L'entreprise se garantit un taux de rentabilité minimal égal à : TAM – marge + (TE – TAM) + prime = TE – prime – marge ;

– si le TAM est supérieur ou égal au TE, aucun versement n'a lieu et l'entreprise peut profiter pleinement de la baisse des taux arrêtant ainsi la rentabilité de son placement à : TAM – prime – marge.

EXEMPLE

La société G a effectué un placement de 1 M€, d'une durée de vie de 5 ans, au taux variable TAM – 0,30 %. Craignant une baisse des taux d'intérêt susceptible d'affecter la rentabilité de son placement, le directeur financier achète à sa banque un *floor* de 1 M€ pour une durée de 5 ans au taux plancher de 4,50 % au taux de référence TAM avec une prime de 0,70 %.

Au début de chaque période, la société G doit verser une prime de : 1 000 000 × 0,70 %, soit 7 000 €.

Au terme de chaque période annuelle, le taux de référence (TAM) est comparé au taux d'exercice :

– si le TAM est inférieur à 4,50 %, l'entreprise reçoit de la banque la différence d'intérêt et se garantit un taux de rentabilité plancher de : TAM – 0,30 % + (4,50 % – TAM) – 0,70 % = 3,50 % ;

– si le TAM est supérieur ou égal à 4,50 %, aucun versement n 'a lieu et la société G pourra profiter d'une évolution favorable des taux. La rentabilité effective du placement est alors de : TAM – 1 %.

Le cas du collar

Un *collar* permet à tout prêteur (ou emprunteur), moyennant le versement d'une prime réduite, de se garantir un taux de rentabilité plancher (ou un coût de financement plafond) tout en lui réservant la possibilité de profiter d'une hausse (ou d'une baisse) des taux à l'intérieur d'une fourchette spécifiée d'avance.

Sur un plan technique, le *collar* peut résulter :

– d'une combinaison de l'achat d'un *cap* et de la vente d'un *floor* : cette stratégie présente le mérite de limiter le coût de la couverture à la différence entre la prime du *cap* et celle du *floor* mais aussi de cantonner le coût effectif de l'emprunt à l'intérieur d'une fourchette de taux : (taux plancher du *floor* + marge + prime nette ; taux plafond du *cap* + marge + prime nette) ;

– d'une combinaison de l'achat d'un *floor* et de la vente d'un *cap* : cette stratégie limite le coût de la couverture à la différence entre la prime du *floor* et celle du *cap* et cantonne le taux de rentabilité du placement à l'intérieur d'une fourchette de taux : (taux plancher du *floor* – marge – prime nette ; taux plafond du *cap* – marge – prime nette).

EXEMPLE

Considérons le cas d'une entreprise endettée à taux variable (TAM + 0,50 %) qui souhaite se protéger contre une hausse des taux et profiter d'une baisse. Afin de réduire le coût de sa couverture, elle décide :

– d'acheter un *cap* de 1 M€ pour une durée de 5 ans au taux plafond de 6 % au taux de référence TAM avec une prime de 1,00 % ;
– de vendre un *floor* de 1 M€ pour une durée de 5 ans au taux plafond de 4 % au taux de référence TAM avec une prime de 0,60 %.

Au début de chaque période, l'entreprise doit s'acquitter d'une prime nette de (1,00 % – 0,60 %) × 1 M€, soit 4 000 €.

À l'issue de chaque période annuelle, le taux de référence (TAM) est comparé respectivement aux taux d'exercice du *cap* et du *floor* :

– si le TAM est supérieur à 6 %, l'entreprise reçoit de la banque (au titre de l'achat du *cap*) la différence d'intérêt et se garantit un coût d'emprunt maximum égal à : TAM + 0,50 % – (TAM – 6 %) + 0,40 % = 6,90 % ;
– si le TAM est inférieur à 4 %, l'entreprise verse à la banque (au titre de la vente du *floor*) la différence d'intérêt et se garantit un coût d'emprunt minimum égal à : TAM + 0,50 % + (4 % – TAM) + 0,40 % = 4,90 % ;
– si le TAM est compris entre 4 et 6 %, alors le coût de l'emprunt est de : TAM + 0,90 %.

SYNTHÈSE

Les marchés dérivés et les principes des opérations à terme

Les marchés dérivés peuvent être classés en deux catégories : les marchés de gré à gré et les marchés organisés.

Les marchés de gré à gré offrent à leurs participants la possibilité de négocier des contrats sur mesure particulièrement adaptés aux besoins en couverture exprimés par les PME. Les marchés organisés, réputés sécurisés et plus liquides, répondent davantage aux préoccupations des groupes de sociétés, des établissements bancaires et des institutions financières dont les encours et le degré d'exposition aux risques financiers justifient une intervention directe sur les marchés financiers permettant de minimiser les coûts d'intermédiation.

Les marchés dérivés offrent à la négociation deux catégories de contrats : les contrats à terme fermes et les contrats conditionnels.

Alors que les premiers permettent de figer à l'avance les conditions dans lesquelles se déroulerait une transaction future, les seconds confèrent à leurs bénéficiaires, moyennant le paiement d'une prime, une flexibilité managériale dans la gestion de leurs positions en actions, en termes de taux et de change.

La couverture des risques financiers sur les marchés organisés

Les marchés à terme organisés offrent à leurs participants une solution originale et appropriée pour gérer les risques financiers.

L'idée intuitive qui sous-tend une opération de couverture est que la position à terme produise un gain lorsque la position au comptant subit une perte, et inversement.

Comparée à une couverture à terme ferme, la couverture à terme conditionnelle nécessite une mobilisation de fonds et permet de se protéger contre un événement défavorable, tout en donnant la possibilité de profiter des opportunités offertes par le marché.

La couverture des risques financiers sur les marchés de gré à gré

La couverture des risques financiers sur les marchés de gré à gré nécessite l'intervention du banquier. Ce dernier gère le plus souvent les risques que lui transfèrent les entreprises clientes en intervenant à son tour sur les marchés organisés.

Les produits dérivés OTC (*over the counter*) recouvrent trois catégories de contrats : les *swaps* de taux et de devises, les contrats *forward* de taux et de change (tels que le FRA et le change à terme) et les contrats à terme conditionnels (tels que les options de taux et de change).

APPLICATION 1 Vrai ou faux

1. Le vendeur d'un contrat *futures* spécule sur l'augmentation des prix.

2. Une option européenne ne peut être exercée avant sa date d'échéance.

3. Le vendeur d'un *put* a le droit et non l'obligation de vendre l'actif support au prix d'exercice spécifié dans le contrat.

4. L'acheteur d'un *call* spécule sur la baisse des prix.

5. Il n'est pas optimal d'exercer une option américaine avant l'arrivée de son terme.

6. Les marchés à terme organisés sont des marchés peu liquides.

7. Le gérant d'un portefeuille investi en actions peut se protéger contre un renversement de tendance en achetant des *puts* sur indice boursier.

8. La vente de *trackers* avec SRD constitue une stratégie spéculative.

9. Une entreprise endettée à taux fixe est à l'abri du risque de taux.

10. L'émission différée de billets de trésorerie peut se couvrir par la vente de contrats EURIBOR 3 mois.

11. L'achat de *calls* sur contrat Euro Bund permet de se couvrir contre une baisse des taux d'intérêt à long terme.

12. Les contrats à terme conditionnels constituent des instruments de couverture plus adaptés que les contrats à terme fermes.

13. Une stratégie de couverture à terme conditionnelle ne nécessite aucune mobilisation de fonds.

14. Une stratégie de couverture à terme ferme n'est efficace que si les craintes du *hedger* s'avèrent justifiées.

15. La présence de risques résiduels affecte l'efficacité des stratégies de couverture mises en œuvre sur les marchés organisés.

16. Une entreprise détenant une position de change courte en devise s'expose au risque de change.

17. Une entreprise détenant une position de change courte en devise peut se couvrir en achetant des *calls* sur cette même devise.

18. Le FRA est un instrument de couverture coûteux puisqu'il peut donner lieu au versement d'un différentiel d'intérêt à la banque.

19. Le *cap* est un instrument de couverture qui permet de profiter d'un mouvement favorable des taux sur le marché.

20. Les *swaps* de taux sont des instruments de couverture conditionnelle.

CORRIGÉ 1

1. FAUX. Le vendeur d'un contrat *futures* spécule sur la baisse des prix dans l'espoir de racheter moins cher son contrat et de réaliser ainsi un profit.

2. VRAI. Une option européenne ne peut être exercée qu'à sa date d'échéance.

3. FAUX. Si l'acheteur d'un *put* exerce son option, le vendeur a l'obligation d'acheter l'actif support au prix d'exercice spécifié dans le contrat.

4. FAUX. L'acheteur d'un *call* spécule sur la hausse des prix.

5. VRAI. Il n'est pas optimal d'exercer une option américaine avant l'arrivée de son terme car on perd la valeur temps.

6. FAUX. Les marchés à terme organisés sont des marchés réputés très liquides en raison de la standardisation des contrats qui fait que l'activité du marché converge vers un nombre de produits dérivés plus restreint.

7. VRAI. Le gérant d'un portefeuille investi en actions craint un mouvement baissier. Il doit donc prendre une position à terme conditionnelle qui serait gagnante dans cette éventualité, à savoir l'achat de *puts* sur indice boursier.

8. VRAI. La vente de *trackers* avec SRD constitue une stratégie de spéculation à la baisse.

9. FAUX. Une entreprise endettée à taux fixe n'est pas à l'abri du risque de taux car elle se prive de l'opportunité de profiter d'un mouvement baissier des taux.

10. VRAI. Un trésorier envisageant une émission différée de billets de trésorerie craint une augmentation des taux d'intérêt qui viendrait renchérir le coût de son emprunt futur. Il doit donc prendre une position à terme ferme qui serait gagnante dans cette éventualité : la vente de contrats EURIBOR 3 mois dans l'espoir de les racheter moins cher et de réaliser ainsi un gain pouvant compenser le surcoût supporté au moment de la mise en place de son emprunt.

11. VRAI. Un opérateur craignant une baisse des taux d'intérêt à long terme (et corrélativement une augmentation du cours des obligations à taux fixe) peut se couvrir en achetant des *calls* sur contrat Euro Bund.

12. FAUX. Si les craintes de l'opérateur s'avèrent justifiées, les contrats à terme fermes constituent des instruments de couverture moins coûteux et tout aussi efficaces.

13. FAUX. Une stratégie de couverture à terme conditionnelle possède un coût : la prime de l'option. D'un point de vue économique, cette prime peut s'interpréter comme le coût de la flexibilité managériale dont bénéficie le *hedger*.

14. FAUX. Une stratégie de couverture à terme ferme est dite efficace si elle permet de stabiliser (aux risques résiduels près) la valeur de la position couverte au terme de l'horizon de couverture et ce, quelle que soit l'évolution des cours sur le marché.

15. VRAI. La présence de risques résiduels affecte l'efficacité des stratégies de couverture mises en œuvre sur les marchés organisés dans la mesure où l'existence de ces risques résiduels introduit un aléa dans la valeur de la position couverte.

16. VRAI. Une entreprise détenant une position de change courte en devise s'expose à un risque de change lorsque le cours de la devise dans laquelle est libellée sa créance s'oriente à la hausse.

17. VRAI. Une entreprise détenant une position de change courte en devise peut se couvrir en achetant des *calls* sur cette même devise. Cette stratégie lui permet de se couvrir contre une augmentation du cours de la devise dans laquelle est libellée sa créance tout en lui réservant la possibilité de profiter d'un mouvement baissier sur le marché.

18. FAUX. Le FRA est un instrument de couverture qui ne nécessite aucune mobilisation de fonds et qui permet de figer à l'avance le taux d'un placement ou d'un emprunt futur et ce, quelle que soit l'évolution des taux sur le marché.

19. VRAI. Le *cap* est un instrument de couverture qui permet de profiter d'un mouvement baissier des taux sur le marché.

20. FAUX. Les *swaps* de taux sont des instruments de couverture à terme ferme en vertu desquels deux parties, ayant conclu un prêt (ou un emprunt), s'engagent à échanger par l'intermédiaire d'une banque leurs produits (ou charges) financiers à des échéances régulières.

APPLICATION 2 Les marchés dérivés et les prévisions des taux à long terme

Au 12 octobre N, les prix à terme observés sur Eurex du contrat Euro Bund, pour différentes échéances négociées, ont été reportés dans le tableau suivant.

Prix à terme du contrat Euro Bund pour différentes échéances négociées

Prix à terme	Échéances
104,95	Décembre N
104,60	Mars N + 1
103,70	Juin N + 1

1. Explicitez les prévisions de taux longs formulées par le marché au 12 octobre N.

2. Le directeur financier de la société C souhaite lancer un emprunt obligataire courant N + 1. Que conseillez-vous au directeur financier de la société C ? Justifiez votre réponse.

CORRIGÉ 2

1. Prévisions de taux longs

Au 12 octobre, la plupart des opérateurs sur le marché pensaient que l'emprunt d'État allemand coterait au-dessus du pair aux échéances de décembre N, mars N + 1 et juin N + 1.

En d'autres termes, le taux de rendement actuariel de l'emprunt d'État allemand devrait se situer en-dessous de 6 % pour les trois échéances successives.

Les prix à terme étant décroissants pour les trois échéances à venir, les taux à long terme devraient croître entre décembre N et juin N + 1 sans pour autant franchir le seuil de 6 %.

Il est donc clair que les prix à terme recèlent un contenu informationnel susceptible de guider les investisseurs dans leurs choix financiers.

Toutefois, les anticipations que révèle l'observation des cours pour des échéances successives ne font que refléter l'opinion moyenne qu'exprime le marché à un moment donné compte tenu de l'information disponible. Il n'est donc pas exclu que ces anticipations soient démenties dans les jours à venir à la suite de l'émergence de nouvelles informations susceptibles de modifier la perception qu'ont les opérateurs de l'évolution des taux longs à l'avenir.

2. Conseil au directeur financier de la société C

Le directeur financier de la société C souhaite émettre un emprunt obligataire courant N + 1. L'observation des cours au 12 octobre nous indique que les taux d'intérêt à long terme s'inscrivent dans une perspective haussière. Si la tendance haussière des taux se confirme dans les semaines à venir, on pourra conseiller au directeur financier de se couvrir afin de se prémunir contre toute augmentation des taux d'intérêt.

APPLICATION 3 La couverture d'un placement futur

Au 15 décembre N, les prix à terme du contrat EURIBOR 3 mois négocié sur Euronext-Liffe se présentaient comme suit.

Prix à terme du contrat EURIBOR 3 mois pour différentes échéances négociées

Prix à terme	Échéances
95,70	Mars N + 1
95,85	Juin N + 1
96,00	Septembre N + 1

1. Explicitez les prévisions de taux courts formulées par le marché au 15 décembre N.

2. Anticipant un excédent net de trésorerie pour l'ensemble de ses filiales à compter de juin N + 1, le trésorier du groupe C souhaite se garantir le taux d'un placement futur d'une valeur nominale de 5 millions € et d'une durée de 3 mois.

a. Que lui conseillez-vous sachant que l'opération est planifiée en juin N + 1 (date correspondant à une échéance Euronext-Liffe) ?

b. À l'échéance de juin, le contrat EURIBOR 3 mois cote 95,75. Le trésorier dénoue sa position à terme et place 5 millions € sur le marché monétaire. Quelle est la rentabilité effective du placement ? La stratégie de couverture a-t-elle été efficace ?

CORRIGÉ 3

1. Explicitation des prévisions de taux courts

Les prix à terme recèlent un contenu informationnel puisqu'ils nous renseignent sur les anticipations formulées par le marché à un moment donné.

La cotation du contrat EURIBOR s'exprime en base 100 diminuée du taux à terme implicite. En observant la cotation prévalant sur le marché au 15 décembre N, on devrait s'attendre à une baisse des taux courts dans les mois à venir.

Les taux à terme implicites pour les échéances mars N + 1, juin N + 1 et septembre N + 1 sont reportés dans le tableau suivant.

Taux courts anticipés par le marché au 15 décembre N

Échéances	Taux courts anticipés
Mars N + 1	4,30 %
Juin N + 1	4,15 %
Septembre N + 1	4,00 %

2. a. Conseil au directeur financier

Craignant une baisse des taux d'intérêt qui viendrait diminuer la rentabilité de son placement futur, le trésorier du groupe C a tout intérêt à se couvrir en intervenant sur le contrat EURIBOR 3 mois. Pour ce faire, il devra prendre une position à terme ferme qui serait gagnante dans cette éventualité, soit l'achat de cinq contrats EURIBOR 3 mois, dans l'espoir de les revendre moins cher et de dégager ainsi une plus-value qui viendrait compenser la baisse de la rentabilité enregistrée au moment de la mise en place du prêt à court terme.

2. b. Rentabilité effective du placement et efficacité de la stratégie de couverture

Étant donné que nous sommes dans un contexte de couverture parfaite (absence de risques de base et de corrélation), le trésorier pourra se garantir le taux à terme implicite observé sur le marché au moment de la mise en place de la stratégie de couverture. La rentabilité effective du placement au 15 juin est donc forcément égale à 4,15 %.

La couverture a été efficace dans la mesure où le trésorier du groupe C a réussi à figer à l'avance le taux de rentabilité de son placement futur et ce, quelle que soit l'évolution des taux d'intérêt.

APPLICATION 4 La couverture d'un emprunt futur

Situé dans un secteur où la concurrence se fait vive, le groupe P connaît une croissance fulgurante de son activité et a pour ambition d'occuper la position de leader.

Compte tenu de l'importance des programmes d'investissement projetés, M. D, directeur financier, envisage sérieusement la diversification des modes de financement du groupe ainsi que la mise en place d'une gestion de risque de taux cohérente et structurée. Cette proposition, en gestation depuis plusieurs mois, a surtout été motivée par la hausse des taux d'intérêt observée durant ces deux dernières années. Si cette tendance devait se confirmer dans les mois à venir, il est certain que cela entraînerait une augmentation des charges financières préjudiciable au groupe P dans la mesure où l'essentiel de son endettement se compose d'emprunts à taux révisable.

Par ailleurs, l'accroissement en volume des ventes a entraîné un accroissement du BFR du groupe, et par conséquent, des besoins de trésorerie quasi systématiques durant les six derniers mois.

Jusqu'à présent, le conseil d'administration s'est toujours montré très hostile à toute politique de gestion des risques privilégiant le recours aux marchés à terme organisés. Ce scepticisme ne constitue nullement une inertie au changement mais il se justifie pleinement par l'absence d'une politique globale de gestion de trésorerie visant à rentabiliser les actifs du groupe et à optimiser la gestion de son endettement.

Face à une telle situation, le conseil d'administration a jugé utile d'engager une réflexion de fond en vue de bien situer les enjeux liés à la mise en place de stratégies de protection contre le risque de taux. Après avoir recensé l'ensemble des efforts que devait déployer le groupe sur le plan de la formation, de l'organisation et du système d'informations en particulier, il a été décidé d'opérer d'une manière prudente et pragmatique. Dans la mesure où les besoins de liquidités sur le court terme ont entraîné des charges financières préoccupantes, la priorité a été donnée à des opérations ponctuelles de gestion de risque de taux à court terme.

M. V, trésorier du groupe, est très embarrassé par une telle décision. Son expérience et son bon sens lui suggèrent que seule une politique globale cohérente et structurée permettrait au groupe P d'aboutir à une solution viable et bénéfique. Mais, conscient que seule la réussite d'actions concrètes et bien ciblées pourrait conduire son groupe sur la voie du changement, il décide de relever le challenge. Afin de bénéficier d'un regard neuf et objectif sur la situation financière du groupe, il fait appel à vos compétences et vous embauche comme stagiaire en vue de l'assister dans sa lourde mission.

Au 15 juin N (date correspondant à une échéance Euronext-Liffe), M. V vous apprend qu'il a financé un BFR de 10 millions d'euros par l'émission de billets de trésorerie. Afin de se prémunir contre une hausse des taux d'intérêt aux échéances de renouvellement de ses billets (soit un premier tirage à 3 mois dans 1 mois et un deuxième tirage à 3 mois dans 4 mois), il décide de mettre en place une couverture à terme ferme.

Actuellement, les conditions du marché se caractérisent comme suit :

Prix à terme du contrat EURIBOR 3 mois au 15 juin

Contrat EURIBOR 3 mois (Euronext.liffe)	Cours au 15 juin
Échéance septembre	95,90
Échéance décembre	95,82

Caractéristiques du marché aux dates du 15 juillet et du 15 octobre N

	Taux EURIBOR 3 mois (comptant)	Cours du contrat EURIBOR 3 mois
15 juillet N	95,80	95,78 (échéance septembre N)
15 octobre N	95,84	95,92 (échéance décembre N)

1. Que conseillez-vous à M. V ? Calculez le nombre de contrats à négocier en vue d'assurer une couverture maximale.

2. Déterminez le taux d'emprunt cible que pourrait se garantir M. V à chaque date de renouvellement de ses billets.

3. Déterminez les taux d'emprunt effectifs réalisés à chaque échéance de renouvellement sachant que les marchés aux dates du 15 juillet et du 15 octobre N se caractérisent par les données qui figurent dans le tableau ci-dessus. La couverture a-t-elle été efficace ? Justifiez votre réponse.

4. En supposant que M. V ait opté pour une couverture à terme conditionnelle :

a. quelle serait selon vous la stratégie financière la plus appropriée en vue d'assurer une couverture maximale ?

b. présentez d'une manière succincte les avantages associés à une telle stratégie.

CORRIGÉ 4

1. Conseils à M. V et calcul du nombre de contrats à négocier

Au 15 juin, les prix à terme du contrat EURIBOR 3 mois pour les échéances de septembre et de décembre sont décroissants, ce qui laisse présager une augmentation des taux d'intérêt à court terme pour les 6 mois à venir. On peut donc conseiller à M. V de couvrir l'émission de ses billets de trésorerie à chaque échéance de renouvellement pour se prémunir contre toute augmentation des taux qui viendrait renchérir le coût de ses emprunts futurs.

Il lui suffit de vendre dès à présent :

– dix contrats EURIBOR 3 mois échéance septembre N pour couvrir la première échéance du 15 juillet,

– dix contrats EURIBOR 3 mois échéance décembre N pour couvrir la seconde échéance du 15 octobre,

– et de dénouer l'ensemble de ses positions aux échéances de renouvellement du 15 juillet et du 15 octobre.

2. Taux d'emprunt cible

En mettant en place une couverture à terme ferme, M. V pourrait se garantir à chaque échéance de renouvellement (au risque de base près) les taux d'emprunt cibles de 4,10 % et 4,18 %.

3. Taux effectif de l'emprunt

– À la date de renouvellement du 15 juillet :

$TEE = TC_{15/7} - (F_{15/6} - F_{15/7})$

$= TC_{15/7} - (100 - TT_{15/6} - 100 + TT_{15/7})$

$= TT_{15/6} - (TT_{15/7} - TC_{15/7})$

$= 4{,}10\ \% - (4{,}22\ \% - 4{,}20\ \%) = 4.08\ \%$

– À la date de renouvellement du 15 octobre :

$TEE = TC_{15/10} - (F_{15/6} - F_{15/10})$

$= TC_{15/10} - (100 - TT_{15/6} - 100 + TT_{15/10})$

$= TT_{15/6} - (TT_{15/10} - TC_{15/10})$

$= 4{,}18\ \% - (4{,}08\ \% - 4{,}16\ \%) = 4{,}26\ \%$

La couverture a été efficace puisque M. V s'est garanti, à chaque échéance de renouvellement, un taux d'emprunt effectif proche du taux d'emprunt cible. L'écart observé s'explique par l'existence du risque de base.

4. a. Stratégie financière la plus appropriée

Si M. V avait opté pour une couverture à terme conditionnelle, il aurait fallu qu'il achète au 15 juin dix *puts* sur contrat EURIBOR 3 mois à échéance de septembre pour couvrir la première échéance de renouvellement et dix *puts* à échéance de décembre pour couvrir la seconde échéance (on suppose pour simplifier que la sensibilité de l'option au prix du sous-jacent est proche de l'unité).

4. b. Avantages d'une telle stratégie

La couverture à terme conditionnelle introduit, moyennant le paiement d'une prime, une souplesse non négligeable dans la gestion des positions de taux.

En achetant des *puts*, M. V pourrait émettre ses billets de trésorerie à un coût plafond égal (au risque de base près) au taux d'exercice du *put* négocié augmenté du montant de la prime, tout en s'accordant la possibilité de profiter d'une baisse des taux sur le marché.

APPLICATION 5 La couverture du risque de change sur les marchés de gré à gré

Au 2 février, la position nette de change du groupe É fait ressortir une position de change courte (endettement net) de 6 000 000 $ dont le règlement est prévu à la fin juin.

Afin de se prémunir contre une hausse du cours du dollar, le trésorier du groupe consulte sa banque qui lui propose l'un des deux modes de couverture suivants :

- une couverture sur le marché des changes à terme : actuellement, le cours à terme du dollar à l'échéance de juin est de 0,70 € contre 0,66 € au comptant ;
- une couverture sur le marché des options de change : les options de change proposées par le banquier à ses clients présentent les caractéristiques suivantes :

Primes des options de change au 2 février

Options européennes par échéance et prix d'exercice	Cours
C juin 0,68	0,0180
P juin 0,68	0,025

1. Quelle position doit prendre le trésorier du groupe sur le marché des changes à terme ?

2. Quelle position doit prendre le trésorier du groupe sur le marché des options de change ?

3. À la fin juin, deux hypothèses peuvent être faites sur l'évolution du dollar :

- **le cours du dollar est de 0,72 € ;**
- **le cours du dollar est de 0,64 €.**

a. Que doit faire le trésorier du groupe dans chacune de ces hypothèses s'il s'était couvert avec des options de change ?

b. Représentez graphiquement le taux de change effectif obtenu par le groupe É à l'échéance pour différentes hypothèses de variation du dollar.

CORRIGÉ 5

1. Position à prendre sur le marché des changes à terme

Le groupe É s'expose à un risque de change. Le dollar étant en report, on pourrait s'attendre, en effet, à son appréciation d'ici à la fin juin pouvant conduire à une perte de change au moment du règlement de la dette.

Afin de se couvrir, le trésorier pourra acheter à terme ferme les dollars et régler à l'échéance 6 000 000 $ × 0,70 €/$ = 4 200 000 € et ce, quelle que soit l'évolution des taux de change sur le marché.

2. Position à prendre sur le marché des options de change

Le trésorier doit acheter un *call* sur devise à échéance de juin, au prix d'exercice de 0,68 €/$ avec une prime de 0,0180 €/$.

Ce *call* lui confère le droit et non l'obligation d'acheter à la fin juin des dollars à un cours spécifié d'avance (le prix d'exercice de 0,68 €/$) moyennant le paiement d'une prime de 0,0180 €/$.

3. a. Action à mener par le trésorier

L'exercice de l'option n'est profitable que si le taux spot à l'échéance est supérieur au prix d'exercice.

Si le cours du dollar à l'échéance est de 0,72 €, le trésorier doit exercer son *call*, bloquant ainsi le prix d'achat du dollar à : PE + prime = 0,68 + 0,018 = 0,698 €/$. Il devra donc régler à l'échéance : 4 188 000 €.

Si le cours du dollar à l'échéance est de 0,64 €, le trésorier pourra abandonner son option (limitant ainsi sa perte au montant de la prime) et profiter de ce mouvement favorable des taux de change. Il pourra ainsi arrêter le prix d'achat du dollar à : 0,64 + 0,018 = 0,658 €/$.

Il devra donc régler à l'échéance 3 948 000 €.

3. b. Représentation graphique du taux de change effectif

Taux de change effectif à l'échéance pour différentes hypothèses de variation du dollar

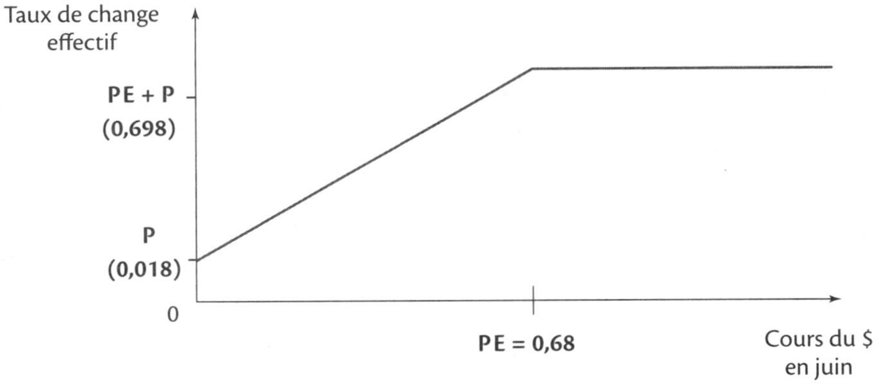

PARTIE

4

DIAGNOSTIC FINANCIER

CHAPITRE

8

La méthodologie du diagnostic financier

Les groupes de sociétés constituent des unités économiques qui justifient d'une information distincte de celle fournie par les comptes individuels. Les comptes consolidés répondent à cette exigence d'information ; ils ont pour objectif de présenter la société mère et ses filiales comme un acteur unique. Ils s'établissent selon un processus, la « consolidation », au cours duquel les opérations internes au groupe sont éliminées, processus rendu d'autant plus délicat qu'il se combine avec l'application de normes comptables spécifiques.

Le diagnostic financier de ces entités – s'il n'est pas différent de celui de sociétés individuelles – est donc plus complexe. Sans obliger à la maîtrise des opérations de consolidation, il nécessite la connaissance des principales notions de consolidation ainsi que des caractéristiques des états financiers consolidés.

I La consolidation et les états financiers consolidés

A. Les principes de consolidation

La consolidation est organisée par un cadre légal qui définit les sociétés qui font partie du groupe et les méthodes à suivre pour les consolider.

1. Le cadre légal

Le groupe, en droit français, n'a qu'une existence juridique réduite. Il s'agit avant tout d'une notion économique. Des règles juridiques (comptables, fiscales et d'information) qui font référence à la notion de groupe, il ressort qu'il s'agit d'un ensemble de sociétés faisant l'objet d'une direction unique de la part de l'une d'entre elles ; l'existence d'un contrôle définit donc le groupe.

Le cadre légal de la consolidation résulte à la fois du droit français et du droit européen. Les comptes individuels restent, quant à eux, régis par le Plan comptable général.

La législation française (article L. 233 du Code de commerce) dispose que les groupes doivent présenter des comptes consolidés à l'exception des groupes non cotés s'ils n'émettent pas de billets de trésorerie et s'ils ont des effectifs inférieurs à deux cent cinquante salariés, un chiffre d'affaires inférieur à 30 millions d'euros et un total de bilan inférieur à 15 millions d'euros (le respect de deux de ces trois derniers seuils suffit).

En droit français, le règlement 99-02 du Comité de la réglementation comptable (CRC), plusieurs fois modifié, développe les règles et méthodes relatives aux comptes consolidés ou RMCC.

En droit européen, le règlement IAS (*International Accounting Standards*) 2005 du 7 juin 2002 impose aux sociétés cotées des États membres de présenter des comptes consolidés en normes IAS/IFRS (*International Accounting Standards/International Financial Reporting Standards*). Les sociétés commerciales peuvent opter, en droit français, pour l'établissement de leurs comptes consolidés en normes *IFRS*.

Le cadre IAS/IFRS, appelé à se diffuser, est retenu ici. Les différences les plus significatives pour le diagnostic financier entre les deux référentiels concernent :

– le *goodwill,* ou écart d'acquisition, qui est amorti en droit français alors qu'il est déprécié en normes internationales ;
– le retraitement des contrats de location-financement qui est recommandé en droit français et obligatoire en normes internationales ;
– la comptabilisation des engagements de retraite qui est recommandée en droit français et également obligatoire en normes internationales.

2. Le périmètre de consolidation

La définition des entreprises qui relèvent d'une opération de consolidation détermine le périmètre de consolidation. Ce dernier est constitué de la société consolidante ou « société mère » et de ses filiales, c'est-à-dire les sociétés dont elle a le contrôle, les sociétés sur lesquelles elle exerce un contrôle conjoint et celles sur lesquelles elle ne dispose que d'une influence notable. À cette liste s'ajoutent des entités *ad hoc*.

La consistance du périmètre ainsi que son évolution doivent être suivies avec attention. La liste des sociétés consolidées et les variations du périmètre sont fournies en annexe.

a. Le contrôle exclusif

Le contrôle exclusif correspond d'une manière générale à la situation dans laquelle la société mère peut décider de la gestion stratégique et opérationnelle d'une autre société. Il est juridiquement défini par le référentiel IFRS de la manière suivante :

« Le contrôle est présumé exister lorsque la société mère détient, directement ou indirectement par l'intermédiaire de filiales, plus de la moitié des droits de vote d'une entité [...]. Le contrôle existe également lorsque la société mère détenant la moitié ou moins de la moitié des droits de vote d'une entité, dispose : (a) du pouvoir sur plus de la moitié des droits de vote en vertu d'un accord avec d'autres investisseurs ; (b) du pouvoir de diriger les politiques financière et opérationnelle de l'entité en vertu d'un texte réglementaire ou d'un contrat ; (c) du pouvoir de nommer ou de révoquer la majorité des membres du conseil d'administration ou de l'organe de direction équivalent [...] ou (d) du pouvoir de réunir la majorité des droits de vote dans les réunions du conseil d'administration ou de l'organe de direction équivalent [...]. » (IAS 27 – États financiers consolidés et individuels, § 13).

b. Le contrôle conjoint (les coentreprises)

Le contrôle conjoint a le même contenu que le contrôle exclusif, mais est exercé par une ou plusieurs sociétés. Il est défini comme suit par le référentiel IFRS :

« Le contrôle conjoint est le partage en vertu d'un accord contractuel du contrôle d'une activité économique et il n'existe que lorsque les décisions stratégiques financières et opérationnelles correspondant à l'activité imposent le consentement unanime des parties partageant le contrôle (les coentrepreneurs). » (IAS 31 – Participations dans des coentreprises, § 3).

c. L'influence notable (les entreprises associées)

L'influence notable offre à la société mère un pouvoir plus restreint que le contrôle sur sa (ou ses) filiale(s). Il est ainsi défini :

« L'influence notable est le pouvoir de participer aux décisions de politique financière et opérationnelle de l'entreprise détenue, sans toutefois exercer un contrôle ou un contrôle conjoint sur ces politiques. » (IAS 28 – Participations dans des entreprises associées, § 2). « Si un investisseur détient, directement ou indirectement [...] 20 % ou davantage des droits de vote dans l'entreprise détenue, il est présumé avoir une influence notable [...].» (IAS 28 – Participations dans des entreprises associées, § 6).

d. Les entités *ad hoc* (« *special purpose entities* – SPE »)

Les entités *ad hoc* sont des entités créées dans un but déterminé (*ad hoc* signifie « pour cela » en latin) ; la conduite d'activités de recherche sous le contrôle d'une autre société peut ainsi faire de cette dernière une société *ad hoc*.

L'interprétation de la norme IAS 27 conduit à intégrer dans le périmètre d'un groupe des entités dans lesquelles la société consolidante n'a aucun droit de vote si l'une des conditions suivantes est présente : « (a) [...] les activités de l'entité *ad hoc* sont menées pour le compte de l'entité [...] de façon à ce que l'entité obtienne des avantages de l'activité de l'entité *ad hoc* ; (b) [...] l'entité a les pouvoirs de décision pour obtenir la majorité des avantages des activités de l'entité *ad hoc* [...] ; (c) [...] l'entité a le droit d'obtenir la majorité des avantages de l'entité *ad hoc* et par conséquent peut être exposée aux risques liés aux activités de l'entité *ad hoc* ; ou (d) [...] l'entité conserve la majorité des risques résiduels ou inhérents à la propriété relatifs à l'entité *ad hoc* ou à ses actifs afin d'obtenir des avantages de ses activités. » (IAS 27 – États financiers consolidés et individuels, *SIC*-12, § 10).

Cette disposition vise à lutter contre des montages déconsolidants ayant éventuellement pour objectif de transférer des dettes et des actifs à des entités qui sont hors du périmètre de consolidation pour réduire, en apparence, l'endettement du groupe (voir le chapitre 14).

3. Les méthodes de consolidation

La consolidation s'effectue selon trois méthodes (normes IAS 27, 28 et 31) : l'intégration globale, l'intégration proportionnelle et la mise en équivalence. La méthode choisie et sa mise en œuvre dépendent des pourcentages de contrôle et des pourcentages d'intérêts de la société consolidante sur les autres sociétés.

Le pourcentage de contrôle, c'est-à-dire le pourcentage de droits de vote que détient la société consolidante sur une autre société, détermine d'abord le périmètre de consolidation (voir le paragraphe 2 ci-dessus) puis la méthode à appliquer.

Le pourcentage d'intérêt mesure la part du patrimoine d'une société consolidée que possède, directement ou indirectement, la société mère. Il détermine la part des intérêts majoritaires et minoritaires. Il peut différer du pourcentage de contrôle ; cette distinction est à la base de certains montages d'ingénierie financière (voir le chapitre 12).

a. La méthode de l'intégration globale

Elle s'applique aux sociétés sous contrôle (exclusif) et consiste à intégrer la totalité des comptes de la filiale. Après l'élimination des opérations internes, les actifs, les passifs, les capitaux propres, les charges et les produits sont repris à 100 % dans le bilan et le compte de résultat consolidés. En effet, même si la société mère ne détient que 51 % des droits de vote, elle contrôle les politiques, et donc tous les actifs ou passifs de la filiale. Elle gère les filiales à la fois pour son compte et pour celui des actionnaires minoritaires auxquels revient une partie de la valeur créée.

Dans le bilan consolidé, le poste « Titres de participation » est remplacé par les actifs et les passifs de la filiale ; quant aux capitaux propres, ils sont répartis entre intérêts majoritaires (ou du groupe) et minoritaires. Dans le compte de résultat consolidé, les charges et produits de la filiale sont repris et, pour le résultat, les intérêts du groupe sont distingués des intérêts minoritaires.

b. La méthode de l'intégration proportionnelle

Elle s'applique aux sociétés sous contrôle conjoint, par exemple des joint-ventures. Les actifs, les passifs, les capitaux propres, les charges et les produits de la coentreprise sont intégrés dans les comptes consolidés mais seulement au prorata du pourcentage d'intérêts. De ce fait, il n'y a pas à constater d'intérêts minoritaires.

À la différence des règles françaises, les normes IFRS autorisent aussi l'utilisation de la mise en équivalence pour les coentreprises.

c. La méthode de la mise en équivalence

Elle s'applique aux entités associées, celles qui font l'objet d'une influence notable, ainsi que, dans le cadre IAS/IFRS, aux coentreprises.

Cette situation correspond à une absence de contrôle de la gestion par la société mère. Aussi, la méthode se limite-t-elle à remplacer dans le bilan de la société mère la valeur comptable des titres détenus par cette dernière par la quote-part des capitaux propres, résultat de l'exercice compris, de la société mise en équivalence ; elle est proche d'une méthode d'évaluation. Le bilan comporte ainsi une ligne intitulée « Participations dans les entités associées ».

Le résultat de la société consolidante comprend la quote-part du résultat de la société mise en équivalence. Ce dernier figure sur une ligne intitulée « Quote-part du résultat net des sociétés mises en équivalence ».

B. Les états financiers consolidés

1. Le bilan consolidé

Les normes IAS/IFRS (ou RMCC) ne fournissent pas de modèle obligatoire pour le bilan consolidé. Elles précisent ce qu'il faut entendre par « actif » et « passif », recommandent la distinction « courant/non courant » de préférence à celle par ordre de liquidité et d'exigibilité (la distinction « courant/non courant » repose aussi sur une logique d'échéance) et fournissent la liste des postes qui doivent figurer au bilan. La plupart des groupes cotés suivent la distinction courant/non courant pour l'actif et le passif. Cette dernière est nouvelle pour l'analyse financière.

a. La distinction des actifs courants et non courants

Pour qu'un actif soit considéré comme courant, il faut qu'il satisfasse à l'une des conditions suivantes :

– l'entité s'attend à vendre, consommer ou réaliser l'actif dans le cycle d'exploitation normal ;
– l'actif est détenu pour une transaction sur un marché ;
– l'actif va être réalisé dans les douze mois de la clôture ;
– il s'agit de trésorerie ou d'équivalent de trésorerie ne faisant l'objet d'aucune restriction à son utilisation ou à son échange pour régler un passif dans les douze mois de la clôture.

Tous les autres actifs, c'est-à-dire l'essentiel des immobilisations incorporelles, corporelles et financières (sauf la part à moins d'un an de ces dernières), sont considérés comme non courants.

b. La distinction des passifs courants et non courants

Pour qu'un passif soit considéré comme courant, il faut qu'il satisfasse à l'une des conditions suivantes :

– le passif doit être réglé au cours du cycle d'exploitation normal ;
– le passif est détenu à des fins de négociation ;
– le passif va être réalisé dans les douze mois de la clôture ;
– l'entreprise ne peut différer de manière inconditionnelle le règlement après la date d'échéance ci-dessus.

Les dettes à moins d'un an (y compris les concours bancaires courants et les soldes créditeurs de banque) et la dette financière, si elle doit être réglée dans les douze mois après la clôture (même si à l'origine son exigibilité dépassait l'échéance annuelle), sont des passifs courants.

c. Le bilan selon la distinction courant/non courant

Le bilan se présente de la manière suivante :

Tableau 8.1 – Modèle de bilan consolidé : distinction courant/non courant

(Il est d'usage d'affecter à chaque poste un numéro auquel correspond un renvoi en annexe.)

	Exercice N – 1	Exercice N
ACTIF		
Actif non courant *Goodwill* Autres immobilisations incorporelles Immobilisations corporelles Participations dans des entreprises associées Actifs financiers disponibles à la vente Impôts différés Activités cédées ou en cours de cession		
Actif courant Stocks Clients et autres débiteurs Instruments dérivés Autres actifs financiers courants Trésorerie et équivalents de trésorerie		
Total actif		

	Exercice N – 1	Exercice N
CAPITAUX PROPRES		
Capital Primes d'émission Écart de conversion Actions propres (poste soustractif) Réserves groupe Résultat groupe Intérêts minoritaires		
Total des capitaux propres		
PASSIF		
Passif non courant Emprunts Engagements de retraite Autres provisions Impôts différés Passifs des activités cédées ou en cours d'abandon		
Passif courant Fournisseurs et autres créanciers Dettes d'impôt sur les bénéfices Provisions Autres passifs financiers courants Instruments dérivés		
Total passif		
Total des capitaux propres et du passif		

Dans une optique d'analyse financière, certaines rubriques méritent des précisions :

– les capitaux propres part du groupe (ligne Capital du bilan consolidé) comprennent les capitaux propres de la société mère et ceux des entités consolidées intégralement (au prorata du pourcentage d'intérêt) ;
– les intérêts minoritaires sont constitués de la quote-part des capitaux propres des filiales intégrées, globalement détenue par les actionnaires minoritaires ;
– les participations dans des entreprises associées enregistrent les titres mis en équivalence (filiales sous influence notable) pour lesquels la ligne des participations n'est pas remplacée par des actifs et dettes. La ligne varie avec le pourcentage d'intérêts ;
– les biens en location-financement figurent en immobilisations et en dettes au passif ;
– les instruments dérivés (contrats fermes et optionnels) peuvent faire l'objet d'une rubrique spécifique ou non et être ventilés en fonction du risque couvert (risque de change, de taux, de fluctuation des matières premières...) ;
– les activités cédées ou en cours de cession font l'objet de rubriques spécifiques à l'actif et au passif.

2. L'état du résultat global (*comprehensive income*)

La révision de la norme IAS 1 du 6 septembre 2007 introduit un nouvel état financier, l'« état du résultat global » (ou « *comprehensive income* »), mis en application à compter de l'exercice 2009.

Cet état rassemble dans un même document l'ancien compte de résultat désormais dénommé « état des profits et des pertes » (« *Statement of profit and loss* ») et les « gains et pertes directement comptabilisés en capitaux propres » (« *Other comprehensive income* »).

Le nouvel état peut être présenté en intégrant un état des profits et des pertes détaillé (ancien compte de résultat) ou en ne faisant apparaître que le résultat de l'exercice, l'état des profits et des pertes étant présenté alors séparément (voir tableau 8.2 ci-après).

Tableau 8.2 – **État du résultat global**

	N	N-1
Résultat de l'exercice (A)		
Gains et pertes directement reconnus en capitaux propres :		
Écarts de conversion		
Variation de la juste valeur des instruments financiers		
Écarts de réévaluation		
Écarts actuariels		
Total (B)		
Résultat global (A + B)		

Il s'agit ainsi d'aboutir à un résultat global constitué des flux de revenus issus de l'activité (résultat net de l'ancien compte de résultat) et de revenus provenant de variations de valeurs d'éléments bilantiels (gains et pertes comptabilisés directement en capitaux propres).

a. État des gains et pertes directement comptabilisés en capitaux propres (*Other comprehensive income*)

Ils sont constitués comme l'indique le tableau 8.2 :
- des écarts de conversion liés aux activités à l'étranger ;
- des gains et pertes sur instruments de couverture des flux de trésorerie (variations tenant à la juste valeur des instruments financiers) ;
- des écarts de réévaluation des immobilisations évaluées à la juste valeur et des variations de juste valeur sur les titres disponibles à la vente ;
- des pertes et gains actuariels reconnus immédiatement en totalité.

Il s'agit d'une analyse des causes de la variation des capitaux propres qui ne tiennent ni au résultat net, ni à des relations avec les actionnaires/propriétaires, comme c'est le cas d'une augmentation de capital. C'est une conséquence de la juste valeur et d'une orientation différente des IFRS par rapport aux IAS (les deux considérations sont liées) ; les IFRS ont pour priorité de mesurer l'enrichissement de l'actionnaire, de lui permettre d'évaluer la rentabilité de son investissement. Cette évolution doit donc déboucher à terme sur la « *full fair value* ».

Cette évolution revient à enregistrer toutes les fluctuations de marché, même s'il s'agit de gains ou pertes potentiels. La notion de performance se trouve ainsi redéfinie, ce qui ne va pas sans poser de problèmes*.

b. L'état des profits et des pertes (ex-compte de résultat)

La norme IAS 1 – Présentation des états financiers (RMCC41), propose deux présentations du compte de résultat consolidé, par fonction ou par nature, laissant aux entreprises le soin de choisir. La recommandation n° 2004-R.02 du Conseil national de la comptabilité (CNC) du 27 octobre 2004 précise les deux formats de compte de résultat.

c. Les deux modèles de compte de résultat

La présentation par fonction vise à ventiler les produits et charges opérationnels courants par fonction (production, commerciale, administrative, recherche et développement). Celle par nature retient la classification habituelle.

Le choix de la première présentation nécessite d'indiquer certaines informations en annexe : les principales charges opérationnelles par nature avec leurs montants et le détail des charges de personnel et des dotations.

Les grands groupes cotés privilégient la présentation par fonction, les autres celle par nature qui a également la préférence des analystes. Les deux modèles sont semblables à partir du résultat opérationnel.

---

* Pour une lecture critique du résultat global :
– Wilson Allister, « *How fair is fair value* – 5 ans après », Autorité des normes comptables (ANC), Premiers états généraux de la recherche comptable, *Les actes*, décembre 2010, p. 40-45.
– *Lettre Vernimmen* n° 70.

Tableau 8.3 – **Comptes de résultat consolidé par fonction et par nature**

Présentation par fonction	Présentation par nature
Chiffre d'affaires	**Chiffre d'affaires**
Autres produits de l'activité	Autres produits de l'activité Achats consommés
Coût des ventes	Charges de personnel
Frais de recherche et développement	Charges externes
Frais commerciaux	Impôts et taxes
Frais généraux	Dotations aux amortissements
Autres produits et charges d'exploitation	Dotations aux provisions
Résultat opérationnel courant (ou résultat d'exploitation courant) (optionnel)	Variation des stocks de produits en cours et de produits finis
Autres produits et charges opérationnels	Autres produits et charges d'exploitation
Résultat opérationnel (ou résultat d'exploitation)	**Résultat opérationnel courant (ou résultat d'exploitation courant)** (optionnel)
	Autres produits et charges opérationnels
	Résultat opérationnel (ou résultat d'exploitation)

Produits de trésorerie et d'équivalents de trésorerie
Coût de l'endettement financier brut
Coût de l'endettement financier net
Autres produits et charges financiers
Charge d'impôt
Quote-part du résultat net des sociétés mises en équivalence
Résultat net avant résultat des activités arrêtées ou en cours de cession
Résultat net d'impôt des activités arrêtées ou en cours de cession
Résultat net
– part du groupe – intérêts minoritaires **Résultat par action** **Résultat dilué par action**

Des précisions doivent être apportées sur ces comptes de résultat consolidés :

– le « résultat net, part du groupe » est constitué du résultat net issu des sociétés intégrées proportionnellement et globalement (seulement pour la part revenant au groupe dans ce dernier cas) augmenté de la quote-part du résultat net des sociétés mises en équivalence ; le « résultat net, intérêts minoritaires » comprend la part dans le résultat des sociétés intégrées globalement revenant aux minoritaires ;

– les charges et produits financiers sont classés en trois catégories : dans le résultat opérationnel pour les résultats financiers de nature opérationnelle, dans le coût de l'endettement financier net et dans les autres produits et charges financiers (voir ci-dessous pour l'analyse de ces deux derniers postes) ;

– le résultat des activités de couverture de change et de taux figure dans la même rubrique que l'opération qu'il couvre mais, si aucun lien n'est établi entre l'opération couverte et le résultat, il est mis en « Autres produits et charges financiers » ;

– la participation est incluse dans les charges de personnel et les impôts différés sont compris dans l'impôt sur les bénéfices.

d. Les considérations spécifiques à l'analyse financière

La distinction des éléments récurrents et non récurrents

Les normes IFRS considèrent non pertinente pour l'analyse financière la distinction des éléments extraordinaires ou exceptionnels. Le modèle du CNC en prend acte mais recommande tout de même de mettre en évidence dans le compte de résultat une performance récurrente. Cette recommandation se traduit de deux manières :

– la mise en évidence avant le résultat opérationnel ou résultat d'exploitation – il comprend des éléments non récurrents – d'un résultat opérationnel courant ou résultat d'exploitation courant qui mesure une performance récurrente. Ce dernier résultat comprend les « Autres produits et charges d'exploitation ». Les « Autres produits et charges opérationnels » qui font partie du résultat opérationnel n'ont pas ce caractère récurrent ;
– la mise en évidence du résultat net d'impôt des activités arrêtées ou en cours de cession (IFRS 5). Les opérations doivent être significatives : elles peuvent concerner un secteur majeur et distinct, la vente d'une filiale acquise à cette fin, etc. Au compte de résultat ne figure que le montant du résultat de l'activité mais des informations détaillées sont fournies en annexe. Le chiffre d'affaires consolidé ne comprend donc pas le chiffre d'affaires des activités abandonnées ou en cours d'abandon.

La présentation et l'analyse des charges et produits financiers

Le CNC recommande également de faire apparaître distinctement le coût de l'endettement financier net. Il « représente le coût de financement global de l'entreprise pendant la période considérée [...] Avec le coût des fonds propres, c'est un des deux éléments du calcul du coût moyen pondéré du capital [...]. » (CNC 2004-R.02). D'où la décomposition du résultat financier non opérationnel en quatre lignes :

– les produits de trésorerie et d'équivalents de trésorerie (voir ci-après pour la définition de la trésorerie) comprennent les intérêts produits mais aussi des résultats de cession, des couvertures de taux et de change sur les éléments de la trésorerie ;
– le coût de l'endettement financier brut comprend les charges d'intérêts concernant cet élément (voir ci-après pour sa définition) mais aussi le résultat des couvertures de taux et de change et les gains et pertes liés à l'extinction des dettes ;
– le coût de l'endettement financier net est la somme algébrique des deux lignes précédentes ;
– les « Autres produits et charges financiers » comprennent essentiellement les dividendes des titres de participation (l'entreprise est actionnaire minoritaire), les profits et pertes sur cessions de titres non consolidés, les produits d'intérêts et les produits, dépréciations et pertes sur cession des autres actifs financiers.

Cette décomposition conduit à préciser les notions d'endettement financier brut, de trésorerie brute, de trésorerie nette et d'endettement financier net :

– l'endettement financier brut comprend les passifs financiers à long terme et à court terme, y compris les intérêts courus sur ces postes, et les instruments financiers de couverture de juste valeur les concernant. Les provisions, les engagements de retraite et les éléments du BFR sont exclus, sauf cas exceptionnels ;
– la trésorerie brute est constituée des disponibilités, des dépôts à vue et des équivalents de trésorerie (norme IAS 7 – Tableaux des flux de trésorerie), c'est-à-dire de placements financiers sûrs et très liquides (de terme inférieur à trois mois). Cette définition revient à exclure de la trésorerie les actions, les obligations à moins de

trois mois lors de l'acquisition, les titres de placement non cotés (sauf les OPCVM de trésorerie), etc. ;

– la trésorerie nette est égale à la trésorerie brute diminuée des découverts bancaires (voir sur ce dernier élément la norme IAS 7 – Tableaux des flux de trésorerie, § 8 ci-après), y compris les intérêts courus non échus concernant les éléments de cette trésorerie ;
– l'endettement financier net est égal à l'endettement financier brut duquel est soustraite la trésorerie nette.

3. Le tableau des flux de trésorerie nette (TFTN)

Le tableau des flux de trésorerie nette fait partie des états financiers consolidés à publication obligatoire (IAS 1 – Présentation des états financiers et RMCC 426). La norme IAS 7 – Tableaux des flux de trésorerie et la recommandation 2004-R.02 du CNC régissent sa présentation.

a. La structure du tableau des flux de trésorerie nette

Les flux de trésorerie sont décomposés en trois catégories qui correspondent aux cycles de l'entreprise :

– le flux net de trésorerie généré par l'activité (FNTA) ou flux de trésorerie des activités opérationnelles, qui regroupe les flux qui correspondent à l'activité et ne relèvent pas des deux autres ;
– le flux net de trésorerie lié aux opérations d'investissement (FNTI) qui retrace les investissements et désinvestissements ;
– le flux net de trésorerie lié aux opérations de financement (FNTF) qui reprend les opérations qui ont modifié les capitaux propres et les dettes.

La somme algébrique des trois flux – les encaissements ont le signe (+) et les décaissements (–) – aboutit à la variation de trésorerie aussi égale à « trésorerie à la clôture – trésorerie à l'ouverture ».

b. Le tableau des flux de trésorerie nette selon la présentation indirecte

Le modèle de tableau proposé par la recommandation 2004-R.02 du CNC figure ci-dessous, selon la présentation indirecte du flux net de trésorerie généré par l'activité, qui consiste à déterminer le FNTA à partir du résultat net consolidé.

Tableau 8.4 – **Modèle de TFTN**

Tableau des flux de trésorerie nette	N – 1	N
Résultat net consolidé (y compris intérêts minoritaires)		
+/– Dotations nettes aux amortissements et provisions (à l'exclusion de celles liées à l'actif circulant)		
–/+ Gains et pertes latents liés aux variations de juste valeur		
+/– Charges et produits calculés liés aux stock-options et assimilés		
–/+ Autres produits et charges calculés		
–/+ Plus et moins-values de cession		
–/+ Profits et pertes de dilution		
+/– Quote-part de résultat liée aux sociétés mises en équivalence		
– Dividendes (titres non consolidés)		

Capacité d'autofinancement après coût de l'endettement financier net et impôt		
+ Coût de l'endettement financier net		
+/– Charge d'impôt (y compris impôts différés)		
Capacité d'autofinancement avant coût de l'endettement financier net et impôt (A)		
– Impôts versés (B)		
+/– Variation du BFR liée à l'activité (y compris dette liée aux avantages au personnel) **(C)**		
= **Flux net de trésorerie généré par l'activité (D) = (A + B + C)**		
– Décaissements liés aux acquisitions d'immobilisations corporelles et incorporelles		
+ Encaissements liés aux cessions d'immobilisations corporelles et incorporelles		
– Décaissements liés aux acquisitions d'immobilisations financières (titres non consolidés)		
+ Encaissements liés aux cessions d'immobilisations financières (titres non consolidés)		
+/– Incidence des variations de périmètre		
+ Dividendes reçus (sociétés mises en équivalence, titres non consolidés) (voir le traitement alternatif)		
+/– Variation des prêts et avances consentis		
+ Subventions d'investissement reçues		
+/– Autres flux liés aux opérations d'investissement		
= **Flux net de trésorerie lié aux opérations d'investissement (E)**		
+ Sommes reçues des actionnaires lors d'augmentations de capital		
. Versées par les actionnaires de la société mère		
. Versées par les minoritaires des sociétés intégrées		
+ Sommes reçues lors de l'exercice des stock-options		
–/+ Rachats et reventes d'actions propres		
– Dividendes mis en paiement au cours de l'exercice		
. Dividendes versés aux actionnaires de la société mère		
. Dividendes versés aux minoritaires de sociétés intégrées		
+ Encaissements liés aux nouveaux emprunts		
– Remboursements d'emprunts (y compris contrat de location-financement)		
– Intérêts financiers nets versés (y compris contrats de location-financement)		
+/– Autres flux liés aux opérations de financement		
= **Flux net de trésorerie lié aux opérations de financement (F)**		
+/– Incidence des variations des cours des devises **(G)**		
= **Variation de la trésorerie nette** (D + E + F + G)		

c. Précisions concernant l'utilisation du tableau

Les précisions suivantes doivent être apportées pour l'utilisation en analyse financière :

– les flux des entreprises intégrées globalement sont pris en compte pour leur totalité, intérêts minoritaires compris ; ceux des entreprises intégrées proportionnellement sont pris en compte en fonction du pourcentage d'intérêts et pour les entreprises mises en équivalence, seuls figurent les dividendes reçus ;

– la location-financement fait l'objet d'un traitement particulier : la redevance est répartie en remboursement du capital de la dette et en intérêts classés en flux net de trésorerie généré par l'activité (ou en flux net de trésorerie lié aux opérations de financement si les intérêts d'emprunt ont été classés dans cette rubrique, et non dans la précédente, comme l'autorise la norme IAS 7) ;

– le flux net de trésorerie engendré par l'activité (FNTA) appelle deux remarques :
  - les dotations et reprises réintégrées ne comprennent pas les provisions liées à l'actif circulant, le BFR doit donc être évalué en valeurs nettes ;
  - les deux lignes concernant les sociétés mises en équivalence résultent de ce que la quote-part de résultat venant de ces sociétés, qui n'est qu'une simple écriture comptable, doit être remplacée par le flux de trésorerie, c'est-à-dire le dividende reçu. Ce dernier peut figurer dans la fonction investissement ou en activité si le résultat et les actifs de la société sont affectés à un secteur d'activité dans l'information sectorielle ;

– en ce qui concerne le flux net de trésorerie lié aux opérations d'investissement (FNTI), deux observations s'imposent :
  - la rubrique « Incidence des variations de périmètre » correspond au prix d'acquisition ou de cession (signes – et + respectivement) d'entreprises intégrées ou mises en équivalence, trésorerie acquise ou cédée déduite. Ainsi, quand le groupe acquiert pour 1 000 une société qui a 100 de liquidités, l'incidence est de 900 (le groupe décaisse 1 000 et reçoit 100),
  - le groupe peut enregistrer les cessions nettes d'impôt (solution recommandée si le décaissement est significatif) ; le décaissement d'impôt doit alors être rattaché au flux net de trésorerie lié aux opérations d'investissement au lieu de celui engendré par l'activité (solution traditionnelle) ;

– pour la détermination du flux net de trésorerie lié aux opérations de financement (FNTF), la norme IAS 7, dans son paragraphe 8, indique que : « les emprunts bancaires sont en général considérés comme des activités de financement. Toutefois, dans certains pays, les découverts bancaires remboursables à vue font partie intégrante de la gestion de trésorerie de l'entreprise. Dans ces circonstances, les découverts bancaires constituent une composante de la trésorerie et des équivalents de trésorerie. Une caractéristique de telles conventions bancaires est que le solde bancaire fluctue souvent entre le disponible et le découvert ». Concernant les encours de crédit à court terme (moins d'un an à l'origine) la norme IAS 7 reprise par le CNC offre donc une marge de manœuvre. Les groupes qui empruntent sur les marchés financiers placeront leurs crédits à court terme dans le flux de trésorerie nette lié aux opérations de financement ; dans de tels groupes, la trésorerie qui ne comprend que de la trésorerie active, trésorerie et équivalents de trésorerie, n'est plus qu'une variable d'ajustement ;

– pour ce qui est de la trésorerie, la comparaison entre entreprises risque d'être délicate en raison de la latitude offerte par la norme IAS 7 (§ 8) concernant la trésorerie passive (les découverts) mais aussi parce que la norme IAS 7 prévoit que la trésorerie se compose uniquement des disponibilités et équivalents de trésorerie. Or la définition des équivalents de trésorerie revient à exclure du solde de trésorerie, pour affecter leur variation au flux net de trésorerie lié aux opérations d'investissement, des placements, dont l'échéance au jour de l'acquisition est supérieure à trois mois, et des placements en actions, en raison de leur volatilité. Mais les entreprises ayant des excédents de trésorerie les placent – dans le cadre de leur gestion de trésorerie – au moins pour une partie (plus limitée pour les actions) sur ces placements. Dans ces conditions, il est difficile de voir en eux des éléments à prendre en compte dans le flux net de trésorerie lié aux opérations d'investissement. Si l'on considère que la variation de la trésorerie nette constitue la synthèse de l'ensemble des flux financiers de la période, il semble logique d'avoir une vision plus réaliste de la trésorerie en réintroduisant dans celle-ci les découverts et placements, sans quoi la vision des excédents de trésorerie d'un groupe ne sera pas pertinente.

4. L'information sectorielle

Les groupes sont tenus de fournir en annexe une information sectorielle. Les états financiers habituels sont, en effet, insuffisants pour appréhender un groupe.

La norme IFRS 8 « Secteurs opérationnels » définit les règles de cette information. Elle remplace depuis l'exercice 2009 la norme IAS 14 qui organisait l'information sectorielle à travers un découpage en secteurs d'activité et en secteurs géographiques.

a. Principes de la segmentation et définition des secteurs opérationnels

Le principe fondamental établi par la norme IFRS 8 est qu'« une entité doit fournir des informations qui permettent aux utilisateurs de ces états financiers d'évaluer la nature et les effets financiers des activités auxquelles elle se livre et des environnements économiques dans lesquels elle opère » (§ 1, *JO* de l'UE, Règlement CE n° 1126/2008 du 3 novembre 2008).

Ce principe conduit le normalisateur à calquer cette information sur celle transmise au principal décideur opérationnel en matière d'allocation des ressources et d'évaluation des performances. Le découpage de l'information en secteurs reprend donc les secteurs du reporting interne lié au mode d'organisation de l'entité ; l'utilisateur de l'information est placé dans la même position que la direction et, de ce fait, la production de l'information est moins coûteuse.

Le principal décideur opérationnel est généralement le P-DG ou le DG de l'entité ; mais l'expression identifie une fonction avant un dirigeant ayant un titre particulier.

La norme (§ 5, *JO* de l'UE précité), à partir de ces principes, identifie le secteur opérationnel comme « une composante d'une entité : *a)* qui se livre à des activités à partir desquelles elle est susceptible d'acquérir des produits des activités ordinaires et d'encourir des charges (y compris des produits des activités ordinaires et des charges relatifs à des transactions avec d'autres composantes de la même entité) ; *b)* dont les résultats opérationnels sont régulièrement examinés par le principal décideur, et *c)* pour laquelle des informations isolées sont disponibles. »

La norme offre la possibilité de regrouper plusieurs secteurs en un seul si :

- l'information collectée est pertinente, ce qui renvoie au respect du principe du § 1 du *JO* ;
- les secteurs en question présentent des caractéristiques économiques similaires, par exemple au niveau des performances financières à long terme ;

– si les secteurs en question présentent des similitudes sur les aspects qualitatifs suivants : nature des procédés de fabrication ; types de clients ; méthodes de distribution ; éventuellement, nature de l'environnement réglementaire.

Cette possibilité permet, entre autres, d'atteindre les seuils quantitatifs exigés pour cette information sectorielle (voir ci-après).

La norme IFRS 8 (§§ 13 et 15 du *JO*) introduit, comme la norme IAS 14, des seuils quantitatifs à respecter concernant l'information sectorielle :

– 75 %, au moins, des produits des activités ordinaires d'une entité doivent être représentés par les produits des activités ordinaires externes totaux des secteurs opérationnels ;
– « Une entité doit présenter séparément les informations relatives à un secteur opérationnel qui atteint l'un des seuils quantitatifs suivants :
  • les produits des activités ordinaires du secteur (ventes externes et intersectorielles) représentent au moins 10 % du produit des activités ordinaires cumulé (externe et interne) de tous les secteurs ;
  • la valeur absolue de son résultat est supérieure ou égale à 10 %, soit du bénéfice cumulé des secteurs n'ayant pas publié de perte, soit de la perte cumulée des secteurs ayant publié une perte ;
  • ses actifs représentent au moins 10 % des actifs cumulés de tous les secteurs. »

Le § 16 du *JO* de l'UE précité dispose, en outre, que : « les informations relatives aux autres activités et aux secteurs opérationnels qui ne sont pas à présenter doivent être combinées et présentées dans une catégorie intitulée « autres secteurs » séparément des autres éléments de rapprochement imposés par le § 28 ».

Dans l'hypothèse où le seuil de 75 % n'est pas atteint, des secteurs opérationnels supplémentaires doivent être identifiés par regroupement éventuellement, même s'ils n'atteignent pas un des seuils de 10 % précités.

Il n'existe pas de limite légale au nombre de secteurs qui peuvent être présentés, mais des limites pratiques : l'entité doit se poser une telle question à partir de 10 secteurs.

b. Le contenu de l'information sectorielle

L'entité doit fournir des informations générales qui concernent les facteurs retenus pour identifier les secteurs et les types de produits et services qui génèrent les produits de chaque secteur.

Pour chaque secteur, elle doit présenter :

– un indicateur du résultat et du total des actifs ;
– un indicateur des passifs, s'il est fourni au décideur ;
– les informations suivantes, si le principal décideur opérationnel en dispose : les produits des activités ordinaires externes et intersectoriels ; les produits et les charges d'intérêt ; les amortissements ; les éléments significatifs de produits et de charges ; la quote-part de l'entité dans le résultat des sociétés mises en équivalence ; la charge ou le produit d'impôt sur le résultat ; les éléments significatifs sans contrepartie en trésorerie autres que les amortissements ; la valeur comptable de la participation dans les sociétés mises en équivalence ; les montants des acquisitions d'actifs non courants (hors instruments financiers); des actifs d'im-

pôt différés ; des actifs relatifs aux avantages du personnel postérieurs à l'emploi et des droits afférents à des contrats d'assurance.

En ce qui concerne l'évaluation de ces informations, « le montant de chaque élément sectoriel présenté doit être l'indicateur présenté au principal décideur opérationnel » (§ 25). La performance peut donc être fournie selon des indicateurs non conformes aux méthodes utilisées pour établir les comptes consolidés.

Les informations sectorielles sont à rapprocher des états financiers au niveau : des produits, des résultats, des actifs et des passifs, sectoriels ; des autres éléments significatifs.

Enfin, des informations concernant l'ensemble de l'entité doivent être fournies, si le coût de leur obtention n'est pas trop élevé :

– les produits des activités ordinaires provenant de clients externes pour chaque produit et service ou groupe des produits et services ;
– des informations géographiques sur les produits des activités ordinaires provenant des clients externes ainsi que sur les actifs non courants.

L'entité doit aussi indiquer si les produits réalisés avec un client externe sont supérieurs à 10 % des produits de l'entité.

Enfin, elle est tenue à une information narrative.

c. Intérêts de l'information sectorielle pour le diagnostic financier

L'information sectorielle enrichit l'analyse financière :

– dans son appréciation des performances passées puisqu'elle va permettre d'identifier les secteurs opérationnels au sens de la direction et d'évaluer leur profitabilité, leur rentabilité ainsi que leur contribution à l'activité du groupe ;
– au niveau des prévisions puisque en fonction des perspectives en matière d'activité, il sera possible de prévoir les performances futures (profitabilité et rentabilité) au niveau des secteurs.

Ces informations présentent une dimension stratégique puisque les secteurs opérationnels d'une part reflètent les choix stratégiques des dirigeants, d'autre part, en fonction de leurs performances, les déterminent ; elles permettent aussi d'améliorer le contrôle interne d'un groupe puisque la compréhension des métiers des filiales est meilleure.

II Le diagnostic financier des groupes

Le diagnostic financier consiste à procéder à une analyse des états financiers d'une entité et à porter un jugement relatif à ses forces et ses faiblesses. L'analyse des comptes de groupe ne se substitue pas à l'analyse des comptes individuels : les deux vont de pair.

Les caractéristiques du diagnostic sont liées :

– à la nature de l'émetteur des comptes : ainsi, les groupes familiaux (nombreux en normes IFRS) ne justifient pas nécessairement des mêmes informations que les grands groupes cotés et ne souhaitent d'ailleurs pas nécessairement rendre disponibles certaines analyses et informations (une certaine opacité protège de la concurrence) ;

– à son destinataire : le banquier n'a pas les mêmes préoccupations que l'actionnaire et l'actionnaire d'un grand groupe coté n'a pas les mêmes préoccupations que celui d'un groupe familial.

L'analyse financière et le diagnostic s'effectuent dans le cadre d'une problématique financière centrée sur le couple risque-rentabilité : l'analyse est la modalité technique qui permet de déboucher sur la synthèse que constitue le diagnostic.

L'étude du couple risque-rentabilité ne peut se faire sans mettre en évidence ses inducteurs et son environnement. D'où la démarche qui consiste à effectuer l'analyse en quatre composantes : la stratégie, l'activité et la profitabilité, le risque et enfin, la rentabilité.

A. La stratégie

La connaissance de la stratégie du groupe est l'élément liminaire de l'analyse financière *stricto sensu* : cette dernière ne peut être effectuée sans être replacée dans le cadre d'une stratégie.

Cette étape vise à répondre à un certain nombre de questions, à savoir si l'entreprise mène une stratégie :
- de croissance (interne ou externe) ;
- de diversification (sur de nouveaux secteurs ou métiers, sur de nouvelles activités) ;
- d'internationalisation (afin de réduire ses coûts, d'assurer la sécurité de ses approvisionnements, de s'implanter sur de nouveaux marchés) ;
- d'alliance (en vue de mettre en œuvre les stratégies précédentes ou de bénéficier de savoir-faire) ;
- de recentrage dynamique ou subie qui peut passer elle-même par diverses politiques (essaimage, impartition, etc.) ;
- « financière » (cession d'activité pour se désendetter ou, au contraire, réduction de la présence de minoritaires pour augmenter la rentabilité et/ou l'indépendance en accroissant la part du groupe dans les filiales les plus rentables).

Ces différentes manœuvres stratégiques ne sont pas exclusives les unes des autres.

1. Les sources d'information

Pour effectuer ce travail, un certain nombre d'informations sont disponibles :
- avant tout, le tableau des flux de trésorerie nette (TFTN) puisqu'il permet de raisonner en termes de flux, et que le flux de trésorerie net lié aux opérations d'investissement y est spécifié et détaillé ;
- l'information sectorielle grâce à laquelle peuvent être étudiées les activités et les implantations géographiques du groupe ;
- tous les autres documents dont la publication est obligatoire et, en particulier, le bilan et l'annexe. Cette dernière contient notamment, comme on l'a vu précédemment, des informations sur le périmètre de consolidation et son évolution, sur les activités abandonnées ou en cours d'abandon. L'étude des variations du périmètre fait partie des sources qui informent sur la politique de croissance externe mais pas sur une éventuelle politique de croissance interne ;
- enfin, les autres documents publiés par le groupe, dont le rapport de gestion.

2. Précautions à prendre dans l'utilisation du TFTN en analyse financière

Le tableau de flux de trésorerie permet de dégager le flux d'investissement de l'exercice (hors croissance externe possible). Sa lecture nécessite toutefois quelques précautions :

– il n'autorise pas le suivi de la politique de cessions (donc de désinvestissement) car celles-ci figurent en prix de cession dans le tableau, et non pour leur valeur d'origine ;
– l'investissement et l'emprunt correspondant à une opération de location-financement ne figurent pas au tableau. Seule apparaît l'analyse du loyer en intérêts et amortissement ;
– les opérations d'investissement (et de financement) qui ne se traduisent pas par des flux de trésorerie en sont exclues. C'est le cas précité de la location-financement. C'est aussi le cas d'opérations de conversion en actions d'obligations, ou de l'acquisition d'une filiale grâce à l'émission d'actions. L'annexe permet de prendre connaissance de telles opérations.

3. L'utilisation des informations extraites du TFTN, du bilan et de l'annexe

Les informations extraites du TFTN, du bilan et de l'annexe (notes concernant le TFTN et le bilan) donnent une première idée de la stratégie :

– le taux d'investissement d'exploitation : il mesure l'effort d'investissement de l'entreprise et reflète son dynamisme :

$$\frac{\text{Investissement d'exploitation}}{\text{Valeur ajoutée}} (\%)$$

– le degré de vieillissement des immobilisations : l'augmentation de ce ratio est le signe d'un vieillissement de l'outil productif qui ne se renouvelle pas assez. La compétitivité de l'entreprise sera atteinte à terme ;

$$\frac{\text{Amortissements et dépréciations cumulés}}{\text{Immobilisations corporelles brutes}} (\%)$$

– le ratio rapportant les investissements productif aux dotations aux amortissements : un montant supérieur à 100 % indique un développement de l'outil de production ; un montant inférieur à 100 % indique un vieillissement ;

$$\frac{\text{Investissement productif}}{\text{Dotations aux amortissements}} (\%)$$

– le degré de renouvellement des immobilisations : plus il est élevé, plus l'outil de production se rajeunit ;

$$\frac{\text{Investissements en immobilisations corporelles}}{\text{Immobilisations corporelles brutes au début de l'exercice}} (\%).$$

Ces différents ratios peuvent être complétés par d'autres informations pour savoir si l'entreprise mène ou non une stratégie de croissance et de quel type :

– la norme IAS 7 recommande de séparer en annexe les investissements de renouvellement de l'outil de production des autres investissements (ceux visant à augmenter les capacités, à se diversifier, etc.) ;

– les deux ratios de coefficient de capital et de rotation des actifs – délicats d'utilisation si l'entreprise évolue sur plusieurs secteurs d'activité – fournissent une information quant au montant futur d'investissements nécessaires en fonction des prévisions d'activité :
 - le coefficient de capital : il permet d'évaluer le capital d'exploitation en fonction de la valeur ajoutée (réalisée et/ou prévisionnelle) :

$$\frac{\text{Capital d'exploitation}}{\text{Valeur ajoutée}} (\%)$$

 - avec : capital d'exploitation = immobilisations d'exploitation + BFRE ;
 - le ratio de rotation des actifs : une baisse de ce ratio est aussi un signe de sous-activité ou de surinvestissement ;

$$\frac{\text{Chiffres d'affaires (ou produits des activités ordinaires)}}{\text{Immobilisations corporelles productives}} (\%) .$$

4. Compléments apportés par les autres sources d'information

Les normes IFRS fournissent des informations qui permettent de qualifier la stratégie de croissance externe.

La composition et l'évolution du périmètre de consolidation font ressortir les axes stratégiques majeurs du groupe. Cette information ne fournit pas d'indication sur la stratégie de croissance interne mais uniquement externe. Elle donne les entrées – par filialisation, création ou prise de contrôle de sociétés – et les sorties du périmètre – par fusion, liquidation ou perte de contrôle de sociétés – ainsi que les variations de pourcentages d'intérêts et de contrôle. L'importance de l'écart d'acquisition par rapport à l'actif et son évolution complète la mesure de la croissance externe. Sa dépréciation permet aussi de se faire une idée sur la pertinence de cette politique : déprécier le *goodwill*, c'est entériner un surpaiement de filiales dû, en général, à une rentabilité insuffisante.

De manière générale, l'information sectorielle apporte des compléments d'information sur le portefeuille d'activités de l'entreprise et son évolution. Elle permet avant tout de repérer les secteurs – d'activité et/ou géographiques – sur lesquels l'entreprise porte son effort d'investissement. Elle aide donc à mieux qualifier sa politique en termes de diversification, de recentrage ou d'internationalisation. L'analyse de l'activité par secteur d'activité, en particulier, ainsi que celle de leur profitabilité peut faire ressortir les activités qui sont source d'avantages concurrentiels, juger à la fois de la stratégie suivie en matière de portefeuille d'activités (une proportion importante du chiffre d'affaires non affectable à des secteurs d'activité peut être le signe d'un éparpillement de l'activité, de la marque d'une difficulté à déterminer une stratégie) et de la stratégie à mettre en œuvre.

À cette information s'ajoute celle concernant les activités abandonnées, ou en cours d'abandon, qui permettent de déterminer si des politiques de recentrage sont en cours (et selon quelles modalités) et de juger l'intérêt en termes de rentabilité d'une telle politique, à travers le ratio :

$$\frac{\text{Résultat net des activités abandonnées ou en cours d'abandon}}{\text{Résultat net consolidé}} (\%)$$

Enfin, la norme IAS 24 oblige les entreprises à fournir des informations sur les transactions entre les différentes sociétés du périmètre ; ces transactions disparaissent dans le processus de consolidation. Cette information éclaire sur certaines stratégies, en particulier les délocalisations et leurs raisons (approvisionnements, coûts salariaux, etc.).

B. L'activité et la profitabilité

L'étude de l'activité et de la profitabilité s'effectue essentiellement à partir du compte de résultat, de l'information sectorielle et du rapport de gestion. Un examen préalable par entreprise et/ou par secteur est indispensable pour les groupes qui ont de multiples activités.

La démarche de consolidation conduit à rappeler que :

- une variation du périmètre de consolidation n'apparaît au compte de résultat qu'à compter de l'entrée dans le périmètre ;
- le chiffre d'affaires consolidé comprend le chiffre d'affaires de la société mère et de ses filiales intégrées que ce soit de manière globale (part du chiffre d'affaires « revenant » aux minoritaires comprise) ou proportionnelle, mais pas le chiffre d'affaires des filiales consolidées par mise en équivalence.

1. L'analyse de l'activité

Le premier travail consiste à suivre l'évolution du chiffre d'affaires consolidé à l'aide du ratio suivant :

$$\frac{\text{Chiffre d'affaires de N} - \text{Chiffre d'affaires de N} - 1}{\text{Chiffre d'affaires de N} - 1} \times 100$$

L'évolution peut tenir à plusieurs causes : l'évolution des volumes, des prix, des taux de change (si le groupe a une activité internationale) ou du périmètre. La mesure ci-dessus est donc une mesure apparente et le seul chiffrage pertinent est celui en volume, rarement disponible.

Pour ce qui est des autres causes, les groupes sont tenus à une information concernant les variations de périmètre ; quant aux groupes internationaux – exposés au risque de change – ils présentent en annexe les effets des variations de change.

La seule étude du chiffre d'affaires consolidé d'un groupe à multiples activités est d'un intérêt réduit si elle n'est pas accompagnée de celle des différentes activités dudit groupe. Le chiffre d'affaires peut être analysé grâce à l'information par secteur d'activité et/ou par secteur géographique. Il est ainsi possible d'étudier la part de marché occupée par le groupe activité par activité, ainsi que la part de marché prise par rapport au principal concurrent.

Ces informations ont également une portée stratégique : elles mettent en évidence l'évolution du portefeuille d'activités ; elles rendent possible, en situant l'entreprise par rapport à son ou à ses principaux concurrents, le diagnostic de l'existence ou de l'absence d'avantages concurrentiels.

Enfin, s'il y a eu des abandons d'activité, il est pertinent d'étudier l'effet de ces abandons sur le chiffre d'affaires ; cette information a aussi une dimension stratégique.

2. L'analyse de la profitabilité

À la différence du plan comptable français, les normes IFRS ne définissent pas de soldes intermédiaires de gestion (SIG). Il est possible de se référer pour cette analyse aux SIG du PCG 1982 ; cette solution renvoie aux ratios utilisés dans le cadre d'entreprises individuelles (voir le programme de finance d'entreprise du DCG). Mais il est préférable, pour réaliser cette analyse, de prendre acte de deux considérations :

– le CNC (2004-R.02) définit des soldes de gestion :
  • le résultat opérationnel (ou d'exploitation) courant qui quantifie la performance à caractère récurrent,
  • le résultat opérationnel (ou d'exploitation),
  • le coût de l'endettement financier net (qui relève surtout de l'analyse du risque),
  • la CAF avant la prise en compte du coût de l'endettement financier net et des impôts,
  • la CAF ;

– la pratique des groupes a introduit de nouveaux indicateurs de performance non normés : EBIT, EBITDA, etc. L'Autorité des marchés financiers (AMF), dans un communiqué du 20 septembre 2005, a demandé aux sociétés qui utilisent ces indicateurs de les définir dans leur annexe et de conserver la même présentation d'un exercice à l'autre.

a. Analyse traditionnelle de la marge et du taux de marge

L'étude de la profitabilité, c'est-à-dire de la marge dégagée par l'activité, peut être effectuée de manière traditionnelle en calculant une marge brute et un taux de marge :

$$\text{Marge brute} = \text{Chiffre d'affaires} - \text{Coût des ventes}$$

$$\text{Taux de marge brute} = \frac{\text{Marge brute}}{\text{Chiffre d'affaires}} \times 100$$

Ce type d'analyse trouve sa suite dans les études classiques de l'effet ciseau et du point mort.

Cette étude doit, si possible, être conduite par secteur d'activité (voir l'information sectorielle) en intégrant une comparaison à la référence du secteur ; cela informe sur la présence possible d'avantages concurrentiels.

Dans la pratique, les groupes privilégient pour l'analyse de la profitabilité les nouveaux soldes qui ne sont pas ceux introduits par le CNC. Leur contenu général et leur signification doivent être préalablement précisés.

b. La définition des nouveaux soldes : EBITDA, EBITA, NOPAT et EBIT

Le calcul de l'EBITDA (*earnings before interests, taxes, depreciations and amortization*) à partir du résultat opérationnel se présente ainsi :

EBITA = Résultat opérationnel + dotations nettes de reprise sur amortissements et de dépréciations.

Son calcul devient le suivant à partir d'un compte de résultat par destination :

EBITA = Chiffre d'affaires + Autres produits de l'activité
– (Coût des ventes + Frais de recherche et développement
+ Frais commerciaux + Frais généraux)
± Autres produits et charge d'exploitation et opérationnels.

Les dotations et reprises sur amortissements et dépréciations, qui ne sont pas isolées dans cette présentation du compte de résultat, sont exclues des postes pris en considération (ces dotations et reprises sont détaillées en annexe).

L'EBITDA, qui est proche de l'excédent brut d'exploitation (EBE), surtout s'il se limite aux éléments courants, constitue une première mesure de la performance opérationnelle. Il est, en effet, calculé, avant toute incidence de la politique d'investissement et d'amortissement, de dépréciation (ce qui peut prêter à discussion pour une mesure de performance opérationnelle), de la politique financière (dividendes compris) et de la fiscalité.

L'EBITDA peut aussi être calculé hors produits et charges non récurrents :

EBITA courant = EBITA + Autres produits opérationnels – Autres charges opérationnelles.

L'EBITDA courant est privilégié par certains groupes car ce résultat ne concerne que l'activité commerciale et/ou de production.

Les sociétés présentent aussi un EBITA courant :

EBITA courant = EBITA courant – dotations aux amortissements des immobilisations.

L'EBITA courant est fréquemment utilisé. Les dotations aux amortissements des immobilisations corporelles sont prises en compte parce qu'elles peuvent être considérées comme des charges récurrentes qui, en outre, correspondent à l'utilisation de biens nécessaires à l'activité.

Le NOPAT est aussi fréquemment calculé à partir de l'EBIT :

$$\text{NOPAT} = \text{EBIT}(1 - \tau)$$

Avec τ = taux d'impôt sur les sociétés (IS).

La différence entre l'EBITA courant et l'EBIT tient au fait que l'EBIT prend en compte les pertes de valeur, ce qui le rapproche du résultat d'exploitation au sens des SIG du PCG 1982. C'est aussi ce qui fait que l'EBITA est souvent préféré à l'EBIT car il est moins sujet à des variations de politique au niveau des pertes de valeur.

c. L'utilisation des nouveaux soldes pour l'étude de la profitabilité

L'EBITDA est rapporté au chiffre d'affaires pour calculer le taux de marge brute opérationnelle (TMBO) :

$$\text{TMBO} = \frac{\text{EBITDA}}{\text{Chiffre d'affaires}} \times 100$$

Si l'EBITDA est publié dans l'information sectorielle, il convient d'étudier la contribution de chaque secteur à sa formation :

$$\text{Contribution sectorielle} = \frac{\text{EBITDA sectoriel}}{\text{EBITDA du groupe}} \times 100$$

Le TMBO, corollaire du ratio EBE/chiffre d'affaires, renvoie à l'analyse de l'EBE comme ressource interne potentielle de trésorerie d'exploitation :

- l'EBE est une ressource financière essentielle à la survie de l'entreprise puisque c'est avec cette ressource que cette dernière peut – de manière interne – payer ses intérêts et ses impôts, verser des dividendes, investir, etc. ;

– l'EBE est la somme algébrique des produits et des charges d'exploitation hors charges calculées ; l'absence des charges calculées est ce qui le sépare du résultat d'exploitation qui est, en réalité, le vrai résultat économique de l'entreprise mais qui présente l'inconvénient, en raison de la variabilité de calcul des dotations, de ne pas faciliter les comparaisons entre entreprises ;
– les décalages physiques (stocks) et financiers (clients et fournisseurs) peuvent empêcher ce flux de devenir flux de trésorerie d'où la réutilisation de l'EBITDA courant et de ses dérivés dans des études sur le risque financier. Il s'agit alors de déterminer dans quelle mesure ce résultat s'est transformé en trésorerie, faute de quoi on ne peut conclure à la bonne santé de l'entreprise sur la base du ratio EBE/CA.

De la même manière que ces calculs ont été faits avec l'EBITDA, ils peuvent l'être, et de préférence, avec l'EBITDA courant.

L'EBITDA courant est aussi utilisé pour analyser le rendement de la main-d'œuvre :

$$\text{Rendement de la main-d'œuvre} = \frac{\text{EBITDA}}{\text{Effectif}} \times 100$$

Il est utile de mettre en parallèle cette information avec la rémunération des salariés car une augmentation de cette dernière peut être pénalisante si elle ne s'accompagne pas d'une augmentation du rendement de la main-d'œuvre :

$$\text{Rémunération moyenne du salarié} = \frac{\text{Charges de personnel}}{\text{Effectif}} \text{ en euros .}$$

Des ratios parallèles peuvent être mis en œuvre avec l'EBITA.

Ces différents soldes concernent plus les comparaisons temporelles que sectorielles.

C. Le risque

L'appréciation du risque passe par plusieurs analyses : l'étude de la solvabilité (comparaison de la liquidité et de l'exigibilité), de la capacité d'endettement (étude de la structure du passif), de l'équilibre entre les emplois stables et les ressources stables et des flux, en particulier ceux engendrés par l'exploitation.

L'intérêt de l'analyse en termes de flux résulte, entre autres, des limites du bilan, document support essentiel des trois premières approches. Le bilan constitue dans le référentiel IAS/IFRS l'état financier central puisqu'il est censé mesurer la richesse des actionnaires – acteurs clés de ce référentiel. Il s'expose toutefois à des critiques : il fournit une situation à une date précise et rien n'assure qu'à cette date est donnée une image fiable ; ses rubriques ne sont pas évaluées de façon homogène (coût historique et juste valeur) et elles le sont différemment selon les entreprises.

Une analyse des comptes individuels doit être effectuée en parallèle – elle n'est pas du ressort des développements qui suivent – car l'analyse au seul niveau du groupe peut fausser les perspectives. Ainsi, les dettes du groupe peuvent paraître supportables et être le fait de filiales surendettées avec tous les risques que cela implique.

1. La comparaison de la liquidité et de l'exigibilité

Cette comparaison apprécie la solvabilité de l'entreprise, à savoir son risque de défaillance. Elle privilégie le court terme et intéresse avant tout les créanciers financiers et les propriétaires puisque la valeur de leur patrimoine est mise en évidence.

Elle consiste à mettre en parallèle la liquidité des actifs et l'exigibilité des dettes ; est considéré liquide un actif réalisable à un an ou moins (sans perte de valeur). L'exigibilité mesure la durée qui sépare une dette de son échéance.

Le bilan IAS/IFRS se prête *a priori* à ce type patrimonial d'analyse et devrait alors pouvoir être utilisé avec un minimum de retraitements car :

– il enregistre les actifs et les passifs en fonction de leur échéance ;
– il ne tient pas compte des actifs fictifs (charges à répartir, frais d'établissement, etc.) ;
– il évalue les biens dans une optique économique, donc à leur valeur réelle (mais cette dernière règle est très imparfaitement appliquée).

Le fonds de roulement (FR) patrimonial et le ratio de liquidité générale (RSG) constituent les deux premiers indicateurs de solvabilité :

$$\text{FR patrimonial} = \text{Actif courant} - \text{Passif courant (en euros)}$$

$$\text{RLG} = \frac{\text{Actif courant}}{\text{Passif courant}} (\%)$$

Le pur respect de la solvabilité implique que les actifs courants couvrent les passifs courants, donc que le FR soit positif ou le RSG égal ou supérieur à 1. Le FR patrimonial et le RSG constituent donc des mesures de la marge de sécurité ; en pratique, il est généralement souhaité que le FR représente 20 à 30 % des actifs courants.

Le bilan simplifié ci-dessous illustre la signification de ce ratio.

Tableau 8.4 – **Le bilan simplifié**

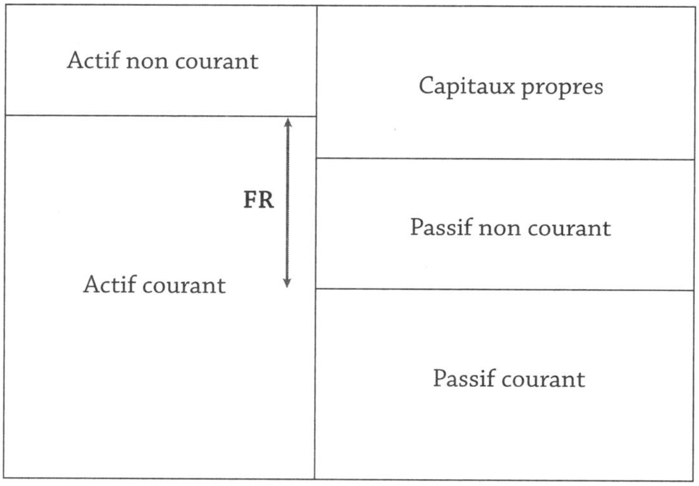

Pour répondre à l'interrogation sur la solvabilité à travers une approche liquidité/exigibilité, deux ratios supplémentaires peuvent être calculés :

– le premier prend en considération le fait qu'au sein des actifs courants certains peuvent avoir une liquidité réduite en raison de leur lenteur de rotation, d'où le calcul d'un ratio de liquidité limitée (RLL) qui peut prendre deux expressions :

$$\text{RLL} = \frac{\text{Actifs courants} - \text{Actifs courants à rotation lente}}{\text{Passifs courants}} (\%)$$

ou :

$$RLL = \frac{\text{Actifs courants} - \text{Stocks et encours}}{\text{Passifs courants}} (\%)$$

La seconde expression prend acte de la liquidité variable des stocks, l'analyste externe ayant des difficultés à isoler avec précision les actifs dont la rotation est lente ;
– le second est le ratio de liquidité immédiate (RLI) :

$$RLI = \frac{\text{Trésorerie et équivalents de trésorerie}}{\text{Passifs courants}} (\%)$$

2. La capacité d'endettement

Cette étude intéresse avant tout les créanciers financiers. Elle est déterminante dans leur volonté d'accorder des prêts.

Pour le propriétaire, il s'agit d'une mesure de la capacité d'endettement du groupe. L'analyse est statique. Elle est nécessaire mais insuffisante pour évaluer précisément la capacité d'endettement. Il en est de même précédemment de la solvabilité. Des analyses complémentaires de flux sont indispensables.

a. Le poids des capitaux propres au sein du passif

La première analyse du banquier concerne la part des capitaux propres dans le passif, c'est-à-dire le taux de capitalisation. Elle est déterminante de son accord pour l'obtention de prêts de manière générale :

$$\text{Taux de capitalisation} = \frac{\text{Capitaux propres}}{\text{Passif}} (\%)$$

Les banques demandent que ce taux soit compris dans une fourchette de 25 à 35 %. Il s'agit à la fois d'une règle pratique de la profession mais aussi de bon sens : le propriétaire doit manifester son engagement financier dans son entreprise.

L'analyse peut être complétée par la mesure du degré d'intégration financière du groupe qui passe par l'évaluation de la part des minoritaires dans les ressources en capitaux propres :

$$\text{Degré d'intégration financière} = \frac{\text{Intérêts minoritaires}}{\text{Capitaux propres consolidés}} (\%)$$

Il est intéressant pour le banquier de savoir dans quelle mesure la stratégie du groupe consiste à faire appel à ses associés minoritaires pour réunir des ressources.

b. La comparaison des capitaux propres avec les dettes

La seconde analyse du banquier concerne la relation entre l'endettement et les capitaux propres. Deux ratios sont fréquemment utilisés :

– le ratio d'autonomie financière (RAF) qui compare les dettes à moyen et à long termes aux capitaux propres afin d'évaluer la capacité d'endettement à moyen et à long termes du groupe :

$$RAF = \frac{\text{Passif non courant}}{\text{Capitaux propres consolidés}} (\%)$$

Les banquiers exigent un ratio égal ou supérieur à 1, sous réserve que le groupe ait satisfait à l'exigence précédente concernant le taux de capitalisation. Ils fournissent ainsi la possibilité pour le groupe de mesurer sa capacité d'endettement à moyen et à long termes ;

– le « *gearing* » ou ratio d'endettement est très utilisé par les groupes cotés de taille importante en lieu et place du ratio précédent. Ces groupes qui se financent sur des marchés ne font pas de différence, quant à son emploi, entre le financement à court terme et celui à moyen et long termes. Ils sont intéressés par le poids de l'endettement par rapport aux capitaux propres :

$$\textit{Gearing} = \frac{\text{Endettement financier net}}{\text{Capitaux propres consolidés}} (\%)$$

Avec : endettement financier net = dettes financières à court, moyen et long termes – trésorerie et équivalents de trésorerie.

L'utilisation de ces ratios appelle des précisions :

– l'information sectorielle peut permettre d'affiner l'analyse car elle contient le montant des passifs en fonction des secteurs d'activité ou géographiques ;
– les engagements de retraite font l'objet d'une provision qu'il semble nécessaire de rattacher aux dettes, plus précisément aux dettes à moyen et à long termes ;
– l'impôt différé actif ne constitue pas une créance à l'égard de l'administration fiscale et l'impôt différé passif une dette. Il s'agit de pures écritures comptables qui n'ont pas de contrepartie économique. Il est souhaitable de les éliminer de l'actif non courant et du passif non courant en modifiant d'autant en contrepartie les capitaux propres.

3. L'analyse fonctionnelle du bilan

L'esprit des IFRS – la création de valeur de l'actionnaire est la boussole de la firme – conduit à la prévalence de l'analyse patrimoniale sur l'analyse fonctionnelle. Toutefois, l'analyse fonctionnelle demeure pertinente, sous certaines limites, compte tenu des difficultés que rencontre l'analyse patrimoniale.

Une distinction au sein de cette analyse doit être faite entre :

– l'étude de l'équilibre fonctionnel qui fait l'objet de certaines critiques ;
– l'étude du BFRE dont l'intérêt reste intact aux yeux de tous mais qui soulève certaines difficultés lorsqu'elle s'applique à des groupes.

a. L'équilibre fonctionnel

L'analyse fonctionnelle retient la distinction entre les trois cycles de l'entreprise :

– le cycle investissement auquel correspondent les emplois stables du fonds de roulement (FR) : leur évolution est essentiellement liée (sauf réévaluation) aux acquisitions et aux cessions d'immobilisations ;
– le cycle financement auquel correspondent les ressources stables du FR : il illustre quelles ressources servent à financer, entre autres, les emplois stables ci-dessus. Ces dernières évoluent principalement sous l'effet des apports en capital et des rachats d'actions, de la CAF et des dividendes, des emprunts et des remboursements d'emprunts ;

– le cycle exploitation, généralement générateur d'un besoin, le besoin en fonds de roulement d'exploitation (BFRE), qui constitue, de par son renouvellement continuel, un emploi stable : il évolue sous l'effet des variations du chiffre d'affaires, de la qualité de la gestion de ses composantes mais aussi de décisions touchant aux structures (par exemple une politique d'externalisation).

L'équilibre fonctionnel privilégie une lecture horizontale du bilan : les ressources stables doivent couvrir les emplois stables, étant précisé que le BFRE constitue un emploi stable.

Cette conception de l'équilibre financier trouve son expression dans la formule :

$$FR - BFR = T$$

Avec T : la trésorerie.

Dont l'expression dynamique et plus pertinente est :

$$\Delta FR - \Delta BFR = \Delta T$$

Tableau 8.5 – **Modèle simplifié de bilan fonctionnel**

Emplois (stocks)	**Ressources (stocks)**
Emplois (acycliques) stables (cycle d'investissement)	Ressources (acycliques) stables (cycle d'investissement)
Besoin en fonds de roulement d'exploitation (BFRE) (cycle d'exploitation)	↕ **Fonds de roulement fonctionnel**
Besoin en fonds de roulement hors exploitation (BFRHE)	Trésorerie

b. La signification de l'équation fonctionnelle

Dans cette conception de l'équilibre financier, la trésorerie est une résultante des ajustements entre le FR et le BFR. Elle n'est pas considérée comme une variable d'action. Dans un objectif de sécurité financière, le FR, différence entre des ressources stables et des emplois stables, doit être positif pour faire en sorte que les emplois stables actuels et les investissements futurs soient financés par des ressources stables et que le financement du BFRE qui se renouvelle sans cesse – il est un emploi stable cyclique – ne repose pas sur des ressources instables, à savoir la trésorerie.

Cette conception de l'équilibre financier s'expose à une critique. Elle suppose que les entreprises cherchent à financer leurs emplois stables par des ressources stables. Or, les grands groupes cotés se procurent généralement leurs ressources sur les marchés financiers. Ils peuvent lever des capitaux propres, des ressources d'emprunt à moyen ou à long terme ou encore s'adresser au marché monétaire sans avoir à justifier de l'emploi de ces ressources. Ils utilisent des ressources à court terme pour financer des emplois stables, leurs investissements, par exemple. Cette critique ne remet pas en cause l'analyse ci-dessus, elle en restreint seulement le champ aux groupes qui suivent une logique d'adossement, à savoir les groupes de taille moyenne qui sont les plus nombreux. C'est une question de bon sens pour l'analyste.

Déterminer alors plus précisément dans quelle mesure le BFR doit être financé par le FR constitue le point délicat de cette analyse, d'où d'ailleurs l'intérêt du suivi dynamique de l'équation fonctionnelle. Cela étant, si la trésorerie se dégrade continuellement, la pérennité de l'entreprise est menacée. La survie de l'entreprise passe par sa trésorerie et, à cet égard, l'un des intérêts de l'analyse fonctionnelle par rapport à l'analyse de liquidité est de permettre de diagnostiquer des crises de trésorerie qui proviennent du BFRE. En effet, l'augmentation des actifs d'exploitation accompagnée d'une augmentation des passifs courants ne provoque aucune alerte en analyse de liquidité/exigibilité, le RLG ne changeant pas.

Il ne faut toutefois pas perdre de vue que :

- si la trésorerie positive constitue un « trésor de guerre », source de flexibilité stratégique permettant de saisir des opportunités, elle peut faire aussi de l'entreprise une cible attrayante pour une OPA agressive (les analyses sur les causes de l'efficacité des *Leverage Buy Out* (LBO) en termes de théorie du « *Free Cash Flow* » vont dans ce sens) ;
- une trésorerie positive élevée peut être le signe d'une mauvaise gestion de la part des managers dans les sociétés ouvertes (sociétés cotées à actionnariat dispersé), d'où les politiques de rachat d'actions ;
- l'endettement à court terme peut être parfois plus avantageux en termes de charges que celui à moyen et à long termes.

De manière générale, le déséquilibre financier fonctionnel peut avoir de multiples origines : une augmentation insuffisante des financements stables par rapport au BFR, une mauvaise gestion du BFRE (il augmente plus vite que le chiffre d'affaires ou ne diminue pas autant que ce dernier), des investissements non adossés à des financements stables, etc.

c. Du bilan IFRS au bilan fonctionnel

Le bilan fonctionnel nécessite une reconstruction du bilan IFRS :

- les ressources stables contiennent les amortissements, les dépréciations et les provisions. Ces informations figurent en annexe ;
- la part à moins d'un an des dettes à moyen et long termes doit être intégrée aux ressources stables à la différence de l'analyse patrimoniale. Dans l'optique fonctionnelle, on détermine le montant des ressources qui ont servi au financement des investissements ;
- la notion de trésorerie à retenir ne correspond pas nécessairement à celle qui figure dans le tableau des flux de trésorerie aux termes de la recommandation 2004-R.02 du CNC. Il semble assez logique d'avoir une conception large de la trésorerie active et de considérer l'existence d'une trésorerie passive ;
- les instruments de trésorerie doivent être placés selon la couverture qu'ils assurent.

d. L'étude du BFRE

L'étude du BFRE, qui est le deuxième volet de l'analyse fonctionnelle, est sujette à un certain nombre de limites :

– la première concerne le groupe :
  - s'il s'agit d'un groupe dont les activités sont multiples et très diverses, mener l'analyse du BFRE au niveau du groupe présente peu d'intérêt, tout au moins en ce qui concerne les temps d'écoulement,
  - s'il s'agit d'un groupe dont l'essentiel de l'activité se déroule à l'étranger, l'analyse peut perdre de son intérêt si les pays concernés pratiquent peu le crédit interentreprises (ce n'est pas le cas en France) ;

– la deuxième est relative aux évolutions de périmètre. Une entrée en cours d'exercice se traduit par une augmentation à cent pour cent des postes du bilan (en cas d'intégration globale), mais seulement à compter de la date d'entrée pour le chiffre d'affaires. Les temps d'écoulement sont donc faussés.

Le premier travail à effectuer consiste à apprécier l'importance du BFRE, à suivre son évolution dans le temps et à effectuer des comparaisons interentreprises. Il est souhaitable d'effectuer ces calculs à partir de valeurs brutes : les dépréciations de l'actif circulant ne changent ainsi pas l'emploi stable à financer. Le ratio suivant est utilisé :

$$\frac{\text{BFRE}}{\text{CA HT}} \times 360 \left(\text{en jours de CA HT}\right)$$

De manière classique, une augmentation du temps d'écoulement du BFRE a des effets négatifs sur l'équilibre financier. Plus on arrive à réduire ce besoin, moins on aura à faire appel à du financement coûteux ; le résultat en est amélioré dans le même temps où l'outil économique se trouve allégé.

L'analyse du BFRE doit être ensuite faite ; elle passe par l'étude des temps d'écoulement, limitée aux trois principales composantes du BFRE : les stocks, les clients et les fournisseurs.

Tableau 8.6 – **Temps d'écoulement (en jours)**

Composantes	Formule du temps d'écoulement (ou délai de règlement)
Stocks	$\frac{\text{Stocks globaux ou moyens}}{\text{CA HT}} \times 360$ Ou, si on dispose du compte de résultat par fonction : $\frac{\text{Stocks globaux ou moyens}}{\text{Coût de revient des ventes}} \times 360$
Clients	$\frac{\text{Clients}}{\text{CA HT + TVA collectée}} \times 360$
Fournisseurs	$\frac{\text{Fournisseurs}}{\text{Achats et autres charges externes TTC}} \times 360$

4. L'appréciation du risque par l'analyse des flux

Les analyses précédentes, bilantielles, présentent un caractère trop statique, même effectuées sur plusieurs exercices. En outre, le bilan est sujet à des réserves, déjà exprimées. À cette incomplétude s'ajoute la redécouverte de l'importance de la trésorerie pour apprécier le risque financier. D'où l'importance prise par l'analyse des flux de trésorerie. Il s'agit de poursuivre la quête de la bonne estimation du risque financier en appréciant si les charges financières sont supportables par l'entreprise.

Le ratio de capacité de remboursement qui mesure en combien d'années la CAF permettrait de rembourser les dettes à moyen et long termes répond à cet objectif :

$$\text{Capacité de remboursement} = \frac{\text{Endettement à moyen et long termes}}{\text{Capacité d'autofinancement}}$$

La norme générale pour ce ratio est de l'ordre de trois à quatre, ce qui signifie que l'on doit pouvoir rembourser les dettes à moyen et long termes avec trois ou quatre années de CAF. Cette estimation prend en compte la durée moyenne d'endettement et la non-disponibilité d'une partie de la CAF pour les remboursements, suite, entre autres, à son utilisation dans la variation du BFRE.

D'autres ratios de « flux/flux » sont utilisés pour mesurer le poids des charges d'intérêts. L'utilisation d'un seul d'entre eux suffit :

$$\frac{\text{Charges d'intérêts}}{\text{EBITDA (ou EBE)}}(\%) \quad \text{ou} \quad \frac{\text{Coût financier brut}}{\text{EBITDA courant}}(\%)$$

Ces ratios évaluent dans quelle mesure l'EBE ou l'EBITDA (courant) peuvent couvrir les intérêts. Leur utilisation doit se faire en gardant présent à l'esprit le fait qu'il s'agit au dénominateur du flux potentiel de trésorerie dont une partie devra permettre le financement de la variation du BFRE.

Cette dernière remarque renvoie à la construction d'indicateurs de flux de trésorerie d'exploitation, le plus connu étant l'excédent de trésorerie d'exploitation ou ETE par rapport auquel il est pertinent de mesurer le poids des charges d'intérêts :

$$\text{ETE} = \text{EBE} - \Delta\text{BFRE}.$$

Le passage par l'ETE ne s'impose plus à partir du moment où l'on dispose d'un TFTN qui permet, si on le suit sur plusieurs exercices, de diagnostiquer des crises de trésorerie passées, en cours ou à venir.

La comparaison du flux net de trésorerie engendré par l'activité, justement calculé après la prise en considération de la variation du BFRE, au flux net de trésorerie lié aux opérations d'investissements est au cœur de l'analyse du TFTN. Les flux nets de trésorerie liés au financement assurent l'équilibre des deux flux précédents. Cette comparaison, effectuée à l'aune de la stratégie, permet de dégager des scénarios à mettre en relation avec des crises de liquidité. De manière non exhaustive sont identifiables :

- le cas du groupe qui mène une stratégie de croissance intense et se trouve en situation d'avoir un FNTA très inférieur au FNTI et doit donc trouver les financements nécessaires ;
- le cas du groupe qui a réalisé, ou prévoit de réaliser, des investissements fortement rentables qui lui permettront de se désendetter, de racheter des actions, etc. ;
- le cas du groupe qui a réalisé des investissements trop importants par rapport à ses possibilités ou des investissements qui n'ont pas produit la rentabilité espérée ;

– le cas du groupe dont l'outil de production est vieillissant et les FNTA insuffisants pour assurer son renouvellement et qui devra faire appel aux FNTF, au risque de déboucher sur une crise de liquidité.

Le TFTN permet, comme il en a été fait état précédemment, de mettre simultanément en évidence les stratégies financières : appel aux actionnaires (de la société mère ou des filiales), rachat d'actions, politique de dividendes, politique d'endettement, etc.

Il recèle une certaine ambiguïté : sa construction fait des flux nets de trésorerie liés aux opérations de financement (FNTF) une résultante des flux précédents, ce qui est souvent le cas, mais pas toujours. Une entreprise ou un groupe peut désirer mener avant tout une stratégie financière déterminée.

D. La rentabilité

Deux types de rentabilités doivent être distingués :
– la rentabilité économique, dénommée *return on assets* (ROA) ou *return on capital employed* (ROCE) aujourd'hui privilégiée, qui évalue la rentabilité de l'outil de production et ne tient donc pas compte des modalités de financement ;
– la rentabilité financière, ou rentabilité des capitaux propres ou encore *return on equity* (ROE), qui est la rentabilité obtenue par les apporteurs de fonds propres. Elle constitue l'aboutissement de la démarche de diagnostic financier.

La consolidation et/ou les normes IFRS introduisent de nombreuses difficultés de détermination et d'interprétation de la performance. Engendrent, entre autres, des difficultés :
– les choix différents de méthode d'évaluation de groupe à groupe, qui dans le cas des valeurs de marché rendent très sensibles les performances de l'entreprise aux conditions environnantes ;
– les modifications au sein du résultat net consolidé provenant de changements dans les pourcentages d'intérêts ;
– le fait d'être face à des ensembles constitués fréquemment pour partie de sociétés implantées à l'étranger avec des effets induits sur le résultat par l'intermédiaire des fluctuations de change ;
– les changements de valeur au niveau des écarts d'acquisition et des instruments financiers, qui peuvent figurer au niveau des capitaux propres ou du compte de résultat, etc.

Les capitaux propres et les résultats deviennent, sous l'effet des normes IAS/IFRS et de la consolidation, plus volatils et les performances moins utilisables pour les comparaisons interentreprises et les suivis temporels. L'état de variation des capitaux propres aide à repérer les différentes variables qui ont agi sur les capitaux propres (écarts de conversion et de réévaluation, résultat, apport ou rachat de capital, etc.) et peut permettre d'être plus précis dans l'analyse de la rentabilité.

Il faut, en outre, rappeler que l'entrée dans le périmètre en cours d'année d'une filiale intégrée globalement s'accompagne d'une modification du bilan à concurrence de 100 % et du compte de résultat à compter de la date d'entrée. Cette règle rend indispensable une étude parallèle de la rentabilité hors prise en compte des filiales.

1. La rentabilité économique

a. Définitions et précautions

La rentabilité de l'outil productif rémunère les apporteurs de ressources – actionnaires de la société mère, actionnaires minoritaires des filiales, créanciers financiers – et doit donc reposer sur un résultat avant prise en considération des charges d'intérêt : le résultat économique.

Le résultat à retenir comme résultat économique est :

– soit le résultat opérationnel courant qui est bien un résultat calculé avant prise en compte des charges d'intérêts. En pratique, le NOPAT est fréquemment retenu ;

– soit l'EBITDA courant qui présente l'intérêt par rapport au NOPAT de ne pas tenir compte des politiques de dépréciation (amortissements, dépréciations et leurs reprises).

Le stock qui engendre ce résultat économique est l'actif économique constitué des immobilisations d'exploitation et du BFRE, évalués en valeurs nettes dans le cas de la comparaison au NOPAT et en valeurs brutes dans le second cas.

Numérateur et dénominateur du taux de rentabilité doivent faire l'objet de retraitements. Les développements les concernant figurent dans le chapitre 9.

En fonction des caractéristiques des groupes, les ratios peuvent aussi justifier des adaptations. Il faut, en particulier, signaler les situations suivantes :

– les groupes à politique d'investissement non régulière (ce n'est généralement pas le cas des grands groupes) : il vaut alors mieux retenir les valeurs brutes des immobilisations afin de limiter les fluctuations des immobilisations et réintégrer alors dans le NOPAT les amortissements ;

– les groupes à forte stratégie de croissance externe qui ont donc des immobilisations incorporelles (*via* les écarts d'acquisition) beaucoup plus importantes que ceux à moindre croissance externe : dans une optique comparative, il peut être souhaitable de limiter les calculs de rentabilité économique aux immobilisations corporelles. Hors cette optique, ces écarts font partie de l'outil productif : ils constituent un investissement ;

– le problème soulevé par les excédents de trésorerie : la rémunération des placements de trésorerie est fréquemment inférieure à celle du capital d'exploitation *stricto sensu*, et leur prise en compte peut donc fausser – de manière défavorable – l'appréciation de la rentabilité économique. Cependant, ces excédents peuvent résulter naturellement de l'activité, mais aussi de désinvestissements.

La solution la plus fréquente consiste à ne pas tenir compte de ces excédents. On peut aussi envisager de ne prendre en considération que la trésorerie nécessaire à l'exploitation *via* un calcul de trésorerie normative (en jours de chiffre d'affaires). Il reste que la trésorerie est une source de flexibilité stratégique de l'entreprise – profondément liée à son activité future – et un gage de pérennité qui répond aux exigences de nombreux propriétaires de groupes de taille modeste, même si par ailleurs elle peut faire de ces groupes des proies attirantes.

b. Les ratios de rentabilité économique

Les deux modalités génériques de détermination de la rentabilité économique se présentent donc ainsi :

$$\frac{\text{NOPAT}}{\text{Immobilisations + BFRE}}(\%) \text{ ou } \frac{\text{EBITDA}}{\text{Immobilisations + BFRE}}(\%)$$

Le premier ratio est connu sous le nom de ROIC ou *return on invested capital.*

La rentabilité économique doit être analysée pour expliquer son évolution à la hausse ou à la baisse. Pour cela, les ratios précédents sont décomposés :

$$\frac{\text{NOPAT}}{\text{Immobilisations + BFRE}}$$

$$\frac{\text{NOPAT}}{\text{Chiffre d'affaires}} \times \frac{\text{Chiffre d'affaires}}{\text{Immobilisations + BFRE}}$$

$$\frac{\text{EBITDA}}{\text{Immobilisation + BFRE}}$$

$$\frac{\text{EBITDA}}{\text{Chiffre d'affaires}} \times \frac{\text{Chiffre d'affaires}}{\text{Immobilisation + BFRE}}$$

Cette décomposition permet de faire apparaître deux facteurs explicatifs de la rentabilité économique : celle-ci est le produit d'une profitabilité des ventes et d'une rotation de l'outil de production. Ces deux ratios mettent aussi en évidence différents leviers dont dispose le groupe pour améliorer sa rentabilité économique :

- l'augmentation du résultat opérationnel ou de l'EBITDA ;
- l'accroissement du taux de marge et le déplacement vers les activités à taux de marge plus élevé ;
- l'augmentation du chiffre d'affaires toutes choses égales par ailleurs ;
- la gestion du BFRE ;
- le choix de projets d'investissements générateurs de chiffre d'affaires, etc.

Les comparaisons entre entreprises et le suivi temporel de la rentabilité économique permettent des jugements sur la performance d'un groupe. Mais la question du niveau nécessaire de cette rentabilité est délicate ; elle passe largement par les analyses de création de valeur, l'EVA entre autres (voir le chapitre suivant) ainsi que par la relation avec le coût de la dette (voir l'effet de levier ci-après).

2. La rentabilité financière

La rentabilité financière est actuellement la finalité de l'entreprise puisqu'elle répond au critère de la maximisation de la valeur actionnariale. Elle peut être considérée comme la boussole de l'entreprise.

Il faut non seulement calculer la rentabilité financière du groupe mais aussi distinguer les deux catégories d'actionnaires qui financent le groupe et la rentabilité financière des sociétés consolidées par mise en équivalence.

a. La rentabilité financière du groupe

La rentabilité financière du groupe est mesurée par le ratio suivant (ROE) :

$$\text{Rentabilité financière} = \frac{\text{Résultat net consolidé}}{\text{Capitaux propres}} (\%)$$

Les capitaux propres contiennent les réserves mais aussi les intérêts minoritaires ; il s'agit de raisonner à partir de tous les capitaux propres dont dispose le groupe.

C'est le ratio logiquement le plus important en analyse financière puisqu'il exprime la rémunération de l'actionnaire que ce soit, par la suite, en dividendes ou par la mise en réserve et par là même la possibilité pour l'entreprise de se procurer des ressources propres : si cette rémunération s'avère insuffisante, l'épargnant ne mettra pas ou plus son argent à la disposition de l'entreprise.

Pour cette mesure et les suivantes, on considère que c'est le stock de début de période qui a produit le flux et l'on retient donc les capitaux propres de début d'exercice.

Il reste qu'il s'agit d'une mesure comptable de l'enrichissement de l'actionnaire. Certes, les normes IFRS appliquées dans leur pleine mesure devraient permettre à l'actionnaire d'avoir ainsi une idée précise de sa richesse. Toutefois, s'agissant de groupes cotés, les marchés financiers fournissent aussi des informations.

b. L'analyse de la rentabilité financière du groupe

Au sein de cette rentabilité, les actionnaires de la société mère et les actionnaires minoritaires des filiales intégrées globalement doivent être distingués. La rentabilité financière des sociétés mises en équivalence doit aussi être mise en évidence. D'où les ratios suivants :

$$\begin{array}{c}\text{Rentabilité financière}\\ \text{des actionnaires}\\ \text{de la société mère}\end{array} = \frac{\text{Résultat net, part du groupe}}{\text{Capitaux propres, part du groupe}} (\%)$$

$$\begin{array}{c}\text{Rentabilité financière}\\ \text{actionnaires minoritaires}\\ \text{des sociétés intégrées}\end{array} = \frac{\text{Résultat net, part des minoritaires}}{\text{Capitaux propres, part des minoritaires}} (\%)$$

$$\begin{array}{c}\text{Rentabilité}\\ \text{financière des}\\ \text{sociétés mises}\\ \text{en équivalence}\end{array} = \frac{\text{Quote-part de résultat des sociétés mises en équivalence}}{\text{Titres mis en équivalence}} (\%)$$

Ces différents ratios apportent des informations qui peuvent avoir des conséquences en matière de stratégie. Ainsi, en ce qui concerne la distinction établie entre la rentabilité financière pour les actionnaires du groupe et les deux autres rentabilités :

– si la rentabilité est supérieure au niveau des actionnaires de la société mère, elle peut constituer l'indice d'une stratégie réussie visant à réserver les entreprises les plus rentables à ces actionnaires : une telle conclusion sous-entend une volonté délibérée de conduire une telle politique (cette volonté ne va pas de soi) ; elle peut aussi indiquer l'intérêt de se dégager de certaines activités ;
– si la rentabilité est supérieure pour les minoritaires ou pour les sociétés mises en équivalence, cela peut conduire les actionnaires de la société mère à modifier leur pourcentage d'intérêts dans les sociétés concernées.

c. L'effet de levier

La rentabilité financière dépend donc à la fois de la rentabilité économique et des choix de financement. L'influence des choix de financement peut être utilement présentée en termes d'effet de levier : si le coût de la dette est inférieur à la rentabilité économique, l'emprunt est avantageux car il aura un effet positif sur la rentabilité financière. D'où la formule :

$$r_{cp} = [\ r_e + (r_e - i)\ D\ /\ CP\ ]\ (1 - \tau)$$

Avec :

- r_{cp} = rentabilité financière ;
- r_e = rentabilité économique ;
- i = coût de la dette ;
- D = dette (ou, éventuellement : dette nette) ;
- CP = capitaux propres ;
- τ = taux d'imposition.

La politique d'effet de levier se manifeste de différentes façons :

- le rachat de ses actions par la société ;
- le versement de superdividendes pour éviter de conserver des excédents de trésorerie dont le rendement est insuffisant ;
- le financement accru des investissements par la dette, etc.

En termes de diagnostic financier, il faut étudier si l'entreprise a mis en place une telle politique et quelles en ont été les conséquences. L'effet de levier présente des risques car il peut s'inverser et devenir un effet de « massue » qui réduit la rentabilité financière : le paiement des intérêts et l'amortissement de l'emprunt pèsent alors durant de nombreuses années sur le résultat, le point mort s'élève ce qui fait courir des risques aux entreprises à activité cyclique, etc.

La formule revêt un autre aspect : augmenter la dette, c'est augmenter le risque financier et donc les exigences des actionnaires.

SYNTHÈSE

Les groupes de sociétés constituent des acteurs importants de la vie économique et financière. Ils justifient d'une information spécifique car les publications au niveau des sociétés individuelles ne peuvent suffire : le groupe est une unité de décision.

La consolidation et les comptes consolidés participent de cette mission d'information. Ils permettent aux analystes d'effectuer un diagnostic financier des groupes.

Si la démarche du diagnostic financier des groupes ne diffère pas de celle des sociétés individuelles et si l'analyse de ces dernières demeure indispensable, il reste que la complexité du processus de consolidation, la présentation des comptes de groupes à laquelle s'ajoute l'utilisation de normes comptables spécifiques, les IAS/IFRS (ou les RMCC qui convergent vers les normes internationales), justifient une étude approfondie de ce diagnostic.

Une présentation liminaire des principes de la consolidation s'impose, en particulier de la notion de périmètre de consolidation et des méthodes qui sont liées à sa définition, ainsi que du contenu des états financiers consolidés.

La démarche du diagnostic financier doit déboucher sur une appréciation du couple « risque/rentabilité », la rentabilité financière devant constituer la fin logique du diagnostic dans une économie orientée vers la maximisation de la valeur actionnariale.

Cette issue du diagnostic passe par le préalable de l'étude de la stratégie de l'entreprise, suivie de l'étude de l'activité et de la profitabilité des ventes. Ces différentes analyses présentent de nombreuses spécificités, entre autres celles qui résultent de l'utilisation de nouveaux soldes de gestion, nés de la pratique internationale, tels que l'EBIT, le NOPAT et l'EBITDA qui interviennent dans la détermination de ratios mais ne font pas l'objet de définitions précises.

Ces différentes analyses, en particulier la détermination de la stratégie suivie, sont enrichies par l'information désormais exigée en matière de comptes consolidés par les normes IFRS. L'information sectorielle, entre autres, contribue à cet approfondissement.

APPLICATION 1 Vrai ou faux

1. En droit français, les groupes sont tenus de présenter des comptes consolidés.

2. Seules les sociétés dans lesquelles la société consolidante détient des droits de vote font partie du périmètre de consolidation.

3. Un actif non courant est un actif exceptionnel ou extraordinaire.

4. La variation du BFR est calculée en valeurs nettes dans le TFTN.

5. La trésorerie passive n'existe pas dans les comptes consolidés.

6. Une variation du périmètre de consolidation n'est prise en considération au compte de résultat qu'à compter de l'entrée dans le périmètre.

7. Les principes de traitement des locations-financement sont les mêmes au bilan et au TFTN.

8. L'EBITDA peut être rapproché de l'EBE et l'EBIT du résultat d'exploitation.

9. Le *gearing* intéresse essentiellement les groupes qui suivent une logique d'adossement.

10. L'EBITDA est un flux de trésorerie.

11. La rentabilité économique se calcule après prise en compte des intérêts et des charges assimilées.

CORRIGÉ 1

1. FAUX. Les groupes non cotés ne sont pas tenus de publier des comptes consolidés s'ils n'émettent pas de billets de trésorerie et s'ils respectent deux des trois seuils suivants : ils ont des effectifs inférieurs à 500 salariés, un chiffre d'affaires inférieur à 30 millions d'euros et un total de bilan inférieur à 15 millions d'euros.

2. FAUX. Sous certaines conditions, prévues par la norme IAS 27 (SIC 12, § 10) et afin d'éviter des montages déconsolidants visant généralement à minorer l'endettement du groupe, des entités *ad hoc* peuvent figurer dans le périmètre de consolidation alors que la société consolidante n'y détient aucun droit de vote.

3. FAUX. Il n'existe plus d'actifs exceptionnels ou extraordinaires en normes IFRS, ni d'ailleurs de passifs, de produits ou de charges de ce type. La distinction courant/non courant relève d'autres considérations.

4. VRAI. Cette solution, qui est rationnelle dans une analyse en flux de trésorerie, pose en revanche un problème lorsqu'il s'agit d'étudier la variation du BFRE. Il est, en effet, préférable de mesurer celle-ci à partir de variations brutes.

5. FAUX. Mais la question est délicate car c'est aux termes du § 8 de l'IAS 7 qu'est ouverte la possibilité d'une trésorerie passive, qui est donc, dans l'esprit du normalisateur international, l'exception. Ce dernier raisonne, en effet, essentiellement dans le cadre de groupes cotés ne se plaçant pas en logique d'adossement.

6. VRAI. Cette solution pose un problème par rapport au bilan puisque le bilan de fin d'année en cas d'intégration prend en compte les actifs et les passifs.

7. FAUX. Les mouvements initiaux « investissements et emprunts » ne figurent pas au TFTN alors qu'ils sont pris en considération au bilan.

8. VRAI.

9. FAUX. Le *gearing* ne distingue pas financement à court terme et à moyen et long termes, ce qui est la caractéristique des groupes qui se financent sur les marchés financiers.

10. FAUX. L'EBITDA est seulement un flux potentiel de trésorerie d'exploitation (comme l'EBE). Une partie de cette ressource produite par l'entreprise peut être mobilisée pour financer l'augmentation du BFRE.

11. FAUX. Elle ne tient pas compte des modalités de financement car elle doit permettre de rémunérer tous les apporteurs de ressources.

APPLICATION 2 L'analyse financière des bilans consolidés de la société VM Matériaux

Le cas VM Matériaux sert de support aux applications 2, 3 et 4. Les applications 3 et 4 peuvent donc utiliser des données figurant dans l'application 2.

N.B. – Les états comptables 2005 et 2006 ont été mis en conformité avec les normes IAS 1 révisée et IFRS 8.

ANNEXE 1

Présentation de la société

VM Matériaux, groupe multirégional d'origine vendéenne créé en 1941, est une SA française à directoire qui compte aujourd'hui plus de 2 600 salariés. La société a été introduite en Bourse en mai 1990. Elle est centrée sur l'univers du bâtiment à travers trois domaines d'activité : le négoce de matériaux de gros œuvre et de second œuvre et des produits d'aménagement de la maison, le béton prêt à l'emploi (BPE) et le béton industriel (BI) et la menuiserie industrielle. VM ne dispose que d'un seul secteur géographique, la France, et intervient principalement sur le Grand Ouest.

Le groupe est constitué de la société mère consolidante, VM Matériaux, ainsi que de 41 filiales/sociétés intégrées :

- 13 sociétés intégrées globalement dans l'activité de négoce de matériaux de construction ;
- 6 sociétés intégrées globalement pour l'industrie du béton et 2 sociétés mises en équivalence ;
- 3 sociétés intégrées globalement dans l'activité de menuiserie industrielle ;
- 17 filiales intégrées globalement pour des activités diverses.

Le groupe a procédé à l'acquisition de trois nouvelles filiales en 2006, intégrées globalement. Les informations relatives aux événements postclôtures indiquent que, durant le premier trimestre 2007, VM Matériaux a acquis cinq nouvelles sociétés et pris des participations à hauteur de 50 % dans deux autres sociétés.

Le négoce de matériaux est le cœur de métier de VM qui assure la distribution de matériaux de construction pour le BTP au travers d'un réseau de 97 agences spécialisées et de plus de 1 360 collaborateurs. Cette offre s'adresse aux professionnels ou aux bricoleurs lourds. Pour cela, VM a développé un service de logistique performant avec plus de 220 camions de livraison. En sa qualité d'intermédiaire entre fabricants et utilisateurs de matériaux de construction, VM intervient à la fois en amont, en tant qu'acheteur de matériaux, et en aval, par son rôle de grossiste sur la marché de la distribution.

Pour les entreprises de la construction, le recours à un réseau de distribution va largement dépendre de leur taille. Les majors s'approvisionnent peu auprès du négoce. Au contraire, les PME et surtout les artisans, qui n'ont pas un accès direct aux industriels, recourent avant tout aux groupes de négoce comme VM. En conséquence, dans la distribution de matériaux de construction, la dimension du ou des marchés pertinents est locale : les professionnels du bâtiment effectuent la plupart de leurs achats à proximité de leur zone d'intervention.

Depuis quelques années, la tendance est à la concentration des distributeurs de rayonnement local ou régional ou plus simplement à la mise en commun de réseaux de distribution indépendants. Depuis 2000, le négoce de VM Matériaux est membre du groupement MCD (Matériaux de Construction Distribution). Avec 2,5 milliards d'euros de CA réalisés dans 621 points de vente, VM et les six autres négociants indépendants à vocation régionale ainsi regroupés s'imposent comme le deuxième acteur du négoce de matériaux en France.

Le groupe acquiert de nouveaux établissements afin de renforcer et d'étendre sa présence nationale et d'entamer son expansion internationale (VM dispose ainsi de 13 agences outre-mer).

Les activités de béton prêt à l'emploi (BPE) et de béton industriel (BI) sont soumises à une forte pression sur les coûts et les délais. Afin d'optimiser l'organisation des chantiers, les entreprises de construction contraignent les producteurs comme VM à des livraisons ponctuelles et ininterrompues de produits. Pour des raisons techniques, les livraisons de BPE sur les chantiers sont ainsi planifiées à la demi-heure près. VM dispose de 24 centrales de BPE et de 5 usines de BPI, de 120 camions malaxeurs et de plus de 300 collaborateurs.

Le groupe réalise une extension des bâtiments de son site sur la Roche-sur-Yon et l'installation d'une nouvelle centrale de béton blanc, et acquiert également des centrales déjà implantées sur son territoire permettant ainsi aux professionnels de trouver sur la même zone matériaux et BPE.

La menuiserie industrielle (menuiseries PVC, aluminium et bois, portes d'entrée et charpentes industrielles) constitue le troisième secteur d'activité de VM. Avec la société Atlantalem, VM apparaît dans le top 10 des fabricants du secteur. VM a réalisé de nombreux investissements dans le secteur et dispose aujourd'hui de 6 usines de menuiserie et de 3 usines de charpente industrielle avec plus de 456 collaborateurs. La stratégie est une stratégie de croissance externe favorisée par les perspectives intéressantes offertes par le marché.

ANNEXE 2

Bilan consolidé de VM Matériaux (en milliers d'euros)

	31/12/2006	31/12/2005
Écart d'acquisition	24 872	22 973
Immobilisations incorporelles	1 553	1 475
Immobilisations corporelles	56 859	52 437
Participations dans des entreprises associées	1 237	963
Autres actifs financiers	1 063	1 056
Impôts différés actifs	202	173
Total actif non courant	**85 786**	**79 077**

Stocks et encours	73 935	66 750
Clients et comptes rattachés	94 474	85 090
Autres créances	9 070	6 857
Disponibilités	11 135	6 200
Total actif courant	**188 614**	**164 897**
Total actif	**274 400**	**243 974**

	31/12/2006	**31/12/2005**
Capital et réserves		
Capital	4 112	2 041
Réserves consolidées	52 996	43 584
Actions autodétenues	(2 055)	(1 882)
Résultat part du groupe	15 752	14 804
Total capital et réserves part du groupe	**70 805**	**58 547**
Intérêts minoritaires		
Réserves	2 525	2 265
Résultats	563	673
Total capital et réserves part intérêts minoritaires	**3 088**	**2 938**
Fonds propres de l'ensemble consolidé	73 893	61 485
Passif non courant		
Impôts différés passif	3 250	3 805
Provisions pour risques et charges	6 603	6 871
Emprunts et dettes financières	15 034	14 348
Autres passifs non courants	7 620	7 620
Total passif non courant	**32 507**	**32 644**
Passif courant		
Emprunts et dettes financières	22 612	24 936
Autres passifs courants	145 388	124 909
Total passif courant	**168 000**	**149 845**
Total passif	**274 400**	**243 974**

ANNEXE 3

Informations complémentaires

3.1 Immobilisations incorporelles

	Écarts d'acquisition	**Logiciels**	**Autres**	**Total**
Au 1er janvier 2005				
Coût	29 403	4 668	52	34 123
Amortissements et provisions	(7 129)	(3 401)	(8)	(10 538)
Dépréciation	(478)			(478)
Valeur nette comptable	21 796	1 267	44	23 107
Exercice 2005				
Valeur nette comptable à l'ouverture	21 796	1 267	44	23 107
Acquisitions		934		934
Cessions ou rebut			(1)	(1)

Variation de périmètre	1 177	8		1 185
Dotations aux amortissements		(774)	(3)	(777)
Valeur nette comptable à la clôture	22 973	1 435	40	24 448
Au 31 décembre 2005				
Coût	30 581	5 258	50	35 889
Amortissements et provisions	(7 130)	(3 823)	(10)	(10 963)
Dépréciation	(478)			(478)
Valeur nette comptable	22 973	1 435	40	24 448
Exercice 2006				
Valeur nette comptable à l'ouverture	22 973	1 435	40	24 448
Acquisitions	187	439	215	841
Cessions ou rebut		(1)	(1)	(2)
Variation de périmètre	1 712			1 712
Dotations aux amortissements		(571)	(3)	(574)
Valeur nette comptable à la clôture	24 872	1 302	251	26 425
Au 31 décembre 2006				
Coût	32 480	5 605	264	38 439
Amortissements et provisions	(7 130)	(4 303)	(13)	(11 446)
Dépréciation	(478)			(478)
Valeur nette comptable	24 872	1 302	251	26 425

3.2 Immobilisations corporelles

	Terrains, constructions	Matériel, outillage	Autres	Total
Au 1er janvier 2005				
Coût	63 201	24 007	21 554	108 762
Amortissements	(25 330)	(16 707)	(15 935)	(57 972)
Valeur nette comptable	37 871	7 300	5 619	50 790
Exercice 2005				
Valeur nette comptable à l'ouverture	37 871	7 300	5 619	50 790
Acquisitions	3 135	2 442	2 187	7 764
Cessions	(308)	(10)	(78)	(396)
Variation de périmètre	634	377	77	1 088
Dotations aux amortissements	(2 458)	(2 272)	(2 079)	(6 809)
Valeur nette comptable à la clôture	38 874	7 837	5 726	52 437
Au 31 décembre 2005				
Coût	66 548	26 444	22 521	115 513
Amortissements	(27 674)	(18 607)	(16 795)	(63 076)
Valeur nette comptable	38 874	7 837	5 726	52 437

Exercice 2006				
Valeur nette comptable à l'ouverture	38 874	7 837	5 726	52 437
Acquisitions	2 585	3 788	5 446	11 819
Cessions	(46)	(15)	(555)	(616)
Variation de périmètre	3	1	59	63
Dotations aux amortissements	(2 465)	(2 328)	(2 051)	(6 844)
Valeur nette comptable à la clôture	38 951	9 283	8 625	56 859

Au 31 décembre 2006				
Coût	68 827	29 882	26 310	125 019
Amortissements	(29 876)	(20 599)	(17 865)	(68 160)
Valeur nette comptable	38 951	9 283	8 625	56 859

Crédits-baux mobiliers et immobiliers (inclus ci-dessus)	2005	2006
Coût	11 542	11 401
Amortissements	(7 077)	(6 472)
Valeur nette comptable	4 464	4 929

3.3 Autres actifs financiers

	2006	2005
Valeur nette comptable à l'ouverture	1 056	889
Variation de l'exercice	(68)	150
Variation de périmètre	68	17
Reprise provision	7	
Au 31 décembre	1 063	1 056

	2006	2005
Titres divers et VMP	150	84
VMP contrat de liquidité	65	77
Dépôts, prêts, cautionnements et autres	848	895
Au 31 décembre	1 063	1 056

3.4 Stocks

	2006	2005
Matières premières	7 350	5 610
Travaux en cours	1 029	1 022
Produits intermédiaires et finis	1 243	1 267
Marchandises	68 227	62 841
Valeur brute	77 847	70 740
Provision pour dépréciation	(3 912)	(3 990)
Valeur nette	73 935	66 750

3.5 Clients

	2006	2005
Créances clients	99 228	91 032
Provision pour dépréciation	(4 754)	(5 942)
Créances clients – nettes	94 474	85 090

3.6 Autres actifs courants

	2006	2005
Avances et acomptes	364	196
Créances diverses nettes	7 395	4 818
Charges constatées d'avance	1 311	1 843
Total	9 070	6 857

3.7 Trésorerie et équivalents de trésorerie

	2006	2005
Valeurs mobilières de placement		4 350
Disponibilités	11 135	1 850
Trésorerie et équivalents de trésorerie	11 135	6 200
Découverts bancaires (voir 3.9)	(13 076)	(15 512)
Trésorerie nette	(1 941)	(9 312)

3.8 Autres passifs

Autres passifs non courants	2006	2005
Dettes sur immobilisations (dettes sur acquisitions de titres))	7 620	7 620
Total autres passifs non courants	7 620	7 620

Autres passifs courants	2006	2005
Fournisseurs	114 217	96 929
Avances et acomptes	791	794
Dettes fiscales et sociales	22 827	21 488
Dettes sur immobilisations	3 879	2 934
Autres dettes	3 672	2 764
Total autres passifs courants	145 388	124 909

3.9 Emprunts

	2006	2005
Non courants		
– Emprunts bancaires	12 895	11 888
– Capital restant dû sur crédit-bail et locations	1 727	1 990
– Emprunts et dettes financières diverses	412	470
Total I	**15 034**	**14 348**
Courant		
– Emprunts bancaires	5 490	6 230
– Capital restant dû sur crédit-bail et locations	523	683
– Emprunts et dettes financières divers	3 523	2 511
– **Sous-total**	**9 536**	**9 424**
– Concours bancaires	11 685	13 923
– Dailly et escomptes	1 391	1 589
Total II	**22 612**	**24 936**
Total des emprunts et autres	**37 646**	**39 284**

Présentez le bilan patrimonial et le bilan fonctionnel de la société VM Matériaux pour les exercices 2006 et 2005 et effectuez tous les commentaires nécessaires.

CORRIGÉ 2

Bilan patrimonial et commentaires

Bilan patrimonial

	31/12/2006	31/12/2005
Écart d'acquisition	24 872	22 973
Immobilisations incorporelles	1 553	1 475
Immobilisations corporelles	56 859	52 437
Immobilisations financières	2 300	2 019
Total actif non courant	**85 584**	**78 904**
Stocks et encours	73 935	66 750
Clients et comptes rattachés	94 474	85 090
Autres créances	9 070	6 857
Disponibilités	11 135	6 200
Total actif courant	**188 614**	**164 897**
Total actif	**274 198**	**243 801**

	31/12/2006	31/12/2005
Capital et réserves		
Capital et réserves, part du groupe	70 805	58 547
Impôts différés	3 048	3 632
Total capital et réserves part du groupe	**73 853**	**62 179**
Intérêts minoritaires		
Réserves	2 525	2 265
Résultats	563	673
Total capital et réserves part intérêts minoritaires	**3 088**	**2 938**
Fonds propres de l'ensemble consolidé	76 941	65 117
Passif non courant		
Provisions pour risques et charges	6 603	6 871
Emprunts et dettes financières	15 034	14 348
Autres passifs non courants	7 620	7 620
Total passif non courant	**29 257**	**28 839**
Passif courant		
Emprunts et dettes financières	22 612	24 936
Autres passifs courants	145 388	124 909
Total passif courant	**168 000**	**149 845**
Total passif	**274 198**	**243 801**

Par rapport au bilan consolidé, le bilan patrimonial, compte tenu des informations disponibles, nécessite peu de modifications :

– les impôts différés ne sont pas des actifs et des passifs réels et doivent être imputés sur les capitaux propres ;

– le crédit-bail est pris en compte au bilan, dans les immobilisations corporelles ; il ne nécessite donc pas de retraitement ;
– les autres passifs non courants sont constitués de dettes sur immobilisations, ils ne justifient pas d'un reclassement ; de même pour les provisions pour risques et charges qui sont essentiellement dues aux engagements de retraite.

Exploitation du bilan

FR (liquidité ou patrimonial) et ratio de liquidité générale (RLG)

	2006	2005
Fonds de roulement	20 614	15 052
Ratio de liquidité générale	1,13	1,10

La solvabilité est assurée sur les deux années : les actifs courants permettent de rembourser les dettes à court terme. La marge de sécurité s'est légèrement accrue durant l'intervalle.

Ratios de liquidité limitée (ou *quick ratio*) et immédiate (ou *cash ratio*)

	2006	2005
Ratio de liquidité limitée (RLL)	68 %	65 %
Ratio de liquidité immédiate (RLI)	7 %	4 %

L'exploitation de ces ratios est délicate, en raison de l'incertitude qui pèse sur les postes du bas de bilan. Il est toutefois possible d'observer que le RLL et le RLI, surtout, s'améliorent durant la période.

Ratios de capacité d'endettement

	2006	2005
Taux de capitalisation	28 %	26,7 %
Ratio d'autonomie financière	38 %	44 %
Degré d'intégration financière	4 %	4,5 %

Le taux de capitalisation est dans les normes bancaires et s'élève. Le ratio d'autonomie financière (passif non courant/capitaux propres) est nettement inférieur à 1. L'entreprise dispose donc d'une capacité d'endettement à moyen et long termes au vu de ces informations.

Les intérêts minoritaires ne modifient pas la lecture des deux ratios précédents ; ils occupent, en effet, une faible place qui correspond à la politique du groupe de contrôle exclusif le plus élevé possible. Cette politique est fréquente dans les groupes de taille moyenne et à structure de propriété de type « propriétaires/dirigeants ».

Gearing

	2006	2005
Gearing	43 %	61 %

Le *gearing* s'améliore nettement.

L'intérêt de ce ratio doit être relativisé dans le cas de VM Matériaux : l'entreprise, en raison de sa taille et de son implantation, relève d'une logique d'adossement et, d'ailleurs, (voir l'application 3) son annexe précise l'importance de sa trésorerie passive.

Bilan fonctionnel et commentaires

Bilan fonctionnel

Les emplois sont évalués en valeurs brutes.

En contrepartie, les dotations aux amortissements et provisions les concernant constituent des ressources stables.

	2006	2005
Emplois stables		
Immobilisations incorporelles	38 349	35 889
Immobilisations corporelles	125 019	115 513
Immobilisations financières	2 300	2 019
Impôts différés – actif	202	173
Total des emplois stables	**165 870**	**153 594**
Emplois en FR (exploitation et hors exploitation)		
Stocks et encours	77 847	70 740
Clients	99 228	91 032
Autres créances	9 070	6 857
Total des emplois en FRE & HE	**186 145**	**168 629**
Trésorerie – actif		
Trésorerie et équivalents de trésorerie (dont VMP en 2005)	11 135	6 200
Total trésorerie – actif	**11 135**	**6 200**
Total emplois	**363 150**	**328 423**

	2006	2005
Ressources stables		
Fonds propres (de l'ensemble consolidé)	73 893	61 485
Total passif non courant (dont impôts différés – passif, provisions pour risques et charges, emprunts et dettes financières, autres passifs non courants)	32 507	32 644
Amortissements et provisions de l'actif	88 750	84 449
Part de la dette à court terme relevant des ressources stables	9 536	9 424
Total des ressources stables	**204 686**	**188 002**
Dégagements en FR (exploitation et hors exploitation)		
Autres passifs courants (dont HE : 3 879 en 2006 et 2 934 en 2005)	145 388	124 909
Total des dégagements en FRE & HE	**145 388**	**124 909**
Trésorerie – passif		
Concours bancaires	11 685	13 923
Dailly	1 391	1 589
Total trésorerie – passif	**13 076**	**15 512**
Total ressources	**363 150**	**328 423**

Exploitation du bilan fonctionnel

Relation FR – BFR = T

	2006	2005	Variation 2006/2005
Fonds de roulement	38 816	34 408	4 408
Besoin en fonds de roulement	40 757	43 720	(2 963)
Trésorerie	(1 941)	(9 312)	7 371

Le fonds de roulement est positif les deux années et son évolution est satisfaisante : il augmente sensiblement.

La couverture du BFR par le FR s'améliore (79 % en 2005, 95 % en 2006) et, de ce fait, la trésorerie est beaucoup moins négative en 2006 qu'en 2005, au point d'approcher la couverture du BFR par le FR en 2006. Cela constitue une situation satisfaisante en terme de risque financier.

L'évolution positive est due aussi à l'évolution du BFRE.

Étude du BFRE : le BFR précédemment calculé doit être corrigé des dettes sur immobilisations pour déterminer le BFRE, soit :

BFRE 2005 = 43 720 + 2 034 = 46 654

BFRE 2006 = 40 757 + 3 879 = 44 636

Le BFRE diminue de 2 018.

L'étude doit être conduite en jours de CA pour le BFRE comme pour ses composantes

BFRE & composantes	2006	2005
BFRE	$\frac{4\,636}{503\,735} \times 360 = 31{,}9$ jours	$\frac{46\,654}{459\,464} \times 360 = 36{,}5$ jours
Stocks globaux	$\frac{77\,347}{505\,735} \times 360 = 55{,}6$ jours	$\frac{70\,740}{459\,464} \times 360 = 55{,}4$ jours
Clients	$\frac{99\,228}{602\,467} \times 360 = 59{,}3$ jours	$\frac{91\,032}{549\,519} \times 360 = 60$ jours
Fournisseurs	$\frac{114\,217}{459\,227} \times 360 = 89{,}5$ jours	$\frac{96\,929}{415\,865} \times 360 = 83{,}9$ jours

L'évolution du BFRE en jours de CA HT est sensible : elle va dans le sens de l'amélioration, ce qui témoigne d'une gestion plus efficace du BFRE.

Elle est expliquée par l'évolution du crédit fournisseurs. Les indications pour aller plus loin dans l'analyse font défaut.

APPLICATION 3 L'analyse financière des comptes de résultat consolidés de la société VM Matériaux

ANNEXE 1

Étude du résultat global et compte de résultat consolidé)

1.1 État du résultat global (en milliers d'euros)

Exercice 2005	Total capitaux propres, part du groupe	Intérêts minoritaires	Total capitaux propres
Variation de la juste valeur des instruments financiers			
Variation des écarts actuariels	(955)	(64)	(1 019)
Écart de conversion			
Produits et charges reconnus directement en capitaux propres	(955)	(64)	(1 019)
Résultat de la période	14 804	673	15 477
Total des produits et charges de la période	13 849	609	14 458

Exercice 2006	Total capitaux propres, part du groupe	Intérêts minoritaires	Total capitaux propres
Variation de la juste valeur des instruments financiers	(7)		(7)
Variation des écarts actuariels	274	8	282
Écart de conversion			
Produits et charges reconnus directement en capitaux propres	267	8	275
Résultat de la période	15 752	563	16 315
Total des produits et charges de la période	16 019	571	16 590

1.2 Compte de résultat consolidé (en milliers d'euros)

	Notes	2006	2005
Chiffre d'affaires		503 735	459 464
Achats consommés		(333 532)	(303 959)
Charges de personnel		(79 355)	(71 848)
Charges externes		(50 437)	(43 754)
Impôts et taxes		(7 038)	(6 657)
Dotations/reprises amortissements		(7 397)	(7 505)
Dotations/reprises provisions		1 395	790
Autres produits et charges		(1 180)	(1 320)
Résultat opérationnel courant		**26 191**	**25 211**
(% ROC/CA)		5,2 %	5,5 %
Autres produits et charges opérationnels		(22)	(175)
Résultat opérationnel		**26 169**	**25 036**
Charges et produits financiers		(2 080)	(2 204)
Impôts sur les résultats		(8 270)	(7 748)
Résultat net des sociétés intégrées		**15 819**	**15 084**
Quote-part des sociétés mises en équivalence		496	393
Résultat net consolidé		**16 315**	**15 477**
(% RN/CA)		3,2 %	3,4 %
Dont part du groupe		15 752	14 804
Dont part des intérêts minoritaires		563	673
Résultat part groupe par action (en euros)		5,8	5,5
Résultat dilué par action (en euros)		5,6	5,3

ANNEXE 2

Information sectorielle

2.1 Information sur les résultats

Résultats 2005	Négoce	Menuiserie	Béton	Autres	Total groupe
Total ventes	382 954	53 733	35 729	16 628	488 684
Intersecteurs	(3 779)	(7 905)	(1 917)	(15 619)	(29 220)
Ventes	379 175	45 828	33 812	649	459 464
Résultat opérationnel courant	15 919	2 603	1 570	5 119	25 211
Résultat opérationnel	15 506	2 603	1 808	5 119	25 036
Résultat financier					
Quote-part des entreprises associées			393		393
Résultat avant impôt					23 225
Impôt					(7 748)
Résultat net					15 477

Résultats 2006	Négoce	Menuiserie	Béton	Autres	Total groupe
Total ventes	419 549	57 954	39 278	17 104	533 885
Intersecteurs	(3 983)	(8 405)	(2 030)	(15 732)	(30 150)
Ventes	415 566	49 549	37 248	1 372	503 735
Résultat opérationnel courant	17 924	2 932	1 944	3 391	26 191
Résultat opérationnel	16 771	2 931	1 944	4 523	26 169
Résultat financier					(2 080)
Quote-part des entreprises associées			496		496
Résultat avant impôt					24 585
Impôt					(8 270)
Résultat net					16 315

2.2 Information sur les dotations

2005	Négoce	Menuiserie	Béton	Autres	Total groupe
Dotations amortissements	(4 529)	(1 573)	(866)	(537)	(7 505)
Dotations/reprises des provisions pour dépréciation clients	1 420	49	(35)		1 434
Dotations/reprises des provisions pour dépréciation stocks	(499)	(172)	(29)		(700)

2006	Négoce	Menuiserie	Béton	Autres	Total groupe
Dotations amortissements	(3 725)	(1 588)	(1 093)	(991)	(7 397)
Dotations/reprises des provisions pour dépréciation clients	1 739	(142)	51		1 647
Dotations/reprises des provisions pour dépréciation stocks	(86)	157	8		79

ANNEXE 3

Autres informations

3.1 Autres produits et charges opérationnels

	2006	2005
Provision pour litige		(413)
Abandon de créances		238
Autres	(22)	
Total produits (+) et charges (–) opérationnels	**(22)**	**(175)**

3.2 Charges liées aux avantages du personnel

	2006	2005
Traitements et salaires	51 450	46 727
Charges sociales	19 438	18 030
Intérimaires	2 385	2 061
Intéressement et participation	5 585	4 730
Charges de retraite	400	273
Paiement en actions	97	27
Total	**79 355**	**71 848**

	2006	2005
Effectif ETP	2 100	1 999

3.3 Charges et produits financiers

	2006	2005
Produits financiers	218	362
Charges financières	(2 298)	(2 566)
Charges et produits financiers	(2 080)	(2 204)

1. Apportez les commentaires en termes d'activité et de profitabilité résultant des comptes de résultat consolidés de la société VM Matériaux.

2. Calculez les rentabilités pour les exercices 2006 et 2005. Utilisez pour ce faire des informations figurant dans l'application 2 et effectuez les commentaires nécessaires.

Afin d'obtenir un comparatif temporel, les rentabilités seront déterminées en faisant : « flux de l'exercice *n* / stock de l'exercice *n* »

CORRIGÉ 3

1. Activité et profitabilité

A. *Activité*

Activité globale :

Chiffre d'affaires 2005 : 459 464

Chiffre d'affaires 2006 : 503 735

La croissance apparente de l'activité globale est de 9,6 % :

$$\frac{503\,735 - 459\,464}{459\,464} \times 100 = 9{,}6\ \%$$

Le groupe fait preuve de dynamisme en termes d'activité d'autant que la hausse générale des prix sur la période a été très faible.

L'information sectorielle permet d'analyser cette activité, comme le développent les tableaux ci-dessous. Ce qui ne relève pas des trois principaux secteurs, soit les rubriques « Autres » ou « Divers », peut être négligé compte tenu de la très faible part occupée.

Activité de négoce

	2006	2005	Variation
Chiffre d'affaires	415 566	379 175	+ 9,6 %
Part dans le CA global	82,5 %	82,5 %	

Activité de menuiserie

	2006	2005	Variation
Chiffre d'affaires	49 549	45 828	+ 8,12 %
Part dans le CA global	9,8 %	10 %	

Activité de béton

	2006	2005	Variation
Chiffre d'affaires	37 248	33 812	+ 10,16 %
Part dans le CA global	7,4 %	7,36 %	

Les résultats obtenus par secteur d'activité ne modifient pas les conclusions précédentes, d'autant que les évolutions sont proches entre les différents secteurs.

L'augmentation de l'activité est satisfaisante globalement et sectoriellement.

Deux précisions s'imposent :

- l'exercice 2006 a connu des variations de périmètre : en janvier 2006 et en avril 2006 ont été acquises une société de matériaux et une société de béton ; la participation dans une des filiales a augmenté pour passer à 100 %. Les conséquences en matière de chiffre d'affaires de ces changements sont cependant négligeables ;
- les transactions intersecteurs sont globalement faibles (5,6 % en 2006) et seule l'activité menuiserie atteint 14,5 %. Les différentes activités du groupe sont nettement indépendantes les unes des autres.

B. *Profitabilité*

L'information disponible permet d'extraire les soldes et ratios habituellement utilisés en matière de comptes individuels. Mais, s'agissant de groupes cotés utilisant les normes IFRS, il est préférable d'utiliser les soldes et ratios issus de la pratique anglo-saxonne.

L'information du groupe fournit le résultat opérationnel et le résultat opérationnel courant, ainsi que les ratios Résultat opérationnel / CA et Résultat opérationnel courant / CA. Il est cependant préférable pour les calculs de profitabilité d'utiliser l'EBITDA et ses dérivés.

	2006	2005
EBITDA	32 171	31 751
EBITDA courant	32 171 + 22 = 32 193	31 751 + 175 = 31 926
EBITA courant	32 193 – 6 844 = 25 349	31 926 – 6 809 = 25 117
EBIT	26 169	25 036
NOPAT	26 169 × 2/3 = 17 446	25 036 × 2/3 = 16 691

L'information sectorielle permet de préciser certains des résultats. Compte tenu de la faible différence entre l'EBITDA et l'EBITDA courant, le calcul pour l'EBITDA suffit.

Dans ces conditions, les taux de marge brute opérationnelle (TMBO) – EBITDA / CA – s'élèvent à 6,4 % en 2006 et 6,8 % en 2005. La performance du groupe a donc diminué de 5,9 %.

Le taux de marge nette opérationnelle courante (TMNO) calculé à partir de l'EBITA courant évolue parallèlement : 5,03 % pour 2006 et 5,47 % pour 2005.

Les contributions sectorielles, mesurées par le ratio EBITDA sectoriel / EBITDA total, sont les suivantes :

	2006	2005
Négoce	$\frac{18\,843}{32\,171} \times 100 = 58{,}57\ \%$	$\frac{19\,114}{31\,751} \times 100 = 60{,}2\ \%$
Menuiserie	$\frac{4\,504}{32\,171} \times 100 = 14\ \%$	$\frac{4\,299}{31\,751} \times 100 = 13{,}54\ \%$
Béton	$\frac{2\,978}{32\,171} \times 100 = 9{,}26\ \%$	$\frac{2\,738}{31\,751} \times 100 = 8{,}62\ \%$

Les TMBO sectoriels quant à eux sont les suivants :

TMBO Sectoriels	2006	2005
Négoce	4,5 %	5 %
Menuiserie	9,1 %	9,4 %
Béton	8 %	8,1 %

Le rendement de la main-d'œuvre mesuré par le ratio EBITDA / effectifs est le suivant :

– en 2006 : 15,88 ;

– en 2005 : 15,32.

Les charges de personnel par salarié figurent ci-dessous :

– en 2006 : 79 355 / 2,100 = 37 788 milliers d'euros ;

– en 2005 : 71 849 / 1,999 = 35 942 milliers d'euros.

Soit une augmentation de 5,1 % due à tous les postes composant ces charges (l'intéressement et la participation ayant connu la plus forte augmentation dans ces composantes).

L'ensemble des informations recueillies va dans le sens d'une légère diminution de la profitabilité des ventes durant l'exercice 2006. Les causes de cette évolution sont à rechercher dans celle des charges puisque les ventes se comportent bien ; sont en particulier concernées les charges externes qui augmentent de 15,3 %.

2. Rentabilités

A. *Rentabilité économique*

La rentabilité économique ne peut être calculée que sur la base des capitaux investis de l'année du résultat économique : les valeurs de fin 2004 ne sont pas disponibles. En conséquence, vu l'effort régulier d'investissement de l'entreprise, elle est sous-estimée.

La solution retenue est un calcul de ROCE.

Le calcul proposé dans le chapitre suivant (voir notamment l'application 3 sur la création de valeur) est : Rentabilité économique = Résultat économique / Capitaux investis.

NOPAT de 2006 : 17 446

NOPAT de 2005 : 16 691

La seule correction qui s'impose est la prise en compte de la quote-part des sociétés mises en équivalence (496 en 2006 et 393 en 2005).

Donc :

NOPAT corrigé 2006 : 17 942

NOPAT corrigé 2005 : 17 084

Capitaux investis : actif immobilisé net + BFRE.

Les deux composantes doivent être évaluées en valeurs nettes pour rester cohérentes avec le NOPAT :

	2006	2005
Écarts d'acquisition	Ils doivent être retenus pour leur valeur brute : 32 480	Ils doivent être retenus pour leur valeur brute : 30 581
Immobilisations incorporelles	VNC = 1 553	VNC = 1 475
Immobilisations corporelles	VNC = 56 859 La location-financement est comprise	VNC = 52 437 La location-financement est comprise
Participations dans les entreprises associées	VNC = 1 237	VNC = 963
Autres actifs financiers	VNC = 1 063	VNC = 1 056
Impôts différés actif	Non pris en compte.	Non pris en compte.
Stocks et encours	VNC = 73 935	VNC = 66 750
Clients et comptes rattachés	VNC = 94 474	VNC = 85 090
Autres créances	VNC = 9 070	VNC = 6 857
Disponibilités	Ne sont pas considérées comme des capitaux investis	Ne sont pas considérées comme des capitaux investis
Total = capitaux investis actif	32 480 + 1 553 + 56 859 + 1 237 + 1 063 + 73 935 + 94 474 + 9 070 = 270 671	30 581 + 1 475 + 52 437 + 963 + 1 056 + 66 750 + 85 090 + 6 857 = 245 209

En 2006, le total des autres passifs courants est de 145 388 et les dettes sur immobilisations sont de 3 879. Donc pour 2006, les dettes d'exploitation s'élèvent à : 141 509.

Et les capitaux investis sont donc de : 270 671 – 141 509 = 129 162.

La rentabilité économique de 2006 s'élève donc à : 17 942 / 129 162, soit : 13,9 %.

En 2005, avec le même calcul, on obtient : 124 909 – 2 934 = 121 975.

Puis : 245 209 – 121 975 = 123 234.

Enfin : 17 084 / 123 234, soit 13,86 % de rentabilité économique.

	2006	2005
NOPAT/CA	3,56 %	3,72 %
CA/CI	3,9	3,73
Rentabilité économique	13,91 %	13,86 %

La rentabilité économique est quasi constante. Le coût de la dette permet de compléter cette appréciation.

B. *Rentabilité financière*

La rentabilité financière du groupe est mesurée par le ratio :

$$\text{Rentabilité financière} = \frac{\text{Résultat net consolidé}}{\text{Capitaux propres}} (\%)$$

Les capitaux propres contiennent les réserves mais aussi les intérêts minoritaires.

Au sein de cette rentabilité, les actionnaires de la société mère et les actionnaires minoritaires des filiales intégrées globalement doivent être distingués. La rentabilité financière des sociétés mises en équivalence doit aussi être mise en évidence :

$$\begin{array}{c}\text{Rentabilité financière}\\ \text{des actionnaires de la société mère}\end{array} = \frac{\text{Résultat net, part du groupe}}{\text{Capitaux propres, part du groupe}} (\%)$$

$$\begin{array}{c}\text{Rentabilité financière}\\ \text{actionnaires minoritaires}\\ \text{des sociétés intégrées}\end{array} = \frac{\text{Résultat net, part des minoritaires}}{\text{Capitaux propres, part des minoritaires}} (\%)$$

$$\begin{array}{c}\text{Rentabilité financière}\\ \text{des sociétés}\\ \text{mises en équivalence}\end{array} = \frac{\text{Quote-part de résultat des sociétés mises en équivalence}}{\text{Titres mis en équivalence}} (\%)$$

	2006	2005
Résultat net consolidé de N	16 315	15 477
Capitaux propres (dont minoritaires) de N	73 893	61 485
Rentabilité financière	22,08 %	25,17 %
Résultat net, part du groupe	15 752	14 804
Capitaux propres, part du groupe	70 805	58 547
Rentabilité financière des actionnaires de la société mère	22,24 %	25,29 %
Résultat net, part des minoritaires	563	673
Capitaux propres, part des minoritaires	3 088	2 938
Rentabilité financière des actionnaires minoritaires des sociétés intégrées	18,23 %	22,90 %
Quote-part de résultat des sociétés mises en équivalence	496	393
Titres mis en équivalence	1,237	963
Rentabilité financière des sociétés mises en équivalence	40,1 %	40,81 %

Conclusions :

– il y a une diminution des rentabilités en raison d'une augmentation des capitaux propres plus forte que celle des résultats ;
– la rentabilité part du groupe est plus élevée que celle des minoritaires, mais il est difficile d'en tirer des conclusions vu la faiblesse des minoritaires.

APPLICATION 4 L'analyse financière du tableau consolidé de flux de trésorerie de la société VM Matériaux

ANNEXE

Tableau consolidé des flux de trésorerie de VM Matériaux (en milliers d'euros)

	2006	2005
Flux de trésorerie liés à l'activité		
Résultat net	16 315	15 477
Élimination des charges et produits sans incidence sur la trésorerie ou non liés à l'activité :		
Amortissements et provisions	6 990	7 801
Autres produits et charges sans incidence sur la trésorerie	314	27
Plus et moins-values de cession	348	(150)
Quote-part des sociétés mises en équivalence	(496)	(393)
Dividendes reçus des sociétés mises en équivalence	234	261
Coût de l'endettement financier net	1 759	2 204
Charge d'impôt	8 270	7 748
Capacité d'autofinancement avant impôt et frais financiers	**33 734**	**32 975**
Coût de l'endettement net payé	(1 759)	(2 202)
Impôt payé	(9 639)	(8 370)
Variation du BFR lié à l'activité	2 861	(9 321)
Flux net de trésorerie généré par l'activité	**25 197**	**13 082**
Flux de trésorerie liés aux opérations d'investissement		
Acquisition d'immobilisation	(11 587)	(8 872)
Cession d'immobilisation	365	540
Incidence de la variation de périmètre	(2 119)	(2 782)
Flux net de trésorerie liés aux opérations d'investissement	**(13 341)**	**(11 114)**
Flux de trésorerie liés aux opérations de financement		
Dividendes versés aux actionnaires	(4 027)	(2 969)
Dividendes versés aux minoritaires des sociétés intégrées	(232)	(175)
Augmentation de capital en numéraire	546	331
Émission d'emprunts	13 257	3 525
Remboursement d'emprunts	(13 856)	(10 422)
Rachats et reventes d'actions propres	(172)	(1 115)
Flux net de trésorerie liés aux opérations de financement	**(4 484)**	**(10 825)**

•••

Variation de trésorerie et équivalent de trésorerie	**7 372**	**(8 857)**
Trésorerie d'ouverture	(9 312)	(455)
Trésorerie de clôture	(1 941)	(9 312)
Variation de trésorerie et équivalent de trésorerie	**7 371**	**(8 857)**

À l'aide du tableau consolidé de flux de trésorerie de la société VM Matériaux et des informations disponibles dans les annexes des applications 2 et 3, vous compléterez les précédentes études concernant l'évaluation du risque et vous mettrez en évidence la stratégie du groupe, en montrant les insuffisances du TFTN en la matière.

Pour cela, vous utiliserez les informations jugées utiles figurant dans les applications 2 et 3.

CORRIGÉ 4

TFTN de VM Matériaux et appréciation du risque

Le TFTN enrichit l'appréciation du risque par une analyse des flux de trésorerie. Il peut être utilement complété par des ratios, combinant stocks et flux, et mesurant le poids de l'endettement.

A. *Comparaison des FNTA (flux nets de trésorerie liés à l'activité) et des FNTI (flux nets de trésorerie liés aux opérations d'investissement) et de leur ajustement au niveau du financement*

	2006	2005
FNTA	25 197	13 082
FNTI	(13 341)	(11 114)

Les FNTA sont supérieurs aux FNTI en 2005 et le sont nettement en 2006.

L'entreprise a donc, si elle fait ce choix, la possibilité de diminuer son endettement. Elle peut aussi augmenter les dividendes ou racheter des actions.

Durant l'exercice 2005, compte tenu des choix effectués par ailleurs en matière de dividendes et de rachats/reventes d'actions, l'entreprise connaît une dégradation de sa trésorerie.

Durant l'exercice 2006, elle a continué à verser des dividendes et a opté pour une amélioration de sa trésorerie.

Par ailleurs, l'augmentation des FNTA est très nette alors que celle des FNTI varie de manière beaucoup moins sensible. L'évolution satisfaisante du FNTA est due à la variation du BFR (la CAF n'évolue guère) qui ne peut se poursuivre dans de telles proportions. L'année 2006 est donc largement exceptionnelle à cet égard.

B. *Compléments d'appréciation du risque financier*

Les informations disponibles (en annexes des applications 2, 3 et 4) permettent d'apprécier la capacité de remboursement et le poids des charges financières.

	2006	2005
Endettement à moyen et long terme (MLT) (concours bancaires et Dailly exclus)	15 034 + 9 536	14 348 + 9 424

CAF après charge d'impôt et coût de l'endettement financier (voir les FNTA in TFTN)	33 734 – 8 270 – 1 759	32 975 – 7 748 – 2 204
Capacité de remboursement : endettement à MLT / CAF (ci-dessus)	1,04	1,03
Charges financières	2 298	2 566
EBITDA (voir l'application 3)	32 171	31 751
Charges financières / EBITDA	7,14 %	8,08 %

La capacité de remboursement n'évolue pas ; elle est très satisfaisante puisque, de manière générale, il est souhaitable de se situer en dessous de 3 ou de 4.

Les charges financières n'occupent qu'une part réduite de l'EBITDA et cette part diminue. Ce ratio conforte, en termes exclusifs de flux, le ratio précédent.

La différence « FNTA – charges financières », qui est l'expression de l'ETE – les charges financières dans le cadre de VM Matériaux, est elle aussi très largement positive, surtout en 2006.

Les informations disponibles permettent aussi d'apprécier le coût de la dette :

– le coût de l'endettement financier net fourni par le TFTN s'élève à : 1 759 en 2006 et 2 204 en 2007 ;
– l'endettement tel qu'il ressort de l'annexe 3.9 (voir l'application 2) s'élève à 37 646 en 2006 et 39 284 en 2005 ;
– le coût de la dette, ainsi calculé, est donc de 4,7 % en 2006 et de 5,5 % en 2005.

Il est donc en diminution et très inférieur à la rentabilité économique précédemment calculée.

En termes de risque financier, les performances annuelles et l'évolution sont donc satisfaisantes. Cette conclusion conforte les conclusions extraites de la lecture des bilans. Elle doit cependant être interprétée à l'aune de la stratégie. En effet, des FNTA peuvent être supérieurs aux FNTI par insuffisance des investissements auquel cas le risque financier est réduit mais l'entreprise dépérit et n'assure pas sa pérennité.

Stratégie de VM Matériaux

Le TFTN et les informations figurant dans les annexes de l'application 2 permettent de rassembler des données relatives à la stratégie. L'analyse spécifique hors TFTN des immobilisations corporelles se justifie par le fait que le TFTN ne prend pas en considération au niveau des flux d'investissements les opérations de location-financement, à la différence des annexes sur les immobilisations corporelles.

• Informations extraites du TFTN (voir le détail des flux de trésorerie liés aux opérations d'investissement) conservant les signes figurant dans le TFTN :

	2006	2005
Acquisitions d'immobilisations	(11 857)	(8 872)
Cessions	365	540
Incidence des acquisitions sur la trésorerie du groupe	(2 119)	(2 782)

La politique de désinvestissement ne peut être appréciée par les cessions figurant au TFTN à leur prix de cession.

Les incidences des acquisitions sur la trésorerie du groupe résultent des variations de périmètre, à savoir :

– l'acquisition en janvier 2006 de Montauban Matériaux ;
– l'acquisition en avril 2006 de 75 % de Béton des Olonnes ;
– l'évolution de 90 à 100 %, en juillet 2006, dans Sorepro.

VM Matériaux poursuit donc sa stratégie de croissance externe sur les mêmes secteurs d'activité et sur les mêmes zones géographiques.

Les acquisitions d'immobilisation sont le fait de la société mère et des filiales.

CHAPITRE

9

Les nouvelles approches du diagnostic financier

Les nouvelles approches du diagnostic financier recouvrent les outils de mesure de la création de valeur, qui introduisent la finance de marché au sein de la finance comptable d'entreprise, et les mesures de risque de défaillance, qui ne passent plus par des fonctions scores mais par la notation.

Ces nouvelles approches sont nées des limites rencontrées par les méthodes purement comptables. Ces dernières restent toutefois d'actualité : les deux types de démarches doivent être comprises comme complémentaires.

I La création de valeur

La recherche de la création de valeur, conséquence de la recherche de la maximisation de l'utilité ou de la richesse chères aux économistes, est la suite logique d'une conception de la justice, dominante à l'heure actuelle, et connue depuis la fin du XVIIIe siècle : l'utilitarisme. La problématique de la création de valeur a ainsi des racines historiques profondes.

S'agit-il de la création de valeur pour l'entreprise ou pour l'actionnaire ?

Le terme « valeur de l'entreprise » est malheureusement ambigu ; les dirigeants, propriétaires de PME, confondent fréquemment la valeur de l'entreprise avec la valeur de leur patrimoine (la valeur des capitaux propres). Le bilan ci-dessous, établi en valeurs de marché, illustre la différence entre ces deux notions. (Voir le chapitre 10.)

Tableau 9.1 – **Valeur de l'entreprise et valeur actionnariale**

Actif immobilisé + BFRE **(Valeur de l'entreprise)**	Capitaux propres **(Valeur actionnariale)**
	Dettes financières

Au niveau de la firme, l'objectif de création de valeur consiste à maximiser la valeur de l'entreprise ; cela passe par la maximisation de la valeur actionnariale.

Cette proposition est le fruit d'une évolution dans la conception de la firme qui a donné naissance aux réflexions sur la gouvernance des entreprises cotées à actionnariat dispersé (*corporate governance* : le terme *corporate* est réservé dans les pays anglo-saxons aux grandes sociétés ouvertes) et, par la suite, sur la gouvernance des organisations en général.

A. De la firme « boîte noire » à la firme contractuelle

À la conception originelle et réductrice de la firme de la théorie néoclassique, à savoir la firme « boîte noire », lieu de passage opaque des *inputs* (ce qu'il se passe à l'intérieur de la firme n'est pas décrit), correspond la maximisation du profit. Dans ce cadre d'analyse, souvent qualifié de « référentiel Modigliani-Miller » (du nom de ses deux représentants les plus célèbres), l'entreprise est ignorée en tant que mécanisme institutionnel et il n'y a pas d'asymétrie d'information.

À la firme nœud de contrats (issue de la prise en compte par les théories des droits de propriété et de l'agence d'acteurs aux objectifs divergents et conflictuels, des contrats qui les relient, de leurs différents niveaux d'information et des coûts de transactions), correspond l'objectif de maximisation de la valeur actionnariale. Les noms de R. Coase, A. Alchian, H. Demsetz, M. Jensen, W. Meckling, etc. sont attachés à ces théories nées dans les années 1960-1970. Dans ce « référentiel Jensen-Meckling », les décisions financières servent à résoudre des conflits entre dirigeants, actionnaires et créanciers : le recours aux titres hybrides, les prises de contrôle, etc., constituent des moyens de discipliner les dirigeants et de résoudre les problèmes liés à l'asymétrie d'information entre ses différents acteurs.

B. De la maximisation de la valeur actionnariale à la maximisation de la valeur de l'entreprise

La justification de l'existence d'un lien entre maximisation de la valeur actionnariale et maximisation de la valeur de l'entreprise est souvent illustrée par l'analyse de l'origine de la firme de A. Alchian et H. Demsetz (« *Production, Information Costs, and Economic Organization* », *American Economic Review*, vol. 62, n° 5, 777-795, 1972,) qui met en évidence les mécanismes de « passager clandestin » (ou de « tire-au-flanc ») dans les cas de production en équipe, et la nécessaire présence d'un contrôleur de l'équipe. Ce contrôleur est lui-même contrôlé par sa rémunération, la créance résiduelle, c'est-à-dire ce qui lui reste, une fois rémunérés tous les membres de l'équipe, qui le pousse à obtenir la plus grande productivité possible de cette dernière.

Le créancier résiduel est l'actionnaire des grandes sociétés ouvertes. La maximisation de la valeur de l'entreprise est assurée grâce à la fixation pour la firme de l'objectif de maximisation de la richesse de cet acteur. Quant aux membres de l'équipe, ils sont correctement rémunérés dans un environnement de marchés concurrentiels : par exemple les salariés, autres membres de l'équipe, le sont par le marché du travail.

Comportement de passager clandestin et théorie de l'utilité donnent à la maximisation de la valeur actionnariale ses justifications. Limiter son effort, quand la conséquence de cette limitation n'est pas uniquement supportée par celui qui agit ainsi mais par toute la collectivité, est un comportement rationnel, au sens de ces théories, et très fréquent dans la réalité.

C. Le modèle de gouvernance correspondant

Dans les grandes sociétés ouvertes, la question essentielle dans ce cadre théorique devient celle des rapports entre actionnaires et managers. L'objet de la gouvernance est d'organiser ces rapports de manière à ce que les managers, responsables de l'efficacité du collectif, se plient, avec un coût réduit, aux objectifs des actionnaires.

L'établissement d'un lien entre la rémunération des managers et la création de valeur actionnariale est apparu comme une solution à ce conflit d'intérêts, dénommé conflit d'agence parce qu'il oppose un agent (le manager) à son principal (l'actionnaire). Les *stock-options* sont une illustration d'une solution pour faire coïncider les préférences des managers avec les perspectives à long terme de l'entreprise, puisque le cours des actions est censé reposer sur elles.

L'objectif de maximisation de la valeur actionnariale ne signifie toutefois pas que les intérêts des autres acteurs de l'entreprise sont négligés. La réussite passe, en effet, par l'adhésion de tous aux objectifs du management. (*Cf.* Conclusion : la notion de valeur partenariale.)

Une interrogation apparaît cependant : celle de la compatibilité de cet objectif des actionnaires avec la pérennité de la firme, qui intéresse en priorité les salariés. L'actionnaire de la société ouverte n'est, en effet, pas directement concerné par la durée de vie de la firme, mais avant tout par la rentabilité des actifs qui constituent son investissement.

La question de la relation entre les managers et les actionnaires concerne essentiellement les grandes sociétés ouvertes, moins nombreuses qu'on ne le pense : beaucoup de grandes sociétés sont encore familiales, un grand nombre sont contrôlées par quelques investisseurs, et surtout l'essentiel du tissu économique est constitué de PME et de TPE qui ne relèvent pas de cette forme de gouvernance contractuelle et ne connaissent pas le problème d'agence précité. Ces PME et TPE restent, en revanche, dominées par la « boussole » que constitue la maximisation de la valeur actionnariale, étant précisé que dans les PME familiales l'objectif de pérennité de la firme est simultanément très présent. L'exemple de la réussite des PME allemandes, retracé par H. Simon dans son ouvrage *Les champions cachés de la performance* (Dunod, 1996), illustre bien cette situation.

II La mesure de la création de valeur actionnariale

Deux types d'indicateurs doivent être distingués (voir la recommandation n° 2001-01 de l'AMF) : les mesures de la valeur boursière créée, d'une part, et les indicateurs de performance relatifs à la valeur créée pendant l'exercice, d'autre part.

La création de valeur boursière renvoie à des anticipations, à l'avenir ; la valeur d'une action repose essentiellement sur les perspectives futures de la firme.

Les indicateurs de performance économique se réfèrent en général à la performance passée, mesurée exercice par exercice.

Ces deux types d'indicateurs ne se situent pas sur le même terrain. Chacun fournit des indications utiles et justifie sa publication. Aucun n'est à privilégier.

La *Market Value Added* (MVA) ou valeur ajoutée de marché et le *Total Shareholder Return* (TSR) ou rentabilité totale pour l'actionnaire relèvent de la première catégorie, celle des mesures de la valeur boursière.

L'*Economic Value Added* (EVA), ou valeur économique ajoutée, et le *Cash Flow Return on Investment* (CFROI) appartiennent à la deuxième catégorie, celle des indicateurs de la performance économique. Ils constituent des instruments de gestion de la création de valeur.

L'EVA et la MVA, qui sont développées ci-après, sont des indicateurs de performance retenus par de nombreuses entreprises.

Un exemple simplifié permet d'illustrer l'intérêt de ces approches en termes de création de valeur en faisant ressortir la différence de signification entre le résultat net comptable (RNC) et la création de valeur durant un exercice.

EXEMPLE

Soit l'entreprise Veran qui réalise les performances suivantes :
– un résultat d'exploitation de l'exercice N de 300 ;
– pas de charges et de produits financiers et exceptionnels ;
– le taux d'impôt sur les sociétés (IS) est de 40 % ;
– la valeur de l'outil de production ayant permis d'obtenir ce résultat est de 1 000.

Deux situations sont introduites concernant le risque.

Première situation : compte tenu du risque, le coût moyen pondéré du capital CMPC a été évalué à 10 %.

Les investisseurs doivent donc attendre un gain de 1 000 × 10 % = 100 afin de rémunérer le risque supporté par cet investissement. Leur retour sur investissement est de 180 puisque le RNC est de 300 (1 – 0,4).

La création de valeur pour les investisseurs est de 180 – 100 = 80 car ils attendaient 100 et reçoivent 180.

Un résultat positif de 100 ne crée pas de valeur dans les conditions prédéfinies ci-dessus. Par ailleurs, en dessous de 100, il y a destruction de valeur puisque le risque supporté par l'investissement n'est plus suffisamment rémunéré.

Seconde situation : l'entreprise est à risques élevés, ce qui justifie l'exigence d'un taux de rendement de 20 %.

Il faut alors, afin de créer de la valeur pour l'actionnaire, dégager un résultat net de 1 000 × 20 %, soit 200. Le bénéfice ici obtenu de 180 paraît élevé mais engendre cependant une destruction de valeur à concurrence de 20.

A. L'*Economic Value Added* (EVA)

L'*Economic Value Added* (EVA) ou valeur économique ajoutée est un indicateur économique de création de valeur durant une période donnée, en général l'exercice annuel. C'est une marque déposée par le cabinet anglo-saxon Stern & Stewart.

L'entreprise crée de la valeur lorsque sa rentabilité économique est supérieure à la rémunération des capitaux nécessaires à la génération de cette dernière, à savoir les capitaux investis (voir l'exemple précédent).

Cette valeur créée durant un exercice est égale au différentiel entre cette rentabilité et la rémunération appliquée aux capitaux investis, rémunération égale au coût du capital. Elle se traduit donc par la formule générale suivante :

$$EVA = (R_e - k)\,CI$$

Avec :
- R_e : la rentabilité économique ou ROIC (*Return On Invested Capital*) ou encore ROCE (*Return On Employed Capital*) ;
- k : le coût moyen pondéré du capital ou WACC (*Weighted Average Cost of Capital*) ;
- CI : les capitaux investis.

La rentabilité économique ou rentabilité des capitaux investis est une rentabilité après impôt sur les sociétés. Elle est exprimée par le ratio entre, d'une part, le résultat net d'exploitation avant charges financières diminué d'un impôt parallèlement retraité de l'absence de prise en considération des conséquences des dettes et, d'autre part, les capitaux investis à la fin de la période précédente (de préférence à ceux de la période de détermination de cette rentabilité).

En normes comptables internationales ou IAS/IFRS, cette solution conduit à retenir comme résultat le NOPAT (*Net Operating Profit After Taxes*), c'est-à-dire l'EBIT (ou bénéfice avant intérêt et impôts) diminué des impôts :

$$NOPAT = EBIT(1 - \tau)$$

Avec :
- τ : le taux d'imposition.

La rentabilité économique (ROIC ou ROCE) en t ($R_{e,t}$) s'exprime donc par :

$$R_{e,t} = \frac{NOPAT_t}{CI_{t-1}}$$

Les capitaux investis à prendre en considération (aussi appelés capitaux employés ou engagés) sont constitués de l'actif économique de l'entreprise, c'est-à-dire des actifs immobilisés d'exploitation nets d'amortissements et de dépréciations, et du BFR.

Le résultat et les capitaux investis doivent être ajustés l'un à l'autre de manière cohérente, ce qui nécessite des retraitements.

Le coût du capital à retenir est naturellement le coût spécifique à l'entreprise. Son calcul repose sur les informations issues des marchés financiers et introduit donc une donnée extracomptable dans ce chiffrage des performances.

Si la rentabilité économique après impôts est supérieure au WACC, l'EVA est positive et il y a création de valeur actionnariale durant l'exercice étudié. Dans le cas inverse, l'EVA est négative et de la valeur est détruite.

L'EVA s'exprime aussi d'une seconde manière, qui aboutit au même résultat : en prenant en considération le fait qu'il est égal au résultat économique après impôts diminué de la rémunération du capital investi pour le produire. Ainsi, l'EVA au titre de l'exercice t est égale à :

$$EVA_t = NOPAT_t - (k \times CI_{t-1})$$

En reportant dans la formule précédente la valeur du NOPAT extraite de la formule de calcul de R_e précitée, la première formulation de l'EVA est effectivement retrouvée. Le $NOPAT_t$ est, en effet, égal à :

$$NOPAT_t = R_{e,t} \times CI_{t-1}$$

Pour suivre la performance de l'entreprise et/ou la comparer à celle d'autres entreprises, des taux d'EVA sont calculés en ramenant l'EVA d'un exercice t aux capitaux investis au début de l'exercice ou à la fin de l'exercice précédent. Ce taux présente l'intérêt de neutraliser les effets de taille :

$$\text{Taux d'}EVA_t = \frac{EVA_t}{CI_{t-1}}$$

B. La *Market Value Added* (ou MVA)

La MVA, ou valeur ajoutée de marché, marque déposée aussi par le cabinet anglo-saxon Stern & Stewart, mesure directement la création de valeur boursière « comme l'écart entre, d'une part, la capitalisation des actions augmentée de la valeur de marché de la dette et, d'autre part, l'actif économique (immobilisations nettes contribuant à l'activité opérationnelle augmentées du besoin en fonds de roulement net) ou, de façon équivalente, les capitaux propres comptables augmentés de la valeur au bilan de la dette financière nette et, le cas échéant, des provisions pour risques et charges » (recommandation n° 2001-01 de la COB).

Cette définition permet d'écrire :

$$\text{MVA} = \text{Capitalisation boursière} + \text{Dette}$$
$$- \text{Montant comptable des capitaux propres et de la dette.}$$

La dette est exprimée en valeur de marché. C'est la valeur actuelle des flux futurs engendrés par la dette financière, l'actualisation se faisant au taux correspondant à chaque catégorie de dette.

Par simplification, le montant comptable de la dette est généralement considéré comme équivalent à sa valeur de marché, ce qui permet de transformer l'équation précédente en une équation plus aisée d'utilisation :

$$\text{MVA} = \text{Capitalisation boursière} - \text{Montant comptable des capitaux propres.}$$

La MVA compare la valeur boursière des capitaux investis qui enregistre les revenus espérés des projets d'investissements à leur valeur comptable. En conséquence, lorsqu'elle est positive, une création de valeur est anticipée et lorsqu'elle est négative, c'est une destruction de valeur qui est attendue.

L'examen de la variation de la MVA est souvent un critère plus pertinent que le calcul de la seule MVA (voir ci-après les limites des indicateurs de création de valeur).

C. Les intérêts et les limites des indicateurs de création de valeur

1. Les intérêts

Les mesures de valeur boursière créée (MVA, TSR, etc.) et celles de performance économique (EVA, CFROI, etc.) ont permis aux dirigeants de substituer aux anciens indicateurs de performance et à leurs anciens objectifs (augmentation du chiffre d'affaires, course à la taille de l'entreprise par rapport aux concurrents, bénéfice net comptable) des indicateurs qui mettent l'accent sur la création de valeur actionnariale, sur la création de richesses d'un acteur et, ainsi, sur la valeur de l'entreprise. Ces indicateurs répondent aux préférences des « propriétaires » de la firme, ses créanciers résiduels.

En effet, les anciens objectifs, ne permettaient pas de répondre à l'objectif de maximisation de la valeur de l'entreprise, en particulier le bénéfice net comptable de l'entreprise en raison des biais comptables de son calcul et de son absence de prise en compte du risque (voir l'exemple présenté en introduction du II de ce même chapitre). Ces objectifs pouvaient même entrer en contradiction avec celui de la maximisation de la valeur de l'entreprise.

Les nouvelles mesures, apparues durant les années 1990, fournissent ainsi aux dirigeants les moyens d'action qui leur faisaient défaut.

L'EVA, en particulier, présente des avantages, en plus de l'intérêt général précité qui consiste à mesurer la création de valeur, qui tiennent, d'une part, à son mode de calcul, d'autre part aux possibilités qu'elle offre en tant qu'instrument de la politique managériale et, enfin, aux liens qu'elle entretient avec la recherche d'une bonne gouvernance.

a. Le mode de calcul de l'EVA

Le mode de calcul de l'EVA présente des avantages qui résultent pour l'essentiel de la prise en compte du coût du capital :

– en introduisant explicitement dans son mode de détermination le CMPC, l'EVA assure la cohérence entre la problématique de la décision d'investissement qui repose sur le calcul de la VAN et la mesure plus globale et rétrospective de la création de valeur qui est son objectif ;
– la prise en compte du CMPC a aussi pour effet, pédagogique dans les PME, de mettre en évidence que les capitaux propres ont un coût, qu'ils ne constituent pas une ressource gratuite. L'EVA quantifie le fait qu'il ne suffit pas d'avoir un bénéfice pour créer de la valeur. Il faut dégager un bénéfice qui couvre le coût de la dette et des fonds propres ;
– même si elle est généralement utilisée pour mesurer la création de valeur réalisée, l'EVA est moins tournée vers le passé que les indicateurs de rentabilité usuels en raison de l'introduction du CMPC dans son calcul ;
– enfin, elle est moins sujette aux biais comptables que les autres mesures ; elle constitue plus une mesure économique.

b. L'EVA, instrument de la politique managériale

L'EVA est surtout un instrument de management :

– elle relève des moyens de contrôle des actionnaires sur l'équipe dirigeante et permet d'apprécier l'efficacité de la gestion. Elle constitue ainsi une solution pour diminuer le conflit d'agence ;

– dans la mesure où la firme est capable d'effectuer le calcul de l'EVA au niveau de ses segments d'activité, cette dernière est un instrument d'aide à la décision. Les normes IFRS obligent justement à publier, pour les groupes concernés, une information sectorielle par secteur d'activité ou géographique. L'EVA favorise ainsi la prise de décision stratégique ;
– de plus, l'EVA constitue un facteur et un instrument de changement organisationnel à plusieurs égards :
  • cet instrument de mesure conduit à identifier les centres de création de valeur et à organiser la structure de l'entreprise en fonction d'eux (voir l'alinéa précédent),
  • l'EVA permet, par ailleurs, de fixer des objectifs de création de valeur de plus en plus proches du terrain. Il est un facteur de la décentralisation ;
– enfin, la mise en œuvre d'une politique de rémunération liée à des objectifs d'EVA ne se limite pas aux niveaux dirigeants mais peut descendre la ligne hiérarchique. Une politique incitative accompagne souvent dans les entreprises la mise en œuvre de politiques d'EVA.

c. L'EVA, outil de gouvernance

L'EVA, comme la MVA à cet égard, est utile à la réalisation d'un objectif de bonne gouvernance au sens de la satisfaction des intérêts des actionnaires par les managers. Elle participe, en effet, de la mise en œuvre d'un objectif de transparence de la communication financière sur le point essentiel pour les actionnaires de la création de valeur par les responsables de celle-ci, à savoir ceux qui bénéficient de rémunérations importantes qui doivent être justifiées.

Encore faut-il pour cela qu'elle remplisse certaines conditions qui ont été rappelées par la COB (recommandation n° 2001-01) :

– les deux grands types de mesures – mesure de la valeur boursière créée et indicateur de performance relatif à la valeur créée pendant l'exercice – doivent être clairement distingués par les entreprises ;
– leur mode de calcul doit être précisé ;
– un tableau de passage chiffré des comptes consolidés à ces agrégats doit être publié ;
– les éléments nécessaires à la détermination du CMPC doivent être fournis (poids respectifs des dettes et des capitaux propres, prime de risque des actionnaires et taux sans risque, coût de la dette, etc.).

Les commissaires aux comptes (article 228 de la loi de 1966) contrôlent cette information en cas de publication dans le rapport de gestion.

L'EVA améliore ainsi la gestion opérationnelle de la firme, sa prise de décision stratégique et participe de la mise en place d'une meilleure gouvernance.

2. Les limites

a. Les limites communes à l'ensemble des mesures de création de valeur.

Les mesures de création de valeur sont sujettes aux mouvements boursiers qui peuvent ne pas être de courte durée. Une période d'euphorie ou inversement de pessimisme peuvent entraîner une déconnexion entre la valeur boursière et les indicateurs de base de l'entreprise que sont la rentabilité économique et le CMPC. Ainsi, une période d'euphorie boursière peut aboutir à enregistrer des MVA satisfaisantes alors que, en réalité, les performances économiques ne le sont pas, au point même de pouvoir détruire de la valeur.

Ces indicateurs présentent les inconvénients de leurs avantages : ils sont tournés vers l'avenir. Cette relation à l'avenir pose d'ailleurs un autre problème, celui de la myopie éventuelle du marché, de son « court-termisme ». Ces indicateurs risquent de survaloriser les performances – et les investissements – de court terme (voir le chapitre 1 et la question de l'efficience des marchés ainsi que le lexique).

b. Les limites spécifiques à l'EVA

L'EVA est aussi sujette à des critiques plus spécifiques :

- son calcul présente l'intérêt de prendre en compte le coût du capital qui, en contrepartie, l'expose aussi à des limites : le CMPC est un coût d'opportunité délicat à déterminer sur un plan purement technique. Les sociétés qui calculent des « bêta » ne retiennent pas les mêmes données dans leurs calculs, en particulier quant aux aspects temporels du calcul (horizon, intervalles, etc.) ; les « bêta » sont volatiles et la question se pose pour des EVA prévisionnelles de l'utilisation de « bêta » historiques ;
- l'époque actuelle illustre clairement les problèmes que pose à cette mesure – et aux autres indicateurs de création de valeur – la volatilité des marchés financiers. L'EVA présente l'intérêt de faire partiellement appel aux informations en provenance des marchés financiers – via le WACC – mais elle n'est pas pour autant dégagée des biais engendrés par la comptabilité. Le résultat économique et les capitaux investis ont une valeur influencée par des normes comptables qui ne correspondent pas nécessairement à la logique économique, surtout si l'entreprise n'est pas un groupe coté qui utilise les normes IFRS de manière intégrale. Les nombreux retraitements nécessaires illustrent cette difficulté (voir l'application n° 3) et en créent une supplémentaire : les retraitements diffèrent d'entreprise à entreprise, rendant très délicates les comparaisons interentreprises ;
- non seulement l'EVA – comme les autres indicateurs du même type – est sensible à sa méthodologie de calcul, complexe et non définie avec précision, mais elle est, en outre, très sensible à des variations réduites des capitaux investis ou du WACC. Sa faiblesse précédente s'en trouve accentuée : non seulement les comparaisons interentreprises sont délicates mais son appréciation – en particulier son évolution temporelle – au sein d'une même entreprise nécessite de la prudence ;

EXEMPLE

Sur la base de l'exemple précédent (entreprise Veran) et dans le cadre de la seconde situation, de nouvelles hypothèses sont introduites : suite à des révisions de calculs, le résultat apparaît plus élevé de 10 % et le CMPC inférieur de 10 %.

Pour ces variations des données, tout à fait réalistes compte tenu des difficultés de leur mesure, les calculs précédents deviennent :

- résultat net : 330 (1 – 0,4) = 198 ;
- seuil de rémunération exigé pour créer de la valeur : 1 000 x 18 % = 180 ;
- valeur créée : 198 – 180 = 18.

La variation de la valeur créée – elle passe d'une destruction de 20 à une création de 18 – est sans commune mesure avec celle de ses deux inducteurs fondamentaux, le résultat et le CMPC.

– en tant qu'instrument de gestion et de communication, l'EVA s'expose à l'inconvénient de privilégier les actionnaires. Ce choix renvoie au débat ouvert dans le C du I et illustré par l'application n° 2 mais aussi à une question liée, celle de la pérennité de la firme : les intérêts de l'actionnaire ne sont pas nécessairement liés au maintien de l'existence d'une firme déterminée, ils peuvent donc diverger des intérêts de la firme ;
– l'EVA devrait permettre d'effectuer des jugements activité par activité et d'adapter les politiques de rémunération à ces activités et à ce critère. Cependant, les groupes utilisent rarement des WACC par activité ; en général, un seul taux d'actualisation est appliqué pour l'ensemble des activités, ce qui réduit la pertinence de cette solution ;
– l'EVA se calcule exercice passé par exercice passé. Isolée, elle ne fournit pas d'information sur une création durable de richesses. Or, cette dernière information est celle qui concerne le plus l'actionnaire. Des EVA prévisionnelles peuvent cependant permettre de répondre à cette question ;
– l'EVA doit être appréciée dans son contexte stratégique car si une entreprise mène une politique d'investissement à long terme, l'EVA peut sous-estimer la création de valeur (et inversement dans le cas d'une politique « court-termiste »). Ce problème peut se transférer à un niveau décisionnel et prévisionnel : une firme peut éventuellement améliorer ses EVA prévisionnelles en renonçant à des investissements rentables à long terme, ce qui ouvre la porte à des manipulations de l'indicateur.

Les deux types d'indicateurs de création de valeur présentent chacun des avantages et des limites. C'est à juste titre que les entreprises les utilisent concurremment ; ils ne sont pas exclusifs l'un de l'autre.

D. Les leviers de la création de valeur

L'EVA a été conçue pour évaluer la création de valeur durant un exercice mais aussi pour faire prendre conscience aux dirigeants d'entreprise que ce qui était jusque-là une notion reconnue, à savoir la création de valeur, mais qui relevait plus de l'incantatoire que du pratique, pouvait conduire à des décisions managériales concrètes. Les managers ont, de ce fait, progressivement délimité et mis en œuvre les moyens et procédures de création de valeur actionnariale.

La distinction des leviers de création de valeur, qu'ils soient stratégiques, organisationnels, d'exploitation ou financiers, constitue une manière pour le manager d'identifier de manière quasi exhaustive les moyens d'action à sa disposition. Le découpage est artificiel, les différents moyens d'action interagissant, mais il est pertinent au plan opérationnel afin d'éviter de négliger un levier disponible.

1. Les leviers stratégiques

Les leviers stratégiques reposent sur le fait que la création de valeur dépend du maintien des avantages concurrentiels et surtout de leur développement. L'analyse stratégique, conduite par exemple en termes de forces concurrentielles, permet de prendre des décisions qui vont renforcer, développer ou créer des avantages concurrentiels.

Les différentes stratégies d'une entreprise sont désormais estimées en termes de création de valeur. Les politiques de croissance, d'internationalisation, d'acquisition, de désinvestissement, etc. ont à leur disposition un instrument d'évaluation en accord avec la « boussole » que constitue la maximisation de la valeur actionnariale (voir l'application n° 3 qui illustre cette utilisation de l'EVA dans le cadre d'une politique d'acquisition).

2. Les leviers organisationnels

Les leviers stratégiques sont fortement liés aux leviers organisationnels. L'EVA repose sur l'organisation, mais est aussi un facteur de son évolution.

En effet, l'EVA se base sur un découpage en segments d'activité qui permet de mieux identifier les sources de création ou de destruction de la valeur ainsi que ses composantes. De ce fait, l'EVA conduit les entreprises à rechercher la mise en place de tels découpages. L'obligation de publication d'une information sectorielle dans le cadre des normes IFRS (voir le chapitre précédent) répond à cet objectif mais dans la mesure où les indications collectées et fournies par secteur permettent des calculs d'EVA.

La politique de rémunération peut être utilement couplée à ce découpage – cette voie est actuellement suivie par de grands groupes – de manière à décentraliser les objectifs de création de valeur. Cette politique, comme la précédente, repose toutefois sur la qualité de la segmentation.

3. Les leviers opérationnels ou d'exploitation

Les managers disposent aussi de leviers au niveau opérationnel, c'est-à-dire au niveau de l'exploitation, qui permettent d'agir très directement sur le résultat économique et les capitaux investis, en visant l'augmentation du premier et la diminution des seconds. Il s'agit de :

- l'augmentation du chiffre d'affaires ;
- la gestion du BFRE ;
- l'utilisation de la sous-traitance et de la location pour diminuer les charges fixes ;
- l'utilisation des nouvelles technologies de l'information et de la communication (NTIC) pour diminuer les coûts ;
- l'externalisation.

4. Les leviers financiers

Enfin, des possibilités d'action sont offertes aux managers au niveau financier, au sens large :

- des leviers financiers internes sont disponibles qui visent à la diminution des coûts du capital. Toute diminution du CMPC entraîne, toutes choses égales par ailleurs, une augmentation de la valeur de l'entreprise. Le CMPC peut être diminué en réduisant le risque d'exploitation ;
- des leviers financiers externes sont aussi disponibles. Ils concernent la recherche d'une meilleure gouvernance et passent, entre autres, par une politique de rémunération lisible par les actionnaires, la communication financière, la clarification de l'organigramme d'un groupe, etc.

Les indicateurs de création de valeur permettent de réutiliser dans le cadre d'une démarche rationnelle de nombreux moyens d'action. Ils ouvrent aussi la voie à de nouveaux leviers d'augmentation de la richesse produite.

III La notation financière

La notation financière ou *rating* débouche, comme la méthode des scores (*credit scoring*), sur un « indicateur » financier synthétique mais ne repose pas sur une approche strictement comptable. C'est la raison pour laquelle on la qualifie de nouvelle approche du diagnostic financier malgré sa relative ancienneté.

En effet, les premières publications de notes sont l'œuvre de John Moody en 1909.

John Fitch s'est ensuite inspiré de John Moody pour développer une présentation des notes combinant des lettres. En 1950, Standard & Poor's a ensuite acheté auprès de ce dernier les droits d'utilisation de ce système de notation. En France, le développement de l'activité de notation date des années 1980.

D'autres différences, comme l'objet, les acteurs et la démarche, séparent ces deux méthodes. Le *credit scoring* a, en particulier, pour objectif d'apprécier la santé financière d'une entreprise dans un but de prévention des difficultés.

La focalisation sur le diagnostic financier justifie de développer, en priorité, le segment « *corporate* » de la notation, dans le cadre français.

A. La définition de la notation financière

La notation financière est une production de services, assurée par des entreprises, les agences de notation, essentiellement vendue à des acteurs qui ont besoin de faire connaître leur qualité sur les marchés.

La qualité en question consiste dans la capacité « à faire face en temps et en heure aux engagements financiers à terme » (rapport 2007 de l'AMF), qu'ils concernent les intérêts et le capital des emprunts, les dividendes préférentiels, etc., que ce soit de manière générale ou dans le cadre d'une émission particulière de titres. La note concerne donc un emprunt spécifique ou, de manière plus large, l'émetteur, auquel cas elle concerne sa dette *senior* (dette remboursable en priorité) [voir le chapitre 14].

Cette activité se traduit par l'attribution d'une note reflétant l'opinion de l'agence de notation (ou de crédit) qui évalue le risque de défaut d'un emprunteur ; elle tient compte, dans le cas d'un emprunt, des caractéristiques particulières de celui-ci.

La notation permet d'obtenir à moindre coût, de manière synthétique et aisément interprétable, une opinion sur la santé financière d'une entreprise et/ou le risque d'une dette.

Les compétences des agences de notation les ont conduites, face à l'évolution du marché obligataire, à fournir une information permettant de mieux gérer le couple « risque-rentabilité ». C'est la raison pour laquelle la notation a accompagné, mais a aussi favorisé, le développement des obligations à haut rendement (*high yield bonds*).

B. Le marché de la notation

1. Les parties prenantes

a. Les agences de notation

Trois agences de notation américaines dominent le marché français à travers leurs succursales – Fitch, Moody's, Standard & Poor's – qui mobilisent chacune des équipes d'analystes d'environ soixante à cent personnes. Ces trois agences ont le statut envié – car il permet d'agir sur le marché américain – de NRSRO (*Nationally Recognized Statistical Rating Organization*) délivré par la SEC, le « gendarme » boursier américain.

Les agences facturent leur notation à l'émetteur et non pas à l'investisseur et proposent aussi d'autres services tels que l'évaluation de projets.

Elles appliquent dans leur fonctionnement une déontologie qui concerne entre autres le processus de la notation, les conflits d'intérêts, la communication des notes et la confidentialité de l'information. Ces sujets sensibles ont fait l'objet d'un code de bonne conduite publié par l'Organisation internationale des commissions de valeurs (OICV) qui regroupe les régulateurs des principales Bourses du monde en décembre 2004. Le Comité des régulateurs européens (CESR) – devenu Autorité européenne des marchés financiers (AEMF, ou ESMA, *European Security & Markets Authority*) – a considéré que la mise en œuvre de ce code relevait des agences. Mais la crise a conduit à passer d'une autorégulation à une régulation : deux règlements de l'UE – le règlement « Agences » du 16 septembre 2009 et le règlement « Agences révisé » du 11 mai 2011 – ont obligé les agences à s'enregistrer auprès de l'AEMF, autorité de supervision, et donc à respecter certaines conditions pour pouvoir exercer dans l'Union (voir le document ci-après).

b. Les autres parties prenantes

Ces trois agences répondent à des besoins exprimés par les autres parties prenantes du marché :

– l'émetteur trouve dans le gage de qualité offert par la notation un accès facilité au marché financier. Les émetteurs peuvent être des entreprises privées (entreprises commerciales ou productrices, banques, etc.) mais aussi des organisations publiques (États, collectivités locales, etc.). Les entreprises privées y trouvent aussi une démarche qui va dans le sens des intérêts des actionnaires, et pas uniquement des obligataires comme semble y inciter *a priori* l'objet de la notation. La raison tient au coût parfois élevé d'un *downgrade* (baisse de la note), surtout si la dette est accompagnée de clauses de remboursement immédiat, et inversement aux avantages de notes élevées qui donnent à l'entreprise l'assurance de l'accès au marché obligataire et lui offre par là-même de la flexibilité et une possibilité de mieux gérer son coût du capital ;

– la notation apporte aux investisseurs une information synthétique, gratuite (sauf abonnement) et aisément interprétable qui leur permet de mieux apprécier le risque encouru et de mieux gérer le couple « rentabilité-risque ». La notation permet aussi aux investisseurs de contrôler l'action des responsables de la gestion de leur trésorerie en ne leur autorisant des investissements que sur des titres faisant l'objet d'une notation minimale ;

– pour les régulateurs des marchés financiers, la notation financière apporte de la sécurité au système financier. C'est ce qui explique que les Fonds communs de créances (FCC) par exemple, aient une obligation de notation. Les régulateurs interviennent sur le marché de la notation *via* l'AEMF.

2. L'importance et le dynamisme du marché

a. Le marché français et le marché international de la notation

Les rapports de l'AMF fournissent des indications sur le marché français de la notation :

– le chiffre d'affaires des agences – activement présentes en France uniquement depuis la deuxième moitié des années 1980 – a fortement augmenté depuis le début des années 2000 ;

– 349 émetteurs français à long terme ont été notés en 2009 (contre 357 en 2007), le nombre d'entités notées par les trois agences a encore baissé en 2010 ; les trois agences couvrent 99 % des parts de marché ;
– la majorité des entités notées, 50 %, appartiennent au secteur des banques, 28 % aux entreprises industrielles et commerciales, le secteur public et les assurances représentant 13 % et 9 % (Rapport AMF 2010) ;
– la crise a fortement touché l'activité liée à la titrisation (voir le chapitre 14 sur ce point), si bien que la notation représente désormais 70 à 80 % du chiffre d'affaires des trois agences, quant aux activités annexes (perspectives économiques, analyses, formation...) elles se sont aussi développées.

Sur un plan international :
– la moitié du revenu des agences provient encore des États-Unis ;
– les revenus de la seule notation sont, fin 2009, de 1,7 Md de $ pour Standard & Poor's, 1,2 Md de $ pour Moody's et 453 millions de $ pour Fitch.

b. Les raisons du développement du marché de la notation

Les facteurs qui expliquent le développement de ce marché ainsi que l'essor spécifique du segment titrisation sont connus et communs à l'ensemble des pays européens :
– la déréglementation des marchés financiers largement explicative de la multiplication de nouveaux instruments financiers ;
– le passage simultané d'une économie d'intermédiation à une économie dominée par les marchés financiers, accompagné d'une évolution corrélative des activités de la banque. La crise des « *subprime* » a conduit à des propositions de retour en arrière en matière d'organisation des activités bancaires allant jusqu'à la restauration de la séparation des banques de dépôt et des banques d'affaires (le modèle économique de la banque universelle rend une telle évolution délicate en Europe) ;
– enfin, le développement d'un marché européen avec l'usage d'une seule monnaie, l'euro, permet d'investir sur un domaine plus étendu, mais nécessite un surcroît d'informations.

C. Le processus de notation

La notation, comme son nom l'indique, est une démarche qui aboutit essentiellement à une note. Elle est sensiblement la même dans toutes les agences. Des différences n'apparaissent que sur les notations non sollicitées et les services annexes.

1. L'appréciation du risque de défaut

Le risque de défaut s'apprécie de plusieurs manières. En priorité, par l'établissement d'une note qui concerne :
– soit des emprunts : les agences distinguent les emprunts à long terme et les emprunts à court terme (inférieurs à 12 mois) ;
– soit une entité, auquel cas c'est la qualité de crédit de la dette senior qui est notée.

L'appréciation du risque s'exprime aussi par la publication de perspectives (*outlook*) qui accompagnent les seules notes d'emprunts à long terme et indiquent l'évolution probable de la note à moyen terme (c'est-à-dire sur 2 à 3 ans). Ces perspectives peuvent être positives (la note devrait s'améliorer), négatives ou stables et ne s'accompagnent pas nécessairement d'un changement de note.

Le risque est enfin mis en exergue par la publication de mises sous surveillance qui signalent une notation susceptible d'être remise en cause avec une forte probabilité à la suite d'un événement (exemple : une fusion). Le sens du changement espéré est précisé : la mise sous surveillance peut être positive (amélioration de la note), négative (détérioration de la note) ou évolutive (maintien de la note ou changement dans l'une des deux directions précédentes). Une mise sous surveillance a dans tous les cas vocation à être temporaire.

2. L'établissement de la note

L'établissement de la note respecte une procédure très largement commune aux différentes agences et qui est constituée de différentes étapes

a. La demande de l'émetteur.

Le point de départ est la demande d'un émetteur à partir de laquelle un contrat est établi qui le lie à l'agence. La notation peut, cependant, être non sollicitée mais la pratique des notes « sauvages » par les agences est peu fréquente ; elle fait généralement suite à une information publique d'importance.

b. Constitution d'un dossier par l'analyste et établissement de la note

La demande est suivie par la phase de construction d'un dossier par l'analyste, phase qui se décompose elle-même en plusieurs séquences :

- des visites d'entretien avec le client (les principaux dirigeants) ;
- une demande d'informations auprès du client : les agences ont généralement accès à des informations confidentielles, en particulier des *business plans* qui éclairent sur les projets de l'entreprise ;
- la rédaction par l'analyste d'un dossier présenté ensuite à un comité de notation (au sein de l'agence) qui va fixer la note. L'émetteur peut faire appel de la décision.

La réalisation du dossier par l'analyste de l'agence présente plusieurs caractéristiques qui le distinguent de la méthode des scores :

- elle revêt une dimension stratégique : la position concurrentielle de l'entreprise est évaluée. Le contexte macroéconomique et sectoriel et l'évolution de l'environnement politique sont donc pris en compte ;
- elle prend en considération des éléments opérationnels et des ratios financiers : sont réalisés en particulier, vu l'objectif de l'émission de la note, des analyses de marges visant à évaluer la pérennité de la rentabilité et des calculs de capacité de remboursement et de couverture des intérêts ;
- elle prend en compte des éléments purement qualitatifs tels que la qualité de la gestion des dirigeants, la gouvernance de l'entreprise, les caractéristiques des produits, etc. ;
- elle intègre des caractéristiques spécifiques de l'emprunt, de l'état du marché, des autres engagements de l'entreprise et des actifs sous-jacents, s'il s'agit de titrisation.

c. La communication de la note

La note est alors :

- communiquée à l'émetteur qui peut demander à ce qu'elle ne soit pas rendue publique ;
- publiée dans des revues financières spécialisées, sur les réseaux d'information boursière, divulguée aux abonnés des agences (courrier électronique), etc.

L'ensemble de cette procédure a une durée moyenne de 4 mois. Par la suite, un suivi de la note est assuré. Les honoraires oscillent entre 50 000 et 500 000 € par émission

3. L'échelle des notes

Une note est composée de lettres, et parfois de chiffres, juxtaposés.

Les notes comprises entre AAA et BBB inclus qualifient la catégorie appelée « investissement ». Ces notes sont dénommées *high grade*. Dans toutes les agences, la meilleure note est AAA.

Les notes comprises entre BB et D inclus qualifient la catégorie appelée « spéculative » ou de haut rendement. Elles sont appelées *high yield*.

Le rapport AMF 2010 fournit les informations suivantes sur la répartition des notes fin 2010 et montre une grande qualité des émetteurs :

- 37 % des émetteurs ont des notes comprises entre AAA (7 %) et AA (30 %) qui correspondent à un risque de défaillance très faible ;
- 37 % ont une note A qui établit que le risque peut être présent dans certaines circonstances économiques ;
- 19 % ont la note BBB selon laquelle la solvabilité est jugée moyenne ;
- 7 % sont dans la catégorie spéculative dite « du risque de défaut ».

Pour les émetteurs ayant fait la demande de plusieurs notations (auprès d'agences différentes), les écarts de notation sont faibles : pour 80 % elles ne sont que d'un cran ou *notch*.

L'intérêt de la note est lié à sa corrélation, statistiquement confirmée, avec le risque de défaut.

Les agences présentent sur leurs sites respectifs leurs échelles de notation avec leur signification et leur méthodologie d'établissement. Une typologie des notes à long terme de Standard & Poor's, Moody's et Fitch figure dans le chapitre 2 du présent ouvrage.

Fitch publie par ailleurs, pour les banques, des notes intrinsèques et de soutien extérieur :

- les notes intrinsèques (A, B, C, D, E) représentent l'opinion sur la probabilité pour une banque d'être en difficulté au point de nécessiter un soutien extérieur ;
- les notes de soutien extérieur visent uniquement à rendre compte du degré de soutien qu'une institution recevrait de la part de ses actionnaires ou des autorités de tutelle si elle se trouvait en difficulté.

EXEMPLE

Les mauvaises nouvelles s'accumulent pour le secteur. Tandis que la menace de récession se précise dans la zone euro, les agences de notation s'inquiètent de l'impact sur les banques de la dégradation de l'environnement macroéconomique qui restreint leurs profits, et de la crise de la dette qui durcit les conditions de financement. Vendredi 9 décembre, Moody's a abaissé les notes de crédit de BNP Paribas à Aa3, de la Société Générale à A1 et du Crédit Agricole à Aa3, en raison de cette conjoncture. L'agence fait aussi valoir que les multiples cessions d'actifs, engagées par les banques pour renforcer leurs capitaux propres pourraient se ressentir dans les prix des ventes futures. Moody's conclut que la probabilité que ces banques aient recours à un soutien de l'État reste « très élevée ». De son côté, S&P a placé le 6 décembre la note de la plupart des grandes banques européennes, dont les françaises, sous surveillance négative. Elle aussi estime que la France pourrait être contrainte de soutenir le secteur.

Anne Michel, *Le Monde*, 10 décembre 2011.

D. Les critiques et les propositions d'amélioration

Face à la crise économique et financière, les agences de notation ont fait l'objet de critiques qui ont déterminé récemment des évolutions et suscitent de nouvelles propositions.

1. Les critiques

La notation, dont l'intérêt vient d'être évoqué, fait l'objet de critiques :
- la concurrence entre agences n'est pas satisfaisante car le marché est oligopolistique : trois agences dominantes bénéficient du statut de NSRO (son obtention par des sociétés non américaines est rendu difficile par l'opacité des conditions d'attribution) ;
- la rémunération de l'agence par l'émetteur est un facteur de conflit d'intérêts : l'agence peut hésiter à dégrader la note de son client en temps voulu en cas de mauvaises nouvelles, d'autant qu'elle propose des services extérieurs à ses clients émetteurs et l'emprunteur aura tendance à chercher une agence bienveillante. Cette asymétrie d'information n'est pas suffisamment éliminée par les règles déontologiques et les procédures mises en place (présence d'un déontologue dans les agences, renforcement du contrôle interne) ;
- les *cash-flows* passés, présents et surtout futurs qui sont au cœur de la notation sont dépendants de risques stratégiques difficiles à évaluer, d'autant que la réunion de plusieurs risques peut avoir des effets cumulatifs disproportionnés sur la santé de l'entreprise ;
- la distinction entre une notation non sollicitée et une notation à laquelle l'émetteur n'a pas participé n'est pas toujours affichée ;
- les agences ne font pas d'audit de la sincérité ou de la fidélité des informations transmises par l'émetteur ;
- la transparence est insuffisante au niveau des variables de la notation, des modes de rémunération des agences et de la manière dont sont prises en considération dans la note les caractéristiques de la gouvernance de l'émetteur ;
- la notation effectuée à la demande d'organisations publiques a, certes, des effets positifs (en termes d'accès aux marchés financiers pour ces émetteurs mais aussi d'évaluation de ces émetteurs), mais elle met les agences en présence d'acteurs dont les réactions – surtout lors de dégradations de notes – sont, de par leur caractère politique, spécifiques.

2. Évolutions

Aux termes des deux règlements CE du 16 septembre 2009 et 11 mai 2011, les agences doivent s'enregistrer auprès de l'AEMF et font l'objet d'une supervision de cette dernière. Le contenu de la demande d'enregistrement permet de s'assurer que les agences respectent :
- des règles visant à réduire les conflits d'intérêts
  - au niveau de l'organisation générale : présence dans les instances dirigeantes d'au moins un tiers de membres non impliqués dans les activités de notation ;
  - au niveau de l'encadrement des personnes impliquées dans la notation quant aux avantages perçus ;
  - au niveau de la rotation des analystes et des personnes chargées d'approuver les notes ;

  • au niveau des services accessoire et du contrôle interne avec la mise en place de fonctions de conformité des méthodes et de leur réexamen ;
- des règles relatives à la qualité de la notation : les méthodes de notation doivent être rigoureuses et pouvoir être validées ;
- des règles relatives à la transparence : information de l'entité notée 12 heures au moins avant publication de la note ; publication de documents relatifs à la notation ;

La supervision de l'AEMF repose sur une surveillance continue (l'AEMF a des pouvoirs d'enquête générale et d'inspection sur place), sur des pouvoirs de contrainte (astreinte et/ou amendes) et des contrôles *a posteriori* (validation des méthodes).

3. Propositions à l'étude

Fin 2010, la Commission européenne a engagé une consultation pour de nouvelles initiatives :
- « désintoxication », c'est-à-dire diminution de la référence à la notation externe dans les dispositions réglementaires, mais aussi pour les gestionnaires privés ; il s'agit de diminuer le rôle quasi institutionnel qui a été conféré aux agences ;
- transparence de la méthodologie de la notation souveraine ;
- augmentation de la concurrence dans le secteur soit par le développement de la notation par la BCE et/ou des banques centrales nationales, soit par de nouveaux entrants, soit par une structure publique-privée, soit par un principe de rotation des agences ;
- uniformisation des régimes de responsabilité civile des agences avec une définition pertinente de la faute grave ou intentionnelle ;
- réduction des conflits d'intérêts dus au modèle économique « émetteur-payeur » par la mise en place d'autres modèles de rémunération – « investisseur – abonné payeur » par exemple – et par la transparence accrue des méthodologies et des données recueillies.

En novembre 2011, suite à ces initiatives, le Commissaire européen aux services financiers a dévoilé le texte qu'il va soumettre au Parlement et au Conseil :
- il n'y est plus fait mention de la création d'une agence européenne de notation, ni de la suspension temporaire de la notation d'un État dans certaines circonstances ;
- par contre : un émetteur ne pourra plus faire noter plus de trois ans ses emprunts par la même agence ; les méthodologies devront être préalablement approuvées par l'AEMF ; les références aux notes seront éliminées des nouvelles réglementations.

Pour plus d'informations, les rapports de l'AMF de 2005 à 2011 contiennent des développements spécifiques sur la notation et les agences de notation. Ils sont disponibles sur le site Internet de l'AMF (www.amf-france.org).

Les sites des agences de notation présentent, par ailleurs, leurs services, leurs méthodes et leurs échelles de notation (avec la signification de chaque note) :
- site de Fitch : www.fitchratings.com ;
- site de Moody's : www.moodys.com ;
- site de Standard & Poor's : www.standardandpoor.com.

Voir aussi :
- le site de l'AEMF : www.esma.europa.eu ;
- Gaillard Norbert, *Les agences de notation*, éd. La Découverte, 2010.

SYNTHÈSE

La finance de marché irrigue progressivement la finance d'entreprise conduisant à la mise en œuvre de nouveaux outils de diagnostic financier depuis le début des années 1980.

Ceux-ci ne se substituent pas aux outils presque exclusivement comptables mais les complètent utilement.

La création de valeur

Le renouveau le plus radical en matière de diagnostic concerne le développement d'indicateurs en matière de création de valeur. Il s'agit de savoir si de la valeur est créée ou détruite par la firme étudiée.

La mesure de la création de valeur actionnariale

Qu'ils concernent avec la MVA (*Market Value Added*) la valeur créée ou avec l'EVA (*Economic Value Added*) la seule valeur créée durant un exercice, ces indicateurs ne s'intéressent qu'à la valeur créée pour l'actionnaire.

Leur étude conduit à un éclairage préalable des grands débats actuels sur la firme et sur ses acteurs qui s'organisent entre autres autour de deux conceptions de la firme, la firme actionnariale et la firme partenariale.

La première conception domine très largement à l'heure actuelle. Elle considère que les décisions de la firme doivent être guidées par la recherche de la maximisation de la valeur actionnariale.

La notation financière

Enfin, c'est aussi l'appréciation du risque de défaillance qui est renouvelée par la technique de la notation, conduite par des agences de notation. À la différence des fonctions scores, ces techniques ne retiennent pas uniquement des ratios comptables. Conçues pour répondre aux besoins des créanciers financiers, elles se révèlent très utiles pour les investisseurs en fonds propres et connaissent un élargissement – hors du domaine du diagnostic financier de la firme – aux opérations de titrisation. Elles font cependant aussi l'objet de critiques que la crise financière en cours a rendues plus aiguës.

APPLICATION 1 Vrai ou faux

1. La valeur de l'entreprise est égale à la valeur de marché de ses capitaux propres.

2. Dans le modèle dominant de la firme, la maximisation de la valeur actionnariale aboutit à la maximisation de la valeur de l'entreprise.

3. Le comportement de passager clandestin (*free riding* ou tire-au-flanc) consiste pour un individu participant à une équipe à réduire son effort sans en supporter pleinement le coût.

4. Les PME à propriétaires-dirigeants font face au conflit d'agences.

5. Dans le modèle de la firme partenariale, l'objectif de la firme est la maximisation de la valeur actionnariale.

6. La MVA est un indicateur de performance relatif à la valeur créée durant l'exercice.

7. Un coût du capital supérieur à la rentabilité économique entraîne une destruction de valeur.

8. Les créanciers financiers sont les créanciers résiduels de la firme.

9. Les agences de notation peuvent publier des notes hors toute demande.

10. La valeur des actions est fortement influencée par la notation.

CORRIGÉ 1

1. FAUX. La valeur de l'entreprise est égale à la valeur de marché de son actif économique, soit à la somme des immobilisations nettes et du BFRE ou encore, et toujours en valeur de marché, à la somme des capitaux propres et des dettes financières. La terminologie utilisée dans le contexte de l'évaluation d'entreprise provoque malheureusement une confusion car l'expression « valeur de l'entreprise » s'y applique à la valeur du patrimoine des actionnaires.

2. VRAI. Le modèle dominant de la firme est celui de la *shareholder value* où la maximisation de la valeur actionnariale est la boussole de la firme et non celui de *stakeholder value* où la maximisation de la valeur partenariale constitue l'objectif de la firme.

3. VRAI. Le comportement, et la recherche des solutions à lui apporter, est au cœur de toutes les réflexions concernant la possibilité de l'action collective, que ce soit d'ailleurs dans des organisations privées ou publiques.

4. FAUX. Les PME à propriétaires-dirigeants se définissent par le fait que les propriétaires sont aussi les dirigeants de l'entreprise. Il n'y a donc pas de managers et pas de conflit d'agences opposant ces derniers aux actionnaires.

5. FAUX. L'objectif est la maximisation de la valeur partenariale.

6. FAUX. La MVA mesure la valeur créée et non la valeur créée durant un seul exercice, ce qui est l'objectif de l'EVA.

7. VRAI. Si la rentabilité économique est inférieure au coût du capital, cela signifie que le résultat ne permet pas de couvrir le coût des ressources nécessaires à sa production. Il y a donc destruction de valeur.

8. FAUX. Les créanciers résiduels d'une entreprise sont les parties prenantes qui sont rémunérées sur (qui ont droit à) ce qui reste, c'est-à-dire le résidu, une fois toutes les autres parties correctement rémunérées, ce qui est le rôle des marchés. Les créanciers résiduels ou *residual claimants* sont donc les actionnaires.

9. VRAI. Il s'agit de notes qualifiées de « sauvages ». Elles sont cependant rares et justifiées par des événements spécifiques (événement climatique, crise politique, défaillance d'un client important...).

10. FAUX. S'il en était autrement, l'efficience informationnelle des marchés financiers serait questionnée.

APPLICATION 2 Le débat sur l'objectif de la firme : maximisation de la valeur actionnariale et maximisation de la valeur partenariale.

This paper examines the role of the corporate objective function in corporate productivity and efficiency, social welfare, and the accountability of managers and directors. It argues that since it is logically impossible to maximise in more than one dimension, purposeful behaviour requires a single valued objective function. Two hundred years of work in economics and finance implies that in the absence of externalities and monopoly [...] social welfare is maximised when each firm in an economy maximises its total market value. Total value is not just the value of the equity but also includes the market value of all other financial claims including debt, prefered stock, and warrants.

In sharp contrast, stakeholder theory argues that managers should make decisions so as to take account of the interests of all stakeholders in a firm (including not only financial claimants, but also employees, customers, communities, governmental officiers and under some interpretations the environment, terrorists and blackmailers). Because the advocates of stakeholder theory refuse to specify how to make the necessary tradeoffs among these competing interests they leave managers with a theory that makes it impossible for them to make purposeful decisions. With no make to keep score, stakeholder theory makes managers unaccountable for their actions. It seems clear that such a theory can be attractive to the self interest of managers and directors.

Creating value takes more than acceptance of value maximisation as the organisational objective. As a statement of corporate purpose or vision, value maximisation is not likely to tap into the energy and enthusiasm of employees and managers to create value. Seen in this light, change in long term market value becomes the scorecard that managers, directors, and others use to assess success of failure of the organisation. The choice of value maximisation as the corporate scorecard must be completed by a corporate vision, strategy and tactics that unite participants in the organisation in its struggle [...]

A firm cannot maximise value if it ignores the interest of its stakeholders. I offer a proposal to clarify what I believe is the proper relation between value maximisation and stakeholder theory. I call it enlightened value maximisation, and it is identical to what I call enlightened stakeholder theory. Enlightened value maximisation utilises much of the structure of stakeholder theory but accepts maximisation of the long run value of the firm as the criterion for making the requisite tradeoffs among its stakeholders [...] Enlightened stakeholder theory specifies long-term value maximisation or value seeking as the firm's objective and therefore solves the problems that arise from the multiple objectives that accompany traditional stakeholder theory [...]

M. Jensen, *European Financial Management*, vol. 7, n° 3, p. 297 et 298, 2001.

Commentez l'extrait de l'article ci-dessus de M. Jensen. (Il est conseillé, auparavant, de se référer à la conclusion de cet ouvrage.)

CORRIGÉ 2

Nous vous proposons pour cette application un corrigé indicatif et synthétique.

Conseils de rédaction : la réponse ne doit, si possible, pas excéder une page recto-verso et doit s'organiser autour des éléments suivants – qui sont à développer – relevés dans l'article mais faisant aussi partie des prérequis des candidats.

Le propos de M. Jensen renvoie au débat sur les deux conceptions de la firme qui s'opposent, tout en rappelant que tout le monde est d'accord – selon cet auteur – pour reconnaître que l'objectif est de maximiser la valeur marchande totale de la firme et que cette valeur ne se limite pas à la valeur des capitaux propres mais comprend la valeur de toutes les créances financières.

M. Jensen resitue le débat dans la problématique générale de la maximisation du bien-être. Il renvoie à deux siècles de travaux et, par là même, aux fondements utilitaristes de la maximisation de la valeur de la firme.

L'auteur montre que la *stakeholder theory* se montre incapable de fixer un objectif unique au dirigeant, ce qui à la fois :

– rend la décision impossible – la firme n'a plus de « boussole » – faute de la possibilité de « comparer » les différents intérêts en jeu,

– et ouvre aux managers, de ce fait, une latitude discrétionnaire pour privilégier leurs intérêts au détriment de ceux des autres parties.

Accessoirement, il signale de façon ironique que la notion de partie prenante pose le problème de son infinitude.

M. Jensen ajoute que la recherche de la maximisation de la valeur actionnariale ne passe pas, bien au contraire, par la négligence des intérêts des autres parties prenantes et que, en réalité, ce qui anime les entreprises, c'est la recherche de ce qu'il nomme une maximisation éclairée de la valeur actionnariale.

En effet, sans l'action collective de tous les participants dans le cadre d'une stratégie et d'une tactique communes, la maximisation de la valeur actionnariale, et donc de la valeur de la firme, ne sera pas atteinte. Il faut organiser en fonction de cet impératif.

N.B. : M. Jensen est, avec W. Meckling et E. Fama – avec lesquels il a cosigné de nombreux articles –, à l'origine de la théorie de l'agence et de la conception de la firme qui s'en suit, à savoir la firme contractuelle ou nœud de contrats.

APPLICATION 3 Les calculs d'EVA réalisées

Nota : Les valeurs sont exprimées en centaines de milliers d'euros. Les calculs seront arrondis à la centaine de milliers d'euros la plus proche.

ANNEXE 1

Présentation des deux sociétés

La société ABI est un groupe européen de pointe dans le secteur pharmaceutique qui dispose de nombreuses filiales en Europe, avec la société mère en France.

L'évolution des modes de consommation pharmaceutique a obligé ABI à diversifier sa stratégie en s'orientant vers l'activité nutrition (alimentation pour jeunes enfants, alimentation diététique...) qui constitue un marché porteur. Les produits pharmaceutiques représentent encore 90 % de chiffre d'affaires ; la société envisage de produire des produits génériques, copies de ses produits actuels.

De taille plus modeste, la société NOX, implantée uniquement sur le marché français, est une jeune entreprise dynamique dont l'activité principale est la nutrition (70 % de son chiffre d'affaires).

ANNEXE 2

Méthodologie de détermination de l'EVA.

EVA = Résultat opérationnel (ajusté) net d'impôt – Coût du capital investi (ajusté).

Le résultat opérationnel est le résultat hors incidence de la politique financière et hors éléments exceptionnels.

Capital investi = Capitaux propres + Dettes financières.

Le capital investi permet de financer les actifs de l'entreprise nets des dettes non financières.

Coût du capital investi = (Capital investi) × (CMPC).

ANNEXE 3

Informations financières sur le groupe ABI

Extrait du compte de résultat consolidé au 31/12/1999

Résultat opérationnel	**945**
Frais financiers	(75)
Autres revenus	46
Impôts sur les sociétés	(215)
Résultat net des entreprises intégrées	**701**
Quote-part dans les résultats des sociétés mises en équivalence	28
Amortissement des écarts d'acquisition	(52)
Résultat net de l'ensemble consolidé	**677**
Intérêts des minoritaires	(23)
Résultat net part du groupe	**654**

Bilan consolidé au 31/12/1999 (en valeurs nettes)

Actif immobilisé	**7 425**	**Capitaux propres**	**5 558**
Écart d'acquisition	104	Capital	933
Immobilisations incorporelles	730	Primes	992
Immobilisations corporelles	5 140	Réserves et résultat consolidés	3 634
Immobilisations financières	746	**Intérêts minoritaires**	**120**
Titres mis en équivalence	705	**Provisions pour risques et charges**	**678**
Actif circulant	**4 407**	**Dettes**	**5 476**
Stocks	965	Emprunts	2 899
Clients et comptes rattachés	2 312	Fournisseurs et comptes rattachés	1 574
Autres créances	200	Autres dettes	1 003
Valeurs mobilières de placement	543		
Disponibilités	387		
Total actif	**11 832**	**Total passif**	**11 832**

Informations complémentaires relatives au calcul de l'EVA :

1. Les frais de recherche et développement non capitalisés au cours des cinq derniers exercices sont les suivants :

Exercices	Dépenses de recherche et développement enregistrées en charges
1995	575
1996	610
1997	650
1998	720
1999	800

On considérera une durée d'amortissement de 5 ans (amortissement à partir de l'exercice d'enregistrement).

2. Les provisions pour risques et charges doivent être considérées comme de véritables réserves ; elles ont augmenté de 10 durant la période.

3. Les contrats de crédit-bail n'ont pas été retraités dans les comptes consolidés ; l'annexe fait état des loyers suivants sur les contrats non annulables :

Exercices	Montants des loyers annuels
1999	94
2000	82
2001	75
2002	51
2003	34

On négligera les loyers après 2003, en raison de l'incertitude de l'échéancier.

4. L'écart d'acquisition figurant au bilan pour sa valeur nette a été réalisé en 1997 ; il fait l'objet d'un amortissement linéaire sur 5 ans.

5. Coût moyen pondéré du capital : 8,49 %.

6. Coût moyen d'endettement du groupe : 7 % avant impôt.

7. Les actionnaires exigent un rendement égal à celui d'un placement sans risque, augmenté d'une prime. Le taux moyen de placement sans risque est de 5 % ; le taux de rendement moyen du marché des actions est de 11 % ; le bêta des actions est de 0,9.

8. Pour le calcul du CMPC, on retiendra la valeur de marché des capitaux propres fondée sur un cours moyen en bourse de 52,1 euros par action, pour 11 662 500 actions ABI. Pour les dettes, à défaut de valeur de marché, on retiendra la valeur comptable qui constitue une bonne approximation.

9. Taux d'IS à retenir : 33 1/3 %.

ANNEXE 4

Informations financières sur la société NOX

Extrait du compte de résultat au 31/12/1999

Résultat opérationnel	**420**
Charges et produits financiers	70
Charges et produits exceptionnels	(50)
Impôts sur les sociétés	106
Résultat net	**334**

Bilan au 31/12/1999

Actif immobilisé	**3 616**	**Capitaux propres**	**1 993**
Immobilisations incorporelles	276	Capital	542
Immobilisations corporelles	2 869	Prime d'émission	338
Immobilisations financières	471	Réserves	1 113
Actif circulant	**1 606**	**Provisions pour risques et charges**	**109**
Stocks	338		
Clients et comptes rattachés	896	**Dettes**	3 120
Autres créances	190	Emprunts	1 709
Valeurs mobilières de placement	124	Fournisseurs et comptes rattachés	1 051
Disponibilités	58	Autres dettes	360
Total actif	**5 222**	**Total passif**	**5 222**

Informations relatives au calcul de l'EVA :

1. Taux de rentabilité opérationnelle (net d'impôt) des capitaux investis : 11,9 %.

2. CMPC : 9,5 %.

3. Capital investi (après ajustement) : 4 065.

Déterminez à l'aide des informations qui vous sont fournies en annexes la création de valeur de l'exercice 1999 pour :

- **le groupe ABI, en confirmant, en outre, la valeur donnée au CMPC ;**
- **la société NOX.**

Les informations disponibles obligent à calculer la rentabilité en faisant : « flux de *n* / stock de *n* » et non « stock de *n* – 1 ».

CORRIGÉ 3

Détermination de l'EVA et du taux d'EVA du groupe ABI au titre de l'exercice 1999

Les retraitements préalables du résultat et des capitaux investis (voir entre autres la recommandation n° 2001-01 de la COB) concernent :

- les dépenses de recherche et développement inscrites en charges qui doivent être activées et ajoutées aux capitaux investis pour leur valeur nette, tandis que des dotations aux amortissements correspondantes sont passées en charges du compte de résultat. L'amortissement est déterminé en fonction de la durée des effets de ces dépenses ;
- l'écart d'acquisition doit être retenu pour sa valeur brute, sans quoi l'EVA sera surestimée suite à la diminution des capitaux investis. Les dépréciations (normes IFRS) et les amortissements (RMCC) ne sont alors simultanément pas pris en compte dans les charges pour la détermination du résultat économique ;
- les contrats de location-financement peuvent conduire en RMCC à sous-estimer les capitaux investis. Les capitaux investis doivent être augmentés de la valeur des loyers futurs actualisés au coût d'emprunt de l'entreprise. Le résultat économique ne doit prendre en compte que les dotations aux amortissements ce qui revient à l'augmenter des charges d'intérêts correspondant à l'emprunt théoriquement effectué pour financer le bien, elles sont égales à la valeur capitalisée du contrat multipliée par le coût de l'emprunt ;

– les provisions pour risques et charges qui ont un caractère de réserve sont rajoutées aux capitaux investis, il n'est pas tenu compte en contrepartie de leur augmentation dans le compte de résultat ;
– les capitaux investis comprennent les investissements de la société mère dans ses filiales. Il faut donc, pour assurer la cohérence du résultat économique, prendre en compte pour sa détermination, des bénéfices ou des pertes qui proviennent des sociétés mises en équivalence ;
– le résultat économique utilisé pour le calcul de l'EVA – le NOPAT – comprend la part de résultat qui revient aux minoritaires, en conséquence les intérêts minoritaires doivent être pris en compte pour la détermination des capitaux investis.
– l'impôt à retenir au niveau du résultat est un impôt théorique puisqu'il est évalué hors prise en compte des effets de l'endettement ; le résultat économique ne doit pas dépendre des modalités de financement.

Détermination du résultat opérationnel ajusté net d'impôt

Résultat opérationnel ajusté net d'IS

945	Résultat opérationnel (avant IS) au compte de résultat consolidé
+ 129	Retraitement des frais de recherche et développement : la dotation au titre de 1999 s'évalue à : $\frac{575 + 610 + 650 + 720 + 800}{5} = 671$ 800 de charges au titre de 1999 sont « activés » et 671 de dotations aux amortissements sont pris en compte → augmentation du résultat de 800 – 671 = 129
+ 10	La dotation aux provisions pour risques et charges considérées comme des réserves s'élève à 10
+ 15	Les intérêts de la dette d'emprunt (v. pour son évaluation ci-dessous les retraitements des capitaux investis) s'élèvent à : $210 \times 0{,}07 \simeq 15$
+ 28	Quote-part dans les résultats des sociétés mises en équivalence (voir le compte de résultat consolidé du groupe ABI)
= 1 127	Résultat opérationnel ajusté avant prise en compte de l'IS
751	Résultat opérationnel ajusté après prise en compte de l'IS à 33 1/3 %

Remarque : l'amortissement des écarts d'acquisition ne figurant pas dans le résultat opérationnel (voir le compte de résultat consolidé), il ne justifie pas d'un retraitement.

Détermination du capital investi ajusté

Capital investi ajusté

8 577	Soit au bilan consolidé les postes suivants : Capitaux propres (5 558) + Intérêts minoritaires (120) + Dettes (2 899)
+ 1 454	Activation des frais de recherche et développement à leur valeur comptable nette : $610 \times \frac{1}{5} + 650 \times \frac{2}{5} + 720 \times \frac{3}{5} + 800 \times \frac{4}{5} = 1454$ Les 575 de 1995 sont amortis.
+ 678	Augmentation du capital à concurrence des provisions pour risques et charges – considérées comme des réserves – figurant au bilan consolidé.

+ 210	La dette financière correspondant au crédit-bail est égale à la somme des loyers futurs actualisés. Le taux d'actualisation est égal au coût moyen d'endettement du groupe, soit 7 %. $\frac{82}{1{,}07^1}+\frac{75}{1{,}07^2}+\frac{51}{1{,}07^3}+\frac{34}{1{,}07^4}=210$
+ 156	Le montant net des écarts d'acquisition au bilan au 31/12/1999 est de 104 après 3 années d'amortissement linéaire. Il doit être amorti sur 5 ans. Sa valeur brute est donc de : 260 $x-\frac{3}{5}x=104\ ;\ x=\frac{104}{0{,}4}=260$. Le différentiel est de : 260 – 104 = 156
= **11 075**	Capital investi ajusté

EVA et taux d'EVA du groupe ABI

$$EVA_{1999} = 751 - (8{,}49\,\% \times 11\,075) = -189$$

$$\text{Taux d'EVA}_{1999} = \frac{-189}{11\,075} \times 100 \cong -1{,}71\,\%$$

L'EVA du groupe ABI est négative, le groupe a donc détruit de la valeur durant l'exercice 1999.

Confirmation du CMPC proposé (sur la base de la méthode de calcul fournie en annexe 8)

Le CMPC fourni par les données est de 8,49 %.

Détermination des parts respectives des capitaux propres et de la dette dans les ressources

Les capitaux propres (intérêts minoritaires compris) du groupe ABI – en valeur de marché – s'élèvent à (en euros) :

$$11\,662\,500 \times 52{,}1 + 12\,000\,000 = 619\,616\,250$$

La dette (dette de crédit-bail prise en compte) s'élève à (en euros) :

$$289\,900\,000 + 21\,000\,000 = 310\,900\,000$$

Le total des ressources est donc de : 930 516 250

Le poids des capitaux propres s'élève à :

$$\frac{619\,616\,250}{930\,516\,250} \times 100 \simeq 66{,}59\,\%$$

Le poids de la dette s'élève donc à : $100\,\% - 66{,}59\,\% = 33{,}41\%$

Coûts respectifs des dettes et des capitaux propres

Le coût de la dette est de : $7\,\%(1 - 33\,1/3\,\%) = 4{,}67\,\%$

Le coût des capitaux propres est de : $5\,\% - [(11\% - 5\,\%) \times 0{,}9] = 10{,}4\,\%$

Le CPMC, sur la base de ces calculs, s'élève à :

$$10{,}4\,\% \times 66{,}59\,\% + 4{,}67\,\% \times 33{,}41\% \simeq 8{,}49\,\%$$

Le CMPC fourni dans les données est confirmé.

EVA et taux d'EVA de la société NOX pour l'exercice 1999

$$EVA_{1999} = (11{,}9\,\% - 9{,}5\,\%) \times 4\,065 = 97{,}56$$

$$\text{Taux d'EVA}_{1999} = \frac{97{,}56}{4\,065} \times 100 = 2{,}4\,\%$$

La société NOX créée de la valeur puisque son EVA est positive.

APPLICATION 4 Les EVA prévisionnelles

ANNEXE 1

Les conditions de l'offre publique d'échange de ABI à NOX

Les mouvements de concentration dans le secteur ont conduit la société ABI à rechercher des rachats d'activité ou des partenariats. La société concurrente NOX est la mieux placée pour lui permettre d'améliorer sa position concurrentielle.

En septembre 1999, les directions des deux sociétés ont engagé des discussions préliminaires pour évaluer les conséquences d'un rapprochement. Le 2 décembre 1999, un protocole d'accord a été conclu sur les modalités d'une OPE de ABI sur NOX.

Après approbation des autorités compétentes, le 25 janvier 2000, la direction de ABI annonce l'OPE sur toutes les actions NOX, selon les termes de l'échange suivant : pour une action NOX apportée, il sera remis quatre actions ABI à créer d'une valeur nominale de 8 euros, portant jouissance au 1er janvier 2000.

ANNEXE 2

Estimation des conséquences financières de l'OPE sur le nouveau groupe ABINOX.

2.1 Synergies potentielles

Économies de coût annuelles, avant impôt : 357.

Gains de productivité engendrés, se traduisant par une amélioration annuelle du résultat opérationnel du nouveau groupe, pour un montant de 228.

Ces synergies sont estimées avoir leur effet progressivement à raison d'un tiers dès la première année, deux tiers la deuxième année et en totalité à partir de la troisième année.

2.2 Mise en œuvre des synergies

La direction ABI envisage la cession par le nouveau groupe de diverses participations et actifs non stratégiques, pour un montant d'environ 320 la première année et 300 la deuxième année (les biens seront cédés sans réalisation de plus ou moins-values de cession).

Les coûts de restructuration essentiellement liés au personnel (mobilité, départs en préretraite) sont estimés globalement à 84 par an, pendant 2 ans.

2.3 Nouveaux objectifs de croissance et de productivité

Les objectifs de croissance et de productivité prévus à un horizon de 3 ans, devront entraîner dans des conditions données d'environnement, une augmentation complémentaire du résultat opérationnel annuel de :

- 300 dès la deuxième année ;
- 500 à partir de la troisième année.

Un investissement de 1 500 sera réalisé en deux tranches égales, début 2001 et 2002. Il sera financé par les cessions et les ressources propres pour la première tranche, et par un emprunt de 750, au taux de 6 %, d'une durée de 5 ans, amortissable *in fine*, pour la deuxième tranche.

ANNEXE 3

Informations complémentaires relatives au calcul de l'EVA.

3.1 CMPC pour la période (2000-2002) : 8,7 %.

3.2 Les résultats opérationnels du groupe ABI et de la société NOX serviront de base aux calculs prévisionnels des EVA du nouveau groupe ABINOX.

3.3 Pour la détermination du capital investi du groupe ABINOX, vous tiendrez compte :

- des capitaux propres consolidés du groupe ABI, à la fin 1999 ;
- de l'augmentation du capital de la société ABI liée à l'échange des titres ainsi que de la prime d'émission résultant de la valorisation des apports (voir annexes 1 et 5), le prix d'émission des nouveaux titres étant déterminé à partir de son cours en Bourse, soit 52,1 euros par action ;
- des dividendes distribués : 8 % du résultat net consolidé prévisionnel du groupe ;
- des dettes financières du groupe ABI et de la société NOX avant l'opération ;
- des nouveaux emprunts ;
- des remboursements des dettes financières suivants : 650 en 2000, 500 en 2001, 450 en 2002.

3.4 Les ajustements correctifs du résultat opérationnel et du capital investi du groupe, prévus pour les 3 années, représenteront les montants suivants.

	2000	2001	2002
Résultat opérationnel avant impôt	+ 618	+ 646	+ 697
Capital investi	+ 2 466	+ 2 908	+ 3 429

ANNEXE 4

Taux de valeur ajoutée économique

Les taux ont été les suivants.

	Groupe ABI	Société NOX
1996	1,08 %	1,92 %
1997	0,9 %	2 %
1998	0,5 %	2,25 %

Quel que soit le résultat trouvé dans l'application n° 3, vous retiendrez un taux d'EVA de – 1,7 % pour le groupe ABI au titre de l'exercice 1999.

ANNEXE 5

Informations complémentaires

5.1 Composition du capital avant l'opération

Société ABI

Au 31 décembre 1999, avant l'opération, le capital de la société ABI est composé de 11 662 500 actions de nominal 8 euros. Les actions autodétenues par la société représentent 2 % du nombre total d'actions ; celles-ci ne participent pas au résultat, elles seront distribuées aux salariés en 2001.

Par ailleurs, 46 650 options de souscription d'actions ABI ont été attribuées au personnel et seront très probablement exercées, compte tenu de l'évolution des cours en Bourse en 2000.

Le groupe ABI ne détenait aucun titre de la société NOX, avant l'opération.

Société NOX

Le capital au 31 décembre 1999 est constitué de 1 084 000 actions de 50 euros de nominal. La société NOX ne détenait aucun titre de la société ABI avant l'offre publique d'échange.

5.2 Évolution des cours en Bourse des actions ABI et NOX

	Cours de clôture (en euros)	
	ABI	**NOX**
Moyenne sur 12 mois	51,6	170,8
Moyenne sur 6 mois	52,4	170,6
Moyenne sur 3 mois	50,2	157,8
Moyenne des 20 jours de Bourse avant le 2 décembre 1999	52,1	159,6
Dernier cours coté avant le 2 décembre 1999	53,7	176,6

5.3 Résultat net consolidé prévisionnel du groupe ABINOX

	2000	**2001**	**2002**
Part du groupe	1 115	1 313	1 555

À l'aide des documents qui vous sont fournis et des informations disponibles dans l'application 3 :

1. Déterminez les EVA prévisionnelles de ABINOX après l'OPE d'ABI sur NOX. Utilisez la démarche proposée dans l'application 3.

2. Commentez les résultats.

CORRIGÉ 4

1. EVA prévisionnelles de ABINOX

Détermination des résultats opérationnels ajustés après impôt de ABINOX

	2000	**2001**	**2002**
Résultats opérationnels de ABI et NOX avant ajustements	1 365	1 365	1 365
+ augmentations dues aux objectifs de croissance et de productivité		+ 300	+ 500
+ économies de coûts	+ 119	+ 238	+ 357
+ gains de productivité	+ 76	+ 152	+ 228
(-) coûts de restructuration	(84)	(84)	
+ ajustements	+ 618	+ 646	+ 697
Résultat opérationnel de ABINOX ajusté avant impôt	2 094	2 617	3 147
Résultat opérationnel de ABINOX ajusté net d'IS	1 396	1 745	2 098

Les économies de coût et les gains de productivité sont de un tiers la première année, deux tiers la deuxième et la troisième année.

Détermination du capital investi ajusté

	2000	**2001**	**2002**
Capitaux propres fin exercice précédent	5 558	8 843	10 051
+ augmentation de capital (v. détail ci-dessous)	+ 2 259	+ 1 208	+ 1 431
+ augmentation des réserves (v. détail ci-dessous)	+ 1 026		

•••

Capitaux propres fin exercice (A)	**8 843**	**10 051**	**11 482**
Dettes financières fin exercice précédent + nouvelles dettes (–) remboursements de dettes	4 608 0 (650)	3 958 0 (500)	3 458 + 750 (450)
Dettes fin exercice (B)	**3 958**	**3 458**	**3 758**
Ajustements (C)	**+ 2 466**	**+ 2 908**	**+ 3 429**
Capital investi (A + B + C)	**15 267**	**16 417**	**18 669**

L'augmentation du capital résultant de l'OPE s'élève à :

$4 \times 1084\,000 \times 52{,}1 = 225\,905\,600$ euros

Soit en centaines de milliers d'euros : 2 259.

L'augmentation des réserves résulte de la prise en compte de 8 % de dividendes qui sont prélevés sur les résultats ; elle s'élève donc à 92 % du bénéfice net consolidé, soit :

– pour 2000 : $1\,115 \times 0{,}92 = 1\,025{,}8$

– pour 2001 : $1\,313 \times 0{,}92 = 1\,207{,}96$

– pour 2002 : $1\,555 \times 0{,}92 = 1\,430{,}6$

Détermination des EVA *et des taux d'*EVA *prévisionnels :*

– Pour l'exercice 2000 :

$$\text{EVA} = 1396 - 0{,}087 \times 15\,267 \simeq 68$$

$$\text{Taux d'EVA} = \frac{68}{15\,267} \times 100 = 0{,}44\ \%$$

– Pour l'exercice 2001 :

$$\text{EVA} = 1745 - 0{,}087 \times 16\,417 \simeq 317$$

$$\text{Taux d'EVA} = \frac{317}{16\,417} \times 100 = 1{,}93\ \%$$

– Pour l'exercice 2002 :

$$\text{EVA} = 2\,098 - 0{,}087 \times 18\,669 \simeq 474$$

$$\text{Taux d'EVA} = \frac{474}{18\,669} \times 100 = 2{,}54\ \%$$

2. Commentaires des résultats

	1996	1997	1998	1999	2000	2001	2002
EVA ABI				(189)			
EVA NOX				98			
EVA totale avant OPE				(91)			
EVA totale après OPE					68	317	474
Taux d'EVA ABI	1,08 %	0,9 %	(0,5 %)	(1,70 %)			
Taux d'EVA NOX	1,92 %	2 %	2,25 %	2,41 %			
Taux d'EVA ABINOX					0,44 %	1,93 %	2,54 %

Avant l'OPE, la société ABI détruit de la valeur de manière croissante, alors que la société NOX connaît une augmentation de son EVA. Au total l'année précédent l'OPE, l'EVA totale des deux sociétés est négative, de la valeur est détruite.

Dès la réalisation de l'OPE, l'EVA devient positive et augmente nettement ; il en est de même des taux d'EVA. Ces résultats confirment l'intérêt de l'OPE.

Cette situation renvoie aux difficultés de l'évaluation des entreprises : elle illustre le fait qu'en raison de synergies, d'économies de coûts, de renforcement d'avantages concurrentiels, d'entrée sur des marchés, etc. une acquisition peut avoir pour l'acquéreur plus de valeur que ce qu'indiquerait un calcul isolé selon des méthodes usuelles d'évaluation. L'investisseur industriel – celui qui réalise des acquisitions, conclut des partenariats, des alliances, etc. – est conduit à raisonner essentiellement en termes de valeur stratégique.

PARTIE

5

ÉVALUATION DES ENTREPRISES

CHAPITRE

10

Les méthodes d'évaluation

L'évaluation des sociétés est omniprésente dans l'environnement économique actuel, en raison des multiples cessions, prises de contrôle, introductions en Bourse, OPA (offre publique d'achat), OPE (offre publique d'échange) ou LBO *(Leverage Buy Out)* qui se produisent régulièrement. Chacune de ces opérations nécessite, en effet, une évaluation effectuée par des analystes financiers, des conseillers en fusions-acquisitions ou des spécialistes du capital investissement.

L'évaluation permet de déterminer une valeur dite « *stand alone* » (l'entité toute seule) mais également d'autres valeurs possibles lorsqu'il s'agit d'un projet industriel permettant de réaliser des synergies. À partir d'un diagnostic financier et de l'étude du plan d'affaires lié, l'évaluateur fait des prévisions de chiffres d'affaires, de taux de marge, d'investissement en fonction de l'environnement de la société. La valeur de l'entreprise (VE) repose sur des flux financiers prévisionnels engendrés par l'actif économique. En fonction de la structure financière, elle se divise entre la valeur des capitaux propres (Vcp) et la valeur de la dette (Dn).

Acquéreurs et vendeurs ont ainsi une idée du prix auquel ils peuvent négocier ; la valeur fondamentale reste alors bien distincte du prix qui dépend de la négociation et donc des intérêts des acteurs.

Ce chapitre traite des différentes méthodes d'évaluation classées en quatre grandes familles : les approches par les flux, par comparaison, patrimoniales et mixtes. Il s'agira, dans chaque cas, de mesurer la valeur de l'entreprise et/ou la valeur des capitaux propres.

Figure 10.1 – **Valeur de l'entreprise et valeur des capitaux propres**

<table>
<tr><td rowspan="2">Valeur de l'entreprise
(VE)</td><td>Valeur de marché
des capitaux propres
(Vcp)</td></tr>
<tr><td>Dette nette
(Dn)</td></tr>
</table>

I Les approches par les flux

Les approches par les flux les plus usitées sont le *Discounted Cash-Flow* (DCF) et le *Discounted Dividend Model* (DDM).

Le principe est que la valeur d'une entreprise ou de ses capitaux propres est égale à la somme des flux futurs actualisés à un taux qui correspond à la rentabilité exigée par les apporteurs de fonds de la société. Pour le DCF, il s'agit d'un flux de trésorerie disponible (*Free Cash-Flow*) et pour le DDM d'un flux de dividendes :

– lorsqu'on actualise un flux destiné seulement aux actionnaires, le taux d'actualisation utilisé est le taux de rentabilité exigé par les actionnaires (Kcp) obtenu selon la formule du MEDAF. Ce taux est fonction du risque systémique que l'actionnaire prend en investissant dans la société (mesuré par le bêta) mais également des conditions du marché (taux d'intérêt et prime de risque) :

$$\text{Kcp} = R_F + \left[E(\text{Rm}) - R_F\right] \times \beta$$

avec :

Kcp : le taux de rentabilité exigé par les actionnaires,

R_F : le taux d'intérêt sans risque,

E(Rm) : le taux de rentabilité du marché action,

β : le bêta des capitaux propres ;

– lorsqu'on actualise un flux destiné à l'ensemble des apporteurs de fonds, le taux d'actualisation retenu est une moyenne de la rentabilité exigée par les actionnaires et par les créanciers, le CMPC (coût moyen pondéré du capital) ou WACC (*Weighted Average Cost of Capital*) :

$$\text{WACC} = \text{Kcp} \times (\text{CB} / \text{VE}) + \text{Kd} \times (1 - \tau) \times (\text{Dn} / \text{VE})$$

avec :

CB : la capitalisation boursière (et non la valeur comptable des capitaux propres),

Kd : R_F + *spread* de la société,

τ : le taux d'impôt de la société,

Dn : dette nette (dettes brutes – trésorerie),

VE : valeur de l'entreprise (CB + Dn).

Le *spread* correspond à l'écart de taux entre le coût potentiel de refinancement par la dette et le taux sans risque (R_F). Il dépend de la notation des organismes comme S & P, Moody's, etc.

La dette nette Dn doit être estimée en valeur de marché. En pratique, la dette nette comptable est souvent retenue, faute d'informations assez précises pour déterminer la valeur réelle.

A. La méthode du DCF

Pour réaliser un DCF, l'évaluateur doit construire un *business plan* sur une période dite « explicite » et une période d'extrapolation de n années durant lesquelles seront pris en compte les flux de trésorerie futurs de la société. Les flux de trésorerie disponibles actualisés postérieurs à ces deux périodes (et qui apparaîtront donc à partir de l'année n + 1) donnent lieu au calcul d'une valeur terminale (VT_n) ; cette valeur, obtenue en année n, doit être actualisée pour l'exprimer à la date 0 :

$$\text{Valeur} = \sum_{t=1}^{n} FCF_t \,/\, (1 + tx)^t + VT_n \,/\, (1 + tx)^n$$

Avec :
- t : année ;
- FCF : *Free Cash-Flow ;*
- tx : le taux d'actualisation.

Figure 10.2 – Construction des flux d'un DCF

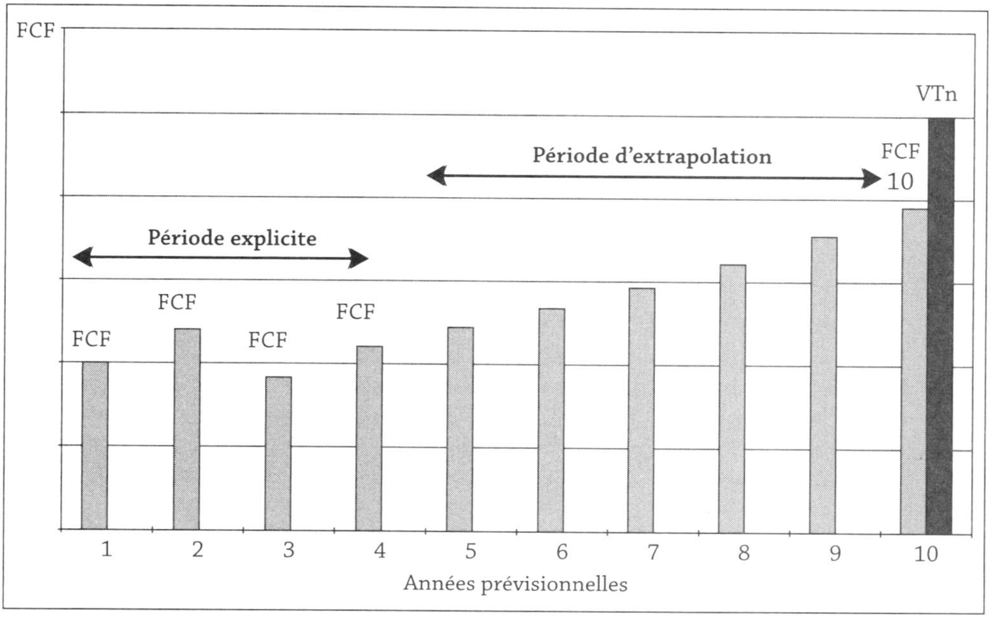

1. La détermination de la période explicite d'évaluation

Il n'existe pas de règle précise à propos de l'horizon de prévision pour établir un DCF mais une durée de 5 à 10 ans est, en général, préconisée. Tout dépend de la visibilité concernant la société. L'objectif consiste à modéliser les trois ou quatre premières années, puis à faire tendre les comptes de la société vers des niveaux de croissance et de marge normatifs, c'est-à-dire soutenables à long terme lorsque la société atteint sa phase de maturité.

Une durée trop courte donne une importance exagérée à la valeur terminale et une durée trop longue n'est pas justifiable car peu pertinente. La durée dépend des caractéristiques de l'entreprise ; on préconisera généralement une durée courte pour une société technologique dont le *business model* peut être remis en question rapidement et une durée plus longue pour une société de concession dont les revenus seront assez réguliers sur une longue période et donc facilement modélisables (concession d'autoroute, exploitation d'une centrale nucléaire, etc.).

2. La détermination de la valeur terminale en n

On utilise une valeur terminale dans un DCF pour éviter de modéliser des flux à l'infini. On la calcule sur la base d'un flux normatif de fin de période, c'est-à-dire un flux que la société est capable d'engendrer à long terme (marge d'EBIT, taux d'impôt, taux d'investissement, etc.). La valeur terminale se calcule de la façon suivante :

$$VT_n = FCF_{n+1} / (tx - g)$$

Avec :

– g : le taux de croissance à l'infini ;

– tx : le taux d'actualisation ;

– FCF_{n+1} : le flux en n + 1, tel que : $FCF_{n+1} = FCF_n \times g$;

– FCF_n : le flux normatif de fin de période (n).

Soit :

$$VT_n = [FCF_n \times (1 + g)] / (tx - g)$$

L'expression (tx – g) ne correspond pas à l'actualisation mais à la capitalisation à l'infini du flux normatif de la société (voir le chapitre 1). Comme pour les flux d'horizon explicite, la valeur terminale est ensuite actualisée afin de l'exprimer à la date 0 : $VT_n / (1 + tx)^n$.

La détermination de la valeur terminale réclame une attention particulière car elle représente généralement une grande partie de la valeur obtenue. Elle est d'ailleurs la source d'une des principales critiques faites au DCF : laisser libre court à la subjectivité de l'évaluateur. Le point délicat du calcul de cette valeur terminale est la relation entre la croissance à l'infini g et le calcul du flux normatif de l'année n (et plus particulièrement l'investissement). Deux solutions sont envisageables.

a. La méthode de la croissance nulle à l'infini

En pratique, certains évaluateurs calculent la valeur terminale (VT) par une méthode prudente (mais totalement justifiée théoriquement) selon laquelle l'amortissement est égal à l'investissement et la croissance (g) est égale à zéro. Arrivée à maturité, une société ne crée plus de valeur à l'infini (la rentabilité est égale au coût du capital) et n'a donc plus besoin d'investissement de croissance mais simplement d'investissement de remplacement (investissement = amortissement). En éliminant g au numérateur et au dénominateur, la formule devient : $VT_n = FCF_n / tx$.

b. La méthode de A. Damodaran

A. Damodaran a développé une formule permettant de déterminer l'investissement qu'il est nécessaire d'intégrer dans le dernier flux normatif de fin de période n en fonction du taux de croissance à l'infini g choisi par l'évaluateur. Le taux de réinvestissement à l'infini (g / tx) donne, pour tout g, le montant d'investissement I_n nécessaire pour financer cette croissance à l'infini.

I_n = taux de réinvestissement × $NOPAT_n$ + amortissement_n – var. du BFR_n

où I_n est le montant d'investissement du flux normatif de l'année n.

3. La détermination du flux de trésorerie

Dans la méthode du DCF, on prend en compte deux types de flux différents qui permettent de calculer deux valeurs différentes :

– (1) les flux revenant aux actionnaires, actualisés au taux (Kcp), sont utilisés pour calculer la valeur des capitaux propres (Vcp) par la méthode directe ;

– (2) les flux qui reviennent à l'entreprise, actualisés au WACC, permettent de calculer la valeur de l'entreprise (VE) par la méthode dite indirecte.

a. Méthode de l'actualisation des *Free Cash-Flow to Equity* (FCFE)

La méthode des flux de trésorerie disponibles revenant à l'actionnaire (FTDA) ou, en anglais, *Free Cash-Flow to Equity*, consiste à déterminer les *cash-flows* revenant directement à l'actionnaire.

On calcule le FCFE de la manière suivante :

résultat net
(+) amortissement
(–) variation du BFR
(–) investissement
(–) var. de la dette nette (– remboursement + émission)
= FCFE

Le FCFE est actualisé au coût des capitaux propres (Kcp) puisqu'il s'agit d'un flux après rémunération des créanciers, donc destiné entièrement aux actionnaires.

La valeur des capitaux propres est ainsi :

$$Vcp_0 = \sum_{t=1}^{n} FCFE_t \;/\; (1 + Kcp)^t + VT_n \;/\; (1 + Kcp)^n$$

EXEMPLE

EBITDA prévisionnel

Compte de résultat (M€)	2013e	2014e	2015e	2016e	2017e	2018e	2019e
EBITDA	2 000	2 200	2 420	2 662	2 928	3 221	3 543

NB : Le « e » placé près des dates est une abréviation de « estimé » (par exemple, 2013e est ici une donnée prévisionnelle estimée).

Nous allons construire le compte de résultat prévisionnel et le *business plan* en prenant pour hypothèse que l'amortissement, l'investissement et la variation du BFR représentent respectivement 20 %, 21 % et 5 % de l'EBITDA. Le taux d'impôt de la société est de 45 %. Les capitaux propres ont une valeur de marché de 10 000 M€ et l'on considère la dette nette stable à 7 000 M€ pendant toute la période d'évaluation. Le coût des capitaux propres est de 11 % et le coût d'endettement actuel est de 5,5 %. Pour déterminer la valeur terminale, l'hypothèse sera faite d'une croissance à l'infini g = 0 % appliquée au dernier flux estimé connu (2019e).

Compte de résultat prévisionnel de 2013e à 2019e

Compte de résultat (M€)	2013e	2014e	2015e	2016e	2017e	2018e	2019e
EBITDA (1)	2 000	2 200	2 420	2 662	2 928	3 221	3 543
Amortissement (2 = 20 % × EBITDA)	400	440	484	532	586	644	709
EBIT (3 = 1 – 2)	1 600	1 760	1 936	2 130	2 343	2 577	2 834
Frais financiers (4 = 5,5 % × 7 000)	385	385	385	385	385	385	385
Impôts (5 = tx d'IS à 45 %)	547	619	698	785	881	986	1 102
Résultat net (6 = 3 – 4 – 5)	668	756	853	960	1 077	1 205	1 347

DCF de 2013e à 2019e

DCF par la méthode du FCFE (M€)	2013e	2014e	2015e	2016e	2017e	2018e	2019e	VT
(+) Résultat net	668	756	853	960	1 077	1 205	1 347	
(+) Amortissement	400	440	484	532	586	644	709	
(–) var. BFR (= 5 % × EBITDA)	100	110	121	133	146	161	177	
(–) Investissement (= 21 % × EBITDA)	420	462	508	559	615	676	744	
(=) FCFE (1)	**548**	**624**	**708**	**800**	**901**	**1 012**	**1 135**	**10 314**
Coefficient d'actualisation (2)	*0,901*	*0,812*	*0,731*	*0,659*	*0,593*	*0,535*	*0,482*	*0,482*
FCFE actualisés (3 = 1 × 2)	**494**	**507**	**518**	**527**	**535**	**541**	**546**	**4 968**

Somme des Flux de 2013e à 2019e	3 667
VT actualisée	4 968
Valeur totale des capitaux propres	**8 635**

Le flux destiné aux actionnaires (FCFE) doit être actualisé au coût des capitaux propres (Kcp) et non au coût du capital (WACC). Le coefficient d'actualisation se calcule alors de la façon suivante : $1 / (1 + 11\ \%)^1 = 0{,}901$, etc. La somme des FCFE actualisés de 2013e à 2019e est égale à 3 667 M€ (548 × 0,901 + 624 × 0,812, etc.).

La valeur terminale se calcule de la façon suivante : $VT_n = [1\,135 \times (1 + 0\ \%)] / (11\ \% - 0\ \%) = 10\,314$, que l'on actualise au même coefficient que l'année 2019e : 10 314 × 0,482 = 4 968. Attention : Les chiffres donnés correspondent à des arrondis pour un souci de présentation mais les calculs sont réalisés avec les valeurs réelles (par exemple 1 135 est en fait 1 134,59).

La valeur totale des capitaux propres est donc : $Vcp_0 = 3\,667 + 4\,968 = 8\,635$ M€.

La méthode des FCFE permet d'obtenir directement la valeur des capitaux propres, d'où l'appellation de « méthode directe ». À l'inverse, la méthode des FCFF, présentée ci-dessous, détermine d'abord la valeur de l'entreprise (VE) puis y soustrait la valeur de la dette pour en déduire la valeur des capitaux propres. Il s'agit alors de la « méthode indirecte ».

b. Méthode de l'actualisation du *Free Cash-Flow to the Firm* (FCFF)

La méthode par les flux de trésorerie disponibles revenant à l'entreprise (FTDE) ou *Free cash-Flow to the Firm*, la plus utilisée parmi les méthodes d'évaluation fondamentales, vise à déterminer les *cash-flows* qui reviennent à l'entreprise, c'est-à-dire aux actionnaires et aux créanciers.

Ils sont obtenus ainsi :

résultat d'exploitation (REX ou EBIT en anglais)
(+) amortissement
= EBE (EBITDA)
(–) variation du BFR
(–) impôt théorique
(–) investissement
= FCFF

Le taux d'impôt est dit « théorique » car il est appliqué au résultat d'exploitation (REX) pour ne pas prendre en compte l'économie d'impôt liée aux frais financiers et donc à la structure financière. Il correspond au taux d'impôt réel à long terme. Le flux étant opérationnel et actualisé au WACC, il prend déjà en compte la structure financière de la société. Il se calcule de la façon suivante :

$$\text{Impôt théorique} = \text{REX} \times \text{tx d'impôt théorique}$$

Le FCFF est actualisé au coût du capital (WACC) c'est-à-dire au coût moyen pondéré du capital (CMPC) des actionnaires et des créanciers.

$$\text{WACC} = \text{Kcp}(\text{CB} / \text{CB} + \text{Dn}) + \text{Kd}(1 - \tau) \times (\text{Dn} / \text{CB} + \text{Dn})$$

Avec :

– CB : la capitalisation boursière ;
– Dn : la dette nette ;
– τ : le taux d'impôt de la société.

La valeur de l'entreprise est donc :

$$\text{VE} = \sum_{t=1}^{n} \text{FCFF}_t / (1 + \text{WACC})^t + \text{VT}_n / (1 + \text{WACC})^n$$

EXEMPLE

DCF de 2013e à 2019e

DCF par la méthode du FCFF (M€)	**2013e**	**2014e**	**2015e**	**2016e**	**2017e**	**2018e**	**2019e**	**VT**
(+) EBIT	1 600	1 760	1 936	2 130	2 342	2 577	2 834	
(+) Amortissement	400	440	484	532	586	644	709	
(–) var. BFR (= 5 % × EBITDA)	100	110	121	133	146	161	177	
(–) Investissement (= 21 % × EBITDA)	420	462	508	559	615	676	744	
(–) Impôt théorique (= 45 % × EBIT)	720	792	871	958	1 054	1 160	1 275	
(=) FCFF	**760**	**836**	**920**	**1 012**	**1 113**	**1 224**	**1 346**	**17 448**
Coefficient d'actualisation	*0,928*	*0,862*	*0,800*	*0,743*	*0,690*	*0,640*	*0,594*	*0,594*
FCFF actualisés	**706**	**721**	**736**	**751**	**767**	**784**	**800**	**10 370**
Somme des Flux de 2013e à 2019e	5 264							
VT actualisée	10 370							
Valeur d'entreprise totale	**15 634**							

Les flux destinés à l'ensemble de l'entreprise (FCFF) doivent être actualisés au coût du capital (WACC). Le WACC se calcule de la façon suivante :

11 % × [Vcp / (Vcp + Dn)] + [5,5 % × (1 – 45 %)] / [Dn / (Vcp + Dn)] = 7,716 % où Vcp = 10 000 et Dn = 7 000.

Le coefficient d'actualisation se calcule alors de la façon suivante : $1 / (1 + 7{,}716\,\%)^1 = 0{,}928$, etc.

La somme des FCFF actualisés de 2013e à 2019e est égale à 5 264 M€ (760 × 0,928 + 836 × 0,862, etc.).

La valeur terminale s'obtient ainsi :

VT_n = [1 346 × (1 + 0 %)] / (7,716 % – 0 %) = 17 448 M€ que l'on actualise avec le coefficient d'actualisation de l'année 2019e : 17 448 × 0,594 = 10 370 M€. *Attention : Les chiffres donnés correspondent à des arrondis pour un souci de présentation mais les calculs sont réalisés avec les valeurs réelles (par exemple, 1 346 est en fait 1 346,34).*

La valeur totale de l'entreprise (VE) est : 5 264 + 10 370 = 15 634 M€. Pour obtenir la valeur des capitaux propres, la dette nette doit être soustraite : Vcp = VE – Dn = 15 634 – 7 000 = 8 634 M€.

La valeur des capitaux propres peut donc bien être obtenue par la méthode directe (FCFE) et par la méthode indirecte (FCFF).

On veillera, dans la méthode du DCF, à faire correspondre les éléments suivants.

Méthode d'évaluation	Free Cash Flow to the firm	Free Cash Flow to Equity
Les flux calculés	FCFF	FCPE
Destinataires des flux	Actionnaires et créanciers	Actionnaires
Taux d'actualisation	WACC	Kcp
Valeur obtenue	Valeur d'entreprise (VE)	Valeur des capitaux propres (Vcp)

B. La méthode du *Discounted Dividend Model* (DDM)

La méthode du DDM permet de déterminer la valeur des capitaux propres (ou de l'action) en actualisant la somme des dividendes futurs qui reviennent à l'actionnaire.

$$\text{Valeur de l'action} = \sum_{t=1}^{\infty} Dt / (1 + Kcp)^t$$

Puisque le flux actualisé est le revenu exclusivement destiné à l'actionnaire, le taux d'actualisation à retenir est le coût des fonds propres (Kcp).

L'avantage de la méthode est la simplicité de son énoncé théorique ; en revanche, sa mise en œuvre peut être délicate. En effet, la relation entre le taux de distribution du dividende (d) et sa croissance (g) nécessite une attention particulière.

Le bénéfice par action (BPA) a deux destinations possibles : une partie peut être distribuée aux actionnaires sous forme de dividende (en fonction du taux de distribution ou *payout*) et l'autre comptabilisée dans le poste « réserves » des capitaux propres, ce qui permet l'autofinancement de l'entreprise.

Bénéfice – Dividende = Autofinancement

Il faut noter que le taux de croissance (g) du dividende futur ne peut provenir que de l'autofinancement de l'entreprise à long terme. Effectivement, dans le cas où la société distribuerait la totalité de son bénéfice, elle n'aurait plus les moyens financiers d'augmenter ses capitaux propres et son actif économique, c'est-à-dire son outil de production.

Il est donc primordial de ne pas surestimer (g) et de tenir compte du taux de distribution de la société. Ce raisonnement peut se faire sur une seule période ou, de façon plus réaliste, sur plusieurs.

1. Le modèle de Gordon et Shapiro

Lorsque l'on raisonne à l'infini, la valeur des capitaux propres est obtenue par capitalisation des dividendes et la formule devient :

Valeur de l'action = D / Kcp

Gordon et Shapiro font l'hypothèse que les dividendes croissent indéfiniment à taux constant (g) d'où la formulation :

Valeur de l'action = D1 / (Kcp – g)

Avec :

– D1 : l'estimation du prochain dividende versé ;

– g : le taux de croissance constant dans l'avenir.

Il faut que (Kcp) soit supérieur à g.

> Une société versera un dividende de 1,5 € l'année prochaine et on estime son taux de croissance constant à 3,5 % pour les prochaines années. Le coût des capitaux propres est de 8,5 %. La valeur de l'action est donc égale à : 1,5 / (8,5 % – 3,5 %) = 30 €

Les hypothèses du modèle de Gordon et Shapiro sont trop réductrices pour qu'il soit utilisé en pratique. Il est plus opportun d'introduire des taux de croissance et de distribution différents et donc plusieurs périodes.

2. Le modèle à plusieurs périodes

Le modèle du DDM est affiné en distinguant diverses phases en fonction du cycle de vie de la société : au début, la politique de distribution de dividendes favorise l'autofinancement des investissements puis, lors de la phase de maturité, la rémunération des actionnaires.

Figure 10.3 – Cycle de vie d'une société

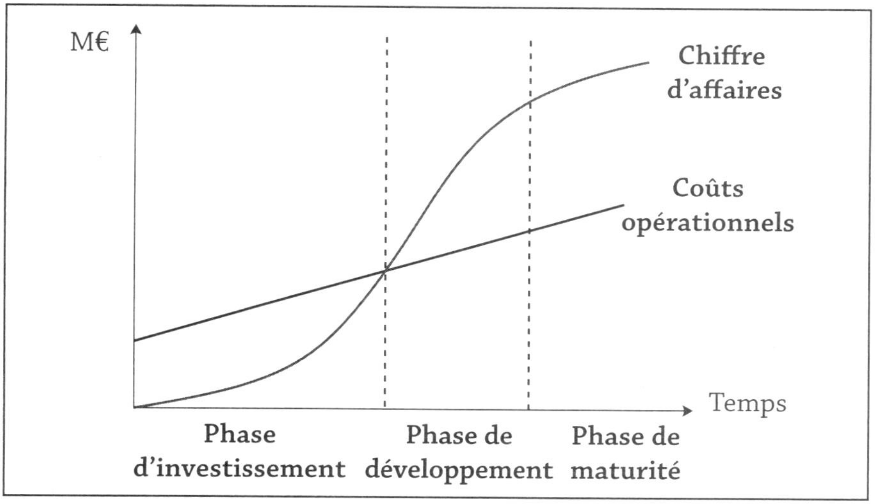

L'évaluation de l'action devient :

$$\text{Valeur de l'action} = D1 / (1 + Kcp) + D2 / (1 + Kcp)^2 + \ldots + D_n / (1 + Kcp)^n + VT_n / (1 + Kcp)^n$$

Avec :

– VT_n : la valeur terminale en n (calculée comme dans la méthode du DCF) telle que $(VT_n) = [(D_n \times (1 + g)] / (Kcp - g)$.

– g : la croissance à l'infini.

En pratique, les analystes créent un *business plan* de la société et déterminent son résultat net chaque année ainsi que le taux de distribution. En actualisant ces flux de dividendes sur toute la période, ils obtiennent la valeur de l'action.

EXEMPLE

Les prévisions de la société sont scindées en une phase de croissance (2013e – 2017e) et d'une phase de maturité (2018e – 2022e). Ces deux périodes se distinguent par :

– un taux de croissance des bénéfices par action (BPA) de 10 % puis de 3 % ;

– un taux de distribution du dividende de 30 % puis de 60 % ;

– et un coût des capitaux propres (Kcp) plus élevé dans la première phase (10 %) que dans la seconde (8 %). En période d'investissement la société a, en effet, un profil plus risqué car son avenir est plus incertain qu'en phase de maturité.

Une croissance à l'infini de 1 % sera appliquée au dividende 2023e pour calculer la valeur terminale.

Business plan et évaluation par l'approche du DDM

	Phase de croissance 2013- 2017					Phase de maturité 2018-2022				
	2013e	2014e	2015e	2016e	2017e	2018e	2019e	2020e	2021e	2022e
BPA (1)	2,40	2,64	2,90	3,19	3,51	3,62	3,73	3,84	3,95	4,07
var.		10 %	10 %	10 %	10 %	3 %	3 %	3 %	3 %	3 %
Tx de distribution du dividende (2)	30 %	30 %	30 %	30 %	30 %	60 %	60 %	60 %	60 %	60 %
Dividende versé : 3 = (1 × 2)	0,72	0,79	0,87	0,96	1,05	2,17	2,24	2,30	2,37	2,44
Autofinancement de la société (1 – 3)	1,68	1,85	2,03	2,24	2,46	1,45	1,49	1,54	1,58	1,63
Coût des capitaux propres (Kcp)	10 %	10 %	10 %	10 %	10 %	8 %	8 %	8 %	8 %	8 %
Coefficient d'actualisation (4)	*0,909*	*0,826*	*0,751*	*0,683*	*0,621*	*0,630*	*0,583*	*0,540*	*0,500*	*0,463*
Flux de dividendes actualisés (3 × 4)	0,65	0,65	0,65	0,65	0,65	1,37	1,31	1,24	1,19	1,13

La somme des flux de dividendes actualisés entre 2013e – 2022e est égale à 9,51 €.

La valeur terminale en n, avec une croissance à l'infini de 1 %, atteint :

$VT_n = (2,44 \times 1,01) / (8\,\% - 1\,\%) = 35,26$

Soit, une valeur à l'année 0 (actualisation de VT_n) de $35{,}26 \times 0{,}463 = 16{,}33$

La valeur totale de l'action est donc de $9{,}51 + 16{,}33 = 25{,}84$ €.

Attention : Les chiffres donnés correspondent à des arrondis pour un souci de présentation mais les calculs sont réalisés avec les valeurs réelles (par exemple, 2,44 est en fait 2,4441).

C. Quelle méthode de flux faut-il privilégier : FCFE, FCFF ou dividende ?

a. Le *Free Cash-Flow to Equity* (FCFE)

Le FCFE est surtout intéressant dans un contexte de LBO car il tient compte de l'évolution de la structure financière (voir le chapitre 12). Lorsqu'une société est très endettée, il importe d'observer sa capacité à rembourser sa dette et à dégager des flux de trésorerie pour l'actionnaire. En pratique, il s'agit d'une méthode difficile à employer car elle nécessite de faire des prévisions de variation de la dette sur toute la période d'évaluation.

b. Le *Free Cash-Flow to the Firm* (FCFF)

Le FCFF est sans aucun doute le modèle de flux le plus souvent utilisé lors des évaluations. Il est relativement simple à mettre en œuvre et prend bien en compte la création de valeur engendrée par l'actif économique.

c. L'actualisation des flux de dividendes (DDM)

Le DDM est fortement lié à la politique de dividende et ne peut pas s'appliquer à une majorité de sociétés et de secteurs. Cette méthode est généralement retenue pour des cas précis de sociétés à rendement élevé et stable dans le temps.

Plus particulièrement, cette approche est à privilégier pour le secteur financier qui n'a pas de structure financière classique et de besoin en fonds de roulement ; son bilan atypique rend la méthode du DCF peu pertinente.

II Les approches comparatives

La méthode d'évaluation par comparaison, appelée également méthode analogique, consiste à évaluer une société ou un actif en fonction des valeurs de marché observées de sociétés au profil semblable. Pour cela on utilise des multiples boursiers ou des multiples de transaction qui ne sont en fait rien d'autre qu'une capitalisation de résultat déterminant une valeur future. C'est pourquoi cette famille de méthodes a sa place après l'étude des flux actualisés. Le PER, par exemple, consiste à capitaliser le résultat net afin d'estimer la valeur des capitaux propres de la société.

Cette méthode repose sur l'efficience des marchés (voir le chapitre 1), c'est-à-dire sur l'hypothèse que les marchés financiers valorisent à leur juste valeur chaque actif à un instant donné.

L'approche comparative a l'avantage d'être rapide, pratique et de laisser peu de place à la subjectivité de l'évaluateur. Elle impose (A) d'établir un échantillon de sociétés comparables, (B) de choisir un inducteur (une donnée comptable ou réelle de l'entreprise) puis (C) d'appliquer le ou les multiples moyens du secteur ou des sociétés comparables à la société cible.

Figure 10.4 – **Les étapes de l'approche comparative**

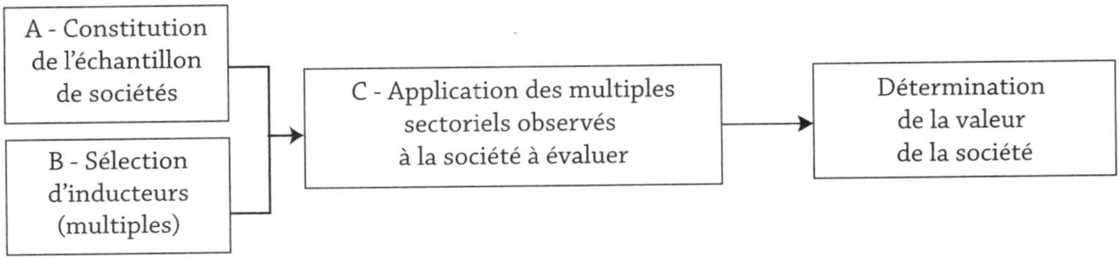

EXEMPLE

On cherche à évaluer le groupe Danone par la méthode des multiples.

(A) L'échantillon de Danone est constitué de sociétés qui lui sont comparables : Nestlé et Unilever.

(B) Dans le secteur agroalimentaire, on observe qu'en pratique les analystes utilisent les multiples de VE / EBITDA et du PER (*Price Earning Ratio*). Les inducteurs retenus sont donc l'EBITDA (pour le VE / EBITDA) et le résultat net (pour le PER).

L'utilisation des prévisions d'EBITDA (EBE) et de résultats nets pour 2012e et 2013e faites par les analystes financiers est nécessaire à la détermination des multiples prévisionnels de chaque société et au calcul de la moyenne annuelle.

Multiples des sociétés comparables dans le secteur agroalimentaire

Sociétés	2011 VE/ EBITDA	2012e VE/ EBITDA	2013e VE/ EBITDA	2011 PER	2012e PER	2013e PER
Nestlé	10,3	9,8	9,3	16,8	16,3	15,6
Unilever Plc	10,9	10,7	9,7	16,1	16,3	15,5
Moyenne sectorielle	10,6	10,3	9,5	16,5	16,3	15,6

On observe qu'à la date de l'établissement de ce tableau, c'est-à-dire au 31 décembre 2011, le secteur de l'agroalimentaire est évalué à 15,6 fois ses bénéfices 2013e ou 9,5 fois son EBITDA 2013e.

(C) Afin de déterminer la valeur de l'entreprise (VE) et des capitaux propres (Vcp), on applique les multiples sectoriels moyens aux postes correspondants du compte de résultat de Danone (les inducteurs).

***Business plan* synthétique de Danone**

Danone (M€)	2011	2012e	2013e
CA	19 318	21 000	22 300
EBITDA	3 500	3 750	4 020
EBIT	2 840	3 080	3 280
Résultat net	1 670	1 875	2 100

Il est important de rappeler que seuls les multiples prévisionnels sont utilisés pour évaluer une société et que la valeur de l'entreprise (VE) correspond à la somme de la dette (Dn) et de la valeur de marché des capitaux propres (Vcp).

Sachant que la dette nette de Danone est d'environ 2 970 M€ au 31/12/2011 et que l'on n'applique aucune prime ou décote, les tableaux de multiples de VE / EBITDA et de PE permettent de calculer la valeur des capitaux propres (Vcp) et la valeur de l'entreprise (VE).

Danone	2012e	2013e
EBITDA (1)	3 750	4 020
VE / EBITDA (2)	10,3	9,5
VE (3 = 1 × 2)	**38 438**	**38 190**
Dette nette (4)	2 970	2 970
Vcp (3 – 4)	**35 468**	**35 220**

2012e	2013e	Danone
1 875	2 100	(1) Résultat net
16,3	15,6	(2) PE
30 563	**32 655**	**(3 = 1 × 2) Vcp**
2 970	2 970	(4) Dette nette
33 533	**35 625**	**(3 + 4) VE**

En faisant la moyenne des quatre résultats obtenus, les valeurs de Danone sont :

Valeur des capitaux propres : Vcp moyen = 33 476 M€ ;

Valeur de l'entreprise : VE moyenne = 36 446 M€ :

par différence entre VE et Vcp, la dette nette 2011 d'origine est retrouvée : 2 970 M€.

A. La constitution de l'échantillon d'entreprises comparables

L'évaluation par comparaison est *a priori* simple. La seule difficulté majeure concerne la constitution d'un échantillon d'entreprises vraiment comparables afin d'obtenir des multiples cohérents et les plus représentatifs possible.

Quelques règles générales doivent être respectées afin d'établir un échantillon correct.

– 1. Choisir peu de sociétés véritablement comparables plutôt qu'un grand nombre sans véritables points communs – Il est important de s'assurer de la bonne comparabilité en faisant un rapide diagnostic des firmes, de comprendre leur *business model* et d'appréhender le risque lié à leur activité, c'est-à-dire le risque de leur actif économique (βa), d'observer d'autres ratios sans les utiliser dans l'évaluation.

– 2. Prendre des sociétés du même secteur d'activité ne garantit pas toujours une totale comparabilité – Ces entreprises peuvent avoir des caractéristiques différentes, comme la taille, la maturité, la croissance, la rentabilité, etc.

Pour évaluer par analogie la société pharmaceutique Sanofi, il n'est pas opportun d'utiliser comme comparable, des sociétés du secteur des biotechnologies non rentables, risquées et à fort potentiel sous prétexte qu'elles développent les mêmes produits.

– 3. Prendre des sociétés de la même zone géographique ou sur des marchés homogènes – Il existe, en effet, des disparités de valorisation entre différents marchés financiers.

EXEMPLE

Les marchés financiers nord américains ont des multiples généralement plus élevés qu'en Europe. Il ne serait également pas correct d'utiliser dans son échantillon des sociétés de pays émergents qui, par définition, n'ont pas les mêmes caractéristiques de croissance qu'une société mature française. Une firme chinoise ou indienne aura bien entendu des multiples plus élevés en rapport avec un potentiel de développement plus grand.

– 4. Étendre l'échantillon en dehors du secteur d'activité s'il y a peu ou pas de sociétés comparables – Il est plus judicieux, parfois, de retenir des sociétés qui se rapprochent de celle à évaluer, en dehors de son secteur d'activité. Il faut cependant vérifier que leurs intensités capitalistiques, leurs croissances et leurs rentabilités sont comparables et que leurs *business models* sont proches.

Ainsi, on pourrait comparer l'activité de concession de remontées mécaniques de la Compagnie des Alpes à des sociétés de concessions autoroutières.

5. Éviter les erreurs et les incohérences de multiples – Il importe d'être bien renseigné sur les sociétés à comparer et de comprendre les raisons de l'existence d'un multiple incohérent dans l'échantillon. Plusieurs erreurs fréquentes sont à éviter lorsque l'on connaît peu les sociétés :
– dans certains cas, les groupes ont des participations significatives « *non core* » (non stratégiques) et non consolidées qu'il faut retraiter pour ne garder que la pure entité que l'on veut comparer ;

Nestlé et Richemont, par exemple, ont respectivement des participations dans l'Oréal et dans British American Tobacco, qu'il faut retraiter pour calculer leurs multiples « *core business* » (de cœur de métier).

– parfois certaines sociétés présentent leurs comptes dans une devise différente de celle de leur cours de Bourse ; il faut harmoniser tous les chiffres dans une seule devise ;
– il peut exister deux types d'actions cotées pour la même société (la capitalisation boursière est alors faussée si l'on ne retient que le nombre d'actions A ou que la cotation d'une seule place financière).

Par exemple, la société de croisière Carnival a deux tiers de sa capitalisation boursière cotée aux États-Unis et un tiers à Londres.

– 6. Utiliser la médiane et non la moyenne – Cela permet de gommer les données les plus disparates (même s'il est intéressant d'interpréter les multiples extrêmes et atypiques).

B. Le choix des inducteurs et les différents multiples

Deux types de multiples permettent de déterminer deux valeurs différentes : la valeur de l'entreprise (VE) ou la valeur des capitaux propres (la capitalisation boursière).

$$\text{VE} = \text{Capitalisation boursière (CB)} + \text{Dette nette (Dn)}$$

$$\text{CB} = \text{Nombre d'action} \times \text{Cours de Bourse}$$

La valeur de l'entreprise et son multiple sont obtenus en utilisant la VE au numérateur et un inducteur du compte de résultat avant frais financiers au dénominateur, c'est-à-dire le CA (VE / CA), l'EBE (VE / EBE), ou le REX (VE / REX) principalement.

La valeur des capitaux propres et son multiple sont calculés en divisant la capitalisation boursière par un inducteur après frais financiers, c'est-à-dire le résultat net (PER = CB / RN), un *cash-flow* (CB / CF), etc. On peut également utiliser le prix de l'action à la place de la capitalisation boursière (PER = P / BPA avec BPA : le bénéfice par action) ; dans ce cas, il sera bien entendu nécessaire de diviser le solde utilisé par le nombre d'actions (bénéfice par action, *cash-flow* par action, etc.).

Pourquoi distingue-t-on les inducteurs avant et après frais financiers, selon que l'on recherche le multiple de la VE ou des capitaux propres ?

Comme cela a été vu à propos du DCF, pour lequel des taux d'actualisation différents sont choisis selon les types de flux retenus, l'explication est liée à la rémunération des capitaux. Lorsque l'on recherche une valeur de l'entreprise (VE), les flux doivent rémunérer aussi bien les actionnaires que les créanciers ; on utilise donc des flux avant rémunération des créanciers, c'est-à-dire avant les frais financiers.

À l'inverse, pour le calcul de la valeur de marché des capitaux propres (Vcp), il n'y a plus de dette au numérateur ; seuls les flux revenant intégralement aux actionnaires doivent alors être pris en compte.

Un multiple boursier se calcule toujours en utilisant des données économiques futures et non passées. Les inducteurs doivent être des données prévisionnelles que l'on obtient généralement auprès d'un consensus d'analystes financiers. Plusieurs organismes fournissent les prévisions des analystes comme IBES, Jacques Chahine Finance, etc.

1. Les multiples de capitaux propres

Le prix de l'action (ou la capitalisation boursière) figure toujours au numérateur tandis que pour le dénominateur plusieurs possibilités sont offertes :

a. Le P / CF

Le multiple de *cash-flow* correspond au rapport de la capitalisation boursière à un *cash-flow*.

Il existe plusieurs définitions du *cash-flow* applicables à ce multiple, mais le plus couramment utilisé est le résultat net additionné de toutes les charges non décaissables, c'est-à-dire en grande partie les dotations aux amortissements.

P / CF = Capitalisation boursière / *Cash-flow*

ou bien :

P / CF = Cours / *Cash-flow* par action

Avec :

– *Cash-flow* = Résultat net + Charges non décaissables

On observe, chez certains praticiens, l'utilisation d'autres définitions du *cash-flow* comme, par exemple, le FCFF (*Free Cash-Flow to the Firm*) du DCF ou le *cash-flow* opérationnel du tableau de flux de trésorerie. On peut également corriger ces données des éléments exceptionnels pour les rendre plus stables dans le temps. L'essentiel est d'être cohérent en retenant la même définition pour le calcul de chaque société du tableau de comparaison.

Les avantages du P / CF tiennent au fait que le *cash-flow* est plus stable dans le temps que le bénéfice par action (BPA), moins manipulable par les dirigeants et correspond vraiment à ce qu'engendre la société.

L'inconvénient du P / CF est que les différentes définitions du *cash-flow* rendent son interprétation opaque.

b. Le P / Book Value

Le multiple des capitaux propres (*Price to book value*) met en relation la valeur de marché des capitaux propres au numérateur et la valeur comptable des capitaux propres au dénominateur.

P / BV = Capitalisation boursière / (Capitaux propres – *Goodwill*)

On retranche le *goodwill* des capitaux propres comptables car il ne s'agit pas d'un actif à proprement parler. L'optique de calcul est celle de la valeur actionnariale.

EXEMPLE

Ce multiple est particulièrement adapté au secteur bancaire et aux industries à forte intensité capitalistique, c'est-à-dire aux sociétés dont l'actif tangible ou les capitaux propres sont un élément majeur de l'évaluation : les banques ont des capitaux propres obligatoires et réglementaires (*tiers one*) et la valeur des sociétés de l'industrie lourde dépend largement des actifs matériels. À l'inverse, pour une société de services ou de consultants dont la valeur est essentiellement relative à l'actif immatériel, le P / BV n'aura aucun intérêt.

Ce multiple, jamais négatif, présente aussi l'avantage d'être plus stable que les BPA. Il est cependant fortement influencé par la structure financière et ne prend pas en compte les actifs non matériels (brevet, savoir-faire, etc.).

c. Le PER

Le PER (*Price Earning Ratio*) consiste à diviser le cours de l'action (ou la capitalisation boursière) par le bénéfice par action (ou le résultat net). Il signifie que la valeur de marché des capitaux propres est un multiple du résultat net de la société.

Un PER 2013e de 15 signifie qu'aujourd'hui le marché valorise les capitaux propres 15 fois le résultat net 2013.

$$\text{PER} = \frac{\text{Cours}}{\text{BPA}} = \frac{\text{Capitalisation boursière}}{\text{Résultat net}}$$

Le PER est le multiple le plus populaire sur les marchés ; il présente l'avantage d'intégrer le résultat net, élément déterminant pour l'actionnaire puisque c'est, *in fine*, ce qu'il reçoit.

On lui reproche d'être très volatile, facilement négatif (donc peu comparable) et aisément influençable par la politique des dirigeants.

d. Le PEG

Le PEG (*Price Earning Growth*) est un multiple intéressant qui permet de mettre en exergue les différences de taux de croissance d'un échantillon de sociétés comparables. Dans un même secteur, il est possible que les firmes ne se situent pas à un même stade de maturité et de croissance dans leur cycle de vie. Le PEG est un moyen de distinguer le prix payé pour une croissance donnée. Le ratio consiste à diviser le PER d'une firme par le taux de croissance g de ses bénéfices par action (BPA).

$$\text{PEG} = \frac{\text{PER}}{g}$$

Un PEG faible signifie que la croissance potentielle de la société est sous valorisée par le marché.

EXEMPLE

Illustration : Deux sociétés A et B ont des PER totalement différents ce qui, à première vue, peut laisser penser que l'une est plus chère que l'autre. Leurs cours sont respectivement de 60 € et 100 €.

Société A	2013e	2014e	2015e
BPA	5	6	7,2
Var.		20 %	20 %
PE	12	10	8,3
PEG	0,6		

Société B	2013e	2014e	2015e
BPA	5	10	20
var.		100 %	100 %
PE	20	10	5,0
PEG	0,2		

La société A est valorisée 12 fois ses bénéfices 2013e alors que la société B se paie 20 fois. Si l'on arrêtait l'analyse à ce stade on pourrait croire que la société A est meilleur marché que la société B. En réalité, la différence de taux de croissance des BPA entre les deux sociétés rend B moins cher en 2015 (PE de 5 contre 8,3 pour A). Cette réalité pouvait être remarquée en calculant le PEG : B avec un PEG de 0,2 (= 20 / 100), est beaucoup moins cher que A avec 0,6 (= 12 / 20).

En pratique, on retient généralement comme valeur de g le taux moyen de croissance annuel des BPA sur plusieurs années futures (3 ou 4 ans).

De plus en plus se développent des extensions de ce multiple comme, par exemple, VE / EBITDA / g, etc.

Le PEG donne une vision dynamique du PER et permet de gommer les écarts de croissance entre les sociétés.

Il présente l'inconvénient de ne pas tenir compte des différences de risque et de taux de distribution du dividende.

2. Les multiples de valeur d'entreprise

Il existe trois principaux multiples de valeur d'entreprise.

a. VE / CA

Ce multiple de chiffre d'affaires n'a pas un grand intérêt car il ne donne aucune information sur la rentabilité et la profitabilité de la société. Son seul avantage est de permettre la comparaison des sociétés jeunes qui n'engendrent pas encore de résultat comme c'était le cas, par exemple, pendant la période de la « bulle Internet ».

b. VE / EBE

Ce ratio, que l'on connaît mieux sous l'appellation anglo-saxonne d'EV/ EBITDA, consiste à rapporter la valeur de l'entreprise à l'excédent brut d'exploitation (EBE). Il permet de mesurer la performance opérationnelle de l'entreprise indépendamment de sa politique d'investissement et d'amortissement. Ces deux éléments peuvent être différents et varier d'une société à l'autre selon le stade de maturité atteint.

c. VE / REX

Le multiple de résultat d'exploitation est le plus utilisé en pratique car le REX est le dernier flux qui rémunère les actionnaires et les créanciers. Il représente le meilleur indicateur de la performance de l'actif économique.

On le considère cependant moins pertinent que le multiple d'EBE pour les sociétés à forte intensité capitalistique comme, par exemple, les sociétés de Télécom. En effet, la politique d'investissement, et donc par conséquence d'amortissement, influe fortement sur la marge d'exploitation (une société qui investirait pour le long terme ou dans des pays émergents serait considérée plus cher qu'une société qui arrêterait d'investir et qui doperait ainsi sa marge d'exploitation à court terme au détriment du long terme).

EXEMPLE

Il existe également des multiples de valeur d'entreprise spécifiques à certains secteurs :

– Telecom : EV / EBITDA, EV / FCF;
– Hôtellerie : EV / EBITDAR, un multiple d'EBITDA avant loyer des hôtels (*Rent*) ;
– Asset management : VE / AUM, un multiple d'actif sous gestion (*Asset Under Management*) ;

- Utilities : VE / kW, un multiple de kilowatt produit ;
- Internet : VE / Utilisateur ;
- Pétrole : VE / Baril, un multiple de réserve de pétrole ;
- Banque : P / Book Value (P / BV), PER.

C. Les différentes méthodes d'évaluation par multiple

Il existe différentes sources de multiples. L'évaluateur peut utiliser des multiples boursiers sur les marchés financiers, des multiples de transaction lors d'opérations financières et des multiples proposés par l'administration fiscale.

On observera qu'un multiple repose sur les prévisions d'un inducteur et qu'il est susceptible d'évoluer en fonction de la variation du marché (au numérateur) et en fonction de la justesse des prévisions (au dénominateur).

1. Les multiples boursiers

L'utilisation des multiples boursiers pour réaliser une évaluation est la méthode la plus classique et la plus simple. Les données sont obtenues à partir des marchés financiers en ce qui concerne les cours et à partir du consensus des analystes financiers pour ce qui est des inducteurs prévisionnels.

Le multiple, fondé sur le dernier cours de Bourse, évolue en fonction des marchés financiers. Cette méthode donne une évaluation à l'instant t.

En pratique, l'utilisation d'un multiple historique permet de gommer les cycles des marchés financiers et de la société elle-même.

Une banque généraliste se traite historiquement 10 à 11 fois son résultat net n + 1.

2. Les multiples de transaction

L'évaluation par les multiples de transaction consiste à appliquer les multiples de valorisation constatés lors d'opérations récentes de sociétés cotées ou non. Par opération, on entend fusion, OPA, OPE et plus globalement toutes opérations en capital où un prix est déterminé. Le principe reste identique à celui de l'évaluation par les multiples boursiers, c'est-à-dire qu'il faut déterminer les multiples à retenir et identifier les sociétés comparables dans un secteur défini.

Deux erreurs importantes sont à éviter :

- l'acquisition doit avoir eu lieu dans un passé relativement proche pour que le multiple ait encore du sens, du fait de l'évolution constante des marchés ;
- il ne faut pas confondre dans le prix de transaction la valeur de l'entreprise et la valeur des capitaux propres. La prise en compte ou non de l'endettement faussera d'une façon conséquente le multiple de transaction. Il est souvent difficile d'avoir des informations sur les différents *deals* et les sociétés ne s'attardent généralement pas à donner beaucoup de détails.

L'avantage de la méthode est de permettre d'élargir le spectre de l'échantillon aux sociétés non cotées et aux opérations sur des filiales ou des divisions de sociétés.

Son inconvénient principal est de déboucher sur des valorisations plus élevées, tenant compte d'une prime de contrôle et parfois de synergies. En effet, dans la quasi-totalité des acquisitions, l'offre proposée aux actionnaires comprend une prime sur le dernier cours afin d'inciter les actionnaires à apporter leurs titres.

EXEMPLE

Fait assez exceptionnel pour être souligné, certaines offres récentes de rachat ont été effectuées non pas avec des primes mais plutôt avec de fortes décotes sur les derniers cours. En mars 2008, Air France KLM a proposé une offre de rachat de la compagnie italienne Alitalia à 0,23 € par action alors que le cours cotait 0,54 €, soit une décote de 57 %. Lors de la même période, le 17 mars 2008, la banque américaine J.P. Morgan a proposé aux actionnaires de Bear Stearns de racheter la banque en difficulté avec une décote de 96 % au prix de 2 $ contre un dernier cours de 57 $. L'offre sera ensuite relevée à 10 $ le 24 mars 2008.

Un deuxième inconvénient est la difficulté d'obtenir des informations précises, autant sur l'opération en elle-même, que sur les données de la société cible.

EXEMPLE

Évaluation d'Adidas par la méthode des multiples de transaction

Compte de résultat historique et prévisionnel du groupe Adidas

Adidas *Business plan* (M€)	2010	2011	2012e	2013e
CA	11 990	13 344	14 278	15 206
var.		*11,3 %*	*7,0 %*	*76,5 %*
EBE	947	1 263	1 536	1 718
% du CA	*7,9 %*	*9,5 %*	*10,8 %*	*11,3 %*
Amortissement	263	252	251	274
% du CA	*2,2 %*	*1,9 %*	*1,8 %*	*1,8 %*
REX	684	1 011	1 285	1 445
% du CA	*5,7 %*	*7,6 %*	*9,0 %*	*9,5 %*

Deux transactions relativement récentes ont été répertoriées dans le secteur des fabricants de chaussures de sport. Nike a fait une offre sur Umbro à 193 pence par action en octobre 2007 et PPR sur Puma à 330 € en avril 2007. Il en découle les multiples de transaction ci-dessous :

Multiples historiques de transaction pour 2007e et 2008e

Transactions	2007e	2008e
Umbro		
VE / CA	2,2	2,0
VE / EBE	11,0	11,0
Puma		
VE / CA	2,1	2,0
VE / EBE	12,3	11,3

Moyenne	2007e	2008e
VE / CA	2,15	2,0
VE / EBE	11,65	11,15

Il convient d'appliquer les multiples moyens de transaction ainsi obtenus au *business plan* d'Adidas en les décalant de cinq ans puisque l'année 2007 était l'année n + 1 pour les transactions ; ici, l'année n + 1 correspond à l'année 2012e.

En termes de VE / CA, la valeur de l'entreprise d'Adidas ressort à 30 555 M€ et selon le multiple de VE / EBE, à 18 527 M€.

L'important écart entre les deux valeurs obtenues s'explique par la différence conséquente de marge d'EBE entre Adidas et les deux sociétés de comparaison, Puma et Umbro. Adidas ayant une marge beaucoup plus faible, il est opportun de n'utiliser que le multiple de VE / EBE, pour ne pas surestimer la qualité du *business model* d'Adidas par rapport à ses deux concurrents.

La valeur de l'entreprise (VE) est déterminée en appliquant les multiples moyens de VE / EBE à l'EBE d'Adidas : 11,65 × 1 536 = 17 895 M€ et 11,15 × 1 718 = 19 159 M€. VE = (17 895 + 19 159) / 2 = 18 527 M€.

Sachant que la dette nette au 31 décembre 2011 est de 150 M€, la valeur des capitaux propres, qui correspond à VE – dette nette, est égale à Vcp = 18 527 – 150 = 18 377 M€, soit 87,5 € par action (210 M de titres Adidas).

3. Les multiples de l'administration fiscale

L'administration fiscale a mis au point une grille de calcul qui définit des multiples par métier ou secteur afin de déterminer la valeur des fonds de commerce. C'est une méthode utilisée par les experts judiciaires et les tribunaux, essentiellement adaptée aux petites sociétés non cotées.

Une boulangerie vaut de 40 % à 130 % du CA HT annuel.

Une boucherie vaut de 30 à 60 % du CA HT annuel.

Un salon de coiffure vaut de 50 à 130 % du CA HT annuel.

III Les approches patrimoniales

Ces approches ne considèrent plus les flux financiers futurs comme source de valeur mais déterminent, d'une façon patrimoniale, la valeur de marché actuelle des actifs.

La réévaluation en valeur de marché des postes du bilan peut être appréhendée en estimant soit une valeur de liquidation, soit une valeur d'usage. Dans le premier cas, les actifs sont évalués à la « casse », dans une optique d'arrêt de l'activité (valeur d'argus ou valeur d'assurance). Dans le second, l'évaluateur cherche à déterminer une valeur d'usage dans une perspective de continuation de l'activité (*going concern*). Selon l'approche adoptée, la fiscalité devra être prise en compte (impôts sur les plus-values potentielles).

Parmi les méthodes patrimoniales, on distingue l'actif net réévalué, les capitaux permanents nécessaires à l'exploitation, la valeur substantielle brute et la somme des parties.

A. L'actif net réévalué (ANR)

L'ANR repose sur le principe d'une réévaluation des postes comptables du bilan à leur juste valeur. La comptabilité ne reflète généralement pas exactement la valeur réelle de chaque poste en raison du principe de prudence. Elle enregistre dans le bilan les éléments à leur valeur historique ou à une valeur de marché généralement faible. Il est alors nécessaire d'effectuer une réévaluation de chaque poste de l'actif et du passif pour obtenir la valeur des capitaux propres (Vcp). Cette méthode permet d'obtenir la valeur du patrimoine de la société à partir de son bilan comptable.

L'évaluateur doit se fonder sur les éléments de l'actif net comptable (ANC) du bilan social pour obtenir, après réévaluation, l'actif net réévalué (ANR).

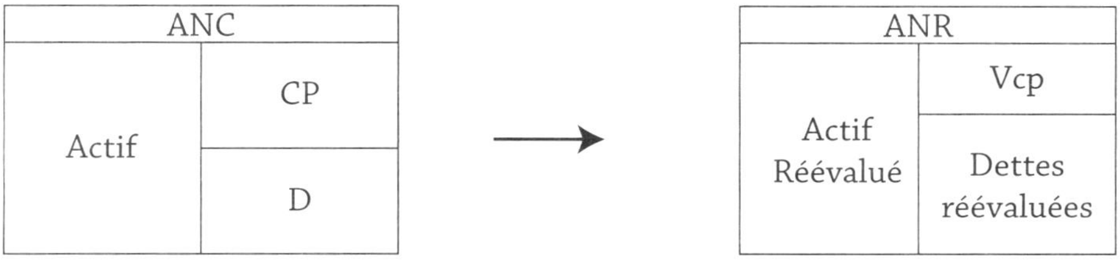

Avec :
- CP : les capitaux propres à leur valeur comptable ;
- D : les dettes ;
- Vcp : la valeur de marché des capitaux propres.

1. Les réévaluations de l'actif

a. Les actifs hors exploitation

Il s'agit généralement d'éléments particuliers comme des terrains ou des immeubles pour lesquels le recours à un expert est nécessaire.

Les participations financières et les valeurs de placement sont évaluées au dernier cours, lorsqu'elles sont cotées, et par un expert ou un évaluateur lorsqu'elles ne le sont pas ; celui-ci utilise alors une méthode actuarielle ou classique, selon le produit. Une décote peut être appliquée en cas de faible liquidité de la participation.

EXEMPLE

Le groupe hôtelier espagnol, Sol Melia, a choisi lors du passage aux normes IFRS de ne pas faire évaluer à sa juste valeur l'ensemble de son parc immobilier et donc de conserver la valeur historique dans ses comptes. La plupart des groupes hôteliers ont adopté cette même stratégie pour des raisons de coûts d'évaluation, de commissariat aux comptes et d'accroissement de la volatilité des résultats. En revanche, par souci de transparence envers le marché, Sol Melia a mandaté le cabinet indépendant CB Richard Ellis, pour donner une indication de la valeur immobilière estimée à 4 milliards d'euros.

b. Les actifs immatériels

Les actifs immatériels sont principalement composés par le fonds de commerce, les marques, les brevets et les frais de recherche et développement.

Le fonds de commerce ou les marques ne sont comptabilisés au bilan qu'en cas d'acquisition. Il est donc nécessaire de réévaluer les marques acquises et d'évaluer celles qui sont créées par la société. Pour cela, il existe plusieurs méthodes (voir le chapitre 11 et, plus loin, la méthode du *Goodwill*).

Il existe également les frais d'établissement, qui correspondent en général aux frais d'enregistrement et de création de la société. Il ne s'agit pas d'un actif au sens strict mais plutôt d'un étalement de charges qui doit être considéré comme une non-valeur lors d'une réévaluation patrimoniale.

c. Les actifs circulants et corporels

L'actif circulant, constitué des stocks et des créances, est généralement sous-estimé dans les comptes par excès de prudence. Les stocks étant évalués habituellement à leur coût de revient, il convient de les réévaluer. Si certains peuvent se déprécier ou être perdus avec le temps, comme les produits alimentaires, d'autres, au contraire, peuvent prendre de la valeur comme les vins et spiritueux.

L'évaluation des actifs corporels, que sont le matériel et l'outillage, se fait sur la base de leur valeur de reconstitution en fonction de leur vétusté. L'évaluateur utilise l'argus, des références du marché de l'occasion ou les méthodes d'assurance (valeur à neuf-valeur de vétusté).

2. Les réévaluations du passif

a. Le crédit-bail : un cas particulier

Selon la norme IAS 17, le crédit-bail est retraité comme un mode de financement au passif et une immobilisation corporelle à l'actif. Il convient alors de traiter le bien comme tel et de le réévaluer, à l'actif, à sa valeur réelle, comme cela a été précédemment vu. Au passif, il est nécessaire d'actualiser au coût de la dette, la part en capital des loyers futurs et une éventuelle option d'achat à l'issue du contrat.

b. Les dettes financières

En pratique, l'évaluateur retient la valeur comptable comme valeur des dettes financières. Ceci est économiquement correct lorsqu'il s'agit de taux variables, qui sont, par principe, à la valeur de marché ; en revanche, dans le cas de taux fixes, la valeur de la dette diffère de sa valeur comptable.

Une entreprise qui bénéficie d'une dette à taux fixe de 3 % alors que les taux variables du marché sont de 5 %, aura une valeur de la dette inférieure à la valeur comptable.

Dans le cas de figure d'un endettement à taux fixe, il est important de vérifier l'échéancier de la dette de l'entreprise afin de savoir si un refinancement à un taux d'intérêt différent est nécessaire ; la valeur de la dette en serait alors affectée.

c. Les provisions

Lorsqu'elles sont justifiées, leur valeur réelle correspond à la valeur comptable ; *a contrario*, si elles dénotent un excès de prudence, il est nécessaire de les retraiter en fonds propres (poste réserve). L'évaluateur n'omettra pas d'appliquer un taux d'impôt théorique lors du reclassement puisqu'en contrepartie, une reprise sur provision affectera positivement le résultat imposable.

3. Les avantages et les inconvénients de la méthode patrimoniale

Il s'agit d'une méthode intéressante dans le cas particulier des sociétés foncières, des sociétés immobilières, des sociétés de portefeuille et des holdings.

Ses limites tiennent à la difficulté d'évaluer les actifs immatériels qui représentent une part de plus en plus importante des bilans des entreprises (valeur des brevets, du savoir-faire, des employés, des marques, etc.) et concernent de plus en plus de sociétés (entreprises de services). Il s'agit également d'une méthode d'évaluation dite statique car elle omet de prendre en compte les perspectives d'avenir de la société (comme c'est le cas dans un DCF, par exemple).

B. Les capitaux permanents nécessaires à l'exploitation (CPNE)

Les CPNE correspondent aux capitaux indispensables au fonctionnement normal de l'entreprise, c'est-à-dire les capitaux propres et les dettes nécessaires au financement des investissements et du BFR normatif. Proches de la notion d'actif économique (et donc de VE), les CPNE sont une estimation de l'outil de production utilisé par l'entreprise et comprennent donc les immobilisations corporelles réévaluées (immobilisations d'exploitation, immobilisations en crédit-bail, immobilisations louées) et les besoins en fonds de roulement. Ils peuvent être déterminés de façon prospective.

CPNE = Immobilisations corporelles réévaluées + BFR

C. La valeur substantielle brute (VSB)

La VSB représente la valeur de l'outil économique pour l'acquéreur, c'est-à-dire l'ensemble des biens et des dépenses nécessaires à l'exploitation indépendamment du mode de financement.

Il s'agit d'une valeur brute, alors que les deux précédentes sont nettes, estimée en fonction du coût de remplacement et dans une perspective de poursuite de l'exploitation. La valeur des biens durables loués et/ou financés par crédit-bail est incluse. Les biens non nécessaires à l'exploitation sont exclus (actifs hors exploitation, actif fictif).

La VSN est obtenue en retranchant le passif exigible de la VSB. D'un point de vue statique, elle est voisine des CPNE ; en fait, elle s'en écarte car la VSN repose sur l'observation du bilan alors que les CPNE sont estimés à partir de prévisions annuelles.

D. La somme des parties *(Sum of the parts)*

La méthode patrimoniale qui vient d'être vue s'adresse plutôt à des petites sociétés. Une version dérivée, « la somme des parties » ou « *Sum of the parts* », est beaucoup plus utilisée en pratique par les analystes financiers lors de l'évaluation des groupes qui ont plusieurs filiales ou activités différentes.

L'approche consiste à déterminer une par une la valeur de chaque activité du groupe au lieu d'évaluer directement l'entité dans son ensemble. L'exercice est intéressant pour les groupes ou des holdings qui ont plusieurs participations ou divisions mais également pour des sociétés dont les immobilisations corporelles constituent l'essentiel de la valeur, comme les foncières ou les sociétés immobilières.

EXEMPLE

PPR (Pinault Printemps Redoute) se prête bien à cette démarche, puisque le groupe de la famille Pinault possède des activités de distribution (La Fnac, Conforama, Redcats La Redoute, CFAO), des activités de luxe (Gucci, YSL, Bottega Veneta, Boucheron, Balenciaga, etc.) et une participation de 80 % dans la marque de sport allemande Puma. L'évaluation par l'approche de la somme des parties consisterait ici à appliquer des multiples de distributeurs européens concurrents aux résultats de PPR Distribution, des multiples de sociétés de luxe à la partie luxe, et à valoriser la participation dans Puma en fonction de son cours de Bourse coté à Francfort.

Ce type de groupe diversifié subit généralement une décote de holding, phénomène observé empiriquement sur les marchés.

IV Les approches mixtes

Les méthodes du *goodwill* et de l'EVA (*Economic Value Added*) sont généralement considérées comme des approches mixtes car elles concilient les méthodes patrimoniales et les démarches fondées sur les flux.

A. La méthode du *goodwill*

La méthode d'évaluation du *goodwill* apporte une solution à la principale limite de la méthode patrimoniale en chiffrant la valeur intrinsèque des actifs immatériels.

La valeur des capitaux propres est déterminée en faisant la somme de l'ANR sans les incorporels (ANR_{SI}) et du *goodwill* (GW).

$$Vcp = ANR_{SI} + GW$$

Le principe est donc de remplacer la valeur comptable des actifs immatériels par leur valeur réelle en la calculant par la méthode du *goodwill*.

Si l'on calcule la différence entre l'actif net corporel réévalué (ANCR) et la capitalisation boursière des sociétés cotées afin de déterminer le *goodwill* valorisé par le marché, on constate que la valeur du *goodwill* représente aujourd'hui la majeure partie de la valeur des sociétés.

La valeur des actifs immatériels dépend de la capacité de la société à rendre plus ou moins efficaces ses actifs. Lorsqu'elle est plus rentable qu'une autre avec les mêmes outils de production, le différentiel de rentabilité est expliqué par un ou plusieurs éléments immatériels comme le savoir-faire, la qualité des employés, la marque ou un brevet, etc. Selon cette méthode, la valeur du *goodwill* correspond à la somme des différentiels de rentabilité future actualisés.

EXEMPLE

Soit une société industrielle qui fabrique dans son usine deux produits quasiment identiques ; l'un est très connu et l'autre est destiné à être une marque de distributeur (MDD). Si en ayant les mêmes outils de production et en étant identique, le produit de marque est vendu deux fois plus cher que le produit distributeur et engendre une rentabilité supérieure (ROIC), c'est qu'il a une valeur d'actif immatériel (GW) supérieure. Cet exemple simplificateur a pour but de faire comprendre la logique de la méthode.

Comparaison simplifiée de la création de valeur d'une marque par rapport à un produit de distributeur

	Produit de marque	**MDD**
Prix de vente	**10**	**5**
(–) Coût de production	2	2
(–) Publicité	2	0
(=) REX	6	3
(–) Impôt (33 %)	2	1
(=) **NOPAT** (1)	**4**	**2**
CPNE (2)	20	20
ROIC (1/2)	20 %	10 %
WACC (3)	8 %	8 %
Côut des CPNE (4 = 2 × 3)	1,6	1,6
GW (1 - 4)	**2,4**	**0,4**

La théorie financière du MEDAF exprime, pour chaque actif donné, un coût des capitaux propres et donc une attente de rentabilité des actionnaires. Lorsque, avec cet actif, l'entreprise est capable d'engendrer une rentabilité supérieure à celle exigée par ses actionnaires, il existe ce que l'on appelle un surprofit (ou rente). La méthode du *goodwill* consiste à dire que la somme de ces surprofits futurs actualisés correspond à la valeur des actifs immatériels (le *goodwill*). La difficulté consiste à déterminer la durée d'actualisation, c'est-à-dire le nombre d'années pendant lesquelles la société sera capable de créer un surprofit synonyme d'avantage concurrentiel. En théorie, il ne peut pas être infini car il s'agirait soit d'une situation de monopole, soit d'un secteur où régneraient des ententes entre les acteurs.

Il existe deux façons de calculer la valeur du *goodwill* : la méthode dite des CPNE et celle de l'ANR.

1. La méthode de calcul par les CPNE

Le flux associé aux CPNE (et donc représentatif de la performance réelle de l'entreprise) est le NOPAT (*Net Operating Profit After Taxes*) c'est-à-dire le résultat d'exploitation engendré par les actifs utilisés diminué de l'impôt théorique.

En contrepartie, les actifs qui ont permis de dégager cette performance ont un coût, le WACC (puisque le flux opérationnel dégagé est destiné aux actionnaires et aux créanciers).

Ainsi, le calcul du surprofit (ou rente de *goodwill*) s'écrit :

$$\text{Surprofit} = \text{Résultat attendu des CPNE} - \text{Coût des CPNE}$$

$$\text{Surprofit} = \text{NOPAT} - (\text{WACC} \times \text{CPNE})$$

La valeur du *goodwill* correspond à l'actualisation des surprofits sur la période d'avantage concurrentiel :

$$GW = \sum_{t=1}^{n} (\text{surprofit}_t) / (1 + \text{WACC})^t$$

Si l'on retient un horizon infini pour évaluer le *goodwill,* on procède à une capitalisation de la rente de *goodwill* :

$$GW = \text{Surprofit} / \text{WACC}$$

La valeur des capitaux propres est :

$$Vcp = ANR_{SI} + GW$$

2. La méthode de calcul par l'ANR

Cette méthode repose sur le même principe que la précédente mais avec un flux et un taux d'actualisation qui ne concernent plus la totalité des apporteurs de fonds, mais seulement les actionnaires. On utilise le résultat net (RN) et le coût des capitaux propres (Kcp).

La rente de *goodwill* devient alors :

$$\text{Surprofit} = \text{Résultat de l'ANR} - \text{Coût de l'ANR}$$

$$\text{Surprofit} = RN - (Kcp \times ANR)$$

La valeur du *goodwill* est obtenue par l'actualisation des surprofits sur la période d'avantage concurrentiel :

$$GW = \Sigma^{n}{}_{t=1} (\text{surprofit}_t) / (1 + Kcp)^t$$

Comme précédemment, si l'on retient un horizon infini pour évaluer le *goodwill*, on obtient :

$$GW = Surprofit / Kcp$$

La valeur des capitaux propres est toujours :

$$Vcp = ANR_{SI} + GW$$

La méthode du *goodwill* emprunte donc bien à la fois aux démarches fondées sur le patrimoine (ANR_{SI}) et à celles reposant sur les flux de profits (GW).

B. L'EVA

L'EVA (*Economic Value Added*) est à l'origine un outil conçu pour calculer la création de valeur d'une entreprise : EVA = $(R_e - k)$ CI (voir le chapitre 9).

Avec :

– Re : la rentabilité de l'entreprise (ROIC) ;
– k : le coût du capital (WACC) ;
– CI : les capitaux investis.

Une méthode d'évaluation a ensuite été développée par le cabinet Stern & Stewart, partant du principe que la valeur d'une entreprise dépendait de l'écart entre la rentabilité dégagée et le coût des capitaux investis (CI).

Les actionnaires et les créanciers apportent des capitaux pour que l'entreprise investisse dans un actif économique. En fonction des risques de cet actif, les apporteurs de fonds requièrent un rendement : WACC × Capitaux investis.

L'entreprise, quand à elle, dégage une rentabilité de cet actif économique *(Return On Invested Capital)* :

$$ROIC = NOPAT / CI.$$

On l'a vu, le NOPAT (*Net Operating Profit After Tax*) correspond au résultat d'exploitation après impôt théorique.

La création de valeur (EVA) se calcule donc en faisant la différence entre la rentabilité de l'entreprise (NOPAT / CI) et le coût des capitaux investis (WACC × CI). La formule de l'EVA se traduit de la façon suivante :

$$EVA = (ROIC - WACC) \times CI$$

Une autre formulation de l'EVA est possible :

$$EVA = NOPAT - (WACC \times CI)$$

On détermine la valeur de l'entreprise (VE) de la façon suivante :

$$VE = CI_0 + \sum_{t=1}^{n} EVA / (1 + WACC)^t + VT_n / (1 + WACC)^n$$

avec :

VTn : la valeur terminale, qui se calcule toujours de la même façon, c'est-à-dire : dernier flux d'EVA × (1 + g) / (WACC – g).

La valeur des capitaux propres Vcp est obtenue en retirant la dette nette (Dn_0) de la valeur d'entreprise (VE).

$$VCP_0 = CI_0 + \sum_{t=1}^{n} EVA / (1 + WACC)^t + VT_n / (1 + WACC)^n - Dn_0$$

Les praticiens recommandent d'utiliser une moyenne des capitaux investis (début et fin d'année) car ces données du bilan correspondent à un montant fixe de fin d'exercice fiscal (généralement le 31 décembre) alors que le NOPAT est formé tout au long de l'année en fonction de l'évolution des capitaux investis.

EXEMPLE

Exemple d'application de la méthode de l'EVA

Méthode de l'EVA	Flux 1	Flux 2	...
NOPAT (1)	100		
CI moyen (2)	1 000		
ROIC (3 = 1 / 2)	10 %		
WACC (4)	8 %		
Création de valeur (5 = 3 – 4)	2 %		
EVA (2 × 5)	20		
EVA actualisée au WACC	18,5		

La valeur de l'entreprise (VE) correspond à la somme des capitaux investis, des flux d'EVA actualisées au WACC et de la valeur terminale actualisée. La valeur des capitaux propres correspond toujours à la valeur de l'entreprise moins la dette nette.

Dans un souci de simplification, on retient plutôt dans les études de cas et les sujets d'examen, comme cela a été fait dans le chapitre 9, les capitaux investis de fin d'année (au lieu d'une moyenne entre le début et la fin de période).

SYNTHÈSE

Il existe de nombreuses méthodes d'évaluation avec, pour chacune d'entre elles, des avantages et des inconvénients ; elles donnent parfois des valeurs significativement différentes, c'est pourquoi l'évaluateur a tout intérêt à utiliser une approche multicritère et à tester plusieurs hypothèses et scénarios à travers des tests de sensibilité.

Exemple de sensibilité de la valeur selon les hypothèses d'un DCF

DCF	Croissance à l'infini		
Beta	**1 %**	**2 %**	**3 %**
0,9	2 200	2 400	2 600
1	2 100	2 300	2 500
1,1	1 900	2 100	2 300

Parmi les différentes approches, l'évaluation patrimoniale est généralement la valeur plancher car elle ne tient pas compte des perspectives de la société, alors qu'à l'inverse l'évaluation par les multiples de transaction représentera souvent le plafond car elle comprend une prime de contrôle et les synergies futures potentielles. En pratique, les méthodes du DCF et des multiples sont les plus utilisées.

Synthèse des flux et taux d'actualisation des méthodes d'évaluation

Méthodes d'évaluation	**DCF**	**DCF**	**DDM**	**Multiples de CP**	**Multiples de VE**
Les flux calculés	FCFF	FCFE	Dividende	Flux avant frais financiers	Flux après frais financiers
Flux destinés aux	Actionnaires et créanciers	Actionnaires	Actionnaires	Actionnaires et créanciers	Actionnaires
Taux d'actualisation	WACC	Kcp	Kcp	aucun	aucun
Valeur obtenue	Valeur d'entreprise	Valeur des capitaux propres	Valeur des capitaux propres	Valeur d'entreprise	Valeur des capitaux propres

SYNTHÈSE

Avantages et inconvénients des différentes méthodes d'évaluation

Méthodes d'évaluation	Avantages	Inconvénients
Méthode du DCF *(Discounted Cash-Flow)*	Méthode dite intrinsèque et fondamentale Basée sur le cash-flow dégagé par la société Méthode fondamentale la plus facile et la plus parlante	Importance de la subjectivité de l'évaluateur dans les hypothèses retenues
Méthode du DDM *(Discounted Dividend Model)*	Basé sur le flux le plus pur revenant totalement à l'actionnaire : le dividende	Évaluation impossible pour les sociétés qui ne distribuent pas de dividende Ne tient pas compte du rachat d'action (phénomène récent très en vogue) Peu pertinente pour la majorité des sociétés
Méthode patrimoniale	Utilisée pour certains types de sociétés : Sociétés immobilières, foncières, holdings, groupes diversifiés, PME La plupart du temps, elle correspond à une valeur plancher	Méthode statique et comptable qui ne tient pas compte des perspective. Peu facile à utiliser car elle nécessite des experts Peu adaptée aux sociétés immatérielles
Méthode des multiples	Simple et rapide à mettre en place Facilement compréhensible Peu de place à la subjectivité	Difficulté d'établir un échantillon de sociétés vraiment comparables Peu pertinente pour les sociétés en perte ou en forte croissance Les multiples de transaction tiennent compte d'une prime et des synergies
Méthode des options réelles	Méthode d'évaluation qui se base sur la VAN (le meilleur critère d'investissement)	Difficulté de probabiliser les événements Méthode subjective
Méthode de l'EVA *(Economic Value Added)*	Prend en compte les capitaux investis par les actionnaires et les créanciers Met en exergue la création de valeur	Difficulté de faire une prévision de capitaux investis sur plusieurs années Peut favoriser les projets à court terme qui créent de la valeur rapidement

APPLICATION 1 Vrai ou faux

1. La différence de valeur entre un FCFE et un FCFF est la dette nette.

2. Pour calculer un FCFF, on utilise l'impôt réellement payé par l'entreprise.

3. Généralement, on obtient une valeur plus grande par la méthode des multiples de transaction que par la méthode patrimoniale.

4. Le multiple du PER est le plus utilisé.

5. Pour calculer un *Free Cash Flow to Equity* (FCFE), on actualise le flux au coût des capitaux propres (Kcp).

6. Le multiple de PEG signifie le *Price Earnings Guaranteed*.

7. L'inconvénient de la méthode patrimoniale est qu'elle ne prend pas en compte les actifs corporels.

8. Pour évaluer une société par la méthode des multiples boursiers, il est important de faire une moyenne des multiples de plusieurs années différentes.

9. Le bêta utilisé dans le Medaf est le bêta de l'actif de la société (βa).

10. Lors du calcul d'un WACC, on utilise la valeur comptable des capitaux propres pour déterminer le rapport dette nette / capitaux propres.

11. Le NOPAT correspond au résultat d'exploitation (EBIT) moins l'amortissement.

12. On détermine le taux d'actualisation (WACC ou Kcp) selon que le flux retenu tient compte de la structure financière ou non.

13. Selon la méthode de l'EVA, la valeur d'une entreprise dépend de sa capacité à dégager une rentabilité supérieure à son coût du capital.

14. L'évaluation patrimoniale est plus adaptée aux sociétés de services.

15. Dans la méthode du DDM on actualise les flux de dividendes au WACC.

CORRIGÉ 1

1. VRAI. Le FCFE détermine directement la valeur des capitaux propres (Vcp) et le FCFF chiffre directement la valeur de l'entreprise (VE). Comme VE = Vcp + Dette nette, la différence correspond à la dette nette.

2. FAUX. On utilise l'impôt théorique, c'est-à-dire le taux d'impôt réel de la société mais appliqué à l'EBIT pour ne pas tenir compte de l'économie d'impôt engendrée par les frais financiers (et donc de la structure financière de la société).

3. VRAI. Les multiples de transaction sont généralement supérieurs car ils tiennent compte d'une prime d'achat.

4. VRAI. Le multiple de PER est le plus utilisé en pratique car il est facilement compréhensible et intègre le solde final pour l'actionnaire, le résultat net.

5. VRAI. Le FCFE est le flux qui revient exclusivement à l'actionnaire ; on actualise donc au rendement requis par cet actionnaire, le coût des capitaux propres.

6. FAUX. C'est le *Price Earnings Growth*.

7. FAUX. Ce sont les actifs immatériels qui ne sont pas pris en compte et qui doivent faire l'objet d'une réévaluation.

8. FAUX. Il ne faut jamais faire des moyennes de multiples d'années différentes, mais des moyennes de sociétés différentes pour un même multiple de même année.

9. FAUX. C'est le bêta des capitaux propres qui tient compte de l'endettement.

10. FAUX. On doit utiliser la capitalisation boursière, la valeur de marché des capitaux propres, lorsque la société est cotée.

11. FAUX. Le NOPAT (*Net Operating Profit After Tax*) correspond à l'EBIT moins l'impôt théorique.

12. VRAI.

13. VRAI.

14. FAUX. L'évaluation patrimoniale est plus adaptée aux sociétés à forte intensité capitalistique, à forte valeur immobilière ou aux holdings. Les valeurs des sociétés de services sont surtout fondées sur les actifs immatériels difficilement quantifiables selon une approche patrimoniale.

15 . FAUX. Comme pour le FCFE, le dividende est un flux qui est seulement perçu par les actionnaires ; on actualise donc ces flux au coût des capitaux propres.

APPLICATION 2 L'évaluation du groupe Adidas par la méthode du DCF

Vous devez effectuer l'évaluation du Groupe Adidas au 1er janvier 2012. Vous disposez pour cela du *business plan* sur dix ans et d'informations complémentaires :

Le business plan du groupe Adidas de 2012e à 2021e (M€)

Adidas *business plan*	2010	2011	2012e	2013e	2014e	2015e	2016e	2017e	2018e	2019e	2020e	2021e
Compte de résultat												
CA	11 990	11 344	14 278	15 206	16 119	17 005	17 855	18 748	19 685	20 670	21 703	22 788
Var.		*11,3%*	*7,0%*	*6,5%*	*6,0%*	*5,5%*	*5,0%*	*5,0%*	*5,0%*	*5,0%*	*5,0%*	*5,0%*
EBE	947	1 263	1 536	1 718	1 902	2 092	2 285	2 400	2 520	2 646	2 778	2 917
% du CA	*7,9%*	*9,5%*	*10,8%*	*11,3%*	*11,8%*	*12,3%*	*12,8%*	*12,8%*	*12,8%*	*12,8%*	*12,8%*	*12,8%*
Amortissement	263	252	251	274	290	306	321	337	354	372	391	410
% du CA	*2,2%*	*1,9%*	*1,8%*	*1,8%*	*1,8%*	*1,8%*	*1,8%*	*1,8%*	*1,8%*	*1,8%*	*1,8%*	*1,8%*
REX	684	1 011	1 285	1 445	1 612	1 786	1 964	2 062	2 165	2 274	2 397	2 507
% du CA	*5,7%*	*7,6%*	*9,0%*	*9,5%*	*10,0%*	*10,5%*	*11,0%*	*11,0%*	*11,0%*	*11,0%*	*11,0%*	*11,0%*
Bilan												
BFR	2 656	2 816	2 998	3 193	3 385	3 571	3 750	3 937	4 134	4 341	4 558	4 786
% du CA	*22,2%*	*21,1%*	*21,0%*	*21,0%*	*21,0%*	*21,0%*	*21,0%*	*21,0%*	*21,0%*	*21,0%*	*21,0%*	*21,0%*

Les investissements représentent tous les ans 2,5 % du chiffre d'affaires et le taux d'impôt théorique est de 32 %. Pour simplifier, on considérera qu'il n'y a pas d'actif financier, d'intérêt minoritaire ni de provision.

Au 31 décembre 2011, le cours de bourse d'Adidas est de 50 euros et 210 millions de titres sont en circulation. La dette nette est de 150 M€ et on estime le *spread* à 2 %. On considère un taux sans risque (Rf) de 4,5 %, une prime de risque du marché (Rm) de 3,5 % et un bêta des capitaux propres de 1,1. On fera l'hypothèse que le flux de l'année *n* correspondra au flux de trésorerie actualisé en 2021 (FCFF) augmenté d'une croissance à l'infini de 2 %.

1. Calculer le coût moyen pondéré du capital (CMPC ou WACC) d'Adidas.

2. Déterminer les flux de trésorerie actualisés revenant à l'entreprise de 2008e à 2017e.

3. Chiffrer la valeur terminale.

4. Trouver la valeur de l'entreprise et la valeur des capitaux propres par action Adidas.

CORRIGÉ 2

1. Le WACC

Le coût des capitaux propres d'Adidas (Kcp) = Rf + [E(Rm) – Rf] × β = 4,5 % + 3,5 % × 1,1 = 8,35 %.

Kd après IS = (Rf + *spread*) × (1 – τ) = (4,5 % + 2 %) × (1 – 32 %) = 4,42 %.

CB = nb d'actions × cours = 210 × 50 = 10 500

D = 150

VE = CB + D = 10 500 + 150 = 10 650.

WACC = Kcp × (CB / VE) + Kd après IS × (D / VE) = 8,35 % × (10 500 / 10 650) + 4,42 % × (150 / 10 650) = 8,3 %.

2. Les flux de trésorerie disponibles actualisés revenant à l'entreprise (FCFF)

DCF d'Adidas

Adidas (M€)	2010	2011	2012e	2013e	2014e	2015e	2016e	2017e	2018e	2019e	2020e	2021e
CA	11 990	13 344	14 278	15 206	16 119	17 005	17 855	18 748	19 685	20 670	21 703	22 788
Var.		*11,3 %*	*7,0 %*	*6,5 %*	*6,0 %*	*5,5 %*	*5,0 %*	*5,0 %*	*5,0 %*	*5,0 %*	*5,0 %*	*5,0 %*
REX	684	1 011	1 285	1 445	1 612	1 786	1 964	2 062	2 165	2 274	2 387	2 507
% du CA	*5,7 %*	*7,6 %*	*9,0 %*	*9,5 %*	*10,0 %*	*10,5 %*	*11,0 %*	*11,0 %*	*11,0 %*	*11,0 %*	*11,0 %*	*11,0 %*
+ Amortissement	263	252	251	274	290	306	321	337	354	372	391	410
(–) Impôt sur les sociétés	219	324	411	462	516	571	629	660	693	728	764	802
(–) Var. du BFR		160	182	195	192	186	179	187	197	207	217	228
(–) Investissements	251	374	357	380	403	425	446	469	492	517	543	570
FCFF			**585**	**681**	**792**	**909**	**1 032**	**1 084**	**1 138**	**1 195**	**1 254**	**1 317**
Coefficient d'actualisation			*0,923*	*0,853*	*0,787*	*0,727*	*0,671*	*0,620*	*0,572*	*0,529*	*0,488*	*0,451*
(=) **FCFF actualisés**			**541**	**581**	**623**	**661**	**693**	**672**	**651**	**632**	**612**	**594**

Le facteur d'actualisation est calculé de la façon suivante : 1 / $(1 + \text{WACC})^n$

où n correspond au nombre d'années qui sépare le flux actualisé de la date de l'évaluation (ex. : pour une évaluation réalisée à partir du 1er janvier 2012, le facteur d'actualisation 2015e sera 1 / $(1 + \text{WACC})^4$.

La somme des FCFF actualisés sur la période 2012e – 2021e est égale à 6 259 M€.

3. La valeur terminale

VT = (FCFF_n x g) / (WACC – g) = (1 317 × 1,02) / (8,3 % – 2 %) = 21 344 M€.

La valeur terminale doit alors être actualisée pour obtenir la valeur aujourd'hui :

VT actualisée = 21 344 / $(1 + 8{,}3\ \%)^{10}$ = 9 621 M€.

Attention : Les chiffres donnés correspondent à des arrondis pour un souci de présentation mais les calculs sont réalisés avec les valeurs réelles (par exemple 1 317 est en fait 1 317,17 et le WACC est de 8,2946 %).

4. La valeur de l'entreprise

Elle est égale à la somme des FCFF actualisés 2012e – 2021e et la valeur terminale actualisée, c'est-à-dire 6 259 + 9 621 = 15 880 M€.

Pour déterminer la valeur des capitaux propres, il faut retrancher la dette nette de 150 M€ de la valeur d'entreprise, ce qui donne 15 730 M€.

Vcp = VE – dette nette

Selon la méthode du DCF, l'action Adidas vaut 74,9 € (15 730 / 210).

Il est intéressant de comparer ce résultat à celui obtenu (87,5 €) par l'évaluation des multiples de transaction.

APPLICATION 3 L'évaluation de la division Vins et Spiritueux du groupe LVMH par la méthode des multiples

LVMH est le leader mondial du luxe dans différentes catégories comme la maroquinerie (Louis Vuitton), les montres (Tag Heuer), la distribution sélective (Sephora) et les vins et spiritueux (Moët & Hennessy).

Dans ce cas, l'évaluation sera concentrée sur la seule division de Vins et Spiritueux MH du Groupe LVMH qui se compose principalement des marques de champagne Moët & Chandon et Veuve Clicquot, ainsi que du Cognac Hennessy.

Le *business plan* de Moët & Hennessy

MH (M€)	2011	2012e	2013e
CA	3 520	3 750	3 900
Var.		*6,5 %*	*4,0 %*
REX	1 069	1 150	1 200
% marge	30,4 %	30,7 %	30,8 %

LVMH ne publiant pas la dette nette par division, la dette nette de l'entité Moet & Hennessy sera estimée à 500 M€

Données de différentes sociétés

Sociétés	VE	CA 2012e	CA 2013e	REX 2012e	REX 2013e
Diageo (£)	46 000	10 626	11 069	3 183	3 432
Pernod Ricard (€)	31 400	8 133	8 645	2 109	2 367
Laurent Perrier (€)	660	225	240	47	54
Hermes (€)	28 000	3 300	3 650	1 020	1 150
Tods (€)	2 400	970	1 080	215	240
Rémy Cointreau (€)	3 700	1 130	1 240	255	300
Vranken (€)	660	345	365	40	45

Profil des sociétés

Sociétés	Profil de la société	Les principales marques
Diageo	Leader mondial de spiriteux	Smirnoff, Johnnie Walker, Baileys, Guinness
Pernod Ricard	Leader mondial de spiriteux	Ricard, Chivas, Ballantine's, Mumm, Malibu
Laurent Perrier	Producteur de Champagne	Laurent Perrier
Hermès	Maroquinerie haut de gamme	Hermes
Tods	Chaussures de luxe	Tods
Rémy Cointreau	Spiritueux et champagne	Cognac Rémy Martin, Piper-Heidsieck, Cointreau
Vranken	Producteur de Champagne	Pommery, Heidsieck, Vranken, Lafitte

Calculer la valeur de l'entreprise (VE) et la valeur des capitaux propres de Moët & Hennessy selon la méthode des multiples. Pour cela, vous utiliserez la moyenne de votre échantillon.

CORRIGÉ 3

1. Détermination de l'échantillon de sociétés comparables à Moët & Hennessy

Seules sont retenues les sociétés du secteur des vins et spiritueux, c'est-à-dire Diageo, Pernod Ricard, Laurent Perrier, Rémy Cointreau et Vranken et sont exclues les deux sociétés de maroquinerie et de chaussures Hermès et Tods.

2. Détermination du multiple utilisé pour valoriser Moet & Hennessy

Étant donné l'importante différence de rentabilité économique entre Moet & Hennessy et les sociétés composant l'échantillon, le multiple de VE / REX est préféré au multiple de VE / CA. Les calculs sont effectués sur les deux années de prévisions dont on dispose.

Marge opérationnelle de Moët & Hennessy et de ses comparables

Sociétés	2012e	2013e
Diageo	30 %	31 %
Pernod Ricard	26 %	27 %
Laurent Perrier	21 %	23 %
Rémy Cointreau	23 %	24 %
Vranken	12 %	12 %
Moyenne de l'échantillon	**22 %**	**23 %**
Moët & Hennessy	**30,7 %**	**30,8 %**

3. Calcul du multiple retenu (VE / REX)

Les multiples de VE / REX de chaque société de l'échantillon sont déterminés pour les deux années 2012e et 2013e. Par exemple, pour Pernod Ricard, une VE 12e de 31 400 M€ et un REX 12e de 2 109 donnent un multiple de 14,9x.

Multiples VE / REX des sociétés comparables en 2012e et 2013e

Sociétés	2012e	2013e
Diageo	14,5	13,4
Pernod Ricard	14,9	13,3
Laurent Perrier	14,0	12,2
Remy cointreau	14,5	12,3
Vranken	16,5	14,7
Moyenne	14,9	13,2

4. Application des multiples moyens aux soldes de Moët & Hennessy

Détermination de la valeur des capitaux propres de Moët & Hennessy

Évaluation de Moët & Hennessy (M€)	2012e	2013e
REX de Moët & Hennessy (1)	1 150	1 200
(×) Multiples retenus (2)	14,9	13,2
VE (3 = 1 × 2)	**17 135**	**15 840**
Dette nette (4)	500	500
Valeur des capitaux propres (= 3 – 4)	**16 635**	**15 340**

Attention : Les chiffres donnés correspondent à des arrondis pour un souci de présentation mais les calculs sont réalisés avec les valeurs réelles (par exemple, les multiples 14,9 et 13,2 sont 14,879 et 13,178).

La moyenne des valeurs obtenues en 2012e et 2013e conduit à une VE de Moët & Hennessy de 16 488 M€ = (17 135 + 15 840) / 2 et une valeur des capitaux propres de 15 988 M€.

APPLICATION 4 L'évaluation de la société Elenos par la méthode du DDM

La société Elenos a le monopole de la distribution de jeux de paris sportifs et de loteries en Grèce. Ce monopole est de plus en plus menacé par la Commission européenne qui cherche à libéraliser les différents marchés de jeux européens. Il vous est demandé de déterminer la valeur des capitaux propres de la société Elenos avec un scénario de perte de monopole en 2016 et sa valeur d'entreprise à l'aide d'un DDM.

Données historiques

Elenos (M€)	2011	2012
Résultat net	510	571
var.		12 %
Taux de distribution du dividende	99 %	97 %

À partir de 2016, l'arrivée de concurrents sur le marché grec pèsera sur la rentabilité et les performances d'Elenos qui sera obligé d'autofinancer plus d'investissements et donc de verser moins de dividendes.

Les hypothèses du scénario retenu pour la société Elenos

Hypothèses du scenario	2013e-2015e	2016e	2017e-2022e
Taux de croissance annuel du RN	8 %	– 10 %	2 %
Taux de distribution	95 %	60 %	60 %

La croissance à l'infini est estimée à 2 % (appliquée au flux de 2022e), le bêta à 0,8, la prime de marché [E(Rm)–Rf] à 3,5 % et le taux sans risque (Rf) à 4,5 %. Elenos n'a pas de dette au 31 décembre 2012 mais une trésorerie positive de 500 M€.

Calculer la valeur de l'entreprise (VE) et la valeur des capitaux propres d'Elenos selon la méthode du DDM au 1er janvier 2013.

CORRIGÉ 4

Calculs prévisionnels des flux de dividendes actualisés

Elenos (M€)	2011	2012	2013	2014	2015	2016	2017	2018	2019	2020	2021	2022
Résultat net (1)	510	571	617	666	719	647	660	674	687	701	715	729
Var.		*12 %*	*8 %*	*8 %*	*8 %*	*– 10 %*	*2 %*	*2 %*	*2 %*	*2 %*	*2 %*	*2 %*
Tx de distribution (2)	99 %	97 %	95 %	95 %	95 %	60 %	60 %	60 %	60 %	60 %	60 %	60 %
Dividende (1 × 2 = 3)			**586**	**633**	**683**	**388**	**396**	**404**	**412**	**420**	**429**	**437**
Coefficient d'actualisation (4)			0,932	0,869	0,809	0,754	0,703	0,655	0,611	0,569	0,530	0,494
Dividende actualisé (3 × 4)			**546**	**550**	**553**	**293**	**279**	**265**	**252**	**239**	**227**	**216**

Attention : Les chiffres donnés correspondent à des arrondis pour un souci de présentation mais les calculs sont réalisés avec les valeurs réelles.

Le coût des capitaux propres est de 7,3 %.

Kcp = 4,5 % (Rf) + 3,5 % [E(Rm) – Rf] × 0,8 (β) = 7,3 %.

La valeur des capitaux propres de la période 2013e à 2022e est de 3 420 M€.

La valeur terminale avec un taux de croissance à l'infini de 2 % est de 4 161 M€ :

VT = (437 × 1,02) / (7,3 % – 2 %) = 8 418,3 M€

VT actualisée : 8 418,3 / $(1 + 7,3\ \%)^{10}$ = 4 161 M€

La valeur des capitaux propres est donc de : 3 420 + 4 161 = 7 581 M€

Étant donné que

Valeur d'entreprise (VE) = Capitalisation boursière (CB) + Dette nette (Dn)

la valeur d'entreprise d'Elenos est égale à : 7 581 + (– 500) = 7 081 M€.

APPLICATION 5 L'évaluation de la société Tovière par la méthode du *goodwill*

Bilan comptable et réévalué de la société Tovière au 31/12/2012 en M€

Bilan	Bilan comptable	Bilan réévalué
Immobilisations corporelles	400	500
BFR	400	400

GW comptable	100	?
Participations financières	100	300
Cash	100	100
Dettes financières	500	500

Compte de résultats prévisionnels en M€

Compte de résultat	2013	2014	2015	2016	2017
Chiffre d'affaires	1 000	1 050	1 103	1 158	1 216
var.		*5,0 %*	*5,0 %*	*5,0 %*	*5,0 %*
REX	200	210	221	232	243
% du CA	*20,0 %*	*20,0 %*	*20,0 %*	*20,0 %*	*20,0 %*
Frais financiers	25	25	25	25	25
Impôt	58	61	65	68	72
tx d'impôt	*33 %*	*33 %*	*33 %*	*33 %*	*33 %*
RN	117	124	131	139	146

Attention : Les chiffres présentés dans ce tableau pour l'impôt et le résultat net sont des arrondis. Il vous est demandé d'utiliser les valeurs réelles pour les calculs (impôt 33 % du REX après frais financiers).

Hypothèses retenues pour l'évaluation de la société Tovière : une prime de risque du marché de 3,5 %, un taux sans risque (Rf) de 4,5 %, un bêta de 1,2, un taux d'impôt théorique de 33 % et une capitalisation boursière de 1 000 M€. On estime que l'avantage concurrentiel de la société Tovière ne durera que 5 ans.

1. Sachant que le BFR représente 40 % du CA et que les immobilisations corporelles sont fixes, calculer les CPNE sur la période 2013e – 2017e.

2. Calculer le WACC.

3. Calculer la valeur du *goodwill* de la société Tovière, puis la valeur de ses capitaux propres.

CORRIGÉ 5

Méthode du *goodwill* CPNE (M€)	2013	2014	2015	2016	2017
Immobilisations corporelles	500	500	500	500	500
BFR	400	420	441	463	486
40 % du chiffre d'affaires	*40 %*	*40 %*	*40 %*	*40 %*	*40 %*
CPNE (1)	**900**	**920**	**941**	**963**	**986**
WACC (2)	*7,4 %*	*7,4 %*	*7,4 %*	*7,4 %*	*7,4 %*
Rémunération des CPNE au WACC (3 = 1 × 2)	66	68	69	71	73
NOPAT (4) ou REX après impôt théorique	134	141	148	155	163
Surprofits (4 – 3)	68	73	79	85	90
Coefficient d'actualisation	0,931	0,868	0,808	0,753	0,701
Surprofits actualisés	**63**	**63**	**64**	**64**	**63**

Attention : Les chiffres donnés correspondent à des arrondis pour un souci de présentation mais les calculs sont réalisés avec les valeurs réelles.

1. Calcul de CNPE

Les CPNE correspondent à la somme des immobilisations corporelles réévaluées (500 M€ stable sur la période) et le BFR (40 % du CA) : on obtient alors 900 en 2013 puis 920, 941, 963 et 986 pour les années suivantes.

2. Calcul du WACC

Le coût des capitaux propres est : 4,5 % + 3,5 % × 1,2 = 8,7 %.

Le coût de la dette après impôt est : 6 % (1 – 33 %) = 4 %.

VE = Capitalisation boursière + Dettes nettes (Dettes financières – *Cash*)

VE = 1 000 + (500 – 100) = 1 400 M€.

La dette nette et la capitalisation boursière représentent respectivement 28,6 % et 71,4 % de la VE donnée par le marché.

WACC = 8,7 % × 71,4 % + 4 % × 28,6 % = 7,36 %.

3. Calcul de la valeur du *goodwill* et de la valeur des capitaux-propres

Le surprofit est la différence entre la rémunération demandée par les actionnaires et créanciers (WACC × CPNE) et le résultat d'exploitation réel après impôt théorique de l'entreprise (NOPAT).

La rémunération des CPNE au WACC (7,36 %) donne 66 en 2013, 68, 69, 71 et 73 les années suivantes.

Le NOPAT est de 134 en 2013 (REX – Impôt théorique) = 200 – (1 – 33 %). Comme pour la méthode du DCFF (*Discounted Cash Flow to the Firm*), le taux d'actualisation étant le WACC, il ne faut pas tenir compte des frais financiers ; l'impôt à retenir n'est donc pas le montant réellement payé mais un impôt théorique (33 % du REX), sans prise en compte des frais financiers et de l'économie d'impôt liée.

Les surprofits sont ensuite actualisés au WACC. La somme des surprofits pendant les 5 années prévisionnelles d'avantage concurrentiel est : 63 + 63 + 64 + 64 + 63 = 317 M€.

Le GW est de 317 M€ à comparer à des incorporels comptables de 100 M€.

Vcp = ANR_{SI} + GW

Vcp = Immobilisations corporelles réévaluées + BFR + Participations financières réévaluées – Dette nette + GW

= 500 + 400 + 300 – 400 + 317 = 1 116 M€.

2e version du cas

S'il n'avait pas été dit que l'avantage concurrentiel de la société Tovière durerait seulement 5 ans, mais qu'il soit infini, on aurait obtenu :

GW = 316 M€ (flux de 2013e à 2017e) + valeur terminale actualisée du Goodwill

VT actualisée = [(90 x (1 + g) / (7,36 % – g)] × 0,701

Avec g le taux de croissance à l'infini et 0,701 le coefficient d'actualisation [1 / (1 + 7,36 %)^{5}]

Vcp = 500 + 400 + 300 – 400 + 317 + VT actualisée.

APPLICATION 6 L'évaluation de Bryan Air par la méthode de l'EVA

Compte de résultat et éléments bilantiels historiques et prévisionnels (M€)

Bryan Air (M€)	2010	2011	2012e	2013e	2014e	2015e	2016e	2017e	2018e	2019e	2020e	2021e
Chiffre d'affaires	1 693	2 237	2 684	3 006	3 246	3 473	3 681	3 865	4 058	4 261	4 431	4 564
var.		*32 %*	*20 %*	*12 %*	*8 %*	*7 %*	*6 %*	*5 %*	*5 %*	*5 %*	*4 %*	*3 %*
REX	375	472	590	691	747	799	847	889	933	980	1019	1050
% du CA	*22 %*	*21 %*	*22 %*	*23 %*	*23 %*	*23 %*	*23 %*	*23 %*	*23 %*	*23 %*	*23 %*	*23 %*
Résultat financier	- 36	- 21	- 18	- 15	- 12	- 9	- 6	- 3	0	3	6	9
Impôt	33	15	57	68	74	79	84	89	93	98	103	106
Taux d'impôt	*10 %*	*3 %*	*10 %*	*10 %*	*10 %*	*10 %*	*10 %*	*10 %*	*10 %*	*10 %*	*10 %*	*10 %*
Résultat net	306	436	515	608	662	711	757	797	840	885	923	953
Capital investi (fin de période)	2 231	3 055	3 361	3 697	4 067	4 473	4 921	5 167	5 425	5 696	5 981	6 280

Attention : Les chiffres présentés dans ce tableau pour l'impôt et le résultat net sont des arrondis. Il vous est demandé d'utiliser les valeurs réelles pour les calculs (impôt 33 % du REX après frais financiers).

Les hypothèses retenues pour ce scénario d'évaluation sont les suivantes : un taux d'impôt théorique de 10 %, une dette nette à la fin de l'année fiscale 2011 de 516 M€, un nombre d'actions de 1 491 M au cours de 5,8 €, un taux sans risque (Rf) de 4,5 %, une prime de risque de 3,5 %, un coût de la dette avant impôt de 6 %, un bêta des capitaux propres de 1,3 et une croissance à l'infini de 0 %. Pour le calcul de l'EVA vous considérerez comme capitaux investis la moyenne entre le début et la fin de chaque période.

1. Déterminer le WACC de Bryan Air.

2. Calculer le NOPAT sur la période prévisionnelle (2012e – 2021e).

3. En déduire la valeur d'entreprise (VE) et la valeur des capitaux propres (Vcp) de Bryan Air selon la méthode de l'EVA.

CORRIGÉ 6

1. Le WACC de Bryan Air.

Le coût des capitaux propres selon la méthode du MEDAF est :

$Rf + [E(Rm) - Rf] \times \beta = 4{,}5\ \% + 3{,}5\ \% \times 1{,}3 = 9{,}05\ \%$.

Le coût de la dette (Kd) = 6 %.

Après impôt, le coût de la dette : $Kd - (1 - \tau) = 6\ \% - (1 - 10\ \%) = 5{,}4\ \%$.

La capitalisation boursière est de : $1\ 491 \times 5{,}8 = 8\ 647$ M€.

La dette nette est de 516 M€.

La dette nette et la capitalisation boursière représentent respectivement 5,4 % et 94,4 % de la valeur d'entreprise (VE) donnée par le marché.

$WACC = 9{,}05\ \% \times 94{,}4\ \% + 5{,}4\ \% \times 5{,}6\ \% = 8{,}84\ \%$.

2. Le NOPAT

Il est égal au REX – l'impôt théorique

Calcul du NOPAT (M€)	2010	2011	2012e	2013e	2014e	2015e	2016e	2017e	2018e	2019e	2020e	2021e
REX (1)	375	472	590	691	747	799	847	889	933	980	1 019	1 050
Impôt théorique (2)	38	47	59	69	75	80	85	89	93	98	102	105
10 % du REX	*10 %*	*10 %*	*10 %*	*10 %*	*10 %*	*10 %*	*10 %*	*10 %*	*10 %*	*10 %*	*10 %*	*10 %*
NOPAT (1 – 2)	**338**	**425**	**531**	**622**	**672**	**719**	**762**	**800**	**840**	**882**	**917**	**945**

Attention : Les chiffres donnés correspondent à des arrondis pour un souci de présentation mais les calculs sont réalisés avec les valeurs réelles.

Pour calculer un NOPAT, l'erreur fréquente est d'utiliser l'impôt réel au lieu de l'impôt théorique. Le taux d'impôt théorique est utilisé pour ne pas prendre en compte la structure financière de la société lorsqu'on calcule un flux (NOPAT) actualisé au coût du capital (WACC) de tous les apporteurs de fonds (actionnaires et créanciers).

3. Détermination de la valeur d'entreprise et de capitaux propres de Bryan Air (en M€)

Les capitaux investis (CI) sont calculés en faisant la moyenne entre le début et la fin de chaque période :

L'EVA est mesurée en multipliant la création de valeur (Rentabilité – WACC) par le capital investi moyen (CI) :

Calcul du CI moyen	2010	2011	2012e	2013e	2014e	2015e	2016e	2017e	2018e	2019e	2020e	2021e
CI (fin de période)	2 231	3 055	3 361	3 697	4 067	4 473	4 921	5 167	5 425	5 696	5 981	6 280
CI (début de période)			3 055	3 361	3 697	4 067	4 473	4 921	5 167	5 425	5 696	5 981
CI moyen			**3 208**	**3 529**	**3 882**	**4 270**	**4 697**	**5 044**	**5 296**	**5 561**	**5 839**	**6 131**

Flux de création de valeur de la société Bryan Air

Méthode de l'EVA	2010	2011	2012e	2013e	2014e	2015e	2016e	2017e	2018e	2019e	2020e	2021e
NOPAT / CI moyen (1)	15,1 %	13,9 %	16,6 %	17,6 %	17,30 %	16,80 %	16,20 %	15,90 %	15,90 %	15,90 %	15,70 %	15,40 %
WACC (2)	8,80 %	8,80 %	8,80 %	8,80 %	8,80 %	8,80 %	8,80 %	8,80 %	8,80 %	8,80 %	8,80 %	8,80 %
Création de valeur (3 = 1 - 2)	**6,3 %**	**5,1 %**	**7,7 %**	**8,8 %**	**8,50 %**	**8,00 %**	**7,40 %**	**7,00 %**	**7,00 %**	**7,00 %**	**6,90 %**	**6,60 %**
CI moyen (4)			3 208	3 529	3 882	4 270	4 697	5 044	5 296	5 561	5 839	6 131
EVA (3 x 4)			**247**	**310**	**329**	**341**	**347**	**354**	**371**	**390**	**401**	**403**

coefficient d'actualisation	*0,919*	*0,844*	*0,775*	*0,712*	*0,655*	*0,601*	*0,553*	*0,508*	*0,466*	*0,428*
EVA actualisée	**227**	**261**	**255**	**243**	**227**	**213**	**205**	**198**	**187**	**173**

La somme des EVA actualisées sur la période de prévision 2012e – 2021e = 2 190 M€.

La valeur terminale (VT) sans croissance à l'infini (g = 0 %) se résume à :

VT = [EVA 2017e × (1 + g)] / (WACC – g) = [403 × (1 + 0 %)] / (8,84 % – 0 %) = 4 554 M€

VT actualisée = 4 554 × 0,4285 = 1 951 M€.

La valeur de l'entreprise (VE) est : CI_0 + ∑ EVA (2012e – 2021e) + VT = 3 055 + 2 190 + 1 951 = 7 196 M€.

Pour obtenir la valeur des capitaux propres (Vcp), on déduit la dette nette de la valeur d'entreprise : Vcp = 7 196 – 516 = 6 681 M€ soit 4,48 € par titre.

APPLICATION 7 L'évaluation de la société Lagarde par la méthode patrimoniale

La société Lagarde est une boulangerie qui réalise 2 000 K€ de chiffre d'affaires en 2012. Vous avez à disposition son bilan en valeur nette comptable :

Bilan de la société Lagarde au 31 décembre 2012 en K€

Au 31/12/2012 en K€ **Actif**	**VNC**	**Passif**	**VNC**
Actif immobilisé		**Capitaux propres**	**750**
Frais d'établissement	50		
Immobilisations corporelles	600	Provisions pour risques et charges	100
Actif circulant			
Stocks	200	**Dettes**	
Clients	400	Emprunts bancaires	500
VMP	200		
Trésorerie	100	Fournisseurs	200
Total	**1 550**	**Total**	1 550

Il vous est demandé d'évaluer la valeur réelle des capitaux propres de la société Lagarde au 31 décembre 2012 à l'aide des éléments suivants :

- **Le taux d'impôt est de 35 %.**
- **Un expert évalue le fonds commercial à 50 % du chiffre d'affaires.**
- **La provision pour risques et charges de 100 K€ n'est plus justifiée.**
- **Les postes de stocks, clients et fournisseurs ont une valeur de marché égale à leur valeur net comptable (VNC).**
- **Les immobilisations corporelles (four, mobiliers, etc.) sont entièrement nécessaires à l'exploitation et l'expert évalue leur valeur réelle à 700 K€ (VNC de 600 K€).**

– **Les Valeurs Mobilières de Placement (VMP) correspondent à 20 SICAV que le gérant avait achetées au cours de 10 € pour utiliser un excédent de trésorerie. Le cours de ces SICAV au 31 décembre 2012 est de 30 €.**

– **La valeur comptable des emprunts bancaires reflète parfaitement la valeur de marché. On sait que le coût réel de la dette de la société est de 6 %.**

– **Le local de la boulangerie est financé par crédit-bail. La société doit encore verser un loyer annuel dont la part en capital est de 20 K€ pendant 4 ans (2013 à 2016) et il existe une option d'achat de 100 K€ à l'issue du contrat (fin 2016). L'expert évalue la valeur de marché du local à 300 K€ au 31/12/2012. Le caractère avantageux de ce contrat ne laisse aucun doute sur la levée de l'option.**

CORRIGÉ 7

Par la méthode patrimoniale, les capitaux propres réévalués de la société Lagarde sont de 2 276 K€ :

Réévaluation des capitaux propres de la société Lagarde

En K€	
Capitaux propres	**2 276**
(+) VNC des capitaux propres	750
(–) frais d'établissement	– 50
(+) Plus-value des immobilisations corporelles	100
(+) Plus-value immobiliere du bien en crédit-bail	151
(+) Reprise sur provisions après impôt	65
(+) Plus-value des VMP après impôt	260
(+) Valeur du fonds commercial	1 000

Les frais d'établissement sont déduits des capitaux propres car ils ne correspondent à aucun actif réel de la société et donc n'ont aucune valeur (– 50).

Les immobilisations corporelles sont évaluées à 600 K€ avec une VNC de 500 K€, on enregistre alors dans les capitaux propres une plus-value de 100 K€.

Le crédit-bail nécessite d'évaluer la valeur du bien à l'actif (300 K€ d'après l'expert) avec comme contreparties le coût de financement restant dû en dettes et une plus ou moins-value en capitaux propres. La valeur du crédit-bail en dettes se calcule en actualisant les loyers et l'option d'achat actualisés au coût d'endettement de la société (6 %).

Valeur des loyers restants du crédit-bail

Année	2013	2014	2015	2016	Option d'achat
Part en capital des loyers	20	20	20	20	100
Coefficient d'actualisation	0,943	0,890	0,840	0,792	0,792
Part en capital des loyers actualisés	19	18	17	16	79

La somme de la part en capital des loyers et de l'option d'achat actualisés est de 149 K€ (19 + 18 + 17 + 16 + 79). La valeur du bien étant évaluée par l'expert à 300 K€ et son coût de financement à 149 K€, il existe une plus-value de 151 K€ à rajouter dans les capitaux propres.

Provisions pour risques et charges : étant donné qu'elle n'est plus justifiée, on doit la considérer comme faisant partie des capitaux propres. Il s'agira d'une reprise sur provisions dans le compte de résultat qui fera l'objet d'une imposition (35 %) ; on comptabilise donc cette provision après impôt dans les capitaux propres : 100 × (1 – 35 %) = 65 K€.

Les VMP sont évaluées à 600 K€ (20 × 30 €) pour une valeur comptable de 200 K€ inscrite au bilan, c'est-à-dire que l'on enregistre une plus-value de 400 K€. Ces VMP sont considérées comme hors exploitation et cessibles dans ce cas, donc soumises à l'impôt (35 %). La plus-value après impôt enregistrée en capitaux propres est de : 400 × (1 – 35 %) = 260 K€.

La valeur du fonds commercial correspond d'après l'expert à 50 % du chiffre d'affaires de la société Lagarde (2 000 K€), soit 1 000 K€ qui seront rajoutés entièrement dans les capitaux propres puisqu'il n'y a aucune valeur nette comptable du fonds commercial au bilan.

CHAPITRE

11

Compléments sur les méthodes d'évaluation

Les méthodes d'évaluation, comme la finance en général, sont en perpétuelle évolution, aussi bien d'un point de vue théorique que pratique.

Sur un plan théorique, une démarche récente provenant de la finance de marché mérite une attention particulière. Comment les options réelles peuvent-elles être utilisées en matière d'évaluation des entreprises ? Cette méthode n'est pas, à ce jour, véritablement utilisée par les praticiens, ce qui justifie une présentation séparée.

Sur un plan pratique, le chapitre 10 doit être complété par un exposé des difficultés que rencontrent les professionnels lors de la mise en œuvre des diverses approches : détermination du coût du capital, évaluation des éléments compris entre VE et Vcp, estimation des variables du DCF, corrections à apporter pour une utilisation satisfaisante des multiples, valorisation des actifs intangibles et en particulier des marques créées par la société.

I L'évaluation de l'entreprise par les options réelles

A. Présentation des options réelles

Le principe de la méthode des options réelles consiste à appliquer les options sur instruments financiers (voir le chapitre 2) aux choix en matière d'investissement et d'évaluation. Cette nouvelle approche permet de compléter les méthodes traditionnelles (DCF, multiples, EVA, etc.) en intégrant la valeur de flexibilité (d'option) dans les choix d'investissement des dirigeants.

Les méthodes d'évaluation ou d'investissement (VAN) dites « traditionnelles » sont fondées sur des hypothèses figées à un instant t ; elles ne prennent pas en compte la possibilité de modifier ces choix en fonction de l'évolution de la situation pendant la durée de vie de l'entreprise ou du projet (voir le chapitre 3, II3).

Selon cette méthode, la valeur d'entreprise est égale à :

Valeur d'entreprise par les méthodes traditionnelles
+ Valeur des options réelles.

De la même façon, la valeur créée par un investissement est égale à :

VAN classique + Valeur des options réelles.

Le dirigeant peut prendre différentes décisions stratégiques comme, par exemple, arrêter un projet au bout d'un an, augmenter les capacités de production, développer un nouveau produit, s'introduire sur un nouveau marché, etc. Parmi les catégories d'options réelles les plus utilisées, on retiendra les options d'expansion, d'abandon (ou de cession) et de report.

Pour que chacune des situations puisse être modélisée sous forme d'options *call* (pour les options d'expansion et de report) ou *put* (pour les options de cession), il est nécessaire de respecter plusieurs conditions. Le projet initial doit être incertain et laisser envisager, pendant son déroulement, l'obtention de nouvelles informations qui influeront sur la prise de décision et sur son évolution.

EXEMPLE

Une société qui lance un nouveau produit en France peut décider, si le succès est au rendez-vous, de le développer également aux États-Unis. Dans une évaluation classique, l'évaluateur ne prendra certainement pas en compte ce potentiel d'expansion si l'incertitude est trop grande. La méthode des options réelles permet d'évaluer cette possibilité en assimilant l'expansion à une option d'achat (*call*).

Dans les méthodes traditionnelles, l'indétermination en accroissant le risque fait baisser la valeur ; au contraire, dans la méthode des options, l'incertitude est créatrice de valeur.

B. Évaluation des options réelles par le modèle de Black & Scholes

Comme pour les options financières (voir le chapitre 2), les options réelles d'achat *(call)* reposent sur des modèles de valorisation en temps discret, le modèle binomial, ou en temps continu, le modèle stochastique.

Le modèle de Black & Scholes est plus simple à mettre en œuvre, au moins formellement ; c'est pourquoi il sera retenu ici. Pour un *call*, c'est-à-dire lorsque l'exercice de l'option engendre un *cash-flow* négatif, il repose sur la formulation suivante :

$$Call(C) = S \times N(d_1) - PE\left(e^{-R_F \times t}\right) \times N(d_2)$$

$$d_1 = Ln(S / PE) + \left(R_F + \sigma^2 / 2\right) \times t / \left(\sqrt{\sigma^2 t}\right)$$

$$d_2 = d_1 - \sqrt{\sigma^2 t}$$

Tableau 11.1 – **Correspondances entre les options financières et réelles**

	Options financières	Options réelles
S	Cours de l'action sous-jacente	VAN des flux de trésorerie futurs
PE	Prix d'exercice	Coût d'investissement du projet
R_F	Taux d'intérêt sans risque	Taux d'intérêt sans risque
σ	Écart type de rentabilité (volatilité de l'action)	Probabilité des flux de trésorerie
t	Temps jusqu'à l'échéance	Durée avant la prise de décision

Avec :
- $N(d_1)$ et $N(d_2)$: les probabilités cumulées des variables d_1 et d_2, dont les distributions suivent une loi normale ;
- R_F : le taux sans risque, dont la durée est celle de l'option ;
- σ : l'écart type des flux de trésorerie ;
- σ^2 : la variance.

Toutefois, le modèle de Black & Scholes est un modèle de valorisation d'options européennes et demande à être adapté aux options réelles qui peuvent être utilisées à différents moments pendant une période déterminée t ; il est donc nécessaire de rajouter à la formule initiale le coût du délai y lorsque la décision est reportée (y correspond à la fraction de la VAN des flux de trésorerie du projet perdue chaque année de report).

En intégrant $e^{(-y\times t)}$, la formule de l'option réelle devient :

$$Call(C) = e^{(-y\times t)} \times S \times N(d_1) - PE\left(e^{-R_F\times t}\right) \times N(d_2)$$

L'expression de d_1 change également :

$$d_1 = Ln(S / PE) + \left(R_F - y + \sigma^2 / 2\right) \times t / \left(\sqrt{\sigma^2 t}\right)$$

1. L'option d'expansion

Cette option réelle consiste à valoriser les opportunités d'extension que le projet initial peut offrir. Une entreprise peut lancer un projet qui en entraînera de nouveaux ou créera des opportunités de croissance. La théorie des options réelles remet en cause ce qui a été expliqué dans le chapitre 3, à propos du renoncement des projets à VAN négative. Étant donné que la valeur du projet est égale à la VAN additionnée des valeurs des options réelles, une VAN négative peut être acceptée lorsque les options réelles d'expansion rendent l'investissement total rentable.

La VAN consiste seulement à déterminer si le premier projet est rentable mais ne valorise pas les opportunités de développement que ce projet offre.

Tableau 11.2 – **Éléments de l'option réelle d'expansion**

	Option réelle de croissance ou d'expansion
S	VAN des flux de trésorerie du 2e projet
PE	Coût d'investissement du 2e projet
R_F	Taux d'intérêt sans risque
σ	Probabilité des flux de trésorerie du 2e projet
t	Période pendant laquelle le 2e projet est réalisable
y	Coût du report de la décision exprimé en fonction de la VAN

EXEMPLE

La société LBG fabrique des chaussures dans le Sud de la France et les distribue dans des magasins tiers dans toute la France. Les dirigeants savent que si le succès commercial de leur dernière collection continue au rythme actuel, ils pourront développer un site Internet afin d'accroître la distribution des produits et donc des ventes. La valeur de LBG trouvée par DCF est de 10 M€ sans tenir compte du projet du site Internet. On cherche à valoriser la société LBG en tenant compte de ce potentiel de développement sur Internet.

Les dirigeants estiment que la création d'un site marchand nécessiterait un investissement de 2 M€ et engendrerait une VAN de 5 M€. Ils estiment la variance de la valeur de ce projet à 15 % et pensent que l'investissement peut être réalisé dans les cinq prochaines années. Le taux sans risque est de 4,5 % et le taux de report annuel (y) représente 7,5 % de la VAN.

$$d_1 = \left[\text{Ln}(S / PE) + \left(R_F - y + \sigma^2 / 2\right) \times t\right] / \left(\sqrt{\sigma^2 t}\right)$$

$$= \left[\text{Ln}(5 / 2) + (4{,}5\,\% - 7{,}5\,\% + 15\,\% / 2) \times 5\right] / \left(\sqrt{15\,\% \times 5}\right) = 1{,}317\,84$$

$$d_2 = d_1 - \sqrt{\sigma 2t} = 1{,}750\,86 - \left(\sqrt{15\,\% \times 5}\right) = 1{,}317\,84 - 0{,}866\,02 = 0{,}45182$$

La table de la loi normale donne : $N(d_1) = 0{,}906\,22$ et $N(d_2) = 0{,}674\,30$

L'option réelle d'expansion vaut $= e^{(-y \times t)} \times S \times N(d_1) - PE\left(e^{-R_F \times t}\right) \times N(d_2)$

$= e^{(-7{,}5\,\% \times 5)} \times 5 \times 0{,}906\,22 - \left(2 \times e^{4{,}5\,\% \times 5}\right) \times 0{,}674\,30 = 2{,}04$

La société LBG vaut donc : DCF + option réelle = 10 + 2,04 = 12,04 M€.

2. L'option d'abandon ou de cession

Cette option réelle correspond à la possibilité d'abandonner ou de céder un projet ou une société. Par rapport aux options financières, l'option d'abandon peut être assimilée à un *put* ; l'exercice de l'option engendre un *cash-flow* positif. Le dirigeant a le choix de céder une entreprise ou un projet pendant une période précise : pour diverses raisons (intérêts stratégiques, pertes, etc.), l'opportunité de revente ou d'abandon peut être intéressante et correspond à une valeur déterminée par l'option réelle de cession. Ceci permet d'accepter des projets à VAN négative.

Soit deux sociétés créées pour le même montant d'investissement. Si l'une d'entre elles peut être revendue en cas d'échec, sa valeur sera supérieure à l'autre.

Tableau 11.3 – Éléments de l'option réelle d'abandon ou de cession

	Option réelle d'abandon
S	VAN des flux de trésorerie futurs du projet
PE	Recettes liées à la vente ou à l'abandon du projet
R_F	Taux d'intérêt sans risque
σ	Probabilité des flux de trésorerie du projet
t	Période pendant laquelle l'abandon est possible
y	1 / Durée restante du projet

L'option réelle d'abandon se calcule de la façon suivante :

$$S \times e^{(-y \times t)} \times N(d_1) - PE \times e^{(-R_F \times t)} \times N(d_2) - S \times e^{(-y \times t)} + PE \times \left(e^{-R_F \times t}\right)$$

avec d_1 et d_2 déterminés comme pour l'option réelle d'expansion.

L'expression de y 1 / Durée restante du projet peut être assimilée ici à un versement de dividendes régulier tout au long de la durée de vie du projet.

EXEMPLE

Une société souhaite valoriser un projet avec une VAN de 1 000 K€ et estime qu'elle a la possibilité de le revendre pour 800 K€ pendant les cinq prochaines années. La durée totale du projet est de 15 ans, sa variance de 10 % et le taux sans risque de 4,5 %.

S = 1 000, PE = 800, t = 5, y = 1 / 15 = 6,67 %, σ^2 = 10 %, R_F = 4,5 %.

$$d_1 = \left[\text{Ln}(S / PE) + (R_F - y + \sigma^2 / 2) \times t\right] / \left(\sqrt{\sigma^2 t}\right)$$

$$= \left[\text{Ln}(1000 / 800) + (4{,}5\,\% - 6{,}67\,\% + 10\,\% / 2) \times 5\right] / \left(\sqrt{10\,\% \times 5}\right) = 0{,}5159$$

$$d_2 = d_1 - \sqrt{\sigma^2 t} = 0{,}5159 - \left(\sqrt{10\,\% \times 5}\right) = 0{,}5159 - 0{,}7071 = -0{,}1911$$

La table de la loi normale indique : $N(d_1) = 0{,}6970$ et $N(d_2) = 0{,}4241$

L'option réelle d'abandon est égale à :

$$S \times e^{(-y \times t)} \times N(d_1) - PE \times e^{(-R_F \times t)} \times N(d_2) - S \times e^{(-y \times t)} + PE \times e^{(-R_F \times t)}$$

$$1\,000 \times e^{(-6{,}67\,\% \times 5)} \times 0{,}6970 - 800 \times e^{(-4{,}5\,\% \times 5)} \times 0{,}4241 - 1\,000 \times e^{(-6{,}67\,\% \times 5)} + 800 \times e^{(-4{,}5\,\% \times 5)}$$

$$= 150{,}8$$

3. L'option de report

L'option de report est assimilable à un *call* ; elle évalue l'opportunité de retarder le choix de réaliser ou non un projet. Cette situation s'applique surtout lorsque le preneur de décision ne détient pas d'informations précises, ce qui rend le calcul de la VAN très incertain et donc très volatil. Étant donné que le risque est un facteur négatif pour la détermination de la VAN, il est préférable d'utiliser une option de report afin d'attendre d'avoir plus d'informations, donc moins de risques, c'est-à-dire une VAN potentiellement supérieure.

Le crédit-bail est, en pratique, une option réelle de report. Par exemple, une société qui démarre son activité pourra utiliser un contrat de crédit-bail pour la location d'une machine nécessaire à son exploitation au lieu de l'acheter directement. La location permet de ne pas prendre le risque d'acheter avant d'être certain de la pérennité de la société.

Tableau 11.4 – Éléments de l'option réelle de report

	Option de report
S	VAN des flux de trésorerie futurs du projet
PE	Coût d'investissement du projet
R_F	Taux d'intérêt sans risque
σ	Probabilité des flux de trésorerie du projet
t	Durée de report avant de décider de lancer le projet
y	1 / Durée restante du projet

La théorie des options réelles est surtout intéressante pour valoriser des brevets ou des projets particuliers, des sociétés en situation incertaine, etc. Cependant, plusieurs inconvénients rendent la méthode peu utilisable en pratique :

- il est difficile de définir le nombre d'options réelles dont un manager ou un investisseur dispose ;
- et il est surtout délicat de quantifier les variables de la formule de Black & Scholes.

En théorie, la démarche donne donc une excellente vision de l'entreprise, mais en pratique, l'estimation des variables fait intervenir une part très importante de subjectivité car elle ne repose pas sur des données mathématiques de marché, comme c'est le cas pour les options sur instruments financiers classiques.

II Panorama des difficultés pratiques d'évaluation

Lors de la mise en œuvre du DCF, des approches comparatives et patrimoniales, l'évaluateur est confronté à divers problèmes qu'il convient de recenser.

A. Approfondissement de la méthode du DCF

1. La détermination du coût du capital

Les flux du DCF sont actualisés par le coût des capitaux propres (K_{cp}) pour le FCFE et par le coût du capital (WACC) pour le FCFF (voir le chapitre 10). Le coût du capital dépend du coût des capitaux propres, du coût de la dette et de la structure financière (valeur de la dette / valeur des capitaux propres).

Comment déterminer chaque composante du coût du capital ?

a. Le coût des capitaux propres

$$K_{cp} = R_F + \left[E(Rm) - R_F\right] \times \beta_{cp}$$

Avec :

– R_F : le taux d'intérêt sans risque ;

– E(Rm) : Le taux de rentabilité du marché action ;

– β_{cp} : le bêta des capitaux propres.

Le taux sans risque (R_F)

Il correspond au rendement qu'un investisseur peut obtenir en ne prenant aucun risque. En pratique, on utilise comme taux les emprunts d'État à long terme qui ont la caractéristique d'avoir des émetteurs relativement fiables ; la probabilité qu'un pays ne puisse pas rembourser sa dette reste très faible, voire quasi nulle.

> Bien entendu, on parle ici de pays développés qui ne présentent pas ou peu de risques ; les pays, comme les entreprises, ont un *rating* de leur dette en fonction de leur situation économique, géopolitique, de leur endettement, etc.

Pour donner de la consistance à la méthode, il est donc recommandé d'utiliser comme taux sans risque (R_F) l'emprunt d'État à long terme de la région (dans la devise de la société à évaluer). Par exemple, pour une société française, il est pertinent de retenir l'OAT long terme (10 ans) et pour une société américaine, les bons du trésor US (*Treasury Bonds*).

Mesure de la prime de risque du marché : [E(Rm)–R_F]

La prime de risque du marché est déterminée par l'écart entre la rentabilité du marché E(Rm) et le taux sans risque R_F (voir le chapitre 1) :

Prime de risque du marché = E(Rm) – R_F

avec :

E(Rm) : la rentabilité moyenne du marché action.

Cette prime de risque du marché s'explique simplement par le fait qu'un actionnaire souhaite un rendement plus grand en prenant le risque d'investir dans des actions E(Rm) plutôt que dans un placement sans risque (R_F). On obtient ainsi la prime de risque [E(Rm) – R_F]. Selon l'évolution des conditions du marché et de l'aversion au risque de l'investisseur, la prime de risque peut fluctuer ; dans le cadre de l'évaluation d'une entreprise réalisée à l'infini, la prime de risque doit être une donnée de longue période et non à un instant t.

En pratique, il existe plusieurs méthodes pour chiffrer la prime de risque du marché :

– l'utilisation des mesures historiques ; il s'agit de calculer l'écart entre le rendement historique d'un portefeuille d'actions et le rendement du taux sans risque sur une longue période.
– l'utilisation des mesures prévisionnelles ; le principe est de déduire la prime de risque et le WACC des capitalisations boursières. Les hypothèses sous-jacentes sont déterminées en fonction de la valeur des actions donnée par le marché.
– l'utilisation de données empiriques d'instituts financiers. Plusieurs établissements, tels que des bureaux d'études économiques (Associés en finance, etc.), fournissent ce type de données.

Calcul du bêta

Dans la formule du MEDAF, le bêta utilisé est celui des capitaux propres (βcp) puisqu'il chiffre le taux requis par l'actionnaire. Il est fonction du risque de l'activité de la société, mesuré par le bêta de l'actif (βa), et du risque lié à l'endettement, synthétisé par le bêta de la dette (βb).

Figure 11.1 – **Masses du bilan et typologie du bêta**

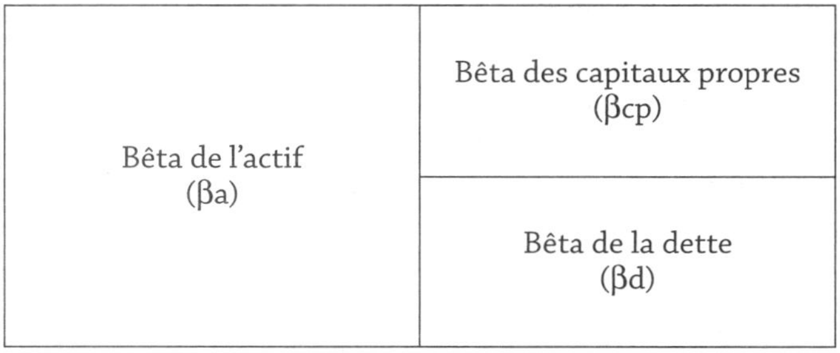

> Impact de l'endettement sur le β_{cp} : un actionnaire prend plus de risques s'il possède les titres d'une société très endettée au bord de la faillite plutôt que ceux d'une firme ayant un excédent de trésorerie. La structure financière a donc bien un impact sur le risque supporté par l'actionnaire (β_{cp}).

Le bêta des capitaux propres est un coefficient multiplicateur de la prime de risque du marché action, c'est-à-dire que son niveau (supérieur ou inférieur à 1) détermine si l'actionnaire d'une société encourt plus ou moins de risques que l'actionnaire moyen du marché. Le bêta mesure le risque systématique de la société :

$$[E(Rm) - R_F] \times \beta_{cp}$$

En pratique le bêta des capitaux propres peut être obtenu de plusieurs façons :

– la première méthode consiste à calculer le bêta historique des capitaux propres en faisant une régression du rendement du titre par rapport au rendement du marché (voir le chapitre 1) ; bien entendu, pour que cela soit possible, il est nécessaire que la société soit cotée ;

Cette méthode présente deux principaux inconvénients : elle suppose tout d'abord que les risques historiques correspondent aux risques futurs alors que les caractéristiques d'une société peuvent fortement varier dans le temps (changement de structure financière, évolution du risque de l'activité économique, différentes perspectives, etc.).

EXEMPLE

Air France, depuis 2006, a vu son environnement totalement changer avec un doublement du prix du baril de pétrole et une profonde modification du *business model* de la société. De nombreuses compagnies aériennes américaines ont d'ailleurs fait faillite en 2008. Est-ce que le calcul du risque historique, correspond au risque que l'actionnaire va encourir à partir de maintenant ? Vraisemblablement non.

Ensuite, l'aspect purement mathématique de la méthode fondée sur des données de marché peut parfois engendrer un calcul faussé et éloigné de la réalité économique de l'entreprise. Plusieurs situations exceptionnelles peuvent en être la cause : c'est le cas d'une société cotée avec un flottant faible (une action peu liquide et soumise à une volatilité exagérée) mais également lorsque des éléments spéculatifs entraînent des évolutions du cours déconnectées des réalités fondamentales.

La société française Hermès bénéficie de ces deux caractéristiques avec une famille et LVMH qui détiennent respectivement 72 % et 22,5 % du capital (donc un flottant réel de 5,5 %) et un attrait spéculatif récurant. Hermès subit ainsi un bêta exagérément élevé par rapport à l'aspect fondamental défensif et relativement peu risqué.

Cette méthode des bêtas historiques a pour avantage de ne pas laisser place à la subjectivité de l'évaluateur.

– la seconde méthode consiste à rechercher des bêtas d'actifs sectoriels ;

Elle consiste à établir un échantillon de sociétés dont les actifs économiques sont comparables (comme pour la méthode de l'évaluation analogique), à calculer le bêta des capitaux propres et ensuite à déterminer la valeur du bêta d'actif (βa) en faisant un *deleverage*, c'est-à-dire en retraitant l'impact de la structure financière (βb) sur le bêta des capitaux propres (βcp).

La démarche a l'avantage de ne pas dépendre des données d'une seule action mais de plusieurs dans un secteur donné ; elle a également le mérite de s'appliquer aussi bien à des valeurs cotées que non cotées.

Pour réaliser ce *deleverage*, le bêta de l'actif est estimé par la formule suivante :

$$\beta a = \beta cp \,/\, 1 + (1 - \tau) Dn \,/\, Vcp$$

Concrètement, le bêta de l'actif économique est d'une grande importance car il correspond au risque de l'activité de la société et est essentiellement déterminé par le seuil de rentabilité de l'actif économique et la cyclicité de l'activité.

Lorsque le risque de l'activité de la société est obtenu (βa), il est ensuite nécessaire de tenir compte de la structure financière de la société cible pour mesurer le bêta des capitaux propres.

EXEMPLE

On cherche à déterminer le bêta des capitaux propres d'une société de cosmétique européenne non cotée en Bourse, qui a une structure financière estimée à Dn / Vcp = 30 % et un taux d'IS de 35 %. Pour cela, un échantillon de sociétés comparables est établi afin d'obtenir le bêta d'actif moyen du secteur des cosmétiques :

Sociétés (m) Secteur cosmétique	Bêta CP constaté	Dette nette	Capitalisation boursière	Dn / Vcp	Taux d'impôt	Bêta d'actif
L'Oréal	0,69	– 518	55 372	– 0,9 %	31 %	0,69
Reckitt Benckiser	0,71	2 069	31 196	6,6 %	24 %	0,68
Beiersdorf	0,6	– 2 244	11 614	– 19,3 %	32 %	0,69
Henkel	0,73	1 677	20 651	8,1 %	27 %	0,69
Moyenne				– 1,4 %		0,69

D'après l'échantillon ci-dessus, la moyenne des bêtas d'actif du secteur est de 0,69. Les βa se calculent de la façon suivante :

Pour l'Oreal par exemple, $\beta a = 0{,}69 / \left[1 + (1 - 31\%) - 518 / 55\,372\right] = 0{,}69$

Le bêta de l'actif sectoriel est ensuite appliqué à la structure financière de la société cible :

$\beta cp = \beta a \text{ sectoriel} \times \left[1 + (1 - \tau) \times Dn / Vcp\right] = 0{,}69 \times \left[1 + (1 - 35\,\%) \times 30\,\%\right] = 0{,}82$.

Le bêta des capitaux propres de la société cible est de 0,86 en tenant compte du risque de l'activité (βa) et de sa structure financière (βd).

L'historique nous fournit une donnée non négligeable mais le bêta doit avant tout refléter le risque futur subi par l'actionnaire. En pratique, le bêta obtenu pourra être légèrement ajusté si l'évaluateur estime que le profil de risque futur a changé par rapport à son historique.

b. Le coût de la dette

Le coût de la dette utilisé dans la formule du WACC correspond au coût auquel la société peut se financer par endettement sur les marchés financiers. Il s'agit d'un coût d'opportunité et non du coût réel de l'endettement de la société (voir le chapitre 4).

Une société pourrait s'être endettée à taux fixe dans le passé avec un coût réel totalement différent du coût de financement d'un nouvel emprunt si les taux d'intérêts ont varié.

Le coût de la dette peut être déterminé en observant la note donnée par les agences de *rating* lorsque la société est notée et par une analyse de crédit lorsqu'elle ne l'est pas.

Lorsque la société est notée

Le chapitre 9 a présenté les trois principales agences de *rating* (S&P, Moody's, Fitch) et expliqué qu'une note découlait de l'analyse des sociétés et de leur dette. Cette note équivaut à un *spread* qui, additionné au taux sans risque à long terme (OAT par exemple) donne le coût de la dette. Le *spread* évolue sur les marchés financiers, ce qui engendre des variations du coût de la dette même en ayant une note stable.

EXEMPLE

Le tableau ci-dessous représente les *spreads* observés entre mai 2007 et mai 2012 en fonction du *rating* des sociétés. Par exemple, une société notée AA en mai 2012 devait se financer en moyenne a : taux sans risque + 98 pb (point de base). Dans le cas d'un taux sans risque à 4,5 %, le coût de la dette d'une société notée AA était en moyenne de 4,5 % + 0,98 % = 5,48 %.

S&P grade	Mai 2012 *Spread*	Mai 2011 *Spread*	Mai 2010 *Spread*	Mai 2009 *Spread*	Mai 2008 *Spread*	Mai 2007 *Spread*
Investment grade						
AAA	61 pb	72 pb	80 pb	90 pb	61 pb	19 pb
AA	98 pb	118 pb	143 pb	190 pb	132 pb	35 pb
A	192 pb	148 pb	208 pb	343 pb	199 pb	54 pb
BBB	344 pb	231 pb	301 pb	471 pb	220 pb	68 pb
Speculative grade						
BB	663 pb	395 pb	651 pb	1 042 pb	402 pb	137 pb
B	890 pb	540 pb	893 pb	1 701pb	746 pb	231 pb

Source : Bloomberg

La forte variation entre 2007 et 2012 s'explique par le contexte turbulent très particulier du marché du crédit actuellement.

Lorsque la société n'est pas notée

Dans ce cas, le coût de la dette peut être déterminé :

– soit d'une façon empirique en observant le taux d'intérêt auquel la société a réalisé une récente émission d'obligation ou d'emprunt bancaire ;

– soit en effectuant une analyse de l'entreprise et de sa dette comme le font les agences de *rating*. Cela consiste à étudier la capacité de l'entreprise à faire face aux échéances de sa dette, à analyser ses risques de solvabilité, financiers et industriels. Pour obtenir une note équivalente des agences de *rating*, l'évaluateur fera correspondre les ratios obtenus avec les caractéristiques requises pour chaque note (*grade* en anglais). Les ratios les plus fréquemment utilisés par les analystes de la dette d'une entreprise sont le *gearing* (Dette nette / Capitaux propres), l'EBITDA / Charges d'intérêts, le Dette / EBITDA et le FFO / Dettes (FFO, *Funds From Operations,* correspond pratiquement à la capacité d'autofinancement).

c. Le coût du capital (WACC)

Le coût du capital, on l'a vu, se calcule de la façon suivante :

$$\text{WACC} = \text{Kcp} \times (\text{CB} / \text{VE}) + \text{Kd} \times (1 - \tau) \times (\text{Dn} / \text{VE})$$

Le mode de détermination du coût des capitaux propres (Kcp) et du coût de la dette (Kd) vient d'être évoqué ; reste à déterminer la structure du capital, c'est-à-dire la pondération des valeurs de marché des capitaux propres et de la dette.

Lorsque la société est cotée

La structure du capital est *a priori* simple à calculer puisque la valeur des deux éléments est donnée par le marché. Dn correspond à la dette nette de la société et CB est sa capitalisation boursière ajustée de quelques éléments :

– le nombre d'actions à utiliser est celui que l'on appelle « diluées », c'est-à-dire qui doit tenir compte de la dilution engendrée par des potentielles *stocks options* et/ou obligations convertibles lorsqu'elles sont dans « la monnaie ». Dans le cas contraire, on les considérera comme une dette ;

– les actions d'autocontrôle doivent être retraitées dans le nombre d'actions diluées utilisées.

Cependant, cette méthode présente l'inconvénient de ne pas retenir une structure financière stable du fait de la volatilité des données en valeur de marché. Un DCF se construit sur une longue période avec des éléments stables et soutenables à long terme ; il ne doit pas être affecté par l'évolution des valeurs de marché à court terme ou par une structure financière à un instant t.

Lorsque la société n'est pas cotée

La détermination de la valeur de marché des capitaux propres devient plus délicate. En effet, l'évaluateur se trouve dans une situation de cercle vicieux puisqu'il doit obtenir la valeur des capitaux propres à partir de la valeur d'entreprise qui dépend du WACC et donc de la structure financière (Vcp / VE).

Figure 11.2 – **Dilemme pour déterminer la structure financière**

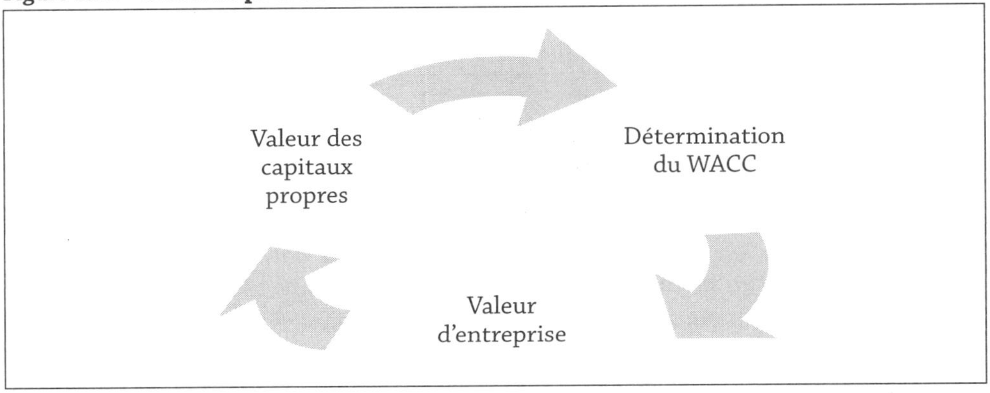

Pour résoudre ce dilemme, deux solutions sont généralement utilisées en pratique :

– retenir une structure financière normative, c'est-à-dire retenir un ratio Dn / Vcp observé généralement dans le secteur parmi les sociétés comparables (et qui est réaliste à long terme pour l'entreprise cible). Cette méthode peut être appliquée aussi bien aux sociétés cotées que non cotées ;

– déterminer la structure financière en évaluant Vcp par la méthode des comparables boursiers. Comme cela a été vu dans le chapitre 10, il existe plusieurs multiples qui expriment directement la valeur des capitaux propres (PE, P / CF, P / B etc.). Il suffit d'utiliser les multiples des sociétés comparables cotées et de les appliquer à l'entreprise cible pour obtenir la valeur des capitaux propres à utiliser dans la structure du capital (Dn / Vcp).

EXEMPLE

Le calcul d'un WACC avec une dette nette négative (donc un excédent de trésorerie) constitue un cas particulier.

Depuis l'affaire d'Enron aux États Unis, les bilans des sociétés se sont globalement assainis ; la crainte des dettes et plus particulièrement des dettes dites « hors bilan » ont poussé les directeurs financiers à moins utiliser l'effet de levier tant apprécié quelques années plus tôt. Cela a eu pour effet une diminution générale de l'endettement des sociétés qui a conduit parfois à des situations de trésorerie nette positive dans certaines entreprises.

Se pose alors la question du calcul du WACC lorsqu'il n'y a pas de dette au bilan mais un excédent de trésorerie. Si l'on admet que cette situation est provisoire, le WACC pourra être considéré égal au coût des capitaux propres (Kcp) ; en revanche, s'il ne s'agit pas d'une situation exceptionnelle et que la société conserve un « matelas de sécurité » dans son bilan par excès de prudence depuis plusieurs années, le WACC sera supérieur au taux requis par les actionnaires (Kcp).

Prenons l'exemple d'une société dont la valeur des capitaux propres (Vcp) est de 1 000 et qui a une trésorerie nette positive de 100. Son WACC sera alors égal à Kcp × [1 000 / (1 000 – 100)], soit Kcp × 1,11.

2. L'écart entre la valeur d'entreprise et celle des capitaux propres

a. Les éléments à considérer pour passer de VE à Vcp

Le passage de la valeur d'entreprise obtenue par DCF (méthode du FCFF) à la valeur des capitaux propres nécessite quelques retraitements. L'écart entre les deux valeurs correspond aux postes qui dépendent de la structure financière et aux éléments hors bilan ou non pris en compte dans les flux d'exploitation de la société.

La valeur d'entreprise est obtenue par les *Free Cash-Flow to the Firm* (FCFF), c'est-à-dire les flux liés à l'exploitation de l'entreprise. Pour déterminer la valeur des capitaux propres, il est nécessaire de déduire tous les engagements que les actionnaires ont vis-à-vis de l'entreprise : la dette nette (vis-à-vis des créanciers), les provisions pour fonds de retraites (vis-à-vis des salariés), des intérêts minoritaires (vis-à-vis des actionnaires minoritaires des sociétés partiellement contrôlées), etc. Il est aussi nécessaire de rajouter les sources de valeur non prises en compte dans les flux opérationnels, c'est-à-dire les éléments *non core* (non stratégiques ou non nécessaires à l'exploitation) comme, par exemple, les participations financières.

Tableau 11.5 – **Les éléments fréquents à considérer lors du passage de VE à Vcp**

Valeur d'entreprise (VE)
(–) Dette nette
(–) Provisions pour risques et charges
(–) Provisions pour fonds de retraites
(–) Intérêts minoritaires
(+) Participations financières
(=) **Valeur des capitaux propres (Vcp)**

b. L'évaluation des éléments compris entre VE et Vcp

Pour ce qui est des provisions pour risques et charges et des provisions pour fonds de retraites, la valeur comptable doit être utilisée puisqu'elle reflète le risque anticipé par la société ; mais, pour la dette nette, les intérêts minoritaires et les participations financières une réévaluation à leur valeur de marché s'impose :

– la dette nette et les participations financières sont réévaluées de la même façon que lors de l'évaluation patrimoniale (voir le chapitre 10) ;

– les intérêts minoritaires sont généralement inscrits à leur valeur comptable au bilan. Plusieurs méthodes permettent de les évaluer à leur valeur réelle. La plus communément utilisée est l'approche comparative, en appliquant un multiple de résultat (PER) à la partie du résultat net destiné aux intérêts minoritaires. Le multiple à utiliser doit être une moyenne sectorielle de l'activité à évaluer. Un DCF peut également être envisagé mais les informations nécessaires sont rarement disponibles. La situation la plus simple se présente lorsque les intérêts minoritaires correspondent à une société cotée ; leur valeur de marché est alors égale à la quote-part de la participation.

> Le groupe PPR, qui a une participation de 80 % du capital de Puma, peut évaluer ses intérêts minoritaires en faisant un DCF sur Puma ou évaluer à la valeur réelle du marché (nombre d'actions non détenues x cours de Puma) ou en appliquant le PER moyen du secteur du sport.

Parfois, il importe de faire subir aux intérêts minoritaires une décote de minorité, de contrôle ou de liquidité.

3. Estimation des variables du DCF

Le DCF le plus communément utilisé, calculé à partir des *Free Cash-Flow to the Firm* (FCFF), nécessite la création d'un *business plan* où l'évaluateur prévoit les investissements, les dotations aux amortissements, l'impôt et les variations du BFR sur une longue période. Pour cela il est nécessaire d'utiliser des éléments normatifs, généralement fondés sur l'historique.

a. L'estimation des investissements et des dotations aux amortissements

Pour croître une société à besoin d'investir, ce qui créé une étroite relation à long terme entre le chiffre d'affaires et les investissements. Pour cette raison, il est généralement recommandé d'exprimer les investissements en pourcentage du chiffre d'affaires.

Les amortissements dépendent des actifs matériels amortissables et donc de la politique d'investissement. Ces deux éléments sont donc liés et doivent croître de la même manière à long terme. Il faut également respecter un niveau d'investissement toujours supérieur à celui des dotations aux amortissements puisque, sur une longue période, la société ne peut pas amortir plus qu'elle n'investit.

b. La variation du BFR

Le diagnostic financier et l'analyse du *business plan* permettent de connaître les composantes du BFR et d'identifier plus précisément, à partir de l'historique de la société, ce qui est variable, fixe et exceptionnel parmi les créances clients, les stocks et les crédits fournisseurs. Sur cette base, l'évaluateur détermine un ratio normatif en fonction du chiffre d'affaires ou des achats de matières premières.

Il s'agit d'une méthode prudente puisque généralement les sociétés ont une politique d'amélioration du BFR sur une longue période.

c. L'impôt

Le taux d'impôt pris en compte dans le DCF doit être théorique, c'est-à-dire correspondre à un taux que l'entreprise sera capable d'obtenir à long terme (en fonction du lieu d'implantation du siège social et/ou des filiales, des accords fiscaux etc.).

B. Approfondissement des autres méthodes d'évaluation

1. L'approche comparative

L'approche comparative n'a de sens qu'à condition de respecter la comparabilité des sociétés. Certains éléments perturbent parfois cette technique et l'évaluation s'avère alors peu pertinente.

a. L'évolution des multiples de transaction dans le temps

Lors d'une évaluation par multiples de transaction, le principal problème rencontré concerne l'écart entre la date des opérations financières de référence et celle de l'évaluation de la société cible. Les conditions de marché peuvent entre-temps évoluer, faisant également varier les cours et donc les multiples. En pratique, une des solutions utilisée consiste à ajuster le multiple de transaction à l'évolution du marché, c'est-à-dire à appliquer au multiple de transaction retenu le même coefficient multiplicateur que celui du marché.

Si l'on compare les multiples des transactions observés pendant la « bulle internet » en 2000 et ceux de la crise financière en 2008, les résultats ne sont pas cohérents. Il est alors nécessaire d'appliquer des coefficients à chacun des multiples observés pour compenser l'évolution des marchés financiers jusqu'à la date d'évaluation.

b. Les décalages entre les exercices fiscaux

Toutes les sociétés ne publient pas toujours leurs comptes à des dates identiques ; la comparaison entre elles n'est donc pas simple. Pour gommer ces décalages, les praticiens retiennent une même date de clôture et utilisent soit l'information trimestrielle lorsqu'elle est disponible soit un *prorata* des années fiscales réelles.

c. Les différences d'imposition

Il peut s'avérer trompeur d'utiliser des multiples avant impôt (VE / EBIT, par exemple) lorsque les sociétés ne bénéficient pas d'un même taux d'imposition normatif.

Par exemple, la société de joaillerie italienne Bulgari présente l'avantage de ne payer qu'environ 13 % d'IS en ayant des activités en Suisse, alors qu'une autre société italienne de luxe, Tods, paie approximativement 38 %. Bien évidemment, à multiple de VE / EBIT égal, le PER et la valeur réelle seront bien plus attrayants pour Bulgari.

2. L'approche patrimoniale

Le chapitre 10 a montré que dans l'approche patrimoniale, une des principales difficultés était de valoriser les actifs intangibles et principalement les marques créées par la société.

Il existe plusieurs méthodes pour déterminer la valeur des marques :

a. Par les coûts historiques ou de remplacement

La valeur de la marque correspond ici aux coûts liés à sa création et à son développement, c'est-à-dire aux frais de marketing, d'essor de la production, d'achat de licences, etc. Cette méthode est plutôt destinée aux marques jeunes ou en phase de création.

b. Par les revenus ou les licences

Cette méthode consiste à appliquer un taux de *royalties* à l'ensemble du chiffre d'affaires de la marque. Les sociétés ont généralement un certain nombre de produits réalisés sous licence et sur lesquels elles touchent des *royalties* (entre 6 % et 10 % du chiffre d'affaires, en moyenne).

L'évaluateur applique le taux de *royalties* aux prévisions de chiffre d'affaires global de la marque sur plusieurs années et actualise comme il le fait pour un DCF.

c. Par le surprix

Il s'agit d'estimer la différence de valeur entre un produit de marque et un produit de distributeur. Par exemple, la méthode du surprix permet de déterminer la différence de rentabilité entre un produit pharmaceutique d'un grand laboratoire et le même produit générique.

d. Par comparaison

La méthode de valorisation d'une marque par comparaison consiste simplement à appliquer les multiples observés pour des transactions récentes de marques équivalentes.

e. Par les surprofits

La méthode des surprofits est la plus fondamentale parmi celles présentées précédemment. Elle équivaut à la méthode dite des survaleurs (voir le chapitre 10) qui consiste à assimiler l'excédent de rentabilité engendré par les capitaux employés à la valeur de la marque.

La meilleure approche pour déterminer la valeur d'une marque consiste à étudier les résultats obtenus par chaque méthode et à en faire une synthèse.

SYNTHÈSE

Ce chapitre apporte des compléments théoriques et pratiques aux méthodes d'évaluation abordées précédemment.

L'utilisation des options réelles

Les options réelles, par analogie avec les options financières, permettent d'intégrer la possibilité de modifier les choix initiaux en fonction de l'évolution de la situation pendant la durée de vie de l'entreprise ou du projet. La possibilité de réaction aux changements est prise en compte.

Selon cette méthode, la valeur d'entreprise est égale à :

Valeur d'entreprise par les méthodes traditionnelles + valeur des options réelles

On distingue plusieurs types d'options :

- l'option d'expansion qui consiste à valoriser les opportunités d'extension que le projet initial peut offrir. Une VAN négative peut alors être acceptée lorsque les options réelles d'expansion rendent l'investissement total rentable ;
- l'option d'abandon ou de cession qui correspond à la possibilité d'abandonner ou de céder un projet ou une société ; elle peut être assimilée à un *put* ;
- l'option de report qui évalue l'opportunité de retarder le choix de réaliser ou non un projet. Le crédit-bail est, en pratique, une option de ce type.

Les difficultés pratiques

Lors de la mise en œuvre du DCF, l'évaluateur est confronté à certaines difficultés concernant la détermination du coût du capital, l'évaluation des éléments compris entre VE et Vcp et l'estimation des variables.

Les multiples de transaction doivent être ajustés à l'évolution du marché et il doit être tenu compte des décalages entre les exercices fiscaux et des différences entre les taux d'imposition.

Une des principales difficultés de l'approche patrimoniale concerne la valorisation des actifs intangibles et principalement les marques créées par la société.

APPLICATION 1 Vrai ou faux

1. Un projet d'investissement avec une VAN négative peut être parfois accepté en tenant compte des options réelles.

2. Dans un DCF, la valeur des intérêts minoritaires doit être retenue à la valeur de marché et non à la valeur comptable.

3. Pour chaque *rating* particulier (AAA, BBB) de la dette d'une société, le coût de refinancement est fixe.

4. Dans un DCF, généralement, il vaut mieux prévoir des amortissements supérieurs aux investissements.

5. Lorsqu'une société est structurellement en situation de trésorerie nette positive (ou de dette nette négative), le WACC doit, en théorie, être supérieur au coût des capitaux propres (Kcp).

6. Le bêta des capitaux propres (βcp) correspond au risque de l'actif économique.

7. Parmi toutes les options réelles, plus le prix d'exercice (PE) est élevé, moins la valeur de l'option est importante.

8. Pour déterminer le rapport D / K d'une société non cotée, il est nécessaire de faire un « *deleverage* ».

9. Le prix d'exercice d'une option réelle d'expansion correspond au montant de l'investissement du deuxième projet.

CORRIGÉ 1

1. VRAI. Un projet peut être accepté si la valeur des options réelles compense la VAN négative.

2. VRAI. Seule la valeur de marché doit être utilisée. La valeur comptable des intérêts minoritaires au bilan n'est pas représentative de la réalité.

3. FAUX. Chaque rating correspond à un *spread* coté sur les marchés financiers. Ce *spread* fluctue et doit être additionné au taux d'intérêt sans risque pour obtenir le coût de la dette de la société.

4. FAUX. Il n'est pas possible, sur une longue période, d'amortir plus que ce que l'on investit. Les investissements doivent toujours être supérieurs aux amortissements, à long terme.

5. VRAI.

6. FAUX. Le risque de l'actif économique est représenté par le bêta de l'actif (βa).

7. FAUX. En ce qui concerne l'option réelle d'abandon ou de cession, le prix d'exercice correspond à la valeur de revente, donc plus il est élevé plus la valeur de l'option est importante. Par contre la réponse est vraie pour l'option d'expansion.

8. FAUX. Le *deleverage* est utilisé pour obtenir un bêta d'actif. Pour calculer le rapport D/K d'une société non cotée, on utilise soit une structure sectorielle type, soit une évaluation de K par la méthode des comparables.

9. VRAI.

APPLICATION 2 Calcul de bêta (β_{cp}) de NewCo Telecom

NewCo Telecom est un opérateur télécom européen non coté que l'on cherche à évaluer.

Vous considérerez que la structure financière correspond à la structure moyenne de l'échantillon et que son taux d'impôt est de 35 %.

Données de sociétés télécom comparables

Sociétés (Md)	Bêta CP constaté	Dette nette	Capitalisation boursière	Taux d'impôt
Vodafone	0,71	28,3	105,8	35 %
France Telecom	0,82	30,9	27,0	35 %
Telefonica	0,89	56,3	41,8	32 %
Deutsche Telecom	0,72	40,1	33,9	35 %
Telecom Italia	0,83	34,4	12,1	39 %

Pour cela, il vous est demandé de calculer le bêta des capitaux propres à l'aide d'un échantillon d'opérateurs télécom comparables.

CORRIGÉ 2

Les données sectorielles permettent d'établir le tableau suivant :

Sociétés (Md)	Bêta CP constaté	Dette nette	Capitalisation boursière	Dn / Vcp	Taux d'impôt	Bêta d'actif
Vodafone	0,71	28,3	105,8	26,7 %	35 %	0,60
France Telecom	0,82	30,9	27,0	114,6 %	35 %	0,47
Telefonica	0,89	56,3	41,8	134,7 %	32 %	0,46
Deutsche Telecom	0,72	40,1	33,9	118,3 %	35 %	0,41
Telecom Italia	0,83	34,4	12,1	284,3 %	39 %	0,30
Moyenne				135,7 %		0,45

D'après l'échantillon ci-dessus, la moyenne des bêtas d'actifs du secteur Telecom est de 0,45. Le bêta d'actif de chacune des sociétés se calcule de la façon suivante :

Pour Vodafone, par exemple, $\beta a = 1 / \left[1 + (1 - 35\,\%) \times (28{,}3 / 105{,}8)\right] = 0{,}60$

La structure financière retenue (Dn / Vcp) est la moyenne de l'échantillon, c'est-à-dire 135,7 %

Le bêta des capitaux propres de NewCo Telecom est obtenu ainsi :

$$\beta cp = \beta a \text{ sectoriel} \times \left[1 + (1 - \tau) \times Dn / Vcp\right]$$

$= 0{,}45 \times \left[1 + (1 - 35\,\%) \times 135{,}7\,\%\right] = 0{,}847$. Le bêta des capitaux propres de la société cible est de 0,847 en tenant compte du risque de l'activité (βa) et de sa structure financière (βd).

APPLICATION 3 Évaluation de l'option réelle d'expansion de la société 15 minutes

La société 15 minutes souhaite lancer un quotidien gratuit à Paris. Si le *business model* est concluant dans la capitale, le quotidien sera lancé à Lyon et Marseille. La valeur de la société par DCF est de 30 M€ en prenant seulement en compte l'activité parisienne.

Les dirigeants estiment que les investissements nécessaires au déploiement du journal dans les deux villes de province seraient de 10 M€ et, compte tenu de la population potentielle, la VAN serait de 15 M€. La variance du projet de développement de 15 minutes dans les deux villes est estimée à 13 %. Le marché de la presse gratuit étant devenu très concurrentiel, les dirigeants pensent que le lancement à Marseille et à Lyon ne pourrait se faire que lors des trois prochaines années. Le taux sans risque est de 4,5 % et le taux de report annuel de 2,5 %.

Il vous est demandé de calculer la valeur de la société 15 minutes en additionnant à la valeur par DCF d'origine (Paris) la valeur de l'option réelle (Lyon et Marseille) par la méthode de Black & Scholes.

CORRIGÉ 3

D'après l'énoncé : $S = 15$, $PE = 10$, $t = 3$, $\sigma^2 = 13\ \%$, $R_F = 4{,}5\ \%$, $y = 2{,}5\ \%$.

$$d_1 = \left[\mathrm{Ln}(S / PE) + \left(R_F - y + \sigma^2 / 2\right) \times t\right] / \left(\sqrt{\sigma^2 t}\right)$$

$$= \left[\mathrm{Ln}(15 / 10) + \left(4{,}5\ \% - 2{,}5\ \% + 13\ \% / 2\right) \times 3\right] / \left(\sqrt{13\ \% \times 3}\right) = 1{,}05759$$

$$d_2 = d_1 - \sqrt{\sigma^2 t} = 1{,}177\,68 - \left(\sqrt{13\ \% \times 3}\right) = 1{,}057\,59 - 0{,}624\,50 = 0{,}433\,09$$

Selon la table de la loi normale : $N(d1) = 0{,}854\ 87$ et $N(d2) = 0{,}667\ 52$

$$Call = e^{(-y \times t)} \times S \times N(d_1) - PE\left(e^{-R_F \times t}\right) \times N(d_2)$$

$$= e^{(-2{,}5\ \% \times 3)} \times 15 \times 0{,}854\,87 - \left(10 \times e^{-4{,}5\ \% \times 3}\right) \times 0{,}667\,52 = 6{,}06$$

La société 15 minutes vaut donc : Valeur par le DCF + Option réelle = 10 + 6,06 = 16,06 M€.

APPLICATION 4 Évaluation de l'option réelle d'abandon de la société Vanessa

Un opérateur téléphonique européen souhaite s'introduire sur le marché français en créant un fournisseur d'accès à Internet s'appelant Vanessa. Malgré les investissements lourds envisagés et l'environnement très concurrentiel, l'opérateur sait qu'il aura la possibilité, quoi qu'il advienne, de revendre les parts de marché acquises sur le marché français à l'un des acteurs leaders. Le *business plan* réalisé en interne détermine une VAN de 2 000 M€ et une variance du projet de 20 %. D'après les multiples de transaction de sociétés comparables, l'opérateur sait que si le développement ne se passe pas aussi bien que prévu dans les 6 prochaines années, il pourra vendre le fournisseur d'accès à Internet Vanessa pour 3 000 M€. Par précaution, sur un marché Internet encore jeune, la durée totale de l'investissement est estimée à 10 ans. Le taux sans risque est de 4,5 %.

Déterminer la valeur de l'option de vente que l'opérateur téléphonique possède en lançant le fournisseur d'accès à Internet Vanessa.

CORRIGÉ 4

L'évaluation est fondée sur les données suivantes : S = 2 000, PE = 3 000, t = 6, $\sigma^2 = 20\ \%$, $R_F = 4{,}5\ \%$, y = 1 / 10, soit 10 %.

$$d_1 = \left[\mathrm{Ln}(S / PE) + \left(R_F - y + \sigma^2 / 2\right) \times t\right] / \left(\sqrt{\sigma^2 t}\right)$$

$$= \left[\mathrm{Ln}\left(2\,000 / 3\,000\right) + \left(4{,}5\ \% - 10\ \% + 20\ \% / 2\right) \times 6\right] / \left(\sqrt{20\ \% \times 6}\right) = -\ 0{,}123\,66$$

$$d_2 = d_1 - \sqrt{\sigma^2 t} = -0{,}123\,66 - \left(\sqrt{20\ \% \times 6}\right) = -\ 0{,}123\,66 - 1{,}095\,45 = -1{,}219\,11$$

La table de la loi normale indique : N(d1) = 0,45079 et N(d2) = 0,11140

$$S \times e^{(-y \times t)} \times N(d_1) - PE \times e^{\left(-R_F \times t\right)} \times N(d_2) - S \times e^{(-y \times t)} + PE \times e^{\left(-R_F \times t\right)}$$

$$= 2\,000 \times e^{(-10\,\% \times 6)} \times 0{,}45079 - 3\,000 \times e^{(-4{,}5\,\% \times 6)} \times 0{,}11140 - 2\,000 \times e^{(-10\,\% \times 6)}$$

$$+3\,000 \times e^{(-4{,}5\,\% \times 6)} = 1\,432{,}19$$

L'option réelle de cession de la société Vanessa vaut donc 1 432,19 M€.

PARTIE

6

INGÉNIERIE FINANCIÈRE

CHAPITRE

12

Les outils juridico-financiers

L'ingénieur financier dispose, pour effectuer des opérations de développement ou de réorganisation, de deux catégories d'outils : des produits « sur mesure », les titres de financement spécifiques, et des structures juridiques souples à base de holdings qui servent à réaliser des montages financiers. Les instruments traditionnels déjà étudiés au chapitre 2 (actions, obligations et options), ont été, au fil du temps, combinés pour former des valeurs mobilières composées. L'offre de titres s'est progressivement diversifiée pour s'adapter aux besoins des émetteurs et aux souhaits des investisseurs ; le panel des produits a fini par devenir extrêmement hétérogène. Des montages sont imaginés pour faire bénéficier l'entreprise d'effets de leviers (juridique, financier, fiscal), le plus souvent pour créer un LBO.

I Les titres de financement spécifiques

Par l'ordonnance du 24 juin 2004 portant réforme du régime des valeurs mobilières, le législateur a cherché à sécuriser et libéraliser l'émission de ces produits et à en unifier le régime. Elle distingue, parmi les titres de capital, les actions et les titres donnant accès au capital.

A. Les actions

1. Les actions ordinaires et les actions de préférence

L'ordonnance du 24 juin 2004 introduit, à côté des actions ordinaires, les actions de préférence.

On a vu que les actions ordinaires sont des titres de propriété cessibles et négociables qui donnent à leurs détenteurs des droits pécuniaires (droit préférentiel de souscription, droit d'attribution, boni de liquidation, dividende) et non pécuniaires ou politiques (droit d'information, droit de vote).

Les actions de préférence sont des titres dont les caractéristiques sont fixées par les statuts ou le contrat d'émission. Elles peuvent être créées lors de la constitution d'une société, ou au cours de son existence :

– avec ou sans droit de vote ;
– à titre temporaire ou permanent ;
– assorties de droits particuliers, comme par exemple :
  - des avantages pécuniaires (dividendes majorés),
  - des droits politiques (représentation au CA),
  - des droits dans une filiale (*tracking stocks*), etc.

Elles ne peuvent représenter plus de la moitié du capital social ou un quart dans le cas des sociétés cotées.

Ces titres introduisent donc une grande souplesse dans l'organisation des pouvoirs entre actionnaires et sont utiles, en particulier, dans les opérations de capital–risque (« *All shareholders are equal, but some are more equal than others* »).

Un régime spécial transitoire est prévu pour certains produits en voie d'extinction : les actions à dividende prioritaire sans droit de vote, les actions de priorité, et les certificats d'investissement.

2. Les titres en voie d'extinction

a. Les actions à dividende prioritaire sans droit de vote (ADPSV)

En contrepartie de la perte du droit de vote, les ADPSV bénéficient d'un avantage financier : le versement prioritaire d'un dividende prélevé sur le bénéfice distribuable avant toute autre affectation.

Si ce dividende n'est pas versé pendant 3 ans, l'ADPSV retrouve son droit de vote. Les ADPSV sont décotées de 30 à 50 %.

b. Les actions de priorité

Les actions de priorité (ou actions privilégiées, *preferred shares*) étaient associées, avant l'ordonnance du 24 juin 2004, à divers avantages, comme le droit de vote double ou le dividende majoré.

Parmi elles, les actions traçantes étaient des actions d'une société mère qui suivait les performances d'une activité (branche, division, filiale) à l'intérieur d'un groupe, d'où leur nom également d'action sectorielle ou reflet.

Les porteurs n'étaient pas propriétaires de l'activité tracée. Les droits financiers attachés à l'instrument suivaient les performances de cette activité (dividende prioritaire, intéressement en cas de cession de l'activité concernée).

Si l'instrument est très utilisé aux États-Unis, il n'en est pas de même en France où seul Alcatel a, en 2000, coté sa division Optronic.

c. Les certificats d'investissement (CI)

Les certificats d'investissement sont le résultat du démembrement de l'action en deux éléments : le CI et le CDV (certificat de droit de vote). Le CI confère tous les droits pécuniaires de l'action (avec cependant une décote).

B. Les titres donnant accès au capital

Un certain nombre de titres sont considérés comme hybrides car :
- ce sont des obligations qui deviennent (ou peuvent devenir) des actions par conversion (OCA), échange (OEA, OCEANE) ou remboursement (ORA, ORANE) ;
- un bon de souscription leur est attaché (OBSA).

1. Les obligations convertibles en actions (OCA)

Les OCA sont des obligations classiques qui peuvent être transformées en actions de la société émettrice. L'instrument se caractérise par sa souplesse en matière de taux, de forme d'amortissement et de période de conversion.

a. Les caractéristiques

Le contrat d'émission détermine la période de conversion, la rémunération et la base de conversion.

La période de conversion

La conversion est possible soit dès l'émission, soit à partir d'une certaine date. Elle peut être forcée si l'entreprise rembourse l'emprunt de façon anticipée.

La rémunération

Le taux qui peut être fixe, variable, indexé, révisable, flottant, etc., est généralement inférieur à ceux du marché, puisqu'il existe une éventualité de plus-value liée à la conversion.

Le prix d'émission de l'obligation est supérieur au cours de l'action. Il est prévu, en cas de non-conversion, un prix de remboursement supérieur au pair. Le taux actuariel est donc proche de celui des obligations classiques.

La base de conversion

La base de conversion ou parité d'échange, déterminée au moment de l'émission, est le nombre d'actions auquel donne droit l'OCA. Elle est ajustée lors des opérations sur le capital (augmentations, réductions, fusions, distributions d'actions gratuites, distributions d'actifs, etc.) afin de sauvegarder les droits des porteurs d'OCA comme s'ils étaient actionnaires depuis l'émission.

Ce nombre permet de calculer, à partir du cours de l'action, la valeur de conversion. Si, à une date donnée, le cours de l'action est de 200 € et la base de conversion de 2, la valeur de conversion est égale à 400 €.

EXEMPLE

Proximania, spécialisé dans la distribution de produits dématérialisés (cartes prépayées de téléphonie, jeux, sonneries, etc.), a décidé de réaliser en juillet 2007 un placement de 29,1 M€ sous forme d'obligations convertibles auprès d'investisseurs qualifiés, afin de mener à bien une stratégie dynamique de croissance.

Nombre de titres émis : 498 OCA (soit 373 500 actions nouvelles en cas de conversion).

Valeur nominale : 58 500 €, soit 78 € par action compte tenu de la parité.

Prix d'émission : 58 500 €, soit 78 € par action compte tenu de la parité.
Prix de remboursement : 69 000 €, soit 92 € par action compte tenu de la parité.
Date de jouissance : au plus tard le 13 juillet 2007.
Base de conversion : 750 actions nouvelles pour chaque OC convertie.
Durée de l'emprunt : 5 ans.
Intérêt annuel : 4,20 % par an.
Taux de rendement actuariel : 7,30 %.

b. La valeur

On distingue deux composantes dans la valeur d'une OCA :

– la valeur nue, valeur théorique d'une obligation classique équivalente obtenue par actualisation, au taux du marché, des flux futurs engendrés ;
– la valeur de l'option d'achat, estimée sur la base d'un modèle de valorisation d'options, dont le prix d'exercice est le prix de conversion et la durée, celle de l'obligation.

Valeur d'une OCA = valeur de l'obligation nue + valeur de l'option d'achat

Ainsi, une OCA ne peut pas valoir moins qu'une obligation nue ayant les mêmes caractéristiques (coupon, durée, prime de remboursement, qualité de signature) : il s'agit d'un seuil minimal ou plancher actuariel. Son cours a tendance à suivre celui de l'action. Il est peu sensible à l'évolution des taux d'intérêt car l'espoir d'un gain en capital constitue son principal attrait.

On calcule une prime de conversion, égale à la différence, à une date donnée, entre le cours de l'OCA et la valeur de conversion (valeur des actions correspondantes). Si le cours de l'obligation est de 500 € alors que la valeur de conversion s'élève à 400 €, la prime de conversion est égale à 100 € et s'exprime souvent en pourcentage de la valeur de conversion, soit 25 % (100/400). Lorsque la base de conversion est de 1, la prime de conversion est égale à la différence entre le cours de l'obligation convertible et celui de l'action.

La prime d'émission est la prime de conversion le jour de l'émission et s'obtient donc en comparant le prix d'émission au prix de conversion.

Figure 12.1 – **Valeur de l'OCA et valeur de conversion**

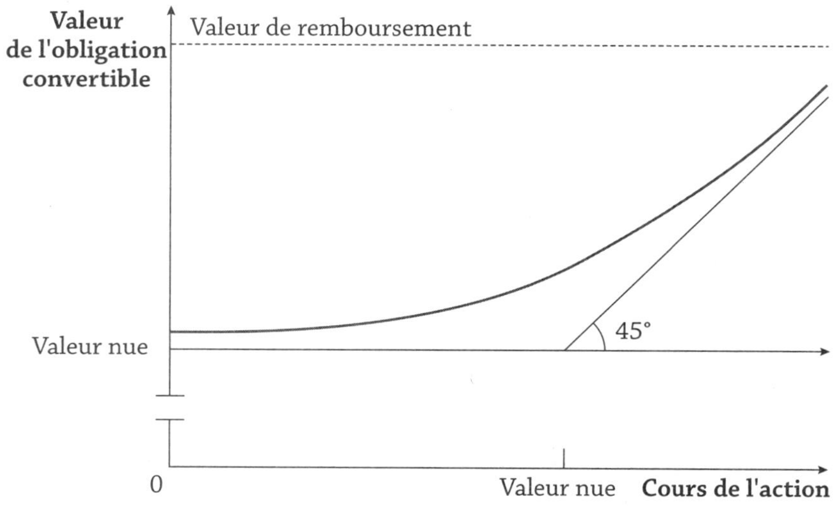

c. L'intérêt

Le caractère hybride de l'OCA engendre des avantages pour l'investisseur et pour l'émetteur.

L'OCA protège l'investisseur à la baisse en raison de la composante obligataire et lui permet de bénéficier d'une éventuelle hausse de l'action.

Pour l'émetteur, l'OCA est une source de financement moins coûteuse qu'une obligation classique grâce à l'option de conversion. À cela s'ajoute la déductibilité fiscale des intérêts, contrairement aux dividendes.

La théorie de l'agence et la théorie du signal apportent un éclairage intéressant à la compréhension de ces instruments financiers. D'une façon générale, elles montrent que l'OCA est particulièrement intéressante pour des firmes moyennes en forte croissance plutôt endettées et aux actifs risqués.

L'OCA est un moyen de résoudre les conflits d'agence qui peuvent exister entre actionnaires et créanciers. Les dirigeants de groupes endettés peuvent être tentés d'entreprendre des investissements risqués susceptibles d'améliorer la richesse des actionnaires. Face à ce risque, les créanciers peuvent refuser leur concours, sauf par le biais des OCA qui leur offrent la possibilité de devenir actionnaires si le transfert de richesse leur était défavorable.

L'émission d'OCA signale au marché que les dirigeants anticipent une hausse du cours de l'action. Afin d'éviter le remboursement de l'emprunt, l'intérêt de l'entreprise est, en effet, que la conversion soit effectuée.

2. Les obligations échangeables contre des actions (OEA)

Une loi du 6 janvier 1969 autorise l'émission d'obligations échangeables contre des actions existantes d'une autre société, généralement du même groupe.

À l'échéance, en fonction de l'évolution du cours du sous-jacent :

- soit les souscripteurs demandent le remboursement de l'obligation échangeable en actions : la dette disparaît alors du passif du bilan et les actions sous-jacentes de l'actif ;
- soit l'emprunt est remboursé en espèces.

Toute dilution de l'actionnariat est évitée, puisque ne sont utilisées que des actions préexistantes prélevées sur l'autocontrôle ou rachetées sur le marché dans le cadre d'un programme de rachat.

EXEMPLE

Artémis, le holding de PPR, a lancé le 5 juillet 2006 une émission d'obligations échangeables en actions PPR dans le but de refinancer, tout en optimisant le coût, une partie de la dette du groupe. Les obligations ont une durée de 5 ans, rapportent un intérêt annuel de 2 % l'an et seront remboursées le 31 juillet 2011 à un prix compris entre 118,05 % et 121,03 % du nominal, ce qui correspond à un taux de rendement actuariel respectivement de 5,25 % et de 5,75 %. Chaque obligation est échangeable en actions PPR à raison d'une action pour une obligation. La valeur nominale des OE fait apparaître une prime comprise entre 27 % et 32 % par rapport au cours de référence de l'action PPR. Les obligations sont cotées sur le marché Euro MTF géré par la Bourse de Luxembourg.

3. Les obligations à option de conversion et/ou d'échange en actions nouvelles ou existantes (OCEANE)

Avec les OCEANE, l'émetteur dispose d'un bon moyen de contrôler la dilution de son capital. Il peut choisir, en effet, de remettre aux investisseurs, soit des actions préexistantes (mécanisme de l'échange), soit des actions créées à cet effet (mécanisme de la conversion), ce qui implique une augmentation de capital et engendre une réduction du bénéfice par action.

Pour l'investisseur, la solution retenue par l'émetteur n'est pas neutre :
– il n'a droit aux dividendes de l'année antérieure qu'en cas d'échange ;
– seules les actions préexistantes sont immédiatement cessibles ;
– seul l'échange engendre une plus-value aussitôt imposable.

EXEMPLE

Le groupe VIAL, premier groupe français indépendant de menuiserie industrielle discount, a lancé le 27 septembre 2007, une émission d'OCEANE d'un montant de 80 millions d'euros, représentée par 1 773 836 obligations, dont la valeur nominale unitaire a été fixée à 45,10 euros faisant ressortir une prime d'environ 22 % par rapport au cours de référence de l'action groupe VIAL.

Les obligations porteront intérêt à un taux annuel de 2,50 % et seront remboursées le 1er janvier 2014 au prix de 52,27 euros, soit 115,8985 % de la valeur nominale des obligations.

L'émission des obligations permettra à la société de renforcer sa structure financière.

Taux de rendement actuariel brut des obligations : 4,75 % à la date de règlement des obligations (en l'absence de conversion et/ou d'échange en actions et en l'absence d'amortissement anticipé).

Amortissement normal des obligations : en totalité le 1er janvier 2014 (ou le premier jour ouvré suivant si cette date n'est pas un jour ouvré) par remboursement au prix de 52,27 euros, soit 115,8985 % de la valeur nominale des obligations.

Durée de l'emprunt : 6 ans et 88 jours (à compter du 5 octobre 2007).

Conversion et/ou échange des obligations en actions : à tout moment, à compter de leur date de règlement livraison, jusqu'au septième jour ouvré qui précède la date de remboursement normal ou anticipé, à raison d'une action par obligation, sous réserve d'éventuels ajustements.

La société pourra à son gré remettre des actions nouvelles et/ou des actions existantes.

Rang de créance : les obligations et leurs intérêts constituent des engagements chirographaires directs, généraux, inconditionnels, non subordonnés et non assortis de sûretés de la société, venant au même rang entre eux et au même rang que toutes les autres dettes et garanties chirographaires (sous réserve de celles bénéficiant d'une préférence prévue par la loi), présentes ou futures de la société.

4. Les obligations remboursables en actions (ORA)

Les ORA sont des titres dont le remboursement s'effectue obligatoirement en actions. D'une durée de vie généralement comprise entre 5 et 9 ans, leur remboursement est le plus souvent réalisé *in fine* à partir d'actions existantes ou provenant d'une augmentation de capital. D'où le terme souvent utilisé d'ORANE, obligations remboursables en actions nouvelles ou existantes.

Le taux d'intérêt offert à l'investisseur est inférieur à celui des obligations classiques, mais plus élevé que celui des OCA en raison de l'absence d'option. Le prix de remboursement n'est pas connu à l'avance.

5. Les obligations à bons de souscription d'actions (OBSA)

Les OBSA sont des obligations classiques auxquelles sont initialement attachés des bons de souscription.

Les bons de souscription sont des valeurs mobilières négociables qui donnent le droit de souscrire à d'autres titres financiers (actions, obligations, autres bons) pendant une période donnée, à un prix et dans une proportion convenus à l'avance. Ils peuvent être émis et attribués aux actionnaires gratuitement ou attachés à l'émission d'obligations (OBSA, OBSO) ou d'actions (ABSA). Leur durée de vie est généralement plus courte que celle du sous-jacent.

Ces bons doivent être distingués des *warrants* ou bons d'option sur actions qui sont émis, sauf exception, par des institutions financières distinctes des firmes émettrices des actions. L'émission des *warrants* porte sur des actions existantes et ne modifie donc pas le capital de la société.

a. Les caractéristiques

L'émission d'OBSA s'analyse comme une augmentation de capital différée et étalée dans le temps, puisque la levée éventuelle de l'option s'effectue à des dates différentes selon les porteurs.

Lors de l'émission, l'OBSA constitue un titre unique (obligation + bon de souscription). Sa divisibilité s'opère dès la souscription. L'obligation et le BSA font alors l'objet d'une cotation séparée.

L'évaluation des OBSA s'opère donc en distinguant l'obligation classique du BSA.

b. La valeur du BSA

Un bon de souscription d'actions peut être assimilé à une option d'achat (*call*) vendue par une société sur des actions existantes ou à émettre. En contrepartie du versement initial d'un premium, il donne le droit de souscrire des actions à un prix d'exercice et sur une période fixés d'avance.

La valeur d'un BSA est donc la somme d'une valeur intrinsèque et d'une valeur temps. Comme pour toute option d'achat, elle est déterminée par :

- le niveau de prix du sous-jacent ;
- le niveau de prix d'exercice (prix de souscription de l'action) ;
- la volatilité du sous-jacent ;
- la durée de la période d'exercice ;
- les taux d'intérêt ;
- les dividendes.

L'évaluation d'un BSA s'effectue à partir des modèles dérivés du modèle binomial et de celui de Black-Scholes. Il faut tenir compte de divers éléments :

- les opérations qui affectent la valeur du titre influent sur la valeur du BSA (en particulier, la distribution de dividendes) ;
- la dilution engendrée par l'exercice des bons modifie la valeur du sous-jacent ;
- l'hypothèse de constance des taux d'intérêt et de la volatilité posée par Black-Scholes est mise à mal par la durée de vie longue (2-3 ans) des BSA qui augmente la valeur temps.

c. L'intérêt

Pour le détenteur d'une OBSA, l'intérêt tient au caractère détachable et négociable des BSA et à la richesse des possibilités qui lui sont offertes. Il peut exercer le droit de souscription en payant le prix convenu et devenir ainsi à la fois obligataire et actionnaire. Il peut aussi lever l'option et vendre l'obligation, vendre le bon tout en restant obligataire, vendre l'obligation et garder le bon, etc.

Avec l'OBSA, l'émetteur dispose d'un financement à long terme à un taux inférieur au taux du marché (compte tenu de l'avantage lié à l'option). Il réalise aussi une augmentation de capital différée lors de l'exercice progressif des bons.

Quelles sont les différences entre OCA et OBSA ? Il apparaît, pour l'essentiel, que :
- le détenteur d'une OBSA n'est pas obligé de choisir entre la qualité d'obligataire et celle d'actionnaire ;
- la conversion de l'OCA ne procure pas de capitaux à l'émetteur (conversion des dettes en fonds propres) alors que l'exercice d'un bon engendre un nouvel apport ;
- l'émetteur d'OCA peut forcer la conversion par un amortissement anticipé ; la souscription, elle, ne dépend que du porteur du bon.

6. Les autres titres

Certains titres, moins utilisés, donnent aussi accès au capital :
- les obligations à bons de souscription d'actions remboursables (OBSAR) où le bon attaché à l'obligation peut être racheté par l'émetteur ;
- les actions à bons de souscription d'actions (ABSA) où un bon de souscription est attaché à l'émission d'une action.

D'autres titres ne donnent pas accès au capital comme les obligations à bons de souscription d'obligations (OBSO), où un bon de souscription d'obligations est attaché à une obligation.

Enfin, un certain nombre d'éléments du passif, intermédiaires entre les fonds propres et les emprunts, sont souvent qualifiés de quasi-fonds propres.

Ces titres ont un rang de privilège dégradé par rapport aux dettes classiques et, en cas de liquidation, ils sont donc remboursés aux investisseurs après désintéressement des créanciers ordinaires et avant les actionnaires.

a. Les prêts participatifs

Ces prêts sans garantie qui concernent toutes les entreprises sont des créances de dernier rang. Ils ne sont donc remboursés qu'après les autres créances. Créés en 1978 afin de renforcer la structure financière des entreprises industrielles et commerciales, leur rémunération annuelle est composée d'une partie fixe et, éventuellement, d'une partie variable liée aux performances économiques de l'entreprise, d'où le terme « participatif ». Le dispositif est étendu aux entreprises individuelles depuis la loi du 2 août 2005 en faveur des PME.

Ces titres sont seulement émis par les sociétés du secteur public, les sociétés coopératives et les compagnies d'assurances.

EXEMPLE

C'est le cas d'OSEO établissement public de l'État, fruit du rapprochement de la BDPME (Banque du développement des PME), de la Société française de garantie des financements des PME (Sofaris) et de l'Anvar (Agence nationale de valorisation de la recherche). Il propose des prêts participatifs d'amorçage afin de faciliter l'accès des jeunes entreprises innovantes au capital-risque.

b. Les titres participatifs

Ils présentent les mêmes caractéristiques que les prêts participatifs, mais ne sont émis que par les sociétés du secteur public et du secteur coopératif. Ce sont donc des créances de dernier rang qui s'analysent, elles aussi, comme des obligations indexées participantes.

c. Les titres subordonnés

Ce sont des obligations d'avant-dernier rang, car une clause de subordination conditionne leur remboursement au désintéressement des autres créanciers, à l'exclusion des titulaires de prêts et des titres participatifs. Depuis la loi de sécurité financière de 2003, cet ordre est cependant laissé libre. Ces titres sont, en principe, à durée indéterminée (TSDI) et le coupon annuel n'est payé qu'en cas de versement d'un dividende aux actionnaires.

Lorsque la subordination est limitée dans le temps, les titres sont stipulés remboursables à une échéance déterminée. Ces titres subordonnés remboursables (TSR) d'une durée d'environ 10 ans perçoivent un intérêt dont le paiement n'est pas subordonné (contrairement aux TSDI). Compte tenu du risque plus élevé pris par les souscripteurs (risque de défaillance), la rémunération est supérieure à celle des obligations classiques.

Les TS permettent d'améliorer la physionomie du bilan des sociétés émettrices sans diluer le pouvoir et sont spécialement utilisés par les établissements de crédit pour améliorer leur structure prudentielle.

À côté des titres spécifiques qui viennent d'être évoqués, l'ingénieur financier peut utiliser un second outil pour mettre en place des opérations d'ingénierie financière : des structures juridiques flexibles permettant des montages financiers.

II Les montages financiers

Pour bénéficier d'effets de levier, des montages sont effectués à partir de holdings, le plus souvent pour créer un LBO.

A. Les effets de levier

Les montages d'ingénierie financière combinent un effet de levier juridique fondé sur l'utilisation de holdings, un effet de levier financier lié au recours à l'endettement et un levier fiscal associé à l'intégration fiscale.

1. L'effet de levier juridique

L'effet de levier juridique permet à un acquéreur de contrôler une société appelée « cible » sans détenir la majorité du capital.

a. La notion de contrôle

La notion de contrôle juridique repose sur quelques saillances :

– 2/3 du capital : majorité absolue (grande majorité) ;

– + de 50 % du capital : majorité simple ;
– + de 1/3 du capital : minorité de blocage.

La dissociation des intérêts et du contrôle est essentielle dans les montages financiers. C'est pourquoi, il importe de distinguer le pourcentage d'intérêt détenu dans des filiales du pourcentage de contrôle.

Le pourcentage d'intérêt chiffre la part du capital de la filiale dont l'actionnaire de la mère est directement ou indirectement propriétaire.

Le pourcentage de contrôle mesure le pouvoir de l'actionnaire. Il convient de noter, dans une cascade de participations, les ruptures dans la chaîne de contrôle (voir exemple 3).

EXEMPLE

On calcule les pourcentages d'intérêt et de contrôle, directs et indirects, de la société mère M dans sa filiale F2 compte tenu des participations suivantes :

Le pourcentage d'intérêt de M dans F2 est de 38,5 % (direct : 0 % et indirect : 38, 5 %, c'est-à-dire 0,55 × à 0,7).

Le pourcentage de contrôle de M dans F2 est de 70 % (direct : 0 % et indirect : 70 %) car M contrôle F1.

EXEMPLE

On calcule les pourcentages d'intérêt et de contrôle, directs et indirects, de la société mère M dans sa filiale F2 compte tenu des participations suivantes :

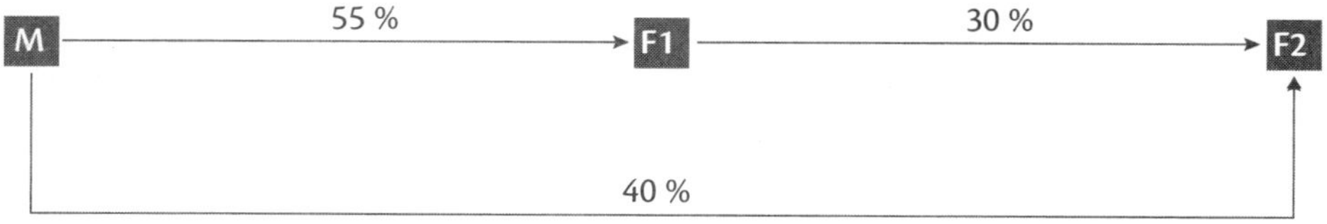

Le pourcentage d'intérêt de M dans F2 est de 56,5 % (direct : 40 % et indirect : 16, 5 %).

Le pourcentage de contrôle de M dans F2 est de 70 % (direct : 40 % et indirect : 30 %).

EXEMPLE

On calcule les pourcentages d'intérêt et de contrôle, directs et indirects, de la société mère M dans sa filiale F2 compte tenu des participations suivantes :

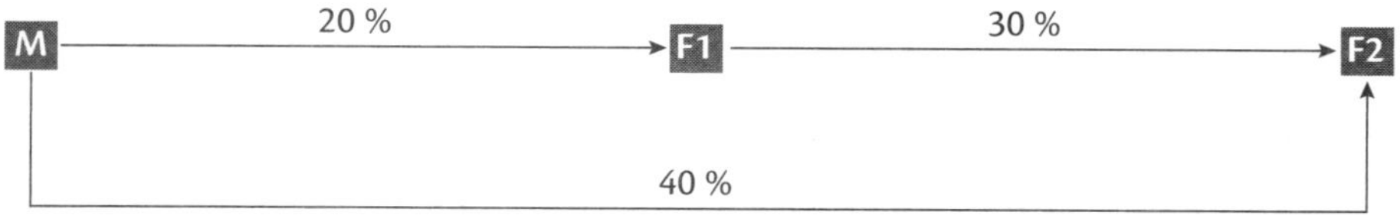

Le pourcentage d'intérêt de M dans F2 est de 46 % (direct : 40 % et indirect : 6 %).

Le pourcentage de contrôle de M dans F2 est de 40 % (direct : 40 % et indirect : 0 % en raison de la rupture de contrôle).

b. Le levier juridique

Les holdings permettent de réaliser un fort effet de levier juridique. L'origine étymologique anglo-saxonne se trouve dans le verbe « *to hold* » qui signifie détenir. Une société holding détient donc des participations dans d'autres sociétés. Mais ses activités ne se réduisent pas à la gestion d'un portefeuille d'actifs financiers. Elle a souvent aussi vocation à regrouper des actionnaires qui participent à la gestion du groupe.

c. Le montage des holdings

Un actionnaire qui dispose de 251 k€ désire prendre le contrôle (majorité simple) d'une société anonyme cible dont la valeur est de 1 000 k€.

Son apport étant insuffisant (25,1 %), il faut créer un holding qui détiendra la majorité simple.

Figure 12.2 – **Le montage d'un holding**

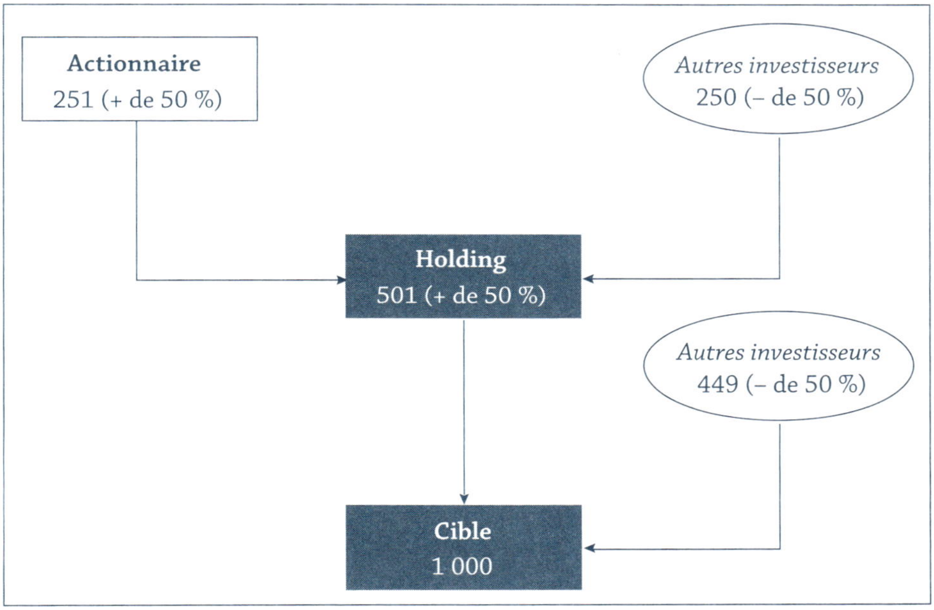

L'actionnaire, grâce à l'apport d'autres investisseurs qui restent minoritaires, détient la majorité simple au sein du holding et de la cible. Avec un apport de 251, il contrôle une firme qui vaut 1000 : l'effet de levier juridique est de 1 à 3,98 (1 000 / 251).

Bien entendu, l'augmentation du nombre de holdings accentue l'effet de levier.

Avec un seul holding, l'acquisition d'une cible de valeur 1 nécessite un apport de $(0,5)^2 = 0,25$, ce qui correspond à un levier égal à $1 / 0,25 = 4$.

Avec deux holdings, l'apport est de $(0,5)^3 = 0,125$,et le levier atteint $1 / 0,125 = 8$.

Si l'on généralise à n holdings, l'apport de $(0,5)^{n+1}$ permet un levier de $1 / 0,5^{n+1}$.

D'où le tableau :

Tableau 12.1 – **Mesure de l'effet de levier juridique**

Nombre de holdings	Apport	Levier
1	25	4
2	12,5	8
3	6,25	16
4	3,125	32
5	1,5625	64
6	0,78125	128

La figure 12.3 montre comment le levier juridique est utilisé par les groupes.

Figure 12.3 – **Organigramme de contrôle Christian Dior/LVMH au 31 décembre 2003**

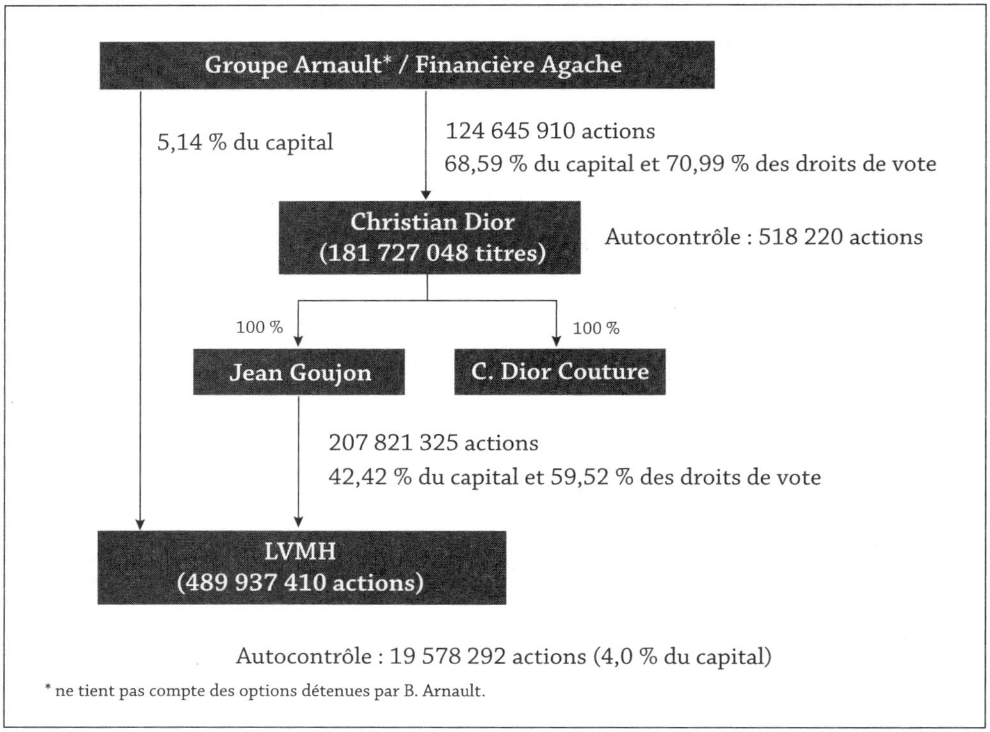

La dissociation des intérêts et du contrôle permet de répartir le pouvoir de façon non proportionnelle aux apports. Ce type de montage est utilisé dans les successions lorsqu'il s'agit de donner à tous les héritiers le même pourcentage d'intérêt et, à celui qui assurera la gestion, le contrôle de la société.

EXEMPLE

Deux amis, Modigliani et Miller, créent une société (100 k€) avec chacun 50 k€. Modigliani veut diriger et avoir la grande majorité. Miller accepte à condition de recevoir les mêmes dividendes (pourcentage d'intérêt).

Le montant est le suivant :

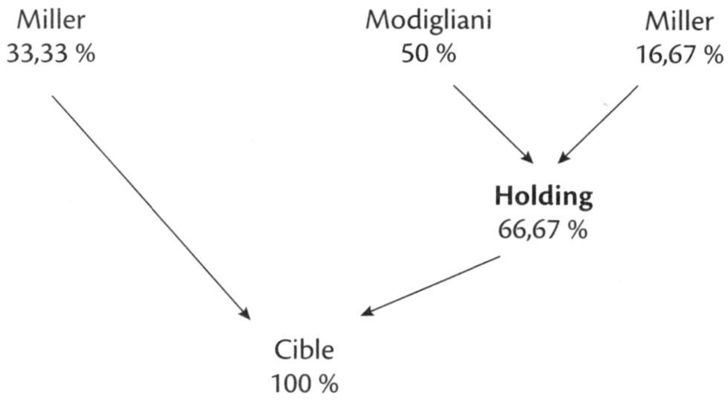

EXEMPLE

Une cible dont le passif est composé de 120 k€ de capitaux propres et 100 k€ de dettes, est initialement contrôlée à 100 % par deux actionnaires, Jensen et Meckling. De combien peut-on ouvrir le capital de la firme en conservant la grande majorité à Jensen et Meckling qui ne souhaitent pas accroître leur contribution ?

Le respect de ces contraintes implique la création d'un holding. Avec leur apport inchangé de 120 k€, Jensen et Meckling détiennent la grande majorité dans ce holding tant que la mise des minoritaires ne dépasse pas un montant x tel que : $x = 1/3\ (120 + x)$, soit $x = 60$ k€. Le capital du holding est alors égal à 180.

Holding

Titres de la cible : 180	Capital : 180 J. & M. : 120 Tiers : 60

Le holding détient la grande majorité dans la cible tant que l'apport des minoritaires ne dépasse pas un montant y tel que : $y = 1/3\ (180 + y)$, soit $y = 90$ k€.

Cible

Actifs : 370	Capital : 270 Holding : 180 Tiers : 90
	Dettes : 100

Tout en respectant les contraintes fixées, le capital de la cible est porté de 120 k€ à 270 k€, soit une augmentation de 150 k€.

Le multiplicateur de contrôle du holding correspond au multiplicateur de participation : CP cible / participation du holding = 270 / 180 = 1,5.

d. La structure des holdings

Le holding par le haut est réalisé par le regroupement au sein d'une seule et même société des participations détenues par divers associés dans une ou plusieurs sociétés.

Les associés font l'apport de leurs droits ou de leurs capitaux à une société qui devient le holding. Ils reçoivent des droits sociaux émis par le holding en échange de leurs apports.

Le holding par le bas consiste en un apport de biens à des filiales. Cela revient à transférer par voie de scission ou d'apports partiels d'actifs (voir le chapitre 14), diverses branches d'activité d'une société, à une ou plusieurs autres créées à cet effet ou existantes.

2. L'effet de levier financier

L'effet de levier financier permet de tirer avantage de l'endettement en améliorant la rentabilité et en diminuant les apports.

a. L'endettement peut améliorer la rentabilité

Lorsque la rentabilité économique est supérieure au coût de la dette ($r_e > i$), la rentabilité financière r_{cp} est accentuée par le niveau du levier (*leverage* ou *gearing*) exprimé par D/CP ou par Dn/CP si les dettes nettes sont utilisées, c'est-à-dire les dettes financières diminuées de l'actif de trésorerie.

L'effet de levier financier s'écrit (voir le chapitre 8) :

$$r_{cp} = [\ r_e + (r_e - i)\ D_n\ /\ CP\ ]\ (1 - \tau)$$

EXEMPLE

Un outil de production qui engendre une rentabilité de 8 % est financé pour moitié par des capitaux propres et pour l'autre par des dettes dont le coût est 6 %. Quel est l'effet de levier financier, c'est-à-dire le gain de rentabilité lié à la dette ?

Ce gain est de deux points (8 % – 6 %), puisque le *gearing* est de 1 et que la rentabilité financière avant impôt s'élève à 8 % + (8 % – 6 %) × 1 = 10 %.

Pour un *gearing* égal à 1,2, la rentabilité financière serait de 10,4 %.

b. L'endettement diminue le poids relatif des apports des actionnaires

L'endettement démultiplie le contrôle des actionnaires sur des actifs dont ils ne sont pas propriétaires.

EXEMPLE

Les acquéreurs d'une société, dont le prix est fixé à 300 k€, ne disposent que de 150 k€. Ils décident de les apporter à une société holding. Cette dernière contracte alors un emprunt bancaire de 150 k€, qui lui permettra de racheter l'intégralité de la société cible.

Le montage est le suivant :

Holding

Titres de la cible : 300	Capital : 150
	Dettes : 150

Cible

Actifs : 300	Capital : 300

3. L'effet de levier juridico-financier

Il est possible de combiner les leviers. Le levier juridique est alors accentué par l'utilisation de la dette.

EXEMPLE

Une société anonyme cible a une valeur de 1 000 k€. Un actionnaire désire en détenir la grande majorité. Il ne dispose que de 200 k€ et les actionnaires minoritaires de 100 k€. De combien faut-il endetter le holding ? Quel doit être l'apport des minoritaires dans la cible ?

Pour détenir la grande majorité, le holding doit apporter 667 (66,7 % × 1 000) et donc s'endetter de 667 – 300 = 367. Reste à trouver des minoritaires pour entrer dans le capital de la cible à concurrence de 333.

Holding

Titres de la cible : 667	Capital : 300	
		Actionnaires : 200
		Tiers : 100
	Dettes : 367	

Cible

Actifs : 1 000	Capital : 1 000	
		Holding : 667
		Tiers : 333

EXEMPLE

Reprenons l'exemple de Jensen et Meckling. Une cible, dont le passif est composé de 120 k€ de capitaux propres et 100 k€ de dettes, est initialement contrôlée à 100 % par deux actionnaires, Jensen et Meckling. De combien peut-on augmenter le capital en endettant le holding (*gearing* = 1) tout en conservant la grande majorité à Jensen et Meckling ?

Holding

Titres de la cible : 360	Capital : 180	
		J. & M. : 120
		Tiers : 60
	Dettes : 180	

Cible

Actifs : 640	Capital : 540	
		Holding : 360
		Tiers : 180
	Dettes : 100	

Le multiplicateur de contrôle du holding est le produit d'un multiplicateur de participation et d'un multiplicateur d'endettement.

Multiple de participation : CP de la cible / participation du holding = 540 / 360 = 1,5.

Multiple d'endettement : participation du holding / CP holding = 360 / 180 = 2.

CP cible / CP holding = 450 / 150 = 3 = 1,5 × 2.

4. L'effet de levier fiscal

Il est question de levier fiscal lorsque les intérêts engendrés par la dette du holding font économiser de l'impôt au groupe. Les charges d'intérêt sont fiscalement déductibles à condition de pouvoir s'imputer sur des produits imposables.

Les dividendes perçus par le holding bénéficient du régime mère-fille, dès lors que la participation du holding dans la cible est comprise entre 5 % et 95 %. Ils ne sont alors pas imposables. Le levier fiscal ne joue donc pas pour les holdings purs qui enregistrent un déficit fiscal. Seuls en profitent les holdings impurs car ils perçoivent d'autres revenus.

Si sa participation est au moins égale à 95 %, le holding a la possibilité d'opter pour le régime de l'intégration fiscale. L'imposition du résultat d'ensemble est, dans ce cas, effectuée au niveau du groupe, ce qui permet d'imputer l'éventuel déficit du holding sur le profit de la cible.

B. Les montages à effets de levier (LBO)

Le rachat d'une entreprise peut être réalisé en faisant appel à une technique de financement par effet de levier, le LBO (*Leverage Buy Out*).

1. Le principe

Un LBO repose sur la création d'une société holding (*NewCo* ou *HoldCo* dans le jargon financier) qui réalise l'achat d'une cible (*OpCo*) grâce à un fort endettement. Les dividendes versés par la cible assurent le service de la dette.

Équilibrer le montage consiste à adapter le niveau d'endettement du holding à la capacité distributive de la cible.

Deux points caractérisent cette technique de financement :
- une partie de l'achat est financée par la cible elle-même ;
- les investisseurs prennent le contrôle d'une société cible avec un apport personnel minimal.

Le LBO est bien adapté aux problèmes de succession dans les firmes familiales à la recherche d'un recentrage stratégique dans les groupes et au retrait de cote.

Compte tenu de la pyramide des âges française actuelle, on peut estimer à 450 000 le nombre d'entreprises qui vont faire l'objet d'une transmission dans les 10 ans qui viennent. Lorsque aucune solution familiale n'existe, les dirigeants sont davantage tentés par la transmission de l'entreprise à leurs cadres que par une vente à la concurrence. La technique du rachat avec effet de levier peut leur faciliter la tâche.

Les groupes qui décident de se recentrer sur leur métier et de céder des filiales ou des activités non stratégiques disposent avec le LBO d'un moyen de financement.

Le retrait de la cote ou P to P (*public to private*) consiste à effectuer un LBO sur une société cotée afin de disposer des moyens financiers pour la sortir de la Bourse.

Le mécanisme du LBO fait intervenir plusieurs acteurs : la cible, les investisseurs, les prêteurs ainsi que les conseils.

Figure 12.4 – **Principe du LBO**

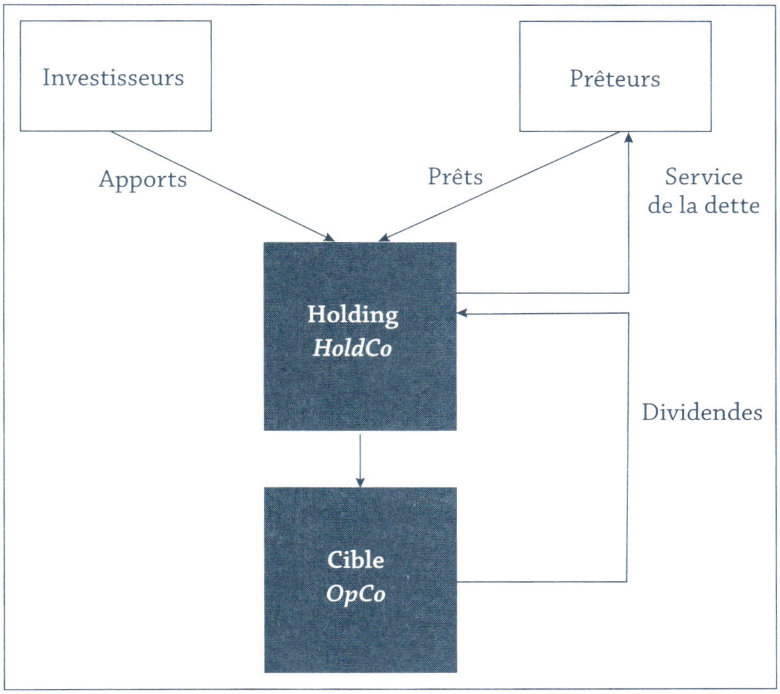

a. La cible

Tout le montage repose sur le niveau et la récurrence des flux de trésorerie engendrés par la cible. C'est, en effet, la remontée des dividendes de la cible vers le holding qui permet d'assurer le service de la dette du holding (remboursement du capital et paiement des intérêts).

Pour que cet équilibre soit respecté, la firme achetée doit respecter certaines conditions :

– son management doit être de qualité et se montrer très motivé en raison des contraintes ;
– sa position sur le marché doit être confortable, ce qui implique un bon niveau de maturité ;
– sa rentabilité économique doit être supérieure au coût des emprunts (effet de levier financier positif) ;
– ses bénéfices escomptés doivent être stables dans le temps car la sécurité des *cash-flows* est essentielle ;
– sa politique d'investissement doit être limitée afin de ne pas affecter la distribution des dividendes.

b. Les investisseurs

Les investisseurs sont des fonds de *private equity* ou fonds d'investissement (voir le chapitre 13) qui prennent le risque le plus élevé en apportant des capitaux propres et exigent, en contrepartie, un taux de rendement de 20 % à 25 %.

Les dirigeants-repreneurs ont la charge de la gestion opérationnelle de la cible et sont aussi intéressés au capital du holding. Ce sont d'anciens cadres de la société rachetée ou des managers extérieurs. Le rachat d'entreprise par ses salariés (RES) constitue un cas particulier du LBO et bénéficie d'avantages fiscaux.

Les fonds d'investissement spécialisés sont des *private equity sponsors* (PES) ou des *venture capitalists*.

Fonds anglo-saxons : BC Partners, Carlyle, CVC, etc.
Autres fonds : CDC, PAI, etc.

c. Les prêteurs

Les établissements financiers jouent un rôle essentiel puisqu'ils apportent la plus grande partie du financement de l'opération de LBO. Toutes les grandes banques proposent un département d'ingénierie financière dont une des équipes est chargée des financements LBO.

d. Les conseils

Les divers intervenants font appel à des conseils en fusions et acquisitions, des experts en évaluation, des auditeurs, des avocats et des intermédiaires (pour la mise en relation des acheteurs et des vendeurs).

2. Les financements

Un LBO est couramment financé à 30-35 % par des fonds propres, 40-60 % par dette senior et 15-20 % par dette junior ou mezzanine.

a. Les fonds propres

L'utilisation d'un holding permet de :
– minimiser les apports en capital (stratégie du capital allégé) ;
– dissocier la propriété et le contrôle ;
– démultiplier la rentabilité.

b. La dette senior

Le choix du niveau de dette qu'acceptent les banques lors d'une opération de LBO repose sur le *business plan* (ou plan d'affaires) qui montre comment est envisagé le remboursement sur une période de 8 à 10 ans.

EXEMPLE

Le *business plan* d'une cible évaluée 45 M€ fait ressortir un dividende annuel de 5 M€. Le holding peut s'endetter sur 8 ans au taux de 9 %, soit 6 % après impôt.

La capacité d'endettement est : $5\text{ M€} \times (1 - 1{,}06^{-8}) / 0{,}06 = 31\text{ M€}$.

L'apport doit donc être de : 45 M€ – 31 M€ = 14 M€.

La dette senior est une dette à moyen terme d'une durée maximale de 7 ans calée sur les *cash-flows* prévisibles et récurrents. Elle est :
– rémunérée à Euribor + 2,25 % ;
– remboursée en priorité ;
– d'environ 40 % à 60 % du prix de la cible ;
– associée à une sûreté sur les titres de la cible ;

– souvent souscrite par plusieurs banques : syndication bancaire, fonds CDO (*Collaterised Debt Obligation*) ;
– découpée, au-delà de 20 M€, en tranches A, B, C et D à risques croissants et donc à taux différents (Euribor + 3 %). Le remboursement *in fine* est prévu à partir de B.

Les contrats de prêts prévoient certaines clauses (*covenants*) qui facilitent le suivi des opérations par le banquier :

– clauses de respect de quelques ratios :
  • EBITDA/intérêts > 3,5,
  • Dn/EBIT < 4,
  • D/CP < 60 %,
  • (D + intérêts) – *cash-flow* > 1,1 (*cover ratio*) ;
– clauses de non-modification de la structure de l'actionnariat de la cible ;
– clauses de non-versement de dividendes aux actionnaires du holding avant le remboursement de la dette senior, etc.

c. La dette junior (mezzanine)

Lorsque la dette senior ne suffit pas, il est nécessaire de recourir au financement mezzanine, financement subordonné au prêt senior qui s'interpose entre les fonds propres et la dette senior. La mezzanine est une technique de financement destinée à concilier les intérêts des actionnaires et des banquiers.

Figure 12.5 – **La technique de la mezzanine**

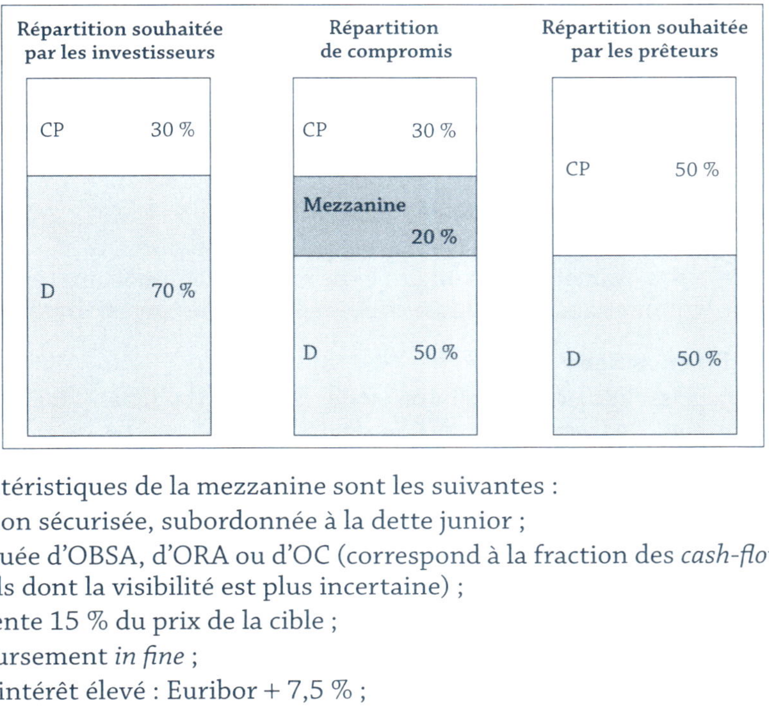

Les caractéristiques de la mezzanine sont les suivantes :

– dette non sécurisée, subordonnée à la dette junior ;
– constituée d'OBSA, d'ORA ou d'OC (correspond à la fraction des *cash-flows* prévisionnels dont la visibilité est plus incertaine) ;
– représente 15 % du prix de la cible ;
– remboursement *in fine* ;
– taux d'intérêt élevé : Euribor + 7,5 % ;
– période de 8 à 10 ans, voire 15 ;
– souscrite par des fonds spécialisés.

La rémunération attendue est liée au risque pris par chaque acteur.

Les apporteurs de fonds propres escomptent une plus-value lors du dénouement de l'opération, c'est-à-dire lors de la cession de leur participation. Un rendement annuel de 20 à 30 % est généralement requis en raison du risque élevé.

La rémunération des mezzaneurs, créanciers de second rang, comprend généralement, en plus des intérêts, une plus-value (*equity kicker*) associée à la détention de BSA (souvent attachés à la dette) ou d'options de conversion pour ce qui est des OCA. Elle s'élève, en moyenne, à environ 15 % par an.

Les créanciers seniors perçoivent des intérêts. Leur risque est limité puisqu'ils disposent de garanties sur les actifs du holding (nantissement des actions de la cible) et leur rémunération est donc la plus faible.

d. Les autres financements

D'autres financements existent :

– la dette obligataire subordonnée : émission d'obligations cotées à haut rendement (*hight yield*), au taux de OAT + 8 %, remboursables *in fine* après une durée de 8 à 10 ans si la dette senior est remboursée ;
– le crédit vendeur : le vendeur concède un crédit à l'acheteur (Euribor + 0,5 %, remboursé après la dette sécurisée) et montre son implication ;
– la titrisation (voir le chapitre 14) : elle porte sur les créances et les stocks de la cible ou sur ses flux d'exploitation (*Securitization Buy Out*).

3. Le montage

Un LBO comporte un certain nombre d'étapes.

a. Le repérage et l'entrée en relation

Après repérage, le premier contact s'effectue, par le biais d'un intermédiaire, soit à l'initiative du vendeur, soit à l'initiative de l'acheteur.

b. Le diagnostic de la cible et l'évaluation

Un diagnostic financier (*via* des *due diligences*) et économique de la société cible sert de base à son évaluation et à un projet de montage comportant un *business plan*. Ces points figurent dans un mémorandum rédigé par les investisseurs.

c. Le financement

Les investisseurs recherchent une ou des banques (pool bancaire) prêts à participer au montage. Le *busines plan* sert de référence à des simulations.

d. La négociation

Après avoir comparé les offres indicatives des acheteurs potentiels, le vendeur établit une *short list* des candidats retenus qui pourront accéder à une documentation fine sur l'entreprise déposée dans une salle (*data room*). Au terme de cette étude, les investisseurs remettent une offre et le vendeur en retient une. Un protocole est alors signé.

e. L'audit d'acquisition

Les auditeurs se prononcent sur les comptes de la cible et, si nécessaire, des audits juridiques et fiscaux sont effectués. La signature d'une garantie d'actif-passif sécurise juridiquement la transaction.

f. Le *closing*

Le *closing* est destiné à formaliser définitivement la cession. Il constate l'accord entre les parties sur le prix de cession et le montage élaboré.

g. Le débouclage

Les partenaires financiers ont vocation, généralement à la fin d'une période de 5 à 7 ans, à sortir du capital par cession de leurs titres afin de réaliser une plus-value.

Cette sortie peut s'effectuer de diverses façons selon les motivations des investisseurs :
- l'introduction en Bourse du holding ;
- la cession à un industriel ;
- la création d'un LBO secondaire qui permet le désengagement des investisseurs financiers lorsque les marchés sont peu liquides. Un nouveau holding est mis en place avec un effet de levier plus faible (pour ne pas affaiblir la cible) et une part plus importante du management dans le capital.

L'échec du montage peut tenir :
- au réaménagement de la dette ;
- à la perte de contrôle due à l'entrée d'un nouvel investisseur ;
- au dépôt de bilan en raison de la non-viabilité du montage lorsque la cible ne supporte plus les ponctions sur sa trésorerie.

4. La typologie

Il existe plusieurs types d'opérations :
- le MBO (*Management Buy Out*) ou LMBO est le rachat d'une société par son équipe de direction ou un ou plusieurs de ses cadres, non-actionnaires ou minoritaires. Le terme « *out* » peut sembler paradoxal : il signifie que les cadres doivent sortir de la cible afin de créer un holding extérieur ;
- le MBI (*Management Buy In*) ou LBI est la reprise de la cible par un ou plusieurs dirigeants repreneurs extérieurs qui cherchent à y entrer (« *in* ») ;
- le BIMBO (*Buy In Management Buy Out*) est le rachat par un dirigeant repreneur extérieur en association avec le vendeur et/ou avec des cadres de l'entreprise ;
- l'OBO (*Owner Buy Out*) est le rachat d'une entreprise par un holding détenu conjointement par le dirigeant propriétaire actuel et des investisseurs financiers ;
- le LBU (*Leverage Build Up*) est un projet de croissance externe par le rachat d'une cible qui sert de plate-forme pour l'acquisition d'autres entreprises du même secteur.

SYNTHÈSE

Deux catégories d'outils juridico-financiers ont été présentées dans ce chapitre : des produits « sur mesure » (les titres de financement spécifiques) et des structures juridiques fondées sur des holdings qui permettent des montages financiers.

Les titres de financement spécifiques

L'offre de titres s'est progressivement diversifiée pour s'adapter aux besoins des émetteurs et aux souhaits des investisseurs. Le panel des produits a fini par devenir extrêmement hétérogène. L'ordonnance du 24 juin 2004 portant réforme du régime des valeurs mobilières est destinée à sécuriser et à libéraliser l'émission de ces produits et à en unifier le régime. Elle distingue, parmi les titres de capital, les actions et les titres donnant accès au capital.

À côté des actions ordinaires, l'ordonnance a introduit les actions de préférence dont les caractéristiques sont fixées par les statuts ou le contrat d'émission. Elles peuvent être créées lors de la constitution d'une société ou au cours de son existence avec ou sans droit de vote, à titre temporaire ou permanent et assorties de droits particuliers.

Un régime spécial transitoire est prévu pour certains produits en voie d'extinction : les actions à dividende prioritaire sans droit de vote, les actions de priorité et les certificats d'investissement.

Un certain nombre de titres donnent accès au capital et sont considérés comme hybrides car : il s'agit d'obligations qui deviennent (ou peuvent devenir) des actions par conversion (OCA), par échange (OEA, OCEANE) ou par remboursement (ORA, ORANE). Il s'agit aussi d'obligations auxquelles est attaché un bon de souscription (OBSA).

Les montages d'ingénierie financière

Ils sont imaginés afin de bénéficier d'effets de leviers, le plus souvent pour créer un LBO (*Leverage buy out*).

Les montages mis en place combinent un effet de levier juridique fondé sur l'utilisation de holdings, un effet de levier financier lié au recours à l'endettement et un levier fiscal associé à l'intégration fiscale.

Le LBO consiste à créer une société holding (NewCo ou HoldCo dans le jargon financier) qui réalise l'achat d'une cible (OpCo) grâce à un fort endettement. Les dividendes versés par la cible assurent le service de la dette.

Équilibrer le montage revient à faire correspondre le niveau d'endettement du holding à la capacité distributive de la cible. Deux points caractérisent cette technique de financement : une partie de l'achat est financé par la cible elle-même et les investisseurs prennent le contrôle d'une société cible avec un apport personnel minimal.

Le LBO est bien adapté aux problèmes de succession dans les firmes familiales, à la recherche d'un recentrage stratégique dans les groupes et au retrait de cote.

APPLICATION 1 Vrai ou faux

1. Le taux de rémunération des OCA est généralement supérieur à ceux du marché.

2. La dette mezzanine est une dette non sécurisée, subordonnée à la dette junior.

3. C'est la remontée des dividendes de la cible vers le holding qui permet d'assurer le service de la dette du holding.

4. Le MBI est le rachat par un dirigeant repreneur extérieur en association avec le vendeur.

5. La création d'un LBO secondaire permet le désengagement des investisseurs financiers et l'utilisation d'un nouvel effet de levier financier.

CORRIGÉ 1

1. FAUX.
2. VRAI.
3. VRAI.
4. FAUX.
5. VRAI.

APPLICATION 2 QCM

Choisissez la ou les réponses exactes :

1. Les actions de préférence sont des titres dont les caractéristiques sont fixées par :

a. les statuts.

b. la loi.

c. le contrat d'émission.

2. Parmi ces titres, lequel est en voie d'extinction ?

a. l'OBSA

b. le certificat d'investissement

c. l'OCA

3. Parmi ces titres, un seul ne fait pas partie des quasi-fonds propres. Lequel ?

a. les titres subordonnés

b. les ADPSV

c. les titres participatifs

4. Si l'on souhaite détenir la majorité simple, quel est le levier juridique permis par une cascade de quatre holdings ?

a. 8

b. 16

c. 32

CORRIGÉ 2

1. a et c.
2. b.
3. b.
4. c.

APPLICATION 3 Valeur de conversion

Si la parité est de 3 actions pour 1 convertible avec un cours de 550, quelle est la valeur de conversion ?

CORRIGÉ 3

La valeur de conversion est de 1 650.

APPLICATION 4 Pourcentages d'intérêt et de contrôle

Calculez les pourcentages d'intérêt et de contrôle, directs et indirects, de la société mère M dans sa filiale F2 compte tenu des participations suivantes :

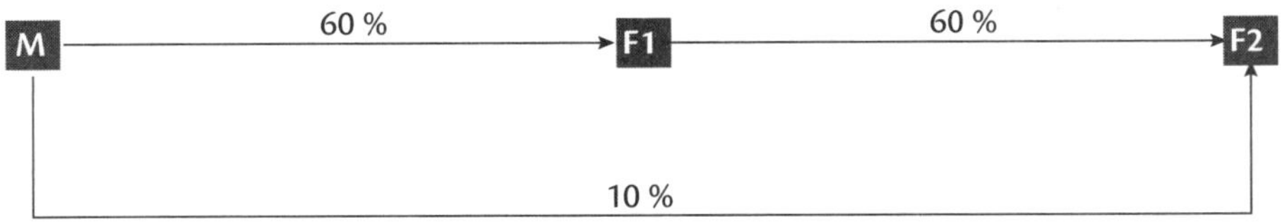

CORRIGÉ 4

Le pourcentage d'intérêt de M dans F2 est de 46 % (direct : 10 % et indirect : 36 %).
Le pourcentage de contrôle de M dans F2 est de 70 % (direct : 10 % et indirect : 60 %).

APPLICATION 5 Obligation convertible

Le 10 juillet 2008, une obligation convertible, échangeable contre trois actions, cotait 1 946 € pour un cours de l'action de 652 €. Son prix de remboursement est de 2 007 €.

1. Quelle était sa valeur de conversion ?

2. La conversion était-elle intéressante ?

3. À partir de quel cours la conversion devient-elle avantageuse ?

CORRIGÉ 5

1. Valeur de conversion

Compte tenu de sa parité d'un pour trois, sa valeur de conversion était de 1 956 € (3 × 652).

2. Conversation intéressante ou non

La valeur de conversion (1 956 €) étant inférieure au prix de remboursement (2 007 €), la conversion n'était pas intéressante à cette date.

3. Conversion avantageuse

La conversion devient avantageuse à partir d'un cours de l'action égal à 669 € (2 007 / 3).

APPLICATION 6 Rendement et prime d'un emprunt convertible

En juin 2008, un groupe a émis un emprunt convertible de 30,4 milliards d'euros divisé en 2 500 000 obligations de 122 € chacune. Le taux d'intérêt était de 6,5 % et le prix de remboursement de 134,10 € à l'échéance du 1er janvier 2018. Le cours de l'action était de 106,70 € et le rendement des obligations classiques pour le même type de risque de 7,5 %. Le dividende moyen attendu de l'action est de 2 €.

1. Quel est le rendement actuariel ?

2. Quelle est la prime de conversion par rapport au cours de l'action ?

3. Analysez la situation du porteur si, à l'échéance, l'action vaut 134,10 €, puis si elle vaut 200 €.

CORRIGÉ 6

1. Rendement actuariel

Le rendement actuariel est de 7,3 %, ce qui est inférieur au rendement des obligations classiques (10,85 %).

2. Prime de conversion

La prime de conversion est de 14 %.

3. Cours de l'action : 134,40 € et 200 €

Si le cours de l'action est de 134,10 € à l'échéance, le rendement du placement en obligation convertible (7,3 %) aura été inférieur à celui d'une obligation classique.

Si l'action vaut 200 €, le souscripteur aura augmenté son capital de 50 % et perçu un revenu (coupon de 7,90 €) supérieur à celui de l'actionnaire (dividende de 2 €).

CHAPITRE

13

Les opérations de développement

Le développement de l'entreprise exige des moyens de financement. Lorsque l'autofinancement est insuffisant, que les actionnaires existants ne sont pas en mesure d'accroître leur apport et que le recours à la dette n'est pas possible ou n'est pas souhaité, l'ouverture du capital à des tiers s'impose. Pour les actionnaires, le risque alors est de perdre le contrôle de leur société. Des techniques d'ingénierie financière leur permettent cependant de conserver ce contrôle. Lorsque la croissance externe constitue l'objectif stratégique d'un groupe, les financiers proposent des moyens de réaliser la prise de contrôle de la cible soit par une offre publique, soit par une fusion.

I Le maintien du contrôle

Deux moyens permettent de financer le développement d'une entreprise et d'en conserver le contrôle : le capital-investissement et l'introduction en Bourse. Pour les firmes les plus dynamiques, ces deux phases s'enchaînent.

A. Le capital-investissement (*private equity*)

Les sociétés en forte croissance qui, en raison de leur taille, n'envisagent pas de s'introduire en Bourse ou d'émettre un emprunt obligataire, peuvent se tourner vers le capital-investissement. C'est un moyen pour elles de financer leur développement sans perte de contrôle. L'intervention des organismes de capital-investissement est, en effet, temporaire et n'a pas pour objet de diriger l'entreprise.

1. Les principes du capital-investissement

a. *Le venture capital*

Le capital-risque, créé aux États-Unis après la Seconde Guerre mondiale sous le nom de *venture capital*, s'est ensuite progressivement développé, essentiellement autour des lieux historiques de la création technologique américaine : la route 128 dans le Massachusetts et la Silicon Valley près de San Francisco.

Dans le capital-risque, trois intervenants sont mis en relation :

– les apporteurs de capitaux (institutionnels, compagnies d'assurances, caisses de retraites, banques, grands groupes industriels) ;
– les *venture capitalists,* qui investissent les capitaux confiés par les apporteurs ;
– les entrepreneurs, créateurs ou « développeurs » d'entreprises qui recherchent des fonds propres.

Le *venture capital*, selon la définition donnée par l'*European Venture Capital Association* (EVCA), désigne « tout capital investi par un intermédiaire financier professionnel dans des sociétés ou des projets spécifiques de fort potentiel ». Il se caractérise, selon le modèle américain, par une offre de capital doublée d'une offre de services.

C'est, tout d'abord, un mode de financement en fonds propres destiné aux PME innovantes qui présentent des perspectives de croissance.

Les capitaux sont accordés sans garanties (cautions, hypothèques, etc.). Seule est prise en compte la qualité des hommes et des projets.

L'investissement est temporaire : de 3 à 8 ans. À terme, la vente des actions à des tiers, industriels ou financiers, permet aux opérateurs de récupérer leur mise en réalisant une plus-value de cession. Le remboursement des fonds ne pèse donc pas sur la trésorerie de la firme financée.

Le *venture capital* est aussi une offre de « services à valeur ajoutée » faite aux PME. Par sa mission de conseil, son implication dans la gestion de l'affaire, le financier-actionnaire devient un partenaire actif des dirigeants. Puisqu'il ne dispose pas de garanties, son intérêt est de contribuer, comme l'entrepreneur-actionnaire, à la valorisation de la firme.

Le *venture capital* américain a, à son actif, des succès éclatants comme Digital Equipement, Intel, Compaq, Microsoft, etc.

b. Le capital-investissement français

Pour sa part, le capital-investissement français est relativement récent. Ce terme générique recouvre le capital-risque, le capital-développement et le capital-transmission pour les firmes non cotées, d'où l'appellation *private equity* (par opposition au domaine boursier, le *public equity*).

Les sociétés de développement régional (SDR), nées en 1955, la création de l'Institut de développement industriel (1970), la loi sur les sociétés financières d'innovation (1971) et l'instauration des instituts régionaux de participation (1977) ont contribué à promouvoir le capital-risque en France. Les conditions favorables à son développement ont été créées par la mise en place, au début des années 80, d'un cadre juridique et financier qui comprend la création du second marché (1983), le lancement des fonds communs de placement à risque (1983), la loi sur les sociétés de capital-risque (1985), puis le nouveau marché (1996) et les fonds communs de placement pour l'innovation (1997). Dans le même esprit, a été créé en 2005 Alternext, marché non réglementé destiné aux petites et moyennes capitalisations.

L'écart entre le capital-risque français et le *venture capital* anglo-saxon s'est réduit depuis quelques années.

2. L'organisation du capital-investissement

Le marché du capital-investissement français est un marché atomisé où se rencontrent de multiples demandeurs et offreurs de fonds propres.

a. La demande de capital-investissement

La demande de fonds propres provient d'entreprises confrontées aux besoins de financement des étapes de leur évolution, depuis la création jusqu'à la transmission en passant par la croissance. À chaque stade d'intervention correspond un métier du capital-investissement. Il peut s'agir d'un rôle d'initiateur avec le capital-risque (amorçage et création) ou d'accompagnateur avec le capital-développement (décollage et déploiement), le capital-transmission et le capital-retournement.

Figure 13.1 – **Capital-investissement et cycle de vie de l'entreprise**

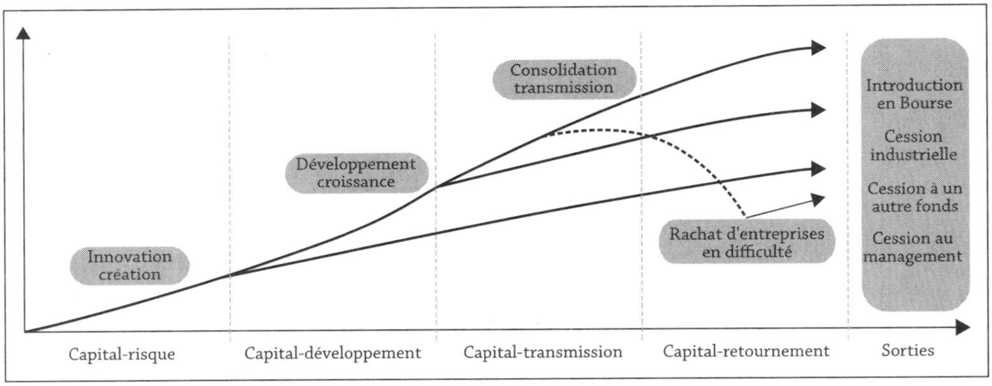

Source : AFIC.

L'amorçage (seed financing)

Le *seed-financing* concerne le besoin de financement du prédémarrage au cours de la période transitoire entre la recherche et l'industrialisation. L'élaboration d'un *business plan* sert à convaincre des investisseurs de financer un prototype, d'où l'expression « *seed-money* » (argent d'ensemencement). Le financement est assuré par des fonds personnels, des ressources apportées par la famille et les proches *(love capital)*, ou les *business angels* (anciens créateurs et chefs d'entreprise) qui disposent de capitaux, d'expérience et de temps.

La création (start-up financing)

Ce financement correspond à la phase de naissance qui va de la mise en œuvre de la production à la commercialisation. Les risques encourus (techniques, commerciaux, managériaux, financiers) sont très élevés et le temps de retour sur investissement assez long. C'est pourquoi la mobilisation de fonds publics, régionaux ou locaux, s'avère nécessaire (capital-risque de proximité) complétée par l'intervention des *business angels*.

***Le décollage* (expansion-financing)**

Cette demande provient d'entreprises nouvelles qui approchent ou ont atteint leur seuil de rentabilité, mais ne peuvent autofinancer leur croissance ou recourir à la dette. Les risques sont plus limités qu'au stade de l'amorçage et de la création. L'intervention d'un organisme de capital-investissement est alors possible.

***Le déploiement* (bridge-financing)**

Dans cette phase, l'entreprise dégage une bonne rentabilité, mais est confrontée à d'importants besoins financiers (nouveaux produits, augmentation de la capacité de production et de la force de vente, création de filiales, prises de participation, etc.).

Le financement provient des prêts spéciaux des établissements spécialisés, mais le recours au capital-déploiement est nécessaire en raison des risques élevés qui subsistent. En attendant que l'entreprise trouve sur le marché les moyens d'assurer son développement futur, l'étape de transition doit être financée, d'où le nom de *bridge-financing*.

***La transmission (capital-transmission) et le retournement* (turnaround capital)**

Ce stade correspond aux opérations de transmission et de reprise d'entreprises en difficulté par des managers extérieurs (*buy in*) ou des cadres de la firme (*buy out*). Ces activités se situent en aval des opérations de capital-investissement, mais sont le plus souvent exercées par les mêmes organismes.

b. L'offre de capital-investissement

Pour satisfaire tous ces besoins de financement, l'offre de capital-investissement est constituée d'un grand nombre de *venture capitalists* qui investissent les capitaux des apporteurs.

Les organismes de capital-investissement

La distribution de capital-investissement s'effectue en France par l'intermédiaire d'organismes spécialisés dans les apports en fonds propres, regroupés dans l'Association française des investisseurs en capital (AFIC, lieu de rencontres et d'échanges d'informations).

Les opérateurs français sont extrêmement différents par leur taille, leur vocation géographique (locale, régionale, nationale ou internationale), leur spécialisation industrielle (l'agroalimentaire, l'informatique et l'électronique, la technologie, les télécommunications et le multimédia, etc.).

Ces intervenants en capital-risque se différencient aussi par leurs statuts. La diversité des véhicules d'investissement tient aux effets d'une politique volontariste des pouvoirs publics, soucieux de créer un environnement juridique et fiscal incitatif (régime d'exonération fiscale partielle ou totale en raison des risques encourus, imposition à taux réduit des gains en capital, etc.).

En France, deux structures juridiques sont possibles : la forme sociale (SDR, SFI et SCR) et la forme de fonds commun de placement (FCPR et FCPI).

• Les sociétés de développement régional (SDR)

Ce sont des sociétés anonymes dotées d'avantages fiscaux et dont l'objet social est de prendre des participations dans le capital des PME. Actuellement au nombre de dix-neuf, la plupart cotées en Bourse, elles ont une connaissance précise du tissu économique de leur région. Elles sont exonérées de l'impôt sur les sociétés pour les produits engendrés par leur portefeuille de titres. Leurs actionnaires bénéficient d'un avoir fiscal sur la part de résultat provenant du secteur taxable.

• Les sociétés financières d'innovation (SFI)

L'objet des SFI est de faciliter la mise en œuvre industrielle de la recherche technologique et la promotion d'inventions qui n'ont pas encore été exploitées.

Au nombre de treize, elles ont toutes été constituées par un établissement bancaire, financier ou industriel. Elles bénéficient d'un régime fiscal de faveur, à condition de signer une convention avec l'État et de respecter certaines contraintes. En contrepartie, les entreprises françaises actionnaires des SFI ont droit à divers avantages fiscaux.

• Les sociétés de capital-risque (SCR)

L'application de ce statut à des sociétés par actions qui ont pour objet essentiel de concourir au renforcement des fonds propres des sociétés non cotées, suppose le respect de plusieurs conditions : la situation nette comptable de la SCR doit, en particulier, être représentée de façon constante à hauteur d'au moins 50 % de valeurs mobilières de sociétés européennes non cotées. Les SCR bénéficient d'une exonération d'IS pour les plus-values provenant de leur portefeuille.

• Les fonds communs de placement à risque (FCPR) et les fonds communs de placement dans l'innovation (FCPI)

Ils forment une copropriété de valeurs mobilières n'ayant pas la personnalité juridique et sont donc administrés par une société de gestion, le plus souvent filiale de banques ou d'établissements financiers. Ils choisissent une spécialisation sectorielle et optent pour un métier du capital-investissement.

Certaines conditions leur sont imposées en contrepartie de la non-imposition : leur actif, doit, par exemple, être investi à hauteur de 50 % au moins en actions ou en obligations convertibles de sociétés non cotées, et leur participation ne peut excéder 10 % du capital d'une même firme.

Les FCPI, créés en 1997, sont une catégorie particulière de FCPR orientés vers l'investissement des PME innovantes. Ils permettent aux personnes physiques de bénéficier d'une réduction d'impôt.

Les apporteurs de capitaux

L'actionnariat des organismes de capital-investissement est constitué de plusieurs types d'investisseurs : les banques (la SPEF du Groupe Banques Populaires), les établissements financiers (la Financière Saint Dominique de Natexis), les investisseurs étrangers (3i SA), les groupes industriels comme France Télécom (Innovacom), les collectivités locales (institut régionaux de participation), les compagnies d'assurances (Sofindas) et les personnes privées, en particulier les *business angels*.

Quatre catégories de véhicules sont ainsi différenciées en fonction des types d'investisseurs :

– les « indépendants » (Sofinova, Siparex, Idi) dont les capitaux proviennent de diverses sources ;
– les « captifs » (BNP Private Equity, etc.) filiales ou départements de banques, institutions financières, compagnies d'assurances ou groupes industriels ;
– les « semi-captifs » (Innovacom de France Télécom) qui, à la différence des précédents, lèvent des capitaux auprès d'autres investisseurs ;
– ceux qui sont « issus du secteur public » (Île-de-France Développement, etc.).

3. Le fonctionnement du capital-investissement

La prospection de nouvelles affaires par les organismes de capital-investissement s'effectue, pour partie, grâce à des prescripteurs. Il s'agit de leurs propres actionnaires, de l'ensemble du réseau pour les opérateurs captifs ou semi-captifs et des prescripteurs institutionnels tels l'ANVAR, les CCI ou les incubateurs (structures d'accompagnement de projets de création d'entreprises).

Investisseur privés et porteurs de projets collaborent aussi au sein des pôles de compétitivité ou *clusters*, regroupements sur un même site, d'entreprises, de centres de recherche et d'institutions de formation, dont la stratégie consiste à dégager des synergies autour de projets innovants. Si le pôle de compétitivité le plus connu reste la Silicon Valley aux États-Unis, la France a favorisé le développement de technopôles comme ceux de Sophia Antipolis ou de Saclay. Il y a aujourd'hui soixante et onze pôles de compétitivité en France, sept projets mondiaux, dix à vocation mondiale et cinquante-quatre à vocation nationale.

EXEMPLE

Dans la région PACA, TVT, Toulon Var Technologie, est une structure dédiée à la valorisation de l'innovation. Ses missions sont multiples et segmentées en trois entités distinctes au sein de la plate-forme. CRE@TVT, pépinière d'entreprises située sur un site à la Seyne-sur-Mer, a pour vocation d'héberger de jeunes entreprises en leur fournissant un espace de travail et une logistique indispensables en phase de création. Le Pôle Mer PACA, labellisé en 2005 pôle de compétitivité à vocation mondiale, rassemble des acteurs du monde industriel, de la recherche et de l'enseignement, dans les domaines de la sécurité, de la sûreté et du développement durable. Business Angel Var, membre du réseau France Angels, encourage l'investissement privé dans les entreprises en création, en développement ou en phase de reprise.

Parmi les dossiers étudiés, les opérateurs doivent, sur une période de 3 à 8 ans, effectuer un choix d'investissement, en assurer le suivi et en organiser la cession.

a. Le choix des investissements

Le rôle des chargés d'affaires est d'analyser les projets, de les évaluer et d'en sélectionner certains.

L'analyse des projets

Après une ou plusieurs réunions avec l'entrepreneur et son équipe, la visite de l'entreprise si elle est déjà créée, les opérateurs examinent le *business plan*, formulation qualitative et quantitative du projet.

Sont exposés la finalité de l'entreprise, sa stratégie, ses objectifs (commerciaux, financiers, etc.) et les moyens envisagés pour les atteindre (humains, techniques, financiers, etc.). L'environnement y est décrit (l'industrie, le secteur, etc.), ainsi que le marché (le résultat des études de marché, la concurrence, la croissance attendue, etc.) et le produit ou le service.

Le plan financier à 5 ans développe les options retenues. Il comprend les bilans et les comptes de résultat prévisionnels, le plan de financement et les principaux budgets.

Le chargé d'affaires est informé du montant recherché, de la rémunération prévisible, des plus-values en capital attendues, des modalités de sortie, etc.

Le plan de développement doit enfin préciser les risques d'ordre technique, industriel, commercial, financier et les opportunités qui pourraient améliorer les perspectives.

L'évaluation des projets

L'existence d'un historique facilite le diagnostic et donc l'évaluation des projets en matière de capital-développement et de capital-transmission. La tâche est plus délicate pour les projets de capital-risque.

Parmi les critères pris en compte, on retiendra le couple produit-marché, la stratégie et la compétitivité, l'équipe dirigeante, les compétences en management, les projections financières, le financement et le type d'investissement.

L'expérience prouve que la qualité de la gestion (valeur des hommes, des équipes, l'expérience professionnelle, etc.) prime sur le reste.

La sélection des projets

Un rapport, rédigé par le chargé d'affaires sur le projet pour en montrer les forces et les faiblesses, est soumis à la direction de l'organisme de capital-risque.

Ce choix repose sur un arbitrage risque-rentabilité. Le rendement annuel attendu est de 25 % pour le déploiement, 30 à 50 % pour le décollage, 60 % pour la création et 80 % pour l'amorçage.

Lorsque la rentabilité du projet est supérieure au taux requis pour un niveau de risque donné, il reste à s'entendre sur le montage à effectuer, ses modalités financières et juridiques. Il faut aussi discuter du suivi de l'investissement et de sa cession.

b. Le suivi des investissements

Entre les intervenants en capital-risque et leurs affiliés, s'organisent des relations qui peuvent être soit suivies sans intervention directe dans la gestion, soit constituer un véritable partenariat dans le cadre duquel les affiliés bénéficient de divers services :
– association aux grandes décisions stratégiques ;
– participation au conseil d'administration ou au comité de direction ;
– assistance financière lors du choix des moyens de financement et lors de la sortie ;
– aide à la recherche de partenaires industriels.

c. La cession des investissements

La finalité du capital-risqueur est d'investir temporairement dans une même entreprise et de céder sa participation en réalisant une plus-value. Sa « sortie » peut s'effectuer de trois façons : par la cession de ses titres aux actionnaires de la cible, par la cession à des tiers et par la cotation sur le marché boursier.

Au moment de la sortie, les actionnaires de la cible bénéficient d'un droit de préemption sur les titres détenus par l'opérateur. Dans les faits, ces transactions demeurent limitées.

La cession à des tiers est plus fréquente, qu'ils soient financiers ou industriels.

La sortie boursière est particulièrement recherchée pour les firmes parvenues au stade du capital-déploiement, c'est-à-dire à maturité. Elles bénéficient de l'expertise financière de leur partenaire, d'une amélioration de leur image grâce à la communication financière et d'un accès à une source de financement en fonds propres pour leur développement futur.

B. L'introduction en Bourse

Pour financer leurs investissements, les entreprises peuvent faite appel aux épargnants en se tournant vers les marchés financiers. L'introduction en Bourse ou *Initial Public Offering* (IPO) en tant que telle, n'apporte aucune ressource nouvelle aux entreprises : les anciens actionnaires sont obligés de se dessaisir d'une partie des titres qu'ils détiennent afin de les mettre en circulation. Ultérieurement, l'entreprise pourra procéder à un appel public à l'épargne. Cependant, de plus en plus, on assiste à des introductions et des augmentations de capital simultanées.

Outre le fait de permettre la levée de fonds et la sortie des anciens actionnaires, l'introduction en Bourse présente aussi l'avantage de diversifier l'actionnariat, d'assurer la liquidité du titre et d'accroître la notoriété de l'entreprise. Dans le cas particulier de l'introduction en Bourse d'une filiale d'un groupe (*equity carveout*), le but est d'engendrer de la liquidité pour la société mère.

Les inconvénients sont liés aux coûts de l'introduction (commissions des intermédiaires financiers, communication, audit externe, conseils juridiques, etc.) et aux obligations des sociétés cotées principalement en matière d'informations financières (respect des normes IFRS, double commissariat aux comptes, perte de confidentialité vis-à-vis de la concurrence, etc.).

La compréhension des procédures d'introduction nécessite une présentation préalable du marché boursier.

1. Le marché boursier

Le marché boursier, dans sa fonction de marché primaire, met en relation les offreurs et les demandeurs de capitaux à long terme et sert à réaliser l'appel public à l'épargne. Il permet la création de titres neufs, c'est-à-dire l'émission de titres créés par les institutions publiques ou privées lorsqu'elles lancent un emprunt ou réalisent une augmentation de capital. L'autorité des marchés financiers (AMF) contrôle le fonctionnement du marché.

a. L'organisation du marché

En France, depuis février 2005, les marchés réglementés, organisés par Euronext, sont regroupés au sein d'un marché unique : Eurolist. Jusque-là, deux marchés réglementés coexistaient : la Bourse de Paris (composée du premier marché et du second marché) et le nouveau marché, à côté d'un marché non réglementé (le marché libre).

Dorénavant, les valeurs françaises cotées figurent sur une seule liste et sont classées par ordre alphabétique. Toutes les sociétés cotées sur le marché réglementé sont soumises aux mêmes règles de communication financière et de conditions d'admission.

Un nouveau critère d'identification, le compartiment de capitalisation, a été créé. Chaque société se voit attribuer une lettre A, B ou C selon le montant de sa capitalisation boursière :
- A équivaut à une capitalisation supérieure à 1 milliard d'euros (*blue chips*) ;
- B équivaut à une capitalisation comprise entre 150 millions d'euros et 1 milliard d'euros ;
- C équivaut à une capitalisation inférieure à 150 millions d'euros.

Ce nouveau critère s'ajoute à ceux déjà existants tels le secteur d'activité, l'appartenance à un indice ou l'éligibilité au service à règlement différé (SRD).

À côté de ce marché réglementé, existe NYSE Alternext (créé en 2005, marché non réglementé aux conditions d'accès allégées, une solution intéressante pour les petites et moyennes capitalisations) et subsiste le marché libre (créé en 1996, marché non réglementé mais organisé par Euronext).

Euronext, première Bourse transfrontalière en Europe, résulte de la fusion des Bourses d'actions et de produits dérivés d'Amsterdam, de Bruxelles et de Paris en 2000. Elle a ensuite intégré la Bourse portugaise, le BVLP *(Bolsa de Valores de Lisboa e Porto)* et le marché des dérivés londoniens, le LIFE (*London International Financial Futures and Options Exchange*). Chaque filiale, Euronext Paris, Euronext Amsterdam, Euronext Brussels et Euronext Lisbon, a le statut réglementaire d'entreprise de marché et gère la cotation des titres. Elle assure pour cela la gestion de l'adhésion des membres (admission et radiation des valeurs), la gestion des systèmes informatiques de cotation, la promotion du marché et la diffusion des informations boursières. Ces quatre points d'accès géographiques conduisent toutefois à une seule cote, l'Eurolist d'Euronext.

En 2007, Euronext a fusionné avec le marché américain, le *New York Stock Exchange* (NYSE), d'où le nom actuel de NYSE-Euronext.

b. Le contrôle du marché

Il est assuré par l'autorité des marchés financiers (AMF), créée par la loi de sécurité financière du 1er août 2003 et fruit de la fusion de la commission des opérations de Bourse (COB), du conseil des marchés financiers (CMF) et du conseil de discipline de la gestion financière (CDGF). L'objectif est de renforcer l'efficacité et la visibilité de la régulation de la place financière française.

L'AMF a pour mission de veiller à la protection de l'épargne, à l'information des investisseurs et au bon fonctionnement du marché. Elle surveille l'information diffusée par les sociétés à l'occasion d'opérations financières (information occasionnelle) et tout au long de leur vie (information permanente). Une société cotée doit informer le marché de tous les faits nouveaux importants la concernant lorsqu'ils sont de nature à provoquer une variation significative des cours de Bourse ou à porter atteinte à la situation des porteurs de ses titres. De manière générale, l'AMF demande aux sociétés cotées d'avoir une politique de communication qui respecte le principe d'égalité entre les différents destinataires : aucune information ne doit être livrée à des investisseurs professionnels ou à des analystes sans être, en même temps, rendue publique.

La loi impose aux sociétés françaises cotées sur un marché réglementé de publier au *BALO* :

– des données annuelles : des comptes annuels provisoires (bilan, compte de résultat et annexe), le projet d'affectation du résultat et les comptes consolidés pour les sociétés ayant des filiales ou des participations, puis les comptes définitifs ;
– des données semestrielles : tableau d'activité et de résultat, rapport d'activité semestriel ;
– le chiffre d'affaires trimestriel.

2. Les procédures d'introduction

La mise à la disposition des épargnants des titres de la société introduite en Bourse peut s'effectuer selon quatre procédures : l'offre à prix ferme, l'offre à prix minimal, l'offre à prix ouvert (OPO) et la cotation directe.

Euronext Paris peut demander la couverture des ordres pour un pourcentage qu'elle détermine. L'introduction peut être reportée à une date ultérieure si, au vu des demandes formulées, le cours découlant de la première cotation devait excéder largement le prix stipulé, ou s'il fallait procéder à une réduction jugée excessive des ordres d'achat.

Les principales introductions réalisées en 2007 sur les marchés de NYSE Euronext, sont : Blackstone Group (NYSE), MF Global Ltd. (NYSE), Sterlite Industries (India) Ltd. (NYSE), Nyrstar (Euronext Brussels), Conversus capital (Euronext Amterdam) et Bureau Veritas (Euronext Paris).

a. L'offre à prix ferme (OPF)

Dans le cadre d'une OPF, autrefois appelée offre publique de vente, les titres sont mis à la disposition du public à un prix déterminé à l'avance qui correspond donc au premier cours coté. Seuls les ordres d'achat limités à ce prix sont recevables.

Trois méthodes peuvent être utilisées :
- l'offre simple : Euronext Paris satisfait les ordres au prorata des demandes ;
- l'offre différenciée : la société fait connaître les pourcentages à servir entre les différentes catégories d'acheteurs (institutionnels, salariés, particuliers) ;
- l'offre nominative afin qu'une même personne ne soit servie qu'une seule fois et ainsi permettre une meilleure diffusion du titre.

En fonction du succès de l'introduction, une réduction des demandes peut être décidée par Euronext Paris.

L'OPF est très utilisée pour les privatisations et l'introduction des petites valeurs.

b. L'offre à prix minimal (OPM)

Cette procédure est assimilable à une vente aux enchères aménagée où les acheteurs éventuels ne connaissent que le prix d'offre minimal proposé par l'émetteur et le nombre de titres offerts. Les investisseurs adressent des ordres de souscription en proposant un prix limite supérieur à celui indiqué et une quantité. Euronext classe ces demandes par ordre décroissant de prix. La demande dépasse généralement l'offre et ne peut être satisfaite. C'est pourquoi Euronext Paris élimine certaines demandes trop élevées ou trop faibles et sert le reste selon un certain prorata afin d'assurer la plus large diffusion possible du titre. Le cours officiellement coté correspond à la limite inférieure du dernier ordre servi et autorise une augmentation du cours dans les premières séances de cotation.

Cette procédure est choisie lorsque le marché connaît de fortes hausses.

c. L'offre à prix ouvert (OPO)

Dans cette procédure, l'émetteur communique une fourchette de prix indicative à la communauté financière et le nombre de titres proposés. Les ordres retenus sont seulement ceux dont le prix de souscription est compris dans cette fourchette. Le prix définitif est fixé à réception de l'ensemble des ordres. Cette procédure accompagne souvent un placement destiné aux investisseurs institutionnels.

EXEMPLE

La société DLSI, spécialiste du travail temporaire, disposant de quarante agences en France, au Luxembourg et en Allemagne, s'est introduite en Bourse le 14 décembre 2006.

Modalités : 847 360 actions offertes sur Alternext. Procédure : offre à prix ouvert du 1er au 13 décembre. Fourchette de prix : entre 9,50 € et 11 € par action.

En raison du succès de l'introduction, le prix définitif a été fixé à 10,25 € pour laisser un potentiel d'appréciation au titre.

d. La cotation directe ou première cotation

Cette technique, très peu usitée actuellement, consiste à trouver un prix d'équilibre (le premier cours coté) en introduisant progressivement sur le marché les titres destinés au public. Deux jours avant le premier jour de cotation, l'avis d'introduction précise un prix d'offre minimal et le nombre de titres offerts.

Le premier cours coté ne peut excéder de 10 % le prix minimal fixé. Si la demande est trop forte, on peut la réduire ou changer de procédure.

II La prise de contrôle

La prise de contrôle a pour but de maîtriser l'activité d'une cible, d'accroître des parts de marché, de développer une gamme de produits, de mettre la main sur des actifs spécifiques, etc. Deux modes de concentration des entreprises, deux formes de prise de contrôle, seront tour à tour abordées : l'offre publique et la fusion.

A. L'offre publique

L'offre publique (OP) consiste, pour une personne physique ou morale, à annoncer publiquement aux actionnaires d'une firme cotée l'acquisition de leurs titres à un prix déterminé et sur une période fixée. La société qui lance une OP est l'initiateur et celle qui est visée par l'offre est la cible. Le but de ces opérations est le plus souvent la prise de contrôle de la cible ou, dans une moindre mesure, la simple prise de participation.

Les entreprises dont le flottant est important et que les investisseurs estiment sous-évaluées sont les plus susceptibles d'être « opéables » : elles peuvent faire l'objet d'une offre publique de la part d'un autre groupe concurrent.

1. La typologie des offres publiques

Les offres publiques peuvent être distinguées selon plusieurs critères.

a. Volontaire/obligatoire

Le lancement d'une offre publique est obligatoire lorsqu'il y a franchissement du seuil d'un tiers du capital ou des droits de vote d'une cible sur un marché réglementé, ou lorsque la participation est déjà comprise entre 1/3 et 50 %, s'il y a acquisition de 2 % du capital dans l'année. Dans les autres cas, on parle d'offre publique volontaire.

b. Achat/échange

Dans l'offre publique d'achat (OPA), l'actionnaire de la société cible touche, en espèces, un montant correspondant au prix de l'offre. Il s'agit le plus souvent d'offres hostiles destinées à inciter les actionnaires de la société cible à apporter leurs titres à la société initiatrice. Dans la pratique, la plupart des OPA se transforment en fusions.

L'offre publique d'échange (OPE) fonctionne sur le même principe, mais, au lieu d'être rémunérés par des espèces, les actionnaires le sont en actions. La démarche est privilégiée dans les opérations amicales ou de très grande ampleur.

L'offre publique mixte mélange les espèces et les titres.

c. Amicale/hostile

L'OPA est amicale si les propositions de la firme initiatrice trouvent un écho favorable chez les dirigeants et les membres du conseil d'administration de l'entreprise cible.

L'OPA hostile est une offre non sollicitée, déclenchée sans l'accord des dirigeants actuels de la cible.

EXEMPLE

La SNCF a lancé en avril 2008 une OPA amicale sur la part de capital du groupe de logistique Geodis (CA 2007 : 4,8 milliards d'euros, capitalisation boursière : 1 026 M€) qu'elle ne détient pas (57,63 %). L'offre de 135 € par action en numéraire a engendré une prime de 33 % sur le dernier cours coté (101,62 €) et de 79 % sur la moyenne du mois de mars. La valorisation de Geodis à 1,1 milliard d'euros a conduit la SNCF, qui a financé l'opération à la fois sur ses fonds propres et par des lignes de crédit bancaires, à verser 600 M€ pour acquérir le solde. L'opération avait pour objet de faire de la société ferroviaire publique un leader français du fret et de la logistique. Cette association crée le quatrième acteur européen du secteur, derrière DHL (groupe Deutsche Post), Schenker (groupe Deutsche Bahn) et Kühne & Nagel.

d. Normale/simplifiée

Les offres simplifiées s'appliquent essentiellement aux deux cas suivants :

- un actionnaire détient plus de 50 % du capital et des droits de vote de la société cible ;
- un actionnaire fait l'acquisition d'un bloc de titres qui lui confère plus de 50 % du capital ou des droits de vote d'une société (le dépôt d'un projet d'offre publique est alors obligatoire). La procédure de garantie de cours le contraint, dans le but d'assurer l'égalité de traitement entre actionnaires, à acheter sur le marché, pendant au moins 10 jours, tous les titres présentés à la vente, au prix d'acquisition du bloc.

L'offre publique de retrait (OPR) est un autre exemple d'offre simplifiée. Elle est réalisée à la suite d'une OPA ou d'une OPE qui a fait de l'initiateur le propriétaire de la plus grande partie des actions de la société cible (95 %). Un nombre limité de titres restant encore aux mains d'actionnaires, une proposition est faite de les leur acheter, avant qu'ils ne soient radiés de la cote. Si des actions ne sont pas présentées à l'OPR, la société offreuse peut la faire suivre d'une offre de retrait obligatoire (OPR-RO).

Dans les autres cas, l'offre est qualifiée de normale.

2. Le déroulement des offres publiques

Les dispositions relatives aux offres publiques sont contenues dans le règlement général de l'AMF. La loi du 31 mars 2006, dite « loi OPA », constitue une première étape de la transposition dans le droit français de la directive européenne du 21 avril 2004.

L'initiateur doit adresser à l'AMF un projet d'offre publique sous la forme d'une « note d'information » dans laquelle il explique ses intentions pour les douze mois à venir relatives à la politique industrielle et financière, décrit l'orientation en matière d'emploi, justifie le prix ou la parité d'échange proposé, précise son activité, sa situation financière, les synergies envisagées, la perspective ou non d'une fusion, le nombre de titres de la cible qu'il détient déjà seul ou de concert, la géographie de son capital, etc. L'offre vise généralement 100 % des actions, mais une condition peut être stipulée selon laquelle, en deçà d'un certain nombre de titres, généralement les deux tiers, l'offre n'aura pas de suite positive.

L'AMF ne donne son visa qu'après avoir vérifié que le prix proposé correspond à une évaluation satisfaisante de la cible. Lorsque l'offre est déclarée irrecevable, il ne reste plus à l'initiateur, s'il ne veut pas renoncer à l'opération, que la solution d'augmenter le prix d'offre.

Sur la base de cette note d'information rendue publique, la cible doit alors se prononcer sur l'offre lancée. Les pactes d'actionnaires doivent être portés à la connaissance des investisseurs. En cas d'offre amicale, la note en réponse de la société visée peut être conjointe à la note d'information de l'initiateur.

Le dépôt du dossier auprès de l'AMF entraîne la suspension des cours afin d'éviter les mouvements spéculatifs sur le titre. La reprise des cotations se produit après la publication de la déclaration de conformité.

Au cours de la durée de validité de l'offre (25 jours de Bourse au maximum ou 35 si l'offre est hostile), les actionnaires peuvent soit vendre leurs titres sur le marché, soit les apporter à l'offre (ordres d'apport communiqués à leur intermédiaire financier).

Pour être recevable, un projet d'offre publique concurrente doit proposer une surenchère d'au moins 2 %.

3. Les stratégies de défense contre les OPA hostiles

Les OPA hostiles engendrent une résistance de la part des cibles qui cherchent à mettre en œuvre des moyens de défense pour bloquer l'offre. Ces stratégies anti-OPA peuvent être classées en deux grandes catégories, les mesures préventives et les mesures défensives.

a. Les mesures préventives

Pour se prémunir contre les défections en cas d'OPA, les sociétés ont tout avantage, dans leur fonctionnement courant, à bien traiter leurs actionnaires (politique d'information et de communication, dividendes) et leurs dirigeants (stock-options).

Les autres moyens proactifs élaborés par les dirigeants pour rendre l'achat de leur firme moins attractif peuvent être de nature juridique ou financière. On retrouve là les deux catégories d'outils utilisés par les ingénieurs financiers, les titres « sur mesure » et les structures juridiques spécifiques (voir le chapitre 12, les outils juridico-financiers).

Un premier moyen consiste à recourir à une forme de société qui n'est pas « opéable » en raison de son régime juridique, comme la société en commandite par actions et ses deux catégories d'associés : les commandités, détenteurs des parts non transmissibles et non cessibles qui sont directement responsables de la gestion, et les commanditaires qui détiennent des parts transmissibles et cessibles, mais ne disposent d'aucun pouvoir de contrôle sur la société. Dans ces conditions, posséder le contrôle majoritaire du capital ne confère aucun droit de contrôle sur la société.

Une autre possibilité est le recours aux holdings non cotés. Les actionnaires exercent alors le contrôle par l'intermédiaire d'une pyramide de holdings et la perte de contrôle est impossible, dès lors qu'ils ne font pas l'objet d'une cotation.

La constitution de noyaux durs renforce la stabilité du capital d'une société en faisant entrer des groupes alliés dans le capital.

Dans le même esprit, l'actionnariat des salariés constitue un noyau d'autant plus stable que les salariés sont traditionnellement des actionnaires fidèles et que les titres attribués dans le cadre de la participation des salariés ou d'un plan d'épargne sont indisponibles pendant 5 ans.

Les actionnaires majoritaires ont également la possibilité de conclure des pactes d'actionnaires selon lesquels ils attribuent un droit de préemption en cas de vente de ses titres par l'un d'entre eux, s'engagent à ne pas acquérir d'actions au-delà d'un certain seuil sans l'accord des autres, etc.

L'aménagement des droits de vote, facilité par la souplesse inhérente aux actions de préférence, est un moyen de défense fréquemment utilisé. Des actionnaires fidèles bénéficient statutairement de droits de vote double, les actionnaires trop importants voient limiter le nombre de voix dont ils peuvent disposer, certains titres sont émis sans droit de vote, etc.

L'émission de bons de souscription d'actions (BSA) qui donnent le droit aux actionnaires d'acquérir des actions nouvelles à un prix préférentiel, fait peser sur tout assaillant la menace d'un surcoût engendré par une forte dilution. La loi OPA prévoit un dispositif innovant d'émission de bons de défense (ou « bons patriotes ») inspiré de la pratique américaine des *rights plans* : l'AGE de la société visée peut décider l'émission de BSA et leur attribution gratuite aux actionnaires ayant cette qualité avant l'expiration de la période d'offre publique.

b. Les mesures défensives

Une fois l'OPA déclarée, les moyens de défense sont relativement restreints et leur efficacité plus limitée compte tenu des contraintes de temps et d'une réglementation assez stricte.

L'augmentation de capital en période d'offre peut être décidée par l'AGE à condition que celle-ci puisse être convoquée à temps. Aussi, les actionnaires votent-ils parfois d'avance une résolution autorisant le conseil d'administration à procéder à une augmentation du capital. Toutefois, la validité d'une telle autorisation est d'une année au maximum et elle n'est valable qu'en cas d'augmentation de capital réservée.

Les dirigeants de la cible peuvent faire appel à un allié, un groupe industriel ou une banque, le chevalier blanc (*white knight*), qui lance une offre concurrente. La société visée ne conservera donc pas son indépendance, ce qui fait de cette technique une défense de l'équipe dirigeante plus qu'une défense de la société. C'est pourquoi, la loi de transposition de la directive européenne interdit aux dirigeants de prendre des mesures susceptibles de faire échouer l'offre.

La société visée peut organiser son propre rachat par des alliés dans le cadre d'un LBO (ou par ses salariés au moyen d'un RES) qui lance ensuite une OPA amicale sur la société.

Cette méthode a été utilisée avec succès par Epéda en 1998 à la suite d'un projet d'offre publique déposé par Valéo.

La contre-offre de la cible contre l'initiateur (connue sous le nom de « *Pac Man* »), consiste pour la société cible à lancer une opération contre son agresseur.

Elf a ainsi tenté, sans succès, de répliquer par une OPE à la prise de contrôle hostile de Total en 1999.

Aux États-Unis, d'autres moyens existent, parmi lesquels les « *golden parachutes* », dédommagements prévus pour les dirigeants remerciés en cas de changement de contrôle, la cession des actifs convoités (« joyaux de la couronne » ou « *crown jewel assets* »), et autres « *poison pills* » (pilules empoisonnées) destinés à décourager les agresseurs.

4. Les autres formes de prises de contrôle

a. Le ramassage des titres en Bourse

Beaucoup plus long qu'une offre publique, le ramassage des titres en Bourse en est souvent le signe avant-coureur. Il consiste à acquérir directement en Bourse des titres de la société visée. La technique présente l'avantage de la discrétion. Cependant, l'obligation de déclaration de franchissement de seuil impose à tout acheteur, personne morale ou physique, dès lors qu'il franchit le seuil de 5 %, 10 %, 20 %, 33,33 %, 50 % et 66,66 % du capital d'une société, d'en informer le marché. Ces seuils prennent aussi en compte les titres détenus de concert, c'est-à-dire par des tiers liés à l'acquéreur. Par ailleurs, l'acquéreur de plus de 20 % du capital d'une société doit faire une déclaration d'intention à l'AMF.

b. L'acquisition d'un bloc de contrôle

Un bloc de contrôle est un paquet de titres dont l'acquisition confère à l'acquéreur le contrôle majoritaire en capital ou en droit de vote d'une société. La méthode consiste à prendre le contrôle d'une société en négociant directement avec les actionnaires majoritaires la cession de leurs titres. Cela n'est possible que si le capital de la société convoitée est suffisamment concentré.

Une fois l'accord entre l'acheteur et le vendeur convenu, les parties procèdent par « application », en donnant simultanément un ordre d'achat et de vente portant sur la même quantité de titres au même prix. La réglementation impose alors une obligation d'information des actionnaires et un engagement de maintien des cours.

L'acquéreur doit demander l'avis de l'AMF en précisant les modalités de la transaction : quantité de titres, prix de cession, identité des parties, date, etc.

Par ailleurs, l'acquéreur doit également s'engager à acheter au cours d'achat du bloc de contrôle tous les titres qui lui seront présentés pendant au moins quinze séances de Bourse. Cette contrainte introduit une incertitude quant au coût total de la transaction.

B. La fusion

L'offre publique et la fusion diffèrent sur plusieurs points ; par exemple, la première permet de s'adresser aux actionnaires d'une société cotée sans l'accord des dirigeants. Ces différences concernent à la fois les modalités et les justifications des deux démarches.

1. Les modalités des fusions

La fusion est une opération par laquelle deux sociétés se réunissent pour n'en former qu'une seule. Elle peut être réalisée de deux manières :

– par voie de création d'une société nouvelle dont le capital sera fixé en fonction de la valeur des sociétés fusionnantes. Il y a disparition des deux premières entités : leurs patrimoines sont transmis au sein de la structure créée et les actionnaires reçoivent des titres de cette nouvelle société ;

– par absorption de l'une par l'autre. L'entreprise initiatrice conserve son nom et son identité tout en faisant l'acquisition des actifs et du passif de l'entreprise cible – on parle de transfert universel de patrimoine – qui cesse d'exister en tant qu'entité à part entière. Une augmentation de capital est réalisée par la société absorbante et les actions créées sont attribuées aux actionnaires de la société dissoute en échange de leurs titres. Le passif de la société absorbée est pris en charge par la société absorbante selon les modalités et garanties définies au contrat de fusion.

Figure 13.2 – **Fusion par création d'une société nouvelle**

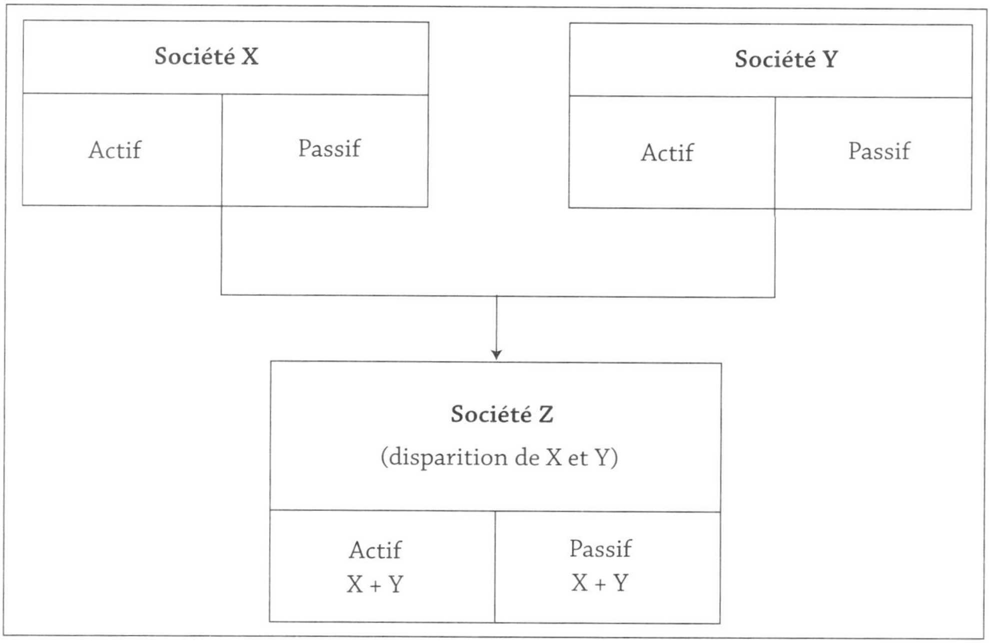

Figure 13.3 – **Fusion par absorption**

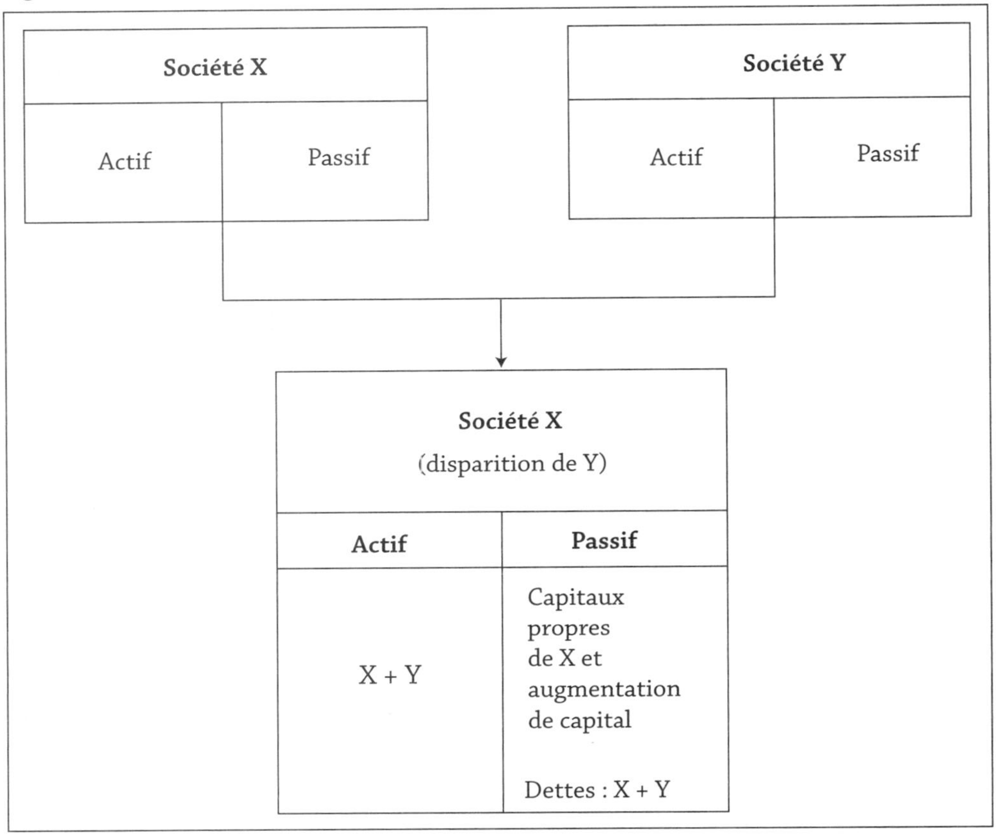

Ces opérations sont généralement classées en trois catégories.

On appelle opération horizontale le rapprochement d'entreprises opérant au sein du même secteur d'activité. Le but est d'augmenter le pouvoir de marché du nouvel ensemble et de réaliser des économies d'échelle.

Une opération verticale est définie comme le rapprochement d'entreprises qui interviennent à des stades différents d'une même filière industrielle. Cela se traduit par l'internalisation d'une activité qui se situait en aval ou en amont de la chaîne de valeur.

L'acquisition d'une agence de voyages par une compagnie aérienne peut ainsi être considérée comme une acquisition verticale.

Les opérations dites de « diversification liée » regroupent des entreprises susceptibles de partager des compétences communes dans la chaîne de valeur.

Les opérations conglomérales désignent le rapprochement d'entreprises n'ayant aucun lien économique entre elles.

L'acquisition d'une entreprise agroalimentaire par une entreprise d'informatique permet d'illustrer ce type de pratiques.

Une opération peut toutefois relever de plusieurs logiques (horizontale dans certains métiers et de diversification liée dans d'autres).

2. Les justifications des fusions

De nombreuses analyses des mouvements de fusions permettent d'en comprendre les justifications.

a. La réalisation de synergies

Selon la théorie de l'efficience, la fusion crée de la valeur par la réalisation de synergies. La valeur de la nouvelle société V_{AB}, est alors supérieure à la somme des valeurs des deux entreprises fusionnées.

$$V_{AB} > V_A + V_B$$

Trois catégories de synergies peuvent être recherchées :

- les synergies opérationnelles, engendrées par l'optimisation des activités à l'issue de l'opération, tiennent à la combinaison de ressources complémentaires, à la création de capacités nouvelles, au regroupement des actifs (outils, réseaux), etc. Les synergies de coûts proviennent des économies d'échelle réalisées ;
- les synergies financières sont très diverses. Une firme dont la trésorerie est pléthorique et les opportunités de croissance limitées cherchera, par exemple, à se rapprocher d'une entreprise qui se trouve dans une situation inverse. L'excédent de trésorerie de l'une financera les projets de l'autre. Les synergies financières prennent aussi la forme d'une minimisation du coût d'accès aux marchés financiers ou d'une réduction du coût du capital ;
- les synergies managériales sont liées au transfert de connaissances et de savoir-faire entre les deux sociétés regroupées.

b. La réduction des coûts d'agence

Un problème d'agence apparaît lorsque les dirigeants ne détiennent qu'une fraction du capital de la société qu'ils dirigent. Ils peuvent alors être incités au sous-investissement et à l'opportunisme (bureaux luxueux, voitures de fonction, déplacements, etc.) car ce sont les actionnaires majoritaires qui, pour l'essentiel, sont lésés. Les coûts d'agence qui en résultent sont essentiellement liés à l'utilisation sous-optimale des ressources. Dans ces conditions, la fusion apparaît comme un moyen de limiter ces coûts d'agence en mettant les dirigeants sous pression.

c. L'augmentation du pouvoir de marché

Une fusion se justifie souvent par la volonté d'augmenter le pouvoir de domination ou d'influence de la firme sur le marché (approvisionnement à des conditions favorables, meilleures négociations sur les prix, les délais, la qualité). Il s'agit, par un transfert de richesse des fournisseurs et des clients vers l'entreprise, de créer une rente.

Il est possible de mesurer le pouvoir de marché d'une entreprise grâce à l'indice de Herfindahl (indice H), indice de concentration qui estime la part de marché de toutes les entreprises dans une industrie donnée. Il est établi en additionnant le carré des parts de marché (multipliées par 100) des entreprises d'un secteur.

> Soit un marché sur lequel quatre sociétés détiennent chacune 15 % de parts de marché, les 40 % restants étant partagés entre quarante sociétés, chacune détenant 1 % de part de marché. La concentration relative aux quatre premières entreprises est égale à 60 % et l'indice H est égal à :
>
> $H = 4 \times (15)^2 + 40 \times (1)^2 = 940$

Soit un autre marché sur lequel une société détient 57 % de parts de marché alors que le reste, 43 %, est détenu par quarante-trois sociétés, chacune possédant 1 % de part de marché. Le ratio de concentration relatif aux quatre premières entreprises est dans ce cas le même que dans le premier exemple, à savoir 60 %. Toutefois, l'indice H diffère :

$H = (57)^2 + 43 \times (1)^2 = 3\,292$

Ainsi, l'indice H renseigne sur l'inégalité et sur le degré de concentration au sein d'un marché donné.

La concentration du marché est considérée comme faible lorsque l'indice est inférieur à 1 000, comme moyenne lorsqu'il est compris entre 1 000 et 1 800, et comme élevée lorsqu'il est supérieur à 1 800.

d. L'existence d'asymétries d'information

Lorsque l'initiateur d'une fusion détient une meilleure information que le marché, les données privées qu'il détient concernent :

– soit la valeur intrinsèque de la firme, et, dans ce cas, si la cible est sous-évaluée, une plus-value financière sera réalisée,
– soit la vision stratégique, et la prise de contrôle des ressources nécessaires à sa mise en œuvre sera créatrice de valeur.

Ceci ne remet pas en cause l'efficience des marchés sous sa forme semi-forte (voir le chapitre 1). L'annonce de l'offre conduit l'initiateur à révéler une partie de l'information privée au marché, ce qui engendre une augmentation du prix de la cible.

e. Le régime fiscal de faveur

À côté du régime de droit commun où chaque étape est imposée (dissolution, constitution, augmentation de capital), existe un régime de faveur. À défaut d'être une véritable justification de la fusion, ce régime attrayant vise la neutralité fiscale de l'opération afin de faciliter les regroupements d'entreprises.

La fusion implique une réévaluation comptable des éléments d'actif et de passif. Le régime de faveur prévoit de ne pas imposer ces plus-values latentes sur l'actif circulant et les immobilisations non amortissables. Les plus-values sur les immobilisations amortissables sont taxées, mais le paiement peut être étalé sur 5 ans, voire 15 ans pour les constructions. Dans la mesure où, dorénavant, les dotations aux amortissements seront calculées sur la valeur réévaluée, la réduction des impôts futurs compensera la fiscalisation de ces plus-values.

SYNTHÈSE

Les opérations de développement peuvent faire courir le risque de perte de contrôle. En cas de croissance externe, elles se traduisent par une prise de contrôle.

Le maintien du contrôle

Deux moyens permettent de financer le développement d'une entreprise et d'en conserver le contrôle : le capital-investissement et l'introduction en Bourse.

Le capital-investissement met en relation trois intervenants :

– les apporteurs de capitaux (institutionnels, compagnies d'assurances, caisses de retraites, banques, grands groupes industriels) ;

– les entrepreneurs, créateurs ou « développeurs » d'entreprises qui recherchent des fonds propres ;

– les *venture capitalists* qui investissent les capitaux confiés par les apporteurs et peuvent choisir entre deux structures juridiques possibles : la forme sociale (SDR, SFI et SCR) ou la forme de fonds commun de placement (FCPR et FCPI).

L'introduction en Bourse est la mise à disposition des épargnants des titres de la société introduite en Bourse. Elle peut s'effectuer selon quatre procédures : l'offre à prix ferme, l'offre à prix minimal, l'offre à prix ouvert (OPO) et la cotation directe.

La prise de contrôle

Lorsque la croissance externe constitue l'objectif stratégique d'un groupe, la prise de contrôle de la cible peut s'effectuer soit par une offre publique, soit par une fusion.

Les offres publiques peuvent être distinguées selon plusieurs critères : volontaire/obligatoire, achat/échange, amicale/hostile ou normale/simplifiée. Les stratégies anti-OPA comprennent des mesures à la fois préventives et défensives.

La fusion est une opération par laquelle deux sociétés se réunissent pour n'en former qu'une seule. Elle peut être réalisée par voie de création d'une société nouvelle ou par absorption de l'une par l'autre.

APPLICATION 1 Vrai ou faux

1. Les *venture capitalists* sont des apporteurs de capitaux.

2. Le capital-investissement recouvre le capital-risque, le capital-développement et le capital-transmission.

3. Le *venture capital* est un mode de financement et une offre de services.

4. Le *start-up financing* concerne le besoin de financement du prédémarrage.

5. Un pôle de compétitivité ou *cluster* est un regroupement, sur un même site, d'entreprises, de centres de recherche et d'institutions de formation.

6. Le marché libre est un marché réglementé.

7. Parmi les mesures anti-OPA, l'émission de BSA fait peser sur tout assaillant la menace d'un surcoût.

8. Les bons de défense peuvent être attribués pendant la période d'offre publique.

9. Lors d'une offre publique, le dépôt du dossier auprès de l'AMF entraîne la suspension des cours.

10. Une société qui fait l'objet d'une OPA peut rester indépendante en faisant appel à un chevalier blanc.

CORRIGÉ 1

1. FAUX. Ils investissent les capitaux des apporteurs (banques, assurances, etc.).
2. VRAI.
3. VRAI.
4. FAUX. Il concerne le financement de la création.
5. VRAI.
6. FAUX. Le marché libre est un marché non réglementé mais organisé par Euronext.
7. VRAI.
8. VRAI.
9. VRAI.
10. FAUX.

APPLICATION 2 Fusion par absorption

La société A absorbe la société B. Elle réalise une augmentation de capital et échange les actions nouvellement émises contre les actions de B. Il y aura disparition de B et l'échange de titres s'effectuera sur la base de la parité d'échange.

	Évaluation	Nombre de titres	Valeur par action
Société absorbante A	540 M€	1 000 000	360 €
Société absorbée B	450 M€	500 000	900 €

1. Quel sera le montant de l'augmentation de capital ?

2. Déterminez le nombre d'actions nouvelles émises.

3. Calculez la parité d'échange.

4. Si le nominal de l'action A est 100, quel est le montant de la prime de fusion ?

CORRIGÉ 2

1. Montant de l'augmentation de capital

Augmentation de capital : 450 M€.

2. Nombre d'actions nouvellement émises

Émission de 1 250 000 actions nouvelles réservées aux actionnaires de B (450 M€ / 360 €).

3. Parité d'échange

Les 500 000 actions de B seront échangées contre les 1 250 000 nouvelles actions de A, soit une parité d'échange de 1 action de B pour 2,5 actions de A (900 € / 360 €).

4. Montant de la prime de fusion

Le capital social de A va être augmenté de 1 250 000 × 100, soit 125 M€. La prime de fusion est alors égale à 450 M€ – 125 M€ = 325 M€.

APPLICATION 3 VAN d'acquisition

En décembre N, ABE envisage l'achat de Amilcar pour 50 M€ et un million d'actions de ABE au prix de 30 € par action. ABE supportera la dette de Amilcar dont la valeur s'élève à 10 M€ (taux du coupon de 7 %). Les anticipations (en M€) concernant la cible sont les suivantes.

	N + 1	N + 2	N + 3
Ventes	100	130	170
– Charges	– 58	– 80	– 110
– Amortissements	– 10	– 13	– 17
= Bénéfice avant impôts et intérêts (BAII)	32	37	43
– Intérêts	– 7	– 7	– 7
= Bénéfice avant impôts	25	30	36
Impôts au taux de 33,33 %	– 8,33	– 10	– 12
= Bénéfice net (BN)	16,67	20	24

ABE estime l'investissement nécessaire au maintien du niveau d'activité de Amilcar à 8 M€ par an, au cours des 3 prochaines années. Les actifs de Amilcar peuvent être vendus à la fin de l'année N + 3, 60 M€ nets d'impôts. Par simplification, la variation du fonds de roulement est supposée nulle. Compte tenu du risque, le taux de rendement requis par ABE est de 15 %.

Calculez la VAN de l'acquisition.

CORRIGÉ 3

Les *cash-flows* associés à l'achat de Amilcar sont calculés nets d'impôts et avant intérêts :

C = BAII × (1 – T) + Amortissements – Investissements.

En N +1, ils atteignent : C = 32 (1 – 0,3333) + 10 – 8 = 23,33.

Pour N + 2 et N + 3, ils valent 29,67 et 37,67.

La dépense initiale C_0 comprend trois parties : le versement en espèces de 50 M€, la valeur de marché des actions à savoir 30 M€ (10 millions d'actions × 30 € par action) et la valeur de marché de la dette de la firme cible, c'est-à-dire, 8 M€.

Ainsi, $C_0 = 50 + 30 + 8 = 88$ M€.

$$\text{VAN} = -88 + \frac{23,33}{(1+0,15)} + \frac{29,67}{(1+0,15)^2} + \frac{37,67}{(1+0,15)^3} + \frac{60}{(1+0,15)^3}$$

$$= -88 + 106,94 = 18,94$$

APPLICATION 4 BPA et fusion

En décembre N, la société Anibal SA prévoit l'achat de Jasmine SA. L'estimation du bénéfice net des deux entreprises en l'absence de rapprochement est la suivante (en M€) :

Années	Bénéfice net d'Anibal SA	Bénéfice net de Jasmine SA
N	20	10
N + 1	26	12
N + 2	33,8	14,4
N + 3	43,9	17,28

Les dirigeants d'Anibal SA retiennent comme hypothèse de travail que si l'acquisition se réalise, les profits après fusion seront égaux à la somme des résultats réalisés par les deux firmes en l'absence de fusion. Actuellement, le capital d'Anibal SA se compose de 10 millions d'actions dont le prix unitaire est de 30 € et celui de Jasmine SA est divisé en 4 millions d'actions cotées chacune 20 €. Après négociation, Anibal SA propose une de ses actions pour une action Jasmine SA et augmente son capital en conséquence.

1. Calculez le BPA d'Anibal SA avant fusion.

2. Calculez le BPA d'Anibal SA après fusion.

3. Quelle est, en pourcentage, la prime offerte aux actionnaires de Jasmin SA ?

CORRIGÉ 4

1. BPA d'Anibal SA avant fusion

Années	BN (en M€) (1)	N (millions) (2)	BPA = (1) / (2)
N	20	10	2,00
N + 1	26	10	2,60
N + 2	33,8	10	3,38
N + 3	43,9	10	4,39

2. BPA d'Anibal SA après fusion

Années	BN (en M€) (1)	N (millions) (2)	BPA = (1) / (2)
N	30	14	2,14
N + 1	38	14	2,71
N + 2	48,2	14	3,44
N + 3	61,18	14	4,37

3. Prime offerte aux actionnaires de Jasmin SA

La prime offerte aux actionnaires de Jasmin SA est de 50 %.

CHAPITRE

14

Les opérations de réorganisation

Lorsque les opérations de réorganisation concernent le bilan, elles sont destinées à optimiser les moyens financiers de l'entreprise. Le réaménagement du bilan prend la forme de sorties de créances (titrisation) ou de dettes (*defeasance*), gérées dans des entités *ad hoc*. La restructuration de l'entreprise dans son ensemble peut inciter à des opérations d'apports partiels ou de scissions. En cas de difficultés, qui peuvent conduire à la défaillance, l'entreprise recherchera des mesures de redressement. La liquidation constitue l'ultime outil de réallocation des moyens de production vers des acteurs plus efficients.

I Le réaménagement du bilan

On a pu voir que les LBO sont destinés à économiser des fonds propres, que les offres publiques et les fusions ont pour effet de restructurer le capital, etc. Les postes du bilan sont ainsi gérés de façon à rechercher une composition optimale et un volume réduit. Cette démarche de réaménagement concerne aussi bien les dettes avec la *defeasance* que les actifs avec la titrisation.

A. La *defeasance*

La défaisance ou *defeasance* est une technique de restructuration des dettes utilisée aux États-Unis depuis 1982 (*in substance defeasance*). Elle permet le transfert de titres à une entité distincte (une fiducie, un *trust*) qui sera chargée du service de la dette. L'opération n'a pas pour effet de libérer juridiquement l'entreprise de son obligation initiale à la suite de ce transfert à la structure d'accueil. Si la société émettrice est totalement déchargée du service de l'emprunt, elle n'en perd pas pour autant sa qualité de débitrice. Elle a simplement délégué la gestion de l'emprunt.

La *defeasance* est ainsi le transfert simultané au profit d'une société *ad hoc* d'une dette obligataire et de valeurs mobilières (ou de liquidités) qui permettent d'en assurer le service. C'est donc un moyen d'extraire une dette du bilan.

1. Les objectifs

Le but de l'opération est financier (optimisation des ressources), mais des effets comptables peuvent exister (amélioration de l'esthétique des bilans).

La défaisance permet à une firme de restructurer son passif en éliminant des dettes proches de leur échéance ou contractées à une époque de taux d'intérêt élevés. Cette technique est plus rapide, flexible et discrète que d'autres méthodes d'extinction de la dette (remboursement anticipé d'emprunt, rachat sur le marché des obligations, etc.).

En termes de coût, la défaisance est d'un intérêt limité car le portefeuille constitué pour le montage est moins risqué que celui à défaire afin de donner aux créanciers des garanties suffisantes.

La défaisance a pour effet de faire disparaître des dettes du passif et des valeurs réalisables ou disponibles de l'actif et donc de modifier les grandes masses financières du bilan social. De cette nouvelle physionomie du bilan résultent un assainissement financier apparent et une possible amélioration de la notation des agences de *rating*.

Dans la mesure où la dette de la société n'est pas juridiquement éteinte, les normes IFRS prévoient le maintien au bilan de l'emprunteur de la dette transférée. Pour leur part, les normes françaises (CRC 2004) envisagent la consolidation des entités *ad hoc* contrôlées exclusivement.

2. Les modalités

Le double transfert des dettes et du portefeuille de valeurs mobilières (ou des disponibilités) peut être schématisé ainsi :

Figure 14.1 – Transfert des dettes et du portefeuille de valeurs mobilières

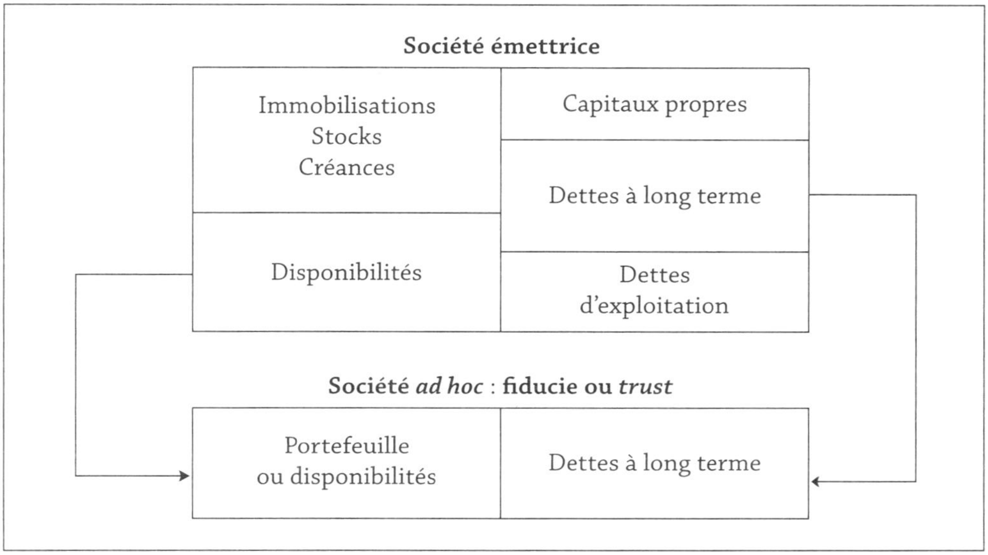

Le portefeuille de valeurs mobilières constitué procure des flux de liquidités adaptés à ceux de la dette transférée et calqués sur un même échéancier. Les encaissements provenant du portefeuille doivent ainsi couvrir très exactement les décaissements liés au service de la dette. Il s'agit donc d'un adossement entre un actif et un passif à taux fixes. Le portefeuille doit être composé de titres sans risques (obligations d'État ou obligations garanties par lui).

La finalité de la structure d'accueil est le remboursement de la dette à l'aide des flux de trésorerie dégagés par le portefeuille. Le montage portefeuille-dette doit fonctionner de façon autonome. Aux États-Unis, ce rôle est joué par un *trust* qui naît d'un acte par lequel le constituant (*settler*) confie un bien à une personne (*trustee*), à charge pour cette dernière d'en faire bénéficier un tiers.

La fiducie, sorte de « trust à la française », a été introduite dans le Code civil par la loi du 19 février 2007. Elle est définie comme « l'opération par laquelle un ou plusieurs constituants transfèrent des biens, des droits ou des sûretés [...] à un ou plusieurs fiduciaires qui, les tenant séparés de leur patrimoine propre, agissent dans un but déterminé au profit d'un ou plusieurs bénéficiaires ». Seules les personnes morales soumises à l'impôt sur les sociétés peuvent être constituants et seuls peuvent être fiduciaires les établissements de crédit. La fiducie a une durée maximale de 33 ans à partir de la signature du contrat.

B. La titrisation

1. Les caractéristiques

Le *lease back* et la cession de créances sont des opérations simples et connues de réorganisation de l'actif. La titrisation est une technique financière plus sophistiquée, mais dont l'objet est le même : elle consiste à céder des créances à une entité créée pour la circonstance, le fonds commun de créances (FCC), qui émet des titres représentatifs de ce portefeuille. Les sommes dues aux porteurs de parts sont couvertes par celles provenant du recouvrement des créances.

Aujourd'hui, en pratique, la titrisation permet de transformer des actifs et non plus seulement des créances, en titres émis sur le marché.

De manière simplifiée, une titrisation prend la forme ci-dessous.

Figure 14.2 – La titrisation

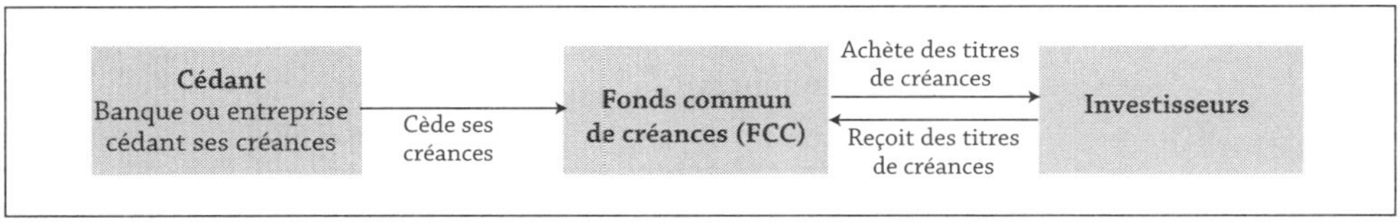

Plusieurs objectifs peuvent être recherchés.

a. L'augmentation de la rentabilité des fonds propres

La sortie de créances induit une réduction des besoins en fonds propres et se traduit par une augmentation du taux de rentabilité financière. Le rapport entre le résultat net et les capitaux propres s'améliore si ceux-ci sont réduits pour être ajustés à la contraction de l'actif liée à la cession des créances.

Le niveau du résultat n'est cependant pas accru par la titrisation : le coût financier de l'opération ainsi que les frais de gestion spécifiques la rendent plus onéreuse qu'un refinancement classique.

La titrisation est, en particulier, utilisée par les banques afin de diminuer le montant de capital réglementaire exigé pour faire face à leurs risques.

b. La diversification des sources de financement

La titrisation permet de transformer des actifs illiquides en titres liquides et de transférer les risques. Comme les parts émises par le FCC comportent généralement plusieurs tranches avec des rangs de remboursement différents, les divers acteurs sont informés des risques pris. C'est tout l'avantage de ces règles de structuration. S'il existe, par exemple, quatre tranches, les sommes reçues par le FCC seront d'abord utilisées au remboursement des tranches « super senior » (notées AAA), puis senior (AA et A), « mezzanine » (BBB et BB) et, finalement, des tranches « *equity* » (non notées). La perte éventuelle, due à la défaillance d'un débiteur, sera supportée par les tranches inférieures qui protègent ainsi les tranches supérieures en contrepartie d'une rémunération supérieure.

c. La réalisation d'un montage déconsolidant

Dans les comptes sociaux de l'entreprise cédante, la transformation de créances en disponibilités améliore la physionomie du bilan.

Pour les comptes consolidés (voir le chapitre 8), les normes comptables envisagent trois critères afin de décider si le FCC, entité *ad hoc*, est contrôlé de façon contractuelle (contrôle en substance) et doit donc être consolidé :
- le cédant (la société consolidante) dispose des pouvoirs de décision sur l'entité *ad hoc* ;
- il bénéficie de la majorité des avantages économiques de l'entité *ad hoc* ;
- il supporte la majorité des risques de l'entité *ad hoc*.

Selon la réglementation française (CRC), il y a contrôle si deux des trois critères sont remplis tandis que les normes IFRS n'exigent qu'un seul critère.

Si le FCC est consolidé, les créances cédées apparaissent à l'actif du bilan du groupe et les titres émis, au passif.

Lorsque le but recherché par une opération de titrisation est la réalisation d'un montage déconsolidant, l'arrangeur évitera que les critères cités soient satisfaits.

2. Les modalités

La titrisation implique la création d'un fonds commun de créances à qui un établissement de crédit ou une entreprise cède des créances contre des liquidités. En contrepartie, le fonds se finance par émission de titres en tranches hiérarchisées par niveaux de risques, proposés à des investisseurs (banques, gérants d'actifs, fonds spéculatifs, etc.). Il perçoit ensuite les intérêts et les remboursements en capital versés par les débiteurs initiaux et les utilise pour rémunérer les titres émis.

Différents acteurs interviennent pour la titrisation d'actifs très divers.

a. Les acteurs de la titrisation

Figure 14.3 – **Les acteurs de la titrisation**

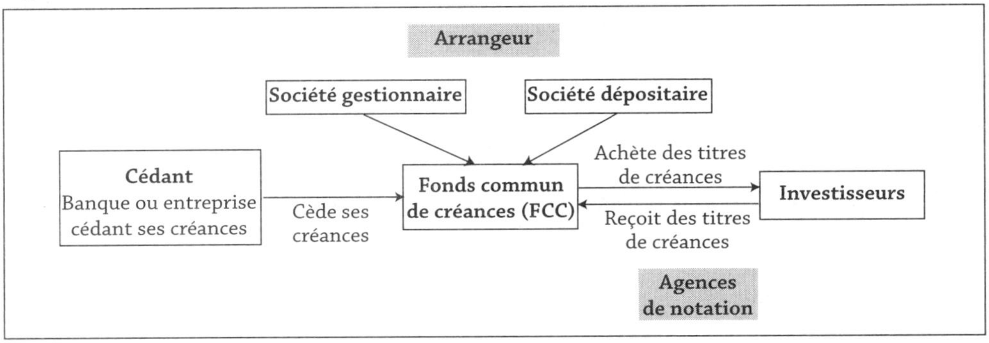

Le fonds commun de créances (FCC)

Le FCC ou *Special Purpose Vehicule* (SPV) – on dit aussi « conduits » – émet des valeurs mobilières (parts), représentatives des créances. Ce n'est ni une indivision ni une société, mais une copropriété de créances dépourvue de la personnalité morale et caractérisée par une pluralité d'investisseurs, une quote-part d'actif proportionnelle au nombre de parts et une gestion confiée à une « société de gestion ».

Le FCC est constitué par ses deux cofondateurs, une société de gestion et un dépositaire.

• La société gestionnaire du FCC

C'est une société commerciale dont l'objet unique est la gestion du FCC. Elle contrôle le fonctionnement du FCC, suit l'émission et le placement des parts, représente les porteurs de parts et calcule périodiquement les sommes qui leur sont affectées afin de donner au dépositaire les instructions relatives aux paiements. Elle a aussi un rôle d'information sous le contrôle de la Banque de France. Sa rémunération est fonction du pourcentage de l'encours des créances.

• La société dépositaire des fonds

Elle est dépositaire des créances acquises par le fonds, ainsi que de sa trésorerie. C'est elle qui, en partenariat avec la société de gestion du fonds, édite la brochure d'information en cas de placement public. Elle peut placer temporairement les liquidités du fonds sur des produits sans risque. Responsable de la conservation des titres de créances et de la trésorerie du fonds, elle s'assure aussi de la régularité des décisions prises par la société de gestion.

L'agence de notation

Dans un but de protection des investisseurs, une agence de notation doit étudier tous les aspects de la transaction, la qualité des créances, la solidité du cédant, la sécurité juridique du montage, etc. Il s'agit donc, au regard du risque de défaut, d'identifier le montant des garanties à lui faire correspondre. L'appel à une agence de *rating* est une obligation légale afin d'être validé par l'AMF et transmise aux investisseurs potentiels par l'intermédiaire de la notice d'information.

• La notation et le rehaussement de crédit

Un rehaussement du crédit est souvent recherché par le FCC afin de rendre l'émission plus attractive. Le niveau de ce rehaussement, déterminé par l'agence de notation, peut prendre plusieurs formes :

– la structuration de l'émission (découpage en tranches) permet de rehausser les tranches « super senior » qui sont protégées par les tranches inférieures ;
– le surdimentionnement du FCC compense d'éventuelles défaillances de débiteurs. Il consiste à émettre des parts pour un montant inférieur à celui des créances cédées ;
– l'émission peut être garantie par des rehausseurs de crédit (assureurs *monolines*) comme FSA (Financial Security Assurance), filiale américaine de Dexia, CIFG (Ixis Financial Guaranty), filiale américaine de Banque Populaire-Caisse d'Épargne, etc. La crise des *subprimes* en 2007 a provoqué celle des *monolines* qui a ensuite affecté l'ensemble du secteur bancaire.

• La notation et la titrisation

À côté du segment « *corporate* » (appréciation du risque de défaut pesant sur une entreprise ou un emprunt), les agences de *rating* sont de plus en plus impliquées dans la notation en matière de titrisation qui suit un processus semblable à celui de la notation des entreprises.

Interviennent sur ce marché – en tant qu'investisseurs – des investisseurs généralistes intéressés par des dettes *senior* pour lesquels la notation est essentielle et des investisseurs en fonds propres qui disposent des compétences pour effectuer leurs propres analyses.

Ce marché présente un certain nombre de faiblesses :

– les méthodes de notation des trois agences (Fitch, Moody's et Standard & Poor's, voir le chapitre 9) diffèrent et ne sont pas stabilisées ;
– le marché est non seulement hétérogène, mais, en outre, les titres sont complexes ;
– des problèmes de conflit d'intérêts sont présents, qui jouent au détriment des détenteurs de tranches *senior* en raison du caractère oligopolistique du marché et du double rôle des arrangeurs bancaires.

L'arrangeur

L'arrangeur, souvent une banque ou un groupe de banques, prépare le dossier de présentation de l'opération à l'AMF avec le dépositaire et la société de gestion, évalue les créances et les flux qu'elles doivent engendrer et négocie avec l'agence de notation.

b. Les types d'actifs titrisables

Parmi le grand nombre d'actifs titrisables, sont distingués les titres adossés (*backed*) à un actif (ou un *pool* de prêts) et les titres collatéralisés (*collateralisation*).

Les titres adossés

Les *Mortgage Backed Securities* (MBS), titres adossés à des créances hypothécaires, furent les premiers à être mis en place aux États-Unis à l'initiative des *Mortgage Banks*, institutions d'épargne.

Les *Asset Backed Securities* (ABS) concernent d'autres éléments d'actifs, tels que les crédits automobiles, les encours débiteurs sur cartes de crédit, les crédits aux entreprises, le crédit-bail, etc.

Les titres collateralisés

Le *Collateralised Debt Obligation* (CDO) est relatif à des opérations adossées à des dettes, soit des obligations (*bonds*), soit des crédits aux entreprises (*loans*) d'où leurs noms : *Collateralised Bond Obligation et Collateralised Loan Obligation.*

Dans les deux cas, il s'agit de transférer le risque lié aux actifs sous-jacents. Une technique permet d'y parvenir sans céder les actifs. C'est la spécificité des CDO synthétiques que d'autoriser le transfert des flux (capital + intérêts + risque de défaillance) de l'actif à l'investisseur tout en maintenant la propriété de l'actif à la firme cédante.

EXEMPLE

Actifs titrisés tels que : créances hypothécaires ; crédits à la consommation et en particulier les crédits automobiles ; crédit-bail ; encours de cartes de crédit ; flottes de véhicules automobiles, de camions ou *containers* ; actifs immobiliers (sièges sociaux, hôtels, centres commerciaux, galeries marchandes) ; créances clients ; droits de diffusion audiovisuelle ou cinématographique ; droits de retransmissions d'événements sportifs ou autres.

II La restructuration de l'entreprise

Les opérations de restructuration comme les apports partiels d'actifs ou les scissions permettent à des sociétés de s'adapter à l'environnement économique. L'enjeu de ces mouvements est une meilleure gestion de leurs moyens.

A. Les apports partiels

1. Définition

L'apport partiel d'actifs consiste, pour une firme, à faire un apport à une autre entreprise, nouvelle ou préexistante, d'une partie de ses actifs. La société apporteuse et la société bénéficiaire préexistent à l'opération et continuent toutes deux d'exister ensuite. L'apport partiel d'actifs peut porter sur des éléments isolés tels que des titres ou une immobilisation. Lorsqu'il porte sur une branche complète d'activité, il s'apparente à une scission.

La création de filiale est un cas particulier d'apport partiel où la société bénéficiaire est créée à l'occasion de l'opération (cas des sociétés se transformant en holding). Il peut y avoir plusieurs sociétés apporteuses.

L'intérêt premier de l'apport partiel d'actifs est, pour la société apporteuse, l'augmentation de capital (en titres de la société bénéficiaire). De plus, il permet de filialiser une activité, de regrouper des activités identiques ou complémentaires.

Cette opération a également pour avantages pour la société apporteuse de se recentrer sur son activité et, par là même, de réduire les coûts de fonctionnement de l'entreprise. Par ailleurs, l'apport d'une branche complète d'activité se révèle plus avantageux que la cession, puisque les parties peuvent alors soumettre cette opération au régime fiscal de scissions, ce qui en réduit le coût fiscal (sursis d'imposition pour les plus-values notamment).

EXEMPLE

Le groupe Aldeta a émis, le 3 août 2007, un projet d'apport partiel d'actifs à l'une de ces filiales, Halefis, contrôlée à plus de 99 %, projet portant sur l'ensemble des actifs et passifs liés à son activité de bijouterie-joaillerie. Cette opération a eu pour objectif la simplification des structures, l'abaissement des coûts de gestion annuels et le regroupement, au sein d'une même filiale, de l'activité de bijouterie-joaillerie du groupe.

2. Les caractéristiques

Ce type d'apport conduit à choisir :

- soit le régime juridique des apports purs et simples en société, procédure simple mais qui engendre des contraintes (contrats non transmis, passif né de ces biens reste propre à l'apporteur, etc.),
- soit le régime des scissions-fusions qui correspond à la logique de l'apport d'une branche complète d'activité.

L'opération entraîne un transfert à titre universel du patrimoine et porte sur un ou plusieurs éléments isolés ou sur un ensemble d'éléments d'actifs (et éventuellement de passifs) constituant une branche d'activité. Celle-ci demeure avec son patrimoine, simplement appauvrie des biens dont elle a décidé l'apport. On parle, pour cette raison, de transmission à titre universel et non de transmission universelle. Il n'y a pas dissolution de la société apporteuse et les titres émis en contrepartie de l'apport sont remis à l'entité et non à ses associés.

Les apports partiels d'actifs ne bénéficient pas du régime fiscal de faveur en ce qui concerne les droits d'enregistrement. Pour ce qui est de l'IS et de l'impôt de distribution, ils n'en bénéficient qu'à la condition d'avoir reçu un agrément ministériel.

Cependant, lorsque l'apport concerne une branche complète d'activité et que la société apporteuse prend l'engagement de conserver pendant 3 ans les titres reçus en échange, il bénéficie de plein droit du régime fiscal de faveur.

3. Le montage

La clé du montage réside dans la conservation ou non des titres en échange de l'apport.

Pour la société bénéficiaire, cet apport est analysé soit comme une constitution, soit comme une augmentation de capital selon qu'elle existait ou non avant l'opération.

Figure 14.4 – Le montage de l'apport partiel d'actif

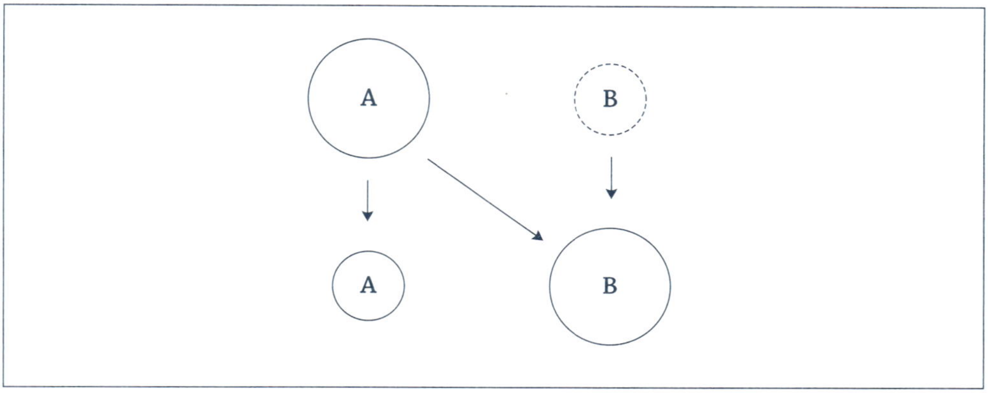

Dans ce schéma, la société apporteuse A continue d'exister. Si elle décide de distribuer à ses associés les titres qu'elle reçoit de B et si cette distribution est imputée sur le capital, l'opération entraîne une réduction du capital de A.

Si A décide de conserver les titres qu'elle reçoit de B dans son portefeuille, elle peut détenir le contrôle de la société B selon le pourcentage que représentent ces titres.

B. Les scissions

1. Définition

Une opération de scission consiste à séparer en sociétés distinctes les branches d'activité d'un groupe. On parle de scission dissolution ou de scission intégrale : une société peut « par voie de scission, transmettre son patrimoine à plusieurs sociétés existantes ou à plusieurs sociétés nouvelles » (article L. 236-1 du Code de commerce).

La scission peut aussi être partielle lorsqu'une société transfère, sans être dissoute, une ou plusieurs branches d'activité à une ou plusieurs sociétés préexistantes ou nouvelles, en laissant au moins une branche d'activité dans la société apporteuse. Ses associés recevront en échange, au prorata, des titres représentatifs du capital social des sociétés qui bénéficient des éléments d'actif et de passif (et, éventuellement, une soulte en espèces ne dépassant pas 10 % de la valeur nominale de ces titres).

La notion de branche complète d'activité correspond à « l'ensemble des éléments d'actif et de passif d'une division d'une société qui constituent [...] une exploitation autonome, c'est-à-dire un ensemble capable de fonctionner par ses propres moyens » (directive 90/434/CEE).

La scission trouve sa justification dans la remise en cause de l'efficacité économique des conglomérats et l'intérêt accordé par les marchés financiers, depuis une vingtaine d'années, au recentrage des sociétés sur leur « cœur de métier » pour devenir des *pure players*. La remise en cause des mérites de la diversification des sociétés se fonde sur deux éléments :

- conformément à la théorie de portefeuille, l'investisseur peut lui-même réduire le risque de son portefeuille en y intégrant des titres de secteurs très différents ;
- les groupes diversifiés sont moins valorisés en Bourse que la somme des entités qui les composent, d'où le phénomène de « décote conglomérale » dû aux coûts centraux de fonctionnement du groupe, aux craintes d'une mauvaise allocation des ressources entre les divisions et au manque de transparence de l'ensemble.

Ce recentrage peut donc être effectué par des opérations de scission qui :

- servent à pallier la perte de visibilité due à la taille et à la diversification ;
- facilitent le transfert des actifs vers ceux qui les valorisent le mieux ;
- permettent la mise en place de mesures incitatives pour les managers.

EXEMPLE

Le groupe British Telecom a scindé ses activités en deux compagnies distinctes : British Telecom, spécialisée dans la téléphonie fixe et l'accès à Internet, et mm02, qui rassemble les activités de téléphonie mobile. Cette scission permet aux deux sociétés de « bénéficier d'une plus grande souplesse dans leurs marchés respectifs, d'un accès indépendant aux marchés financiers et d'une meilleure focalisation vers le cœur de leurs activités », selon British Telecom.

2. Les caractéristiques

Il y a scission dès lors qu'une société transmet son patrimoine. L'éclatement de ce patrimoine aura pour effet :

- la dissolution sans liquidation de la société scindée ;
- la transmission de la totalité du patrimoine de l'entreprise qui se traduira par une augmentation du capital de la société bénéficiaire ;
- l'acquisition, par les associés de la société scindée, de la qualité d'associés de la société bénéficiaire (ils reçoivent des titres nouveaux en échange des anciens).

Au cours de la phase de préparation, un projet de scission doit être rédigé puis déposé au greffe du tribunal de commerce du siège des sociétés concernées, au moins un mois avant la date de la première assemblée générale appelée à statuer sur l'opération. Un commissaire à la scission sera désigné – dans une SA et une SARL – afin d'apprécier la valeur attribuée aux apports, puis les associés se prononceront sur les modalités de l'opération. Les actionnaires de la société scindée devront voter la scission en assemblée générale extraordinaire (AGE) sur ces bases.

Une publication d'un avis relatif au projet devra être effectuée dans un journal d'annonces légales dans chaque département des sièges sociaux des sociétés participantes. Puis, il conviendra d'obtenir l'approbation du projet de scission par l'assemblée générale extraordinaire des associés.

La scission produit effet à l'égard des créanciers qui sont protégés comme en cas de fusion. Il en est de même pour les salariés dont le contrat de travail est automatiquement transféré.

Les scissions bénéficient de plein droit du régime fiscal de faveur en ce qui concerne les droits d'enregistrement, mais n'en profitent, pour l'IS et l'impôt de distribution, qu'à la condition d'avoir reçu un agrément ministériel.

3. Les montages

Deux formes de scissions existent selon qu'elles s'imposent aux actionnaires (*demergers*) ou laissent un choix (*split-off*).

a. Les *demergers*

Une fois décidée par l'AGE, l'opération de scission s'impose à tous. Ce caractère obligatoire n'entraîne cependant pas de modification du point de vue des actionnaires. Ces derniers sont les mêmes avant et après l'opération.

Il existe deux techniques différentes pour réaliser la scission.

***La scission-dissolution ou* split-up**

Dans le cas du *split-up*, la firme existante disparaît pour laisser place à deux sociétés (au moins) liées par un groupe d'actionnaires stable qui reçoit des actions des filiales.

Comme le montre la figure 14.5, il s'agit d'une scission-dissolution, puisqu'il y a disparition de la société initiatrice X dont les activités sont maintenant séparées entre les sociétés Y et Z.

Figure 14.5 – **La scission-dissolution**

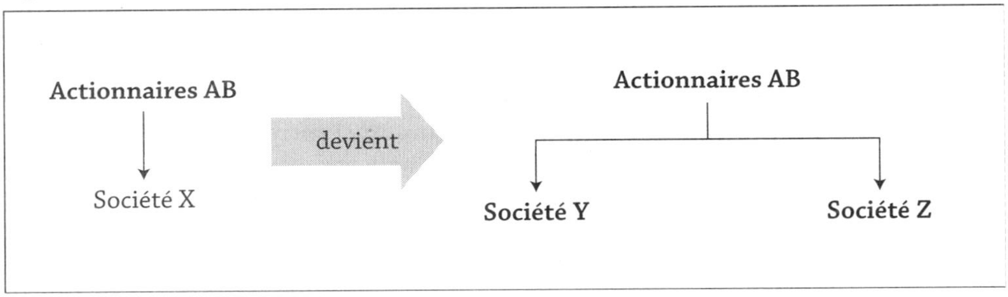

La scission-distribution ou spin-off

Le terme *spin-off* décrit la scission d'une société mère qui se sépare d'une filiale. Les deux entités restent détenues par les mêmes actionnaires, dans des proportions identiques. Il y a attribution automatique aux actionnaires actuels des titres de la filiale sous forme de distribution de dividendes en titres. La répartition est ainsi effectuée au prorata des proportions détenues dans la société mère.

L'opération est réalisée sous forme de distribution, par la société mère à ses actionnaires, des actions qu'elle détient dans la filiale, à titre de dividende. Après l'opération, elle continue d'exister, mais n'est plus société mère puisqu'elle ne détient plus les actions de la société affranchie.

Figure 14.6 – **La scission-distribution**

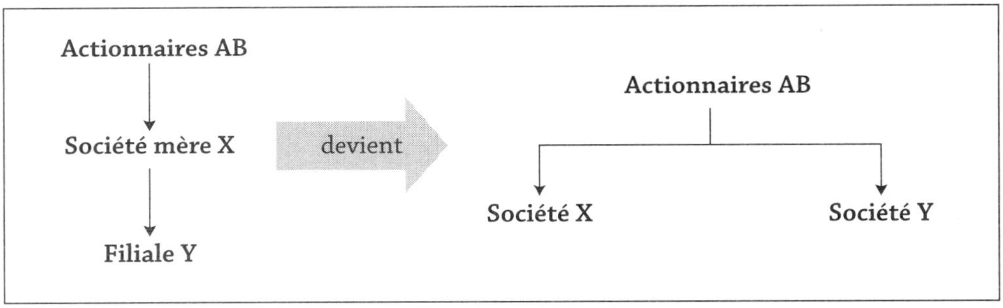

b. La scission-échange ou *split-off*

La scission-échange est une variante du *spin-off* car elle permet également à la société mère d'affranchir sa filiale. Elle engendre non seulement un partage du patrimoine mais aussi une division du groupe d'actionnaires : une partie des actionnaires actuels reçoit des titres de la nouvelle entreprise en échange de ceux déjà détenus dans la société mère.

Concrètement, il est proposé aux actionnaires d'échanger leurs actions de la société mère contre celles de la filiale. Le *split-off* est donc comparable à une offre publique de rachat d'actions payée en actions d'une filiale et non en *cash*. Le but est ici la transmission à une filiale.

Figure 14.7 – **La scission-échange**

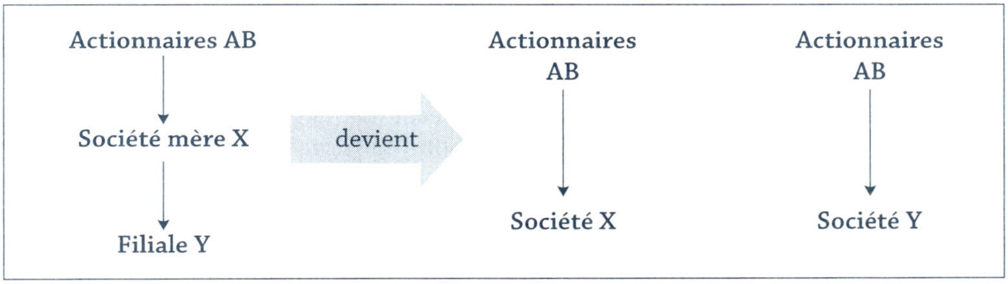

D'autres opérations de restructuration permettent aux entreprises une meilleure gestion de leurs moyens.

***Les cessions d'actifs* (asset sell-offs)**

Ce sont des ventes de filiales à des firmes externes, résultats de négociations privées entre la société mère et les acquéreurs. Ce mécanisme de restructuration permet à la société mère de transformer des actifs illiquides en disponibilités.

***L'introduction en Bourse d'une filiale* (equity carve-out)**

L'introduction en Bourse d'une filiale d'un groupe engendre, elle aussi, de la liquidité pour la société mère. Le maintien d'un contrôle d'intérêt entrave l'autonomie totale de la filiale.

***Les actions traçantes* (tracking stocks)**

Certaines entreprises, surtout aux États-Unis, émettent parallèlement aux actions ordinaires classiques, des *tracking stocks* dont la valeur dépend de la performance d'une division ou d'une filiale. Ces actions sont échangées séparément sur le marché. Par conséquent, une bonne santé financière de la division ou de la filiale se traduit par un bon comportement boursier de ces actions, même si la performance de la totalité de la firme est faible et *vice versa*.

En France, cette technique utilisée antérieurement au moyen d'actions de priorité sous l'appellation d'action traçante ou d'action reflet, peut être mise en œuvre dans le cadre législatif des actions de préférence. Leurs droits pécuniaires ou extra-pécuniaires peuvent, en effet, être indexés sur les performances d'une ou plusieurs branches d'activités.

III Le redressement de l'entreprise

Les opérations de réorganisation concernent aussi les entreprises confrontées à des difficultés. Celles-ci peuvent faire l'objet, de la part de l'entreprise, d'un traitement individuel par des décisions managériales, ou, si cela n'est plus suffisant, d'un traitement collectif.

A. Le management des entreprises en difficulté

1. L'origine des difficultés

Les difficultés des entreprises sont souvent révélées par des problèmes de trésorerie lorsqu'il n'est plus possible de faire face aux engagements financiers. Cette crise de liquidité n'est, en fait, que le symptôme de difficultés plus globales d'ordre économique, financier ou commercial.

Ces symptômes se traduisent par des retards dans le règlement des fournisseurs, leur refus de livrer sans versement comptant, puis par des incidents de paiement (traite impayée, échéances de prêts non honorées). Les organismes fiscaux et sociaux ne sont pas tous réglés (d'où des négociations de moratoires sur 3 à 6 mois), les banques résilient leurs concours (découvert, escompte, Dailly, etc.).

En général, les facteurs qui engendrent des difficultés sont nombreux et leurs effets sont cumulatifs. Il s'agit le plus souvent à la fois de causes exogènes et endogènes.

Parmi les causes exogènes, on observe, en dehors des événements accidentels, l'exacerbation de la concurrence, le vieillissement du secteur, la montée des coûts d'approvisionnement ou des impayés importants, etc.

Les causes endogènes concernent souvent l'inadaptation des produits au marché, une mauvaise maîtrise des coûts, une croissance externe mal maîtrisée, etc.

2. La gestion des difficultés

L'importance des difficultés d'origine interne des entreprises est directement influencée par l'existence ou non d'une organisation interne performante et d'outils de pilotage de l'activité (tableaux de bord, instruments de *reporting*, budgets de trésorerie, *business plans*, etc.). L'élaboration et l'utilisation de données synthétiques de management permettent de détecter au plus tôt les difficultés et même de les anticiper.

Lorsque ces difficultés apparaissent, un diagnostic doit être effectué afin que soient prises des mesures de redressement. Une procédure d'alerte peut être enclenchée.

a. Le diagnostic

Un diagnostic de la situation de l'entreprise s'impose afin d'analyser les difficultés de trésorerie actuelles ou futures, de chiffrer la capacité de remboursement, les possibilités de réduction des charges, l'amélioration possible des *cash-flows*, etc.

Cette réflexion nécessite la réalisation de simulations. Les décisions concernant, par exemple, le niveau d'activité, peuvent avoir pour effet la modification des moyens humains, techniques et commerciaux et influer sur la capacité et les niveaux de production. De même, la suppression de certains emplois peut nécessiter une réorganisation ou une redistribution de tâches dans l'entreprise.

b. Les mesures de redressement

En fonction de ce diagnostic approfondi et sur la base des simulations effectuées, il est alors possible au dirigeant de décider quelle est la meilleure façon de redresser l'entreprise. Il doit estimer, en particulier, s'il convient de procéder à un « traitement individuel » avec certains créanciers, par des négociations effectuées directement, ou avec l'assistance du tribunal.

Il faut assurer le suivi du bon déroulement de ce projet. Cette démarche de pilotage, souvent envisagée à la suite d'une difficulté, est plus efficace lorsqu'elle est mise en place au préalable afin de transformer un traitement curatif en une démarche de prévention.

c. L'alerte

Différentes personnes peuvent déclencher cette procédure préventive :

- lorsque, dans le cadre de sa mission, le commissaire aux comptes relève des faits de nature à compromettre la continuité de l'exploitation, il doit en informer les dirigeants. À défaut de réponse dans les 15 jours ou si celle-ci n'est pas satisfaisante, il doit les inviter à faire délibérer le conseil d'administration ou le conseil de surveillance sur les faits relevés et informer le président du tribunal de commerce ;
- le comité d'entreprise dispose, lui aussi, du pouvoir d'alerte sur la direction de l'entreprise ;
- le président du tribunal peut convoquer le dirigeant à un entretien lorsqu'il a connaissance, par les registres du greffe ou le commissaire aux comptes, de difficultés importantes.

B. La prévention des difficultés

La loi de sauvegarde des entreprises du 26 juillet 2005, en vigueur depuis le 1er janvier 2006, modifie le dispositif mis en place pour les entreprises en difficulté en prévoyant trois procédures préventives.

1. Le mandat *ad hoc*

Avant de se trouver en situation de cessation de paiement, un dirigeant peut demander au président du tribunal de commerce de désigner un mandataire *ad hoc* pour l'aider à résoudre une difficulté d'ordre juridique, économique ou financier. Cette procédure volontaire, d'une durée de 3 mois renouvelables, confidentielle dans la mesure où elle ne fait l'objet d'aucune publicité, est le stade le plus en amont des procédures préventives.

Les situations les plus courantes concernent la dénonciation de concours bancaires par les banquiers, les contentieux, les litiges avec les fournisseurs, les conflits sociaux, etc.

2. La conciliation

Une procédure de conciliation, appelée auparavant « règlement amiable », est ouverte aux entreprises qui éprouvent une difficulté juridique, économique ou financière, avérée ou prévisible, et qui ne se trouvent pas en cessation de paiements depuis plus de 45 jours.

Un conciliateur désigné par le président du tribunal est chargé de favoriser la conclusion d'un accord amiable entre le débiteur et ses principaux créanciers. Cet accord, destiné à mettre fin aux difficultés de l'entreprise, peut être constaté, voire homologué par le tribunal s'il est publié (et fait alors l'objet de mesures de publicité). La procédure dont la durée est limitée à 4 mois est prorogeable 1 mois.

Il est mis fin de plein droit à l'accord en cas d'ouverture d'une procédure de sauvegarde, de redressement judiciaire ou de liquidation judiciaire.

3. La sauvegarde

a. L'ouverture de la procédure

Lorsqu'un débiteur justifie de difficultés qu'il n'est pas en mesure de surmonter et qui sont de nature à le conduire à la cessation de paiements, il peut demander l'ouverture d'une procédure de sauvegarde, sorte de procédure de redressement judiciaire anticipée, inspirée du *Chapter II* du droit américain.

Le dirigeant conserve ses prérogatives durant cette procédure et l'administrateur nommé par le tribunal de commerce ne peut avoir qu'une mission de surveillance et d'assistance.

b. La période d'observation

Le jugement d'ouverture de la procédure de sauvegarde marque le début d'une période d'observation d'une durée maximale de 6 mois, renouvelable une fois.

Cette procédure préventive avant toute cessation de paiements repose sur le dialogue entre le dirigeant et les créanciers réunis au sein de deux comités, l'un regroupant les établissements de crédit et l'autre, les principaux fournisseurs.

L'administrateur doit établir le bilan économique et social, diagnostic global qui doit expliquer l'origine, l'importance et la nature des difficultés de l'entreprise. Sont tour à tour abordés les aspects économiques (situation financière, positionnement stratégique, etc.), sociaux (climat social, niveau des salaires, etc.), juridiques (état de la gouvernance, validité des contrats, litiges en cours, etc.) et éventuellement environnementaux.

c. Le dénouement de la procédure

S'il existe, pour l'entreprise, une possibilité sérieuse d'être maintenue en activité, le tribunal arrête un plan de sauvegarde qui met fin à la période d'observation. Ce plan, dont la durée ne peut excéder 10 ans, peut envisager la disparition, l'adjonction ou la cession d'une ou plusieurs activités et constitue une véritable réorganisation de l'entreprise.

Les mesures issues de la loi de sauvegarde du 26 juillet 2005 favorisent l'anticipation des difficultés. On dénombre 500 procédures de sauvegarde et 800 conciliations ouvertes en 2006, ce qui est faible par rapport aux 45 000 défaillances annuelles.

C. Le traitement judiciaire des difficultés

Dans les situations les plus difficiles, l'entreprise peut être contrainte à demander l'ouverture d'une procédure collective qui se termine, dans plus de 90 % des cas, par la fin de l'entreprise. Cela met en exergue la nécessité d'anticiper et de piloter l'entreprise avec des outils d'information réguliers.

Le cadre juridique français pour les entreprises en difficulté comprend, outre les trois procédures préventives qui viennent d'être présentées, deux procédures collectives.

La loi du 25 janvier 1985 donne comme objectif à la procédure collective de permettre la sauvegarde de l'entreprise, le maintien de l'activité et de l'emploi ainsi que l'apurement du passif : « Il est institué une procédure de redressement judiciaire destinée à permettre la sauvegarde de l'entreprise, le maintien de l'activité et de l'emploi et l'apurement du passif. Le redressement judiciaire est assuré selon un plan arrêté par décision de justice à l'issue d'une période d'observation. Ce plan prévoit, soit la continuation de l'entreprise, soit sa cession. La liquidation judiciaire peut être prononcée sans ouverture d'une période d'observation lorsque l'entreprise a cessé toute activité ou lorsque le redressement est manifestement impossible. »

Le but principal n'est donc pas d'assurer le remboursement des créanciers.

Le redressement judiciaire est une procédure collective dans laquelle est placée une entreprise en cessation de paiements tant qu'est envisageable un redressement de l'activité. À défaut, s'ouvre la liquidation judiciaire.

1. Le redressement judiciaire

La procédure de redressement judiciaire est initiée lorsque l'entreprise se trouve en cessation de paiements. À l'issue d'une période d'observation, elle donnera lieu à un plan arrêté par jugement.

a. L'ouverture de la procédure

Elle peut être demandée par le dirigeant au plus tard dans les 45 jours qui suivent la cessation des paiements, par un créancier ou le tribunal de commerce. Celui-ci fixe la date de cessation des paiements, ce qui détermine rétroactivement la période suspecte qui va de cette date à celle du jugement d'ouverture de la procédure. Les contrats signés pendant cette période sont susceptibles d'être annulés afin de préserver les actifs et de permettre l'égalité entre les assurés.

Il y a cessation de paiements lorsque l'entreprise est dans l'impossibilité de faire face au passif exigible avec son actif disponible.

Le passif exigible est le passif devant donner lieu à un paiement immédiat (salaires, charges, factures à échéance, etc.).

L'actif disponible est tout ce qui est susceptible d'être immédiatement transformé en liquidités (créances clients, traites escomptables, valeurs mobilières, le cas échéant machines ou biens non indispensables à l'activité réalisables rapidement).

b. La période d'observation

Après le déclenchement de la procédure, le tribunal peut soit décider de la liquidation immédiate si tout redressement s'avère impossible, soit mettre la firme en période d'observation.

La période d'observation, d'une durée analogue à celle de la procédure de sauvegarde (6 mois), est destinée à l'établissement d'un bilan économique et social.

c. Le dénouement de la procédure

Une entreprise en redressement judiciaire dispose de deux voies pour en sortir : le plan de redressement ou le plan de cession. L'élément déterminant dans ce choix sera le résultat de la période d'observation qui permettra d'estimer la capacité de la firme à rembourser ses créanciers.

Le contenu du plan de redressement suit les règles appliquées au plan de sauvegarde.

Lorsque les résultats de l'entreprise ne permettent pas de prévoir le remboursement des dettes, une solution externe de reprise devra être recherchée. Le tribunal ordonne la cession totale ou partielle de l'entreprise.

2. La liquidation judiciaire

La procédure de liquidation judiciaire est ouverte à « tout débiteur en cessation des paiements et dont le redressement est manifestement impossible ».

L'ouverture de cette procédure doit être demandée par le débiteur au plus tard dans les 45 jours qui suivent la cessation des paiements, s'il n'a pas dans ce délai demandé l'ouverture d'une procédure de conciliation.

Le tribunal désigne un juge-commissaire qui supervise les opérations et, en qualité de liquidateur, un mandataire judiciaire. Celui-ci procède aux opérations de liquidation et à la vérification des créances.

Dans le jugement qui ouvre ou prononce la liquidation judiciaire, le tribunal fixe le délai au terme duquel la clôture de la procédure devra être examinée. À l'expiration d'un délai de 2 ans, tout créancier peut également saisir le tribunal aux fins de clôture de la procédure.

Une procédure de liquidation judiciaire simplifiée est ouverte aux entreprises de moyenne et petite taille (nombre de salariés et chiffre d'affaires égaux ou inférieurs à 5 000 et 750 000 €) et qui ne disposent pas d'actif immobilier. La liquidation judiciaire simplifiée doit, en principe, être prononcée au plus tard 1 an après l'ouverture de la procédure collective.

Pour la théorie financière, la défaillance des entreprises est l'occasion d'une réallocation des moyens de production des firmes non performantes vers celles qui sont efficientes.

SYNTHÈSE

Les opérations de réorganisation sont relatives au réaménagement des postes du bilan, à la modification des structures et aux mesures de redressement des entreprises en difficulté.

Le réaménagement du bilan

Les postes du bilan sont gérés de façon à rechercher une composition optimale et un volume réduit. Cela concerne les dettes avec la *defeasance* et les actifs avec la titrisation.

La *defeasance* est le transfert simultané au profit d'une société *ad hoc* (fiducie, *trust*) d'une dette obligataire et de valeurs mobilières (ou de liquidités) qui permettent d'en assurer le service. L'opération n'a pas pour effet de libérer juridiquement l'entreprise de son obligation initiale.

La titrisation consiste à céder des créances à une entité créée pour la circonstance, le fonds commun de créances (FCC), qui émet des titres représentatifs de ce portefeuille (en tranches hiérarchisées par niveaux de risques). Les sommes dues aux porteurs de parts sont couvertes par celles provenant du recouvrement des créances. Différents acteurs interviennent (le FCC, le gestionnaire, le dépositaire, l'agence de notation, l'arrangeur) pour la titrisation d'actifs très divers (créances hypothécaires, actifs immobiliers, créances clients, etc.).

La restructuration de l'entreprise

Les opérations de restructuration comme les apports partiels d'actifs ou les scissions permettent à des sociétés une meilleure gestion de leurs moyens.

L'apport partiel d'actifs consiste, pour une société, à apporter à une autre société une partie de ses actifs. Lorsqu'il porte sur une branche complète d'activité, il s'apparente à une scission.

Une opération de scission consiste à séparer en sociétés distinctes les branches d'activité d'un groupe.

Le redressement de l'entreprise

Le management des entreprises en difficulté commence par un diagnostic à partir duquel des mesures de redressement sont prises. Une procédure d'alerte peut aussi être enclenchée.

La prévention des difficultés est organisée par la loi de sauvegarde des entreprises du 26 juillet 2005 qui met en place trois procédures préventives : le mandat *ad hoc*, la conciliation et la sauvegarde.

Le traitement judiciaire des difficultés prévoit deux procédures collectives : une entreprise en cessation de paiements est placée en redressement judiciaire tant qu'est envisageable un redressement de l'activité. À défaut, s'ouvre la liquidation judiciaire.

APPLICATION 1 Vrai ou faux

1. Lors d'une opération de défaisance, la société émettrice est totalement déchargée du service de l'emprunt.

2. En France, une fiducie peut servir de structure d'accueil pour une opération de défaisance.

3. Les sommes reçues par le FCC sont d'abord utilisées au remboursement des tranches « *equity* ».

4. La titrisation n'est pas un montage déconsolidant.

5. Le rehaussement du crédit est destiné à rendre l'émission de titres plus attractive lors d'une opération de titrisation.

6. Le surdimentionnement du FCC est une des techniques de rehaussement du crédit.

7. Les *Asset Backed Securities* (ABS) sont des titres adossés à des créances hypothécaires.

8. L'apport partiel d'actifs s'apparente à une scission lorsqu'il porte sur une branche complète d'activité.

9. La « décote conglomérale » mesure la moindre valeur d'un groupe coté diversifié par rapport à la somme de ses composantes.

10. Dans le *split-up* comme dans le *spin-off*, il y a disparition de la société initiatrice.

CORRIGÉ 1

1. VRAI. Mais elle conserve sa qualité de débitrice.

2. VRAI.

3. FAUX. Les tranches « super senior » (notés AAA) sont remboursées en priorité.

4. FAUX. Dans les comptes consolidés, c'est une affaire de respect des critères.

5. VRAI.

6. VRAI.

7. FAUX. Ce sont les *Mortgage Backed Securities* qui sont adossés à des créances hypothécaires.

8. VRAI.

9. VRAI.

10. FAUX. Il n'y a disparition de la société initiatrice que dans le *split-up* (scission-dissolution).

APPLICATION 2 Apport partiel

Le bilan d'ouverture de l'exercice 2008 de la société PAT, société anonyme au capital de 50 000 actions de 100 €, se présente ainsi :

Bilan au 1er janvier 2008 (en milliers d'euros)

Immobilisations corporelles	9 000	1 500	7 500	**Capital**	5 000
Stocks	3 500	300	3 200	**Réserves**	4 100
Créances	2 100	300	1 800		
Disponibilités	60		60	**Dettes**	3 460
			12 560		12 560

La société souhaite transmettre à la société TIB sa branche « matériel de ski ». L'opération est effectuée sur la base des comptes au 1er janvier 2008 et pour les valeurs suivantes (en milliers d'euros).

	Valeur comptable		**Valeur d'apport**
	Valeur brute	**Amortissements ou provisions**	
Fonds commercial			800
Immobilisations corporelles	1 420	220	1 500
Stocks	1 100		1 300
Créances	900	100	800
– Dettes	– 950		– 950
	2 470	320	3 450

La valeur des actions TIB est fixée à 360 € pour une valeur nominale de 100 €.

1. Déterminez le nombre d'actions à émettre par la société bénéficiaire en rémunération de l'apport (arrondissez à la dizaine la plus proche).

2. Quel est le montant du capital de la société TIB ?

3. Quel est le montant de la prime de fusion ?

4. Présentez le bilan de la société PAT après l'apport partiel.

CORRIGÉ 2

1. Nombre d'actions à émettre par la société bénéficiaire en rémunération de l'apport

Nombre d'actions à émettre : 3 450 000 / 360 = 9 583,33, arrondis à 9 580.

2. Montant du capital de la société TIB

Le capital est égal à : 9 580 × 100 € = 958 000 €.

3. Montant de la prime de fusion

Prime : 2 492 000 €, c'est-à-dire : 3 450 000 € – 958 000 €.

4. Bilan de la société PAT après l'apport partiel

Le bilan se présente ainsi.

Bilan de PAT après l'apport (en k€)

Immobilisations corporelles	7 580	1 280	6 300	**Capital**	5 000
Titres V	3 450		3 450	**Réserves**	4 100
Stocks	2 400	300	2 100	**Résultat**	1 300
Créances	1 200	200	1 000		
Disponibilités	60		60	**Dettes**	2 510
			12 910		12 910

Le résultat regroupe les plus-values constatées sur le fonds commercial (800 000 €), les immobilisations corporelles (300 000 €) et les stocks (200 000 €).

APPLICATION 3 Apport partiel d'actifs EDF

Le conseil d'administration d'EDF réuni le 14 juin 2007 a approuvé la filialisation par apport partiel d'actifs des activités de distribution d'électricité, qui sera soumis au vote des actionnaires convoqués en assemblée générale extraordinaire, à cet effet, le 20 décembre 2007.

Rappelons que l'opération de filialisation envisagée s'inscrit dans le cadre de la loi n° 2004-803 du 9 août 2004 telle que modifiée par la loi n° 2006-1537 du 7 décembre 2006 relative au secteur de l'énergie (« loi SPEGEEG »), qui impose que la gestion du réseau de distribution d'électricité soit assurée par une personne morale distincte de celle qui exerce des activités de production ou de fourniture d'électricité, et que le gestionnaire du réseau de distribution d'électricité exploite, entretienne et développe celui-ci de manière indépendante.

La société bénéficiaire de cet apport est la société C6, société anonyme au capital de 37 000 €. La société C6 est une société créée fin 2002 et n'ayant eu aucune activité jusqu'à ce jour. La société EDF détient la totalité des actions composant son capital social.

Objet

Transfert par EDF à C6, société anonyme dont EDF détient 100 % du capital, de l'ensemble des biens, droits et obligations relatifs à l'activité de gestionnaire du réseau de distribution d'électricité (transfert à titre universel de patrimoine, selon le régime des scissions).

Méthode d'évaluation des biens et droits transférés

EDF et C6 ont choisi de soumettre l'apport au régime juridique des scissions, en application de l'article L. 236-22 du Code de commerce. Les éléments apportés par EDF sont donc évalués à leur valeur comptable nette au 31 décembre 2006.

Valorisation des actifs et passifs apportés

Le bilan d'apport présenté dans le traité d'apport est établi sur la base des comptes de l'activité distribution figurant dans les comptes dissociés au 31 décembre 2006.

La filiale sera ainsi dotée de capitaux propres pour un montant de 2 700 000 000,00 € lui permettant d'assurer son développement tout en garantissant son autonomie financière au regard des risques identifiés pour cette activité.

Actif apporté : 42 209 707 591,00 €.

Passif apporté : 39 509 707 591 €.

Rémunération des apports

En rémunération de l'apport évalué à sa valeur nette comptable dans les comptes d'EDF, l'opération donnera lieu à l'attribution à EDF de 540 000 000 d'actions, entièrement libérées, à créer par la société C6 à titre d'augmentation de capital d'un montant total de 270 000 000 €, émises avec une prime globale d'apport.

Date d'effet juridique de l'apport

Le 31 décembre 2007.

La société C6 prendra donc effet le 1er janvier 2008.

Régime fiscal

Le choix a été fait par EDF et C6 de placer l'opération d'apport partiel d'actifs sous le régime fiscal de faveur des fusions.

1. Quelle est la valeur de l'actif net apporté ?

2. Calculez le montant de la prime globale d'apport.

3. Quel est l'intérêt de placer l'opération sous le régime fiscal de faveur des fusions ?

CORRIGÉ 3

1. Valeur de l'actif net apporté

La valeur de l'actif net apporté est de 2 700 000 000,00 €, c'est-à-dire : 42 209 707 591,00 € – 39 509 707 591 €.

2. Montant de la prime globale d'apport

La prime globale d'apport est de 2 430 000 000,00 € (l'actif net total apporté 2 700 000 000,00 € moins l'augmentation de capital 270 000 000 €).

3. Opération sous le régime fiscal de faveur des fusions

L'intérêt de placer l'opération sous le régime fiscal de faveur des fusions est de réaliser l'apport sans qu'il soit soumis au paiement de l'impôt.

APPLICATION 4 *Subprimes*, notation et titrisation

DOCUMENT 1

L'Autorité des marchés financiers (AMF) a remis, jeudi 17 janvier, son rapport 2007 sur les agences de notation. Cet exercice annuel, qui détaille le travail de ces entités chargées de noter la qualité des crédits, prend cette fois-ci une importance particulière. De fait, les agences, telles Moody's, Fitch ou Standard & Poor's, ont été montrées du doigt lorsque la crise des crédits immobiliers à risque aux États-Unis (*subprimes*) a éclaté. Elles ont été accusées d'avoir mal et sous-évalué les risques de ces produits.

« Je ne suis pas de ceux qui font des agences de notation les boucs émissaires de cette crise » précise Michel Prada, président de l'AMF. Pour autant, leur responsabilité n'est pas éludée. Le régulateur signale, par exemple, que les notes sont une « constatation du passé » et non un pronostic.

Elles doivent donc être présentées comme telles aux investisseurs. En outre, dans un document annexe, l'AMF signale que la dégradation des notes des crédits compromis « s'est produite au moment où des signes de tension sur les marchés étaient déjà perceptibles ». Soit un peu tard. Et qu'à partir de l'été « des dégradations massives ont accentué très fortement les mouvements » du marché. Traduction : les agences ont pu aggraver la crise.

Pour l'AMF, soucieuse d'éviter que l'histoire se répète, le principe d'autorégulation qui régit les agences pourrait être durci *a minima*. Par ailleurs, ces dernières étant payées par leurs clients pour obtenir leur notation sont suspectes de conflits d'intérêts. Et l'AMF veut s'assurer de leur intégrité.

CG, *Le Monde,* 18 janvier 2008 (extraits)

DOCUMENT 2

[...] la titrisation fait désormais partie d'un mode de financement global de l'économie mondiale dont elle n'est qu'un élément parmi d'autres et qui a dans l'ensemble joué un rôle positif. En fait, la titrisation n'est en aucune manière un objet isolé. Elle va de pair avec la déréglementation des marchés financiers, qui a stimulé la création de nouveaux produits et permis aux établissements autrefois spécialisés d'exercer tous les métiers de la finance ; elle participe d'un environnement de dématérialisation totale des flux de capitaux à l'échelle mondiale ; enfin, elle résulte des nouvelles formes de régulation bancaire : les normes « prudentielles », définies à l'échelon international pour assurer la solidité des établissements de crédit, les obligent à avoir assez de fonds propres pour couvrir une certaine proportion des sommes qu'ils prêtent. Or, en « titrisant » leurs créances, les banques les faisaient sortir de leur bilan et n'avaient pas à augmenter leurs fonds propres en proportion.

Cela a eu pour résultat l'explosion des titrisations...

[...] Le fait que les banques puissent sortir de leur bilan une partie des crédits a joué un rôle majeur dans cette économie de l'endettement porteuse de croissance mondiale. Jamais le déficit commercial américain n'eut été financé si l'on n'avait utilisé cette capacité de disperser les créances bancaires un peu partout à travers le monde. Jamais de nombreux financements, certes risqués, mais créateurs de valeur n'eussent pu avoir lieu, si l'on avait eu cette capacité de décomposer et de répartir le risque. En réalité, il ne pouvait y avoir des transferts massifs d'épargne, constituée dans certaines parties du monde et investie ailleurs, sans cette innovation financière, ce qui est la version favorable de la mondialisation.

[...] La question n'est donc pas de remettre en cause ces mécanismes mais de constater qu'ils ont été utilisés de manière excessive...

J.-H. Lorenzi, *Le Monde*, 21 mars 2008 (extraits)

Commentez les deux extraits d'articles ci-dessus.

CORRIGÉ 4

Nous proposons pour cette application un corrigé indicatif et synthétique.

Conseils de rédaction

La réponse ne doit pas si possible excéder une page recto verso et doit s'organiser autour des éléments suivants – qui sont à développer – relevés dans les articles, mais faisant aussi partie des prérequis des candidats.

La crise des subprimes : une crise financière majeure concernant des titres notés

En conséquence, une crise dans laquelle la responsabilité des agences – pour lesquelles la titrisation est un marché essentiel – doit être évaluée.

L'accent doit être mis sur deux points essentiels concernant le problème des agences face aux *subprimes*.

Les relations insatisfaisantes entre les agences de notation et les acteurs engagés dans la titrisation :

– le conflit d'intérêt accru face à un segment du marché de la notation en fort développement ;
– les confusions de rôles possibles des banques sur ce marché ;
– les réactions tardives des agences ;
– la mauvaise réaction possible des agences : tardive et forte, elle a pu amplifier la crise.

À cette situation s'ajoutent des problèmes hors du champ d'action des agences : évolution du marché immobilier, effets des règles prudentielles bancaires, etc.

Les solutions à apporter à cette situation, afin d'éviter qu'elle ne se reproduise

Un constat préalable : il ne s'agit pas de remettre en cause le marché de la titrisation, compte tenu de ses intérêts et de l'ensemble des régulations dans lesquelles il s'insère, mais de proposer des solutions au niveau de la notation pour ce qui concerne ce commentaire.

Les solutions passent par :

– l'amélioration de la qualité de leur travail en matière d'évaluation des risques ; la question des sous-jacents est essentielle ici ;
– la signification de la note ;
– la résolution du conflit d'intérêts ;
– les conditions de publication des notes.

Éthique et gouvernance

Le modèle de la firme véhiculé par l'objectif de maximisation de la valeur actionnariale a servi de soubassement à l'ensemble de cet ouvrage. Ce modèle dominant est l'objet d'ajustements, voire de critiques, que l'on peut rattacher à la thématique « éthique et gouvernance ».

De façon générale, on entend par gouvernance la régulation du comportement des dirigeants. Le terme renvoie à la question du partage du pouvoir et à son contrôle. Plus précisément, le gouvernement d'entreprise est « l'ensemble des mécanismes qui ont pour effet de délimiter les pouvoirs et d'influencer les décisions des dirigeants, autrement dit qui « gouvernent » leur conduite et délimitent leur espace discrétionnaire » (G. Charreaux, *Le gouvernement des entreprises*, Economica, 1997). Il s'agit de favoriser les comportements éthiques et d'encourager les « bonnes pratiques ».

I Les caractéristiques du modèle dominant

Quels sont les types de gouvernance ? Il est courant d'opposer le modèle anglo-saxon, où le contrôle des dirigeants est effectué par le marché, au modèle nippo-rhénan, où le contrôle est réalisé à la fois par les actionnaires, les banquiers et les salariés.

Dans cette logique, deux modèles organisationnels peuvent être distingués :

– un modèle dit « *shareholder* », appelé également « gouvernance de marché », où la firme est responsable uniquement envers ses actionnaires et où la maximisation de la valeur actionnariale est privilégiée ;

– un modèle dit « *stakeholder* » selon lequel l'entreprise rend compte à un ensemble plus global de parties prenantes (employés, clients, fournisseurs, etc.).

Les deux modèles du capitalisme

Modèle anglo-saxon	Modèle nippo-rhénan
Économie de marchés financiers *Stockholders* Contrôle externe Création de valeur actionnariale Court-termisme	Économie de banque-industrie *Stakeholders* Contrôle interne Consolidation du pouvoir des managers Vision à long terme

Une autre typologie des systèmes de gouvernement d'entreprise (P.-Y. Gomez, *La République des actionnaires*, Syros, 2001) conduit à différencier le gouvernement domestique et le gouvernement technocratique.

Le gouvernement domestique caractérise le capitalisme familial ; il est particulièrement développé en France, où la confusion entre pouvoir et propriété est grande dans les PME et où, dans les grandes entreprises, le lien pouvoir-propriété est important. Sur les deux cents plus grandes entreprises françaises, 50 % sont dirigées par un patron propriétaire ; le quart de la capitalisation boursière française est constitué d'entreprises familiales. Aux États-Unis, le gouvernement domestique est remis en cause, dans les grandes entreprises, depuis les années trente.

Le gouvernement technocratique concerne les grandes firmes dont le capital est atomisé et dont les équipes dirigeantes sont toutes puissantes.

Les deux modèles de gouvernement

Gouvernement domestique	Gouvernement technocratique
Actionnariat familial Capital concentré (actionnaires puissants) La légitimité du dirigeant tient à la propriété (souveraineté privée) Gouvernement du père (paternalisme) Remis en cause dans les années 1930	Actionnariat anonyme Capital dilué (rôle subalterne des actionnaires) La légitimité du dirigeant tient à sa compétence (pouvoir du savoir) Gouvernement des experts (techniques de management) Remis en cause dans les années 1980

Depuis 1980, le gouvernement d'entreprise connaît aux États-Unis, une période de mutation avec un déclin du gouvernement technocratique et un retour des actionnaires, mais des actionnaires minoritaires. Le détonateur financier a été constitué par l'afflux d'épargne des caisses de retraite (*pension funds*) vers les marchés financiers. Les gains ont attiré les fonds d'investissement (*mutual funds*) et l'actionnariat populaire (SICAV) s'est développé. Les investisseurs institutionnels ont alors formé un contre-pouvoir face aux dirigeants technocrates.

En France, dans le même esprit, le passage progressif d'une économie de banque-industrie à une économie de marchés financiers, la réduction des participations croisées et l'ouverture du capital des entreprises publiques ont donné aux actionnaires minoritaires des grands groupes un surplus de pouvoir. La transformation de la géographie du capital des grandes firmes s'est accompagnée d'une modification du modèle comptable. Un glissement s'effectue progressivement d'une comptabilité d'actionnaires majoritaires, d'actionnaires de contrôle, vers une comptabilité d'actionnaires minoritaires. Les exigences des *inside shareholders* ne sont en effet pas les mêmes que celles des *outside shareholders* car l'asymétrie d'information augmente lorsque l'actionnariat est diffus. Dans les sociétés cotées à actionnariat dispersé, les investisseurs institutionnels sont en mesure d'exiger le respect des principes de *corporate governance* afin d'obtenir la transparence et la qualité des états financiers. L'évolution récente de l'harmonisation internationale est conforme à cette logique financière ; elle accompagne une économie financiarisée mondialisée.

II Les justifications théoriques

Déjà Adam Smith, en 1776, montrait que les grandes sociétés par actions sont moins efficaces que les entreprises familiales en raison de la séparation entre propriétaires et dirigeants. De leur côté, Berle et Means analysaient, en 1932, la baisse d'efficacité des grandes firmes à actionnariat diffus liée à la distinction des fonctions de propriété et de direction.

La principale justification théorique des limites du gouvernement technocratique est apportée par la théorie de l'agence qui analyse le détournement de la richesse des actionnaires par les dirigeants dans les firmes managériales. L'entreprise est considérée comme une fiction légale caractérisée par un ensemble de contrats, formels et informels, passés entre les agents économiques ; certains contrats concernent la firme et des tiers (achats, ventes, prêts, emprunts, etc.), d'autres sont relatifs à des relations internes (contrat de travail, contrat de gérance, etc.)

La théorie de l'agence étudie le conflit principal-agent et, plus particulièrement, la rivalité actionnaires-dirigeants. La résolution de cet antagonisme peut être effectuée par l'incitation du manager à agir dans l'intérêt des actionnaires soit par la politique financière (politique de dividendes, politique d'endettement, etc.), soit par le contrôle des dirigeants grâce à des systèmes externes (discipline par le marché des managers ou par le marché financier) ou des systèmes internes (*Corporate governance*) comme le vote des actionnaires, les commissaires aux comptes, la rémunération liée aux performances, le conseil d'administration, etc.

La théorie de droits de propriété cherche, de son côté, à montrer la supériorité des systèmes de propriété privée sur les formes de propriété collective ; elle s'attache à étudier l'impact du démembrement des droits de propriété sur l'efficacité des entreprises.

La théorie de l'enracinement examine, quant à elle, les stratégies mises en place par les dirigeants pour éviter une révocation, stratégies qui visent à neutraliser les mécanismes de contrôle pesant sur eux.

III Les réalisations

Les avancées du *corporate governance* sont fondées sur quelques idées simples destinées à élaborer des mécanismes de contrôle et à résoudre les conflits d'intérêts entre actionnaires et dirigeants :

– plus d'information, plus de transparence envers les actionnaires ;
– plus de contrôle sur les dirigeants, leurs rémunérations, leurs décisions ;

– plus de possibilités d'intervention pour défendre les intérêts des différents actionnaires.

De nombreux rapports ont proposé des recommandations : Cadbury (1992), Vienot 1 (1995) et 2 (1999), OCDE (1999), Bouton (2002). Pour nombre d'entre elles, ces préconisations ont abouti au vote de lois afin d'imposer aux entreprises, dans un contexte de scandales financiers à répétition, des règles de conduite formelles.

La loi sur les nouvelles régulations économiques, dite « loi NRE » (2001), prévoit en particulier :

– la possibilité de séparer les fonctions de président du conseil et de direction générale ;
– un cumul maximum de cinq mandats d'administrateurs (hors sociétés contrôlées) ;
– le vote électronique ou par visioconférence ;
– l'obligation de publication des rémunérations des mandataires sociaux.

La loi sur la sécurité financière, dite « loi LSF » (2003), envisage principalement :

– un rapport obligatoire sur l'organisation des travaux du conseil d'administration ;
– un rapport obligatoire sur les procédures de contrôle interne ;
– l'audit et le conseil effectués par des organismes distincts ;
– la création de l'Autorité des marchés financiers (AMF) ;
– la création du Haut Conseil du commissariat aux comptes.

La nouvelle réglementation américaine, la loi Sarbanes-Oxley (2002), contient des dispositions destinées à rétablir la confiance des marchés. Celles qui concernent les émetteurs étrangers traitent de la certification des comptes par le directeur général (*Chief Executive Officer*) et le directeur financier, de l'adoption d'un code éthique applicable aux membres de la direction, du comité d'audit et des transactions réalisées sur les titres de la société.

IV L'alternative

Conduite par des auteurs anglo-saxons à l'origine (C. Hill et T. Jones, M. Blair), diffusée et enrichie en France pour l'essentiel par des chercheurs en finance (G. Charreaux et G. Hirigoyen entre autres), la critique du modèle dominant repose sur la remise en cause de la perfection des marchés environnants, en particulier du marché du travail. Cette réflexion aboutit à considérer que les travailleurs prennent aussi des risques, qu'ils peuvent être dissuadés d'investir dans leur entreprise en termes de capital humain de crainte d'être spoliés de leur investissement s'il est trop spécifique à l'entreprise. La critique met aussi en exergue les risques de « court-termisme » des actionnaires.

Par rapport à la firme contractuelle, essentiellement limitée à deux acteurs, à deux cocontractants – les managers et les actionnaires –, le nœud de contrats est élargi : les parties prenantes (les *stakeholders*) ne se limitent plus aux actionnaires (les *sha-*

reholders), elles comprennent aussi les salariés, les fournisseurs, les clients, les créanciers financiers, l'État, etc.

Cette nouvelle conception de la firme aboutit à remettre en cause le lien entre maximisation de la valeur actionnariale et maximisation de la valeur de l'entreprise. Est introduite dans cette conception partenariale de la firme, la recherche corrélative d'une valeur partenariale.

La question de la gouvernance, limitée auparavant pour l'essentiel à la relation « actionnaires – managers », concerne alors l'organisation des relations entre tous les partenaires. Elle peut justifier leur participation aux organes de direction de la firme, d'où l'expression pour la caractériser de « gouvernance partenariale ». La responsabilité sociale de l'entreprise (RSE) vient donner un commencement de contenu à la représentation de l'entreprise comme ensemble de « parties prenantes » mais aussi comme collectif risqué : elle signifie qu'une entreprise doit non seulement se soucier de sa rentabilité et de sa croissance, mais aussi de ses impacts environnementaux et sociaux. Elle doit aussi être plus attentive aux préoccupations de ses parties prenantes :

- les actionnaires ;
- les parties prenantes internes : salariés (dont les actionnaires-salariés) et syndicats ;
- les partenaires opérationnels : clients, fournisseurs, sous-traitants, banques, compagnies d'assurance ;
- la communauté sociale : pouvoirs publics, organisations spécialisées (de type syndicat professionnel), ONG, société civile, riverains, générations futures.

Parmi les retombées de la RSE, on peut citer :

- le développement de l'investissement responsable (ISR) qui consiste à intégrer des critères extra-financiers (sociaux et environnementaux) dans la gestion des portefeuilles ;
- l'apparition d'agences de notation sociétale à la fin des années quatre-vingt-dix qui évaluent la politique de responsabilité sociale et environnementale des entreprises ;
- la naissance de la « finance carbone » en 2005, c'est-à-dire des bourses d'échange de CO_2 (« finance environnementale »).

À l'heure actuelle, non seulement le modèle de la maximisation de la valeur actionnariale domine, mais il se renforce et s'étend avec les nouveaux acteurs que sont la Chine et l'Inde, avec l'introduction des normes IFRS et leur évolution (le compte de résultat dans sa présentation *comprehensive income* va dans ce sens). Un des mérites de la théorie de l'agence est de montrer que l'image comptable normalisée sert à réduire les coûts de mandat en limitant les contestations. Le choix des normes actuelles s'en trouve éclairé.

Le débat valeur actionnariale/valeur partenariale, dont l'impact est réduit aux États-Unis (voir sur ce point l'application 2 du Chapitre 9), n'est pas clos ; la remise en cause de la valeur actionnariale pourrait à terme surgir d'une remise en cause de son fondement, l'utilitarisme.

A

B

C

P

Q

R

S

AUBIN IMPRIMEUR

Achevé d'imprimer en août 2012
N° d'édition 10184103 / N° d'impression 1206.0240
Dépôt légal, août 2012
Imprimé en France